HERZLICHEN GLÜCKWUNSCH

Und Dankeschön für den Kauf dieses Buches. Als besonderes Schmankerl* finden Sie unten Ihren persönlichen Code, mit dem Sie das Buch exklusiv und kostenlos als eBook erhalten.

Beachten Sie bitte die Systemvoraussetzungen auf der letzten Umschlagseite!

3r65p-6w760-
18801-vkqxt

Registrieren Sie sich einfach in nur zwei Schritten unter **www.hanser.de/ciando** und laden Sie Ihr eBook direkt auf Ihren Rechner.

KOMPETENZ · HANSER · GEWINNT

* Bayrisch für eine leckere Kleinigkeit; ein Leckerbissen

Walls

Spring im Einsatz

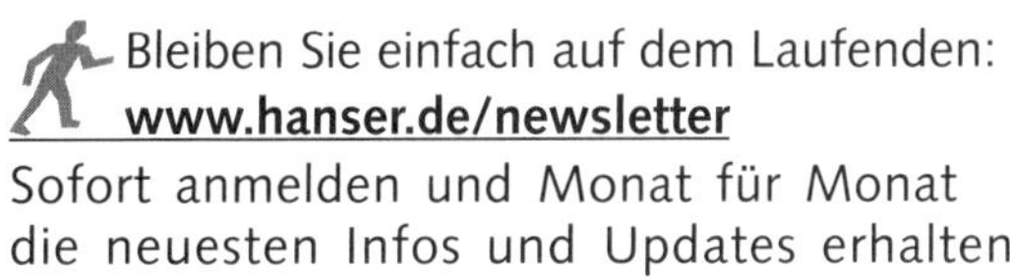
Bleiben Sie einfach auf dem Laufenden:
www.hanser.de/newsletter
Sofort anmelden und Monat für Monat
die neuesten Infos und Updates erhalten.

Craig Walls

Spring im Einsatz

2., überarbeitete Auflage

HANSER

Übersetzung: Jürgen Dubau, Freiburg/Elbe

Titel der Originalausgabe: „Spring in Action“, Third Edition, © 2011 Manning Publications

Authorized translation of the English edition. This translation is published and sold by permission of Manning Publications, the owner of all rights to publish and sell the same.

Alle in diesem Buch enthaltenen Informationen, Verfahren und Darstellungen wurden nach bestem Wissen zusammengestellt und mit Sorgfalt getestet. Dennoch sind Fehler nicht ganz auszuschließen. Aus diesem Grund sind die im vorliegenden Buch enthaltenen Informationen mit keiner Verpflichtung oder Garantie irgendeiner Art verbunden. Autor und Verlag übernehmen infolgedessen keine juristische Verantwortung und werden keine daraus folgende oder sonstige Haftung übernehmen, die auf irgendeine Art aus der Benutzung dieser Informationen – oder Teilen davon – entsteht.

Ebenso übernehmen Autor und Verlag keine Gewähr dafür, dass beschriebene Verfahren usw. frei von Schutzrechten Dritter sind. Die Wiedergabe von Gebrauchsnamen, Handelsnamen, Warenbezeichnungen usw. in diesem Buch berechtigt deshalb auch ohne besondere Kennzeichnung nicht zu der Annahme, dass solche Namen im Sinne der Warenzeichen- und Markenschutz-Gesetzgebung als frei zu betrachten wären und daher von jedermann benutzt werden dürften.

Bibliografische Information der Deutschen Nationalbibliothek:

Die Deutsche Nationalbibliothek verzeichnet diese Publikation in der Deutschen Nationalbibliografie; detaillierte bibliografische Daten sind im Internet über http://dnb.d-nb.de abrufbar.

Dieses Werk ist urheberrechtlich geschützt.
Alle Rechte, auch die der Übersetzung, des Nachdruckes und der Vervielfältigung des Buches, oder Teilen daraus, vorbehalten. Kein Teil des Werkes darf ohne schriftliche Genehmigung des Verlages in irgendeiner Form (Fotokopie, Mikrofilm oder ein anderes Verfahren) – auch nicht für Zwecke der Unterrichtsgestaltung – reproduziert oder unter Verwendung elektronischer Systeme verarbeitet, vervielfältigt oder verbreitet werden.

Copyright für die deutsche Ausgabe: © 2012 Carl Hanser Verlag München, www.hanser.de
Lektorat: Margarete Metzger
Herstellung: Irene Weilhart
Copy editing: Manfred Sommer, München
Layout: Manuela Treindl, Fürth
Umschlagdesign: Marc Müller-Bremer, www.rebranding, München
Umschlagrealisation: Stephan Rönigk
Datenbelichtung, Druck und Bindung: Kösel, Krugzell
Ausstattung patentrechtlich geschützt. Kösel FD 351, Patent-Nr. 0748702
Printed in Germany

Print-ISBN: 978-3-446-42388-6
E-Book-ISBN: 978-3-446-42946-8

Inhalt

Vorwort

Meine Güte! Während ich dies schreibe, ist es bereits mehr als sieben Jahre her, dass Spring 1.0 veröffentlicht wurde und ich mich mit Ryan Breidenbach an die erste Ausgabe von *Spring in Action* machte. Wer hätte damals gedacht, dass Spring die Entwicklung mit Java dermaßen umkrempeln würde?

In der ersten Ausgabe versuchten Ryan und ich, jeden kleinsten Winkel des Spring-Frameworks zu durchleuchten. Das ist uns weitgehend gelungen. Damals konnte man Spring mit seinen Hauptdarstellern Dependency Injection, AOP, Persistenz, Transaktionen, Spring MVC und Acegi Security ganz leicht in elf Kapiteln erzählen. Natürlich musste dafür eine Menge XML hinzugezogen werden. (Erinnert sich noch jemand, wie man Transaktionen mit `TransactionProxyFactoryBean` deklarieren musste?)

Als ich mich daran machte, die zweite Ausgabe zu schreiben (die dann als erste auf Deutsch erschien – A. d. Ü.), war Spring bereits mächtig gewachsen. Wieder setzte ich auf ein einziges Buch und wurde mir bewusst, dass es nicht möglich war. Spring war so gewachsen, dass nicht einmal mehr 700 bis 800 Seiten reichten. Nun wurden ganze, – fertige – Kapitel in der zweiten (englischen) Ausgabe gestrichen, weil der Platz dafür fehlte.

Über drei Jahre sind seither vergangen, und zwei große Spring-Releases kamen heraus, seit die zweite Ausgabe des Buches in den USA erschien. Spring ist nun so umfangreich wie noch nie zuvor, und weitere Bände wären nötig, um das gesamte Spring-Portfolio umfassend vorzustellen. Es ist also nicht möglich, alles Wissenswerte zu Spring in ein einziges Buch zu stopfen.

Ich versuche es also gar nicht.

Oft werden die Bücher mit jeder Ausgabe dicker. Wahrscheinlich ist Ihnen aber mittlerweile aufgefallen, dass diese Ausgabe von *Spring im Einsatz* weniger Seiten umfasst als die vorige. Aus mehreren Gründen:

Weil ich nicht alles in einen einzigen Band aufnehmen konnte, war ich bei der Auswahl der Themen für diese Ausgabe sehr wählerisch. Ich beschloss, mich darauf zu konzentrieren, was meines Erachtens die zentrale Thematik von Spring ausmacht, die man als Spring-Entwickler unbedingt kennen sollte. Was nicht bedeutet, dass die anderen Themen unwichtig wären. Im vorliegenden Band haben wir es aber mit der Essenz der Spring-Entwicklung zu tun.

Der andere Grund ist die Tatsache, dass sich die Reichweite von Spring zwar erweiterte, mit jedem Release aber auch einfacher wurde. Der reichhaltige Set der Konfigurationsnamensräume, die Annahme der annotationsgetriebenen Programmiermodelle und die Anwendung vernünftiger Konventionen und Defaults haben die Spring-Konfiguration mit seitenlangem XML auf eine Handvoll Elemente reduziert.

Aber täuschen Sie sich nicht: Auch wenn Sie es mit weniger Seiten zu tun haben, ist es mir gelungen, eine Menge toller Spring-Features zu berücksichtigen. Neben der Dependency

Injection, AOP und deklarativen Transaktionen, die es bei Spring schon seit Langem gibt, liste ich hier einiges von dem auf, was Sie in dieser Ausgabe erwartet und was sich seit der vorigen Ausgabe verändert hat:

- die annotationsgetriebene Bean-Verschaltung, die das nötige XML für die Spring-Konfiguration dramatisch reduziert,
- eine neue Ausdruckssprache zur dynamischen Auswertung von Werten zur Laufzeit, die mit Bean-Eigenschaften verschaltet sind,
- das ganz neue, annotationsgetriebene Spring-MVC-Framework, das weitaus flexibler ist als das frühere hierarchische Controller-Framework,
- die nun viel einfachere Absicherung von Spring-Applikationen. Spring Security enthält einen neuen Konfigurationsnamensraum, praktische Defaults und Support für ausdrucksorientierte Sicherheitsregeln,
- erstklassiger Support für das Erstellen und Weiterverarbeiten von REST-Ressourcen, die auf Spring MVC basieren.

Egal, ob Sie in Spring neu einsteigen oder Spring-Veteran sind – ich hoffe, dass dieses Buch für Sie zu einem unverzichtbaren Leitfaden wird, den Sie in all Ihren Spring-Projekten einsetzen können.

Danksagungen

Vor Ihnen, wenn Sie es in die Hand nehmen, ging dieses Buch bereits durch viele andere Hände: Es wurde überarbeitet, geprüft, korrigiert und durchlief einen umfassenden Veröffentlichungsprozess. Ohne diese Vorarbeit wäre es nicht lesefertig.

Zunächst möchte ich bei Manning allen dafür danken, dass sie so hart gearbeitet haben und mich drängten, dieses verflixte Ding abzuschließen. Alle haben ihren Teil dazu beigetragen, damit das Buch so gut wie nur irgend möglich wird: Marjan Bace, Michael Stephens, Christina Rudloff, Karen Tegtmeyer, Maureen Spencer, Mary Piergies, Sebastian Stirling, Benjamin Berg, Katie Tennant, Janet Vail und Dottie Marsico.

Unterwegs erhielten auch verschiedene andere Leute die Gelegenheit, das Manuskript in seiner ungeschliffenen Form zu lesen und mir Feedback in Bezug darauf zu geben, was ich richtig gut hinbekommen habe und wo ich (keuch!) am Ziel vorbeigeschossen bin. Vielen Dank all diesen Rezensenten für ihre wertvollen Rückmeldungen: Valentin Crettaz, Jeff Addison, John Ryan, Olivier Nouguier, Joshua White, Deiveehan Nallazhagappan, Adam Taft, Peter Pavlovich, Mykel Alvis, Rick Wagner, Patrick Steger, Josh Devins, Dan Alford, Alberto Lagna, Dan Dobrin, Robert Hanson, Chad Davis, Carol McDonald, Deepak Vohra und Robert O'Connor. Ein ganz besonderes Dankeschön an Doug Warren in der Rolle des Fachlektors, der die technischen Details des Buches unter die Lupe nahm.

Meine Dankbarkeit gebührt auch all jenen, die an der Produktion des Buches nicht direkt beteiligt waren, mit ihrer Unterstützung und guten Gesprächen aber halfen und darauf achteten, dass ich beim Schreiben angemessene Pausen einhielt, um auch etwas anderes zu tun.

Hier möchte ich in erster Linie meiner Frau Raymie danken. Du bist meine beste Freundin, die Liebe meines Lebens und der Grund von allem, was ich tue. Ich liebe dich von tiefstem Herzen. Danke, dass Du noch so ein Schreibprojekt ausgehalten und mich dabei unterstützt hast.

Dank an Maisy und Madi, meine kleinen Prinzessinnen, für Eure Knuddler, Euer Lachen, Eure Fantasie und die gelegentlichen Pausen mit *Mario Kart*.

Dank meinen Kollegen bei SpringSource. Danke, dass ihr weiter daran arbeitet, die Art und Weise zu revolutionieren, wie wir Software entwickeln, und dass ihr mir die Chance gebt, dabei mitzuhelfen. Ein besonderer Dank geht an die beiden SpringSourcer, mit denen ich täglich arbeite: Keith Donald und Roy Clarkson. Wir haben im vergangenen Jahr einige unglaubliche Sachen bewerkstelligt, und ich freue mich auf die tollen Sachen, die noch vor uns liegen.

Vielen, vielen Dank an meine Jungs von No Fluff/Just Stuff, die ihr mich alle paar Wochenenden daran erinnert, dass ich nicht annähernd so clever bin wie ihr: Ted Neward, Venkat Subramaniam, Tim Berglund, Matthew McCullough, Matt Stine, Brian Goetz, Jeff Brown, Dave Klein, Ken Sipe, Nathaniel Schutta, Neal Ford, Pratik Patel, Rohit Bhardwaj, Scott Davis, Mark Richards und natürlich Jay Zimmerman.

Schließlich gibt es noch *viele* andere Leute, die ihren Teil dazu beigetragen haben, meine Karriere, dieses Buch und auch mich zu formen: Ryan Breidenbach, Ben Rady, Mike Nash, Matt Smith, John Woodward, Greg Vaughn, Barry Rogers, Paul Holser, Derek Lane, Erik Weibust und Andrew Rubalcaba.

Zu diesem Buch

Das Spring-Framework wurde mit einem speziellen Ziel geschaffen: Die Entwicklung von Java-EE-Applikationen sollte vereinfacht werden. Im gleichen Sinne wurde *Spring im Einsatz* in der zweiten deutschen Ausgabe geschrieben, um das Erlernen von Spring zu erleichtern. Mein Ziel ist nicht, Ihnen minutiös die einzelnen Spring-APIs aufzulisten. Ich hoffe, Ihnen das Spring-Framework vielmehr auf eine Weise vorstellen zu können, die für Java-EE-Entwickler optimal ist, indem ich hier praktische Codebeispiele aus dem Arbeitsalltag präsentiere. Weil es sich bei Spring um ein modulares Framework handelt, wurde auch dieses Buch so geschrieben. Mir ist klar, dass nicht alle Entwickler die gleichen Bedürfnisse haben. Manche wollen das Spring-Framework von der Pike auf lernen, während andere ihren eigenen Weg verfolgen und sich ihre Themen herauspicken. Insofern dient das Buch als Hilfsmittel, wenn man sich zum ersten Mal mit Spring beschäftigt, aber ebenso als Referenz für all jene, die sich mit speziellen Features näher beschäftigen wollen.

Für wen ist dieses Buch gedacht?

Spring im Einsatz richtet sich an alle Java-Entwickler; vor allem jene in Unternehmenszusammenhängen werden es hilfreich finden. Ich führe Sie umsichtig durch die Codebeispiele, die mit jedem Kapitel komplexer werden. Die wahre Power von Spring liegt aber in der Fähigkeit, die Entwicklung von Enterprise-Applikationen zu vereinfachen. Somit werden Unternehmensentwickler die in diesem Buch präsentierten Beispiele am umfassendsten zu schätzen wissen.

Weil ein großer Teil von Spring der Bereitstellung von Enterprise-Services gewidmet ist, kann man zwischen Spring und EJB viele Parallelen ziehen. Somit werden sich alle Ihre bereits vorhandenen Erfahrungen als sehr hilfreich herausstellen, diese beiden Frameworks miteinander zu vergleichen. Ein Teil dieses Buches widmet sich diesem Thema. Tatsächlich demonstrieren die letzten fünf Kapitel, wie Spring die unternehmensweite Integration von Webapplikationen unterstützt. Wenn Sie Anwendungsentwickler in einem Unternehmen sind, wird für Sie dieser letzte Teil des Buches besonders wertvoll sein.

Der Ablauf

Spring im Einsatz ist in drei Teile gegliedert. Im ersten Teil werden Ihnen die Grundlagen des Spring-Frameworks vorgestellt. Teil 2 geht darüber hinaus und taucht ein in die üblichen Elemente einer Spring-Applikation. Der letzte Teil zeigt, wie man mit Spring andere Applikationen und Dienste integriert.

In *Teil 1* untersuchen Sie die Dependency Injection (DI) und das aspektorientierte Programmieren (AOP), zwei wesentliche Features des Spring-Frameworks. So bekommen Sie ein gutes Verständnis der Fundamente von Spring, auf die Sie im ganzen Buch zurückgreifen können.

In *Kapitel 1* werden DI und AOP vorgestellt und wie sich beides dazu eignet, locker gekoppelte Java-Applikationen zu entwickeln.

In *Kapitel 2* erläutern wir, wie Sie Ihre Applikationsobjekte anhand der Dependency Injection konfigurieren und verknüpfen. Sie lernen, locker gekoppelte Komponenten zu schreiben und deren Abhängigkeiten und Eigenschaften mit XML innerhalb des Spring-Containers zu verschalten.

Nachdem Sie die Grundlagen der Spring-XML-Konfiguration erfasst haben, präsentiert *Kapitel 3* die annotationsorientierten Alternativen zur XML-Konfiguration.

Kapitel 4 untersucht, wie man mit dem AOP von Spring Cross-Cutting Concerns von den Objekten entkoppelt. Dieses Kapitel ist auch die Basis für spätere Kapitel, wenn Sie Spring AOP nutzen, um deklarative Dienste wie Transaktionen, Sicherheit und Caching zu liefern.

Teil 2 baut auf den in Teil 1 eingeführten Features von DI und AOP auf und zeigt Ihnen, wie Sie anhand dieser Konzepte die üblichen Elemente einer Applikation erstellen.

Kapitel 5 deckt den Support von Spring für die Datenpersistenz ab. Wir machen Sie mit dem JDBC-Support von Spring bekannt, der Ihnen hilft, einen Großteil des mit JDBC einhergehenden Boilerplate-Codes zu entsorgen. Sie werden auch sehen, wie sich Spring mit Persistenz-Frameworks wie Hibernate und der Java Persistence API (JPA) integrieren lässt.

Kapitel 6 ergänzt das 5. Kapitel und zeigt, wie Sie anhand der Transaktionsunterstützung von Spring die Integrität Ihrer Datenbank sichern. Sie erfahren, wie Spring AOP einsetzt, um einfachen Anwendungsobjekten die Macht der deklarativen Transaktionen zu verleihen.

Kapitel 7 stellt Ihnen das Web-Framework Spring MVC vor. Sie entdecken, wie Spring transparent Webparameter an Ihre Business-Objekte bindet und gleichzeitig Validierung und Fehlerbehandlung ermöglicht. Außerdem erfahren Sie, wie leicht es ist, Ihre Webanwendungen anhand der Controller von Spring MVC mit Funktionalitäten zu ergänzen.

Kapitel 8 beschäftigt sich mit Spring Web Flow, einer Erweiterung von Spring MVC, die die Entwicklung von dialogorientierten Webanwendungen ermöglicht. In diesem Kapitel lernen Sie, wie man Webanwendungen erstellt, die den User durch eine bestimmte Abfolge leiten.

Thema von *Kapitel 9* ist die Absicherung Ihrer Applikation anhand von Spring Security. Sie erfahren, wie man damit Applikationen sowohl auf Ebene der Webanforderungen anhand von Servlet-Filtern als auch auf Methodenebene mit Spring AOP absichert.

Wenn Sie mit dem, was Sie aus Teil 2 wissen, eine Applikation erstellt haben, können Sie diese auch mit anderen Applikationen oder Diensten integrieren. Darum geht es in *Teil 3*.

Kapitel 10 untersucht, wie Sie die Objekte Ihrer Applikation als Remote-Services veröffentlichen. Sie lernen auch, nahtlos auf Remote-Services zuzugreifen, so als wären sie einfach ein Objekt Ihrer Applikation. Zu den besprochenen Remoting-Technologien gehören RMI, Hessian/Burlap, SOAP-basierte Webservices und der Spring-eigene `HttpInvoker`.

Kapitel 11 greift noch einmal Spring MVC auf und zeigt, wie man damit die Daten Ihrer Anwendung als REST-konforme Ressourcen veröffentlicht. Außerdem lernen Sie, mit dem `RestTemplate` von Spring REST-Clients zu entwickeln.

Kapitel 12 thematisiert, wie man mit Spring anhand von JMS asynchrone Nachrichten versendet und empfängt. Neben den grundlegenden JMS-Operationen mit Spring erfahren Sie auch, wie man das Open-Source-Projekt Lingo einsetzt, um asynchrone Remote-Services über JMS zu veröffentlichen und weiterzuverarbeiten.

Kapitel 13 zeigt Ihnen, wie Sie mit Spring Beans als Managed-Beans exportieren, sie remote managen und mit JMX-Benachrichtigungen umgehen sowie die Objekte der Applikation mit JMX verwalten.

Am Ende unserer Ausführungen zu Spring zeigen wir in *Kapitel 14*, wie Sie mit Spring Jobs planen, E-Mails versenden und auf mit JNDI konfigurierte Ressourcen zugreifen.

Codespezifische Konventionen

In diesem Buch finden Sie zahlreiche Codebeispiele. Die Beispiele erscheinen stets in einer `Festbreitenschrift`. Auch Klassennamen, Methodennamen oder XML-Fragmente im Fließtext erscheinen in der `Festbreitenschrift`.

Viele der Klassen und Packages in Spring tragen aussagekräftige Namen, die jedoch außergewöhnlich lang sein können. Aus diesem Grund sind bei Bedarf an entsprechenden Stellen Pfeile (➥) eingebaut, um anzuzeigen, dass hier aus Platzgründen ein Umbruch vorgenommen wurde.

In diesem Buch sind nicht alle Codebeispiele vollständig. Oft zeige ich nur ein oder zwei Methoden aus einer Klasse, um ein bestimmtes Thema vorzustellen. Den vollständigen Quellcode für die Applikationen dieses Buches können Sie von der Website www.manning.com/SpringinActionThirdEdition herunterladen.

Über den Autor

Craig Walls ist seit mehr als 13 Jahren als Softwareentwickler tätig und war Koautor von *XDoclet in Action* (Manning 2003) sowie zwei früheren Ausgaben von *Spring in Action* (Manning 2005 und 2007, deutsch: *Spring im Einsatz*, Hanser 2008). Er ist eifriger Verfechter des Spring-Frameworks, hält häufig Vorträge für Benutzergruppen sowie auf Konferenzen und schreibt auch in seinem Blog über Spring. Sofern er nicht gerade neuen Code strickt, verbringt er möglichst viel Zeit mit seiner Frau, seinen beiden Töchtern, sechs Vögeln, vier Hunden, zwei Katzen und einer ständig schwankenden Anzahl tropischer Zierfische. Craig lebt in Plano, Texas.

Author Online

Der Erwerb von *Spring im Einsatz* berechtigt zum kostenfreien Zugriff auf das private, englischsprachige Webforum *Author Online* von Manning Publications, wo Sie Kommentare zum Buch abgeben, technische Fragen stellen und Hilfe von den Autoren und anderen Benutzern erhalten können. Um auf das Forum zuzugreifen und es zu abonnieren, rufen Sie die Seite www.manning.com/SpringinActionThirdEdition auf. Diese Seite enthält Informationen dazu, wie man nach der Registrierung in das Forum gelangt, welche Hilfe verfügbar ist und welche Verhaltensregeln im Forum gelten.

Absicht von Manning ist es, seinen Lesern einen Ort zur Verfügung zu stellen, an dem ein sinnvoller Dialog zwischen einzelnen Lesern sowie zwischen Leser und Autor stattfinden kann. Die Teilnahme des Autors an diesem Forum ist nicht verbindlich, sondern freiwillig (und wird auch nicht vergütet). Wir bitten Sie, dem Autor durchaus anspruchsvolle Fragen zu stellen, da sein Interesse andernfalls erlahmen könnte!

Das Forum *Author Online* und die Archive früherer Diskussionen können über die Website aufgerufen werden, solange das Buch über den Verlag erhältlich ist.

Über den Titel

Durch die Kombination von Einführungen, Übersichten und praktischen Beispielen eignen sich die ... *im Einsatz*-Bücher hervorragend zum Lernen und Nachschlagen. Den Forschungen der kognitiven Wissenschaften zufolge erinnert sich der Mensch am besten an jene Dinge, die er bei selbst motivierter Erforschung entdeckt.

Obwohl es bei Manning keine kognitiven Wissenschaftler gibt, sind wir davon überzeugt, dass ein permanenter Lernerfolg erzielt wird, wenn das Lernen Phasen des Forschens, des Spiels und interessanterweise auch des wiederholten Berichtens von jeweils Gelerntem durchläuft. Menschen verstehen neue Dinge besser und können sie besser erinnern und also meistern, wenn sie sie aktiv erforschen. Menschen lernen, indem sie praktische Beispiele im Einsatz erleben. Wesentlicher Bestandteil eines ... *im Einsatz*-Handbuchs sind seine Beispiele. So wird der Leser ermutigt, Dinge auszuprobieren, mit neuem Code zu spielen und neue Konzepte und Ideen zu erforschen.

Es gibt auch einen profanen Grund für den Titel unseres Buches: Die Leser haben viel zu tun. Sie nutzen Bücher, um eine Aufgabe zu bewältigen oder ein Problem zu lösen. Sie brauchen Bücher, in die sie ohne größere Umstände ein- und wieder aussteigen können und genau das lernen, was sie in diesem Moment benötigen. Sie brauchen Bücher, die sie *im Einsatz* begleiten. Die Bücher dieser Reihe sind speziell für solche Leser gedacht.

Teil I: Der Kern von Spring

Spring kann eine Menge Sachen. Doch wenn Sie es auf seine Kernbestandteile herunterbrechen, sind als primäre Features für Spring die Dependency Injection (DI) und das aspektorientierte Programmieren (*aspect-orientated programming*, AOP) zu nennen. In Kapitel 1, „Spring ins kalte Wasser", gebe ich Ihnen einen kurzen Überblick über DI und AOP in Zusammenhang mit Spring und zeige, wie Sie damit Anwendungsobjekte entkoppeln.

In Kapitel 2, „Bean-Verschaltung", beschäftigen wir uns eingehender mit der Frage, wie man die auf XML basierende Konfiguration von Spring nutzt, um Anwendungsobjekte locker mit Dependency Injection lose zu koppeln. Sie erfahren, wie man zunächst Anwendungsobjekte definiert und dann mit ihren Abhängigkeiten verschaltet.

XML ist nicht der einzige Weg, um Spring zu konfigurieren. Wir greifen den Faden aus dem Kapitel davor wieder auf und untersuchen in Kapitel 3, „Die XML-Konfiguration in Spring minimieren", einige der neuen Features in Spring, mit denen man Anwendungsobjekte mit minimalem XML (oder in manchen Fällen auch ganz ohne) verschaltet.

Kapitel 4, „Aspektorientiertes Spring", untersucht, wie man die AOP-Features von Spring nutzt, um systemweite Dienste (wie Sicherheit und Auditing) von den Objekten entkoppelt, die sie bedienen. Dieses Kapitel schafft die Grundlage für die Kapitel 6 und 9, in denen Sie lernen, wie man das AOP von Spring nutzt, um eine deklarative Transaktion und Sicherheit zu ermöglichen.

1 Spring ins kalte Wasser

Dieses Kapitel behandelt die folgenden Themen:

- Kernmodule von Spring
- Entkoppeln von Anwendungsobjekten
- Verwalten von CCCs mit AOP
- Der Bean-Container von Spring

Alles begann mit einer Bean.

1996 war die Java-Programmiersprache eine noch junge, aufregende Plattform und gerade mächtig im Kommen. Zahlreiche Entwickler wandten sich ihr zu, weil sie gesehen hatten, wie sich mithilfe von Applets dynamische Rich Internet Applications erstellen ließen. Bald aber stellte sich heraus, dass man mit dieser seltsamen neuen Sprache viel mehr machen konnte, als nur jonglierende Zeichentrickfiguren zu animieren. Anders als jede Sprache zuvor ermöglichte Java das Schreiben komplexer Anwendungen, die aus diskreten Teilen bestanden. Die Entwickler kamen wegen der Applets – und blieben wegen der Komponenten.

Im Dezember jenes Jahres veröffentlichte Sun Microsystems die JavaBeans-Spezifikation 1.00-A. JavaBeans definierte ein Softwarekomponentenmodell für Java. Diese Spezifikation definierte einen Satz Kodierrichtlinien, die die Wiederverwendung einfacher Java-Objekte und ihre Zusammenstellung zu komplexeren Anwendungen gestattete. Zwar waren JavaBeans als Allzweckmittel zur Definition wiederverwendbarer Anwendungskomponenten gedacht, sie wurden aber in erster Linie als Modell zur Erstellung von Benutzeroberflächen-Widgets verwendet. Offenbar waren sie für „echte" Arbeiten zu einfach. Die Unternehmensentwickler wollten mehr.

Anspruchsvolle Anwendungen benötigen häufig Dienste wie Transaktionsunterstützung, Sicherheit und verteilte Berechnungen – Dienste, die in der JavaBeans-Spezifikation nicht direkt vorhanden sind. Aus diesem Grund veröffentlichte Sun im März 1998 die Version 1.0 der EJB-Spezifikation (Enterprise JavaBeans). Diese Spezifikation erweiterte das Konzept der Java-Komponenten auf die Serverseite und bezog auch die dringend benötigten Unternehmensdienste mit ein; die Einfachheit der ursprünglichen JavaBeans-Spezifikation konnte jedoch nicht aufrechterhalten werden. Abgesehen vom Namen hat EJB mit der ursprünglichen JavaBeans-Spezifikation nur noch wenig gemein.

Trotz der Tatsache, dass viele erfolgreiche Anwendungen auf Grundlage von EJB erstellt wurden, hat EJB sein ursprüngliches Ziel – die Vereinfachung der Entwicklung von Unternehmensanwendungen – nie erreicht. Zugegeben: Das deklarative Programmiermodell von EJB vereinfacht zahlreiche Infrastrukturaspekte der Entwicklung, z. B. Transaktionen und Sicherheit.

Andererseits verkomplizieren EJBs die Entwicklung, indem sie Bereitstellungsdeskriptoren und Verknüpfungscode für Basis- und entfernte bzw. lokale Schnittstellen vorschreiben. Im Laufe der Zeit klang die Begeisterung vieler Entwickler über EJB deutlich ab. Infolgedessen hat die Popularität von EJB in den vergangenen Jahren sogar abgenommen, und zahlreiche Entwickler suchten nach einfacheren Möglichkeiten.

Heute ist die Entwicklung von Java-Komponenten zu ihren Wurzeln zurückgekehrt. Neue Programmiertechniken wie die aspektorientierte Programmierung (AOP) und Dependency Injection (DI) geben JavaBeans einen Großteil der Leistungsfähigkeit, die ursprünglich EJBs vorbehalten war. Diese Techniken statten POJOs (Plain Old Java Objects, „ganz normale" Java-Objekte) mit einem deklarativen Programmiermodell aus, das zwar an EJB erinnert, bei Weitem aber nicht so komplex ist. Sie müssen jetzt also keine sperrigen EJB-Komponenten mehr schreiben, wenn eine einfache JavaBean ausreichen würde.

Der Fairness halber sei gesagt, dass auch EJBs mittlerweile ein POJO-basiertes Programmiermodell fördern. Die aktuelle EJB-Spezifikation setzt Konzepte wie DI und AOP ein und ist erheblich schlichter als ihre Vorgänger. Trotzdem gehen diese Änderungen den meisten Entwicklern nicht weit genug und kommen auch zu spät. Als die EJB 3-Spezifikation veröffentlicht wurde, hatten sich andere POJO-basierte Entwicklungs-Frameworks bereits als De-facto-Standards in der Java-Community etabliert.

An vorderster Front der Entwicklung POJO-basierter Lightweight-Frameworks steht das Spring-Framework, Gegenstand unseres Buches. In diesem Kapitel bieten wir Ihnen einen allgemeinen Überblick über das Spring-Framework und zeigen, worum es überhaupt geht. Die folgenden Abschnitte bereiten den Boden für den weiteren Verlauf des Buchs, und Sie erhalten hier einen guten Eindruck davon, welche Schwierigkeiten mit Spring behoben werden. Doch immer der Reihe nach. Zuerst einmal wollen wir herausfinden, worum es sich bei Spring eigentlich handelt.

1.1 Vereinfachte Java-Entwicklung

Spring ist ein Open-Source-Framework, das von Rod Johnson entwickelt – und in seinem Buch *Expert One-on-One: J2EE Design and Development* beschrieben – wurde, um auf die Komplexität bei der Entwicklung von Unternehmensanwendungen eine Antwort zu finden. Was einfache JavaBeans leisten, war vorher nur mit EJBs möglich. Allerdings beschränkt sich der Nutzen von Spring nicht auf die serverseitige Entwicklung. Jede Java-Anwendung profitiert hinsichtlich der Einfachheit, Prüfbarkeit und losen Kopplung von Spring.

Bohne mit beliebigem Namen

In Spring werden die Wörter „Bean" und „JavaBean" relativ beliebig verwendet, wenn auf Anwendungskomponenten verwiesen wird; dies bedeutet aber nicht, dass eine Spring-Komponente sich bis aufs I-Tüpfelchen an die JavaBeans-Spezifikation halten muss. Eine Komponente in Spring kann jede Art POJO sein. In diesem Buch verwende ich den Begriff „JavaBean" relativ locker – er wird synonym zu POJO eingesetzt.

Wie Sie in diesem Buch erfahren, „kann“ Spring ziemlich viel. Zu praktisch allem lässt sich aber sagen, dass Springs fundamentale Mission darin besteht, *die Entwicklung mit Java zu vereinfachen.*

Das ist eine mutige Aussage! Immerhin behaupten das auch eine Menge anderer Frameworks. Spring will aber das Thema „Java-Entwicklung“ insgesamt vereinfachen. Das erfordert einige Erläuterungen. Inwiefern ist die Java-Entwicklung mit Spring einfacher?

Spring gründet seinen Angriff auf die Komplexität von Java auf vier Kernstrategien:

- Leichtgewichtige und minimal invasive Entwicklung mit POJOs (Plain Old Java Objects)
- Lockere Kopplung durch Injizieren von Abhängigkeiten und Interface-Orientierung
- Deklarative Programmierung durch Aspekte und übliche Konventionen
- Reduzierung von Boilerplate-Code durch Aspekte und Vorlagen

Praktisch alles, was Spring macht, lässt sich auf eine oder mehrere dieser vier Strategien zurückführen. Im restlichen Kapitel werde ich jede dieser Ideen ausführlich erläutern und konkrete Beispiele zeigen, wie Spring sein Versprechen, die Java-Entwicklung zu vereinfachen, gut einlöst. Fangen wir damit an, wie Spring „minimal invasiv“ bleibt, indem die POJO-orientierte Entwicklung bestärkt wird.

1.1.1 Die Kraft der POJOs entfesseln

Wenn Sie schon länger mit Java entwickeln, kennen Sie wahrscheinlich auch Frameworks (und haben vielleicht damit gearbeitet), die Sie insofern einschränken, dass Sie gezwungen werden, eine ihrer Klassen zu erweitern oder eines von deren Interfaces zu implementieren. Klassisches Beispiel ist eine stateless Session-Bean aus der EJB 2-Ära. Wie Sie dieser trivialen `HelloWorldBean` entnehmen können, stellt die EJB 2-Spezifikation ein paar heftige Anforderungen:

LISTING 1.1 EJB 2.1 zwang Sie, Methoden z. B. implementieren, die nicht gebraucht wurden.

```
package com.habuma.ejb.session;
import javax.ejb.SessionBean;
import javax.ejb.SessionContext;
public class HelloWorldBean implements SessionBean {
  public void ejbActivate() {        ◂ Wofür werden diese Methoden gebraucht?
  }
  public void ejbPassivate() {
  }
  public void ejbRemove() {
  }
  public void setSessionContext(SessionContext ctx) {
  }
  public String sayHello() {        ◂ Kern der Business-Logik von EJB
    return "Hello World";
  }
  public void ejbCreate() {
  }
}
```

Das SessionBean-Interface erlaubte, dass man sich in den EJB-Lebenszyklus einklinkt, indem mehrere Lebenszyklen-Callback-Methoden (die alle mit *ejb* beginnen) implementiert wurden. Oder sollte ich das anders formulieren und sagen, dass das SessionBean-Interface Sie *zwingt*, sich in den EJB-Lebenszyklus einzuklinken, auch wenn Sie das gar nicht müssten? Der Großteil des Codes in HelloWorldBean steht dort also nur des Frameworks zuliebe. Das wirft natürlich die Frage auf: Wer arbeitet hier für wen?

Es ist aber nicht nur EJB 2 alleine invasiv. Andere bekannte Frameworks wie die früheren Versionen von Struts, WebWork und Tapestry drängten sich bei ansonsten einfachen Java-Klassen ebenfalls auf. Diese schwergewichtigen Frameworks zwangen Entwickler, mit unnötigem Code vollgestopfte Klassen zu schreiben, der in das Framework eingesperrt und nur schwer zu testen war.

Spring vermeidet es (so weit wie möglich), Ihren Anwendungscode mit seiner API vollzumüllen. Spring zwingt Sie fast nie, ein Spring-spezifisches Interface zu implementieren oder eine Spring-spezifische Klasse zu erweitern. Stattdessen merkt man den Klassen in einer auf Spring basierenden Anwendung oft gar nicht an, dass sie von Spring verwendet werden. Schlimmstenfalls kann eine Klasse mit einer der Annotationen von Spring versehen sein, ist aber ansonsten ein POJO.

Zur Verdeutlichung: Wenn die in Listing 1.1 gezeigte Klasse HelloWorldBean neu geschrieben wird, um als von Spring verwaltete Bean zu funktionieren, würde sie wie folgt aussehen.

LISTING 1.2 Spring verlangt nichts Unvernünftiges von HelloWorldBean.

```
package com.habuma.spring;
public class HelloWorldBean {
  public String sayHello() {     ◂ Mehr brauchen Sie nicht
    return "Hello World";
  }
}
```

Ist das nicht viel besser? Verschwunden all diese geräuschvollen Lebenszyklusmethoden. Von der Spring-API implementiert oder erweitert HelloWorldBean gar nichts und importiert nicht mal etwas. Hello-WorldBean ist schlank, flott und in jeder Hinsicht ein POJO.

Trotz ihrer einfachen Form sind POJOs sehr leistungsfähig. Spring nutzt POJOs, indem sie per Abhängigkeitsinjektion zusammengesetzt werden. Schauen wir uns an, wie man mit der Abhängigkeitsinjektion Anwendungsobjekte voneinander entkoppelt halten kann.

1.1.2 Abhängigkeiten injizieren

Der Begriff *Abhängigkeiten injizieren* (*Dependency Injection*, DI) klingt möglicherweise ein bisschen beängstigend – vor Ihrem geistigen Auge entsteht vielleicht die Vorstellung von komplexen Programmiertechniken oder Entwurfsmustern. Doch wie sich herausstellen wird, ist DI nicht annähernd so komplex, wie es klingt. Sie werden vielmehr feststellen, dass Ihr Code durch Einsatz von DI in Ihren Projekten wesentlich simpler wird. Auch Lesbarkeit und Debugging des Codes werden erheblich vereinfacht.

Komplexere Anwendungen (also praktisch alle, die etwas anspruchsvoller sind als ein HelloWorld-Beispiel) bestehen aus zwei oder mehr Klassen, die miteinander kollaborieren, um Business-Logik umzusetzen. Traditionell ist jedes Objekt dafür zuständig, eigene Referenzen auf die Objekte zu erhalten, mit denen es kollaboriert; so viel zu den Abhängigkeiten. Dieses Prinzip hat oft einen hochgradig gekoppelten Code zum Ergebnis, der schwer zu testen ist.

Schauen wir uns als Beispiel die im Folgenden demonstrierte Klasse `Knight` an.

LISTING 1.3 Ein `DamselRescuingKnight` kann sich nur auf `RescueDamselQuests` begeben.

```
package com.springinaction.knights;
public class DamselRescuingKnight implements Knight {
  private RescueDamselQuest quest;
  public DamselRescuingKnight() {
    quest = new RescueDamselQuest();     ◂ Eng gekoppelt mit RescueDamselQuest
  }
  public void embarkOnQuest() throws QuestException {
    quest.embark();
  }
}
```

Wie Sie sehen, schafft `DamselRescuingKnight` innerhalb des Konstruktors seine eigene Quest, die `RescueDamselQuest`. So wird ein `DamselRescuingKnight` eng mit einer `RescueDamselQuest` gekoppelt, was das Repertoire dieses Ritters ernsthaft einschränkt, sich um seine Quest zu kümmern. Wenn eine Dame gerettet werden soll, eilt dieser Ritter herbei. Doch wenn es einen Drachen zu erschlagen gilt oder an einer Tafelrunde ... tja, getafelt werden soll, muss das gerade dieser Ritter aussitzen.

Außerdem wird es furchtbar schwer, einen Unit-Test für `DamselRescuingKnight` zu schreiben. Bei einem solchen Test müssen Sie sicherstellen können, dass die `embark()`-Methode der Quest aufgerufen wird, sobald `embarkOnQuest()` des Ritters aufgerufen wird. Man findet hier aber keinen klaren Weg. Bedauerlicherweise bleibt `DamselRescuingKnight` ungetestet.

Kopplung ist ein zweischneidiges Schwert. Einerseits ist Code mit engen Kopplungen schwer zu testen, zu verstehen und wiederzuverwenden und führt außerdem zu Bugverkettungen (d. h. das Beheben eines Bugs führt zum Entstehen eines oder mehrerer neuer Bugs). Andererseits ist ein bestimmtes Maß an Kopplung nötig – vollständig entkoppelter Code leistet überhaupt nichts. Um etwas Sinnvolles zu bewerkstelligen, müssen Klassen auf irgendeine Weise voneinander erfahren. Eine Kopplung ist also notwendig, sollte aber sorgfältig verwaltet werden.

Wenn man hingegen DI einsetzt, werden den Objekten ihre Abhängigkeiten bei der Erstellung durch eine externe Entität zugewiesen, die alle Objekte im System koordiniert. Von den Objekten erwartet man nicht, dass sie ihre Abhängigkeiten erstellen oder sich beschaffen: Abhängigkeiten werden in die Objekte injiziert, die sie benötigen.

Um diesen Punkt zu verdeutlichen, schauen wir uns im folgenden Listing `BraveKnight` an. Dieser Ritter ist nicht nur tapfer, sondern auch in der Lage, sich auf jede Quest zu begeben, die verkündet wird.

LISTING 1.4 Ein `BraveKnight` ist flexibel genug, sich auf jede `Quest` zu begeben, die ihm aufgetragen wird.

```
package com.springinaction.knights;
public class BraveKnight implements Knight {
  private Quest quest;
  public BraveKnight(Quest quest) {
    this.quest = quest;        ◂ Quest wird injiziert
  }
  public void embarkOnQuest() throws QuestException {
    quest.embark();
  }
}
```

Wie Sie sehen, erstellt `BraveKnight` anders als `DamselRescuingKnight` keine eigene Quest. Vielmehr bekommt er zur Konstruktionszeit eine Quest als Konstruktorargument. Diese Art von Abhängigkeitsinjektion nennt man *Konstruktorinjektion*.

Außerdem wird die Quest, die er bekommt, als `Quest` typisiert, ein Interface also, das alle Quests implementieren. Nun könnte sich `BraveKnight` auf eine `RescueDamselQuest` oder eine `DrachenErschlagenQuest` oder eine `TafelrundeTafelnQuest` begeben oder gar irgendeine andere `Quest`-Implementierung.

Wesentlich hierbei ist die Tatsache, dass `BraveKnight` mit keiner bestimmten Implementierung von `Quest` gekoppelt ist. Ihm ist es egal, zu welcher Art von Quest er aufgefordert wird, solange sie das `Quest`-Interface implementiert. Das ist der zentrale Vorteil der DI: die lose Kopplung. Wenn ein Objekt seine Abhängigkeiten nur über deren Schnittstelle kennt (d. h. nicht über deren Implementierung oder die Art der Instanziierung), kann diese Abhängigkeit durch eine andere Implementierung ersetzt werden, ohne dass das abhängige Objekt den Unterschied bemerkt.

Sehr verbreitet ist die Gewohnheit, eine Abhängigkeit zu ersetzen, wenn man beim Testen eine Pseudo-Implementierung braucht. Wegen der engen Kopplung konnte man `DamselRescuingKnight` nicht adäquat testen, aber kann man `BraveKnight` ganz einfach testen, indem man ihm eine Pseudo-Implementierung von `Quest` gibt? – Mit dieser Frage befassen wir uns als Nächstes.

LISTING 1.5 Um `BraveKnight` zu testen, injizieren Sie eine Pseudo-Quest.

```
package com.springinaction.knights;
import static org.mockito.Mockito.*;
import org.junit.Test;
public class BraveKnightTest {
  @Test
  public void knightShouldEmbarkOnQuest() throws QuestException {
    Quest mockQuest = mock(Quest.class);     ◂ Pseudo-Quest erstellen
{
    BraveKnight knight = new BraveKnight(mockQuest);     ◂ Pseudo-Quest injizieren
    knight.embarkOnQuest();
    verify(mockQuest, times(1)).embark();
  }
}
```

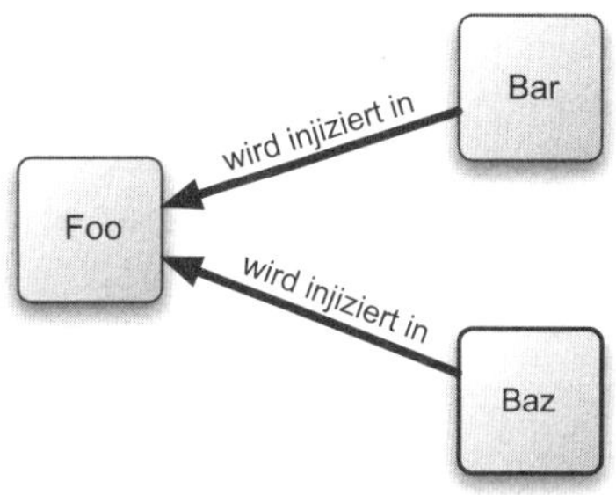

ABBILDUNG 1.1 Das DI-Prinzip: Ein Objekt muss seine Abhängigkeiten nicht selbst erwerben, sondern erhält diese zugewiesen.

Hier verwenden Sie ein Framework für Pseudo-Objekte namens *Mockito*, um eine Pseudo-Implementierung des `Quest`-Interfaces zu erstellen. Mit diesem Pseudo-Objekt erstellen Sie eine neue Instanz von `BraveKnight` und injizieren die Pseudo-`Quest` über den Konstruktor. Nach Aufruf der `embarkOnQuest()`-Methode lassen Sie Mockito überprüfen, dass die `embark()`-Methode der Pseudo-`Quest` exakt einmal aufgerufen wurde.

Eine Quest in einen Ritter injizieren

Nachdem nun Ihre `BraveKnight`-Klasse so geschrieben wurde, dass Sie ihm jede beliebige Quest geben können, wie können Sie festlegen, welche `Quest` er bekommen soll?

Die Handlung, bei der Assoziationen zwischen Anwendungskomponenten erstellt werden, wird als *Verschaltung* (engl. *wiring*) bezeichnet. Bei Spring gibt es viele Möglichkeiten, Komponenten zu verschalten, meist wird jedoch dazu XML verwendet. Im folgenden Listing sehen Sie eine einfache Spring-Konfigurationsdatei knights.xml, durch die `BraveKnight` eine `SlayDragonQuest` bekommt.

LISTING 1.6 Mit Spring eine `SlayDragonQuest` in einen `BraveKnight` injizieren

```
<?xml version="1.0" encoding="UTF-8"?>
<beans xmlns="http://www.springframework.org/schema/beans"
    xmlns:xsi="http://www.w3.org/2001/XMLSchema-instance"
    xsi:schemaLocation="http://www.springframework.org/schema/beans
     http://www.springframework.org/schema/beans/spring-beans-3.0.xsd">
  <bean id="knight" class="com.springinaction.knights.BraveKnight">
    <constructor-arg ref="quest" />    ◂ Quest-Bean injizieren
  </bean>
  <bean id="quest"
        class="com.springinaction.knights.SlayDragonQuest" />/>    ◂ Erstellen von
</beans>                                                               SlayDragonQuest
```

Dies ist ein ziemlich simpler Ansatz zur Verschaltung von Beans. Sie brauchen hier noch nicht so sehr auf die Details zu achten. In Kapitel 2 werden wir uns eingehender mit der Konfiguration von Spring beschäftigen. Dort wird es auch um andere Möglichkeiten gehen, wie man Beans in Spring verschaltet.

Nachdem wir nun die Beziehung zwischen einem `BraveKnight` und seiner `Quest` deklariert haben, müssen wir die XML-Konfigurationsdatei hochladen und die Anwendung starten.

Wie es funktioniert

In einer Spring-Anwendung lädt ein *Applikationskontext* die Bean-Definitionen und verschaltet die Beans miteinander. Der Spring-Applikationskontext ist vollständig für die Erstellung und Verschaltung der Objekte verantwortlich, aus denen die Applikation besteht. Bei Spring gibt es verschiedene Implementierungen des Applikationskontexts, die sich primär nur darin unterscheiden, wie sie ihre Konfiguration laden.

Weil die Beans in knights.xml in einer XML-Datei deklariert werden, wäre `ClassPathXmlApplicationContext` eine passende Wahl für den Applikationskontext. Diese Spring-Kontextimplementierung lädt den Spring-Kontext aus einer oder mehrerer XML-Dateien, die sich im Klassenpfad der Applikation befinden. Die Methode `main()` im folgenden Listing 1.7 verwendet `ClassPathXmlApplicationContext`, um die Datei knight.xml zu laden, und ruft eine Referenz auf das `Knight`-Objekt ab.

LISTING 1.7 `KnightMain.java` lädt den Spring-Kontext mit Ritter.

```
package com.springinaction.knights;
import org.springframework.context.ApplicationContext;
import org.springframework.context.support.ClassPathXmlApplicationContext;
public class KnightMain {
  public static void main(String[] args) {
    ApplicationContext context =
        new ClassPathXmlApplicationContext("knights.xml");   ◂ Spring-Kontext laden
    Knight knight = (Knight) context.getBean("knight");   ◂ knight-Bean holen
    knight.embarkOnQuest();   ◂ knight verwenden
  }
}
```

Hier erstellt die Methode `main()` basierend auf der Datei knights.xml den Spring-Applikationskontext. Dann verwendet sie den Applikationskontext als Factory, um die Bean mit der ID *knight* auszulesen. Mit einer Referenz auf das `Knight`-Objekt ruft sie die Methode `embarkOnQuest()` auf, damit der Ritter auf die ihm zugedachte Quest gehen kann. Beachten Sie, dass diese Klasse nichts davon weiß, welche Art `Quest` unser Held hat. Diesbezüglich ist sie sich – glücklicherweise – keineswegs der Tatsache bewusst, dass sie es mit `BraveKnight`zu tun hat. Nur die Datei knights.xml „weiß“ ganz sicher, um welche Implementierungen es sich handelt.

Somit verfügen Sie bereits über eine schnelle Einführung in die Abhängigkeitsinjektion. In diesem Buch werden Sie noch oft auf DI stoßen. Wenn Sie mehr darüber wissen wollen, blättern Sie im Buch *Dependency Injection* von Dhanji R. Prasanna, wo alles ausführlich beschrieben wird.

Doch nun zu einer weiteren Java vereinfachenden Spring-Strategie: das deklarative Programmieren mit Aspekten.

1.1.3 Aspekte anwenden

DI erlaubt eine lose Verknüpfung von Softwarekomponenten; die aspektorientierte Programmierung (AOP) hingegen erlaubt es, anwendungsweit eingesetzte Funktionalitäten in wiederverwendbare Komponenten einzubinden.

AOP wird oft als Programmiertechnik beschrieben, die die Trennung von Funktionen innerhalb eines Softwaresystems unterstützt. Systeme setzen sich aus mehreren Komponenten zusammen, die jeweils für eine bestimmte Funktionalität zuständig sind. Häufig tragen solche Komponenten jedoch über ihre Kernfunktionalität hinaus zusätzliche Verantwortung. Systemdienste wie die Protokollierung, die Transaktionsverwaltung und die Sicherheit tauchen vielfach in Komponenten auf, deren Kernzuständigkeit eigentlich eine ganz andere ist. Solche Systemdienste werden häufig als CCCs (*Cross-Cutting Concerns*, querschnittliche Funktionen) bezeichnet, weil sie sich des Öfteren über mehrere Komponenten eines Systems erstrecken.

Durch die Verteilung dieser Funktionen über mehrere Komponenten hinweg erhöhen Sie die Komplexität Ihres Codes auf zweierlei Weise:

- Der Code, der die systemweiten Funktionen implementiert, wird komponentenübergreifend mehrfach verwendet. Dies bedeutet, dass Sie Änderungen bei solchen Funktionen auch in mehreren Komponenten vorzunehmen haben. Aber auch dann, wenn Sie die Funktion so abstrahieren, dass die Auswirkungen auf Ihre Komponenten sich auf einen einzigen Methodenaufruf beschränken, muss dieser Aufruf an mehreren Stellen eingebunden werden.
- Ihre Komponenten sind mit Code übersät, der nichts mit der jeweiligen Kernfunktionalität zu tun hat. Eine Methode zum Einfügen eines Eintrags in ein Adressbuch sollte sich darauf beschränken, die Adresse hinzuzufügen; zu überprüfen, ob dies sicher oder transaktionsgebunden ist, darf aber nicht ihre Aufgabe sein.

Abbildung 1.2 veranschaulicht dieses Maß an Komplexität: Die Unternehmensobjekte auf der linken Seite sind zu eng mit den Systemdiensten verknüpft. Die Objekte wissen nicht nur, dass sie protokolliert, geschützt und in einem Transaktionskontext verwendet werden, sondern jedes Objekt ist für die Durchführung all dieser Dienste außerdem selbst verantwortlich.

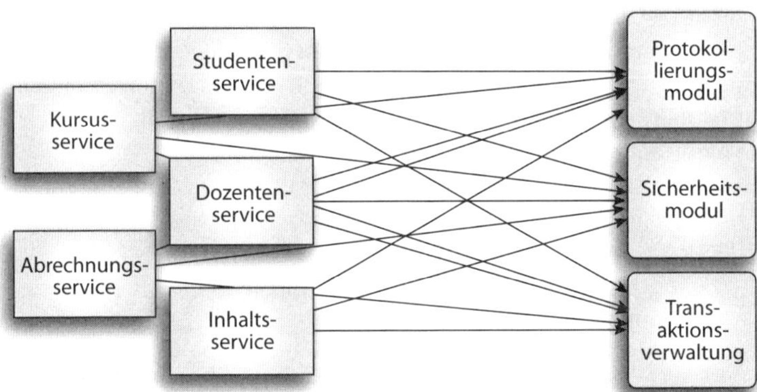

ABBILDUNG 1.2 Aufrufe systemweiter Funktionen wie Protokollierung und Sicherheit sind häufig über mehrere Module verstreut, deren Kernfunktionalität zudem nichts mit diesen Funktionen zu tun hat.

AOP erlaubt die Modularisierung dieser Dienste und ihre deklarative Anwendung auf die jeweiligen Komponenten. Das Ergebnis sind Komponenten, die kohäsiver sind und sich auf ihre jeweiligen speziellen Aufgaben konzentrieren – sie wissen nichts über die für sie relevanten Systemdienste. Kurz gesagt: Aspekte sorgen dafür, dass einfache Java-Objekte auch einfach bleiben.

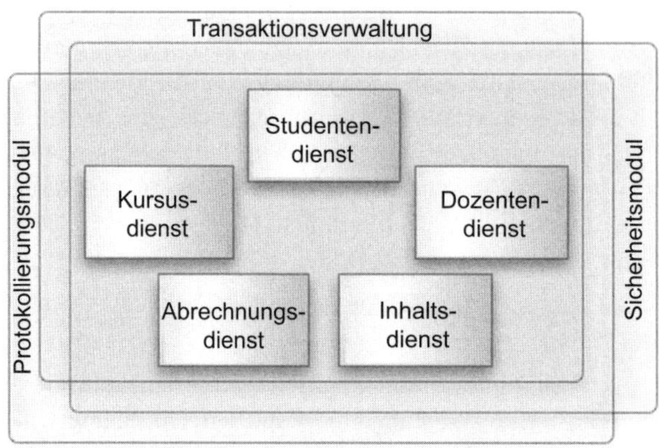

ABBILDUNG 1.3 Mit AOP verbergen systemweite Funktionen die Komponenten, auf die sie sich auswirken. Auf diese Weise können sich die Anwendungskomponenten auf ihre jeweilige spezielle Unternehmensfunktionalität konzentrieren.

Stellen Sie sich Aspekte als Decken vor, die viele Komponenten einer Anwendung verbergen (siehe Abbildung 1.3). Im Kern besteht eine Anwendung aus Modulen, die die Business-Funktionalität implementieren. Mit AOP können Sie Ihre Kernanwendung mit Funktionalitätsschichten verbergen. Diese Schichten können deklarativ und auf flexible Weise in der gesamten Anwendung eingesetzt werden, ohne dass Ihre Kernanwendung überhaupt von deren Existenz weiß. Dies ist ein mächtiges Konzept, denn es verhindert, dass Sicherheits-, Transaktions- und Protokollierungsfunktionen die Business-Logik im Anwendungskern verschandeln.

Um zu demonstrieren, wie Aspekte in Spring angewendet werden, wollen wir uns wieder unserem Ritter zuwenden. Wir ergänzen das Beispiel um einen einfachen Protokollierungsaspekt.

AOP im Einsatz

Wir wissen über Ritter nur deswegen überhaupt etwas, weil ihre Heldentaten in Heldenliedern festgehalten wurden, und zwar von jenen musikalisch hervorragenden Geschichtenerzählern, den Minnesängern (engl. *minstrels*). Nehmen wir an, Sie wollen das Schalten und Walten Ihres `BraveKnights` durch die Dienste eines Minnesängers für die Nachwelt festhalten. Im Folgenden sehen wir die dafür nutzbare Klasse `Minstrel`.

LISTING 1.8 Ein Minstrel ist ein der Sangeskunst zugeneigtes Protokollierungssystem aus mittelalterlicher Zeit.

```
package com.springinaction.knights;
public class Minstrel {
  public void singBeforeQuest() {    ◂ Wird vor Quest aufgerufen
    System.out.println("Fa la la; The knight is so brave!");
  }
  public void singAfterQuest() {    ◂ Wird nach Quest aufgerufen
    System.out.println(
            "Tee hee he; The brave knight did embark on a quest!");
  }
}
```

Wie Sie sehen, ist `Minstrel` eine einfache Klasse mit zwei Methoden. Die Methode `singBeforeQuest()` soll aufgerufen werden, bevor ein Ritter sich für seine Quest auf den Weg macht, und die Methode `singAfterQuest()` wird aufgerufen, wenn der Ritter seine Quest vollendet hat. Das sollte Ihnen nicht schwer fallen, in den Code einzuarbeiten. Also nehmen wir die notwendigen Veränderungen vor, damit `BraveKnight` den `Minstrel` verwenden kann. Das folgende Listing zeigt einen ersten Versuch.

LISTING 1.9 Ein `BraveKnight`, der `Minstrel`-Methoden aufrufen muss

```
package com.springinaction.knights;
public class BraveKnight implements Knight {
  private Quest quest;
  private Minstrel minstrel;
  public BraveKnight(Quest quest, Minstrel minstrel) {
    this.quest = quest;
    this.minstrel = minstrel;
  }
  public void embarkOnQuest() throws QuestException {
    minstrel.singBeforeQuest();    ◂ Sollten Ritter ihre eigenen Sänger managen?
    quest.embark();
    minstrel.singAfterQuest();
  }
}
```

Das sollte reichen. Aber irgendetwas scheint nicht ganz zu stimmen. Gehört es wirklich zu den Aufgaben eines Ritters, seinen Minnesänger zu verwalten? Seit alters her geht ein solcher Sangesmann doch seinem musikalischen Gewerbe nach, ohne dass ihn ein Ritter dazu veranlasst. Immerhin besteht die Lebensaufgabe des Minnesängers darin, Ruhm und Ehre des Ritters kraft seiner Stimme kundzutun. Warum sollte der Ritter sich darum kümmern, den Sänger an seinen Auftrag zu erinnern?

Weil überdies der Ritter über den Minnesänger Bescheid wissen muss, sind Sie gezwungen, den `Minstrel` in den `BraveKnight` zu injizieren. Das verkompliziert nicht nur den Code von `BraveKnight`, sondern mich dünkt zudem, dass es noch nie einen Ritter ohne einen Minnesänger ihm zur Seit' gegeben hat. Was, wenn der `Minstrel` `null` ist? Sollten wir eine Logik einführen, die auf `null` prüft, um diesen Fall abzudecken?

Ihre einfache Klasse `BraveKnight` beginnt allmählich, immer komplizierter zu werden, vor allem dann, wenn Sie auch das `null``Minstrel`-Szenario regeln müssten. Mit AOP können Sie aber deklarieren, dass der Sangesmann über die Quests des edlen Ritters singen und klingen soll, und ihn davon befreit, sich direkt um die `Minstrel`-Methoden kümmern zu müssen.

Um `Minstrel` in einen Aspekt zu verwandeln, brauchen Sie ihn nur in der Spring-Konfigurationsdatei als solchen zu deklarieren. Hier folgt die aktualisierte Datei knights.xml, in der `Minstrel` als Aspekt deklariert wird.

LISTING 1.10 Den `Minstrel` als Aspekt deklarieren

```
<?xml version="1.0" encoding="UTF-8"?>
<beans xmlns="http://www.springframework.org/schema/beans"
 xmlns:xsi="http://www.w3.org/2001/XMLSchema-instance"
 xmlns:aop="http://www.springframework.org/schema/aop"
 xsi:schemaLocation="http://www.springframework.org/schema/beans
    http://www.springframework.org/schema/beans/spring-beans-3.0.xsd
    http://www.springframework.org/schema/aop
    http://www.springframework.org/schema/aop/spring-aop-3.0.xsd">
```

```
  <bean id="knight" class="com.springinaction.knights.BraveKnight">
    <constructor-arg ref="quest" />
  </bean>
  <bean id="quest"
        class="com.springinaction.knights.SlayDragonQuest" />
  <bean id="minstrel"
      class="com.springinaction.knights.Minstrel" />      ◂ Minstrel-Bean deklarieren
  <aop:config>
    <aop:aspect ref="minstrel">
      <aop:pointcut id="embark"
          expression="execution(* *.embarkOnQuest(..))" />   ◂ Pointcut definieren
      <aop:before pointcut-ref="embark"
                  method="singBeforeQuest"/>   ◂ Before-Advice deklarieren
      <aop:after pointcut-ref="embark"
                 method="singAfterQuest"/>   ◂ After-Advice deklarieren
    </aop:aspect>
  </aop:config>
</beans>
```

Hier verwenden Sie den aop-Konfigurationsnamensraum von Spring, um zu deklarieren, dass die Minstrel-Bean ein Aspekt ist. Zuerst mussten Sie den Minstrel als Bean deklarieren. Dann verweisen Sie im Element <aop:aspect> auf diese Bean. Um den Aspekt noch näher zu definieren, deklarieren Sie (anhand von <aop:before>), dass vor Ausführung der Methode embarkOnQuest() die singBeforeQuest() des Minstrels aufgerufen werden soll. Das nennt man *Before-Advice*. Und Sie deklarieren (anhand von <aop:after>), dass die Methode singAfterQuest() aufgerufen werden soll, nachdem embarkOnQuest() ausgeführt worden ist. Das heißt *After-Advice*.

In beiden Fällen bezieht sich das Attribut pointcut-ref auf einen Pointcut namens *embark*. Dieser Pointcut wird im <pointcut>-Element davor mit dem Attribut expression definiert, in dem eingestellt wird, wo der Advice angewendet werden soll. Die Ausdruckssyntax ist die Pointcut-Ausdruckssprache von AspectJ.

Machen Sie sich keine Sorgen, wenn Sie AspectJ nicht kennen oder nicht wissen, wie Pointcut-Ausdrücke im Detail bei AspectJ geschrieben werden. Über Spring-AOP geht's eingehender in Kapitel 4. Momentan reicht es zu wissen, dass Sie Spring veranlassen, die Methoden singBeforeQuest() und singAfterQuest() des Minstrels aufzurufen, bevor und nachdem sich der BraveKnight zu einer Quest aufmacht.

Mehr müssen Sie wirklich nicht tun! Mit ganz wenig XML haben Sie Minstrel soeben in einen Spring-Aspekt verwandelt. Keine Sorge, falls Ihnen die Vorgehensweise noch nicht ganz klar ist: In Kapitel 4 bringen wir viele weitere Beispiele für Spring-AOP – spätestens dann können Sie alles nachvollziehen. An dieser Stelle sind lediglich zwei – wichtige – Punkte zu beachten, die man nicht übersehen sollte:

Zunächst: Minstrel ist nach wie vor ein POJO; nichts weist darauf hin, dass es als Aspekt verwendet werden soll. Minstrel wurde hingegen ein Aspekt, als wir ihn als solchen im Spring-Kontext deklarierten.

Des Weiteren – und am wichtigsten – ist die Tatsache, dass Minstrel auf den BraveKnight angewendet werden kann, ohne dass der BraveKnight ihn explizit aufrufen muss. Tatsächlich bleibt dem BraveKnight die Existenz von Minstrel völlig verschlossen.

Ich möchte noch darauf hinweisen, dass Sie `Minstrel` zwar anhand von etwas Spring-Magie in einen Aspekt verwandelt haben, doch er wurde zuerst als Spring-`<bean>` deklariert. Wichtig ist hier zu sagen, dass Sie mit Spring-Aspekten all das machen können, was auch mit anderen Spring-Beans möglich ist, z. B. ihnen Abhängigkeiten zu injizieren.

Aspekte zu nutzen, um Ritter zu besingen, kann viel Spaß machen. Aber das AOP von Spring lässt sich sogar für viel praktischere Dinge einsetzen. Wie wir im weiteren Verlauf sehen werden, kann man mit dem AOP von Spring solche Dienste wie deklarative Transaktionen (Kapitel 6) und Sicherheit (Kapitel 9) zur Verfügung stellen.

Aber nun wollen wir uns noch einen weiteren Weg anschauen, wie Spring die Entwicklung mit Java vereinfacht.

1.1.4 Boilerplate-Code durch Vorlagen eliminieren

Erlebten Sie beim Code-Schreiben bereits das Gefühl, Sie hätten etwas Ähnliches schon einmal geschrieben? Nein, liebe Freunde, hier handelt es sich um kein Déjà-vu-Erlebnis, sondern um Boilerplate-Code - solcher Code kommt dauernd vor, und Sie müssen ihn immer wieder schreiben, um häufige und ansonsten einfache Aufgaben zu erledigen.

Leider kommt Boilerplate-Code bei Java-APIs an vielen Stellen vor. Ein bekanntes Beispiel erleben Sie, wenn Sie mit JDBC arbeiten, um Daten aus einer Datenbank abzufragen. Falls Sie beispielsweise schon mit JDBC gearbeitet haben, kennen Sie sicher etwas Ähnliches wie folgt:

LISTING 1.11 Bei vielen Java-APIs wie z. B. JDBC gehört es dazu, eine Menge Boilerplate-Code zu schreiben.

```
public Employee getEmployeeById(long id) {
  Connection conn = null;
  PreparedStatement stmt = null;
  ResultSet rs = null;
  try {
    conn = dataSource.getConnection();
    stmt = conn.prepareStatement(
        "select id, firstname, lastname, salary from " +
        "employee where id=?");     ◂ Mitarbeiter auswählen
    stmt.setLong(1, id);
    rs = stmt.executeQuery();
    Employee employee = null;
    if (rs.next()) {
      employee = new Employee();     ◂ Objekt aus Daten erstellen
      employee.setId(rs.getLong("id"));
      employee.setFirstName(rs.getString("firstname"));
      employee.setLastName(rs.getString("lastname"));
      employee.setSalary(rs.getBigDecimal("salary"));
    }
    return employee;
  } catch (SQLException e) {     ◂ Was soll hier gemacht werden?
  } finally {
    if(rs != null) {     ◂ Aufräumen
      try {
        rs.close();
      } catch(SQLException e) {}
    }
```

```
      if(stmt != null) {
        try {
        stmt.close();
        } catch(SQLException e) {}
      }
      if(conn != null) {
        try {
          conn.close();
        } catch(SQLException e) {}
      }
    }
    return null;
  }
```

Wie Sie sehen, fragt dieser JDBC-Code in der Datenbank den Namen und das Gehalt eines Mitarbeiters ab. Aber ich wette, da mussten Sie schon genau hinsehen, um dies zu erkennen – was daran liegt, dass das kleine, für die Abfrage eines Mitarbeiters gedachte Stückchen Code sich unter einem Haufen JDBC-Gehabe versteckt. Sie müssen zuerst eine Verbindung erstellen, dann eine Anweisung und können schließlich die Ergebnisse abfragen. Um dann den Zorn von JDBC zu besänftigen, müssen Sie `SQLException` fangen, eine Checked-Exception, auch wenn für Sie anschließend nicht sonderlich viel mehr zu tun bleibt, sobald diese geworfen wurde.

Wenn schließlich alles gesagt und getan ist, müssen Sie das Durcheinander wieder aufräumen sowie Verbindung, Anweisung und Ergebnismenge schließen. Was wiederum den Zorn von JDBC erregen könnte. Also müssen Sie hier auch `SQLException` fangen.

Bemerkenswert an Listing 1.11 ist die Tatsache, dass es weitgehend aus dem gleichen Code besteht, den Sie praktisch für jede JDBC-Operation schreiben müssen. Nur wenig davon hat mit den Abfragen eines Mitarbeiters zu tun, und vieles davon ist einfach JDBC-Boilerplate.

JDBC tummelt sich aber nicht allein im Boilerplate-Code herum, sondern viele andere Aktivitäten erfordern oft ähnlichen Code. Zu JMS, JNDI und der Nutzung von REST-Diensten gehört häufig allgemein wiederholter Code.

Spring strebt an, solchen Boilerplate-Code zu eliminieren, indem er in Vorlagen (*templates*) gekapselt wird. Mit `JdbcTemplate` von Spring kann man Datenbankoperationen ohne all das Zeremoniell ausführen, das bei traditionellem JDBC nötig ist.

Wenn man beispielsweise `SimpleJdbcTemplate` von Spring einsetzt (eine Spezialisierung von `JdbcTemplate`, die die Features von Java 5 nutzt), kann die Methode `getEmployeeById()` umgeschrieben werden, damit dessen Fokus auf der Aufgabe liegt, die Mitarbeiterdaten auszulesen, und sich nicht auf die Anforderungen der JDBC-API ausrichtet. Im Folgenden wird gezeigt, wie eine solche aktualisierte `getEmployeeById()`-Methode aussehen könnte.

LISTING 1.12 Mit Vorlagen kümmert sich der Code schwerpunktmäßig um die anstehende Aufgabe.

```
public Employee getEmployeeById(long id) {
  return jdbcTemplate.queryForObject(
          "select id, firstname, lastname, salary " +      ◄ SQL-Query
          "from employee where id=?",
          new RowMapper<Employee>() {
            public Employee mapRow(ResultSet rs,
                   int rowNum) throws SQLException {      ◄ Resultate auf Objekt mappen
```

```
            Employee employee = new Employee();
            employee.setId(rs.getLong("id"));
            employee.setFirstName(rs.getString("firstname"));
            employee.setLastName(rs.getString("lastname"));
            employee.setSalary(rs.getBigDecimal("salary"));
            return employee;
        }
    },
    id);    ◂ Query-Parameter festlegen
}
```

Wie Sie sehen können, ist diese neue Version von `getEmployeeById()` wesentlich einfacher und deutlich mehr darauf fokussiert, einen Mitarbeiter aus der Datenbank auszuwählen. Die Methode `queryForObject()` der Vorlage bekommt die SQL-Query, einen `RowMapper` (um die Daten der Ergebnismenge auf ein Domänenobjekt zu mappen) und null oder mehr Query-Parameter. Was Sie in `getEmployeeById()` nicht sehen, ist der JDBC-Boilerplate-Code von vorhin. Es wird alles in der Vorlage intern abgewickelt.

Ich habe Ihnen gezeigt, wie Spring die Komplexität bei der Java-Entwicklung mit einer an POJOs orientierten Entwicklung - mit Abhängigkeitsinjektion, AOP und Templates - angreift. Nebenbei haben Sie noch erfahren, wie man Beans und Aspekte in XML-basierten Konfigurationsdateien konfiguriert. Aber wie werden diese Dateien geladen? Und wohin? Schauen wir uns den Spring-Container an - den Ort, wo sich die Beans Ihrer Applikation aufhalten werden.

1.2 Beans im Container

In einer Spring-basierten Anwendung existieren Ihre Anwendungsobjekte im Spring-Container. Wie Abbildung 1.4 zeigt, erstellt der Container die Objekte, verschaltet und konfiguriert sie und verwaltet ihren vollständigen Lebenszyklus von der Wiege bis zum Grab (bzw. - in diesem Fall - von `new` bis `finalize()`).

Im nächsten Kapitel erfahren Sie, wie Spring so konfiguriert wird, dass es weiß, welche Objekte erstellt, konfiguriert und verschaltet werden müssen. Zunächst jedoch ist es wichtig, den

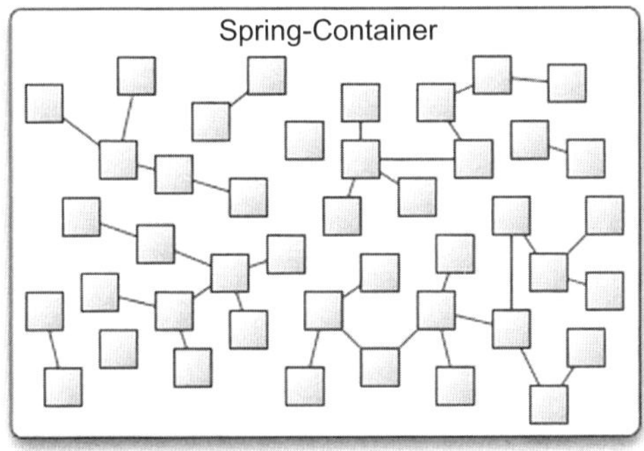

ABBILDUNG 1.4 In einer Spring-Applikation werden Objekte im Spring-Container erstellt und verschaltet und existieren darin.

Container kennenzulernen, in dem Ihre Objekte sich herumtreiben. Wenn man den Container kennt, ist es einfacher zu verstehen, wie Objekte verwaltet werden.

Der Container ist der Kern des Spring-Frameworks. Mithilfe der Dependency Injection (DI) verwaltet er die Komponenten, die eine Anwendung bilden. Hierzu gehört auch das Erstellen von Assoziationen zwischen kollaborierenden Komponenten. Deswegen sind diese Objekte sauberer, leichter zu verstehen und unterstützen eine Wiederverwendung; auch Unit-Tests sind ganz einfach.

Es gibt nicht *den* einen Spring-Container. Bei Spring gibt es verschiedene Container-Implementierungen, kategorisierbar in zwei klar abgegrenzte Typen. Die von der Schnittstelle `org.springframework.beans.factory.BeanFactory` definierten BeanFactorys stellen den einfacheren Containertyp dar, der grundlegende Unterstützung für DI bietet. Der zweite Typ sind Anwendungskontexte, die über die Schnittstelle `org.springframework.context.ApplicationContext` definiert sind und insofern auf dem Konzept der BeanFactorys aufbauen, dass sie Dienste für Anwendungs-Frameworks bereitstellen. Hierzu gehört beispielsweise die Möglichkeit, textbasierte Nachrichten aus einer Eigenschaftsdatei aufzulösen, oder die Option, Anwendungsereignisse für interessierte Ereignis-Listener zu veröffentlichen.

Obwohl man bei Spring sowohl entweder mit den BeanFactorys als auch den Anwendungskontexten arbeiten kann, sind BeanFactorys für die meisten Applikationen oft zu einfach gestrickt. Somit werden die Anwendungskontexte den BeanFactorys gegenüber vorgezogen. Wir konzentrieren uns auf die Arbeit mit Anwendungskontexten und verschwenden mit BeanFactorys keine Zeit.

1.2.1 Mit einem Anwendungskontext arbeiten

In Spring gibt es den Anwendungskontext in verschiedenen Spielarten. Die drei, denen Sie am wahrscheinlichsten begegnen, sind:

- `ClassPathXmlApplicationContext` – lädt eine Kontextdefinition aus einer im Klassenpfad abgelegten XML-Datei. Hierbei werden Kontextdefinitionsdateien als Klassenpfadressourcen betrachtet.
- `FileSystemXmlApplicationContext` – lädt eine Kontextdefinition aus der XML-Datei im Dateisystem.
- `XmlWebApplicationContext` – lädt Kontextdefinitionen aus einer XML-Datei, die Bestandteil einer Webanwendung ist.

Wir werden in Kapitel 7, wo wir webbasierte Spring-Anwendungen beschreiben, näher auf `XmlWebApplicationContext` eingehen. Anfangs jedoch werden wir einen Anwendungskontext erst einmal mit `FileSystemXmlApplicationContext` aus dem Dateisystem bzw. mit `ClassPathXmlApplicationContext` aus dem Klassenpfad laden.

Das Laden eines Anwendungskontexts aus dem Dateisystem oder dem Klassenpfad ähnelt dem Laden von Beans in eine BeanFactory. Einen `FileSystemXmlApplicationContext` laden Sie etwa wie folgt:

```
ApplicationContext context = new
        FileSystemXmlApplicationContext("c:/foo.xml");
```

Ähnlich können Sie einen Anwendungskontext mit ClassPathXmlApplicationContext aus dem Klassenpfad der Anwendung heraus laden:

```
ApplicationContext context = new
        ClassPathXmlApplicationContext("foo.xml");
```

Der Unterschied zwischen diesen Gebrauchsvarianten von FileSystemXmlApplicationContext und ClassPathXmlApplicationContext besteht darin, dass FileSystemXmlApplicationContext an einer bestimmten Position im Dateisystem nach foo.xml sucht, während ClassPathXmlApplicationContext den Klassenpfad (einschließlich vorhandener JAR-Dateien) nach foo.xml durchstöbert.

Mit einem Anwendungskontext an der Hand können Sie Beans aus dem Spring-Container auslesen, indem Sie die getBean()-Methode des Kontexts aufrufen.

Nachdem Sie die Grundlagen zur Erstellung eines Spring-Containers nun kennen, wollen wir den Lebenszyklus einer Bean im Bean-Container näher unter die Lupe nehmen.

1.2.2 Ein Bohnenleben

In einer traditionellen Java-Anwendung ist der Lebenszyklus einer Bean recht simpel. Das Java-Schlüsselwort new dient der Instanziierung der Bean (sofern sie nicht deserialisiert wird), die dann direkt eingesetzt werden kann. Wenn die Bean nicht mehr verwendet wird, kann sie bereinigt werden und geht alsbald in die ewigen Bohnentöpfe ein.

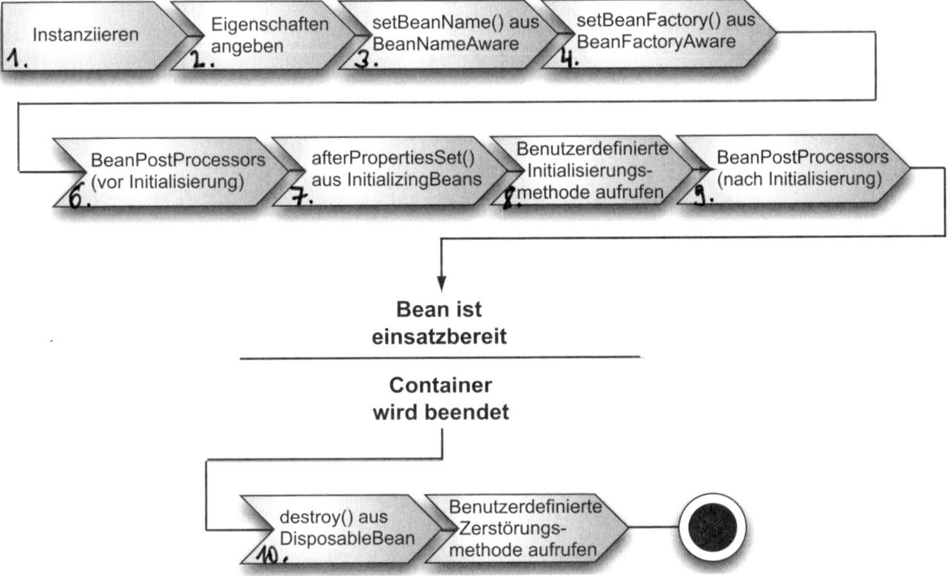

ABBILDUNG 1.5 Zwischen Erstellung und Zerstörung durchläuft eine Bean mehrere Schritte im Spring-Container. Jeder Schritt ist für sich genommen eine Möglichkeit, die Verwaltung der Bean in Spring anzupassen.

In einem Spring-Container ist der Lebenszyklus einer Bean hingegen ein bisschen abwechslungsreicher. Sie müssen den Lebenszyklus einer Spring-Bean kennen, denn schließlich wollen Sie ja auch von dem einen oder anderen Vorteil profitieren, den Spring bei der Erstellung einer Bean bietet. Abbildung 1.5 auf der vorigen Seite zeigt den Beginn des Lebenszyklus einer normalen Bean, wenn diese in einen Spring-Anwendungskontext geladen wird.

Wie Sie sehen, führt eine BeanFactory verschiedene Konfigurationsschritte durch, bis eine Bean einsatzbereit ist. Die Abbildung 1.5 schauen wir uns nun genauer an:

1. Spring instanziiert die Bean.
2. Spring injiziert Werte und Bean-Verweise in die Eigenschaften der Bean.
3. Wenn die Bean `BeanNameAware` implementiert, vergibt Spring die ID der Bean an die Methode `setBeanName()`.
4. Wenn die Bean `BeanFactoryAware` implementiert, ruft Spring die `setBeanFactory()`-Methode auf und übergibt die BeanFactory selbst.
5. Wenn die Bean `ApplicationContextAware` implementiert, wird Spring die Methode `setApplicationContext()` aufrufen und eine Referenz an den einkapselnden Anwendungskontext übergeben.
6. Wenn irgendeine der Beans die `BeanPostProcessor`-Schnittstelle implementiert, ruft Spring dessen Methode `postProcessBeforeInitialization()` auf.
7. Wenn irgendeine der Beans die `InitializingBean`-Schnittstelle implementiert, ruft Spring dessen Methode `afterPropertiesSet()` auf. Wenn die Bean entsprechend mit einer `init-method` deklariert wurde, wird dann die spezifizierte Initialisierungsmethode aufgerufen.
8. Falls es Beans gibt, die `BeanPostProcessor` implementieren, ruft Spring dessen Methode `postProcessAfterInitialization()` auf.
9. An dieser Stelle ist die Bean bereit für den Einsatz durch die Anwendung. Sie verbleibt im Anwendungskontext, bis der Anwendungskontext zerstört wird.
10. Wenn irgendeine der Beans die `DisposableBean`-Schnittstelle implementiert, ruft Spring dessen `destroy()`-Methoden auf. Wenn die Bean entsprechend mit einer `destroy-method` deklariert wurde, wird dann die spezifizierte Initialisierungsmethode aufgerufen.

Nun wissen Sie, wie man einen Spring-Container erstellt und lädt. Allerdings ist ein leerer Container für sich genommen wenig sinnvoll, weil er ja noch nichts enthält; wir sollten also etwas darin ablegen. Um uns die Vorteile der DI von Spring zunutze zu machen, müssen wir unsere Anwendungsobjekte im Spring-Container verschalten. Um die Verschaltung der Beans kümmern wir uns eingehender in Kapitel 2.

Zunächst wollen wir aber die moderne Spring-Landschaft erkunden, um zu sehen, woraus das Spring-Framework besteht und was die neuesten Versionen von Spring zu bieten haben.

1.3 Begutachtung der Spring-Landschaft

Wie Sie sehen konnten, konzentriert sich das Spring-Framework auf die Vereinfachung der Java-Entwicklung auf Unternehmensebene durch Abhängigkeitsinjektion, aspektorientiertes Programmieren und die Reduzierung von Boilerplate-Code. Das alles wäre schon Grund genug, mit Spring zu arbeiten. Doch in Spring steckt noch viel mehr.

Innerhalb des Spring-Frameworks finden Sie verschiedene Wege, um die Java-Entwicklung zu erleichtern. Doch hinter dem Spring-Framework selbst steckt ein viel größeres Ökosystem, das auf dem Kern-Framework aufbaut und Spring in Bereiche wie Webservices, OSGi, Flash und sogar .NET erweitert.

Nehmen wir zunächst den Kern des Spring-Frameworks auseinander, um zu sehen, was alles in ihm steckt. Dann erweitern wir unseren Blick, um auch die anderen Mitglieder des umfassenderen Spring-Portfolios zu prüfen.

1.3.1 Die Spring-Module

Das Spring-Framework besteht aus mehreren unterschiedlichen Modulen. Wenn Sie die Distribution für das Spring-Framework herunterladen und entpacken, finden Sie 20 verschiedene JAR-Dateien im dist-Verzeichnis (siehe Abbildung 1.6).

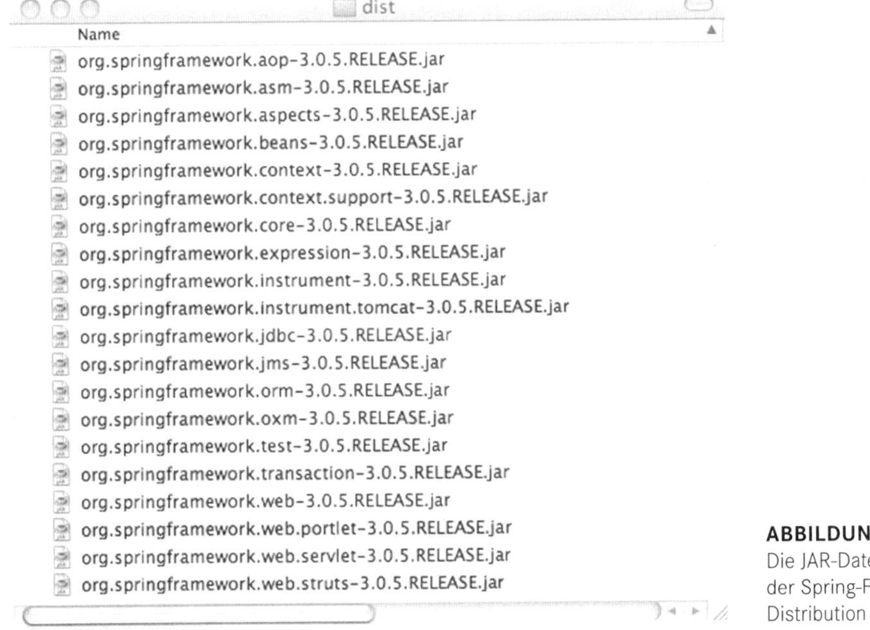

ABBILDUNG 1.6
Die JAR-Dateien aus der Spring-Framework-Distribution

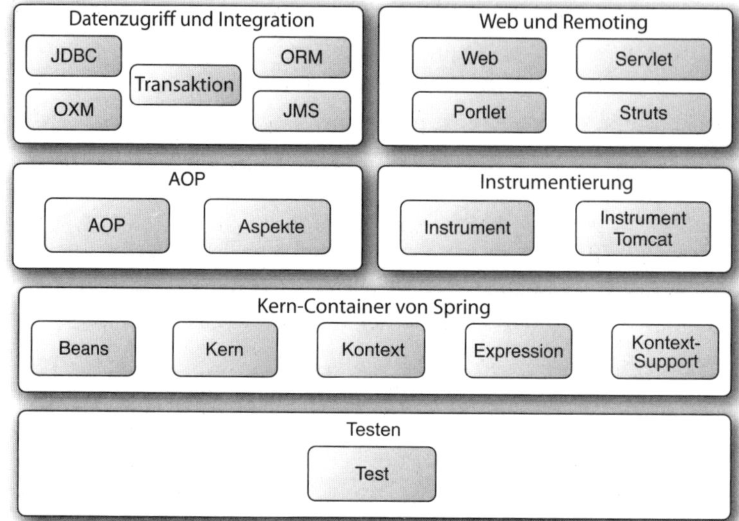

ABBILDUNG 1.7 Das Spring-Framework besteht aus sechs wohldefinierten Modulen.

Die 20 JAR-Dateien, aus denen Spring besteht, lassen sich einer von sechs verschiedenen Funktionalitätskategorien zuordnen (siehe Abbildung 1.7).

In ihrer Summe bieten diese Module alles, was Sie benötigen, um einsatzfertige Anwendungen zu entwickeln. Sie müssen aber Ihre Applikation nicht komplett auf dem Spring-Framework basieren, sind frei in der Wahl der Module, die zu Ihrer Applikation passen, und können sich nach anderen Optionen umschauen, wenn Ihnen Spring nicht geeignet erscheint. Tatsächlich bietet Spring Integrationspunkte für verschiedene andere Frameworks und Bibliotheken - Sie müssen diese also nicht selbst schreiben.

Schauen wir uns nun im Einzelnen die Module an, um einen Eindruck zu bekommen, wie sie sich in das Gesamtbild von Spring einpassen.

Der Kern-Container von Spring

Das Kernstück des Spring-Framework ist ein Container, in dem gemanagt wird, wie die Beans in einer Spring-fähigen Applikation erstellt, konfiguriert und verwaltet werden. In diesem Modul finden Sie die BeanFactory von Spring, also der Bereich von Spring, der die Abhängigkeitsinjektion ermöglicht. Mehrere Implementierungen des Anwendungskontexts von Spring bauen auf die BeanFactory auf und bieten jeweils unterschiedliche Konfigurationsmöglichkeiten.

Neben BeanFactory und Anwendungskontext liefert dieses Modul auch viele Unternehmensdienste wie E-Mail, JNDI-Zugang, EJB-Integration und Scheduling.

Wie Sie sehen, sind alle Spring-Module auf dem Kerncontainer aufgebaut. Sie werden diese Klassen bei der Konfiguration Ihrer Anwendung implizit verwenden. Wir erläutern das Kernmodul im Laufe dieses Buches und beginnen damit in Kapitel 2, in dem wir uns intensiv mit der Abhängigkeitsinjektion von Spring beschäftigen.

Das AOP-Modul von Spring

Spring bietet über das AOP-Modul umfassende Unterstützung der aspektorientierten Programmierung. Dieses Modul dient als Basis zur Entwicklung eigener Aspekte für Ihre Spring-fähige Anwendung. Wie DI unterstützt auch AOP die lose Kopplung von Anwendungsobjekten. Aber bei AOP werden anwendungsweite Aspekte wie Transaktionen und Sicherheit von den Objekten entkoppelt, auf die sie angewandt werden.

Den AOP-Support in Spring nehmen wir in Kapitel 4 näher unter die Lupe.

Datenzugriff und Integration

Wenn man mit JDBC arbeitet, liegt am Ende oft umfangreicher Boilerplate-Code vor, mit dem eine Verbindung abgerufen, eine Anweisung erstellt, eine Ergebnismenge verarbeitet und die Verbindung dann wieder geschlossen wird. Das JDBC und DAO-Modul (*Data Access Objects*) von Spring entfernt diesen Boilerplate-Code durch Abstraktion, sodass Ihr Datenbankcode klar und einfach bleibt, und verhindert Probleme, die entstehen können, wenn Datenbankressourcen nicht geschlossen werden können. Dieses Modul erstellt außerdem eine Schicht aussagekräftiger Exceptions für Fehlermeldungen, die von diversen Datenbankservern ausgegeben werden. Nie wieder kryptische und proprietäre SQL-Fehlermeldungen!

Wer von Ihnen lieber mit einem ORM-Tool (*Object Relational Mapping*) arbeitet statt dem direkten JDBC-Ansatz, dem bietet Spring das ORM-Modul. Die ORM-Unterstützung von Spring basiert auf dem DAO-Support und stellt eine bequeme Möglichkeit dar, DAOs für verschiedene ORM-Lösungen zu erstellen. Spring versucht dabei nicht, eine eigene ORM-Lösung zu implementieren, sondern erlaubt das Einhängen in verschiedene beliebte ORM-Frameworks wie Hibernate, Java Persistence API, Java Data Objects und iBATIS SQL Maps. Die Transaktionsverwaltung von Spring unterstützt alle diese ORM-Frameworks sowie JDBC.

Wenn wir in Kapitel 5 den Datenzugriff von Spring betrachten, erfahren wir auch, wie die vorlagenbasierte JDBC-Abstraktion in Spring den JDBC-Code erheblich vereinfachen kann.

Dieses Modul enthält auch eine Spring-Abstraktion über den Java Message Service (JMS) für eine asynchrone Integration mit anderen Applikationen durch Messaging. Und seit Spring 3.0 enthält dieses Modul auch Features, mit denen man Objekte auf XML mappen kann, die ursprünglich zum Projekt Spring Web Services gehörten.

Außerdem stellt dieses Modul unter Verwendung des AOP-Moduls von Spring Transaktionsverwaltungsdienste für Objekte in einer Spring-Anwendung zur Verfügung. Diese Transaktionsunterstützung nehmen wir uns eingehend in Kapitel 6 vor.

Web und Remoting

Das MVC-Paradigma (*Model View Controller*, Modell-Präsentation-Steuerung) ist ein allgemein akzeptierter Ansatz zur Erstellung von Webanwendungen derart, dass die Benutzeroberfläche von der Anwendungslogik getrennt ist. Ein Mangel an MVC-Frameworks ist bei Java nicht zu erkennen: Apache Struts, JSF, WebWork und Tapestry gehören zu den beliebtesten MVC-Optionen.

Auch wenn Spring mit diversen populären MVC-Frameworks integrierbar ist, enthält dessen Web- und Remoting-Modul ein leistungsfähiges MVC-Framework, das die Spring-eigenen Techniken der losen Kopplung in der Webschicht einer Anwendung einsetzt. Dieses Framework gibt es in zwei Formen: ein Servlet-basiertes Framework für konventionelle Webapplikationen und eine Portlet-basierte Applikation für die Entwicklung unter der Java-Portlet-API.

Neben den an User gerichteten Webanwendungen bietet dieses Modul auch mehrere Remoting-Optionen zum Erstellen von Applikationen, die mit anderen interagieren können. Bei Spring funktioniert Remoting mit *Remote Method Invocation* (RMI), Hessian, Burlap, JAX-WS und dem Spring-eigenen HTTP-Invoker.

Wir kümmern uns um das MVC-Framework von Spring in Kapitel 7. Dann geht's in Kapitel 10 mit dem Remoting in Spring weiter.

Testen

Spring weiß um die Bedeutung der von Entwicklern geschriebenen Tests und bietet deswegen ein Modul, das sich dem Testen von Spring-Applikationen widmet.

In diesem Modul finden Sie eine Sammlung von Pseudo-Objekt-Implementierungen zum Schreiben von Unit-Tests gegen Code, die mit JNDI, Servlets und Portlets funktionieren. Für Integrationstests kann man mit diesem Modul eine Sammlung von Beans in einen Spring-Anwendungskontext laden und mit den Beans in diesem Kontext arbeiten.

Einen ersten Eindruck dieses Testmoduls bekommen Sie in Kapitel 4. Dann erweitern wir in den Kapiteln 5 und 6 das Gelernte und beschäftigen uns mit der Frage, wie man den Datenzugriff und Transaktionen bei Spring testet.

1.3.2 Das Spring-Portfolio

Die Möglichkeiten von Spring sind schier unendlich. Es wird viel mehr geboten, als der Download des Spring-Frameworks nahelegt. Wenn wir uns mit dem Kern-Framework zufriedengeben, verpassen wir das Potenzial des größeren Spring-Portfolios. Zum Spring-Portfolio insgesamt gehören mehrere Frameworks und Bibliotheken, die auf dem Spring-Framework und aufeinander aufbauen. Insgesamt betrachtet, gelangt das Programmiermodell von Spring durch das gesamte Spring-Portfolio in praktisch jede Facette der Java-Entwicklung.

Mehrere Bücher wären nötig, um das Gesamtangebot des Spring-Portfolios vorzustellen. Einige Elemente des Portfolios sehen wir uns jedoch genauer an. In der Zwischenzeit bekommen Sie einen Vorgeschmack davon, was Sie jenseits des Kern-Spring-Frameworks erwartet.

Spring Web Flow

Spring Web Flow basiert auf dem Kern-MVC-Framework von Spring, mit dem man auf Konversationen und Abläufen aufbauende Webapplikationen erstellen kann, die die User in Richtung eines bestimmten Ziels leiten (denken Sie an Assistenten oder Warenkörbe). In Kapitel 8 beschäftigen wir uns mehr mit Spring Web Flow. Mehr darüber erfahren Sie auf der Homepage unter http://www.springsource.org/webflow.

Spring Web Services

Obwohl man mit dem Kern-Framework Spring-Beans deklarativ als Webservices veröffentlichen kann, basieren diese Dienste auf dem architektonisch zweifellos unterlegenen „Contract Last"-Modell. Der Kontrakt für den Service wird durch die Schnittstelle der Bean bestimmt. Mit Spring Web Services wird ein „Contract First"-Modell für Webservices geboten, bei dem die Serviceimplementierungen geschrieben werden, um dem Servicekontrakt zu genügen.

Unser Buch handelt nicht von Spring-WS; mehr über Letzteres erfahren Sie auf der entsprechenden Homepage unter http://static.springsource.org/spring-ws/sites/2.0.

Spring Security

Die Sicherheit ist bei vielen Applikationen ein kritischer Aspekt. Anhand von Spring AOP implementiert, bietet Spring Security einen deklarativen Sicherheitsmechanismus für Spring-basierte Applikationen. Wir erfahren in Kapitel 9, wie Applikationen mit Spring Security sicherer werden. Weiteres erfahren Sie auf der Homepage http://static.springsource.org/spring-security/site.

Spring Integration

Unternehmensapplikationen müssen sehr oft miteinander interagieren. Durch Spring Integration werden viele Implementierungen mehrerer üblicher Integrationsmuster in den deklarativen Stil von Spring ermöglicht.

In diesem Buch ist Spring Integration kein Thema. Wenn Sie aber mehr darüber wissen wollen, konsultieren Sie das Buch *Spring Integration in Action* von Mark Fisher, Jonas Partner, Marius Bogoevici und Iwein Fuld. Oder gehen Sie auf die Homepage http://www.springsource.org/spring-integration.

Spring Batch

Wenn man Massenoperationen mit Daten ausführen will, ist das Batch-Processing am effizientesten. Beim Entwickeln einer Batch-Applikation können Sie das robuste, POJO-orientierte Entwicklungsmodell von Spring Batch einsetzen.

Spring Batch gehört nicht zum Themenbereich unseres Buches. Hier helfen Ihnen Thierry Templier und Arnaud Cogoluègnes mit ihrem Buch *Spring Batch in Action* weiter. Mehr dazu auf der Homepage http://static.springsource.org/spring-batch.

Spring Social

Social Networking ist im Internet ein ständig steigender Trend, und immer mehr Applikationen verfügen über eine Integration mit Websites für Social Networking wie z. B. Facebook und Twitter. Wenn auch Sie sich dafür interessieren, sollten Sie sich die Spring-Erweiterung Spring Social ansehen.

Spring Social ist relativ neu und hat es nicht mehr in dieses Buch geschafft. Sie erfahren mehr darüber unter http://www.springsource.org/spring-social.

Spring Mobile

Mobile Applikationen sind ein weiterer wesentlicher Bereich der Software-Entwicklung. Smartphones und Tablets setzen sich als bevorzugte Geräte immer mehr durch. Spring Mobile ist eine neue Spring-Erweiterung für die Entwicklung mobiler Webanwendungen.

Im Zusammenhang mit Spring Mobile ist auch das Projekt Spring Android zu nennen. Dieses neue Projekt ist kaum einen Monat alt, während ich diese Zeilen schreibe, und will einiges von der durch das Spring-Framework ermöglichten Einfachheit in die Entwicklung nativer Anwendungen für Android-basierte Geräte bringen. Dieses Projekt bietet zunächst eine Version des `RestTemplate` von Spring (mehr darüber in Kapitel 11), das man in einer Android-Applikation verwenden kann.

Auch diese Projekte sind ganz neu und fallen nicht in den Bereich von *Spring im Einsatz*. Aktuelle Infos finden Sie unter http://www.springsource.org/spring-mobile und http://www.springsource.org/spring-android.

Spring Dynamic Modules

Mit Spring Dynamic Modules (Spring-DM) wird die deklarative Abhängigkeitsinjektion von Spring mit der dynamischen Modularität von OSGi verschmolzen. Mit Spring-DM schaffen Sie Applikationen, die sich aus verschiedenen klar abgegrenzten, höchst kohäsiven und locker gekoppelten Modulen zusammensetzen, die innerhalb des OSGi-Frameworks Dienste deklarativ veröffentlichen und nutzen.

Anzumerken ist, dass das Modell für deklarative OSGi-Dienste von Spring-DM wegen seiner außerordentlichen Wirkung auf die Welt von OSGi in die OSGi-Spezifikation selbst formalisiert als *OSGi Blueprint Container* aufgenommen wurde. Außerdem hat SpringSource die Spring-DM in das Eclipse-Projekt als Teil der Gemini-Familie von OSGi-Projekten verschoben und nennt sich nun Gemini Blueprint.

Spring LDAP

Neben der Abhängigkeitsinjektion und AOP ist eine weitere, im gesamten Spring-Framework angewendete Technik die Erstellung Template-basierter Abstraktionen für unnötig komplexe Operationen wie JDBC-Abfragen oder JMS-Messaging. Spring LDAP ermöglicht für LDAP den Template-basierten Zugriff im Spring-Stil und eliminiert so den Boilerplate-Code, der üblicherweise bei LDAP-Operationen vorkommt.

Mehr Infos über Spring LDAP unter http://www.springsource.org/ldap.

Spring Rich Client

Webbasierte Applikationen scheinen den traditionellen Desktop-Applikationen die Show zu stehlen. Aber wenn Sie mit einer der wenigen, immer noch entwickelten Swing-Applikationen zu tun haben, sollten Sie Spring Rich Client bemühen. Mit diesem reichhaltigen Toolkit kommt die Power von Spring auch zu Swing.

Spring.NET

Sie brauchen sich nicht von der Abhängigkeitsinjektion und AOP verabschieden, wenn Sie in einem .NET-Projekt gelandet sind. Spring.NET bietet die gleichen Features der lockeren Kopplung und Aspektorientierung wie Spring, aber für die .NET-Plattform.

Neben den Kernfunktionalitäten DI und AOP enthält Spring.NET mehrere Module für die Vereinfachung der .NET-Entwicklung, z. B. Module zur Arbeit mit ADO.NET, NHibernate, ASP.NET und MSMQ.

Mehr über Spring.NET erfahren Sie unter http://www.springframework.net.

Spring Flex

Flex und AIR von Adobe gehören zu den leistungsfähigsten Optionen einer reichhaltigen Internet-Applikationsentwicklung. Sobald diese reichhaltigen Benutzerschnittstellen serverseitig mit Java-Code interagieren müssen, können Sie eine Remoting- und Messaging-Technologie namens *BlazeDS* nutzen. Mit dem Integrationspaket Spring Flex können Flex- und AIR-Applikationen über BlazeDS mit serverseitigen Spring-Beans kommunizieren. Außerdem gehört ein Add-on für Spring Roo dazu, das eine schnelle Anwendungsentwicklung von Flex-Applikationen ermöglicht.

Sie können Ihre Recherchen über Spring Flex bei http://www.springsource.org/spring-flex beginnen. Außerdem sollten Sie auch bei Spring ActionScript unter http://www.springactionscript.org vorbeischauen, das viele der Vorteile des Spring-Frameworks auch in ActionScript anbietet.

Spring Roo

Weil immer mehr Entwickler mit Spring und verwandten Frameworks arbeiten, ist mittlerweile eine Gruppe allgemein üblicher Idiome und Best Practices entstanden. Gleichzeitig sind auch Frameworks wie Ruby on Rails und Grails mit einem skript-getriebenen Entwicklungsmodell aufgetaucht, das die Erstellung von Applikationen vereinfacht.

Spring Roo liefert eine interaktive Tooling-Umgebung, die eine schnelle Entwicklung von Spring-Applikationen ermöglicht und dabei die Best Practices hinzuzieht, die in den vergangenen Jahren erarbeitet wurden.

Roo unterscheidet sich insofern von diesen anderen Frameworks für Rapid Application Development, als es mit dem Spring-Framework Java-Code produziert. Am Ende steht kein separates Framework, das in einer Sprache kodiert ist, die vielen Entwicklungsorganisationen von Unternehmen fremd ist, sondern eine waschechte Spring-Applikation.

Mehr Infos über Spring Roo unter http://www.springsource.org/roo.

Spring Extensions

Neben all den bisher beschriebenen Projekten gibt es auch eine von der Community vorangetriebene Sammlung von Spring-Extensions unter http://www.springsource.org/extensions. Dort finden Sie u. a. folgende Leckerlis:

- Eine Implementierung von Spring für Python
- Blob-Speicherung
- db4o- und CouchDB-Persistenz
- Eine Spring-basierte Bibliothek für das Workflow-Management
- Kerberos- und SAML-Extensions für Spring Security

1.4 Was ist neu?

Vor drei Jahren schrieb ich an der zweiten Ausgabe dieses Buches in den USA. In der Zwischenzeit ist viel passiert. Das Spring-Framework hat zwei wesentliche Releases erfahren, die jeweils neue Features und Verbesserung mitbringen, um die Anwendungsentwicklung zu erleichtern. Und bei mehreren anderen Mitgliedern des Spring-Portfolios wurden ebenfalls weitreichende Änderungen vorgenommen.

Viele dieser Änderungen präsentieren wir Ihnen in unserem Buch. An dieser Stelle wollen wir kurz zusammenfassen, was sich bei Spring getan hat.

1.4.1 Was ist neu bei Spring 2.5?

Das Spring-Team gab im November 2007 die Version 2.5 des Spring-Frameworks frei. Wesentlich daran war, dass es die Übernahme der annotationsgetriebenen Entwicklung in Spring kennzeichnet. Vor Spring 2.5 war eine XML-basierte Konfiguration die Norm. Doch Spring 2.5 führte mehrere Wege ein, wie man mit Annotationen arbeitet, um die zur Konfiguration von Spring nötige Menge XML drastisch zu reduzieren:

- Annotationsgetriebene Abhängigkeitsinjektion über die `@Autowired`-Annotation und feingranulare Steuerung der automatischen Verschaltung mit `@Qualifier`.
- Support für JSR-250-Annotationen einschließlich `@Resource` für Abhängigkeitsinjektion einer benannten Ressource sowie `@PostConstruct` und `@PreDestroy` für Lebenszyklusmethoden.
- Automatische Erkennung von Spring-Komponenten, die mit `@Component` (oder einem der verschiedenen stereotypen Annotationen) annotiert sind.
- Ein völlig neues, annotationsgetriebenes Spring-MVC-Programmiermodell, das die Webentwicklung mit Spring wesentlich vereinfacht.
- Ein neues Framework für Integrationstests, das auf JUnit 4 und Annotationen beruht.

Auch wenn es bei Spring 2.5 hauptsächlich um Annotationen ging, gab es noch mehr:

- Umfassender Support für Java 6 und Java EE 5 einschließlich JDBC 4.0, JTA 1.1, JavaMail 1.4 und JAX-WS 2.0.
- Ein neuer Pointcut-Expression für Bean-Namen, um Aspekte in Spring-Beans anhand ihres Namens einarbeiten zu können.
- Integrierter Support für Load Time Weaving mit AspectJ.
- Neue XML-Konfigurationsnamensräume, z. B. den `context`-Namensraum für die Konfiguration von Details des Anwendungskontexts und ein `jms`-Namensraum für die Konfiguration von Message-getriebenen Beans.
- Support für benannte Parameter in `SqlJdbcTemplate`.

Viele dieser neuen Spring-Features werden wir im Laufe dieses Buches untersuchen.

1.4.2 Was ist neu bei Spring 3.0?

Mit all den tollen Sachen aus Spring 2.5 kann man sich kaum vorstellen, was Spring 3.0 an Neuem bieten könnte. Mit dem Release 3.0 hat sich Spring aber selbst übertrumpft – bei der Fortführung des annotationsgetriebenen Themas und mehreren neuen Features:

- Umfassender REST-Support in Spring MVC einschließlich der MVC-Controller die auf URLs im REST-Stil mit XML, JSON, RSS oder anders passend reagieren. Wir schauen uns in Kapitel 11 den neuen REST-Support von Spring 3 an.
- Eine neue ausdrucksbasierte Sprache, die die Abhängigkeitsinjektion von Spring auf eine neue Ebene bringt, indem man Werte aus verschiedenen Quellen (z. B. auch anderen Beans und Systemeigenschaften) injizieren kann. Die ausdrucksbasierte Sprache von Spring nehmen wir uns im nächsten Kapitel vor.
- Neue Annotationen für Spring MVC, z. B. `@CookieValue` und `@RequestHeader`, um Werte aus Cookies bzw. Request Headern herauszuziehen. Wie man diese Annotationen einsetzt, schauen wir uns in Kapitel 7 an, wenn es um Spring MVC geht.
- Ein neuer XML-Namensraum zur leichteren Konfiguration von Spring MVC.
- Support für die deklarative Validierung mit JSR-303-Annotationen (Bean-Validierung).
- Support für die neue Spezifikation JSR-330 Abhängigkeitsinjektion.
- Annotationsorientierte Deklaration von asynchronen und geplanten Methoden.
- Ein neues annotationsbasiertes Konfigurationsmodell, das eine fast XML-freie Spring-Konfiguration erlaubt. Diesen neuen Konfigurationsstil lernen wir im nächsten Kapitel kennen.
- Die Object-to-XML(OXM)-Mapping-Funktionalität vom Projekt Spring Web Services wurde in den Kern des Spring-Frameworks verschoben.

Genauso wichtig wie die Neuheiten von Spring 3.0 ist es auch zu erfahren, was da fehlt. Beginnend mit Spring 3.0 ist speziell Java 5 nun obligatorisch, da Java 1.4 nun die End-of-Life-Phase erreicht hat und in Spring nicht mehr unterstützt wird.

1.4.3 Was ist neu im Spring-Portfolio?

Neben dem Kern-Spring-Framework gibt es spannende neue Aktivitäten in den auf Spring basierenden Projekten. Mir steht nicht genügend Platz zur Verfügung, um alle Änderungen vorzustellen, aber einiges ist doch der Erwähnung wert:

- *Spring Web Flow 2.0* wurde mit einem vereinfachten Flussdefinitionsschema veröffentlicht, und damit werden gesprächsorientierte Webapplikationen noch einfacher.
- Mit Spring Web Flow 2.0 erschienen *Spring JavaScript* und *Spring Faces*. Spring JavaScript ist eine JavaScript-Bibliothek, mit der eine progressive Erweiterung von Webseiten mit dynamischem Verhalten möglich wird. Durch Spring Faces kann man JSF als Präsentationstechnologie innerhalb von Spring MVC und Spring Web Flow einsetzen.
- Das alte Framework Acegi Security wurde vollständig überholt und als *Spring Security 2.0* veröffentlicht. In dieser neuen Inkarnation bietet Spring Security ein neues Konfigurationsschema, mit dem das für die Konfiguration der Anwendungssicherheit erforderliche XML dramatisch reduziert werden kann.

Auch während meiner Arbeit an diesem Buch hat sich Spring Security weiterentwickelt. Kürzlich kam Spring Security 3.0 heraus. Damit lässt sich die deklarative Sicherheit weiter vereinfachen, indem man Sicherheitseinschränkungen mit der neuen ausdrucksbasierten Sprache von Spring deklariert.

Wie Sie sehen, ist Spring ein aktives Projekt, das sich ständig weiterentwickelt. Es gibt immer etwas Neues, das darauf ausgerichtet ist, die Entwicklung von Unternehmensanwendungen mit Java zu vereinfachen.

1.5 Zusammenfassung

Mittlerweile sollten Sie einen recht guten Eindruck davon gewonnen haben, was Spring Ihnen „serviert". Spring zielt darauf ab, die Java-Entwicklung in Unternehmen zu vereinfachen und lose gekoppelten Code zu fördern. Hierfür sind die Konzepte von Dependency Injection und AOP unentbehrlich.

In diesem Kapitel erhielten Sie bereits einen kleinen Einblick in die DI von Spring. DI stellt eine Möglichkeit dar, Anwendungsobjekte so miteinander zu verknüpfen, dass diese Objekte nicht wissen müssen, woher ihre Abhängigkeiten stammen oder wie sie implementiert sind. Die Abhängigkeiten werden nicht eigenständig ermittelt, sondern abhängigen Objekten werden die Objekte zugeordnet, von denen sie abhängen. Da abhängige Objekte von ihren injizierten Objekten meist nur über Schnittstellen Kenntnis haben, ist die Kopplung sehr lose.

Außerdem lüften wir den Schleier über Springs AOP-Unterstützung – ein wenig. AOP erlaubt Ihnen das Positionieren von Logik, die normalerweise über eine ganze Anwendung verteilt wäre, an einem zentralen Ort: dem Aspekt. Wenn Spring Ihre Beans verschaltet, lassen sich diese Aspekte zur Laufzeit einbinden, wodurch sich das Verhalten der Beans im Endeffekt ändert.

DI und AOP sind ausschlaggebend für alles, was Sie in Spring kennenlernen werden. Aus diesem Grund müssen Sie wissen, wie man diese grundlegenden Spring-Funktionen verwendet, sonst können Sie mit dem Rest des Frameworks auch nichts anfangen. In diesem Kapitel haben wir die DI- und AOP-Funktionen von Spring nur angerissen. In den folgenden Kapiteln sehen wir uns die Einzelheiten von DI und AOP an. Fahren wir also mit Kapitel 2 ohne Umschweife fort. Dort erfahren Sie, wie man Objekte in Spring mithilfe der Dependency Injection verschaltet.

2 Verschalten von Beans

Dieses Kapitel behandelt die folgenden Themen:

- Deklarieren von Beans
- Injizieren von Konstruktoren und Änderungsmethoden
- Verschalten von Beans
- Steuern der Erstellung und Zerstörung von Beans

Sind Sie nach einem Film schon einmal lange genug im Kino sitzen geblieben, um sich den gesamten Abspann anzusehen? Es ist schon beeindruckend, wie viele verschiedene Menschen ihre Kräfte vereinen, um einen großen Spielfilm zu schaffen. Zunächst sind da die offensichtlichen Beteiligten zu nennen: Schauspieler, Drehbuchautoren, Regisseur, Produzenten. Es gibt aber auch eine Reihe von Mitwirkenden, an die man oft erst später denkt: an die Musiker oder die Leute für die Spezialeffekte, nicht zu vergessen den Materialassistent, den Tontechniker, die Ausstatter, Maskenbildner, Stuntmen, den Pressesprecher, den ersten und zweiten Kameraassistent, den Filmarchitekten, die Beleuchter und – in bestimmten Momenten am wichtigsten – die Caterer.

Nun stellen Sie sich einmal vor, wie Ihr Lieblingsfilm wohl aussähe, wenn all diese Leute nicht miteinander kommuniziert hätten. Angenommen, sie alle wären morgens im Studio aufgetaucht und hätten mit ihrer Arbeit begonnen, ohne dass es irgendeine Art von Kommunikation gegeben hätte. Wenn der Regisseur die Hände in den Schoß legt und keine Kommandos gibt, beginnt der Kameramann auch nicht mit der Aufzeichnung. Diese hätte allerdings ohnehin nichts gebracht, weil die Hauptdarstellerin sich noch in ihrem Wohnwagen befindet und es auch kein Licht gibt, denn niemand hat einen Beleuchter angestellt. Vielleicht haben Sie ja schon einmal einen Film gesehen, der zumindest so wirkt, als hätte sich beim Dreh dergleichen zugetragen. Die meisten großen Spielfilme sind jedoch das Ergebnis der Anstrengung Hunderter von Menschen, die an einem gemeinsamen Ziel arbeiten: einen Blockbuster zu schaffen.

In dieser Hinsicht unterscheidet sich ein toller Film nicht besonders von einer guten Software. Jede Anwendung, die nicht allzu trivial ist, besteht aus mehreren Objekten, die ineinandergreifen müssen, um ein Unternehmensziel zu realisieren. Diese Objekte müssen voneinander Bescheid wissen und miteinander kommunizieren, um ihre Aufgabe zu bewältigen. Bei einer Onlineshop-Anwendung muss beispielsweise eine Bestellverwaltungskomponente mit einer Komponente zur Produktverwaltung und einer zur Kreditkartenautorisierung kollaborieren. All diese Komponenten müssen wiederum mit einer Datenzugriffskomponente interagieren, um eine Datenbank lesen und in diese schreiben zu können.

Wie wir allerdings in Kapitel 1 gesehen haben, hat der traditionelle Ansatz, Assoziationen zwischen Anwendungsobjekten (per Konstruktion oder Lookup) zu erstellen, komplexen Code zum Ergebnis, der ebenso schwer zu testen wie wiederzuverwenden ist. Im besten Fall erledigen diese Objekte mehr Aufgaben, als sie sollen; schlimmstenfalls sind sie fest gekoppelt, was die Wiederverwendung und Unit-Tests erheblich erschwert.

In Spring sind Objekte nicht dafür zuständig, andere Objekte zu suchen oder zu erstellen, die sie benötigen, um ihre Aufgaben zu erledigen. Stattdessen erhalten sie vom Container Referenzen auf die Objekte, mit denen sie kollaborieren. So kann eine Bestellverwaltungskomponente etwa eine Funktionalität zur Kreditkartenautorisierung benötigen, sie selbst muss aber keine Komponente erstellen: Sobald sie sich meldet und eine entsprechende Bitte äußert, bekommt sie eine Kreditkartenautorisierung, mit der sie arbeiten kann.

Der Vorgang der Erstellung derartiger Assoziationen zwischen Anwendungsobjekten ist ein elementarer Bestandteil der Dependency Injection (DI) und wird gemeinhin als *Verschaltung* bezeichnet. In diesem Kapitel behandeln wir zunächst die Grundlagen der Bean-Verschaltung behandeln. Weil DI die wichtigste Aktion ist, die Spring durchführen kann, verwenden Sie diese Techniken praktisch jedes Mal, wenn Sie Spring-basierte Anwendungen entwickeln.

2.1 Deklarieren von Beans

An dieser Stelle möchte ich Sie willkommen heißen zum ersten (und höchstwahrscheinlich auch letzten) jährlichen JavaBean-Talentwettbewerb. Im ganzen Land haben wir nach den Besten der Besten unter den JavaBeans gesucht. Nun gut: Eigentlich haben wir nur im Workspace unserer IDE gesucht. Nichtsdestoweniger werden wir aber in den kommenden Kapiteln unseren Wettstreit einrichten, und unsere Preisrichter werden ein gerechtes Urteil fällen. Verehrte Spring-Programmierer: Hier kommt *Spring Idol.*

Für unseren Wettbewerb benötigen wir einige Künstler, die durch die Schnittstelle `Performer` definiert werden:

```
package com.springinaction.springidol;
public interface Performer {
  void perform() throws PerformanceException;
}
```

Beim Talentwettbewerb *Spring Idol* werden diverse Teilnehmer, die alle die Schnittstelle `Performer` implementieren, ihre Kräfte messen. Für den Einstieg bereiten wir also die Bühne für den Wettbewerb vor, indem wir uns die Grundlagen einer Spring-Konfiguration ansehen.

2.1.1 Das Setup der Spring-Konfiguration

Wie bereits erwähnt, ist Spring ein Container-basiertes Framework. Doch wenn Sie Spring nicht konfigurieren, haben Sie bloß einen leeren Container, der wenig sinnvoll ist. Wir müssen Spring konfigurieren, damit es weiß, welche Beans es enthalten soll und wie diese miteinander verschaltet werden sollen, damit sie zusammenarbeiten können.

Seit Spring 3.0 gibt es zwei Möglichkeiten, Beans im Spring-Container zu konfigurieren: Traditionellerweise wird die Spring-Konfiguration in einer oder mehreren XML-Dateien definiert. Doch Spring 3.0 bietet auch eine Java-basierte Konfigurationsoption. Wir konzentrieren uns hier auf die traditionelle XML-Option, die Java-basierte Konfiguration von Spring sehen wir uns in Abschnitt 3.4 an.

Wenn man Beans in XML deklariert, ist das root-Element der Spring-Konfigurationsdatei das Element `<beans>` aus dem Beans-Schema von Spring. In Spring sieht eine typische XML-Konfigurationsdatei wie folgt aus:

```
<?xml version="1.0" encoding="UTF-8"?>
<beans xmlns="http://www.springframework.org/schema/beans"
      xmlns:xsi="http://www.w3.org/2001/XMLSchema-instance"
       xsi:schemaLocation="http://www.springframework.org/schema/beans
           http://www.springframework.org/schema/beans/spring-beans-3.0.xsd">
  <!-- Bean declarations go here -->
</beans>
```

Innerhalb von`<beans>` können Sie Ihre gesamte Spring-Konfiguration einschließlich der `<bean>`-Deklarationen platzieren. Doch der `beans`-Namensraum ist nicht der einzige, dem Sie in Spring begegnen werden. Insgesamt hat das Kern-Framework von Spring zehn Konfigurationsnamensräume (siehe Tabelle 2.1).

TABELLE 2.1 Spring enthält mehrere XML-Namensräume, durch die man den Spring-Container konfigurieren kann.

Namensraum	Aufgabe
`aop`	Enthält Elemente, um Aspekte zu deklarieren und automatisch Proxys für `@AspectJ`-annotierte Klassen als Spring-Aspekte zu erstellen.
`beans`	Der primitive Kernnamensraum für Spring, mit dem die Deklaration von Beans und der Verschaltung ermöglicht wird.
`context`	Enthält Elemente für die Konfiguration des Spring-Applikationskontexts einschließlich der Möglichkeit für die automatische Erkennung und Verschaltung von Beans und die Injektion von Objekten, die nicht direkt von Spring verwaltet werden.
`jee`	Bietet die Integration mit Java-EE-APIs wie JNDI und EJB.
`jms`	Bietet Konfigurationselemente zur Deklarierung von nachrichtengetriebenen POJOs.
`lang`	Ermöglicht die Deklaration von Beans, die als Groovy-, JRuby- oder BeanShell-Skripts implementiert sind.
`mvc`	Ermöglicht Spring-MVC-Fähigkeiten wie annotationsorientierte Controller, View-Controller und Interceptors.
`oxm`	Unterstützt die Konfiguration des Mappings von Objekten zu XML in Spring.
`tx`	Bietet deklarative Transaktionskonfiguration.
`util`	Eine Sammlung mit verschiedenen Utility-Elementen. Enthält die Möglichkeit, Collections als Beans zu deklarieren, und Support für Eigenschaftsplatzhalterelemente.

Neben den im Spring Framework enthaltenen Namensräumen bringen auch viele Mitglieder des Spring-Portfolios (z. B. Spring Security, Spring Web Flow und Spring Dynamic Modules) ihre eigenen Spring-Konfigurationsnamensräume mit.

Wir werden weitere Namensräume von Spring im Verlauf unseres Buches kennenlernen. Doch nun wollen wir diesen auffallend leeren Raum in der Mitte der XML-Konfiguration mit einigen `<bean>`-Elementen innerhalb von `<beans>` füllen.

2.1.2 Eine einfache Bean deklarieren

Anders als bei ähnlichen Wettbewerben, die Sie vielleicht aus dem Fernsehen kennen, können bei *Spring Idol* nicht nur Sänger teilnehmen. Viele Darbieter können ja noch nicht einmal einen Ton halten. Einer der Darbieter ist beispielsweise ein `Juggler`.

LISTING 2.1 Eine jonglierende Bean

```
package com.springinaction.springidol;
public class Juggler implements Performer {
  private int beanBags = 3;
  public Juggler() {
  }
  public Juggler(int beanBags) {
    this.beanBags = beanBags;
  }
  public void perform() throws PerformanceException {
    System.out.println("JUGGLING " + beanBags + " BEANBAGS");
  }
}
```

Wie Sie sehen, macht diese `Juggler`-Klasse kaum mehr, als das Interface `Performer` zu implementieren, um berichten zu können, dass es mit einigen Beanbags jongliert. Standardmäßig jongliert `Juggler` mit drei Beanbags, kann aber über seinen Konstruktor auch eine andere Anzahl Beanbags bekommen.

Nach der Definition der Klasse `Juggler` wollen wir unseren ersten Künstler auf der Bühne willkommen heißen. Meine Damen und Herren: Hier kommt Duke! Duke ist als Spring-Bean definiert. Duke ist in der Spring-Konfigurationsdatei spring-idol.xml wie folgt deklariert:

```
<bean id="duke"
      class="com.springinaction.springidol.Juggler" />
```

Das `<bean>`-Element ist die einfachste Konfigurationseinheit in Spring. Es weist Spring an, für uns ein Objekt zu erstellen. Hier deklarieren wir Duke als eine von Spring verwaltete Bean und verwenden dabei die wohl einfachste `<bean>`-Deklaration, die es gibt. Das Attribut `id` gibt der Bean einen Namen, über den sie im Spring-Container referenziert werden kann. Diese Bean wird also `duke` heißen. Und wie Sie dem Attribut `class` entnehmen können, ist Duke ein `Juggler`.

Wenn der Spring-Container die Beans lädt, instanziiert er die Bean `duke` mit dem Standardkonstruktor. Im Grunde genommen wird `duke` mit dem folgenden Java-Code erstellt:[1]

[1] Die Betonung liegt auf „im Grunde genommen". Eigentlich erstellt Spring seine Beans durch Reflexion.

```
new com.springinaction.springidol.Juggler();
```

Um Duke einmal auszuprobieren, können Sie den Spring-Anwendungskontext mit dem folgenden Code laden:

```
ApplicationContext ctx = new ClassPathXmlApplicationContext(
    "com/springinaction/springidol/spring-idol.xml");
Performer performer = (Performer) ctx.getBean("duke");
performer.perform();
```

Wir befinden uns zwar noch nicht im richtigen Wettbewerb, aber der obige Code gibt Duke zumindest die Möglichkeit, ein wenig zu üben. Wenn man den Code ausführt, wird Folgendes ausgegeben:

```
JUGGLING 3 BEANBAGS
```

Standardmäßig jongliert Duke also mit nur drei Beanbags gleichzeitig. Aber mit drei Bällen zu jonglieren, ist alles andere als beeindruckend - kann doch eigentlich jeder, oder? Wenn Duke auch nur einen Funken Hoffnung haben will, den Talentwettbewerb zu gewinnen, muss er mehr Beanbags in der Luft halten können. Viel mehr. Machen wir Duke also zum Jonglierkönig.

2.1.3 Injektion über Konstruktoren

Um der Jury wirklich zu imponieren, hat Duke beschlossen, den Weltrekord zu brechen, indem er mit nicht weniger als 15 Beanbags jongliert.[2]

Erinnern Sie sich aus Listing 2.1 noch einmal daran, dass die Klasse `Juggler` auf zwei verschiedene Arten konstruiert werden kann:

- mit dem Standardkonstruktor
- mit einem Konstruktor, der ein `int`-Argument entgegennimmt, das die Anzahl der Beanbags angibt, die der `Juggler` in der Luft zu halten versucht

Die Deklaration der Bean `duke` in Abschnitt 2.1.2 ist zwar gültig, verwendet aber den Standardkonstruktor von `Juggler`, wodurch Duke auf das gleichzeitige Jonglieren von drei Bällen beschränkt ist. Damit Duke zum Weltrekordhalter wird, müssen wir den anderen Konstruktor verwenden. Der folgende XML-Code deklariert Duke zu einem Jongleur um, der mit 15 Bällen hantiert:

```
<bean id="duke"
      class="com.springinaction.springidol.Juggler">
    <constructor-arg value="15" />
</bean>
```

[2] Wissenswertes aus dem Bereich des Jonglierens: Wer tatsächlich den Weltrekord beim Jonglieren mit Beanbags hält, hängt davon ab, mit wie vielen Beanbags wie lange jongliert wird. Bruce Sarafian hält mehrere Rekorde und hat mit etwa zwölf Beanbags jongliert und dabei zwölf Mal gefangen. Ein weiterer Rekordhalter ist Anthony Gatto, der 2005 für mehr als zehn Minuten mit sieben Bällen jonglierte. Ein weiterer Jongleur namens Peter Bone behauptet, 13 Beanbags in der Luft gehalten und dabei 13 Mal gefangen zu haben, aber dies ist nicht durch Video belegt.

Das `<constructor-arg>`-Element wird verwendet, um Spring weitere Angaben zu übermitteln, die beim Erstellen einer Bean verwendet werden können. Wenn wie in Abschnitt 2.1.2 keine `<constructor-arg>`s gegeben sind, wird der Standardkonstruktor verwendet. Hier aber finden wir ein `<constructor-arg>` mit dem Wert 15 vor, d. h. der andere Konstruktor von `Juggler` wird verwendet.

Beim nächsten Auftritt von Duke wird Folgendes ausgegeben:

```
JUGGLING 15 BEANBAGS
```

Das gleichzeitige Jonglieren mit 15 Beanbags ist sehr beeindruckend. Aber es gibt da noch etwas, das Sie über Duke wissen sollten. Er ist nicht nur ein ausgezeichneter Jongleur, sondern auch im Rezitieren von Dichtkunst sehr bewandert. Das Jonglieren bei gleichzeitigem mündlichem Vortrag erfordert viel innere Disziplin. Wenn es Duke gelingt, zu jonglieren und gleichzeitig ein Shakespeare-Sonett aufzusagen, sollte seinem Sieg beim Wettbewerb eigentlich nichts mehr im Wege stehen. (Wie bereits gesagt: Dieser Wettbewerb ist keiner der üblichen Talentwettbewerbe!)

Objektreferenzen mit Konstruktoren injizieren

Weil Duke alles andere als ein Durchschnittsjongleur ist – er ist schließlich auch in der Dichtkunst bewandert –, definieren wir für ihn einen neuen Jongleurtyp. `PoeticJuggler` ist eine Klasse, die Dukes Talente besser beschreibt.

LISTING 2.2 Ein Jongleur-Poet

```
package com.springinaction.springidol;
public class PoeticJuggler extends Juggler {
  private Poem poem;
  public PoeticJuggler(Poem poem) {     ◂ Poem injizieren
    super();
    this.poem = poem;
  }
  public PoeticJuggler(int beanBags, Poem poem) {  ◂ Beanbag-Zähler und Poem injizieren
    super(beanBags);
    this.poem = poem;
  }
  public void perform() throws PerformanceException {
    super.perform();
    System.out.println("While reciting...");
    poem.recite();
  }
}
```

Dieser neue Jongleurtyp tut alles, was auch ein normaler Jongleur tut, enthält aber auch eine Referenz auf ein zu rezitierendes Gedicht. Weil wir gerade vom Gedicht reden: Hier ist eine Schnittstelle, die generisch definiert, wie ein solches aussieht:

```
package com.springinaction.springidol;
public interface Poem {
  void recite();
}
```

Eines von Dukes Shakespeareschen Lieblingssonetten ist „When in Disgrace with Fortune and Men's Eyes". Sonnet29 ist eine Implementierung des Interface Poem, die dieses Sonett definiert.

LISTING 2.3 Eine Klasse, die ein Werk des großen englischen Poeten darstellt

```
package com.springinaction.springidol;
public class Sonnet29 implements Poem {
  private static String[] LINES = {
      "When, in disgrace with fortune and men's eyes,",
      "I all alone beweep my outcast state",
      "And trouble deaf heaven with my bootless cries",
      "And look upon myself and curse my fate,",
      "Wishing me like to one more rich in hope,",
      "Featured like him, like him with friends possess'd,",
      "Desiring this man's art and that man's scope,",
      "With what I most enjoy contented least;",
      "Yet in these thoughts myself almost despising,",
      "Haply I think on thee, and then my state,",
      "Like to the lark at break of day arising",
      "From sullen earth, sings hymns at heaven's gate;",
      "For thy sweet love remember'd such wealth brings",
      "That then I scorn to change my state with kings." };
  public Sonnet29() {
  }
  public void recite() {
    for (int i = 0; i < LINES.length; i++) {
      System.out.println(LINES[i]);
    }
  }
}
```

Sonnet29 kann mit dem folgenden XML-Code als Spring-<bean> deklariert werden:

```
<bean id="sonnet29"
      class="com.springinaction.springidol.Sonnet29" />
```

Nachdem wir ein Gedicht ausgewählt haben, müssen wir es Duke nur noch übermitteln. Weil Duke nun ein PoeticJuggler ist, muss seine <bean>-Deklaration ein wenig angepasst werden:

```
<bean id="poeticDuke"
      class="com.springinaction.springidol.PoeticJuggler">
    <constructor-arg value="15" />
    <constructor-arg ref="sonnet29" />
</bean>
```

Wie Sie Listing 2.2 entnehmen können, gibt es keinen Standardkonstruktor. Die einzige Möglichkeit, einen PoeticJuggler zu konstruieren, besteht in der Verwendung eines Konstruktors, der Argumente entgegennimmt. In diesem Listing verwenden wir den Konstruktor, der einen int-Wert und ein Poem als Argumente annimmt. Die Bean-Deklaration für duke konfiguriert 15 als Anzahl der Beanbags. Hierzu wird das int-Argument mithilfe des value-Attributs von <constructor-arg> verwendet.

Wir können das zweite Konstruktorargument jedoch nicht via `value` festlegen, weil `Poem` kein einfacher Typ ist. Stattdessen wird mit dem Attribut `ref` angegeben, dass der an den Konstruktor übergebene Wert eine Referenz auf die Bean sein soll, deren ID `sonnet29` lautet. Zwar tut der Spring-Container viel mehr, als nur Beans zu konstruieren, aber Sie können sich vielleicht vorstellen, wenn Spring auf die `<bean>`-Elemente `sonnet29` und `duke` trifft, dass es einige logische Schritte durchführt, die im Wesentlichen den folgenden Java-Codezeilen entsprechen:

```
Poem sonnet29 = new Sonnet29();
Performer duke = new PoeticJuggler(15, sonnet29);
```

Wenn Duke nun auftritt, jongliert er nicht nur, sondern rezitiert auch Shakespeare, was zur Ausgabe der folgenden Zeilen in der Standardausgabe führt:

```
JUGGLING 15 BEANBAGS WHILE RECITING... When, in
disgrace with fortune and men's eyes, I all alone beweep my outcast
state And trouble deaf heaven with my bootless cries And look upon
myself and curse my fate, Wishing me like to one more rich in hope,
Featured like him, like him with friends possess'd, Desiring this
man's art and that man's scope, With what I most enjoy contented
least; Yet in these thoughts myself almost despising, Haply I think
on thee, and then my state, Like to the lark at break of day arising
From sullen earth, sings hymns at heaven's gate; For thy sweet love
remember'd such wealth brings That then I scorn to change my state
with kings.
```

Es ist toll, wenn man Beans über Konstruktorinjektion erstellen kann, aber was ist, wenn die Bean, die Sie deklarieren wollen, keinen öffentlichen Konstruktor hat? Schauen wir uns an, wie man Beans, die anhand von Factory-Methoden erstellt wurden, verschaltet.

Beans aus Factory-Methoden erstellen

Manchmal kann man ein Objekt durch eine statische Factory-Methode instanziieren. Spring ist darauf vorbereitet, mit Factorys erstellte Beans durch das `factory-method`-Attribut des `<bean>`-Elements zu verschalten.

Zur Veranschaulichung betrachten wir den Fall der Konfiguration einer Singleton[3]-Klasse als Bean in Spring. Singleton-Klassen stellen stets sicher, dass nur eine Instanz erstellt wird, denn sie erlauben die Erstellung lediglich über eine statische Fabrikmethode. Die Klasse `Stage` im folgenden Listing ist ein einfaches Beispiel für eine Singleton-Klasse.

LISTING 2.4 Die Singleton-Klasse `Stage`

```
package com.springinaction.springidol;
public class Stage {
  private Stage() {
  }
  private static class StageSingletonHolder {
```

[3] Die Rede ist hier vom Singleton-Muster der Viererbande, nicht vom Spring-Konzept der Definition von Singleton-Beans.

```
    static Stage instance = new Stage();      ◂ Instanz lazy laden
  }
  public static Stage getInstance() {
    return StageSingletonHolder.instance;     ◂ Instanz zurückgeben
  }
}
```

Im *Spring Idol*-Wettbewerb wollen wir sicherstellen, dass nur eine Bühne vorhanden ist, auf der die Künstler ihre Fertigkeiten zum Besten geben können. `Stage` wurde als Singleton implementiert, um sicherzustellen, dass absolut keine Möglichkeit besteht, mehrere Instanzen von `Stage` zu erstellen.

Beachten Sie jedoch, dass `Stage` keinen öffentlichen Konstruktor aufweist. Stattdessen gibt die statische Methode `getInstance()` bei jedem Aufruf dieselbe Instanz zurück. (Aus Gründen der Thread-Sicherheit nutzt `getInstance()` eine als „Initialization on Demand Holder" bekannte Technik zur Erstellung der Singleton-Instanz[4].) Wie können wir `Stage` nun als Bean in Spring ohne öffentlichen Konstruktor konfigurieren?

Zum Glück hat das `<bean>`-Element ein Attribut `factory-method`, mit dem man eine statische Methode angeben kann, die sich anstelle des Konstruktors aufrufen lässt, um eine Instanz einer Klasse zu erstellen. Wir konfigurieren `Stage` als Bean im Spring-Kontext ganz einfach wie folgt mithilfe von `factory-method`:

```
<bean id="theStage"
      class="com.springinaction.springidol.Stage"
      factory-method="getInstance" />
```

Hier habe ich Ihnen gezeigt, wie man mit `factory-method` ein Singleton als Bean in Spring konfiguriert; die Verwendung dieses Attributs bietet sich aber an, wann immer Sie ein Objekt, das von einer statischen Methode generiert wurde, verschalten müssen. Mehr zu `factory-method` erfahren Sie in Kapitel 4, wenn wir mithilfe dieses Attributs Referenzen auf AspectJ-Aspekte abrufen, sodass Abhängigkeiten in diese injiziert werden können.

2.1.4 Geltungsbereiche für Beans

Standardmäßig sind alle Spring-Beans Singletons, d. h., wenn der Container eine Bean ausgibt – sei es über eine Verschaltung oder infolge eines Aufrufs der Container-Methode `getBean()` –, dann übergibt er stets genau dieselbe Instanz der Bean. Es mag aber durchaus vorkommen, dass Sie bei jeder Anforderung eine eindeutige Bean-Instanz benötigen. Wie aber können Sie das von Spring vorgegebene Singleton-Wesen außer Kraft setzen?

Wenn Sie ein `<bean>`-Element in Spring deklarieren, haben Sie die Möglichkeit, einen Geltungsbereich für diese Bean zu benennen. Damit Spring in jedem Bedarfsfall eine neue Bean-Instanz erstellt, sollten Sie das Attribut `scope` der Bean auf den Wert `prototype` festlegen. Nehmen wir beispielsweise an, dass Karten für eine Aufführung in Spring als Bean deklariert sind:

---

[4] Weitere Informationen über das Idiom „Initialization on Demand Holder" finden Sie unter http://mng.bz/IGYx.

```
<bean id="ticket"
      class="com.springinaction.springidol.Ticket" scope="prototype" />
```

Es ist wichtig, dass jeder Besucher der Aufführung ein eigenes Ticket bekommt. Wenn die `ticket`-Bean ein Singleton wäre, bekäme jeder das gleiche Ticket. Das wäre für den ersten Besucher völlig in Ordnung, aber alle, die dann kommen, beschuldigte man der Ticketfälschung!

Indem das `scope`-Attribut auf `prototype` gesetzt wird, sind wir sicher, dass jeder, der mit der `ticket`-Bean verschaltet ist, eine eindeutige Instanz bekommt.

Neben `prototype` bietet Spring einige weitere Optionen für den Geltungsbereich an (siehe Tabelle 2.2).

TABELLE 2.2 Die Geltungsbereiche für Spring-Beans ermöglichen Angaben dazu, welche Beans erstellt werden, ohne dass die geltungsbereichsspezifischen Regeln in die Bean-Klasse einkodiert werden müssen.

Geltungsbereich	Zweck
`singleton`	Beschränkt die Bean-Definition auf eine einzelne Instanz pro Spring-Container (Standard).
`prototype`	Gestattet die mehrfache Instanziierung einer Bean (einmal pro Einsatz).
`request`	Beschränkt eine Bean-Definition auf eine HTTP-Anforderung. Ist nur gültig bei Verwendung in einem Web-fähigen Spring-Kontext (z. B. Spring MVC).
`session`	Beschränkt eine Bean-Definition auf eine HTTP-Sitzung. Ist nur gültig bei Verwendung in einem Web-fähigen Spring-Kontext (z. B. Spring MVC).
`global-session`	Beschränkt eine Bean-Definition auf eine globale HTTP-Sitzung. Ist nur gültig bei Verwendung in einem Portlet-Kontext.

Im Normalfall werden Sie die Bereichsdefinition auf dem Standardwert `singleton` belassen. Der Bereich `prototype` kann aber etwa in Situationen nützlich sein, in denen Spring als Factory für neue Instanzen von Domänenobjekten verwendet werden soll. Werden Domänenobjekte als Prototyp-Beans konfiguriert, können Sie sie in Spring problemlos wie jede andere Bean konfigurieren. Spring gewährleistet jedoch, dass jedes Mal, wenn eine Prototyp-Bean angefordert wird, auch eine eindeutige Instanz ausgegeben wird.

Der aufmerksame Leser erkennt, dass Springs Singleton-Konzept auf den Geltungsbereich des Spring-Kontexts beschränkt ist. Anders als echte Singletons, die nur genau eine Instanz einer Klasse pro Klassenlader garantieren, gewährleisten die Singleton-Beans in Spring lediglich genau eine Instanz der Bean-Definition pro Anwendungskontext; Sie können dieselbe Klasse also uneingeschränkt auf konventionellere Weise instanziieren oder sogar mehrere `<bean>`-Deklarationen definieren, die dieselbe Klasse instanziieren.

2.1.5 Beans initialisieren und zerstören

Wenn eine Bean instanziiert wird, können Initialisierungsarbeiten erforderlich sein, um sie in einen Zustand zu versetzen, in dem man etwas mit ihr anfangen kann. Gleichermaßen sind, wenn die Bean nicht mehr benötigt und aus dem Container entfernt wird, auch gewisse Reinigungsarbeiten durchaus angezeigt. Um Einrichtung und Bereinigung von Beans zu ermöglichen, stellt Spring Einsprungpunkte in den Bean-Lebenszyklus bereit.

Sie definieren Einrichtung und Bereinigung einer Bean, indem Sie das `<bean>`-Element einfach mit den Parametern `init-method` und/oder `destroy-method` deklarieren. Das Attribut `init-method` legt eine Methode fest, die für die Bean direkt bei der Instanziierung aufgerufen werden soll. Entsprechend wird mit `destroy-method` eine Methode angegeben, die aufgerufen wird, kurz bevor man eine Bean aus dem Container entfernt.

Zur Verdeutlichung: Stellen Sie sich eine Java-Klasse namens `Auditorium` vor, die den Saal repräsentiert, wo der Talentwettbewerb stattfindet. `Auditorium` wird wahrscheinlich eine Menge können, aber nun konzentrieren wir uns hier auf zwei Dinge, die zu Beginn und am Ende der Show wichtig sind: die Beleuchtung ein- und danach wieder auszuschalten.

Um diese wesentlichen Aktivitäten zu unterstützen, könnten in der Klasse `Auditorium` die Methoden `turnOnLights()` und `turnOffLights()` enthalten sein:

```
public class Auditorium {
    public void turnOnLights() {
        ...
    }
    public void turnOffLights() {
        ...
    }
}
```

Was nun im Einzelnen in diesen Methoden passiert, ist nicht sonderlich wichtig. Wichtig ist hingegen, dass die Methode `turnOnLights()` zu Beginn und `turnOffLights()` am Ende aufgerufen wird. Zu diesem Zweck wollen wir die Attribute `init-method` und `destroy-method` bei der Deklaration der Bean `auditorium` angeben:

```
<bean id="auditorium"
      class="com.springinaction.springidol.Auditorium"
      init-method="turnOnLights"
     destroy-method="turnOffLights"/>
```

Wird sie auf diese Weise deklariert, wird die Methode `turnOnLights()` bald nach Instanziierung der Bean `auditorium` aufgerufen und der Spielort schön ausgeleuchtet. Und kurz vor der Entfernung und Entsorgung der Bean aus dem Container wird `turnOffLights()` aufgerufen, um das Licht auszuschalten.

`InitializingBean` **und** `DisposableBean`

Eine Option zur Definition von `init-method` und `destroy-method` könnte auch darin bestehen, die Bean-Klasse so umzuschreiben, dass die beiden Spring-Interfaces `InitializingBean` und `DisposableBean` implementiert werden. Der Spring-Container behandelt Beans, die diese Schnittstellen implementieren, auf spezielle Weise und ermöglicht ihnen, sich in den Lebenszyklus der Bean einzuklinken. `InitializingBean` deklariert eine `afterPropertiesSet()`-Methode, die als init-Methode dient. Was die `DisposableBean` angeht: sie deklariert eine `destroy()`-Methode, die aufgerufen wird, wenn man eine Bean aus dem Applikationskontext entfernt.

Der wesentliche Vorteil der Verwendung dieser Schnittstellen für den Lebenszyklus besteht darin, dass der Spring-Container in die Lage versetzt wird, automatisch Beans zu erkennen, die die Schnittstellen ohne externe Konfiguration implementieren. Allerdings ist es bei den Schnittstellen von Nachteil, dass die Beans in Ihrer Anwendung im Falle ihrer Implementierung an die Spring-API gekoppelt werden. Lediglich aus diesem Grund empfehle ich Ihnen, zur Initialisierung und Zerstörung Ihrer Beans die Attribute `init-method` bzw. `destroy-method` zu verwenden. Das einzige Szenario, in dem die beschriebenen Spring-Schnittstellen zu bevorzugen sind, liegt vor, wenn Sie eine Framework-Bean entwickeln, die speziell innerhalb des Spring-Containers zum Einsatz kommen soll. ■

Standardmethoden für Initialisierung und Zerstörung

Wenn viele Beans in einer Kontextdefinitionsdatei Initialisierungs- oder Zerstörungsmethoden der jeweils selben Namen haben, müssen Sie `init-method` bzw. `destroy-method` nicht für jede Bean einzeln deklarieren. Stattdessen können Sie die Attribute `default-init-method` und `default-destroy-method` für das `<beans>`-Element nutzen:

```
<?xml version="1.0" encoding="UTF-8"?>
<beans xmlns="http://www.springframework.org/schema/beans"
   xmlns:xsi="http://www.w3.org/2001/XMLSchema-instance"
   xsi:schemaLocation="http://www.springframework.org/schema/beans
   http://www.springframework.org/schema/beans/spring-beans-3.0.xsd"
   default-init-method="turnOnLights"
   default-destroy-method="turnOffLights"> ...
</beans>
```

Das Attribut `default-init-method` legt eine Initialisierungsmethode für alle Beans innerhalb einer gegebenen Kontextdefinition fest. Ähnlich bestimmt `default-destroy-method` eine gemeinsame Zerstörungsmethode für alle Beans in der Kontextdefinition. In diesem Fall fordern wir Spring auf, durch Aufruf von `turnOnLights()` alle Beans in der Kontextdefinitionsdatei zu initialisieren; die Bereinigung erfolgt dann global mit der Methode `turnOffLights()`. Voraussetzung hierfür ist, dass diese Methoden vorhanden sind – andernfalls geschieht nichts.

■ 2.2 Injektion in Bean-Eigenschaften

Gewöhnlich sind die Eigenschaften von JavaBeans privat und bieten ein Paar Zugriffsmethoden in Form von `setXXX()` und `getXXX()`. Spring kann die Änderungsmethode (Setter-Methode) einer Eigenschaft nutzen, um den Wert der Eigenschaft über eine Setter-Injektion zu konfigurieren.

Um die zweite DI-Variante in Spring zu demonstrieren, wollen wir unseren nächsten Künstler auf der Bühne begrüßen. Kenny ist ein begabter Musiker und durch die Klasse `Instrumentalist` definiert.

LISTING 2.5 Definition eines Künstlers, der mit Musikinstrumenten umzugehen weiß

```
package com.springinaction.springidol;
public class Instrumentalist implements Performer {
  public Instrumentalist() {
  }
  public void perform() throws PerformanceException {
    System.out.print("Playing " + song + " : ");
    instrument.play();
  }
  private String song;
  public void setSong(String song) {        ◂ Song injizieren
    this.song = song;
  }
  public String getSong() {
    return song;
  }
  public String screamSong() {
    return song;
  }
  private Instrument instrument;
  public void setInstrument(Instrument instrument) {     ◂ Instrument injizieren
    this.instrument = instrument;
  }
}
```

Listing 2.5 entnehmen wir, dass ein `Instrumentalist` zwei Eigenschaften hat: `song` und `instrument`. Die Eigenschaft `song` enthält den Namen des Liedes, das der Instrumentalist zum Besten gibt; dieser Name wird in der Methode `perform()` verwendet. Die Eigenschaft `instrument` enthält einen Verweis auf ein `Instrument`, das der Instrumentalist spielt. Ein `Instrument` wird durch folgende Schnittstelle definiert:

```
package com.springinaction.springidol;
public interface Instrument {
  public void play();
}
```

Weil die Klasse `Instrumentalist` einen Standardkonstruktor aufweist, könnte Kenny in Spring mit dem folgenden XML-Code als `<bean>`-Element deklariert werden:

```
<bean id="kenny"
      class="com.springinaction.springidol.Instrumentalist" />
```

Sicherlich ist es für Spring problemlos, `kenny` als `Instrumentalist` zu instanziieren. Aber wenn er weder `song` noch `instrument` hat, wird Kenny auf der Bühne ein schwaches Bild abgeben. Geben wir Kenny also über eine Setter-Injektion, was er braucht: `song` und `instrument`.

2.2.1 Einfache Werte injizieren

Bean-Injektionen können in Spring mit dem `<property>`-Element konfiguriert werden. `<property>` ähnelt in vielerlei Hinsicht `<constructor-arg>`, unterscheidet sich allerdings dadurch, dass Werte nicht über ein Konstruktorargument, sondern über den Aufruf einer Änderungsmethode der Eigenschaft injiziert werden.

Um dies zu veranschaulichen, wollen wir Kenny mit der Setter-Injektion einen Song zukommen lassen, den er aufführen kann. Der folgende XML-Code stellt eine geänderte Deklaration der Bean `kenny` dar:

```
<bean id="kenny"
      class="com.springinaction.springidol.Instrumentalist">
    <property name="song" value="Jingle Bells" />
</bean>
```

Nachdem der `Instrumentalist` instanziiert wurde, injiziert Spring mithilfe von Änderungsmethoden Werte in die Eigenschaften, die durch `<property>`-Elemente angegeben wurden. Das `<property>`-Element in diesem XML-Code weist Spring an, die Methode `setSong()` aufzurufen, um für die Eigenschaft `song` den Wert `"Jingle Bells"` zu konfigurieren.

In diesem Fall wird das `value`-Attribut des `<property>`-Elements verwendet, um einen `String`-Wert in eine Eigenschaft zu injizieren. `<property>` ist aber nicht auf die Injektion von `String`-Werten festgelegt. Das Attribut `value` kann auch numerische Werte (`int`, `float`, `java.lang.Double` usw.) sowie Boolesche Werte angeben.

Nehmen wir beispielsweise an, die Klasse `Instrumentalist` habe eine Eigenschaft `age` des Typs `int`, mit der das Alter des Musikers angegeben wird. Mit dem folgenden XML-Code können wir Kennys Alter festlegen:

```
<bean id="kenny"
      class="com.springinaction.springidol.Instrumentalist">
   <property name="song" value="Jingle Bells" />
   <property name="age" value="37" />
</bean>
```

Beachten Sie, dass das Attribut `value` beim Festlegen eines numerischen wie auch eines `String`-Wertes in exakt gleicher Weise verwendet wird. Spring bestimmt den korrekten Typ für den Wert basierend auf dem Eigenschaftstyp. Da die Eigenschaft `age` ein `int` ist, weiß Spring, dass es 37 in einen `int`-Wert umwandeln muss, bevor es `setAge()` aufruft.

Das Konfigurieren einfacher Bean-Eigenschaften mit `<property>` ist eine tolle Sache, aber DI bietet mehr als das simple Verschalten festkodierter Werte. Der wahre Vorzug von DI tritt zutage, wenn die kollaborierenden Objekte einer Anwendung so verschaltet werden, dass sie sich nicht selbst verschalten müssen. In diesem Zusammenhang wollen wir Kenny einmal ein Instrument an die Hand geben, auf dem er spielen kann.

2.2.2 Andere Beans referenzieren

Kenny ist ein echter Virtuose – er spielt praktisch jedes Instrument, das man ihm gibt. Solange er die Schnittstelle `Instrument` implementiert, kann er damit musizieren. Doch Kenny hat natürlich auch sein Lieblingsinstrument. Er bevorzugt das von der Klasse `Saxophone` definierte Saxophon.

LISTING 2.6 Instrument-Implementierung für das Saxophon

```
package com.springinaction.springidol;
public class Saxophone implements Instrument {
  public Saxophone() {
  }
  public void play() {
    System.out.println("TOOT TOOT TOOT");
  }
}
```

Bevor wir Kenny jedoch ein Saxophon in die Hand drücken, müssen wir es in Spring als `<bean>` deklarieren. Dies geschieht mit dem folgenden XML-Code:

```
<bean id="saxophone"
      class="com.springinaction.springidol.Saxophone" />
```

Beachten Sie, dass die Klasse `Saxophone` keine einstellbaren Eigenschaften hat. Hieraus ergibt sich, dass `<property>`-Deklarationen in der Bean `saxophone` nicht erforderlich sind.

Nun ist `saxophone` deklariert – wir können Kenny sein Instrument übergeben. Die folgende Änderung an der Bean `kenny` legt die Eigenschaft `instrument` mithilfe der Setter-Injektion fest:

```
<bean id="kenny2"
      class="com.springinaction.springidol.Instrumentalist">
    <property name="song" value="Jingle Bells" />
    <property name="instrument" ref="saxophone" />
</bean>
```

Der Bean `kenny` wurden nun alle Eigenschaften injiziert, d. h. Kenny ist bereit für seinen Auftritt. Ebenso wie Duke können wir auch Kenny durch Ausführung des folgenden Java-Codes – eventuell in einer Methode `main()` – auffordern, seine Aufführung zu beginnen:

```
ApplicationContext ctx = new ClassPathXmlApplicationContext(
        "com/springinaction/springidol/spring-idol.xml");
Performer performer = (Performer) ctx.getBean("kenny");
performer.perform();
```

Zwar ist dies nicht der exakte Code, der den Wettbewerb *Spring Idol* ausführt, aber wir wollen Kenny auch die Chance zum Üben nicht nehmen. Wird der Code ausgeführt, so erscheint folgende Ausgabe:

```
Playing Jingle Bells : TOOT TOOT TOOT
```

Gleichzeitig wird hier ein wichtiges Konzept veranschaulicht: Wenn Sie diesen Code mit dem Code vergleichen, mit dem Duke auf die Bühne gebeten wurde, stellen Sie fest, dass es gar nicht so viele Unterschiede gibt. Tatsächlich besteht der einzige Unterschied im Namen der aus Spring abgerufenen Bean. Der Code ist derselbe, obwohl das erste Segment einen Jongleur, das zweite jedoch einen Musiker zur Aufführung bringt.

Dies ist weniger ein Feature von Spring als ein Vorteil der Kodierung mit Schnittstellen. Durch Referenzierung eines Künstlers über die Schnittstelle `Performer` können wir beliebige Typen von Künstlern zur Aufführung auffordern - egal, ob es sich um einen poetischen Jongleur oder einen Saxophonisten handelt. Aus diesem Grund ermuntert Spring zur Verwendung von Schnittstellen. Zudem arbeiten, wie Sie gleich sehen werden, Schnittstellen Hand in Hand mit DI, um eine lose Kopplung zu ermöglichen.

Wie bereits erwähnt, kann Kenny praktisch jedes Instrument spielen, das ihm gereicht wird - es muss lediglich die Schnittstelle `Instrument` implementieren. Obwohl er das Saxophon bevorzugt, könnten wir Kenny auch bitten, uns auf dem Klavier vorzuspielen. Schauen wir uns zum Beispiel die Klasse `Piano` an.

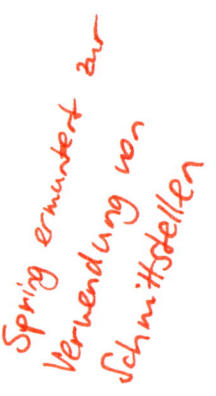

LISTING 2.7 `Instrument`-Implementierung für ein Klavier

```
package com.springinaction.springidol;
public class Piano implements Instrument {
  public Piano() {
  }
  public void play() {
    System.out.println("PLINK PLINK PLINK");
  }
}
```

Die Klasse `Piano` kann mit dem folgenden XML-Code als Spring-`<bean>` deklariert werden:

```
<bean id="piano"
        class="com.springinaction.springidol.Piano" />
```

Jetzt haben wir also ein Klavier. Und damit Kenny das Instrument wechselt, müssen Sie lediglich die Deklaration der Bean `kenny` ein wenig abändern:

```
<bean id="kenny"
      class="com.springinaction.springidol.Instrumentalist">
  <property name="song" value="Jingle Bells" />
  <property name="instrument" ref="piano" />
</bean>
```

Nach dieser Änderung spielt Kenny Klavier statt Saxophon. Weil allerdings die Klasse `Instrumentalist` nur aufgrund des Interfaces `Instrument` von der Eigenschaft `instrument` weiß, müssen wir in der Klasse `Instrumentalist` keinerlei Änderungen vornehmen, um eine neue Implementierung von `Instrument` zu unterstützen. Zwar kann ein `Instrumentalist` gleichermaßen `Saxophone` oder `Piano` spielen, aber er ist von beiden entkoppelt. Wollte Kenny auf dem Hackbrett performen, müsste lediglich eine Klasse `Hackbrett` erstellt und die Eigenschaft `instrument` in der Deklaration der Bean `kenny` angepasst werden.

Innere Beans injizieren

Wir haben gesehen, dass Kenny Saxophon, Klavier und jedes andere Instrument spielt, das die Schnittstelle `Instrument` implementiert. Ebenso trifft aber zu, dass die Beans `saxophone` und `piano` auch von anderen Beans verwendet werden könnten – sie müssten lediglich in eine `instrument`-Eigenschaft injiziert werden. Insofern kann nicht nur Kenny jedes `Instrument` spielen, sondern jeder `Instrumentalist` ist in der Lage, die Bean `saxophone` zu spielen. Und in der Tat ist es durchaus üblich, Beans von mehreren anderen Beans in einer Anwendung gemeinsam verwenden zu lassen.

Das Problem besteht allerdings darin, dass Kenny nicht so ganz damit einverstanden ist, sein Saxophon mit anderen zu teilen – Sie wissen schon: Hygiene und Ähnliches. Lieber würde er sein Saxophon für sich behalten. Um Kennys Keimfreiheit zu gewährleisten, verwenden wir eine praktische Spring-Technik: die sogenannten *inneren Beans*.

Als Java-Entwickler sind Sie mit dem Konzept der inneren Klassen –Klassen also, die innerhalb des Geltungsbereichs anderer Klassen definiert sind – wahrscheinlich bereits vertraut. Analog sind innere Beans solche, die innerhalb des Geltungsbereichs einer anderen Bean definiert sind. Um dies zu veranschaulichen, betrachten wir folgende neue Konfiguration der Bean `kenny`, bei der das Saxophon als innere Bean deklariert ist:

```
<bean id="kenny"
      class="com.springinaction.springidol.Instrumentalist">
  <property name="song" value="Jingle Bells" />
  <property name="instrument">
    <bean class="org.springinaction.springidol.Saxophone" />
  </property>
</bean>
```

Wie Sie sehen, wird eine innere Bean durch Deklarieren eines `<bean>`-Elements definiert, das dem `<property>`-Element, in das es injiziert wird, direkt untergeordnet ist. In diesem Fall wird ein `Saxophone` erstellt und mit Kennys `instrument`-Eigenschaft verschaltet.

Innere Beans sind nicht auf die Setter-Injektion beschränkt; Sie können innere Beans durchaus in Konstruktorargumenten verschalten – die folgende neue Deklaration der Bean `duke` zeigt dies:

```
<bean id="duke"
      class="com.springinaction.springidol.PoeticJuggler">
  <constructor-arg value="15" />
  <constructor-arg>
    <bean class="com.springinaction.springidol.Sonnet29" />
  </constructor-arg>
</bean>
```

Hier wird eine Instanz von `Sonnet29` als innere Bean erstellt und als Argument an den Konstruktor von `PoeticJuggler` übermittelt.

Beachten Sie, dass bei inneren Beans kein `id`-Attribut festgelegt ist. Es wäre zwar definitiv zulässig, eine ID für eine innere Bean zu deklarieren, aber es ist schlicht nicht notwendig, weil Sie die innere Bean niemals über ihren Namen referenzieren würden. Und damit kommen wir zum wesentlichen Nachteil innerer Beans: sie lassen sich nicht wiederverwenden. Innere Beans sind nur für eine einmalige Injektion geeignet und können von anderen Beans nicht referenziert werden.

Außerdem werden Sie feststellen, dass die Verwendung von Definitionen innerer Beans sich negativ auf die Lesbarkeit von XML-Code in Spring-Kontextdateien auswirkt.

2.2.3 Eigenschaften mit dem Spring-Namensraum p verschalten

Es ist nicht so schlimm, Werte und Referenzen mit dem Element `<property>` in Bean-Eigenschaften zu verschalten. Nichtsdestotrotz bietet der Spring-Namensraum `p` eine Lösung, wie man Bean-Eigenschaften ohne viele spitze Klammern verschaltet.

Der Namensraum `p` arbeitet mit dem URI-Schema http://www.springframework.org/schema/p. Um es zu verwenden, fügen Sie einfach dafür eine Deklaration in die Spring-XML-Konfigurationsdatei ein:

```
<?xml version="1.0" encoding="UTF-8"?>
<beans xmlns="http://www.springframework.org/schema/beans"
 xmlns:p="http://www.springframework.org/schema/p"
 xmlns:xsi="http://www.w3.org/2001/XMLSchema-instance"
 xsi:schemaLocation="http://www.springframework.org/schema/beans
        http://www.springframework.org/schema/beans/spring-beans-3.0.xsd">
```

Nun können Sie Attribute des `<bean>`-Elements mit dem Präfix `p:` nutzen, um die Eigenschaften zu verschalten. Als Beispiel schauen Sie sich die folgende Deklaration der Bean `kenny` an:

```
<bean id="kenny" class="com.springinaction.springidol.Instrumentalist"
      p:song = "Jingle Bells"
      p:instrument-ref = "saxophone" />
```

Das Attribut `p:song` ist auf `"Jingle Bells"` gesetzt, wodurch die Eigenschaft `song` mit diesem Wert verschaltet wird. In der Zwischenzeit wird das Attribut `p:instrument-ref` auf `"saxophone"` gesetzt und somit die Eigenschaft `instrument` mit einer Referenz auf die Bean mit der ID *saxophone* verschaltet. Der Suffix `-ref` dient als Hinweis für Spring, dass eine Referenz verschaltet werden soll, und kein literaler Wert.

Die Wahl zwischen `<property>` und dem Namensraum `p` bleibt Ihnen überlassen. Beide funktionieren gleich gut. Der wichtigste Vorteil des Namensraums `p` ist die Tatsache, dass er kürzer ist. Das funktioniert gut, wenn man Beispiele für ein Buch mit festgelegten Rändern schreiben will. Darum werden Sie merken, dass ich in diesem Buch immer wieder mal den `p`-Namensraum nutze – vor allem dann, wenn es horizontal nicht so viel Platz gibt.

Kennys Talent erstreckt sich auf beinahe jedes Instrument. Allerdings gibt es eine Einschränkung: Er kann immer nur ein Instrument gleichzeitig spielen. Der nächste Teilnehmer unseres Wettbewerbs *Spring Idol* ist Hank. Hank ist in der Lage, mehrere Instrumente gleichzeitig zu spielen.

2.2.4 Collections miteinander verschalten

Bislang haben wir gesehen, wie man Spring zur Konfiguration einfacher Eigenschaftswerte (mit dem Attribut `value`) wie auch von Eigenschaften mit Referenzen auf andere Beans (mit dem Attribut `ref`) verwendet. Aber `value` und `ref` sind nur dann sinnvoll einsetzbar, wenn die Eigenschaften Ihrer Bean singulär sind. Wie aber kann Spring Ihnen behilflich sein, wenn Ihre Bean Mehrfacheigenschaften hat, eine Eigenschaft also etwa eine Collection mit Werten ist?

Spring bietet vier Arten von Elementen zur Collection-Konfiguration, die sich, wenn es um die Konfiguration von Werte-Collections geht, als wirklich praktisch erweisen. Tabelle 2.3 listet diese Elemente und ihren jeweiligen Zweck auf.

TABELLE 2.3 Ebenso wie Java verschiedene Arten von Collections bietet, gestattet Spring die Injektion verschiedener Arten von Collections.

Collection-Element	Zweck
`<list>`	Verschalten einer Liste von Werten, wobei Duplikate zulässig sind.
`<set>`	Verschalten einer Liste von Werten, wobei Duplikate nicht gestattet sind.
`<map>`	Verschalten einer Collection mit Name-Wert-Paaren, bei denen Name und Wert jeweils von einem beliebigen Typ sein können.
`<props>`	Verschalten einer Collection mit Name-Wert-Paaren, bei denen Name und Wert jeweils vom Typ `String` sind.

Die Elemente `<list>`und `<set>` sind nützlich zur Konfiguration von Eigenschaften, die entweder Arrays oder eine Implementierung von `java.util.Collection` sind. Wie Sie in Kürze sehen werden, besteht nur eine geringe Wechselwirkung zwischen der eigentlichen Implementierung der Collection, die zur Definition der Eigenschaft verwendet wird, und der Auswahl von `<list>` oder `<set>`. Die beiden Elemente können praktisch beliebig mit Eigenschaften eines beliebigen Typen aus `java.util.Collection` verwendet werden.

Was `<map>` und `<props>` angeht, entsprechen diese beiden Elemente den Collections `java.util.Map` bzw. `java.util.Properties`. Diese Collection-Typen sind nützlich, wenn Sie eine Collection benötigen, die eine Ansammlung von Schlüssel-Wert-Paaren umfasst. Der wesentliche Unterschied zwischen beiden besteht darin, dass im Falle von `<props>` Schlüssel wie auch Werte `String`s sind, während `<map>` beliebige Typen für Schlüssel und Werte zulässt.

Um die Verschaltung von Collections in Spring zu veranschaulichen, wollen wir Hank auf der Bühne von *Spring Idol* willkommen heißen. Hanks besonderes Talent ist die Fähigkeit, als Ein-Mann-Band aufzutreten. Wie Kenny spielt auch Hank mehrere Instrumente, aber gleichzeitig. Hank wird von der Klasse `OneManBand` definiert.

LISTING 2.8 Eine Ein-Mann-Band

```
package com.springinaction.springidol;
import java.util.Collection;
public class OneManBand implements Performer {
  public OneManBand() {
  }
  public void perform() throws PerformanceException {
    for (Instrument instrument : instruments) {
      instrument.play();
    }
  }
  private Collection<Instrument> instruments;
  public void setInstruments(Collection<Instrument> instruments) {
    this.instruments = instruments;    ◂ instrument collection injizieren
  }
}
```

Wie Sie sehen, iteriert eine OneManBand beim Auftritt über eine Collection von Instrumenten. Am wichtigsten ist an dieser Stelle, dass die Instrumenten-Collection über die Methode setInstruments() injiziert wird. Wir wollen nun untersuchen, wie Hank mithilfe von Spring an seine Instrumentensammlung kommt.

Listen, Sets und Arrays verschalten

Damit Hank an eine Sammlung von Instrumenten gelangt, auf denen er spielen kann, verwenden wir das Konfigurationselement <list>:

```
<bean id="hank"
      class="com.springinaction.springidol.OneManBand">
  <property name="instruments">
    <list>
      <ref bean="guitar" />
      <ref bean="cymbal" />
      <ref bean="harmonica" />
    </list>
  </property>
</bean>
```

Das <list>-Element enthält mindestens einen Wert. Hier werden <ref>-Elemente verwendet, um die Werte als Referenzen auf andere Beans im Spring-Kontext zu verwenden. Auf diese Weise wird Hank so konfiguriert, dass er eine Gitarre, ein Becken und eine Mundharmonika spielt. Allerdings ist es auch möglich, andere Spring-Elemente als Member einer <list> zur Werteeinstellung zu verwenden: <value>, <bean> und <null/>. Tatsächlich kann ein <list>-Element ein weiteres <list>-Element als Member für multidimensionale Listen verwenden.

In Listing 2.8 ist die Eigenschaft instruments von OneManBand eine java.util.Collection, die Java 5-Generics zur Beschränkung der Collection auf Instrument-Werte verwendet. Aber <list> kann auch mit Eigenschaften verwendet werden, die eine beliebige Implementierung von java.util.Collection oder ein Array sind. Anders ausgedrückt: Das <list>-Element, das wir soeben verwendet haben, würde auch funktionieren, wenn die Eigenschaft instruments wie folgt deklariert wäre:

```
java.util.List<Instrument> instruments;
```

Selbst bei der folgenden Deklaration würde es noch klappen:

```
Instrument[] instruments;
```

Entsprechend könnten Sie auch mit <set> eine Collection oder Array-Eigenschaft verschalten:

```
<bean id="hank"
      class="com.springinaction.springidol.OneManBand">
  <property name="instruments">
    <set>
      <ref bean="guitar" />
      <ref bean="cymbal" />
```

```
      <ref bean="harmonica" />
      <ref bean="harmonica" />
    </set>
  </property>
</bean>
```

Auch hier kann entweder `<list>` oder `<set>` verwendet werden, um eine Implementierung von `java.util.Collection` oder ein Array zu verschalten. Nur weil eine Eigenschaft ein `java.util.Set` ist, heißt das noch nicht, dass Sie für die Verschaltung `<set>` nehmen müssen. Zwar mag es seltsam anmuten, eine `java.util.List`-Eigenschaft mit `<set>` zu konfigurieren, aber möglich ist es allemal. Dadurch erhalten Sie die Garantie, dass alle Member der `List` eindeutig sind.

Map-Collections verschalten

Wenn eine `OneManBand` auftritt, werden die Töne aller Instrumente nacheinander ausgegeben, während die Methode `perform()` über die Collection der Instrumente iteriert. Nehmen wir aber an, dass wir auch sehen wollen, welches Instrument welchen Klang erzeugt. Dafür sollten an der Klasse `OneManBand` folgende Änderungen vorgenommen werden.

LISTING 2.9 Abändern der Instrumentensammlung einer `OneManBand` zu einer `Map`

```
package com.springinaction.springidol;
import java.util.Map;
import com.springinaction.springidol.Instrument;
import com.springinaction.springidol.PerformanceException;
import com.springinaction.springidol.Performer;
public class OneManBand implements Performer {
  public OneManBand() {
  }
  public void perform() throws PerformanceException {
    for (String key : instruments.keySet()) {
      System.out.print(key + " : ");
      Instrument instrument = instruments.get(key);
      instrument.play();
    }
  }
  private Map<String, Instrument> instruments;
  public void setInstruments(Map<String, Instrument> instruments) {
    this.instruments = instruments;      ◂ Instrument als Map injizieren
  }
}
```

In der neuen Version von `OneManBand` ist die Eigenschaft `instruments` eine `java.util.Map`, wobei jeder Member einen `String` als Schlüssel und ein `Instrument` als Wert aufweist. Weil die Member einer `Map` aus Schlüssel-Wert-Paaren bestehen, reicht ein einfaches Konfigurationselement vom Schlage `<list>` oder `<set>` zur Verschaltung der Eigenschaft nicht aus.

Stattdessen verwendet die folgende Deklaration der Bean `hank` das `<map>`-Element zur Konfiguration der Eigenschaft `instruments`:

```
<bean id="hank" class="com.springinaction.springidol.OneManBand">
  <property name="instruments">
    <map>
      <entry key="GUITAR" value-ref="guitar" />
      <entry key="CYMBAL" value-ref="cymbal" />
      <entry key="HARMONICA" value-ref="harmonica" />
    </map>
  </property>
</bean>
```

Das `<map>`-Element deklariert einen Wert des Typs `java.util.Map`. Jedes `<entry>`-Element definiert einen Member der `Map`. Im obigen Beispiel gibt das Attribut `key` den Schlüssel des Eintrags an, während das Attribut `value-ref` den Wert des Eintrags als Referenz auf eine andere Bean innerhalb des Spring-Kontexts definiert.

Unser Beispiel verwendet die Attribute `key` zur Angabe eines `String`-Schlüssels und `value-ref` zur Festlegung eines Referenzwertes, tatsächlich bietet das `<entry>`-Element aber jeweils zwei Attribute zur Festlegung von Schlüssel und Wert des Eintrags. Tabelle 2.4 listet diese Attribute auf.

`<map>` ist nur eine Möglichkeit, Schlüssel-Wert-Paare in Bean-Eigenschaften zu injizieren, wenn eines der Objekte kein `String` ist. Wir wollen einmal sehen, wie man das Spring-Element `<props>` zur Konfiguration von `String`-Zuordnungen verwendet.

TABELLE 2.4 Ein `<entry>` in einer `<map>` besteht aus einem Schlüssel und einem Wert, die jeweils ein primitiver Wert oder eine Referenz auf eine andere Bean sein können. Diese Attribute helfen bei der Angabe der Schlüssel und Werte eines `<entry>`-Elements.

Attribut	Aufgabe
`key`	Gibt den Schlüssel des Map-Eintrags als `String` an.
`key-ref`	Gibt den Schlüssel des Map-Eintrags als Referenz auf eine Bean im Spring-Kontext an.
`value`	Gibt den Wert des Map-Eintrags als `String` an.
`value-ref`	Gibt den Wert des Map-Eintrags als Referenz auf eine Bean im Spring-Kontext an.

Eigenschafts-Collections verschalten

Wenn eine `Map` mit Werten für die Eigenschaft `instrument` von `OneManBand` konfiguriert wird, ist es notwendig, den Wert jedes Eintrags mit `value-ref` anzugeben. Das liegt daran, dass jeder Eintrag letztendlich eine andere Bean im Spring-Kontext ist.

Wenn Sie aber eine `Map` konfigurieren müssen, deren Einträge `String`-Schlüssel und -Werte aufweisen, sollten Sie die Verwendung von `java.util.Properties` anstelle einer `Map` in Betracht ziehen. Die Klasse `Properties` verfolgt in etwa denselben Zweck wie `Map`, beschränkt die Schlüssel und Werte jedoch auf `Strings`.

Zur Veranschaulichung stellen Sie sich vor, dass `OneManBand` nicht mit einer Map mit `Strings` und Bean-Referenzen verschaltet ist, sondern mit einer `String`-zu-`String` `java.util.Properties`-Collection. Die neue Eigenschaft `instruments` kann dann folgendermaßen abgeändert werden:

```
private Properties instruments;
public void setInstruments(Properties instruments) {
    this.instruments = instruments;
}
```

Um die Klänge in der Eigenschaft `instruments` zu verschalten, verwenden wir das `<props>`-Element in der folgenden Deklaration der Bean `hank`:

```
<bean id="hank" class="com.springinaction.springidol.OneManBand">
  <property name="instruments">
    <props>
      <prop key="GUITAR">STRUM STRUM STRUM</prop>
      <prop key="CYMBAL">CRASH CRASH CRASH</prop>
      <prop key="HARMONICA">HUM HUM HUM</prop>
    </props>
  </property>
</bean>
```

Das Element `<props>` konstruiert einen `java.util.Properties`-Wert, bei dem jeder Member als `<prop>`-Element definiert ist. Jedes `<prop>`-Element bietet ein Attribut `key`, das den Schlüssel des jeweiligen `Properties`-Members definiert; der Wert hingegen wird durch den Inhalt des `<prop>`-Elements festgelegt. In unserem Beispiel hat das Element, dessen Schlüssel „GUITAR" lautet, den Wert „STRUM STRUM STRUM".

Man könnte dies als denkbar kompliziertestes Spring-Konfigurationselement bezeichnen. Der Grund: Der Begriff *Eigenschaft* ist hochgradig überladen. Deswegen müssen wir Folgendes unbedingt klarstellen:

- `<property>` ist das Element, mit dem ein Wert in eine Eigenschaft einer Bean-Klasse injiziert wird.
- `<props>` ist das Element, mit dem ein Collection-Wert des Typs `java.util.Properties` definiert wird.
- `<prop>` schließlich ist das Element, mit dem ein Member-Wert einer `<props>`-Collection definiert wird.

Bisher haben wir gesehen, wie man verschiedene Dinge mit Bean-Eigenschaften und Konstruktorargumenten verschaltet. Wir haben einfache Werte, Referenzen auf andere Beans und Collections verschaltet. Nun schauen wir uns an, wie nichts verschaltet wird.

2.2.5 Nichts (null) verschalten

Das haben Sie richtig gelesen. Neben all den anderen Dingen, die Spring in eine Bean-Eigenschaft oder ein Konstruktorargument verschalten kann, kann auch nichts verschaltet werden. Oder genauer gesagt: Spring kann ein `null` verschalten.

Sie werden nun wahrscheinlich mit den Augen rollen und denken: „Wovon redet der eigentlich? Warum sollte man jemals `null` in einer Eigenschaft verschalten? Sind nicht ohnehin alle Eigenschaften `null`, bis sie festgelegt werden? Was soll das also?".

Zugegeben: Häufig trifft es zu, dass Eigenschaften anfangs den Wert `null` haben und ihn auch behalten, bis ihnen ein anderer Wert zugewiesen wird. Allerdings können Beans einer Eigenschaft auch einen von null abweichenden Wert als Standardwert zuweisen. Was also tun Sie, wenn Sie - aus welchem Grund auch immer - sicherstellen müssen, dass diese Eigenschaft null ist? Sollte dies zutreffen, reicht es nicht aus, einfach vorauszusetzen, dass die Eigenschaft schon null sein wird - Sie müssen null in diesem Fall explizit in der Eigenschaft verschalten.

Um eine Eigenschaft auf null zu setzen, verwenden Sie einfach das Element <null/>. Ein Beispiel:

```
<property name="someNonNullProperty"><null/></property>
```

Ein weiterer Grund, null explizit in einer Eigenschaft zu verschalten, besteht darin, einen via Autowiring automatisch verschalteten Eigenschaftswert zu überschreiben. Was ist Autowiring, höre ich Sie fragen? Gemach - wir gehen im nächsten Kapitel darauf ein.

Für jetzt bleiben Sie einfach auf Ihren Plätzen. Wir beenden dieses Kapitel, indem wir noch einen Blick auf eines der coolsten neuen Features von Spring werfen: die Spring Expression Language.

2.3 Mit Ausdrücken verschalten

Bisher ist alles, was wir mit Bean-Eigenschaften und Konstruktorargumenten verschaltet haben, in der XML-Konfigurationsdatei von Spring statisch definiert worden. Wenn wir den Namen eines Songs in der Bean Instrumentalist verschaltet haben, dann wurde dieser Wert zur Entwicklungszeit bestimmt. Und als wir Referenzen mit anderen Beans verschalteten, wurden diese auch statisch bestimmt, während wir die Spring-Konfiguration schrieben.

Doch was tun, wenn wir Eigenschaften mit Werten verschalten wollen, die erst zur Laufzeit bekannt sind?

Mit Spring 3 wird die *Spring Expression Language (SpEL)* eingeführt, eine leistungsfähige, aber knappe Weise, um Werte mit den Eigenschaften oder Konstruktorargumenten einer Bean anhand von Ausdrücken zu verschalten, die zur Laufzeit ausgewertet werden. Mit SpEL vollbringen Sie erstaunliche Taten beim Bean-Verschalten, die mit dem traditionellen Verschaltungsstil von Spring deutlich schwieriger (wenn nicht gar unmöglich) wären.

SpEL hat einige tolle Tricks im Ärmel, z. B.

- die Möglichkeit, Beans anhand ihrer ID zu referenzieren;
- Methoden aufrufen und auf Eigenschaften von Objekten zugreifen;
- mathematische, relationale und logische Operationen mit Werten;
- Zuordnung regulärer Ausdrücke;
- Collection-Manipulation

Um einen SpEL-Ausdruck zu schreiben, muss man die verschiedenen Elemente der SpEL-Syntax zusammensetzen. Sogar die interessantesten SpEL-Ausdrücke setzen sich oft aus einfacheren Ausdrücken zusammen. Bevor wir also mit SpEL einsteigen können, legen wir unsere ersten Schritte mit einigen ganz grundlegenden Zutaten eines SpEL-Ausdrucks zurück.

2.3.1 SpEL-Grundlagen

Das Ziel eines SpEL-Ausdrucks besteht letzten Endes darin, nach einer Auswertung bei einem Wert anzukommen. Im Verlauf der Berechnung dieses Wertes werden andere Werte berücksichtigt und damit operiert. Die einfachsten Werte, die SpEL auswerten kann, können literale Werte, Referenzen auf die Eigenschaften einer Bean oder vielleicht auch die Konstante einer Klasse sein.

Literale Werte

Der einfachste mögliche SpEL-Ausdruck ist einer, der nur einen literalen Wert enthält. Das Folgende ist beispielsweise ein gültiger SpEL-Ausdruck:

```
5
```

Nicht überraschend, dass dieser Ausdruck mit dem Integerwert 5 ausgewertet wird. Wir könnten diesen Wert mit der Eigenschaft einer Bean verschalten, indem wir wie folgt die `#{}`-Marker im `value`-Attribut eines `<property>`-Elements verwenden:

```
<property name="count" value="#{5}"/>
```

Die Marker `#{}` sind ein Hinweis für Spring, dass es sich bei dem Inhalt um einen SpEL-Ausdruck handelt. Man kann sie auch mit Nicht-SpEL-Werten mischen:

```
<property name="message" value="The value is #{5}"/>
```

Gleitkommazahlen kann man ebenfalls mit SpEL ausdrücken. Ein Beispiel:

```
<property name="frequency" value="#{89.7}"/>
```

Zahlen lassen sich auch in wissenschaftlicher Notation ausdrücken. Als Beispiel gibt das folgende Code-Snippet die Eigenschaft `capacity` als 10000,0 mit wissenschaftlicher Notation an:

```
<property name="capacity" value="#{1e4}"/>
```

Literale `String`-Werte kann man auch in SpEL ausdrücken, entweder mit einfachen oder doppelten Anführungszeichen. Um zum Beispiel einen literalen `String`-Wert mit einer Bean-Eigenschaft zu verschalten, können wir dies wie folgt ausdrücken:

```
<property name="name" value="#{'Chuck'}"/>
```

Oder wenn Sie mit einfachen Anführungszeichen für XML-Attributwerte arbeiten, sollten Sie doppelte Anführungszeichen im SpEL-Ausdruck nehmen:

```
<property name='name' value='#{"Chuck"}'/>
```

Einige andere literale Werte, die Sie vielleicht ebenfalls einsetzen, sind die Booleschen Werte `true` und `false`. Sie könnten z. B. ein `false` wie folgt ausdrücken:

```
<property name="enabled" value="#{false}"/>
```

Die Arbeit mit literalen Werten in SpEL-Ausdrücken ist banal. Immerhin brauchen wir kein SpEL, um eine Integereigenschaft auf 5 oder eine Boolesche Eigenschaft auf `false` zu setzen. Ich gebe zu, dass für SpEL-Ausdrücke, die nur literale Werte enthalten, nicht viel Verwendung zu finden ist. Aber denken Sie daran, dass interessantere SpEL-Ausdrücke wiederum aus einfacheren zusammengesetzt werden. Also ist es gut, wenn man sich bei der Verwendung literaler Werte in SpEL auskennt. Schließlich brauchen wir sie, wenn unsere Ausdrücke komplexer werden.

Beans, Eigenschaften und Methoden referenzieren

Eine andere grundlegende Sache, die ein SpEL-Ausdruck beherrscht, ist die Referenz auf eine andere Bean anhand ihrer ID. Sie können zum Beispiel mit SpEL eine Bean mit der Eigenschaft einer anderen verschalten, indem Sie die Bean-ID als SpEL-Ausdruck nehmen:

```
<property name="instrument" value="#{saxophone}"/>
```

Wie Sie sehen, verschalten wir mit SpEL die Bean mit der ID `"saxophone"` in eine `instrument`-Eigenschaft. Aber Moment mal ... ist das nicht auch ohne SpEL möglich, wenn wir das Attribut `ref` wie folgt verwenden?

```
<property name="instrument" ref="saxophone"/>
```

Ja, das Ergebnis ist das gleiche, und ja, dafür haben wir SpEL nicht gebraucht. Aber es ist interessant, dass so etwas möglich ist. Ich zeige Ihnen später einige weitere Tricks, die davon profitieren, dass sich Bean-Referenzen mit SpEL verschalten lassen. Jetzt möchte ich Ihnen demonstrieren, wie man eine Bean-Referenz nutzt, um auf die Eigenschaften der Bean in einem SpEL-Ausdruck zuzugreifen.

Nehmen wir an, Sie wollen eine neue `Instrumentalist`-Bean mit der ID `carl` konfigurieren. Das Lustige an Carl ist sein Talent nachzuahmen. Anstatt seinen eigenen Song aufzuführen, wird er so verschaltet, dass er jeden Song spielt, den Kenny vorträgt. Wenn Sie die `carl`-Bean konfigurieren, können Sie mit SpEL Kennys Song in die Eigenschaft `song` kopieren, und zwar so:

```
<bean id="carl"
      class="com.springinaction.springidol.Instrumentalist">
    <property name="song" value="#{kenny.song}" />
</bean>
```

Wie Abbildung 2.1 zeigt, besteht der Ausdruck, der in Carls Eigenschaft `song` übergeben wird, aus zwei Teilen.

ABBILDUNG 2.1 Mit der Spring Expression Language auf die Eigenschaft einer anderen Bean Bezug nehmen

Der erste Teil (der vor dem Punkt-Trennzeichen) bezieht sich auf die Bean `kenny` anhand ihrer ID. Der zweite Teil bezieht sich auf das Attribut `song` der Bean `kenny`. Durch Verschaltung der Eigenschaft `song` der Bean `carl` ist es im Wesentlichen so, als würden Sie den folgenden Java-Code programmatisch ausführen:

```
Instrumentalist carl = new Instrumentalist();
carl.setSong(kenny.getSong());
```

Aha! Allmählich wird SpEL interessant. Dabei handelt es sich um einen einfachen Ausdruck; ich kann mir aber keinen leichteren Weg vorstellen, um das Ganze ohne SpEL umzusetzen.

Vertrauen Sie mir ... wir haben soeben erst begonnen.

Auf die Eigenschaften einer Bean zu referenzieren, ist nicht das Einzige, was Sie mit einer Bean anstellen können. Sie können auch eine Methode aufrufen. Nehmen wir beispielsweise an, dass Sie über eine `songSelector`-Bean mit einer dazugehörigen `selectSong()`-Methode verfügen, die einen Song zurückgibt, der gesungen werden soll. In diesem Fall könnte Carl mit seinem Nachäffen aufhören und das singen, was die Bean `songSelector` vorschlägt:

```
<property name="song" value="#{songSelector.selectSong()}"/>
```

Nehmen wir nun an, dass Carl aus unbekannten Gründen möchte, dass der ihm übergebene Song nur in Großbuchstaben aufscheint. Kein Problem ... Sie brauchen dann nur die Methode `toUpperCase()` für den `String`-Wert aufzurufen, den Sie bekommen haben:

```
<property name="song" value="#{songSelector.selectSong().toUpperCase()}"/>
```

Das klappt jedes Mal ... solange die `selectSong()`-Methode nicht `null` zurückgibt. Falls `selectSong()` `null` zurückgibt, bekommen Sie eine `NullPointerException`, wenn der SpEL-Ausdruck ausgewertet wird.

Um die gefürchtete `NullPointerException` in SpEL zu vermeiden, muss man den nullsicheren Zugriff nehmen:

```
<property name="song" value="#{songSelector.selectSong()?.toUpperCase()}"/>
```

Anstatt einen einsamen Punkt (`.`) für den Zugriff auf die `toUpperCase()`-Methode zu nehmen, verwenden Sie nun den Operator `?.`. Dieser Operator achtet darauf, dass das Item links von ihm nicht Null ist, bevor er auf das rechts von ihm Liegende zugreift. Wenn also `selectSong()` Null zurückgeben sollte, würde SpEL erst gar nicht versuchen, dafür `toUpperCase()` aufzurufen.

Wenn man Ausdrücke schreibt, die mit anderen Beans funktionieren, ist das schon mal ein guter Anfang. Aber was machen Sie, wenn Sie eine statische Methode aufrufen oder eine Konstante referenzieren müssen? Dafür müssen wir in SpEL mit Typen arbeiten.

Die Arbeit mit Typen

Um in SpEL mit Konstanten und mit für Klassen gültigen Methoden zu arbeiten, nimmt man den `T()`-Operator. Um beispielsweise die Java-Klasse `Math` in SpEL auszudrücken, müssen Sie den `Math`-Operator wie folgt verwenden:

```
T(java.lang.Math)
```

Das hier gezeigte Ergebnis des T()-Operators ist ein Class-Objekt, das java.lang.Math repräsentiert. Sie können das auf Wunsch sogar mit einer Bean-Eigenschaft des Typs Class verschalten. Doch der wahre Wert des T()-Operators ist die Möglichkeit, auf statische Methoden und Konstanten einer gegebenen Klasse zuzugreifen.

Nehmen wir z. B. an, dass Sie den Wert von Pi mit einer Bean-Eigenschaft verwalten müssen. In diesem Fall referenzieren Sie die PI-Konstante der Math-Klasse einfach wie folgt:

```
<property name="multiplier" value="#{T(java.lang.Math).PI}"/>
```

Entsprechend kann man statische Methoden auch mit dem Ergebnis des T()-Operators aufrufen. So verschaltet man beispielsweise eine Zufallszahl (zwischen 0 und 1) mit einer Bean-Eigenschaft:

```
<property name="randomNumber" value="#{T(java.lang.Math).random()}"/>
```

Wenn die Applikation startet und Spring die Eigenschaft randomNumber verschaltet, wird sie die Methode Math.random() verwenden, um für diese Eigenschaft einen Wert zu bestimmen. Dies ist ein weiteres Beispiel für einen SpEL-Ausdruck, den ich mir ohne SpEL nicht einfacher vorstellen kann.

Nun haben wir die grundlegenden SpEL-Ausdrücke in unsere Trickkiste gepackt und wollen einen Zahn zulegen, indem wir uns die Arten von Operationen anschauen, die wir mit diesen einfacheren Ausdrücken ausführen können.

2.3.2 Operationen mit SpEL-Werten ausführen

SpEL bietet verschiedene Operationen, die Sie auf Werte in einem SpEL-Ausdruck anwenden können. Diese Operationen werden in Tabelle 2.5 zusammengefasst.

TABELLE 2.5 SpEL enthält mehrere Operatoren, mit denen Sie die Werte eines Ausdrucks manipulieren können.

Operationstyp	Operatoren
Arithmetisch	+, -, *, /, %, ^
Relational	<, >, ==, <=, >=, lt, gt, eq, le, ge
Logisch	and, or, not, |
Konditional	?: (ternär), ?: (Elvis)
Reguläre Ausdrücke	Treffer

Die ersten Operationen sind solche, die grundlegende mathematische Vorgänge für Werte in einem SpEL-Ausdruck durchführen können.

Berechnungen mit SpEL

SpEL unterstützt alle arithmetischen Basisoperatoren, die auch Java unterstützt, plus den Caret-Operator (^) zum Bilden einer Potenz.

Um z. B. zwei Zahlen zu addieren, kann man den Operator + wie folgt einsetzen:

```
<property name="adjustedAmount" value="#{counter.total + 42}"/>
```

Hier addieren wir 42 zum Wert der Eigenschaft `total` der `counter`-Bean. Beachten Sie, dass zwar beide Seiten des Operators + numerisch sind, aber deswegen keine literalen Werte sein müssen. In diesem Fall ist die linke Seite für sich auch ein SpEL-Ausdruck.

Die anderen arithmetischen Operatoren funktionieren in SpEL ebenso, wie Sie das von Java gewohnt sind. Der Operator - führt z. B. eine Subtraktion aus:

```
<property name="adjustedAmount" value="#{counter.total - 20}"/>
```

Der Operator * führt eine Multiplikation aus:

```
<property name="circumference"
➥ value="#{2 * T(java.lang.Math).PI * circle.radius}"/>
```

Der Operator / führt eine Division aus:

```
<property name="average" value="#{counter.total / counter.count}"/>
```

Und der Operator % führt eine Modulo-Operation aus:

```
<property name="remainder" value="#{counter.total % counter.count}"/>
```

Anders als bei Java gibt es bei SpEL einen Potenzoperator in Form des Caret-Symbols:

```
<property name="area" value="#{T(java.lang.Math).PI * circle.radius ^ 2}"/>
```

Auch wenn wir hier von den arithmetischen Operatoren von SpEL sprechen, sollte noch erwähnt werden, dass der Operator + überladen ist, um für `String`-Werte eine Verkettung auszuführen. Ein Beispiel:

```
<property name="fullName"
    value="#{performer.firstName + ' ' + performer.lastName}"/>
```

Auch dies ist insofern konsistentes Java, als man auch dort mit dem +-Operator `String`-Werte verketten kann.

Werte vergleichen

Oft ist es nützlich, zwei Werte zu vergleichen, um zu entscheiden, ob sie gleich sind oder welcher größer ist. Für solche Vergleiche bietet SpEL alle erwartbaren Vergleichsoperatoren, die es auch bei Java gibt.

Als Beispiel können Sie für den Vergleich, ob zwei Zahlen gleich sind, das Doppelgleichheitszeichen (==) verwenden:

```
<property name="equal" value="#{counter.total == 100}"/>
```

In diesem Fall wird angenommen, dass die Eigenschaft `equal` ein Boolescher Wert ist und mit einem `true` verschaltet wird, wenn die Eigenschaft `total` gleich 100 ist.

Entsprechend kann man anhand der Kleiner-als- (<) und Größer-als-Operatoren (>) zwei verschiedene Werte vergleichen. Entsprechend unterstützt SpEL auch die Operatoren Größer-als-oder-gleich (>=) sowie Kleiner-als-oder-gleich (<=). Das Folgende ist beispielsweise ein gültiger SpEL-Ausdruck:

```
counter.total <= 100000
```

Leider stellen die Kleiner-als- und Größer-als-Symbole ein Problem dar, wenn man diese Ausdrücke in der XML-Konfiguration von Spring verwendet, weil sie in XML eine Sonderbedeutung haben. Wenn man in XML also SpEL[5] verwendet, sollte man am besten die textlichen Alternativen von SpEL zu diesen Operatoren nehmen. Ein Beispiel:

```
<property name="hasCapacity" value="#{counter.total le 100000}"/>
```

Hier bedeutet der Operator `le` weniger als oder gleich. Die anderen textlichen Vergleichsoperatoren werden in Tabelle 2.6 katalogisiert.

TABELLE 2.6 SpEL enthält mehrere Operatoren, mit denen Sie die Werte eines Ausdrucks manipulieren können.

Operation	Symbolisch	Textlich
Ist gleich	==	eq
Kleiner als	<	lt
Kleiner als oder gleich	<=	le
Größer als	>	gt
Größer als oder gleich	>=	ge

Sie werden bemerken, dass die symbolischen Gleichheitsoperatoren (==) zwar in XML keine Probleme bereiten, dass aber SpEL im Interesse der Konsistenz mit den anderen Operatoren und weil manche Entwickler lieber mit den textlichen Operatoren arbeiten als den symbolischen, einen textlichen `eq`-Operator anbietet.

---

5 Im nächsten Kapitel beschäftigen wir uns mit der Frage, wie man SpEL außerhalb der XML-Konfiguration von Spring verwendet.

Logische Ausdrücke

Toll, dass wir Vergleiche in SpEL auswerten können, aber was passiert, wenn Sie etwas auf zwei Vergleichen basierend auswerten müssen? Oder wenn Sie einen Booleschen Wert negieren wollen? Hier kommen die logischen Operatoren ins Spiel. In Tabelle 2.7 werden alle logischen Operatoren von SpEL aufgelistet.

TABELLE 2.7 SpEL enthält mehrere Operatoren, mit denen Sie die Werte eines Ausdrucks manipulieren können.

Operator	Operation
`and`	Eine logische UND-Operation. Beide Seiten müssen wahr sein, damit der Ausdruck wahr ist.
`or`	Eine logische ODER-Operation. Eine Seite muss wahr sein, damit der Ausdruck wahr ist.
`not` oder `!`	Eine logische NICHT-Operation; negiert das Ziel der Operation.

Als Beispiel schauen Sie die folgende Verwendung des `and`-Operators an:

```
<property name="largeCircle"
        value="#{shape.kind == 'circle' and shape.perimeter gt 10000}"/>
```

In diesem Fall wird die Eigenschaft `largeCircle` auf `true` gesetzt, wenn die `kind`-Eigenschaft von `shape` dann `"circle"` lautet und die `perimeter`-Eigenschaft eine Zahl größer 10 000 ist. Andernfalls wird sie falsch bleiben.

Um einen Booleschen Ausdruck zu negieren, können Sie unter zwei Operatoren wählen: entweder den symbolischen `!`-Operator oder den textlichen `not`-Operator. Beispielsweise ist der folgende Einsatz des `!`-Operators

```
<property name="outOfStock" value="#{!product.available}"/>
```

äquivalent zu diesem `not`-Operator:

```
<property name="outOfStock" value="#{not product.available}"/>
```

Komischerweise bietet SpEL keine symbolischen Äquivalente für die Operatoren `and` und `or`.

Bedingte Auswertung

Was machen Sie, wenn ein SpEL-Ausdruck einen Wert ergeben soll, wenn eine Bedingung wahr ist, und einen anderen, wenn sie unwahr ist? Nehmen wir beispielsweise an, dass Carl (der `Instrumentalist` von vorhin) Klavier spielen möchte, wenn der Song „Jingle Bells“ dargeboten werden soll, ansonsten aber Saxophon spielen will. In diesem Fall nehmen Sie den ternären SpEL-Operator (`?:`):

```
<property name="instrument"
   value="#{songSelector.selectSong()=='Jingle Bells'?piano:saxophone}"/>
```

Wie Sie sehen, funktioniert der ternäre SpEL-Operator so wie der ternäre Operator von Java. In diesem Fall wird die instrument-Eigenschaft mit einer Referenz auf die piano-Bean verschaltet, wenn der gewählte Song „Jingle Bells“ ist. Anderenfalls wird sie mit der Bean mit der ID saxophone verschaltet.

Eine übliche Aufgabe des ternären Operators besteht darin, auf den Wert null zu prüfen und einen Standardwert zu verschalten, falls null. Nehmen wir beispielsweise an, dass Carl so konfiguriert werden soll, dass er den gleichen Song spielt wie Kenny, außer Kenny hat keinen Song. In dem Fall sollte Carls Song dann standardmäßig „Greensleeves“ sein. Der ternäre Operator könnte für diesen Fall wie folgt eingesetzt werden:

```
<property name="song"
        value="#{kenny.song != null ? kenny.song : 'Greensleeves'}"/>
```

Obwohl das funktionieren wird, gibt es eine kleine Doppelung, da wir zweimal auf kenny.song verweisen. SpEL bietet eine Variante des ternären Operators, mit dem dieser Ausdruck vereinfacht wird:

```
<property name="song" value="#{kenny.song ?: 'Greensleeves'}"/>
```

Wie im vorigen Beispiel wird der Ausdruck dann den Wert kenny.song ergeben oder „Greensleeves“, falls kenny.song dann null ist. Wenn er auf diese Weise ?: verwendet wird, nennt man ihn den *Elvis-Operator*. Dieser eigenartige Name kommt daher, dass man den Operator als eine Art Smiley verwendet, bei dem das Fragezeichen die Form der Haartolle von Elvis Presley hat.[6]

Reguläre Ausdrücke in SpEL

Bei der Arbeit mit Text ist es manchmal praktisch zu prüfen, ob dieser Text zu einem bestimmten Muster passt. SpEL unterstützt die Mustererkennung in Ausdrücken mit dem Operator matches.

Dieser matches-Operator versucht, einen regulären Ausdruck (der als Argument rechts angegeben wird) auf einen String-Wert anzuwenden (das Argument links). Das Ergebnis einer matches-Auswertung ist ein Boolescher Wert: true, wenn der Wert zum regulären Ausdruck passt, sonst false.

Um den matches-Operator zu demonstrieren, nehmen wir an, dass wir prüfen wollen, ob ein String eine gültige E-Mail-Adresse enthält. In diesem Fall wenden wir den matches-Operator wie folgt an:

```
<property name="validEmail" value=
  "#{admin.email matches '[a-zA-Z0-9._%+-]+@[a-zA-Z0-9.-]+\\.com'}"/>
```

Die Geheimnisse der rätselhaften Syntax regulärer Ausdrücke zu erkunden, sprengt den Rahmen dieses Buches. Außerdem ist mir klar, dass der hier angegebene reguläre Ausdruck nicht robust genug ist, um alle Szenarien abzudecken. Doch für unseren Zweck, den matches-Operator vorzustellen, wird es reichen.

Da wir nun erfahren haben, wie man Ausdrücke im Hinblick auf einfache Werte auswertet, untersuchen wir die magischen Kräfte, die SpEL bei Collections ausführen kann.

[6] Geben Sie nicht mir die Schuld. Ich habe mir das nicht ausgedacht. Sieht aber wie eine Elvistolle aus, oder?

2.3.3 Collections in SpEL

Zu den erstaunlichsten Tricks von SpEL gehört die Arbeit mit Collections. Sicher: Sie können bei SpEL wie in Java einen einzigen Member einer Collection referenzieren. Doch SpEL ist auch fähig, Member einer Collection basierend auf den Werten ihrer Eigenschaften auszuwählen. Es kann Eigenschaften auch aus Collection-Members in eine neue Collection extrahieren.

Nehmen wir zu Demonstrationszwecken an, dass Sie die Klasse `City` haben, die wie folgt definiert wird (die getter/setter-Methoden wurden aus Platzgründen entfernt):

```
package com.habuma.spel.cities;
public class City {
  private String name;
  private String state;
  private int population;
}
```

Nehmen wir weiter an, dass Sie eine Liste mit `City`-Objekten in Spring konfiguriert haben, indem Sie das als Nächstes gezeigte `<util:list>`-Element verwenden:

LISTING 2.10 Eine Liste mit Städten, die anhand des Spring-Elements `<util:list>` definiert sind

```
<util:list id="cities">
  <bean class="com.habuma.spel.cities.City"
     p:name="Chicago" p:state="IL" p:population="2853114"/>
  <bean class="com.habuma.spel.cities.City"
     p:name="Atlanta" p:state="GA" p:population="537958"/>
  <bean class="com.habuma.spel.cities.City"
     p:name="Dallas" p:state="TX" p:population="1279910"/>
  <bean class="com.habuma.spel.cities.City"
     p:name="Houston" p:state="TX" p:population="2242193"/>
  <bean class="com.habuma.spel.cities.City"
     p:name="Odessa" p:state="TX" p:population="90943"/>
  <bean class="com.habuma.spel.cities.City"
     p:name="El Paso" p:state="TX" p:population="613190"/>
  <bean class="com.habuma.spel.cities.City"
     p:name="Jal" p:state="NM" p:population="1996"/>
  <bean class="com.habuma.spel.cities.City"
     p:name="Las Cruces" p:state="NM" p:population="91865"/>
</util:list>
```

Das `<util:list>`-Element stammt aus dem Spring-Namensraum `util`. Damit wird eine Bean vom Typ `java.util.List` erstellt, die alle darin vorkommenden Werte oder Beans enthält. In diesem Fall ist das eine Liste mit acht `City`-Beans.

SpEL bietet einige praktische Operatoren für die Arbeit mit solchen Collections.

Auf Collection-Member zugreifen

Das Einfachste, was wir hier machen könnten, ist, ein einziges Element aus der Liste zu extrahieren und es mit einer Eigenschaft zu verschalten:

```
<property name="chosenCity" value="#{cities[2]}"/>
```

In diesem Fall habe ich die dritte Stadt aus der auf null basierenden `cities`-Liste ausgewählt und sie mit der Eigenschaft `chosenCity` verschaltet. Um das Beispiel etwas aufzupeppen, nehme ich an, dass Sie auch zufällig eine Stadt wählen können:

```
<property name="chosenCity"
        value="#{cities[T(java.lang.Math).random() * cities.size()]}"/>
```

Auf jeden Fall dient der Operator mit eckigen Klammern (`[]`) dazu, auf einen Member der Collection anhand seines Index zuzugreifen.

Der `[]`-Operator ist auch gut zum Auslesen eines Members der `java.util.Map`-Collection. Nehmen wir beispielsweise an, dass sich die `City`-Objekte in einer `Map` mit ihren Namen als Schlüssel befinden. In diesem Fall könnten wir den Eintrag für Dallas wie folgt auslesen:

```
<property name="chosenCity" value="#{cities['Dallas']}"/>
```

Eine andere Verwendung des `[]`-Operators ist, einen Wert aus einer `java.util.Properties`-Collection auszulesen. Nehmen wir z. B. an, dass Sie mit dem `<util:properties>`-Element wie folgt eine Konfigurationsdatei für Eigenschaften in Spring laden wollen:

```
<util:properties id="settings"
    location="classpath:settings.properties"/>
```

Hier wird die `settings`-Bean eine `java.util.Properties` sein, die alle Einträge in der Datei namens `java.util.Properties` enthält. Mit SpEL können Sie auf eine Eigenschaft aus dieser Datei auf die gleiche Weise zugreifen wie auf einen Member einer `Map`. Im folgenden Beispiel liest SpEL eine Eigenschaft namens `twitter.accessToken` aus der Bean `settings` aus:

```
<property name="accessToken" value="#{settings['twitter.accessToken']}"/>
```

Neben dem Auslesen der Eigenschaften aus einer `<util.properties>`-deklarierten Collection stellt SpEL zwei spezielle Selektionen von Eigenschaften zur Verfügung: `systemEnvironment` und `systemProperties`.

`systemEnvironment` enthält alle Umgebungsvariablen der Maschine, auf der die Applikation läuft. Es ist nur eine `java.util.Properties`-Collection, also kann man mit den eckigen Klammern auf dessen Member anhand ihres Schlüssels zugreifen. Auf meinem Mac OS X-Rechner kann ich beispielsweise wie folgt den Pfad für das Home-Verzeichnis des Users in eine Bean-Eigenschaft injizieren:

```
<property name="homePath" value="#{systemEnvironment['HOME']}"/>
```

In der Zwischenzeit enthält `systemProperties` alle Eigenschaften, die in Java festgelegt wurden, als die Applikation gestartet ist (üblicherweise anhand des `-D`-Arguments). Wenn also die JVM mit `-Dapplication.home=/etc/myapp` gestartet wird, könnten Sie diesen Wert mit der `homePath`-Eigenschaft anhand des folgenden SpEL-Aufrufs verschalten:

```
<property name="homePath" value="#{systemProperties['application.home']}"/>
```

Obwohl das nicht viel mit der Arbeit mit Collections zu tun hat, sollte noch erwähnt werden, dass man den []-Operator auch für String-Werte verwenden kann, um ein einzelnes Zeichen anhand seines Index innerhalb des Strings auszulesen. Der folgende Ausdruck ergibt zum Beispiel "s":

```
'This is a test'[3]
```

Wenn man auf einzelne Member einer Collection zugreifen kann, ist das praktisch. Doch mit SpEL können wir auch Member einer Collection auswählen, auf die bestimmte Kriterien zutreffen. Probieren wir die Collection-Auswahl einmal aus.

Die Auswahl von Collection-Membern

Nehmen wir an, Sie wollen die Liste der Städte auf jene begrenzen, deren Einwohnerzahl über 100 000 liegt. Dafür könnte man die ganze cities-Bean mit einer Eigenschaft verschalten und die Mühe, die kleineren Städte auszusieben, der empfangenden Bean aufdrücken. Doch mit SpEL braucht man fürs Verschalten nur einen Auswahloperator (.?[]) zu nehmen:

```
<property name="bigCities" value="#{cities.?[population gt 100000]}"/>
```

Der Auswahloperator erstellt eine neue Collection, zu deren Member nur jene aus der originalen Collection gehören, auf die das Kriterium zwischen den eckigen Klammern zutrifft. In diesem Fall wird die bigCities-Eigenschaft mit einer Liste von Cities-Objekten verschaltet, deren population-Eigenschaft 100 000 übersteigt.

SpEL enthält auch die beiden weiteren Auswahloperatoren .^[] und .$[], um die ersten bzw. letzten Elemente aus einer Collection zu selektieren. Mit diesem hier wird z. B. die erste große Stadt aus cities gewählt:

```
<property name="aBigCity" value="#{cities.^[population gt 100000]}"/>
```

Vor der Selektion wird nichts sortiert, also wird die City, die Chicago repräsentiert, mit der Eigenschaft aBigCity verschaltet. Entsprechend könnte das City-Objekt, das El Paso repräsentiert, wie folgt selektiert werden:

```
<property name="aBigCity" value="#{cities.$[population gt 100000]}"/>
```

Wir werden uns gleich noch einmal die Collection-Selektion vornehmen. Aber zuerst beschäftigen wir uns damit, wie man Eigenschaften aus einer Collection in eine neue Collection projiziert.

Collections projizieren

Zur Projektion von Collections gehört es, von jedem Member einer Collection eine bestimmte Eigenschaft in einer neuen Collection zu sammeln. Der Projektionsoperator von SpEL (.![]) macht genau das.

Nehmen wir an, dass Sie statt einer Liste von City-Objekten nur eine Liste mit String-Objekten mit den Namen der Städte haben wollen. Um eine Liste nur mit den Städtenamen zu bekommen, verschalten Sie eine cityNames-Eigenschaft wie folgt:

```
<property name="cityNames" value="#{cities.![name]}"/>
```

Als Ergebnis dieses Ausdrucks bekommt die Eigenschaft `cityNames` eine Liste von `Strings`, darunter auch Werte wie Chicago, Atlanta, Dallas usw. Die Eigenschaft `name` innerhalb der eckigen Klammern bestimmt, was die Mitglieder der resultierenden Liste enthalten.

Aber Projektion ist nicht auf das Projizieren nur einer Eigenschaft beschränkt. Wenn Sie das vorige Beispiel ein wenig ändern, bekommen Sie eine Liste mit den Namen von Städten und Bundesstaaten:

```
<property name="cityNames" value="#{cities.![name + ', ' + state]}"/>
```

Nun bekommt die Eigenschaft `cityNames` eine Liste, die Werte wie „Chicago, IL“, „Atlanta, GA“ und „Dallas, TX“ enthält.

Für meinen letzten SpEL-Trick führe ich die Collection-Selektion und -Projektion zusammen. So können Sie eine Liste nur mit Namen von großen Städten mit der Eigenschaft `cityNames` verschalten:

```
<property name="cityNames"
    value="#{cities.?[population gt 100000].![name + ', ' + state]}"/>
```

Weil das Ergebnis der Selektionsoperation eine neue Liste mit `City`-Objekten ist, gibt es keinen Grund, warum ich für diese neue Collection nicht auch Projektion nehmen kann, um die Namen aller großen Städte zu bekommen.

Dies demonstriert, wie Sie einfache SpEL-Ausdrücke in interessantere (und komplexere) Ausdrücke zusammensetzen können. Leicht lässt sich erkennen, um welches leistungsfähige Feature es sich handelt. Aber man braucht nicht viel Fantasie, um zu erkennen, wie gefährlich das sein kann. SpEL-Ausdrücke sind letzten Endes nur `Strings`, die schwer zu testen sind und über keinen IDE-Support für eine Syntaxprüfung verfügen.

Ich rate Ihnen, überall dort mit SpEL zu arbeiten, wo es für Sie schwer (oder gar unmöglich) wäre, etwas zu verschalten, und sich auf diese Weise das Leben zu erleichtern. Übertreiben Sie es aber mit SpEL nicht. Widerstehen Sie der Versuchung, zu viel Logik in einen SpEL-Ausdruck zu packen.

Später sehen wir noch mehr SpEL und wie es neben der Bean-Verschaltung verwendet wird. Im nächsten Kapitel holen wir SpEL aus XML und setzen es beim annotationsgetriebenen Verschalten ein. Wie Kapitel 9 zeigen wird, spielt SpEL eine signifikante Rolle in der aktuellen Version von Spring Security.

2.4 Zusammenfassung

Der Container ist der Kern des Spring-Frameworks. Spring bietet mehrere Implementierungen des Containers, die sich aber alle jeweils einer von zwei Kategorien zuordnen lassen. Eine `BeanFactory` ist die einfachste Form des Containers. Sie bietet einfache Dienste für DI und Bean-Verschaltung. Werden fortgeschrittene Framework-Dienste benötigt, ist der Einsatz des Containers `ApplicationContext` zu bevorzugen.

Wir haben in diesem Kapitel gesehen, wie man Beans innerhalb des Spring-Containers miteinander verschaltet. Das Verschalten erfolgt in der Regel im Spring-Container unter Verwendung einer XML-Datei. Diese XML-Datei enthält Konfigurationsangaben für alle Komponenten einer Anwendung sowie Informationen, mit deren Hilfe der Container die DI durchführen kann, um Beans mit anderen für sie notwendigen Beans zu verknüpfen.

Nun wissen Sie, wie man Beans mit XML verschaltet, und ich zeige Ihnen anschließend, wie dies auch mit weniger XML möglich ist. Im nächsten Kapitel beschäftigen wir uns mit dem automatischen Verschalten und der Nutzung von Annotationen zu unserem Vorteil, um den Aufwand der XML-Konfiguration in einer Spring-Applikation zu reduzieren.

3 Die XML-Konfiguration in Spring minimalisieren

Dieses Kapitel behandelt die folgenden Themen:

- Automatisches Verschalten von Beans
- Automatische Erkennung von Beans
- Annotationsorientierte Bean-Verschaltung
- Java-basierte Spring-Konfiguration

Bisher wissen wir nun, wie man Beans mit dem `<bean>`-Element deklariert und `<bean>` mit Werten entweder anhand des `<constructor-arg>`- oder des `<property>`-Elements injiziert. Das ist alles schön und gut für eine kleine Applikation, bei der man nur eine Handvoll Beans hat. Aber wenn die Anwendung wächst, nimmt auch die Menge der zu schreibenden XML-Konfiguration zu.

Zum Glück gibt es bei Spring ein paar Tricks, um die Menge der erforderlichen XML-Konfiguration zu reduzieren:

- Autowiring hilft, den Bedarf von `<property>`- und `<constructor-arg>`-Elementen zu reduzieren, indem Spring automatisch herausfindet, wie man Abhängigkeiten der Beans verschaltet.
- Die automatische Erkennung (*autodiscovery*) treibt Autowiring noch einen Schritt weiter voran, indem Spring die Aufgabe bekommt herauszufinden, welche Klassen als Spring-Beans konfiguriert werden sollen. Das reduziert den Bedarf für das `<bean>`-Element.

Werden Autowiring und Autodiscovery gemeinsam verwendet, kann das die Menge der XML-Konfiguration von Spring dramatisch reduzieren. Oft brauchen Sie nur eine Handvoll XML-Zeilen, egal, wie viele Beans in Ihrem Spring-Kontext sind.

Wir beginnen dieses Kapitel, indem wir uns anschauen, wie man die Vorteile von Autowiring und Autodiscovery von Spring nutzt, um die notwendige Menge von XML zu reduzieren, die für die Konfiguration einer Spring-Applikation nötig ist. Zum Abschluss des Kapitels schauen wir uns die Java-basierte Spring-Konfiguration an, die sich statt auf XML auf guten, alten Java-Code verlässt, um eine Spring-Applikation zu konfigurieren.

3.1 Bean-Eigenschaften automatisch verschalten

Wenn ich sage: „Der Mond leuchtet aber schön heute Nacht“, dann werden Sie wahrscheinlich nicht antworten: „Welcher Mond?“ Das liegt daran, dass wir uns beide auf dem Planeten Erde befinden, und in diesem Kontext ist es offensichtlich, dass ich vom Mond der Erde spreche. Wenn ich den gleichen Satz ausspreche, während wir auf Jupiter stehen, wären Sie berechtigt zu fragen, welchen der 63 natürlichen Satelliten des Planeten ich denn meine. Auf der Erde gibt es solche Mehrdeutigkeit aber nicht.[1] Genauso ist es bei der Verschaltung von Bean-Eigenschaften: Manchmal ist es ganz offensichtlich, welche Bean-Referenz mit einer bestimmten Eigenschaft verschaltet werden soll. Wenn Ihr Applikationskontext nur eine Bean des Typs `javax.sql.DataSource` hat, wird jede Bean, die eine `DataSource` benötigt, sicherlich genau *diese* `DataSource` brauchen. Immerhin gibt es gar keine andere `DataSource`.

Um diese offensichtlichen Verschaltungen auszunutzen, bietet Spring das Autowiring an. Anstatt explizit Bean-Eigenschaften zu verschalten, könnten wir doch Spring jene Fälle herausfiltern lassen, bei denen kein Zweifel darüber besteht, welche Bean-Referenz verschaltet werden soll, oder?

3.1.1 Die vier Typen des Autowiring

Wenn es darum geht, die Beans mit ihren Abhängigkeiten automatisch zu verschalten, kann Spring auf eine Menge Aspekte zurückgreifen. Als Resultat bietet Spring vier verschiedene Varianten des Autowiring:

- `byName` – Versucht, alle Eigenschaften der automatisch verschalteten Bean den Beans zuzuordnen, die den gleichen Namen (oder die gleiche ID) haben wie die Eigenschaften. Eigenschaften, für die keine passende Bean gefunden wird, bleiben unverschaltet.
- `byType` – Versucht, alle Eigenschaften der automatisch verschalteten Bean den Beans zuzuordnen, deren Typen den Eigenschaften zuordenbar sind. Eigenschaften, für die keine passende Bean gefunden wird, bleiben unverschaltet.
- `constructor` – Versucht, einen Konstruktor der automatisch verschalteten Bean solchen Beans zuzuordnen, deren Typen für die Konstruktorargumente zuordenbar sind.
- `autodetect` – Versucht zuerst, das `constructor`-Autowiring anzuwenden. Schlägt das fehl, wird `byType` probiert.

Jede dieser Optionen hat ihre Vor- und Nachteile. Schauen wir uns zuerst an, wie man Spring die Eigenschaften einer Bean anhand der Namen dieser Eigenschaften als Richtschnur automatisch verschalten lässt.

[1] Stünden wir wirklich auf dem Jupiter, würde uns das Leuchten irgendeines Jupitermonds bei dem dortigen hohen atmosphärischen Druck und all dem nicht atembaren Methan herzlich wenig interessieren.

Namensbasiertes Autowiring

In Spring hat jedes Kind seinen Namen. Bean-Eigenschaften bekommen ebenso ihre Namen wie Beans, die mit diesen Eigenschaften verschaltet sind. Nehmen wir an, dass der Name einer Eigenschaft zufällig zum Namen der Bean passt, die mit dieser Eigenschaft verschaltet werden soll. So ein glücklicher Zufall kann als Tipp für Spring dienen, dass die Bean automatisch mit der Eigenschaft verschaltet werden soll.

Betrachten wir noch einmal die Bean `kenny` aus dem vorigen Kapitel:

```
<bean id="kenny2"
      class="com.springinaction.springidol.Instrumentalist">
    <property name="song" value="Jingle Bells" />
    <property name="instrument" ref="saxophone" />
</bean>
```

Hier haben wir Kennys Eigenschaft `instrument` explizit mit dem `<property>`-Element konfiguriert. Für einen Moment tun wir einmal so, als hätten Sie das `Saxophone` als `<bean>` mit der `id` `instrument` deklariert:

```
<bean id="instrument"
      class="com.springinaction.springidol.Saxophone" />
```

Wäre dies der Fall, dann entspräche die `id` von `Saxophone` dem Namen der `instrument`-Eigenschaft. Spring kann diesen Umstand nutzen, um Kennys `instrument` automatisch zu konfigurieren, indem die Eigenschaft `autowire` wie folgt festgelegt wird:

```
<bean id="kenny"
    class="com.springinaction.springidol.Instrumentalist"
    autowire="byName">
  <property name="song" value="Jingle Bells" />
</bean>
```

Das `byName`-Autowiring legt als Konvention fest, dass Eigenschaften automatisch mit Beans desselben Namens verschaltet werden. Indem Sie der Eigenschaft `autowire` den Wert `byName` zuweisen, weisen Sie Spring an, alle Eigenschaften von `kenny` zu überprüfen und nach Beans zu suchen, die mit denselben Namen deklariert sind wie die Eigenschaften. In diesem Fall kommt die Eigenschaft `instrument` für das Autowiring per Setter-Injektion in Frage. Wie Abbildung 3.1 zeigt, wird eine Bean, die in dem Kontext, dessen `ID instrument` lautet, vorhanden ist, in der Eigenschaft `instrument` verschaltet.

Der Nachteil des `byName`-Autowiring ist, dass diese Funktion davon ausgeht, dass Sie eine Bean haben, deren Name der gleiche ist wie der Name der Eigenschaften einer anderen Bean.

ABBILDUNG 3.1 Beim automatischen Verschalten auf der Basis des Namens wird der Name einer Bean Eigenschaften zugeordnet, die denselben Namen tragen.

In unserem Beispiel würde dies die Erstellung einer Bean erfordern, deren Name `instrument` lautet. Werden mehrere `Instrumentalist`-Beans für das namensbasierte Autowiring konfiguriert, dann spielen sie alle dasselbe Instrument. Das muss nicht unter allen Umständen problematisch sein, sollte als Einschränkung aber berücksichtigt werden.

Typenbasiertes Autowiring

Das `byType`-Autowiring arbeitet ähnlich wie die `byName`-Variante, nur wird hier statt des Namens einer Eigenschaft deren Typ überprüft. Wenn Sie versuchen, eine Eigenschaft automatisch nach ihrem Typ zu verschalten, dann sucht Spring nach Beans, deren Typ dem der Eigenschaft zugeordnet werden kann.

Nehmen wir etwa an, dass die Eigenschaft `autowire` der Bean `kenny` nicht den Wert `byName`, sondern `byType` hätte. In diesem Fall durchsucht der Container sich selbst nach einer Bean, deren Typ `Instrument` ist, und verschaltet diese Bean mit der Eigenschaft `instrument`. Wie Abbildung 3.2 zeigt, wird die Bean `saxophone` automatisch mit Kennys Eigenschaft `instrument` verschaltet, weil beide vom Typ `Instrument` sind.

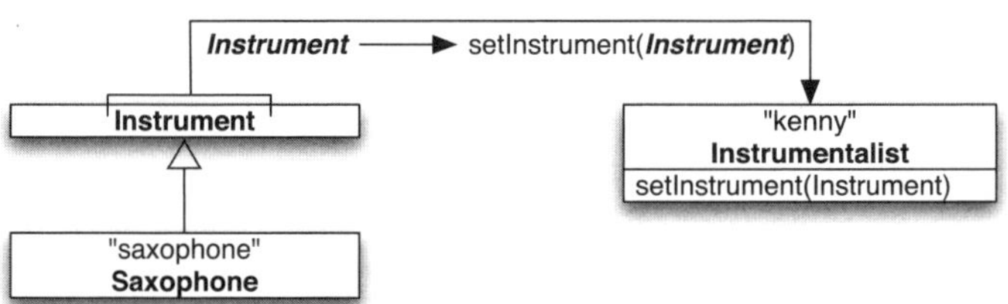

ABBILDUNG 3.2 Beim automatischen Verschalten auf der Basis des Namens wird der Name einer Bean Eigenschaften zugeordnet, die denselben Namen tragen.

Aber auch das typenbasierte Autowiring weist eine Einschränkung auf: Was passiert, wenn Spring mehrere Beans findet, deren Typ der Eigenschaft `autowired` zugeordnet werden kann? In einem solchen Fall rät Spring nicht riskant herum, welche Bean automatisch verschaltet werden soll; stattdessen wird eine Exception ausgelöst. Hieraus ergibt sich, dass nur genau eine Bean konfiguriert sein darf, die der automatisch verschalteten Eigenschaft zugeordnet werden kann. Im *Spring Idol*-Wettbewerb gibt es mit hoher Wahrscheinlichkeit mehrere Beans, deren Typen von `Instrument` abgeleitet sind.

Um diese Mehrdeutigkeiten beim typenbasierten Autowiring zu umgehen, bietet Spring zwei Optionen: Sie können entweder einen Hauptkandidaten fürs Autowiring festlegen oder Beans aus der Kandidatur fürs Autowiring entfernen.

Um einen solchen Hauptkandidaten zu identifizieren, arbeiten Sie mit dem Attribut `primary` des `<bean>`-Elements. Wenn nur bei einem Autowiring-Kandidat das Attribut `primary` auf `true` gesetzt ist, dann wird diese Bean den anderen Kandidaten vorgezogen.

Doch die merkwürdige Seite des `primary`-Attributs ist: Standardmäßig lautet es `true`. Das bedeutet, alle Autowiring-Kandidaten sind primär (und somit wird keiner bevorzugt). Um also `primary` zu verwenden, müssen Sie dies für alle Beans auf `false` setzen, die *nicht* die primäre Wahl sind. Um z. B. zu etablieren, dass die Bean `saxophone` bei der automatischen Verschaltung von `Instruments` nicht die primäre Wahl ist:

```
<bean id="saxophone"
      class="com.springinaction.springidol.Saxophone"
      primary="false" />
```

Das Attribut `primary` ist nur nützlich zur Identifizierung eines bevorzugten Autowiring-Kandidaten. Wenn Sie fürs Autowiring lieber wollen, dass einige Beans gar nicht in Betracht gezogen werden, können Sie deren `autowire-candidate`-Attribut wie folgt auf `false` setzen:

```
<bean id="saxophone"
      class="com.springinaction.springidol.Saxophone"
      autowire-candidate="false" />
```

Hier haben wir Spring angewiesen, die Bean `saxophone` als Kandidat fürs Autowiring nicht zu berücksichtigen.

Autowiring von Konstruktoren

Wenn Ihre Bean mithilfe der Konstruktorinjektion konfiguriert wurde, können Sie die `<constructor-arg>`-Elemente ggf. auch weglassen und Spring Konstruktorargumente auch automatisch aus Beans im Spring-Kontext auswählen lassen.

Betrachten Sie die folgende Umdeklarierung der Bean `duke`:

```
<bean id="duke"
      class="com.springinaction.springidol.PoeticJuggler"
      autowire="constructor" />
```

In dieser neuen Deklaration von `duke` sind die `<constructor-arg>`-Elemente nicht mehr vorhanden; das Argument `autowire` wurde auf `constructor` gesetzt. Daher weiß Spring, dass es die Konstruktoren von `PoeticJuggler` betrachten und in der Spring-Konfiguration Beans finden soll, um die Argumente eines der Konstruktoren festzulegen. Wir haben die Bean `sonnet29` bereits deklariert – sie ist ein `Poem` und entspricht dem Konstruktorargument eines der Konstruktoren von `PoeticJuggler`. Aus diesem Grund wird Spring diesem Konstruktor die Bean `sonnet29` übergeben, wenn die Bean `duke` erstellt wird (vgl. Abbildung 3.3).

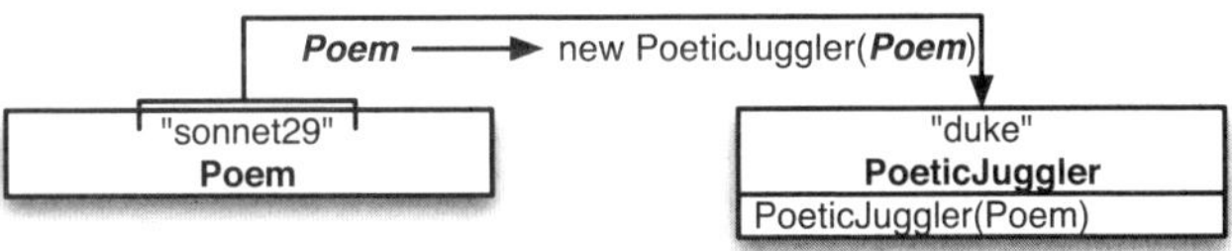

ABBILDUNG 3.3 Beim konstruktorbasierten Autowiring wird der `PoeticJuggler` namens `duke` mit dem Konstruktor instanziiert, der ein `Poem`-Argument entgegennimmt.

Das konstruktorbasierte Autowiring teilt die Einschränkungen der typenbasierten Variante: Findet Spring mehrere Beans vor, die den Argumenten eines Konstruktors entsprechen, dann lässt es sich auf kein Ratespiel ein. Ebenso wenig versucht Spring, den passenden von mehreren Konstruktoren eines Konstruktors zu ermitteln, die mithilfe des Autowiring konfiguriert werden könnten.

Autowiring, was am besten passt

Sie wollen Ihre Beans automatisch verschalten, können sich aber nicht entscheiden, welche Form des Autowiring Sie verwenden sollen? Keine Sorge: Sie können das Attribut `autowire` auf `autodetect` setzen, damit Spring für Sie entscheidet. Ein Beispiel:

```
<bean id="duke"
      class="com.springinaction.springidol.PoeticJuggler"
      autowire="autodetect" />
```

Wenn eine Bean für das automatische Autowiring per `autodetect` konfiguriert wurde, versucht Spring zunächst, ein konstruktorbasiertes Autowiring durchzuführen. Kann keine passende Übereinstimmung zwischen Konstruktor und Bean gefunden werden, dann wird zum typenbasierten Autowiring gewechselt.

3.1.2 Standard-Autowiring

Wenn Sie merken, dass Sie allen Beans in Ihrem Applikationskontext das Attribut `autowire` geben, dann können Sie alles vereinfachen, indem Sie Spring den gleichen Autowiring-Stil auf alle Beans anwenden lassen, die erstellt werden. Sie brauchen nur das Attribut `default-autowire` im root des `<beans>`-Elements einfügen:

```
<?xml version="1.0" encoding="UTF-8"?>
<beans xmlns="http://www.springframework.org/schema/beans"
    xmlns:xsi="http://www.w3.org/2001/XMLSchema-instance"
    xsi:schemaLocation="http://www.springframework.org/schema/beans
        http://www.springframework.org/schema/beans/spring-beans-3.0.xsd"
    default-autowire="byType">
</beans>
```

Standardmäßig ist `default-autowire` auf `none` gesetzt, was bedeutet, dass keine Beans automatisch verschaltet werden sollen, außer sie sind mit dem Attribut `autowire` individuell fürs Autowiring konfiguriert. Hier haben wir es auf `byType` gesetzt, um zu kennzeichnen, dass die Eigenschaften aller Beans automatisch mit diesem Stil verschaltet werden sollen. Doch Sie können `default-autowire` auf jeden der validen Autowiring-Typen setzen, damit es auf alle Beans in einer Spring-Konfigurationsdatei angewendet werden kann.

Beachten Sie, dass ich sage, dass `default-autowire` auf alle Beans in einer bestimmten Spring-Konfigurationsdatei angewendet wird; ich habe nicht gesagt, dass es auf alle Beans in einem Spring-Applikationskontext angewendet wird. Sie können auch mehrere Konfigurationsdateien haben, die einen einzigen Applikationskontext definieren, jeden mit seiner eigenen standardmäßigen Autowiring-Einstellung.

Bloß weil Sie ein Standardschema fürs Autowiring definiert haben, bedeutet das nicht, dass Sie darauf für alle Ihre Beans festgenagelt sind. Sie können den Default immer noch mit dem `autowire`-Attribut jeweils pro Bean überschreiben.

3.1.3 Gemischter Einsatz von automatischer und expliziter Verschaltung

Dass Sie das Autowiring für eine Bean festgelegt haben, bedeutet noch lange nicht, dass Sie einige Eigenschaften nicht trotzdem explizit verschalten können. Sie können auch bei Auswahl von `autowire` weiterhin das `<property>`-Element auf bekannte Weise verwenden, als hätten Sie `autowire` gar nicht gesetzt.

Um beispielsweise Kennys Eigenschaft `instrument` explizit zu verschalten, obwohl für ihn das typenbasierte Autowiring festgelegt ist, verwenden Sie folgenden Code:

```
<bean id="kenny"
      class="com.springinaction.springidol.Instrumentalist"
      autowire="byType">
      <property name="song" value="Jingle Bells" />
      <property name="instrument" ref="saxophone" />
</bean>
```

Wie hier veranschaulicht, stellt das Mischen automatischer und expliziter Verschaltung auch eine gute Möglichkeit dar, Uneindeutigkeiten zu behandeln, die bei typenbasiertem Autowiring auftreten können. Es können nämlich durchaus mehrere Beans im Spring-Kontext vorhanden sein, die `Instrument` implementieren. Damit Spring keine Exception auslöst, weil mehrere `Instruments` zur Auswahl stehen, können wir die Eigenschaft `instrument` explizit verschalten und setzen das Autowiring auf diese Weise außer Kraft.

Wir erwähnten bereits, dass Sie `<null/>` verwenden können, damit eine automatisch verschaltete Eigenschaft `null` ist. Dies ist lediglich ein spezieller Fall des gemischten Einsatzes von Autowiring und expliziter Verschaltung. Wenn Sie Kennys `instrument` als `null` deklarieren wollten, müssten Sie die folgende Konfiguration verwenden:

```
<bean id="kenny"
      class="com.springinaction.springidol.Instrumentalist"
      autowire="byType">
      <property name="song" value="Jingle Bells" />
      <property name="instrument"><null/></property>
</bean>
```

Dieses Beispiel dient selbstverständlich nur der Veranschaulichung. Das Verschalten von `null` in `instrument` führt zum Auslösen einer `NullPointerException`, wenn die Methode `perform()` aufgerufen wird.

Noch eine letzte Anmerkung zur gemischten Verschaltung: Wenn Sie das konstruktorbasierte Autowiring verwenden, müssen Sie Spring das Verschalten aller Konstruktorargumente gestatten - `<constructor-arg>`-Elemente und konstruktorbasiertes Autowiring können nicht gemischt werden.

3.2 Verschalten mit Annotationen

Seit Spring 2.5 ist eine der interessantesten Arten der Verschaltung von Beans in Spring, die Bean-Eigenschaften anhand von Annotationen zu verschalten. Autowiring mit Annotationen unterscheidet sich nicht sonderlich vom `autowire`-Attribut in XML. Aber damit wird ein mehr feingranulares Autowiring möglich, bei dem Sie selektiv bestimmte Eigenschaft fürs Autowiring annotieren können.

Das Verschalten mit Annotationen ist im Spring-Container standardmäßig nicht eingeschaltet. Bevor wir also mit dieser Form des Autowiring arbeiten können, müssen wir dies in der Spring-Konfiguration aktivieren. Das erledigt man am einfachsten mit dem `<context:annotation-config>`-Element aus dem `context`-Konfigurationsnamensraum von Spring:

```
<?xml version="1.0" encoding="UTF-8"?>
<beans xmlns="http://www.springframework.org/schema/beans"
    xmlns:xsi="http://www.w3.org/2001/XMLSchema-instance"
    xmlns:context="http://www.springframework.org/schema/context"
    xsi:schemaLocation="http://www.springframework.org/schema/beans
        http://www.springframework.org/schema/beans/spring-beans-3.0.xsd
        http://www.springframework.org/schema/context
        http://www.springframework.org/schema/context/spring-context-3.0.xsd">
  <context:annotation-config />
  <!-- bean declarations go here -->
</beans>
```

`<context:annotation-config>` sagt Spring, dass Sie mit annotationsbasiertem Verschalten arbeiten wollen. Nach Einrichtung können Sie beginnen, Ihren Code zu annotieren, damit Spring Werte automatisch mit Eigenschaften, Methoden und Konstruktoren verschalten soll.

Spring 3 unterstützt mehrere unterschiedliche Annotationen fürs Autowiring:

- Springs eigene `@Autowired`-Annotation
- Die `@Inject`-Annotation von JSR-330
- Die `@Resource`-Annotation von JSR-250

Wir schauen uns zuerst an, wie man mit `@Autowired` arbeitet. Dann probieren wir die standardbasierte Abhängigkeitsinjektion mit `@Inject` von JSR-330 und `@Resource` von JSR-250 aus.

3.2.1 Die Arbeit mit @Autowired

Nehmen wir an, Sie wollen per `@Autowired` Spring automatisch die `instrument`-Eigenschaft der Bean `Instrumentalist` verschalten lassen. Sie können die Methode `setInstrument()` wie folgt annotieren:

```
@Autowired
public void setInstrument(Instrument instrument) {
  this.instrument = instrument;
}
```

Nun werden Sie das <property>-Element los, das den Instrumentalist mit einem Instrument verschaltet. Wenn Spring sieht, dass Sie setInstrument() mit @Autowired annotiert haben, versucht es, auf diese Methode das Autowiring byType anzuwenden.

Besonders interessant an @Autowired ist, dass Sie es nicht mit einer Setter-Methode verwenden müssen. Sie können es für jede Methode anwenden, um Bean-Referenzen automatisch zu verschalten:

```
@Autowired
public void heresYourInstrument(Instrument instrument) {
  this.instrument = instrument;
}
```

Die @Autowired-Annotation kann man auch bei Konstruktoren verwenden:

```
@Autowired
public Instrumentalist(Instrument instrument) {
  this.instrument = instrument;
}
```

Zusammen mit Konstruktoren zeigt @Autowired an, dass der Konstruktor bei Erstellung der automatisch verschaltet werden soll, auch wenn keine <constructor-arg>-Elemente genutzt werden, um die Bean in XML zu konfigurieren.

Im Übrigen können Sie Eigenschaften direkt annotieren und werden die Setter-Methoden insgesamt los:

```
@Autowired
private Instrument instrument;
```

Wie Sie sehen können, wird @Autowired nicht einmal vom Schlüsselwort private behindert. Auch wenn die Eigenschaft instrument-Eigenschaft private ist, kann sie immer noch automatisch verschaltet werden. Gibt es für den Einflussbereich von @Autowired keine Grenze?

Tatsächlich gibt es ein paar Situationen, die verhindern können, dass @Autowired seine Arbeit erledigt. Insbesondere muss es exakt eine Bean geben, die zur Verschaltung in die @Autowired-Eigenschaft bzw. -Parameter einsetzbar ist. Wenn es keine einsatzbereite Beans gibt oder mehrere Beans automatisch verschaltet werden können, gerät @Autowired in Schwierigkeiten.

Zum Glück gibt es einen Weg @Autowired aus dieser Misere zu befreien. Zuerst schauen wir uns an, wie wir verhindern, dass @Autowired misslingt, wenn es keine passende Bean gibt.

Optionales Autowiring

Standardmäßig hat @Autowired einen sehr starken Kontrakt und sorgt dafür, dass das Annotierte auch verschaltet wird. Wenn sich keine Bean mit der mit @Autowired annotierten Eigenschaft oder Argument verschalten lässt, misslingt das Autowiring (und sorgt für eine hässliche NoSuchBeanDefinitionException). Vielleicht wollen Sie genau das: Spring soll lieber früh misslingen, wenn das Autowiring schiefgeht, als später mit einer NullPointerException.

Aber es ist auch möglich, dass die zu verschaltende Eigenschaft wirklich optional und ein null-Wert akzeptabel ist. In diesem Fall können Sie ein optionales Autowiring konfigurieren, indem Sie das required-Attribut von @Autowired auf false setzen. Ein Beispiel:

```
@Autowired(required=false)
private Instrument instrument;
```

Hier wird Spring versuchen, die Eigenschaft `instrument` zu verschalten. Aber wenn keine Bean vom `Instrument` gefunden wird, ist das unproblematisch. Die Eigenschaft bleibt `null`.

Beachten Sie, dass sich das `required`-Attribut überall dort verwenden lässt, wo auch `@Autowired` zum Einsatz kommen kann. Zusammen mit Konstruktoren kann aber nur ein Konstruktor mit `@Autowired` annotiert werden, und `required` wird auf `true` gesetzt. Bei allen anderen `@Autowired`-annotierten Konstruktoren muss `required` auf `false` gesetzt werden. Wenn man überdies mehrere Konstruktoren mit `@Autowired` annotiert, entscheidet sich Spring für jenen Konstruktor, der die meisten Argumente hat, die abgegolten werden können.

Mehrdeutige Abhängigkeiten qualifzieren

Auf der anderen Seite könnte das Problem nicht darin bestehen, dass Spring keine Auswahl an Beans zum Autowiring hat. Vielleicht ist es auch ein Überangebot (oder mindestens zwei) von Beans, die beide gleich qualifiziert sind, mit einer Eigenschaft oder einem Parameter verschaltet zu werden.

Nehmen wir beispielsweise an, dass Sie zwei Beans haben, die `Instrument` implementieren. In diesem Fall kann `@Autowired` überhaupt nicht entscheiden, welches Sie eigentlich wollen. Anstatt also herumzuraten, wird eine `NoSuchBeanDefinitionException` geworfen, und die Verschaltung misslingt.

Sie können `@Autowired` herausfinden helfen, welche Bean Sie wollen, wenn Sie ihr die Annotation `@Qualifier` von Spring mitgeben.

Um zum Beispiel zu gewährleisten, dass Spring für die `eddie`-Bean eine Gitarre zum Klampfen wählt, auch wenn es noch andere Beans gibt, die man mit der Eigenschaft `instrument` verschalten kann, können Sie den `@Qualifier` nehmen, um eine Bean namens `guitar` anzugeben:

```
@Autowired
@Qualifier("guitar")
private Instrument instrument;
```

Wie Sie sehen, wird die Annotation `@Qualifier` versuchen, eine Bean zu verschalten, deren ID auf `guitar` passt.

Oberflächlich gesehen scheint es, dass die Verwendung von `@Qualifier` ein Mittel ist, um das typenbasierte Autowiring von `@Autowired` durch ein explizites namensbasiertes Wiring zu ersetzen. So wie hier demonstriert, geschieht es letzten Endes, in der Tat. Doch muss man auch wissen, dass es beim `@Qualifier` wirklich darum geht, die Auswahl der Kandidaten-Beans fürs Autowiring einzugrenzen. Nun ist es zufälligerweise so, dass die Angabe der ID einer Bean eine Möglichkeit ist, die Selektionen auf eine einzige Bean einzugrenzen.

Daneben ist es auch möglich, anhand eines Qualifiers, der auf eine Bean selbst angewendet wird, die Auswahl einzugrenzen. Nehmen wir beispielsweise an, dass die `guitar`-Bean in XML wie folgt deklariert wird:

```
<bean class="com.springinaction.springidol.Guitar">
  <qualifier value="stringed" />
</bean>
```

Hier qualifiziert das `<qualifier>`-Element die `guitar`-Bean als Saiteninstrument (*stringed*). Doch anstatt den Qualifier in XML anzugeben, hätten Sie auch die `Guitar`-Klasse selbst mit der `@Qualifier`-Annotation versehen können:

```
@Qualifier("stringed")
public class Guitar implements Instrument {
  ...
}
```

Es ist recht einfach, automatisch verschaltete Beans mit `String`-Identifikatoren zu qualifizieren, egal ob es die ID der Bean oder ein anderer Qualifier ist. Aber Sie können diese Qualifier noch deutlich weiter treiben. Tatsächlich können Sie sogar Ihre eigenen Qualifier-Annotationen kreieren.

Eigene Qualifier erstellen

Um eine eigene Qualifier-Annotation zu erstellen, brauchen Sie nur eine Annotation definieren, die selbst mit dem `@Qualifier` annotiert ist. Wir erstellen als Beispiel unsere eigene `@StringedInstrument`-Annotation, die dann als Qualifier dient. Das folgende Listing zeigt diese Qualifier-Annotation.

LISTING 3.1 Nutzen Sie den `@Qualifier`, um Ihre eigene Qualifier-Annotation zu schaffen.

```
package com.springinaction.springidol.qualifiers;
import java.lang.annotation.ElementType;
import java.lang.annotation.Retention;
import java.lang.annotation.RetentionPolicy;
import java.lang.annotation.Target;
import org.springframework.beans.factory.annotation.Qualifier;
@Target({ElementType.FIELD, ElementType.PARAMETER, ElementType.TYPE})
@Retention(RetentionPolicy.RUNTIME)
@Qualifier
public @interface StringedInstrument {
}
```

Nach Definition der `@StringedInstrument`-Annotation können Sie nun damit `@Guitar` annotieren statt mit `@Qualifier`:

```
@StringedInstrument
public class Guitar implements Instrument {
  ...
}
```

Dann können Sie die Eigenschaft `@Autowiredinstrument` mit `@StringedInstrument` qualifizieren:

```
@Autowired
@StringedInstrument
private Instrument instrument;
```

Wenn Spring versucht, die Eigenschaft `instrument` automatisch zu verschalten, wird es die Auswahl aller `Instrument`-Beans auf genau jene eingrenzen, die mit `@StringedInstrument` annotiert sind. Solange nur eine Bean mit `@StringedInstrument` annotiert ist, wird sie mit der Eigenschaft `instrument` verschaltet.

Gibt es mehr als eine `@StringedInstrument`-annotierte Bean, dann müssen Sie noch für weitere Qualifizierung sorgen, um es einzugrenzen. Nehmen wir beispielsweise an, dass Sie neben der `Guitar`-Bean auch eine `HammeredDulcimer`-Bean haben, die ebenfalls mit `@StringedInstrument` annotiert ist. Ein wesentlicher Unterschied zwischen Gitarre und einem Hackbrett ist, dass man auf Gitarren „schrammelt", während ein Hackbrett mit kleinen Holzstöckchen oder Klöppeln geschlagen wird.

Um also die `Guitar`-Klasse noch weiter zu qualifizieren, können Sie eine zusätzliche Qualifier-Annotation namens `@Strummed` definieren:

```
@Target({ElementType.FIELD, ElementType.PARAMETER, ElementType.TYPE})
@Retention(RetentionPolicy.RUNTIME)
@Qualifier
public @interface Strummed {
}
```

Nun können Sie die Eigenschaft `instrument` mit `@Strummed` annotieren, um die Auswahl auf Saiteninstrumente einzugrenzen, auf denen man „schrammeln" kann.

```
@Autowired
@StringedInstrument
@Strummed
private Instrument instrument;
```

Wenn die Klasse `Guitar` die einzige ist, die mit `@Strummed` und `@StringedInstrument` annotiert ist, dann wird genau diese in `instrument` injiziert.

Ich nehme an, wir könnten nun auch noch die Auswirkungen diskutieren, wenn man hier eine `Ukulele`- oder eine `Mandolin`-Bean einbaut, doch irgendwann muss Schluss sein. Uns genügt es festzustellen, dass man zusätzliche Qualifikationen benötigt, um sich mit diesen weiteren Saiteninstrumenten zu beschäftigen.

Die `@Autowired`-Annotation von Spring ist eine Möglichkeit, um den Umfang des Konfigurations-XML zu reduzieren. Aber es schafft doch eine Spring-spezifische Abhängigkeit innerhalb der Klassen, die damit arbeiten (auch wenn diese Abhängigkeit nur eine Annotation ist). Zum Glück unterstützt Spring auch eine Standardalternative mit Java für `@Autowired`. Schauen wir uns an, wie man `@Inject` aus der Spezifikation „Dependency Injection for Java" nutzt.

3.2.2 Auf Standards basierendes Autowiring mit @Inject

Um das Programmiermodell unter den verschiedenen Frameworks, die mit Abhängigkeitsinjektion arbeiten, zu vereinheitlichen, wurde vom Java Community Process kürzlich die Spezifikation „Dependency Injection for Java" veröffentlicht. Im Java Community Process wird diese Spezifikation als JSR-330 oder geläufiger als *at inject* bezeichnet und führt bei Java ein allgemeines Modell der Abhängigkeitsinjektion ein. Seit Spring 3 wird das *at inject*-Modell unterstützt.[2]

Das Kernstück von JSR-330 ist die Annotation `@Inject`. Diese Annotation ist ein beinahe vollständiger Ersatz für die `@Autowired`-Annotation von Spring. Anstatt also mit der Spring-spezifischen `@Autowired`-Annotation zu arbeiten, können Sie sich auch entscheiden, für die `instrument`-Eigenschaft `@Inject` zu nehmen.

```
@Inject
private Instrument instrument;
```

So wie `@Autowired` kann man auch mit `@Inject` Eigenschaften, Methoden und Konstruktoren automatisch verschalten. Doch anders als `@Autowired` hat `@Inject` kein `required`-Attribut. Somit wird erwartet, dass mit `@Inject` annotierte Abhängigkeiten erfüllt werden, andernfalls wird eine Exception geworfen.

Neben der `@Inject`-Annotation hat JSR-330 einen weiteren Trick im Ärmel. Anstatt eine Referenz direkt zu injizieren, können Sie `@Inject` auch veranlassen, einen `Provider` zu injizieren. Mit dem `Provider`-Interface kann man unter anderem auch eine Lazy Injection von Bean-Referenzen vornehmen bzw. mehrere Instanzen einer Bean injizieren.

Nehmen wir beispielsweise an, Sie haben eine `KnifeJuggler`-Klasse, der eine oder mehrere Instanzen von `Knife` injiziert werden müssen. Angenommen, dass die `Knife`-Bean mit dem Geltungsbereich `prototype` deklariert ist, kann der folgende `KnifeJuggler`-Konstruktor fünf `Knife`-Beans auslesen:

```
private Set<Knife> knives;
@Inject
public KnifeJuggler(Provider<Knife> knifeProvider) {
  knives = new HashSet<Knife>();
  for (int i = 0; i < 5; i++) {
    knives.add(knifeProvider.get());
  }
}
```

Anstatt eine `Knife`-Instanz zur Konstruktionszeit zu empfangen, bekommt `KnifeJuggler` einen `Provider<Knife>`. An diesem Punkt wird nur der Provider injiziert. Das `Knife`-Objekt wird erst dann injiziert, wenn man die Methode `get()` für den Provider aufruft. In diesem Fall wird die `get()`-Methode fünf Mal aufgerufen. Und weil die `Knife`-Bean ein Prototyp ist, wissen wir, dass der `Set` mit `knives` fünf verschiedene `Knife`-Objekte zum Verarbeiten bekommt.

@Inject-Eigenschaften qualifizieren

Wie bereits beschrieben, haben `@Inject` und `@Autowired` eine Menge gemeinsam. Und wie `@Autowired` ist die `@Inject`-Annotation für mehrdeutige Bean-Definitionen anfällig. Die Antwort von `@Inject` auf die `@Qualifier`-Annotation lautet `@Named`.

Die `@Named`-Annotation funktioniert sehr ähnlich wie `@Qualifier` von Spring, wie Sie hier sehen können:

2 Nicht nur Spring unterstützt JSR-330, sondern auch Google Guice und Picocontainer.

```
@Inject
@Named("guitar")
private Instrument instrument;
```

Der zentrale Unterschied zwischen dem `@Qualifier` von Spring und `@Named` von JSR-330 liegt in der Semantik. Während `@Qualifier` dabei hilft, die Auswahl passender Beans (standardmäßig anhand der Bean-ID) einzugrenzen, identifiziert `@Named` eine ausgewählte Bean über deren ID.

Eigene JSR-330-Qualifier erstellen

Wie sich herausstellt, hat JSR-330 im `javax.inject`-Package seine eigene `@Qualifier`-Annotation. Anders als der `@Qualifier` von Spring ist die JSR-330-Version nicht dazu gedacht, alleine genutzt zu werden. Stattdessen sollen Sie damit eigene Qualifier-Annotationen erstellen, und zwar weitgehend so wie mit dem `@Qualifier` von Spring.[3]

Das folgende Listing zeigt z. B. eine neue `@StringedInstrument`-Annotation, die mit dem `@Qualifier` von JSR-330 statt mit dem von Spring erstellt wurde.

LISTING 3.2 Mit dem `@Qualifier` von JSR-330 einen eigenen Qualifier erstellen

```
package com.springinaction.springidol;
import java.lang.annotation.ElementType;
import java.lang.annotation.Retention;
import java.lang.annotation.RetentionPolicy;
import java.lang.annotation.Target;
import javax.inject.Qualifier;
@Target({ElementType.FIELD, ElementType.PARAMETER, ElementType.TYPE})
@Retention(RetentionPolicy.RUNTIME)
@Qualifier
public @interface StringedInstrument {
}
```

Wie Sie sehen können, besteht der einzige echte Unterschied zwischen den Listings 3.1 und 3.2 in der `import`-Anweisung für die `@Qualifier`-Annotation. In Listing 3.1 haben wir die aus dem `org.springframework.beans.factory.annotation`-Package verwendet. Aber dieses Mal nutzen wir den standardkonformen `@Qualifier` aus dem `javax.inject`-Package. Ansonsten sind sie praktisch gleich.

Das auf Annotationen basierende Autowiring eignet sich hervorragend zum Verschalten von Bean-Referenzen und reduziert die `<property>`-Elemente in unserer Spring-XML-Konfiguration. Aber kann man per Annotation auch Werte mit `String` und anderen primitiven Werten verschalten?

---

[3] Tatsächlich ist die `@Named`-Annotation einfach nur eine Annotation, die selbst mit `@Qualifier` annotiert ist.

3.2.3 Annotationsinjektion und Expressions

Sofern Sie mit Annotationen die Bean-Referenzen per Autowiring mit Ihren Spring-Beans verschalten, können Sie auch einfachere Werte anhand von Annotationen verschalten. Spring 3.0 führt `@Value` ein: Mit dieser neuen Verschaltungsannotation können Sie primitive Werte wie `int`, `boolean` und `String` anhand von Annotationen verschalten.

Die `@Value`-Annotion ist einfach einsetzbar, aber, wie Sie gleich sehen werden, auch sehr leistungsstark. Um sie zu nutzen, annotieren Sie eine Eigenschaft, Methode oder einen Methodenparameter mit `@Value` und übergeben eine `String`-Expression, die mit der Eigenschaft verschaltet werden soll. Ein Beispiel:

```
@Value("Eruption")
private String song;
```

Hier verschalten wir einen `String`-Wert mit einer `String`-Eigenschaft. Aber der in `@Value` übergebene `String`-Parameter ist nur ein Ausdruck: Er kann in der Auswertung jeden beliebigen Typ ergeben, und somit lässt sich `@Value` auf praktisch jede Eigenschaft anwenden.

Es ist zwar interessant, mit `@Value` Werte fest zu kodieren, aber nicht unbedingt nötig. Wenn Sie die Werte in Java-Code fest kodieren, warum dann nicht `@Value` ganz außer Acht lassen und den Wert einfach direkt mit der Eigenschaft fest kodieren? `@Value` scheint in diesem Fall zusätzlicher Ballast zu sein.

Wie sich herausstellt, kann `@Value` bei einfachen Werten nicht gerade glänzen. Stattdessen wird `@Value` erst bei SpEL-Ausdrücken so richtig kraftvoll. Erinnern Sie sich, dass Sie mit SpEL komplexe Ausdrücke dynamisch zur Laufzeit auswerten können, deren Werte dann mit Bean-Eigenschaften verschaltet werden können. So bekommen wir mit `@Value` eine sehr mächtige Verschaltungsoption.

Anstatt also einen statischen Wert in die `song`-Eigenschaft fest zu kodieren, ziehen wir mit SpEL einen Wert aus einer Systemeigenschaft:

```
@Value("#{systemProperties.myFavoriteSong}")
private String song;
```

Nun spielt `@Value` seine Trümpfe aus. Es ist nicht bloß ein Kurier statischer Werte, sondern eine effektive, annotationsgetriebene Methode, um dynamisch ausgewertete SpEL-Ausdrücke zu verschalten.

Wie Sie sehen können, ist Autowiring eine sehr leistungsstarke Technik. Wenn Sie Spring automatisch herausfinden lassen, wie Beans verschaltet werden, hilft das, die Menge der XML-Konfiguration in Ihrer Applikation zu reduzieren. Überdies wird durch Autowiring das Entkoppeln auf eine ganz neue Stufe gebracht, indem Bean-Deklarationen voneinander entkoppelt werden können.

Da wir gerade von neuen Stufen sprechen: Schauen wir uns die automatische Erkennung (Autodiscovery) von Beans an, um zu sehen, wie wir Spring nicht nur dazu bringen, Beans zu verschalten, sondern auch automatisch herausfinden lassen, welche Beans überhaupt in einem Spring-Kontext registriert werden sollten.

3.3 Automatische Erkennung von Beans

Als Sie `<context:annotation-config>` in Ihrer Spring-Konfiguration eingefügt haben, haben Sie Spring damit angewiesen, dass es einen bestimmten Satz Annotationen in den von Ihnen deklarierten Beans würdigen und diese Beans als Richtschnur für die Verschaltung nehmen soll. Auch wenn `<context: annotation-config>` sehr viel dazu beiträgt, die Verwendung von `<property>`- und `<constructor-arg>`-Elementen größtenteils aus Ihrer Spring-Konfiguration zu eliminieren, müssen Sie Beans immer noch explizit mit `<bean>` deklarieren.

Bei Spring gibt es aber einen weiteren Trick. Das `<context:component-scan>`-Element leistet alles, was auch `<context:annotation-config>` kann, aber es konfiguriert Spring so, dass Beans automatisch für Sie entdeckt und deklariert werden. Dies bedeutet, dass die meisten (oder alle) Beans in Ihrer Spring-Applikation ohne `<bean>` deklariert und verschaltet werden können.

Um Spring mit Autodiscovery zu konfigurieren, nehmen Sie `<context:component-scan>` statt `<context:annotation-config>`:

```
<beans xmlns="http://www.springframework.org/schema/beans"
 xmlns:xsi="http://www.w3.org/2001/XMLSchema-instance"
 xmlns:context="http://www.springframework.org/schema/context"
 xsi:schemaLocation="http://www.springframework.org/schema/beans
     http://www.springframework.org/schema/beans/spring-beans-3.0.xsd
     http://www.springframework.org/schema/context
     http://www.springframework.org/schema/context/spring-context-3.0.xsd">

  <context:component-scan
      base-package="com.springinaction.springidol">
  </context:component-scan>
</beans>
```

Das `<context:component-scan>`-Element funktioniert so, dass es ein Package mit allen Subpackages scannt und nach Klassen sucht, die automatisch im Spring-Container als Beans registriert werden können. Aus dem `base-package`-Attribut erfährt `<context:component-scan>`, in welchem Package der Scan beginnen soll.

Woher weiß `<context:component-scan>` also nun, welche Klassen als Spring-Beans registriert werden sollen?

3.3.1 Beans für Autodiscovery annotieren

Standardmäßig sucht `<context:component-scan>` nach Klassen, die mit einer Annotation aus einer Handvoll spezieller stereotyper Annotationen annotiert sind:

- `@Component` – Eine stereotype Allzweckannotation, die darauf verweist, dass die Klasse eine Spring-Komponente ist.
- `@Controller` – Zeigt an, dass die Klasse einen Spring-MVC-Controller definiert.
- `@Repository` – Zeigt an, dass die Klasse ein Repository für Daten definiert.

- @Service – Zeigt an, dass die Klasse einen Service definiert.
- Jede selbst erstellte Annotation, die selbst mit @Component annotiert ist.

Nehmen wir beispielsweise an, dass unser Applikationskontext nur die Beans eddie und guitar enthält. Wir können die expliziten <bean>-Deklarationen mit <context:component-scan> aus der XML-Konfiguration eliminieren und die Klassen Instrumentalist und Guitar mit @Component annotieren.

Zuerst wollen wir die Klasse Guitar mit @Component annotieren:

```
package com.springinaction.springidol;
import org.springframework.stereotype.Component;
@Component
public class Guitar implements Instrument {
  public void play() {
    System.out.println("Strum strum strum");
  }
}
```

Wenn Spring das com.springinaction.springidol-Package scannt, wird es feststellen, dass Guitar mit @Component annotiert ist, und es automatisch in Spring registrieren. Standardmäßig wird die ID der Bean generiert, indem der Klassenname in Kamelschreibweise geschrieben wird. Im Fall von Guitar bedeutet dies, dass die ID der Bean guitar lautet.

Nun annotieren wir die Klasse Instrumentalist:

```
package com.springinaction.springidol;
import org.springframework.beans.factory.annotation.Autowired;
import org.springframework.stereotype.Component;
@Component("eddie")
public class Instrumentalist implements Performer {
  // ...
}
```

In diesem Fall haben wir eine Bean-ID als Parameter für @Component angegeben. Die Bean-ID wäre nun „instrumentalist" gewesen. Aber um dies zu den vorigen Beispielen einheitlich zu halten, wird sie explizit eddie genannt.

Das annotationsbasierte Autodiscovery ist nur eine der verfügbaren Optionen bei der Verwendung von <context: component-scan>. Schauen wir einmal, wie <context:component-scan> konfiguriert wird, um mit anderen Mitteln nach Bean-Kandidaten zu suchen.

3.3.2 Filtern mit component-scan

Wie sich herausstellt, ist <context:component-scan> flexibel bezogen darauf, wie es nach Bean-Kandidaten scannt. Indem Sie <context:include-filter> und/oder <context:exclude-filter>-Subelemente in <context:component-scan> einfügen, können Sie ganz nach Ihren Vorlieben das Scannen nach Komponenten anpassen.

Um diesen Filtervorgang zu demonstrieren, überlegen Sie einmal, was es bräuchte, damit <context:component-scan> automatisch mit der annotationsbasierten Strategie alle Klassen registriert, die Implementierungen von `Instrument` sind. Wir müssten den Quellcode aller `Instrument`-Implementierungen aufsuchen und sie mit `@Component` (oder einen der anderen stereotypen Annotationen) annotieren. Das wäre zumindest unpraktisch. Und wenn wir mit einer `Instrument`-Implementierung eines Drittanbieters arbeiten, können wir vielleicht nicht einmal auf den Quellcode zugreifen, um diese Annotation einzubauen.

Anstatt sich also auf das annotationsbasierte Komponentenscanning zu verlassen, können Sie mit `<context:component-scan>` automatisch alle Klassen registrieren lassen, die man `Instrument` zuweisen kann, indem Sie wie folgt einen Filter einfügen:

```
<context:component-scan
    base-package="com.springinaction.springidol">
  <context:include-filter type="assignable"
      expression="com.springinaction.springidol.Instrument"/>
</context:component-scan>
```

Die Attribute `type` und `expression` von `<context:component-scan>` arbeiten zusammen an der Definition einer Strategie für das Scannen von Komponenten. In diesem Fall fragen wir nach allen Klassen, die man `Instrument` zuweisen kann, damit sie automatisch als Spring-Beans registriert werden. Doch Sie können auch aus anderen Filterarten wählen – siehe Tabelle 3.1.

TABELLE 3.1 Das Scannen von Komponenten kann man anhand dieser fünf Filterarten anpassen.

Filtertyp	Beschreibung
`annotation`	Filter scannen Klassen und suchen nach solchen, die mit einer bestimmten Annotation auf Typebene annotiert sind. Wonach gescannt werden soll, wird im `expression`-Attribut angegeben.
`assignable`	Filter scannen Klassen und suchen nach solchen, die dem im `expression`-Attribut angegebenen Typ zugewiesen werden können.
`aspectj`	Filter scannen Klassen und suchen nach solchen, die zum im `expression`-Attribut angegebenen AspectJ-Typausdruck passen.
`custom`	Nutzt eine eigene Implementierung von `org.springframework.core.type.TypeFilter`, wie im `expression`-Attribut angegeben.
`regex`	Filter scannen Klassen und suchen nach solchen, deren Klassennamen zum im `expression`-Attribut angegebenen regulären Ausdruck passen.

So wie man `<context:include-filter>` nutzen kann, um `<context:component-scan>` zu sagen, was es als Beans registrieren soll, können Sie anhand von `<context:exclude-filter>` auch festlegen, was nicht registriert werden soll. So registrieren Sie z. B. alle `Instrument`-Implementierungen außer jenen, die mit einer eigenen `@SkipIt`-Annotation annotiert sind:

```
<context:component-scan
    base-package="com.springinaction.springidol">
  <context:include-filter type="assignable"
      expression="com.springinaction.springidol.Instrument"/>
  <context:exclude-filter type="(Annotation)"
      expression="com.springinaction.springidol.SkipIt"/>
</context:component-scan>
```

Wenn es darum geht, `<context:component-scan>` zu filtern, sind die Möglichkeiten praktisch endlos. Aber Sie werden merken, dass die annotationsbasierte Standardstrategie am häufigsten eingesetzt wird. Das ist dann auch jene, die Sie in diesem Buch am häufigsten finden.

3.4 Die Java-basierte Konfiguration von Spring

Ob Sie es glauben oder nicht: Nicht alle Entwickler sind Fans von XML. Tatsächlich haben sich einige ganz schön auf ihre XML-Abneigung eingeschossen. Sie würden alles daran setzen, die Welt von der gefürchteten spitzen Klammer zu befreien. Dass Spring in seiner Konfiguration schon so lange auf XML setzt, hält einige XML-Gegner fern.

Gehören Sie auch zu jenen, die XML verabscheuen, bietet Spring 3 für Sie etwas ganz Besonderes. Nun haben Sie die Option, eine Spring-Applikation praktisch ganz ohne XML mit reinem Java zu konfigurieren. Und auch wenn Sie XML nicht hassen, können Sie die Java-basierte Spring-Konfiguration einmal ausprobieren, denn wie Sie sehen werden, hat diese Form der Konfiguration ein paar Asse im Ärmel, die deren XML-Gegenspieler nicht kennt.

3.4.1 Java-basierte Konfiguration einrichten

Auch wenn Sie mit der Java-Konfigurationsoption von Spring die meiste Konfiguration ohne XML schreiben können, brauchen Sie aber doch eine Mindestmenge XML, um die Java-Konfiguration zu beginnen:

```
<?xml version="1.0" encoding="UTF-8"?>
<beans xmlns="http://www.springframework.org/schema/beans"
    xmlns:xsi="http://www.w3.org/2001/XMLSchema-instance"
    xmlns:context="http://www.springframework.org/schema/context"
    xsi:schemaLocation="http://www.springframework.org/schema/beans
        http://www.springframework.org/schema/beans/spring-beans-3.0.xsd
        http://www.springframework.org/schema/context
        http://www.springframework.org/schema/context/spring-context-3.0.xsd">
  <context:component-scan
      base-package="com.springinaction.springidol" />
</beans>
```

Wir haben bereits gesehen, wie `<context:component-scan>` Beans automatisch registriert, die mit bestimmten stereotypen Annotationen versehen sind. Aber das wird auch automatisch in Java-basierten Konfigurationsklassen geladen, die mit `@Configuration` annotiert sind. In diesem Fall weist das `base-package`-Attribut Spring an, in `com.springinaction.springidol` nach Klassen zu suchen, die mit `@Configuration` annotiert sind.

3.4.2 Eine Konfigurationsklasse definieren

Als wir uns die XML-basierte Konfiguration von Spring zum ersten Mal angesehen haben, habe ich Ihnen ein XML-Snippet mit dem `<beans>`-Element aus dem `beans`-Namensraum als root gezeigt. Das Java-basierte Äquivalent zu diesem XML ist eine mit `@Configuration` annotierte Java-Klasse. Ein Beispiel:

```
package com.springinaction.springidol;
import org.springframework.context.annotation.Configuration;
@Configuration
public class SpringIdolConfig {
  // Bean declaration methods go here
}
```

Die `@Configuration`-Annotation dient Spring als Hinweis, dass diese Klasse eine oder mehrere Spring-Bean-Deklarationen enthält. Diese Bean-Deklarationen sind nur Methoden, die mit `@Bean` annotiert sind. Schauen wir uns an, wie man Beans mit `@Bean` anhand der Java-basierten Spring-Konfiguration verschaltet.

3.4.3 Eine einfache Bean deklarieren

Im vorigen Kapitel haben wir mit dem Spring-Element `<bean>` eine `Juggler`-Bean deklariert, deren ID `duke` lautete. Hätten wir die *Spring Idol*-Beans mit einer Java-basierten Konfiguration verschaltet, wäre die `duke`-Bean in einer Methode definiert worden, die mit `@Bean` annotiert ist:

```
@Bean
public Performer duke() {
  return new Juggler();
}
```

Diese einfache Methode ist das Java-Äquivalent der Konfiguration mit dem bereits erstellten `<bean>`-Element. Aus `@Bean` erfährt Spring, dass diese Methode ein Objekt zurückgeben wird, das als Bean im Spring-Applikationskontext registriert werden sollte. Die Bean bekommt ihre ID vom Namen der Methode. Alles, was in der Methode passiert, führt letzten Endes zur Erstellung der Bean.

In diesem Fall ist die Deklaration der Bean einfach. Die Methode erstellt eine Instanz von `Juggler` und gibt sie zurück. Dieses Objekt wird im Spring-Applikationskontext mit der ID `duke` registriert.

Obwohl diese Methode für die Deklaration von Beans weitgehend der XML-Version entspricht, illustriert sie eine Stärke, die die Java-Konfiguration seinem XML-Gegenstück voraus hat. In der XML-Version wurden sowohl der Typ als auch die ID der Bean von `String`-Attributen identifiziert. Von Nachteil ist die Tatsache, dass sich `String` nicht zur Prüfung während des Kompilierens eignet. Falls wir die `Juggler`-Klasse umbenennen würden, könnten wir vergessen, die XML-Konfiguration passend zu ändern.

Bei der Java-basierten Spring-Konfiguration gibt es keine `String`-Attribute. Sowohl ID als auch Typ der Bean werden als Teil einer Methodensignatur ausgedrückt. Die eigentliche Erstellung der Bean wird im Body der Methode definiert. Weil alles Java ist, profitieren Sie hinsichtlich der Prüfung zur Kompilierungszeit von einigen Vorteilen, um sicher zu sein, dass Ihre Bean einen realen Typ mit eindeutiger ID hat.

3.4.4 Injizieren mit der Java-basierten Konfiguration von Spring

Wenn es für die Deklaration von Beans mit der Java-basierten Konfiguration nur ums Schreiben einer Methode geht, die eine Instanz einer Klasse zurückgibt, wie funktioniert dann die Abhängigkeitsinjektion in einer solchen Konfiguration? Das ist eigentlich ganz einfach und folgt üblichen Java-Idiomen.

Schauen wir uns zum Beispiel zuerst einmal an, wie man Werte in eine Bean injiziert. Sie lernten bereits eine `Juggler`-Bean u erstellen, die mit dem `<constructor-arg>`-Element in XML-Konfiguration 15 Beanbags jongliert. In der Java-basierten Konfiguration übergeben wir die Zahl einfach direkt in den Konstruktor:

```
@Bean
public Performer duke15() {
  return new Juggler(15);
}
```

Wie Sie sehen, fühlt sich die Java-basierte Konfiguration ganz natürlich an, weil Sie Ihre Beans mit Java so wie immer definieren können. Die Setter-Injektion ist auch reines Java:

```
@Bean
public Performer kenny() {
  Instrumentalist kenny = new Instrumentalist();
  kenny.setSong("Jingle Bells");
  return kenny;
}
```

Einfache Werte zu verschalten, ist unkompliziert genug. Was ist mit dem Verschalten von Referenzen mit anderen Beans? Das ist genauso einfach.

Zur Veranschaulichung richten wir zuerst einmal alles durch Deklaration einer `sonnet29`-Bean in Java ein:

```
@Bean
private Poem sonnet29() {
  return new Sonnet29();
}
```

Dies ist eine weitere einfache Java-basierte Bean-Deklaration, die sich kaum von dem unterscheidet, was wir bereits mit der `duke`-Bean angestellt haben. Nun erstellen wir eine `PoeticJuggler`-Bean und verschalten die `sonnet29`-Bean damit anhand ihres Konstruktors:

```
@Bean
public Performer poeticDuke() {
  return new PoeticJuggler(sonnet29());
}
```

Um weitere Beans zu verschalten, bezieht man sich einfach auf die Methode dieser Bean. Aber lassen Sie sich durch diese Einfachheit nicht täuschen. Hier passiert mehr, als auf den ersten Blick sichtbar ist.

Bei der Spring Java Configuration ist das Referenzieren einer Bean anhand der Deklarationsmethode nicht das Gleiche wie der Aufruf der Methode. Wäre dies der Fall, dann bekämen wir bei jedem Aufruf von `sonnet29()` eine neue Instanz dieser Bean. Spring ist aber schlauer.

Durch Annotation der `sonnet29()`-Methode mit `@Bean` weisen wir Spring an, dass diese Methode eine im Spring-Anwendungskontext registrierte Bean definieren soll. Sobald wir nun in einer anderen Bean-Deklarationsmethode auf diese Methode referenzieren, fängt Spring den Aufruf dieser Methode ab und versucht, die Bean in deren Kontext zu finden, anstatt die Methode eine neue Instanz erstellen zu lassen.

3.5 Zusammenfassung

Im Laufe der Jahre stand Spring wegen des ausufernden XML unter starkem Beschuss. Trotz der Riesenfortschritte in Sachen Vereinfachung, die Spring für Java-Entwickler in Unternehmensentwicklungen gebracht hat, waren viele Entwickler nicht bereit, die spitzen Klammern auszublenden.

Um auf die Kritik zu reagieren, bietet Spring verschiedene Wege an, wie man das XML für die Spring-Konfiguration reduziert oder gar eliminiert. In diesem Kapitel sahen wir, wie man die `<property>`- und `<constructor-arg>`-Elemente durch Autowiring ersetzt. Ganze `<bean>`-Konfigurationselemente lassen sich automatisch von Spring mit dem Komponentenscanning behandeln. Wir lernten auch, die Spring-Konfiguration in Java statt in XML auszudrücken, wobei XML aus Spring-Applikationen vollständig entfernt wird.

Nun kennen wir verschiedene Wege, um Beans in Spring zu deklarieren und ihre Abhängigkeiten zu verschalten. Im nächsten Kapitel untersuchen wir, wie Spring die aspektorientierte Programmierung unterstützt, und lernen, wie man mit AOP Beans mit einem Verhalten ausstattet, das zwar für die Funktionalität einer Applikation wichtig ist, aber keine Kernaufgabe der Beans darstellt, die sich auf die Aspekte auswirken.

4 Aspektorientierung

Dieses Kapitel behandelt die folgenden Themen:

- Grundlagen der aspektorientierten Programmierung
- Erstellen von Aspekten aus POJOs
- Verwenden von @AspectJ-Annotationen
- Injizieren von Abhängigkeiten in AspectJ-Aspekte

Während ich dieses Kapitel verfasse, haben wir in Texas bereits seit einigen Tagen Rekordtemperaturen. Es ist verdammt heiß. Bei einem solchen Wetter ist eine Klimaanlage unentbehrlich. Der Nachteil eines solchen Systems besteht jedoch darin, dass es Strom benötigt. Und Strom kostet Geld. Insofern muss man für ein kühles und gemütliches Heim buchstäblich teuer bezahlen. Aus diesem Grund gibt es auch in jedem Haus einen Stromzähler, der jedes einzelne Kilowatt vermerkt, und alle paar Monate kommt jemand zum Ablesen vorbei, damit man beim Anbieter auch genau weiß, wie viel Strom in Rechnung zu stellen ist.

Stellen Sie sich nun vor: Der Zähler verschwindet, und niemand kommt mehr zum Ablesen – etwa wenn der Hauseigentümer mit dem Stromunternehmen Kontakt aufnimmt und ihm den Stromverbrauch melden würde. Zwar würde der eine oder andere zwanghafte Eigentümer sicher sorgfältig Buch über eingeschaltete Lampen, Fernseher und Klimaanlagen führen, aber mal ehrlich: Den meisten wäre das doch herzlich egal. Sie würden ihren Verbrauch einfach schätzen. Und so mancher würde den Verbrauch überhaupt nicht melden. Die Kontrolle des Stromverbrauchs ist viel zu aufwendig, und viele würden der Versuchung erliegen, nicht zu zahlen.

Die Stromversorgung nach dem Vertrauensprinzip wäre für den Verbraucher keine schlechte Sache, für die Anbieterfirmen hingegen alles andere als ideal. Aus diesem Grund gibt es den Stromzähler im Haus, und der Ableser kommt regelmäßig vorbei, um hinterher dem Versorgungsunternehmen Ihren Verbrauch zu melden.

Einige Funktionen von Softwaresystemen ähneln durchaus Stromzählern. Diese Funktionen müssen an mehreren Punkten innerhalb der Anwendung eingesetzt werden, wohingegen es nicht wünschenswert ist, sie explizit an jeder Stelle aufzurufen.

Die Kontrolle des Stromverbrauchs ist eine wichtige Funktion, aber sie genießt bei Hauseigentümern nicht allerhöchste Priorität. Rasenmähen, Staubsaugen und Putzen des Badezimmers sind Vorgänge, in die Haus- oder Wohnungseigentümer unmittelbar eingebunden sind. Das Ablesen des Stromverbrauchs ist hingegen ein passiver Vorgang, mit dem man als Eigentümer nicht direkt zu tun hat (obwohl es natürlich toll wäre, wenn auch das Rasenmähen ein solch passiver Vorgang sein könnte – vor allem an so heißen Tagen!).

Was die Software angeht, haben die meisten Anwendungen verschiedene Aktivitäten gemein. Protokollierung, Sicherheit und Transaktionsverwaltung sind zwar wichtig, aber sollten sich Ihre

Anwendungsobjekte aktiv an diesen Vorgängen beteiligen? Wäre es nicht vielleicht besser, wenn Ihre Anwendungsobjekte sich auf die Probleme auf Businessebene konzentrieren, für deren Bearbeitung sie entwickelt wurden, und die Erledigung bestimmter Aspekte Dritten überließen?

In der Softwareentwicklung werden Funktionen, die sich über mehrere Punkte einer Anwendung erstrecken, *Cross-Cutting Concerns* genannt (CCC, querschnittliche Funktionen). In der Regel sind CCCs konzeptionell von der Business-Logik der Anwendung getrennt (wiewohl häufig direkt in diese eingebunden). Die Abtrennung der CCCs von der Business-Logik ist die Basis für die aspektorientierte Programmierung (AOP).

In Kapitel 2 haben Sie erfahren, wie man mithilfe der Dependency Injection (DI) Anwendungsobjekte verwaltet und konfiguriert. Während DI Sie bei der gegenseitigen Entkopplung Ihrer Anwendungsobjekte unterstützt, hilft Ihnen AOP beim Entkoppeln von CCCs von den Objekten, die Sie bearbeiten.

Die Protokollierung ist ein gängiges Beispiel für die Anwendung von Aspekten. Allerdings gibt es noch andere Dinge, für die Aspekte gut sind. In diesem Buch werden Sie zahlreiche praktische Anwendungen von Aspekten kennenlernen, z. B. deklarative Transaktionen, Sicherheit und Caching.

Dieses Kapitel untersucht, wie Spring Aspekte unterstützt. Dazu gehört, wie reguläre Klassen als Aspekte deklariert werden und wie man mit Annotationen Aspekte erstellt. Außerdem erfahren Sie, wie AspectJ – eine weitere beliebte AOP-Implementierung – das AOP-Framework von Spring ergänzt. Zunächst aber wollen wir, bevor wir uns gleich zu Beginn zu sehr in Bereichen wie Transaktionen, Sicherheit und Caching verstricken, erst einmal untersuchen, wie Aspekte in Spring implementiert sind. Dazu benötigen wir zunächst eine kleine Einführung in die Grundlagen von AOP.

4.1 Einführung in AOP

Wie bereits erwähnt, helfen uns Aspekte bei der Modularisierung von CCCs. Kurz gesagt, lässt sich ein CCC als beliebige Funktionalität beschreiben, die an mehreren Stellen in eine Anwendung eingreift. Sicherheit ist beispielsweise ein CCC, denn Sicherheitsregeln werden oft auf viele Methoden einer Anwendung angewendet. Abbildung 4.1 stellt CCCs grafisch dar.

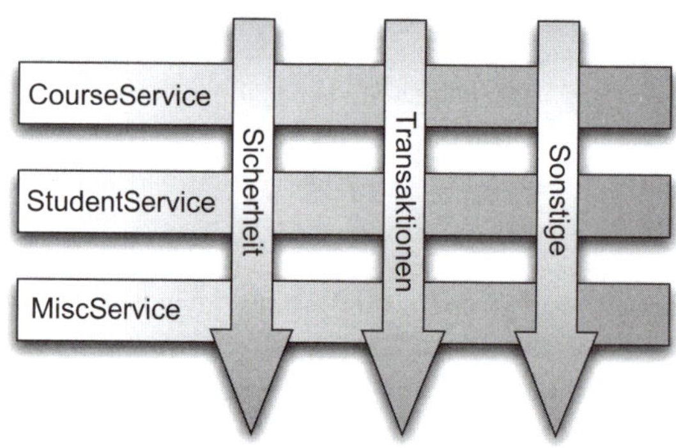

ABBILDUNG 4.1 Aspekte modularisieren CCCs und wenden dabei eine Logik an, die sich über mehrere Anwendungsobjekte erstreckt.

Abbildung 4.1 zeigt eine typische Anwendung, die in Module unterteilt ist. Jedes dieser Module verfolgt den Zweck, Dienste für den jeweiligen Bereich bereitzustellen. Allerdings erfordert jedes Modul auch ähnliche Zusatzfunktionalitäten wie Sicherheit oder Transaktionsverwaltung.

Eine gängige objektorientierte Vorgehensweise zur Wiederverwendung allgemeiner Funktionalität besteht darin, Techniken wie Vererbung oder Delegierung anzuwenden. Durch Vererbung kann die Objekthierarchie jedoch komplexer werden, wenn dieselbe Basisklasse innerhalb der gesamten Anwendung eingesetzt wird, und die Delegierung ist oft aufwendig, weil komplizierte Aufrufe des Delegatobjekts erforderlich sein können.

Aspekte stellen eine Alternative zu Vererbung und Delegierung dar, die unter zahlreichen Umständen geeigneter ist. Mit AOP definieren Sie die allgemeine Funktionalität zwar weiterhin an zentraler Stelle, können aber deklarativ definieren, wie und wo diese Funktionalität angewendet wird, ohne die Klasse, auf die Sie das neue Feature anwenden, ändern zu müssen. CCCs können nun in spezielle Objekte – die sogenannten *Aspekte* – modularisiert werden. Dies bietet zwei Vorteile: Zunächst einmal befindet sich die Logik für jeden CCC nun an einer zentralen Stelle, statt über die gesamte Codebasis verstreut zu sein. Zweitens sind unsere Dienstmodule nun sauberer, da sie nur Code für ihren primären Zweck (ihre Kernfunktionalität) enthalten, während sekundäre Zwecke in die Aspekte verschoben wurden.

4.1.1 Die Terminologie zu AOP

Wie die meisten Technologien hat sich auch für AOP ein eigener Jargon gebildet. Aspekte werden häufig mit Begriffen wie Advice, Pointcuts und Joinpoints beschrieben. Abbildung 4.2 zeigt, wie diese Konzepte miteinander verknüpft sind.

Leider sind viele Begriffe, die in Zusammenhang mit AOP-Merkmalen verwendet werden, alles andere als intuitiv. Nichtsdestoweniger sind sie jedoch Bestandteil des AOP-Idioms; d. h., um AOP verstehen zu können, müssen Sie diese Begriffe kennen. Anders ausgedrückt: Um mitreden zu können, müssen Sie die richtige Sprache sprechen.

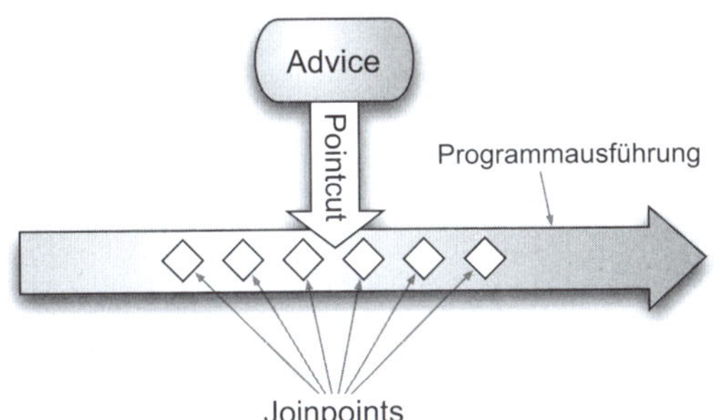

ABBILDUNG 4.2 Die Funktionalität eines Aspekts – der Advice – wird an einem oder mehreren Joinpoints in die Programmausführung eingewebt.

Advices

Wenn der Mann vom Elektrizitätsunternehmen bei Ihnen schellt, hat er gewöhnlich nichts anderes im Sinn, als den Zähler abzulesen und den Wert der Kilowattstunden für seinen Arbeitgeber zu notieren. Natürlich verfügt er über eine Liste der Häuser, die er aufsuchen muss, und die von ihm übermittelten Informationen sind sicher wichtig, aber seine wesentliche Tätigkeit besteht darin, den Strom abzulesen.

Ähnlich haben auch Aspekte einen Zweck, also eine Aufgabe, die sie erledigen sollen. Bei AOP nennt man diesen Auftrag eines Aspekts *Advice*.

Ein Advice definiert das *Was* und das *Wann* eines Aspekts. Zusätzlich zur Beschreibung des Auftrags, den ein Aspekt durchführt, gibt ein Advice auch an, wann dieser Auftrag ausgeführt werden soll. Ist der Aspekt vor dem Aufrufen einer Methode bereitzustellen? Oder danach? Oder gar davor und danach? Oder sollte der Aspekt nur eingewebt werden, wenn eine Methode eine Exception auslöst?

Spring-Aspekte können mit fünf Arten von Advices arbeiten:

- Before – Die Advice-Funktionalität findet statt, bevor die Methode aufgerufen wird, die den Advice erhalten hat.
- *After* – Die Advice-Funktionalität findet ungeachtet des Ergebnisses statt, nachdem die Methode, die den Advice erhalten hat, abgeschlossen ist.
- *After-returning* – Die Advice-Funktionalität findet statt, nachdem die mit Advices verbundene Methode erfolgreich ausgeführt wurde.
- *After-throwing* – Die Advice-Funktionalität findet statt, nachdem die mit Advices verbundene Methode eine Exception geworfen hat.
- *Around* – Der Advice kapselt die Methode mit der Advice-Funktionalität und bietet bestimmte Funktionalitäten, bevor und nachdem diese Methode aufgerufen wurde.

Joinpoints

Ein Elektrizitätsunternehmen versorgt viele Häuser mit Strom, vielleicht sogar eine ganze Stadt. In jedem Haus finden wir einen Stromzähler, der abgelesen werden muss, d. h. jedes Haus ist ein potenzielles Ziel unseres Stromablesers. Der gute Mann könnte wahrscheinlich alle möglichen Anzeigegeräte ablesen, aber um seinen Auftrag zu erledigen, muss er sich auf in Häusern montierte Stromzähler konzentrieren.

Analog bietet auch Ihre Anwendung Tausende von Möglichkeiten, einen Advice anzugeben. Diese Möglichkeiten heißen Joinpoints. Ein *Joinpoint* ist eine Stelle in der Anwendungsausführung, an der ein Aspekt eingebunden werden kann. Dieser Punkt könnte eine aufgerufene Methode, eine ausgelöste Exception oder sogar ein geändertes Feld sein. Es handelt sich um die Stellen, an denen der Code Ihres Aspekts in den normalen Ablauf Ihrer Anwendung eingefügt werden kann, um Verhalten zu ergänzen.

Pointcuts

Kein Stromableser kann jeden einzelnen Zähler in allen Häusern aufsuchen, die vom Stromunternehmen versorgt werden. Deswegen wird jedem Ableser eine Teilmenge aller aufzusuchenden Häuser zugewiesen. Ähnlich muss ein Aspekt nicht alle Joinpoints in einer Anwendung bedienen; *Pointcuts* grenzen die Anzahl der Joinpoints ein, die von einem Aspekt bedient werden.

Während also der Advice das *Was* und *Wann* von Aspekten definiert, bestimmen Pointcuts das *Wo*. Eine Pointcut-Definition entspricht einem oder mehreren Joinpoints, an denen ein Advice eingewebt werden soll. Häufig gibt man diese Pointcuts unter Verwendung expliziter Klassen- und Methodennamen oder über reguläre Ausdrücke an, die passende Muster für Klassen- und Methodennamen definieren. Bestimmte AOP-Frameworks gestatten Ihnen die Erstellung dynamischer Pointcuts, mit denen festgelegt wird, ob ein Advice basierend auf Entscheidungen zur Laufzeit anzuwenden ist (z. B. anhand des Wertes von Methodenparametern).

Aspekte

Wenn der Stromableser mit der Arbeit beginnt, weiß er sowohl, was von ihm erwartet wird (nämlich: den Stromverbrauch abzulesen), als auch, in welchen Häusern er diese Angaben ermitteln soll. Ihm ist also alles bekannt, was er wissen muss, um seine Arbeit zu erledigen.

Ein *Aspekt* ist quasi die Verschmelzung von Advice und Pointcuts. Zusammengenommen definieren Advice und Pointcuts alles, was über einen Aspekt zu wissen wichtig ist: was er tut und wo und wann.

Introductions

Eine *Introduction* gestattet Ihnen das Hinzufügen neuer Methoden oder Attribute zu vorhandenen Klassen. Sie könnten beispielsweise eine Advice-Klasse `Auditable` entwerfen, die angibt, wann ein Objekt zuletzt geändert wurde. Eine solche Klasse könnte ganz schlicht gestrickt sein: mit einer Methode `setLastModified`(Date) und einer Instanzvariablen, die diesen Status speichert. Die neue Methode und die Instanzvariable können dann in vorhandene Klassen eingeleitet werden, ohne sie ändern zu müssen. Auf diese Weise erhalten Sie ein neues Verhalten und einen neuen Status.

Einweben

Unter *Einweben* versteht man das Verbinden von Aspekten mit einem Zielobjekt, um ein neues Proxy-Objekt zu erstellen. Die Aspekte werden an den angegebenen Joinpoints ins Zielobjekt eingewebt. Dieser Vorgang kann an mehreren Punkten im Lebenszyklus des Objekts erfolgen:

- *Bei der Kompilierung* – Aspekte werden eingewebt, wenn die Zielklasse kompiliert wird. Hierzu ist ein spezieller Compiler erforderlich. Der Weaving Compiler von AspectJ webt Aspekte auf diese Weise ein.
- *Beim Laden der Klasse* – Aspekte werden eingewebt, wenn die Zielklasse in die JVM geladen wird. Hierzu benötigt man einen speziellen `ClassLoader`, der den Bytecode der Zielklasse erweitert, bevor die Klasse in die Anwendung eingebunden wird. Die *LTW-Funktionalität* (Load-Time Weaving, Einweben beim Laden) von AspectJ 5 webt Aspekte auf diese Weise ein.
- *Zur Laufzeit* – Aspekte werden im Verlauf der Anwendungsausführung eingewebt. Normalerweise generiert ein AOP-Container dynamisch ein Proxy-Objekt, das an das Zielobjekt delegiert, solange die Aspekte eingewebt werden. Auf diese Weise werden die Aspekte bei Spring-AOP eingewebt.

Dies sind eine ganze Menge neuer Begriffe, die Sie kennenlernen müssen. Wenn Sie noch einmal Abbildung 4.2 betrachten, werden Sie verstehen, dass der Advice das übergreifende Verhalten enthält, das auf die Objekte einer Anwendung angewendet werden muss. Die Joinpoints sind all jene Stellen im Anwendungsablauf, die für eine Anwendung von Advices prädestiniert sind. Der Pointcut schließlich definiert, wo (also an welchen Joinpoints) ein Advice zur Verfügung gestellt wird. Das Schlüsselkonzept lässt sich mithin wie folgt formulieren: Die Pointcuts definieren, welche Joinpoints einen Advice erhalten.

Nachdem Sie sich mit der grundlegenden AOP-Terminologie vertraut gemacht haben, wollen wir nun ergründen, wie diese Kernkonzepte von AOP in Spring implementiert sind.

4.1.2 Die AOP-Unterstützung in Spring

Nicht alle AOP-Frameworks sind gleich. Sie können sich etwa darin unterscheiden, wie umfangreich das enthaltene Joinpoint-Modell ist. Manche gestatten die Verfügbarmachung von Advices auf der Feldmodifikationsebene, während andere nur in Verbindung mit Methodenaufrufen Joinpoints anbieten. Unterschiede können auch in puncto Zeitpunkt und Form des Einwebens von Aspekten auftreten. Letztendlich macht ein AOP-Framework jedoch die Fähigkeit aus, Pointcuts zu erstellen, die die Joinpoints definieren, an denen Aspekte eingewebt werden können.

Viel hat sich in den letzten Jahren in der Welt der AOP-Frameworks verändert. Es hat ein Großreinemachen stattgefunden, was dazu führte, dass einige Frameworks miteinander verschmolzen und andere verschwunden sind. Im Jahr 2005 wurde das Projekt AspectWerkz mit AspectJ zusammengefasst – die bis dato letzte große Veränderung in der AOP-Welt. Damit blieben noch drei dominierende AOP-Frameworks übrig:

- AspectJ (*http://eclipse.org/aspectj*)
- JBoss AOP (*http://www.jboss.org/jbossaop*)
- Spring AOP (*http://www.springframework.org*)

Weil sich dieses Buch um Spring dreht, werden wir uns selbstverständlich auf die Spring-AOP konzentrieren. Nichtsdestoweniger kommt es zwischen Spring- und AspectJ-Projekten immer wieder zu Synergieeffekten, und die AOP-Unterstützung in Spring 2.0 hat sich sehr stark am AspectJ-Projekt orientiert.

Die AOP-Unterstützung liegt in Spring in vier Ausprägungen vor:

- die klassische Proxy-basierte Spring-AOP
- auf @AspectJ-Annotationen basierende Aspekte
- pure-POJO-Aspekte
- injizierte AspectJ-Aspekte (in allen Spring-Versionen enthalten)

Die ersten drei Elemente der Liste sind samt und sonders Varianten der Proxy-basierten Spring-AOP. Insofern ist der AOP-Support in Spring auf das Abfangen von Methoden beschränkt. Wenn Ihre AOP-Bedürfnisse über das einfache Abfangen von Methoden hinausgehen (wenn Sie also etwa Konstruktoren oder Eigenschaften abfangen müssen), sollten Sie die Implementierung von Aspekten in AspectJ in Betracht ziehen und unter Umständen Spring-DI zur Injektion von Spring-Beans in AspectJ-Aspekte verwenden.

Wie bitte? Kein klassisches Spring-AOP?

Der Begriff *klassisch* hat normalerweise einen guten Beiklang. Klassische Autos, klassische Golfturniere und klassische Coca-Cola scheinen alles prima Sachen zu sein.

Doch das klassische AOP-Programmiermodell von Spring ist nicht so toll. Oh, damals, zu seiner Zeit, war es prima ... Doch nun unterstützt Spring weitaus sauberere und einfachere Wege, um mit Aspekten zu arbeiten. Verglichen mit der einfachen deklarativen AOP und dem annotationsbasiertem AOP wirkt das klassische Spring-AOP sperrig und über Gebühr kompliziert. Direkt mit `ProxyFactoryBean` zu arbeiten, kann mühsam sein.

Also habe ich mich entschieden, in dieser Ausgabe nichts über das klassische Spring-AOP auszuführen. Wenn Sie wirklich wissen wollen, wie das funktioniert, sehen Sie sich bitte die vorige Ausgabe dieses Buches an. Meines Erachtens werden aber sicher auch Sie der Meinung sein, dass man mit den neuen AOP-Modellen von Spring deutlich einfacher arbeiten kann. ■

Wir werden uns in diesem Kapitel noch eingehender mit diesen AOP-Techniken von Spring beschäftigen. Bevor wir jedoch richtig einsteigen, müssen Sie einige wesentliche Schlüsselpunkte des AOP-Frameworks von Spring kennenlernen.

Spring-Advices sind in Java geschrieben

Alle von Ihnen in Spring erstellten Advices werden in einer Java-Standardklasse geschrieben. Auf diese Weise können Sie Ihre Aspekte erfreulicherweise in derselben integrierten Entwicklungsumgebung (IDE) entwickeln, die Sie auch für die normale Java-Programmierung verwenden. Hinzu kommt, dass die Pointcuts, mit denen Sie definieren, wo Advices verfügbar gemacht werden sollen, gewöhnlich in XML geschrieben werden – und zwar in Ihre Spring-Konfigurationsdatei. Code- und Konfigurationssyntax von Aspekten sind dem Java-Entwickler also vertraut.

Dies steht im Gegensatz zu AspectJ. Obwohl AspectJ nun annotationsbasierte Aspekte unterstützt, wird AspectJ auch als Spracherweiterung zu Java implementiert. Dieser Ansatz hat Vor- und Nachteile. Die Verwendung einer AOP-spezifischen Sprache bietet potenziell mehr Leistung, eine besser abgestufte Kontrolle und sicher auch ein umfangreicheres AOP-Toolset. Andererseits müssen Sie in diesem Fall auch ein neues Tool und eine neue Syntax kennenlernen.

Spring gewährt Objekten Advices zur Laufzeit

In Spring werden Aspekte zur Laufzeit in Spring-verwaltete Beans eingewebt, indem sie mit einer Proxy-Klasse gekapselt werden. Wie Abbildung 4.3 zeigt, agiert die Proxy-Klasse als Ziel-Bean – sie fängt mit Advices verbundene Methodenaufrufe ab und leitet diese an die eigentliche Ziel-Bean weiter.

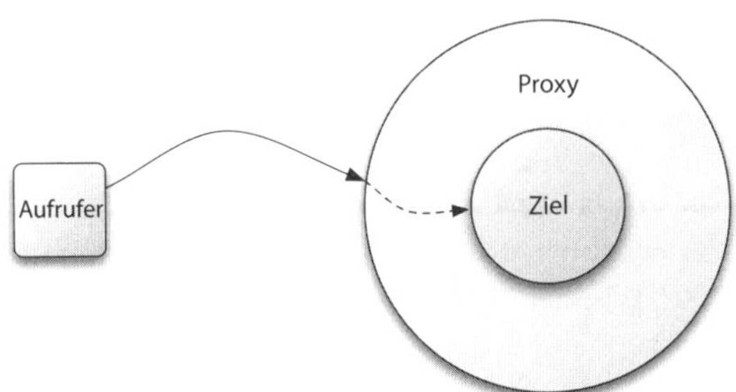

ABBILDUNG 4.3 Spring-Aspekte sind als Proxys implementiert, die das Zielobjekt kapseln. Der Proxy behandelt Methodenaufrufe, führt zusätzliche Aspektlogik aus und ruft dann die Zielmethode auf.

Zwischen dem Zeitpunkt, an dem der Proxy den Methodenaufruf abfängt, und dem Zeitpunkt des Aufrufs der Methode der Ziel-Bean führt der Proxy die Aspektlogik aus.

Spring erstellt ein Proxy-Objekt erst, wenn die Proxy-Bean von der Anwendung benötigt wird. Wenn Sie einen `ApplicationContext` verwenden, werden die Proxy-Objekte erstellt, sobald der Kontext alle Beans aus der `BeanFactory` lädt. Weil Spring Proxys zur Laufzeit erstellt, benötigen Sie zum Einweben der Aspekte in die Spring-AOP keinen speziellen Compiler.

Spring unterstützt nur Methoden-Joinpoints

Wie bereits erwähnt, bieten die verschiedenen AOP-Implementierungen mehrere unterschiedliche Joinpoint-Modelle. Da Spring mit dynamischen Proxys arbeitet, unterstützt es ausschließlich Methoden-Joinpoints. Dies steht im Gegensatz zu anderen AOP-Frameworks wie AspectJ und JBoss, die Feld- und Konstruktor-Joinpoints zusätzlich zu Methoden-Pointcuts bieten. Das Fehlen von Feld-Pointcuts verhindert das Erstellen stark abgestufter Advices. So lassen sich etwa Änderungen an einem Feld eines Objekts nicht abfangen. Überdies gibt es ohne Konstruktor-Pointcuts keine Möglichkeit, Advices anzuwenden, wenn eine Bean instanziiert wird.

Durch das Abfangen von Methoden sollten aber die meisten, wenn nicht all Ihre Ansprüche erfüllt werden. Wenn Sie über Methoden hinausgehende Möglichkeiten zum Abfangen benötigen, sollten Sie die Spring-AOP mit AspectJ ergänzen.

Sie sollten nun einen allgemeinen Eindruck davon gewonnen haben, was die AOP leistet und wie sie in Spring unterstützt wird. Kommen wir also endlich zur Praxis: der Erstellung von Aspekten in Spring. Beginnen wir mit dem deklarativen AOP-Modell von Spring.

4.2 Joinpoints mit Pointcuts auswählen

Wie bereits erwähnt, nutzt man Pointcuts dafür, um exakt anzugeben, wo der Advice eines Aspekts angewendet werden soll. Neben den Advices gehören Pointcuts zu den ganz fundamentalen Elementen eines Aspekts. Darum ist es auch wichtig zu wissen, wie man Pointcuts schreibt.

In Spring AOP werden Pointcuts anhand der Pointcut Expression Language definiert. Wenn Sie mit AspectJ bereits vertraut sind, sollte die Definition der Pointcuts in Spring kein Problem darstellen. Falls Sie jedoch AspectJ noch nicht kennen, dient dieser Abschnitt als Kurzlektion, wie man Pointcuts im AspectJ-Stil schreibt. Wenn Sie mehr über AspectJ und die Pointcut Expression Language wissen wollen, kann ich Ihnen *AspectJ in Action, Second Edition* von Ramnivas Laddad sehr empfehlen.

Das Wichtigste, was man hinsichtlich der Spring AOP über die Pointcuts von AspectJ wissen muss, ist die Tatsache, dass Spring nur eine Untergruppe der in AspectJ verfügbaren Pointcut-Bezeicner unterstützt. Erinnern Sie sich daran, dass Spring AOP auf Proxys basiert und bestimmte Pointcut-Ausdrücke für Proxy-basiertes AOP nicht relevant sind. In Tabelle 4.1 werden die Pointcut-Bezeichner von AspectJ aufgeführt, die in Spring AOP unterstützt werden.

Wenn man versucht, einen der anderen Bezeichner von AspectJ einzusetzen, führt dies zu einer `IllegalArgumentException`.

Wenn Sie sich die unterstützten Bezeichner anschauen, beachten Sie, dass der `execution`-Bezeichner der einzige ist, der tatsächlich Abgleiche ausführt. Die anderen Bezeichner werden dafür verwendet, diese Treffer zu begrenzen. Dies bedeutet, dass `execution` der primäre Bezeichner ist, den Sie in jeder Pointcut-Definition einsetzen werden, die Sie schreiben. Anhand der anderen Bezeichner werden Sie die Reichweite des Pointcuts eingrenzen.

TABELLE 4.1 Spring nutzt die Pointcut Expression Language von AspectJ zum Definieren von Spring-Aspekten.

AspectJ-Bezeichner	Beschreibung
`args()`	Beschränkt Joinpoint-Treffer auf die Ausführung von Methoden, deren Argumente Instanzen des jeweiligen Typs sind
`@args()`	Beschränkt Joinpoint-Treffer auf die Ausführung von Methoden, deren Argumente mit den jeweiligen Annotationstypen annotiert sind
`execution()`	Entspricht Joinpoints, die Methodenausführungen sind
`this()`	Beschränkt Joinpoint-Treffer auf solche, bei denen die Bean-Referenz des AOP-Proxys ein bestimmter Typ ist
`target()`	Beschränkt Joinpoint-Treffer auf solche, bei denen das Zielobjekt ein bestimmter Typ ist
`@target()`	Beschränkt die Entsprechung auf Joinpoints, wo die Klasse des ausführenden Objekts eine Annotation des bestimmten Typs ist
`within()`	Beschränkt die Entsprechung auf Joinpoints innerhalb bestimmter Typen
`@within()`	Beschränkt die Entsprechung auf Joinpoints innerhalb bestimmter Typen, die die gegebene Annotation haben (die Ausführung von Methoden, die in Typen mit der gegebenen Annotation deklariert werden, wenn man Spring AOP nutzt)
`@annotation`	Beschränkt Joinpoint-Treffer auf solche, bei denen das Subjekt des Joinpoints die gegebene Annotation hat

4.2.1 Pointcuts schreiben

Den Pointcut-Ausdruck in Abbildung 4.4 kann man beispielsweise nutzen, um einen Advice anzuwenden, sobald die `play()`-Methode eines `Instruments` ausgeführt wird:

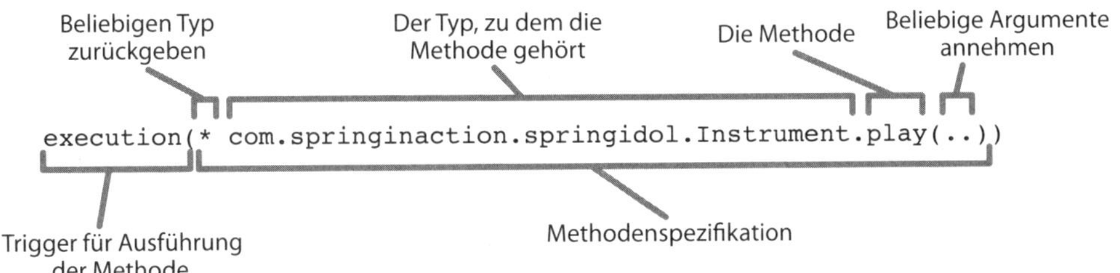

ABBILDUNG 4.4 Die Auswahl der `play()`-Methode eines `Instruments` mit einem AspectJ-Pointcut-Ausdruck

Wir haben mit dem `execution()`-Bezeichner die `play()`-Methode des `Instruments` ausgewählt. Die Spezifikation der Methode beginnt mit einem Sternchen (`asterisk`), was darauf hindeutet, dass es uns egal ist, welchen Typ die Methode zurückgibt. Dann geben wir den vollqualifizierten Klassennamen und den Namen der Methode an, die gewählt werden soll. Für die Parameterliste der Methode nehmen wir den doppelten Punkt (`..`), der anzeigt, dass der Pointcut jede `play()`-Methode auswählen soll, egal, wie die Argumentenliste ist.

Nehmen wir nun einmal an, dass wir die Reichweite dieses Pointcuts nur auf das Package `com.springinaction.springidol` einschränken wollen. In diesem Fall könnten wir den Abgleich begrenzen, indem wir, wie in Abbildung 4.5 gezeigt, einen `within()`-Bezeichner anheften.

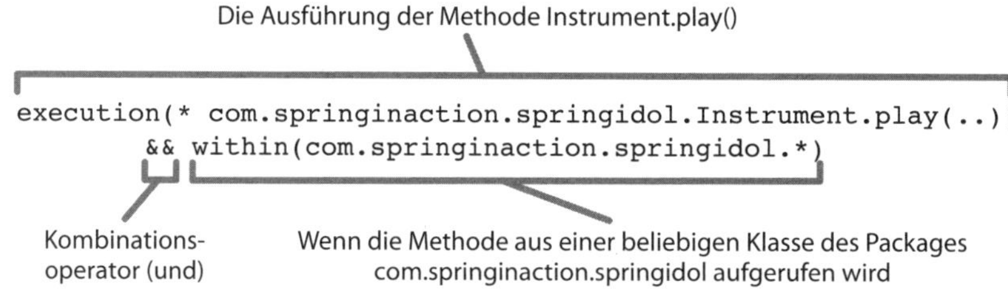

ABBILDUNG 4.5 Mit dem Bezeichner `within()` die Reichweite eines Pointcuts begrenzen

Beachten Sie, dass wir mit dem Operator `&&` die Bezeichner `execution()` und `within()` in einer „und"-Beziehung kombiniert haben (in der beide Bezeichner zutreffen müssen, damit der Pointcut auch passt). Entsprechend hätten wir auch den Operator `||` nehmen können, um eine „oder"-Beziehung zu kennzeichnen. Und mit dem Operator ! kann man die Wirkung eines Bezeichners negieren.

Weil das kaufmännische Und (`ampersand`) in XML eine spezielle Bedeutung hat, können Sie auch `and` anstelle von `&&` nehmen, wenn Sie in einer XML-basierten Spring-Konfiguration Pointcuts angeben. Entsprechend kann man auch `or` bzw. `not` anstelle von `||` und `!` nehmen.

4.2.2 Der bean()-Bezeichner von Spring

Neben den in Tabelle 4.1 aufgeführten Bezeichnern wurde bei Spring 2.5 ein neuer `bean()`-Bezeichner eingeführt, mit dem Sie Beans in einem Pointcut-Ausdruck anhand ihrer ID identifizieren können. `bean()` akzeptiert eine Bean-ID oder einen Bean-Namen als Argument und beschränkt die Wirkung des Pointcuts auf genau diese Bean.

Schauen Sie sich z. B. den folgenden Pointcut an:

```
execution(* com.springinaction.springidol.Instrument.play())
      and bean(eddie)
```

Hier sagen wir, dass wir einen Aspekt-Advice auf die Ausführung der `play()`-Methode eines `Instruments` anwenden wollen, aber auf die Bean beschränkt, deren ID `eddie` lautet.

Es kann zwar wertvoll sein, einen Pointcut auf eine bestimmte Bean einzuschränken, doch ist dies auch mit einer Negation möglich, um einen Aspekt auf alle Beans anzuwenden, die keine bestimmte ID aufweisen:

```
execution(* com.springinaction.springidol.Instrument.play())
      and !bean(eddie)
```

In diesem Fall wird der Advice des Aspekts in alle Beans eingewebt, deren ID nicht eddie lautet.

Nun haben wir die Grundlagen des Schreibens von Pointcuts ausgeführt und wollen uns anschauen, wie man den Advice schreibt und die Aspekte deklariert, die diese Pointcuts nutzen.

4.3 Aspekte in XML deklarieren

Wenn Sie mit dem klassischen AOP-Modell von Spring vertraut sind, wissen Sie, dass die Arbeit mit ProxyFactoryBean umständlich ist. Das Entwicklerteam von Spring hat dies erkannt und sich daran gemacht, einen besseren Weg zu finden, wie man Aspekte in Spring deklariert. Das Ergebnis dieser Arbeit findet sich im Konfigurationsnamensraum aop von Spring. Die AOP-Konfigurationselemente sind in Tabelle 4.2 zusammengefasst.

TABELLE 4.2 Die AOP-Konfigurationselemente in Spring 2.0 vereinfachen die Deklaration POJO-basierter Aspekte.

AOP-Konfigurationselement	Aufgabe
<aop:advisor>	Definiert einen AOP-Advisor.
<aop:after>	Definiert einen AOP-After-Advice (unabhängig davon, ob die mit dem Advice verknüpfte Methode erfolgreich zurückkehrt)
<aop:after-returning>	Definiert einen AOP-After-Returning-Advice
<aop:after-throwing>	Definiert einen AOP-After-Throwing-Advice
<aop:around>	Definiert einen AOP-Around-Advice
<aop:aspect>	Definiert einen Aspekt
<aop:aspectj-autoproxy>	Aktiviert annotationsgetriebene Aspekte mit @AspectJ
<aop:before>	Definiert einen AOP-Before-Advice
<aop:config>	Das AOP-Element oberster Ebene. Die meisten <aop:*>-Elemente müssen in <aop:config> enthalten sein.
<aop:declare-parents>	Führt weitere Schnittstellen für Advice-Objekte ein, die transparent implementiert werden
<aop:pointcut>	Definiert einen Pointcut

In Kapitel 2 haben wir die Dependency Injection anhand einer Talentshow namens *Spring Idol* veranschaulicht. Wir haben dort diverse Künstler als <bean>-Elemente verschaltet, damit diese auftreten können. Das hat schon Spaß gemacht. Aber eine solche Show braucht auch ein Publikum, sonst hat sie keinen Zweck.

Um nun Spring AOP zu verdeutlichen, erstellen wir eine Klasse Audience für unsere Talentshow. Die folgende Klasse definiert die Funktionen eines Publikums.

LISTING 4.1 Die Klasse `Audience` für unsere Talentshow

```
package com.springinaction.springidol;
public class Audience {
  public void takeSeats() {    ◂ Vor der Vorstellung
    System.out.println("The audience is taking their seats.");
  }
  public void turnOffCellPhones() {    ◂ Vor der Vorstellung
    System.out.println("The audience is turning off their cellphones");
  }
  public void applaud() {    ◂ Nach der Vorstellung
    System.out.println("CLAP CLAP CLAP CLAP CLAP");
  }
  public void demandRefund() {    ◂ Ausführung nach einer schlechten Vorstellung
    System.out.println("Boo! We want our money back!");
  }
}
```

Wie Sie sehen, ist an der Klasse `Audience` nichts Besonderes. Es ist eine einfache Java-Klasse mit einer Handvoll Methoden. Und wir können sie im Anwendungskontext von Spring wie jede andere Klasse als Bean registrieren:

```
<bean id="audience"
      class="com.springinaction.springidol.Audience" />
```

Trotz seines bescheidenen Auftretens ist das Bemerkenswerte an `Audience`, dass es bereits alles Nötige für einen Aspekt enthält. Es braucht nur ein wenig von dieser besonderen AOP-Magie.

4.3.1 Before- und After-Advice deklarieren

Mit den AOP-Konfigurationselementen von Spring können wir die Bean `audience` in einen Aspekt umwandeln.

LISTING 4.2 Definieren eines Publikumsaspekts mithilfe der AOP-Konfigurationselemente von Spring

```
<aop:config>
  <aop:aspect ref="audience">    ◂ Referenziert die Bean audience
    <aop:before pointcut=
        "execution(* com.springinaction.springidol.Performer.perform(..))"
      method="takeSeats" />    ◂ Vor der Vorstellung
    <aop:before pointcut=
        "execution(* com.springinaction.springidol.Performer.perform(..))"
      method="turnOffCellPhones" />    ◂ Vor der Vorstellung
    <aop:after-returning pointcut=
        "execution(* com.springinaction.springidol.Performer.perform(..))"
      method="applaud" />    ◂ Nach der Vorstellung
    <aop:after-throwing pointcut=
        "execution(* com.springinaction.springidol.Performer.perform(..))"
      method="demandRefund" />    ◂ Ausführung nach einer schlechten Vorstellung
  </aop:aspect>
</aop:config>
```

Das Erste, was Sie an den AOP-Konfigurationselementen bemerken werden, ist die Tatsache, dass die meisten von ihnen im Kontext des `<aop:config>`-Elements verwendet werden müssen. Es gibt einige wenige Ausnahmen von dieser Regel, aber wenn es zur Deklaration von Beans als Aspekten kommt, beginnen Sie immer mit dem `<aop:config>`-Element.

Innerhalb von `<aop:config>` können Sie einen oder mehrere Advisors, Aspekte oder Pointcuts deklarieren. In Listing 4.2 haben wir mit dem `<aop:aspect>`-Element einen einzelnen Aspekt deklariert. Das Attribut `ref` referenziert die POJO-Bean, die die Funktionalität des Aspekts bereitstellen wird – in diesem Fall also `audience`. Die Bean, die vom `ref`-Attribut referenziert wird, gibt die Methoden an, die von Advices im Aspekt aufgerufen werden.

Der Aspekt enthält vier verschiedene Advices. Die beiden `<aop:before>`-Elemente definieren die `Before-Advice-Methode`, die ihrerseits die (mit dem Attribut `method` deklarierten) Methoden `takeSeats()` und `turnOffCellPhones()` der Bean `Audience` aufruft, bevor zum Pointcut passende Methoden ausgeführt werden. Das `<aop:after-returning>`-Element definiert einen After-Returning-Advice, um die Methode `applaud()` nach dem Pointcut aufzurufen. Gleichzeitig legt das `<aop:after-throwing>`-Element einen *After-Throwing-Advice* fest, um die Methode `demandRefund()` aufzurufen, wenn Exceptions ausgelöst werden sollen. Abbildung 4.6 zeigt, wie die Advice-Logik in die Business-Logik eingewebt wird.

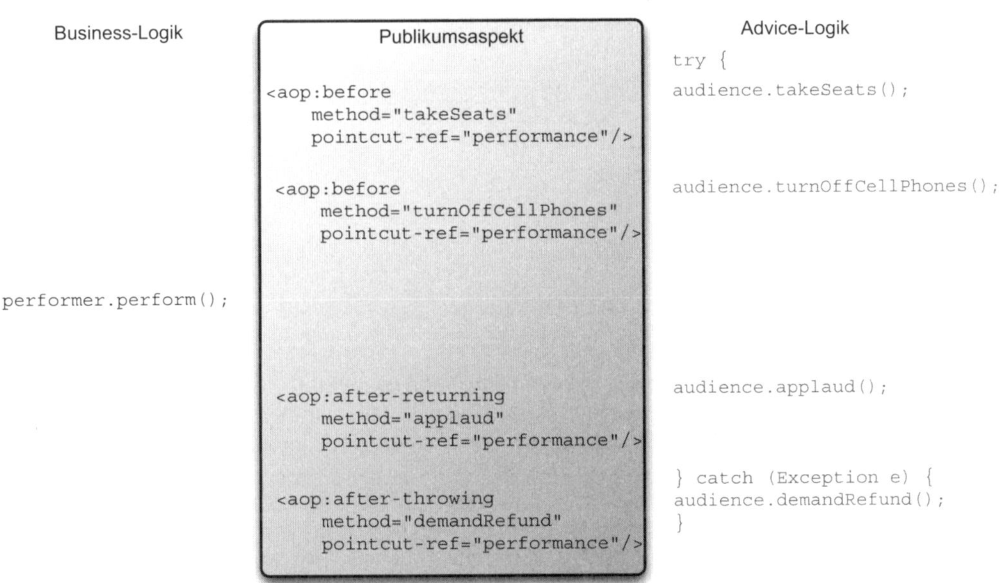

ABBILDUNG 4.6 Der Aspekt `Audience` enthält vier Advices, die Advice-Logik um die Methoden herum einweben, die dem Pointcut des Aspekts entsprechen.

In allen Advices definiert das Attribut `pointcut` den Pointcut, an dem der Advice gewährt wird. Der mit dem Attribut `pointcut` angegebene Wert ist ein Pointcut, der in der Pointcut-Ausdruckssyntax von AspectJ definiert ist.

Sie werden bemerken, dass der Wert des Attributs `pointcut` bei allen Advice-Elementen identisch ist. Das liegt daran, dass alle Advices am selben Pointcut angewendet werden. Dies allerdings steht dem DRY-Prinzip (Don't Repeat Yourself) der Redundanzvermeidung entgegen:

Sollten Sie später beschließen, den Pointcut zu ändern, so müssen Sie dies an vier unterschiedlichen Stellen tun.

Um eine Duplizierung der Pointcut-Definition zu vermeiden, könnten Sie mit dem `<aop:pointcut>`-Element einen benannten Pointcut definieren. Das folgende XML zeigt, wie das `<aop:pointcut>`-Element innerhalb des `<aop:aspect>`-Elements zur Definition eines benannten Pointcuts verwendet wird, der von allen Advice-Elementen gebraucht werden kann.

LISTING 4.3 Definieren eines benannten Pointcuts zur Beseitigung redundanter Pointcut-Definitionen

```
<aop:config>
  <aop:aspect ref="audience">
    <aop:pointcut id="performance" expression=
        "execution(* com.springinaction.springidol.Performer.perform(..))" />
    <aop:before                                          ▲ Definition des Pointcuts
        pointcut-ref="performance"
        method="takeSeats" />   ◂ Referenzierung des Pointcuts
    <aop:before
        pointcut-ref="performance"
        method="turnOffCellPhones" />   ◂ Referenzierung des Pointcuts
    <aop:after-returning
        pointcut-ref="performance"
        method="applaud" />   ◂ Referenzierung des Pointcuts
    <aop:after-throwing
        pointcut-ref="performance"
        method="demandRefund" />   ◂ Referenzierung des Pointcuts
  </aop:aspect>
</aop:config>
```

Nachdem der Pointcut nun an zentraler Stelle definiert wurde, kann er aus mehreren Advice-Elementen heraus referenziert werden. Das `<aop:pointcut>`-Element definiert das `id`-Attribut des Pointcuts mit dem Wert `performance`. Gleichzeitig werden alle Advices so abgeändert, dass sie den benannten Pointcut mit dem Attribut `pointcut-ref` referenzieren.

Wie in Listing 4.3 gezeigt, definiert das <aop:pointcut>-Element einen Pointcut, der von allen Advices innerhalb desselben <aop:aspect>-Elements referenziert werden kann. Sie können aber auch Pointcuts definieren, die sich aspektübergreifend einsetzen lassen. Hierzu platzieren Sie <aop:pointcut>-Elemente im Geltungsbereich des <aop:config>-Elements.

4.3.2 Around-Advice deklarieren

Die aktuelle Implementierung von `Audience` funktioniert hervorragend. Aber die einfachen Before- und After-Advices haben einige Einschränkungen. Insbesondere ist es knifflig, Informationen zwischen Before-Advice und After-Advice auszutauschen, ohne diese Informationen in Member-Variablen zu speichern.

Nehmen wir beispielsweise an, dass Sie nicht nur wollen, dass alle Handys ausgeschaltet werden und am Ende applaudiert wird, sondern dass das Publikum auch auf die Uhr schaut und feststellt, wie lange die Vorführung dauert. Das gelingt mit Before- und After-Advice nur, indem man die Anfangszeit in einem Before-Advice und die Dauer in einem After-Advice notiert.

Aber Sie müssen die Anfangszeit in einer Member-Variablen speichern. Weil `Audience` ein Singleton ist, wäre es nicht thread-sicher, den Zustand so aufzubewahren.

In dieser Hinsicht hat der Around-Advice einen Vorteil vor dem Before- und After-Advice. Mit Around-Advice gelingt Ihnen das Gleiche wie mit den verschiedenen Before- und After-Advices, aber in nur einer einzigen Methode. Weil alle Advices in nur einer Methode stattfinden, entfällt die Notwendigkeit, den Zustand in einer Member-Variablen aufzubewahren.

Nehmen wir z. B. die neue Methode `watchPerformance()`.

LISTING 4.4 Die Methode `watchPerformance()` ermöglicht AOP-Around-Advice.

```
public void watchPerformance(ProceedingJoinPoint joinpoint) {
    try {
      System.out.println("The audience is taking their seats.");
      System.out.println("The audience is turning off their cellphones");
      long start = System.currentTimeMillis();     ◂ Vor der Vorführung
      joinpoint.proceed();   ◂ Mit Advice-Methode fortfahren
      long end = System.currentTimeMillis();     ◂ Nach der Vorführung
      System.out.println("CLAP CLAP CLAP CLAP CLAP");
      System.out.println("The performance took " + (end - start)
          + " milliseconds.");
    } catch (Throwable t) {
      System.out.println("Boo! We want our money back!");    ◂ Ausführung nach einer
    }                                                            schlechten Aufführung
  }
```

Ihnen wird als Erstes an dieser neuen Advice-Methode auffallen, dass sie einen `ProceedingJoinPoint` als Parameter bekommt. Dieses Objekt ist notwendig, weil wir so in der Lage sind, die Methode, die den Advice erhalten hat, von innerhalb des Advices aufzurufen. Die Advice-Methode macht alles Erforderliche, und wenn sie bereit ist, die Steuerung an die Methode abzugeben, die den Advice bekommen hat, ruft Sie die Methode `proceed()` von `ProceedingJoinPoint` auf.

Achten Sie darauf, in die `proceed()`-Methode einen Aufruf einzubauen, anderenfalls wird Ihr Advice den Zugriff auf die Methode, die den Advice bekommen hat, blockieren. Möglicherweise wollen Sie das, aber es ist eher anzunehmen, dass die Methode mit dem Advice an irgendeinem Punkt ausgeführt werden soll.

Außerdem ist interessant, dass Sie nicht nur einen Aufruf der Methode `proceed()` weglassen können, um den Zugriff auf die Methode mit dem Advice zu blockieren, sondern sie auch mehrfach aus dem Advice heraus aufrufen können. Ein Grund, so zu verfahren, wäre, eine Retry-Logik zu implementieren, um die Methode mit dem Advice mehrfach zu versuchen, falls es fehlschlägt.

Im Fall des Publikums-Aspekts enthält die Methode `watchPerformance()` alle Funktionalität der vorigen vier Advice-Methoden, die jedoch alle in dieser einzigen Methode stecken. Und diese Methode ist selbst für ihre Behandlung von Exceptions verantwortlich. Ihnen wird auch aufgefallen sein, dass kurz vor Aufruf der `proceed()`-Methode des Joinpoints die aktuelle Zeit in einer lokalen Variable festgehalten wird. Kurz nachdem die Methode zurückkehrt, wird die vergangene Zeit berichtet.

Die Deklaration eines Around-Advices unterscheidet sich nicht sonderlich von der Deklaration anderer Advice-Typen. Sie brauchen nur das `<aop:around>`-Element zu verwenden.

LISTING 4.5 Definieren eines benannten Pointcuts zur Beseitigung redundanter Pointcut-Definitionen

```
<aop:config>
  <aop:aspect ref="audience">Listing
    <aop:pointcut id="performance2" expression=
        "execution(* com.springinaction.springidol.Performer.perform(..))" />
    <aop:around
        pointcut-ref="performance2"
        method="watchPerformance()" />    ◂ Around-Advice deklarieren
  </aop:aspect>
</aop:config> 4.6
```

So wie die anderen Advice-XML-Elemente bekommt `<aop:around>` einen Pointcut und den Namen einer Advice-Methode. Hier verwenden wir den gleichen Pointcut wie vorher, lassen aber das `method`-Attribut auf die neue Methode `watchPerformance()` zeigen.

4.3.3 Parameter an Advices übergeben

Bisher waren unsere Aspekte ganz einfach und haben keine Parameter akzeptiert. Die einzige Ausnahme ist, dass die Methode `watchPerformance()`, die wir für das Around-Advice-Beispiel geschrieben haben, einen `ProceedingJoinPoint` als Parameter angenommen hat. Ansonsten hat sich unser Advice nicht darum gekümmert, irgendwelche Parameter anzuschauen, die an die Methoden mit dem Advice übergeben wurden. Das war auch in Ordnung so, weil die Methode `perform()`, der wir den Advice gegeben haben, keine Parameter akzeptiert hatte.

Nichtsdestotrotz gibt es aber Situationen, in denen es für einen Advice praktisch ist, nicht nur eine Methode zu kapseln, sondern auch die an diese Methode übergebenen Parameter zu inspizieren.

Um nachzuvollziehen, wie das funktioniert, stellen Sie sich mal einen neuen Teilnehmer in der Talentshow *Spring Idol* vor. Dabei handelt es sich um einen Gedankenleser, der durch das Interface `MindReader` definiert wird:

```
package com.springinaction.springidol;
public interface MindReader {
  void interceptThoughts(String thoughts);
  String getThoughts();
}
```

Ein `MindReader` bewirkt im Grunde zweierlei: Zum einen fängt er die Gedanken eines Freiwilligen ab und berichtet sie. Eine einfache Implementierung von `MindReader` ist die Klasse `Magician`:

```
package com.springinaction.springidol;
public class Magician implements MindReader {
  private String thoughts;
  public void interceptThoughts(String thoughts) {
    System.out.println("Intercepting volunteer's thoughts");
    this.thoughts = thoughts;
```

```
  }
  public String getThoughts() {
    return thoughts;
  }
}
```

Nun müssen Sie dem Gedankenleser auch jemanden zur Seite stellen, dessen Gedanken er lesen kann. Hier kommt das Interface `Thinker` ins Spiel:

```
package com.springinaction.springidol;
public interface Thinker {
  void thinkOfSomething(String thoughts);
}
```

Die Klasse `Volunteer` bietet eine Basisimplementierung von `Thinker`:

```
package com.springinaction.springidol;
public class Volunteer implements Thinker {
  private String thoughts;
  public void thinkOfSomething(String thoughts) {
    this.thoughts = thoughts;
  }
  public String getThoughts() {
    return thoughts;
  }
}
```

Die Details von `Volunteer` sind nicht sonderlich interessant oder wichtig. Interessant hingegen ist, wie der `Magician` die Gedanken des `Volunteers` mit Spring AOP abfangen wird.

Um dieses telepathische Kunststück zu vollführen, werden Sie die gleichen `<aop:aspect>`- und `<aop:before>`-Elemente wie vorher einsetzen, dieses Mal aber so konfiguriert, dass sie die Parameter der Methode mit dem Advice an den Advice übergeben.

```
<aop:config>
  <aop:aspect ref="magician">
    <aop:pointcut id="thinking"
      expression="execution(*
      com.springinaction.springidol.Thinker.thinkOfSomething(String))
          and args(thoughts)" />
    <aop:before
        pointcut-ref="thinking"
        method="interceptThoughts"
        arg-names="thoughts" />
  </aop:aspect>
</aop:config>
```

Der Schlüssel zur außersinnlichen Wahrnehmung des `Magicians` findet sich in der Pointcut-Definition und im `arg-names`-Attribut von `<aop:before>`. Der Pointcut identifiziert die Methode `thinkOfSomething()` des `Thinkers` und gibt ein `String`-Argument an. Dem folgt ein `args`-Parameter, um das Argument als `thoughts` zu identifizieren.

In der Zwischenzeit bezieht sich die `<aop:before>`-Advice-Deklaration auf das Argument `thoughts` und zeigt an, dass es an die Methode `interceptThoughts()` des `Magicians` übergeben werden soll.

Sobald Sie nun die Methode `thinkOfSomething()` für die Bean `volunteer` aufrufen, wird Letzterer diese Gedanken abfangen. Zum Beweis eine einfache Testklasse mit der folgenden Methode:

```
@Test
public void magicianShouldReadVolunteersMind() {
  volunteer.thinkOfSomething("Queen of Hearts");
  assertEquals("Queen of Hearts", magician.getThoughts());
}
```

Im nächsten Kapitel erörtern wir das Schreiben von Unit- und Integrationstests ausführlicher. Fürs Erste sollten Sie nur verstehen, dass der Test deshalb bestanden wird, weil der `Magician` immer weiß, was der `Volunteer` denkt.

Nun wollen wir uns damit beschäftigen, wie wir mit Spring AOP neue Funktionalitäten in vorhandene Objekte einfügen und uns das mit der Kraft der Introductions gelingt.

4.3.4 Neue Funktionalitäten mit Aspekten

Manche Sprachen wie Ruby und Groovy haben das Konzept der offenen Klassen. So wird es möglich, für ein Objekt oder eine Klasse neue Methoden einzufügen, ohne direkt die Definition dieser Objekte bzw. Klassen ändern zu müssen. Leider ist Java nicht ganz so dynamisch. Wenn eine Klasse erst einmal kompiliert ist, können Sie kaum noch etwas tun, um sie mit einer neuen Funktionalität zu bestücken.

Wenn Sie aber genau überlegen: Ist das nicht genau das Gleiche, wie wir in diesem Kapitel mit Aspekten verfahren sind? Sicher, wir haben keine neuen Methoden in Objekte eingefügt, Letztere aber neben den bereits vorhandenen Funktionalitäten mit neuen ausgestattet. Wenn ein Aspekt vorhandene Methode mit zusätzlicher Funktionalität kapseln kann, warum dann dem Objekt nicht neue Methoden geben? Tatsächlich können Aspekte anhand eines AOP-Konzepts namens `Introduction` alle neuen Methoden an Spring-Beans anhängen.

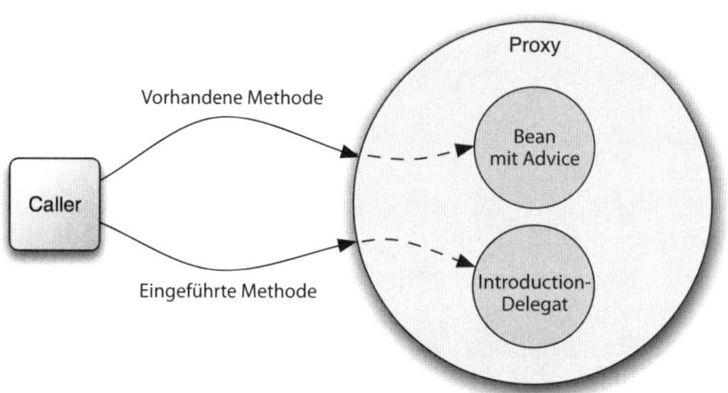

ABBILDUNG 4.7
Mit Spring AOP können Sie eine Bean mit neuen Methoden ausstatten. Ein Proxy fängt die Aufrufe ab und delegiert an ein anderes Objekt, das die Methode implementiert.

Erinnern Sie sich daran, dass in Spring Aspekte einfach Proxys sind, die das gleiche Interface (oder mehrere) implementiert wie die Beans, die sie kapseln. Wie wäre es, wenn zusätzlich zur Implementierung dieser Interfaces der Proxy über irgendein neues Interface verfügbar gemacht würde? Dann könnten alle Beans, die vom Aspekt Advices erhalten, das neue Interface implementieren, auch wenn die zugrunde liegende Implementierungsklasse das nicht macht. Abbildung 4.7 zeigt, wie das funktioniert.

Ihnen wird in Abbildung 4.7 auffallen, wenn eine Methode für das eingeführte Interface aufgerufen wird, dann delegiert der Proxy den Aufruf an ein anderes Objekt, das die Implementierung des neuen Interfaces liefert. Im Wesentlichen bekommen wir dadurch eine Bean, deren Implementierung über mehrere Klassen verteilt ist.

Um diese Idee umzusetzen, nehmen wir nun einmal an, dass Sie das folgende `Contestant`-Interface bei allen Künstlern unseres Beispiels einführen wollen:

```
package com.springinaction.springidol;
public interface Contestant {
  void receiveAward();
}
```

Ich nehme an, dass wir alle Implementierungen von `Performer` aufsuchen und sie so verändern können, dass sie ebenfalls `Contestant` implementieren. Doch vom Design-Standpunkt gesehen ist das vielleicht nicht der klügste Zug (weil `Contestants` und `Performers` sich als Konzepte nicht unbedingt gegenseitig einschließen). Außerdem ist es vielleicht auch gar nicht möglich, alle Implementierungen von `Performer` zu ändern, vor allem, wenn wir mit Implementierungen von Drittanbietern arbeiten und nicht auf den Quellcode zugreifen können.

Zum Glück helfen uns die AOP-Introductions hier aus, ohne die Designentscheidungen zu kompromittieren oder bei den vorhandenen Implementierungen invasive Änderungen erforderlich zumachen. Um das umzusetzen, müssen Sie das `<aop:declare-parents>`-Element verwenden:

```
<aop:aspect>
  <aop:declare-parents
    types-matching="com.springinaction.springidol.Performer+"
    implement-interface="com.springinaction.springidol.Contestant"
    default-impl="com.springinaction.springidol.GraciousContestant"
    />
</aop:aspect>
```

Wie dessen Name impliziert, deklariert `<aop:declare-parents>`, dass die Beans, die von ihm Advices beziehen, neue übergeordnete Elemente in der Objekthierarchie erhalten. In diesem besonderen Fall sagen wir, dass die Beans, deren Typen zum `Performer`-Interface passen (über das Attribut `types-matching`), in ihrer Abstammung `Contestant` haben sollen (über das Attribut `implement-interface`). Zum Schluss noch eine Angelegenheit, die es zu erledigen gilt: Woher soll die Implementierung der Methoden von `Contestant` kommen?

Es gibt zwei Wege, wie man die Implementierung des eingeführten Interfaces identifizieren kann. In diesem Fall nehmen wir das Attribut `default-impl`, um die Implementierung explizit anhand ihres vollqualifizierten Klassennamens zu identifizieren. Alternativ hätten wir es auch mit dem Attribut `delegate-ref` identifizieren können:

```
<aop:declare-parents
  types-matching="com.springinaction.springidol.Performer+"
  implement-interface="com.springinaction.springidol.Contestant"
  delegate-ref="contestantDelegate"
  />
```

Das Attribut `delegate-ref` bezieht sich auf eine Spring-Bean als Introduction-Delegat. Dies setzt voraus, dass im Spring-Kontext eine Bean mit der ID `contestantDelegate` existiert:

```
<bean id="contestantDelegate"
      class="com.springinaction.springidol.GraciousContestant" />
```

Der Unterschied zwischen der direkten Identifizierung des Delegats anhand `default-impl` und der indirekten mit `delegate-ref` besteht in der Tatsache, dass Letzteres eine Spring-Bean sein wird, die selbst auch injiziert, mit Advice versehen oder anderweitig durch Spring konfiguriert sein könnte.

4.4 Aspekte annotieren

Ein mit AspectJ 5 eingeführtes zentrales Feature ist die Möglichkeit, anhand von Annotation Aspekte zu erstellen. Vor AspectJ 5 erforderte das Schreiben von AspectJ-Aspekten das Erlernen einer Java-Spracherweiterung. Die neuen Aspektannotationen von AspectJ machen es jedoch ganz einfach, eine beliebige Klasse in einen Aspekt umzuwandeln, indem einfach einige Annotationen eingestreut werden. Dieses neue Merkmal wird gemeinhin als `@AspectJ` bezeichnet.

Wenn wir uns unsere Klasse `Audience` noch einmal ansehen, stellen wir fest, dass diese die gesamte für ein Publikum erforderliche Funktionalität enthält, aber keine Details, die notwendig wären, um daraus einen Aspekt zu machen. So mussten wir Advices und Pointcuts in XML deklarieren.

Mit @AspectJ-Annotationen können wir hingegen unsere `Audience` wiederverwenden und sie in einen Aspekt konvertieren, ohne dass hierfür weitere Klassen oder Bean-Deklarationen notwendig wären. Listing 4.5 zeigt die neue Klasse `Audience` – nun zu einem Aspekt annotiert.

Die neue Klasse `Audience` ist jetzt mit `@Aspect` annotiert. Diese Annotation gibt an, dass `Audience` nicht einfach nur irgendein POJO, sondern ein Aspekt ist.

Die Annotation `@Pointcut` definiert innerhalb eines @AspectJ-Aspekts einen wiederverwendbaren Pointcut. Der Wert, den die Annotation `@Pointcut` erhält, ist ein AspectJ-Pointcut-Ausdruck; dieser gibt hier an, dass der Pointcut der Methode `perform()` einer beliebigen Klasse entspricht. Der Name des Pointcuts wird vom Namen der Methode abgeleitet, auf die die Annotation angewendet wird. Deswegen heißt der Pointcut hier `performance()`. Der Codekörper der Methode `performance()` ist nicht relevant und sollte möglichst leer sein. Die Methode selbst ist nur ein Marker und gibt der Annotation `@Pointcut` etwas, an dem sie anknüpfen kann.

LISTING 4.6 Annotieren von Audience zu einem Aspekt

```
package com.springinaction.springidol;

import org.aspectj.lang.annotation.AfterReturning;
import org.aspectj.lang.annotation.AfterThrowing;
import org.aspectj.lang.annotation.Aspect;
import org.aspectj.lang.annotation.Before;
import org.aspectj.lang.annotation.Pointcut;

@Aspect
public class Audience {
  @Pointcut(
       "execution(* com.springinaction.springidol.Performer.perform(..))")
  public void performance() {    ◂ Pointcut definieren
  }
  @Before("performance()")
  public void takeSeats() {    ◂ Vor der Vorstellung
    System.out.println("The audience is taking their seats.");
  }
  @Before("performance()")
  public void turnOffCellPhones() {    ◂ Vor der Vorstellung
    System.out.println("The audience is turning off their cellphones");
  }
  @AfterReturning("performance()")
  public void applaud() {    ◂ Nach der Vorstellung
    System.out.println("CLAP CLAP CLAP CLAP CLAP");
  }
  @AfterThrowing("performance()")
  public void demandRefund() {    ◂ Ausführung nach einer schlechten Vorstellung
    System.out.println("Boo! We want our money back!");
  }
}
```

Alle Methoden des Publikums wurden mit Advice-Annotationen versehen. Die Annotation `@Before` wird sowohl auf `takeSeats()` als auch auf `turnOffCellPhones()` angewendet, um zu bestimmen, dass diese beiden Methoden ein Before-Advice sind. Die Annotation `@AfterReturning` hingegen gibt an, dass die Methode `applaud()` als After-Returning-Advice zu betrachten ist. Die Annotation `@AfterThrowing` wird schließlich für `demandRefund()` verwendet, d. h. sie wird aufgerufen, wenn während der Vorstellung Exceptions ausgelöst werden.

Der Name des `performance()`-Pointcuts wird als Wertparameter an alle Advice-Annotationen übergeben. Auf diese Weise erfahren alle Advice-Methoden, wo sie angewendet werden sollen.

Beachten Sie, dass die Klasse `Audience` abgesehen von den Annotationen und der no-op-Methode `performance()` funktionsseitig unverändert bleibt. Das bedeutet, dass es sich nach wie vor um ein einfaches Java-Objekt handelt, das auch als solches verwendet werden kann. Es lässt sich auch immer noch wie folgt in Spring verschalten:

```
<bean id="audience"
      class="com.springinaction.springidol.Audience" />
```

Weil die Klasse `Audience` alles enthält, was erforderlich ist, um ihre eigenen Pointcuts und Advices zu definieren, benötigen wir keine Klasse mehr, die eine der Advice-Schnittstellen von Spring explizit implementiert. Was lediglich zu tun bleibt, damit Spring `Audience` als Aspekt anwenden kann: Sie müssen im Spring-Kontext eine Autoproxy-Bean deklarieren, die weiß, wie @AspectJ-annotierte Beans in Proxy-Advices umgewandelt werden.

Zu diesem Zweck bietet Spring eine Autoproxy-Erstellungsklasse namens `AnnotationAwareAspectJAutoProxyCreator` an. Sie könnten einen `AnnotationAwareAspectJAutoProxyCreator` als `<bean>`-Element im Spring-Kontext definieren, was aber viel Tipparbeit bedeuten würde (glauben Sie es mir, ich habe das schon mehrere Male durchgemacht ...). Stattdessen bietet uns Spring ein benutzerdefiniertes Konfigurationselement im `aop`-Namensraum an, das leichter zu merken ist:

```
<aop:aspectj-autoproxy />
```

`<aop:aspectj-autoproxy/>` erstellt einen `AnnotationAwareAspectJAutoProxyCreator` im Spring-Kontext und generiert automatisch Proxys für Beans, deren Methoden den Pointcuts entsprechen, die in `@Pointcut`-Annotationen von `@Aspect`-annotierten Beans definiert sind.

Um das Konfigurationselement `<aop:aspectj-autoproxy>` verwenden zu können, dürfen Sie nicht vergessen, den `aop`-Namensraum in Ihrer Spring-Konfigurationsdatei aufzuführen:

```
<beans xmlns="http://www.springframework.org/schema/beans"
 xmlns:xsi="http://www.w3.org/2001/XMLSchema-instance"
 xmlns:aop="http://www.springframework.org/schema/aop"
 xsi:schemaLocation="http://www.springframework.org/schema/beans
     http://www.springframework.org/schema/beans/spring-beans-3.0.xsd
     http://www.springframework.org/schema/aop
     http://www.springframework.org/schema/aop/spring-aop-3.0.xsd">
```

Sie müssen wissen, dass `AnnotationAwareAspectJAutoProxyCreator` @AspectJ-Annotationen nur als Anhaltspunkt zur Erstellung Proxy-basierter Aspekte verwendet. Unter der Haube handelt es sich nach wie vor um Aspekte nach Spring-Art. Dies ist wichtig, denn es bedeutet, dass Sie auch dann, wenn Sie @AspectJ-Annotationen verwenden, weiterhin auf die Generierung von Proxys für Methodenaufrufe beschränkt sind. Wenn Sie die ganze Power von AspectJ ausnutzen wollen, müssen Sie die AspectJ-Runtime nehmen und sich nicht darauf verlassen, dass Spring proxy-basierte Aspekte erstellt.

An dieser Stelle sollte erwähnt werden, dass sowohl das `<aop:aspect>`-Element als auch die @AspectJ-Annotationen effiziente Möglichkeiten darstellen, um ein POJO in einen Aspekt zu konvertieren. Allerdings weist `<aop:aspect>` einen erheblichen Vorteil gegenüber @AspectJ auf: Den Quellcode der Klasse, die die Funktionalität des Aspekts bereitstellen soll, benötigen Sie nicht. Bei @AspectJ müssen Sie Klasse und Methoden annotieren, wofür der Quellcode erforderlich ist. `<aop:aspect>` kann jedoch jede Bean referenzieren.

Als Nächstes beschäftigt uns die Frage, wie man mit @AspectJ-Annotationen Around-Advices erstellt.

4.4.1 Around-Advices annotieren

Wie beim klassischen Spring-Advice sind Sie bei der Verwendung von @AspectJ-Annotationen nicht auf Before- oder After-Advices beschränkt. Sie können auch einen Around-Advice erstellen. Hierzu müssen Sie, wie im folgenden Beispiel demonstriert, die Annotation `@Around` verwenden:

```
@Around("performance()")
  public void watchPerformance(ProceedingJoinPoint joinpoint) {
    try {
      System.out.println("The audience is taking their seats.");
      System.out.println("The audience is turning off their cellphones");
      long start = System.currentTimeMillis();
      joinpoint.proceed();
      long end = System.currentTimeMillis();
      System.out.println("CLAP CLAP CLAP CLAP CLAP");
      System.out.println("The performance took " + (end - start)
          + " milliseconds.");
    } catch (Throwable t) {
      System.out.println("Boo! We want our money back!");
    }
  }
```

Hier gibt die Annotation `@Around` an, dass die Methode `watchPerformance()` als Around-Advice auf den `performance()`-Pointcut angewendet werden soll. Dies sollte irgendwie vertraut wirken, weil es die gleiche `watchPerformance()`-Methode ist, die wir bereits gesehen haben. Der einzige Unterschied ist, dass sie nun mit `@Around` annotiert ist.

Wie Sie vielleicht noch wissen, dürfen Around-Advice-Methoden es keinesfalls versäumen, `proceed()` explizit aufzurufen, damit auch die Methode aufgerufen wird, für die der Proxy erstellt wurde. Das einfache Annotieren einer Methode mit `@Around` reicht jedoch nicht aus, den Aufruf einer Methode `proceed()` sicherzustellen. Aus diesem Grund müssen Methoden, die als Around-Advice eingesetzt werden sollen, ein `ProceedingJoinPoint`-Objekt als Argument entgegennehmen und die Methode `proceed()` dann für dieses Objekt aufrufen.

4.4.2 Argumente an annotierte Advices übergeben

Advices anhand der @AspectJ-Annotation mit Parametern zu versorgen, unterscheidet sich nicht sehr von dem Verfahren aus der der XML-basierten Aspekt-Deklaration in Spring. Tatsächlich lassen sich die bereits verwendeten XML-Elemente beinahe direkt in die entsprechenden @AspectJ-Annotationen übertragen, wie Sie in der neuen `Magician`-Klasse sehen können.

LISTING 4.7 Einen `Magician` mit @AspectJ-Annotationen in einen Aspekt verwandeln

```
package com.springinaction.springidol;
import org.aspectj.lang.annotation.Aspect;
import org.aspectj.lang.annotation.Before;
import org.aspectj.lang.annotation.Pointcut;
@Aspect
public class Magician implements MindReader {
  private String thoughts;                              Parametrisierten
  @Pointcut("execution(* com.springinaction.springidol."  ◂ Pointcut deklarieren
      + "Thinker.thinkOfSomething(String)) && args(thoughts)")
  public void thinking(String thoughts) {
  }
  @Before("thinking(thoughts)")   ◂ Parameter in Advice übergeben
  public void interceptThoughts(String thoughts) {
    System.out.println("Intercepting volunteer's thoughts : " + thoughts);
    this.thoughts = thoughts;
```

```
  }
  public String getThoughts() {
    return thoughts;
  }
}
/
```

Das <aop:pointcut>-Element wurde zur @Pointcut-Annotation, und das <aop:before>-Element wurde die @Before-Annotation. Die einzige wesentliche Änderung hier ist die Tatsache, dass @AspectJ sich auf die Java-Syntax verlassen kann, um die Details der in den Advice übergebenen Parameter zu bestimmen. Also wird kein annotationsbasiertes Äquivalent für die arg-names des <aop:before>-Elements benötigt.

4.4.3 Introductions annotieren

Ich habe bereits beschrieben, wie man mit <aop:declare-parents> ein Interface bei einer vorhandenen Bean einführt, ohne den Quellcode der Bean zu ändern. Nun sehen wir uns dieses Beispiel noch einmal an, diesmal aber anhand einer annotationsbasierten AOP.

Das Annotationsäquivalent für <aop:declare-parents> ist @DeclareParents von @AspectJ. @DeclareParents funktioniert fast genauso wie sein XML-Gegenstück, wenn es innerhalb einer @Aspect-annotierten Klasse verwendet wird. Im Folgenden sehen wir, wie man @DeclareParents verwendet.

LISTING 4.8 Das Contestant-Interface mit @AspectJ-Annotationen einführen

```
package com.springinaction.springidol;
import org.aspectj.lang.annotation.Aspect;
import org.aspectj.lang.annotation.DeclareParents;
@Aspect
public class ContestantIntroducer {
  @DeclareParents(    ◂ Contestant-Interface einführen
      value = "com.springinaction.springidol.Performer+",
      defaultImpl = GraciousContestant.class)
  public static Contestant contestant;
}
```

Sie sehen: ContestantIntroducer ist ein Aspekt. Aber anders als die bisher erstellten Aspekte bietet es keinen Before-, After- oder Around-Advice. Stattdessen führt es das Contestant-Interface in Performer-Beans ein. Wie <aop:declare-parents> besteht auch die @DeclareParents-Annotation aus drei Teilen:

- Das Attribut entspricht dem types-matching-Attribut von <aop:declare-parents>. Es identifiziert Beans-Arten, die mit dem Interface eingeführt werden sollen.
- Das Attribut defaultImpl entspricht dem defaultimp-Attribut von <aop:declare-parents>. Es identifiziert die Klasse, die die Implementierung für die Introduction liefert.
- Die von @DeclareParents annotierte statische Eigenschaft legt das einzuführende Interface fest.

Wie bei jedem anderen Aspekt müssen Sie `ContestantIntroducer` als Bean im Spring-Anwendungskontext deklarieren.

```
<bean class="com.springinaction.springidol.ContestantIntroducer" />
```

`<aop:aspectj-autoproxy>` wird es von dort entnehmen. Wenn es eine mit `@Aspect` annotierte Bean entdeckt, wird es automatisch einen Proxy erstellen, der Aufrufe entweder an die Proxy-Bean oder die Introduction-Implementierung delegiert. Das hängt davon ab, ob die aufgerufene Methode zur Proxy-Bean oder zum eingeführten Interface gehört.

Was Ihnen sicher auffallen wird: `@DeclareParents` hat kein Äquivalent zum `delegate-ref`-Attribut von `<aop:declare-parents>`. Das liegt daran, dass es sich bei `@DeclareParents` um eine @AspectJ-Annotation handelt. @AspectJ ist ein von Spring separates Projekt, daher sind dessen Annotationen nicht Bean-fähig. Hier wird impliziert, dass `@DeclareParents` vielleicht nicht das Richtige ist, wenn Sie an eine Bean delegieren wollen, die mit Spring konfiguriert ist. Sie müssen dann auf den Einsatz von `<aop:declare-parents>` zurückgreifen.

Spring AOP ermöglicht die Trennung der CCCs von der Business-Logik der Anwendung. Wie wir allerdings bereits erwähnten, sind Spring-Aspekte Proxy-basiert und auf die Verknüpfung von Advices mit Methodenaufrufen beschränkt. Wenn Sie mehr brauchen als nur die Unterstützung von Methoden-Proxys, sollten Sie den Einsatz von AspectJ in Betracht ziehen. Im nächsten Abschnitt erfahren Sie, wie AspectJ-Aspekte in einer Spring-Anwendung verwendet werden können.

4.5 AspectJ-Aspekte injizieren

Zwar ist Spring AOP für die meisten Anwendungen von Aspekten ausreichend, im Vergleich zu AspectJ jedoch eine schwache AOP-Lösung. AspectJ bietet zahlreiche Arten von Pointcuts, die bei Spring AOP schlicht nicht möglich sind.

Konstruktor-Pointcuts beispielsweise sind praktisch, wenn Sie einen Advice mit der Erstellung eines Objekts verknüpfen müssen. Im Unterschied zu Konstruktoren in anderen objektorientierten Sprachen unterscheiden sich Java-Konstruktoren von normalen Methoden. Deswegen versagt die Proxy-basierte AOP in Spring jämmerlich bei der Anwendung von Advices auf die Objekterstellung.

Meistens sind AspectJ-Aspekte von Spring unabhängig. Obwohl sie sich gewiss auch in beliebige Java-basierte Anwendungen – und somit auch Spring-Anwendungen – einweben lassen, scheint Spring wenig daran interessiert zu sein, AspectJ-Aspekte anzuwenden.

Allerdings hängt jeder wohlentwickelte und sinnvolle Aspekt mit hoher Wahrscheinlichkeit von anderen Klassen ab, die ihn bei seiner Arbeit unterstützen. Wenn ein Aspekt bei der Ausführung seines Advices auf eine oder mehrere Klassen angewiesen ist, können Sie diese kollaborierenden Objekte mit dem Aspekt selbst instanziieren. Mehr noch: Sie können sogar die Dependency Injection aus Spring zur Injektion von Beans in AspectJ-Aspekte einsetzen.

Um dies zu veranschaulichen, wollen wir einen neuen Aspekt für unseren *Spring Idol*-Wettbewerb erstellen. Ein Talentwettbewerb benötigt einen Preisrichter. Deswegen erstellen wir einen solchen Preisrichteraspekt in AspectJ. `JudgeAspect` ist ein solcher Aspekt.

LISTING 4.9 AspectJ-Implementierung eines Preisrichters bei einem Talentwettbewerb

```
package com.springinaction.springidol;
public aspect JudgeAspect {
  public JudgeAspect() {}
  pointcut performance() : execution(* perform(..));
  after() returning() : performance() {
    System.out.println(criticismEngine.getCriticism());
  }
  // injected
  private CriticismEngine criticismEngine;
  public void setCriticismEngine(CriticismEngine criticismEngine) {
    this.criticismEngine = criticismEngine;
  }
}
```

Die wesentliche Aufgabe von `JudgeAspect` besteht darin, eine Vorstellung nach ihrem Abschluss zu kommentieren. Der Pointcut `performance()` in Listing 4.9 entspricht der Methode `perform()`. Wenn er mit dem Advice `after() returning()` verknüpft wird, erhalten Sie einen Aspekt, der auf den Abschluss der Vorstellung reagiert.

Was Listing 4.9 so interessant macht, ist die Tatsache, dass der Preisrichter nicht bloß von sich aus einen einfachen Kommentar abgibt. Stattdessen kollaboriert `JudgeAspect` mit einem `CriticismEngine`-Objekt und ruft dessen Methode `getCriticism()` auf, um nach einer Vorstellung eine kritische Anmerkung abzugeben. Um eine unnötige Kopplung zwischen `JudgeAspect` und dem `CriticismEngine`-Objekt zu vermeiden, erhält `JudgeAspect` über eine Setter-Injektion eine Referenz auf eine `CriticismEngine`. Diese Beziehung veranschaulicht Abbildung 4.8.

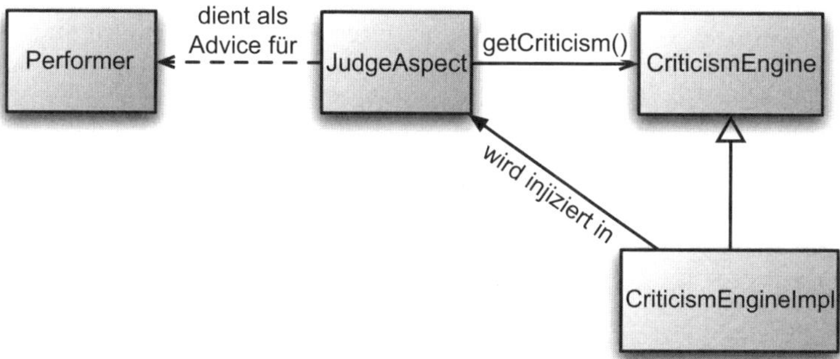

ABBILDUNG 4.8 Auch Aspekte benötigen Injektionen. Spring kann AspectJ-Aspekte mit Abhängigkeiten so injizieren, als handle es sich um Beans.

`CriticismEngine` selbst ist eine Schnittstelle, die eine einfache Methode `getCriticism()` deklariert. Hier folgt die Implementierung von `CriticismEngine`:

LISTING 4.10 Implementierung der von `JudgeAspect` verwendeten `CriticismEngine`

```
package com.springinaction.springidol;
public class CriticismEngineImpl implements CriticismEngine {
  public CriticismEngineImpl() {}
  public String getCriticism() {
    int i = (int) (Math.random() * criticismPool.length);
    return criticismPool[i];
  }
  // injected
  private String[] criticismPool;
  public void setCriticismPool(String[] criticismPool) {
    this.criticismPool = criticismPool;
  }
}
```

`CriticismEngineImpl` implementiert die Schnittstelle `CriticismEngine`, indem zufällig ein kritischer Kommentar aus einem Pool injizierter Kritiken ausgewählt wird. Diese Klasse kann mit dem folgenden XML-Code als Spring-`<bean>` deklariert werden:

```
<bean id="criticismEngine"
    class="com.springinaction.springidol.CriticismEngineImpl">
  <property name="criticisms">
    <list>
      <value>I'm not being rude, but that was appalling.</value>
      <value>You may be the least talented
          person in this show.</value>
      <value>Do everyone a favor and keep your day job.</value>
    </list>
  </property>
</bean>
```

So weit, so gut. Nun haben wir eine `CriticismEngine`-Implementierung, die wir `JudgeAspect` übergeben können. Wir müssen nur noch `CriticismEngineImpl` in `JudgeAspect` verschalten.

Bevor wir Ihnen zeigen, wie man die Injektion durchführt, sollten Sie wissen, dass AspectJ-Aspekte in Ihre Anwendung eingewebt werden können, ohne dass Spring in irgendeiner Form daran beteiligt wäre. Wollen Sie die Dependency Injection aus Spring zur Injektion von Kollaborateuren in einen AspectJ-Aspekt verwenden, müssen Sie den Aspekt als `<bean>`-Element in der Spring-Konfiguration deklarieren. Die folgende `<bean>`-Deklaration injiziert die Bean `criticismEngine` in `JudgeAspect`:

```
<bean class="com.springinaction.springidol.JudgeAspect"
    factory-method="aspectOf">
  <property name="criticismEngine" ref="criticismEngine" />
</bean>
```

Grundsätzlich unterscheidet sich diese `<bean>`-Deklaration nicht erheblich von anderen `<bean>`-Elementen, die Sie in Spring vorfinden. Der wesentliche Unterschied besteht hingegen in der Verwendung des Attributs `factory-method`. Normalerweise werden Spring-Beans vom

Spring-Container instanziiert, AspectJ-Aspekte hingegen von der AspectJ-Laufzeit erstellt. Sobald Spring allerdings die Chance erhält, die Bean `CriticismEngine` in `JudgeAspect` zu injizieren, ist `JudgeAspect` bereits instanziiert.

Da Spring nicht für die Erstellung von `JudgeAspect` zuständig ist, kann `JudgeAspect` nicht einfach als Bean in Spring deklariert werden. Stattdessen benötigen wir für Spring eine Möglichkeit, einen Handle auf die bereits von AspectJ erstellte `JudgeAspect`-Instanz zu erhalten, um eine `CriticismEngine` injizieren zu können. Praktischerweise bieten alle AspectJ-Aspekte eine statische Methode `aspectOf()`, die die Singleton-Instanz des Aspekts zurückgibt. Um also eine Instanz des Aspekts zu bekommen, müssen Sie mit `factory-method` die Methode `aspectOf()` aufrufen, statt einen Aufruf des Konstruktors von `JudgeAspect` zu versuchen.

Kurz gesagt, verwendet Spring die obige `<bean>`-Deklaration zur Erstellung einer `JudgeAspect`-Instanz nicht, denn diese wurde bereits von der AspectJ-Laufzeit angelegt. Stattdessen ruft Spring mithilfe der Factory-Methode `aspectOf()` eine Referenz auf den Aspekt ab und führt die DI dann wie vorgesehen durch das `<bean>`-Element.

4.6 Zusammenfassung

AOP stellt eine leistungsfähige Ergänzung der objektorientierten Programmierung dar. Mit Aspekten können Sie Funktionalitäten, die zuvor über ihre Anwendungen verstreut waren, nun zu wiederverwendbaren Modulen zusammenfassen. Danach können Sie deklarativ oder programmgesteuert genau definieren, wo und wie dieses Verhalten angewendet wird. Auf diese Weise werden Code-Redundanzen verringert, und Ihre Klassen können sich auf die jeweilige Hauptfunktionalität konzentrieren.

Spring bietet ein AOP-Framework, das das Einbinden von Aspekten vor und nach der Methodenausführung gestattet. Sie erfuhren, wie man Advices vor, nach und um einen Methodenaufruf herum einwebt und benutzerdefiniertes Verhalten zur Behandlung von Exceptions ergänzt.

Für die Verwendung von Aspekten in Spring-Anwendungen gibt es mehrere Optionen. Das Verschalten von Advices und Pointcuts gestaltet sich in Spring 2.0 wesentlich einfacher, da nun @AspectJ-Annotationen unterstützt werden und das Konfigurationsschema erheblich vereinfacht wurde.

Schließlich gibt es auch Fälle, in denen Spring AOP nicht mächtig genug ist. Dann muss man sich AspectJ zuwenden. Exemplarisch für solche Situationen sahen wir, wie man mit Spring Abhängigkeiten in AspectJ-Aspekte injiziert.

Nun haben wir alle Grundlagen des Spring-Frameworks besprochen. Wir wissen jetzt, wie man den Spring-Container konfiguriert und Aspekte auf von Spring-verwaltete Objekte anwendet. Wie Sie gesehen haben, bieten die Kerntechniken hervorragende Möglichkeiten, um Applikationen zu erstellen, die aus lose gekoppelten Objekten bestehen. Im nächsten Kapitel untersuchen wir, wie die lose Kopplung durch DI und AOP das entwicklergetriebene Testen fördert, und beschäftigen uns mit der Frage, wie Sie es schaffen, Ihren Spring-Code für Tests abzudecken.

Teil II: Wesentliches über Spring-Anwendungen

In Teil 1 haben Sie alles über den Core-Container von Spring kennengelernt und von dessen Support für Dependency Injection (DI) sowie die aspektorientierte Programmierung (AOP) erfahren. Aufbauend auf diesen grundlegenden Kenntnissen untersuchen wir in Teil 2 die Framework-Features, die Spring zum Erstellen von Enterprise-Anwendungen mitbringt.

Die meisten Anwendungen „verewigen" die geschäftlichen Informationen letztendlich in einer relationalen Datenbank. In Kapitel 5, „Zugriff auf die Datenbank", erhalten Sie eine Anleitung zur Nutzung von Springs Support für die Datenpersistenz. Wir machen Sie mit dem JDBC-Support von Spring bekannt, der Ihnen hilft, einen Großteil des mit JDBC einhergehenden Boilerplate-Codes zu entsorgen. Sie erfahren außerdem, wie Spring mit den objekt-relationalen Mapping-Persistenzoptionen Hibernate und JPA integriert wird.

Weil Sie die Daten persistent gemacht haben, wollen Sie sich nun sicherlich um die Datenintegrität kümmern. Kapitel 6, „Transaktionen verwalten", beschreibt, wie Sie Transaktionsrichtlinien mit AOP deklarativ auf die eigenen Anwendungsobjekte anwenden.

In Kapitel 7, „Web-Anwendungen mit Spring MVC erstellen", lernen Sie die Grundlagen der Arbeit mit Spring MVC kennen – ein Web-Framework, das auf den Prinzipien des Spring-Frameworks basiert. Sie entdecken die riesige Auswahl an Controllern bei Spring MVC zum Umgang mit Webanforderungen und erfahren, wie Anforderungsparameter transparent an Business-Objekte gebunden werden und gleichzeitig für Validierung und Fehlerbehandlung gesorgt wird.

Kapitel 8, „Die Arbeit mit Spring Web Flow", zeigt, wie man konversationale, flow-basierte Web-Anwendungen mithilfe des Spring-Web-Flow-Frameworks erstellt.

Weil die Sicherheit ein wichtiger Aspekte vieler Anwendungen ist, geht es in Kapitel 9, „Spring absichern", darum, wie Sie Spring Security einsetzen, um die in Ihrer Anwendung enthaltenen Informationen zu schützen.

5 Zugriff auf die Datenbank

Dieses Kapitel behandelt die folgenden Themen:

- Definition der Datenzugriffsunterstützung
- Konfiguration von Datenbankressourcen
- Verwenden von Springs JDBC-Framework
- Integration von Spring mit Hibernate und JPA

Da Sie nun die Kernelemente des Spring-Containers im Griff haben, ist es an der Zeit, sie in echten Anwendungen arbeiten zu lassen. Für fast jede Enterprise-Anwendung ist der perfekte Ausgangspunkt eine wichtige Anforderung: persistente Daten. Fast jeder von uns ist in der Vergangenheit mit einer Datenbankanwendung in Berührung gekommen. Die Erfahrung lehrt uns, dass im Datenzugriff viele Fallstricke verborgen sein können. Wir müssen das Framework für den Datenzugriff initialisieren, Verbindungen öffnen, verschiedene Ausnahmen abfangen und Verbindungen wieder schließen. Wenn uns irgendwo ein Fehler unterläuft, können wir potenziell die wertvollen Unternehmensdaten beschädigen oder löschen. Wenn Sie noch keine Erfahrung mit den Konsequenzen des fehlerhaften Datenzugriffs haben: Hier handelt es sich um etwas *ganz Schlechtes*.

Da wir nach dem *Guten* streben, wenden wir uns vertrauensvoll an Spring. Spring wird mit einer Sammlung von Datenzugriffs-Frameworks geliefert, die sich mit einer Vielfalt an Datenzugriffstechnologien integrieren lassen. Ob Sie Ihre Daten direkt über JDBC bzw. iBATIS persistieren oder ein objektrelationales Mapping-Framework (ORM-Framework) wie Hibernate verwenden: Spring befreit Sie von der langwierigen Aufgabe des Datenzugriffs aus dem Persistenzcode. Stattdessen können Sie Spring dazu überreden, die Arbeit des systemnahen Datenzugriffs für Sie zu erledigen. So haben Sie mehr Zeit, sich um die Verwaltung der Anwendungsdaten zu kümmern.

Ab diesem Kapitel bauen wir eine Twitter-ähnliche Anwendung auf Spring-Basis zusammen, die wir Spitter nennen. Diese Anwendung gilt dann als primäres Beispiel für die verbleibenden Kapitel dieses Buchs. Unser erster Auftrag lautet, eine Persistenzschicht für Spitter zu entwickeln.

In der Entwicklung der Persistenzschicht müssen wir einige Entscheidungen treffen. Wir können JDBC, Hibernate, die Java Persistence API (JPA) oder jedes andere Persistenz-Framework verwenden. Zum Glück unterstützt Spring all jene Persistenzmechanismen. Wir wollen sie in diesem Kapitel mal Probe fahren.

Als Erstes aber geht es um einige grundlegende Vorbereitungen, bei denen wir uns mit der Persistenzphilosophie von Spring auseinandersetzen.

5.1 Die Philosophie des Datenzugriffs in Spring

Aus den bisherigen Kapiteln wissen Sie, dass es zu den erklärten Zielen von Spring gehört, die Entwicklung von Anwendungen im Einklang mit den gesunden Prinzipien der objektorientierten (OO) Kodierung an Schnittstellen zu unterstützen. Springs Unterstützung für den Datenzugriff bildet hier keine Ausnahme.

DAO[1] steht für *Data Access Object* (also Datenzugriffsobjekt), was wiederum die Rolle eines DAOs in der Anwendung perfekt beschreibt. DAOs stellen eine Methode zum Lesen und Schreiben von Daten in der Datenbank bereit. Sie sollten diese Funktionalität über eine Schnittstelle bereitstellen, über die der Rest der Anwendung den Zugriff verwirklicht. In Abbildung 5.1 sehen Sie den richtigen Ansatz für die Konzipierung der Datenzugriffsebene.

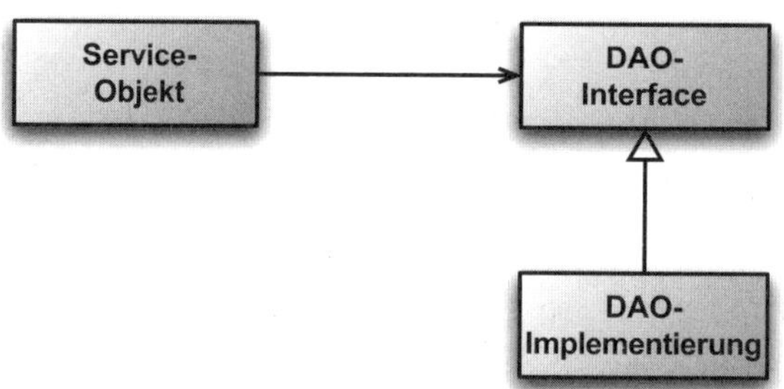

ABBILDUNG 5.1 Serviceobjekte realisieren den eigenen Datenzugriff nicht. Stattdessen delegieren sie den Datenzugriff an DAOs. Die Schnittstelle des DAOs hält es lose mit dem Serviceobjekt verknüpft.

Wie Sie sehen, greifen die Serviceobjekte über Schnittstellen auf die DAOs zu. Daraus entstehen einige Vorteile. Zunächst erleichtert es das Testen der Serviceobjekte, weil sie mit keiner bestimmten Datenzugriffsimplementierung verknüpft sind. Tatsächlich könnte man eine Implementierung der Datenzugriffsschnittstellen leicht simulieren. So können Sie Ihr Serviceobjekt testen, ohne jemals eine Verbindung zur Datenbank aufnehmen zu müssen. Das beschleunigt das Testen der Einheit erheblich und schließt das Versagen eines Tests aufgrund von inkonsistenten Daten aus.

Darüber hinaus wird die Datenzugriffsebene persistent angesprochen ohne Rücksicht auf die Technologie. Der gewählte Persistenzansatz gilt isoliert für das DAO, während die Schnittstelle lediglich die relevanten Datenzugriffsmethoden anbietet. Dies sorgt für ein flexibles Anwendungsdesign und ermöglicht das Auslagern des gewählten Persistenz-Frameworks mit minimaler Auswirkung auf die verbleibende Anwendung. Sollten die Implementierungsdetails der Datenzugriffsebene in andere Teile der Anwendung übergreifen, wäre die gesamte Anwendung mit der Datenzugriffsebene verknüpft, was ein starres Anwendungskonzept bedingen würde.

[1] Viele Entwickler – auch Martin Fowler – bezeichnen die Persistenzobjekte einer Anwendung als Repository. Obwohl ich die Überlegungen verstehe, die zur Bezeichnung Repository führen, bin ich der Meinung, dass das Wort Repository auch ohne diese zusätzliche Bedeutung überfrachtet ist. Ich bitte also um Ihr Verständnis, wenn ich mich gegen den momentanen Trend entscheide und diese Objekte weiterhin als DAO bezeichne.

Bemerkung

Sollten Sie nach der Lektüre der letzten Absätze den Eindruck haben, ich hätte eine ausgeprägte Neigung, die Persistenzebene hinter den Schnittstellen zu verstecken, dann bin ich froh, dass ich Ihnen diese Botschaft vermitteln konnte. Meines Erachtens sind die Schnittstellen der Schlüssel zum Schreiben von lose verknüpftem Code, sodass man sie auf allen Ebenen einer Anwendung nutzen sollte und nicht nur auf Datenzugriffsebene. Dies vorausgeschickt, ist es auch wichtig zu verstehen, dass Spring zwar die Nutzung von Schnittstellen fördert, aber nicht fordert – Sie können Spring getrost zum Verschalten einer Bean (ob DAO oder Sonstiges) direkt mit der Eigenschaft einer zweiten Bean verwenden, ohne dass eine Schnittstelle dazwischen liegt. ■

Eine Hilfe, die Ihnen Spring bietet, um die Datenzugriffsebene vom Rest der Anwendung zu isolieren, ist die Bereitstellung einer konsistenten Exception-Hierarchie, die über alle DAO-Frameworks verwendet wird.

5.1.1 Die Exception-Hierarchie beim Datenzugriff in Spring

Es gibt einen alten Witz über den Fallschirmspringer, der vom Kurs abkommt und in einem Baum landet, wo er über dem Boden baumelt. Kurze Zeit später kommt ein Passant vorbei, und der Fallschirmspringer fragt ihn, wo er sich gerade befindet.

Der Passant antwortet: „Sie sind etwa 7 Meter über dem Boden."

„So?", antwortet der Fallschirmspringer. „Und Sie sind bestimmt Software-Analyst."

„Richtig. Aber woher wussten Sie das?", fragt der Passant.

„Tja, weil die Informationen, die Sie mir gegeben haben, zu 100 Prozent richtig, aber absolut wertlos sind." ■

Diese Geschichte wurde oft erzählt, wobei Beruf oder Nationalität des Passanten jedes Mal variiert. Sie erinnert mich an JDBCs `SQLException`. Wenn Sie jemals JDBC-Code (ohne Spring) geschrieben haben, wurde Ihnen irgendwann sicherlich schmerzhaft bewusst, dass mit JDBC rein gar nichts möglich ist, ohne `SQLException` abfangen zu müssen. `SQLException` bedeutet, dass beim Datenbankzugriff irgendetwas schiefgegangen ist. Diese Exception bietet Ihnen aber kaum Hilfe, wenn Sie wissen wollen, was denn nun schiefgegangen ist oder was Sie dagegen unternehmen können.

Zu den gängigen Problemen, die zum Auslösen einer `SQLException` führen, gehören:

- Die Anwendung kann keine Verbindung zur Datenbank aufnehmen.
- Die ausgeführte Query beinhaltet einen/mehrere Syntaxfehler.
- Die in der Query referenzierten Tabellen bzw. Spalten existieren nicht.
- Es wurde ein Versuch unternommen, Werte einzufügen oder zu aktualisieren, die gegen eine Datenbankbeschränkung verstoßen.

Die große Frage bei `SQLException` lautet, wie man damit umgehen soll, wenn man die Bedingungen abgefangen hat. Wie sich herausstellt, können viele Probleme, die eine `SQLException` auslösen, nicht mit einem `catch`-Block behoben werden. Die meisten `SQLExceptions`, die ausgelöst werden, deuten auf eine fatale Bedingung hin. Wenn die Anwendung keine Verbindung zur Datenbank aufnehmen kann, bedeutet dies in der Regel, dass sich die Anwendung nicht fortsetzen lässt. Analog dazu – wenn die Query fehlerhaft ist – kann man zur Laufzeit kaum etwas dagegen unternehmen.

Wenn man nichts unternehmen kann, um die Schieflage nach einer `SQLException` zu berichtigen: Warum müssen wir die Exception überhaupt abfangen?

Auch wenn Sie einen Plan für den Umgang mit manchen `SQLExceptions` haben, werden Sie die `SQLException` erst einmal abzufangen haben und dann ihre Eigenschaften nach mehr Informationen über die Art des Problems durchwühlen müssen. Das kommt daher, dass `SQLException` als Exception mit Einheitsgröße für alle datenzugriffsbezogenen Probleme gilt. Statt einen eigenständigen Exception-Typ für jedes mögliche Problem zu haben, wird `SQLException` als Exception für alle Datenzugriffsprobleme ausgelöst.

Einige Persistenz-Frameworks bieten eine reichhaltigere Hierarchie von Exceptions. Beispielsweise bietet Hibernate fast zwei Dutzend unterschiedliche Exceptions, die jeweils ein bestimmtes Datenzugriffsproblem adressieren. So kann man `catch`-Blöcke für die Exceptions schreiben, die Sie adressieren wollen.

Nur sind die Hibernate-Exceptions leider Hibernate-spezifisch. Wie bereits erwähnt, wäre es schön, die Einzelheiten des Persistenzmechanismus zu isolieren, um auf die Datenzugriffsebene zugreifen zu können. Wenn Hibernate-spezifische Exceptions ausgelöst werden, greift die Tatsache, dass wir es mit Hibernate zu tun haben, auf die restliche Anwendung über. Oder Sie müssen die Exceptions der Persistenzplattform abfangen und sie als plattformunabhängige Exceptions erneut auslösen.

Auf der einen Seite ist die Exception-Hierarchie von JDBC zu generisch – in Wirklichkeit gibt es keine richtige Hierarchie. Auf der anderen Seite ist die Exception-Hierarchie von Hibernate etwas Proprietäres, was es nur in Hibernate gibt. Was wir brauchen, ist eine Hierarchie an Datenzugriff-Exceptions, die zwar beschreibend, aber direkt mit einem bestimmten Persistenz-Framework verknüpft sind.

Springs von der Persistenzplattform unabhängige Exceptions

Spring JDBC bietet eine Hierarchie von Datenzugriff-Exceptions, die beide Probleme lösen. Im Gegensatz zu JDBC bietet Spring einige Datenzugriff-Exceptions, die jeweils das Problem beschreiben, das sie ausgelöst hat. Tabelle 5.1 zeigt einige der Datenzugriff-Exceptions in Spring vis à vis den von JDBC gebotenen Exceptions JDBC.

Wie Sie sehen, bietet Spring eine Exception für fast alles, was beim Schreiben oder Lesen in der Datenbank schiefgehen kann. Und die Liste der Spring Datenzugriff-Exceptions ist in Wirklichkeit noch viel größer, als Tabelle 5.1 zeigt (ich hätte sie alle aufgeführt, wollte seitens JDBC aber keine Minderwertigkeitsgefühle erzeugen).

Obwohl die Exception-Hierarchie in Spring viel reichhaltiger ausfällt als JDBCs einfache `SQL-Exception`, ist sie mit keiner bestimmten Persistenzlösung verknüpft. Sie können sich also darauf verlassen, dass Spring eine konsistente Wahl an Exceptions auslöst, ungeachtet des von Ihnen gewählten Persistenzproviders. So können Sie die Wahl der Persistenz in der Datenzugriffsebene einsperren.

TABELLE 5.1 JDBCs Exception-Hierarchie versus Springs Datenzugriff-Exceptions

JDBC-Exceptions	Spring Datenzugriff-Exceptions
BatchUpdateException	CannotAcquireLockException
DataTruncation	CannotSerializeTransactionException
SQLException	CleanupFailureDataAccessException
SQLWarning	ConcurrencyFailureException
	DataAccessException
	DataAccessResourceFailureException
	DataIntegrityViolationException
	DataRetrievalFailureException
	DeadlockLoserDataAccessException
	EmptyResultDataAccessException
	IncorrectResultSizeDataAccessException
	IncorrectUpdateSemanticsDataAccessException
	InvalidDataAccessApiUsageException
	InvalidDataAccessResourceUsageException
	OptimisticLockingFailureException
	PermissionDeniedDataAccessException
	PessimisticLockingFailureException
	TypeMismatchDataAccessException
	UncategorizedDataAccessException

Schau mal, Mama! Keine Catch-Blöcke!

Was man nicht ohne Weiteres anhand von Tabelle 5.1 erkennt, ist die Tatsache, dass all diese Exceptions von `DataAccessException` stammen. `DataAccessException` ist deswegen so außergewöhnlich, weil es sich um eine ungeprüfte Exception handelt. Anders ausgedrückt: Sie müssen keine Datenzugriff-Exception abfangen, die Spring auslöst (auch wenn Sie es natürlich dürfen, wenn Sie möchten).

`DataAccessException` ist nur ein Beispiel für die allumfassende Philosophie von Spring in Bezug auf geprüfte und ungeprüfte Exceptions. Spring vertritt die Ansicht, dass viele Exceptions das Ergebnis von Problemen sind, die mit einem `catch`-Block nicht abgefangen werden können. Statt den Entwickler zu zwingen, einen möglicherweise leeren `catch`-Block zu schreiben, fördert Spring die Nutzung nicht geprüfter Exceptions. Somit bleibt die Entscheidung über das Abfangen der Exceptions in den Händen des Entwicklers.

Wenn Sie von Springs Datenzugriff-Exceptions profitieren wollen, müssen Sie eine der von Spring unterstützten Datenzugriffsschablonen benutzen. Sehen wir uns an, wie Spring-Schablonen den Datenzugriff stark vereinfachen können.

5.1.2 Datenzugriffsschablonen

Sie waren bestimmt schon mit dem Flugzeug unterwegs. Daher werden Sie mir sicherlich zustimmen, wenn ich behaupte, dass die Beförderung des Gepäcks von A nach B eines der wichtigsten Themen im Flugverkehr ist. Der Prozess umfasst viele Schritte. Wenn Sie am Terminal ankommen, gehen Sie als Erstes zum Schalter, um Ihr Gepäck einzuchecken. Dann wird es von den Sicherheitsleuten gescannt, um die Flugsicherheit zu gewährleisten. Anschließend fährt es mit dem „Gepäckzug" zum Flugzeug und wird eingeladen. Wenn Sie einen Verbindungsflug haben, muss Ihr Gepäck auch umgeladen werden. Sind Sie am Ziel angekommen, muss das Gepäck aus dem Flugzeug ausgeladen und auf das Gepäckband gestellt werden. Nicht zuletzt müssen Sie zur Gepäckabholung gehen und Ihr Gepäck abholen.

Obwohl dieser Prozess aus vielen Einzelschritten besteht, sind Sie nur an einigen von Ihnen aktiv beteiligt. Die Fluglinie selbst trägt die Verantwortung für den Prozess. Sie greifen nur dann ein, wenn Sie es müssen: Alles andere wird für Sie erledigt. Dies spiegelt ein mächtiges Designkonzept wider: die Schablonenmethode.

Eine Schablonenmethode definiert das Gerüst eines Prozesses. In unserem Beispiel befördert der Prozess das Gepäck vom ursprünglichen Standort bis zum Zielort. Der Prozess selbst ist fest; er verändert sich nie. Der Ablauf der Ereignisse für die Gepäckbeförderung ist jedes Mal gleich: Das Gepäck wird eingecheckt, ins Flugzeug eingeladen usw. Manche Schritte in diesem Prozess sind ebenfalls festgelegt - manche geschehen jedes Mal auf die gleiche Art. Wenn das Flugzeug am Zielort ankommt, wird jedes Gepäckstück einzeln abgeladen und auf ein Gepäckband gestellt, das es zur Gepäckabholung befördert.

An bestimmten Punkten delegiert der Prozess die Arbeit an eine Subklasse, die bestimmte implementierungsspezifische Details bereitstellt. Dies ist der variable Anteil des Prozesses. Beispielsweise beginnt das Gepäck-Handling mit der Aufgabe des Gepäcks am Schalter durch den Passagier. Dieser Abschnitt des Prozesses muss immer am Anfang stehen, sodass die Reihenfolge im Prozess feststeht. Weil das Einchecken des Gepäcks für jeden Passagier anders ist, wird dieser Prozessabschnitt vom Passagier festgelegt. Wenn wir das auf die Software beziehen, delegiert eine Schablonenmethode die implementierungsspezifischen Anteile des Prozesses an eine Schnittstelle. Unterschiedliche Implementierungen dieser Schnittstelle definieren spezifische Implementierungen dieses Prozessabschnitts.

Und Spring wendet das gleiche Muster auf Datenzugriffe an. Ungeachtet der Technologie, die wir einsetzen, sind bestimmte Datenzugriffsschritte erforderlich. Beispielsweise müssen wir immer eine Verbindung zum Datenspeicher aufbauen und - wenn wir fertig sind - die Ressourcen freigeben. Das sind die festen Schritte im Datenzugriffsprozess. Aber jede Datenzugriffsmethode, die wir schreiben, ist etwas anders. Wir fragen bestimmte Objekte ab und aktualisieren die Daten auf unterschiedliche Art. Das sind die variablen Schritte im Datenzugriffsprozess.

Spring teilt die festen und variablen Anteile des Datenzugriffsprozesses in zwei eigenständige Klassen ein: *Schablonen* und *Callbacks*. Schablonen kümmern sich um den festen Teil des Prozesses, wohingegen der spezifische Datenzugriffscode durch die Callbacks verarbeitet wird. Abbildung 5.2 zeigt die Verantwortlichkeiten dieser beiden Klassen.

Wie Sie anhand von Abbildung 5.2 sehen können, sind die Schablonenklassen in Spring für die Handhabung der festen Anteile des Datenzugriffs - die Steuerung von Transaktionen, die Verwaltung von Ressourcen und das Abfangen von Exceptions - zuständig. Die Spezifika des Datenzugriffs im Kontext der Anwendung - das Erstellen von Anweisungen, das Binden

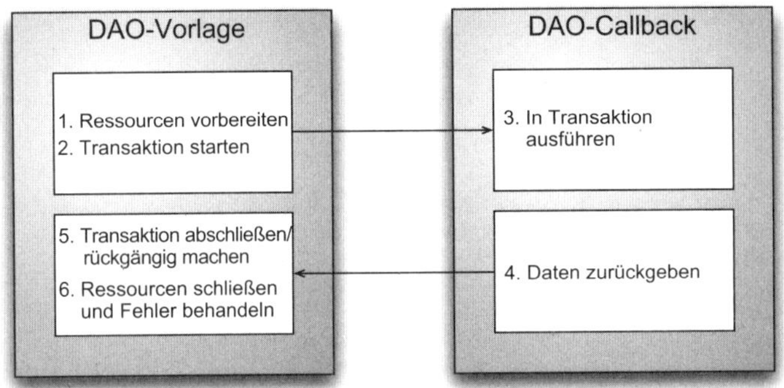

ABBILDUNG 5.2 Springs DAO-Schablonenklassen sind für die gängigen Datenzugriffsaufgaben zuständig. Für die anwendungsspezifischen Aufgaben erfolgt ein Callback mit einem spezifischen DAO-Callback-Objekt.

von Parametern und das Rangieren mit den Ergebnissen – sind die Domäne der Callback-Implementierung. In der Praxis ermöglicht dies ein elegantes Framework, weil man sich nur um die Logik des Datenzugriffs kümmern muss.

Spring wird mit einer Auswahl an Schablonen ausgeliefert, je nachdem, welchen Persistenz-Ansatz Sie wählen. Wenn Sie mit reinem JDBC arbeiten, werden Sie sich für `Jdbc-Template` entscheiden. Wenn Sie sich jedoch für eines der objektrelationalen Mapping-Frameworks entscheiden, werden Sie eher `HibernateTemplate` oder `JpaTemplate` bevorzugen. In Tabelle 5.2 finden Sie eine Liste aller Datenzugriffsschablonen in Spring mit Angabe des Verwendungszwecks.

TABELLE 5.2 Spring wird mit einigen Datenzugriffsschablonen geliefert, die jeweils für einen anderen Persistenzmechanismus geeignet sind.

Schablonenklasse (org.springframework.*)	Dient als Schablone für ...
`jca.cci.core.CciTemplate`	JCA-CCI-Verbindungen
`jdbc.core.JdbcTemplate`	JDBC-Verbindungen
`jdbc.core.namedparam.NamedParameter-JdbcTemplate`	JDBC-Verbindungen mit Unterstützung für benannte Parameter
`jdbc.core.simple.SimpleJdbcTemplate`	JDBC-Verbindungen, vereinfacht durch Java 5-Konstrukte
`orm.hibernate.HibernateTemplate`	Hibernate 2.*x*-Sessions
`orm.hibernate3.HibernateTemplate`	Hibernate 3.*x*-Sessions
`orm.ibatis.SqlMapClientTemplate`	iBATIS SqlMap-Clients
`orm.jdo.JdoTemplate`	Java Datenobjekt-Implementierungen
`orm.jpa.JpaTemplate`	Java-Persistenz-API Instanzmanager

Wie Sie gleich sehen werden, müssen Sie, um eine Datenzugriffsschablone zu verwenden, Letztere lediglich als Bean im Spring-Kontext konfigurieren und in Ihr Anwendungs-DAO integrieren. Oder Sie greifen auf Springs DAO-Support-Klassen zurück, um die Konfiguration der Anwendungs-DAOs weiter zu vereinfachen. Die direkte Verknüpfung der Schablonen ist natürlich völlig in Ordnung, Spring bietet aber auch eine Reihe von DAO-Basisklassen an, die die Schablonen für Sie verwalten. Sehen wir uns an, wie diese Template-basierten DAO-Klassen funktionieren.

5.1.3 Klassen für den DAO-Support

Die Datenzugriffsschablonen sind nicht alles, was Springs Datenzugriff-Framework bietet. Jedes Template ist mit bequemen Methoden ausgestattet, welche den Datenzugriff vereinfachen, ohne dass man explizit eine Callback-Implementierung schreiben muss. Darüber hinaus bietet Spring DAO-Support-Klassen in Ergänzung zum Template-Callback-Design, wobei die Subklassen hier ihre eigenen Klassen sind. Abbildung 5.3 zeigt die Beziehung zwischen einer Schablonenklasse, einer DAO-Support-Klasse und Ihrer eigenen, anwendungsspezifischen DAO-Implementierung.

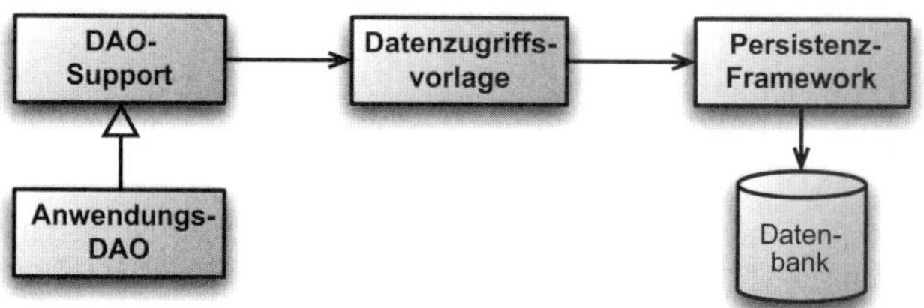

ABBILDUNG 5.3 Beziehung zwischen einer Anwendungs-DAO- und Springs DAO-Support- und Schablonenklassen

Wenn wir später die individuellen Optionen, mit denen Spring den Datenzugriff unterstützt, unter die Lupe nehmen, erfahren wir, wie die DAO-Support-Klassen den Zugriff auf die von ihnen unterstützte Schablonenklasse vereinfachen. Wenn Sie Ihre Anwendungs-DAO implementieren, können Sie eine Subklasse einer DAO-Support-Klasse erstellen und eine Schablonenabfragemethode aufrufen, um den direkten Zugriff auf die zugrunde liegende Datenzugriffsschablone zu realisieren. Wenn Ihr Anwendungs-DAO beispielsweise eine Subklasse von `JdbcDaoSupport` bildet, müssen Sie lediglich `getJdbcTemplate()` aufrufen, um ein `JdbcTemplate` zu überreden, damit zusammenzuarbeiten.

Wenn Sie darüber hinaus auf die zugrunde liegende Persistenzplattform zugreifen müssen, unterstützt die jeweilige DAO-Support-Klasse den Zugriff auf die Klasse, die sie benötigt, um mit der Datenbank zu kommunizieren. Beispielsweise umfasst die Klasse `JdbcDaoSupport` eine Methode `getConnection()` für die direkte Handhabung der JDBC-Verbindung.

Weil Spring verschiedene Schablonenimplementierungen für den Datenzugriff umfasst, gibt es auch entsprechende DAO-Support-Klassen – eine Klasse für jede Schablone. In Tabelle 5.3 werden die in Spring enthaltenen DAO-Support-Klassen aufgeführt.

Obwohl Spring mehrere Persistenz-Frameworks unterstützt, können wir sie aus Platzgründen nicht alle in diesem Kapitel durchleuchten. Daher werden wir uns auf die meines Erachtens nützlichsten Persistenzoptionen beschränken – diese sind es, die Sie wahrscheinlich einsetzen werden.

Wir beginnen mit dem grundlegenden JDBC-Zugriff – die einfachste Methode, um Daten aus der Datenbank zu lesen oder in die Datenbank zu schreiben. Anschließend sehen wir uns Hibernate und JPA an, zwei der beliebtesten POJO-basierten ORM-Lösungen.

Aber alles schön der Reihe nach – ein Großteil der Optionen für die Persistenzunterstützung in Spring hängt von einer Datenquelle ab. Bevor wir mit der Erstellung von Schablonen und DAOs loslegen, müssen wir Spring mit einer Datenquelle versorgen, damit die DAOs auf die Datenbank zugreifen können.

TABELLE 5.3 Springs DAO-Support-Klassen unterstützen den bequemen Zugriff auf die entsprechende Datenzugriffschablone.

DAO-Supportklasse (org.springframework.*)	Bietet DAO-Support für ...
`jca.cci.support.CciDaoSupport`	JCA-CCI-Verbindungen
`jdbc.core.support.JdbcDaoSupport`	JDBC-Verbindungen
`jdbc.core.namedparam.NamedParameter-JdbcDaoSupport`	JDBC-Verbindungen mit Unterstützung für benannte Parameter
`jdbc.core.simple.SimpleJdbcDaoSupport-` Namensraum	JDBC-Verbindungen, vereinfacht durch Java 5-Konstrukte
`orm.hibernate.support.HibernateDaoSupport`	Hibernate 2.*x*-Sessions
`orm.hibernate3.support.HibernateDaoSupport`	Hibernate 3.*x*-Sessions
`orm.ibatis.support.SqlMapClientDaoSupport`	iBATIS SqlMap-Clients
`orm.jdo.support.JdoDaoSupport`	Java Datenobjekt-implementierungen
`orm.jpa.support.JpaDaoSupport`	Java Persistenz-API Instanzmanager

5.2 Datenquelle konfigurieren

Ungeachtet des Spring-DAO-Supports werden Sie wahrscheinlich eine Referenz auf eine Datenquelle konfigurieren müssen. Spring bietet verschiedene Optionen für die Konfiguration von Datenquellen-Beans in Ihrer Spring-Anwendung. Dazu gehören

- durch einen JDBC-Treiber definierte Datenquellen
- über JNDI-Lookup angesprochene Datenquellen
- Datenquellen, die Verbindungen gruppieren

Für eine produktive Anwendung empfehle ich die Nutzung einer Datenquelle, die ihre Verbindungen aus einem Verbindungspool bezieht. Wenn möglich ziehe ich es vor, die gepoolte Datenquelle über JNDI von einem Anwendungsserver geliefert zu bekommen. Da Sie nun meine Präferenzen kennen, beginnen wir mit der Konfiguration von Spring für das Abfragen einer Datenquelle über JNDI.

5.2.1 JNDI-Datenquellen verwenden

Spring-Anwendungen werden oft innerhalb eines Java EE-Anwendungsservers wie beispielsweise WebSphere, JBoss oder sogar eines Web-Containers wie Tomcat ausgeführt. Mit diesen Servern können Sie die Datenquelle für die Abfrage durch JNDI konfigurieren.

Der Vorteil dieser Art von Datenquellenkonfiguration besteht darin, dass sie sich komplett außerhalb der Anwendung verwalten lassen. So kann die Anwendung eine Datenquelle dann anfordern, wenn sie für den Datenbankzugriff bereit ist. Darüber hinaus werden Datenquellen, die von einem Anwendungsserver verwaltet werden, oft aus Performancegründen gepoolt; so lassen sie sich zur Laufzeit durch den Systemadministrator austauschen. Mit Spring kann man eine Referenz auf eine Datenquelle konfigurieren, die in JNDI bleibt, und diese in die erforderlichen Klassen integrieren, als wäre sie eine ganz normale Spring-Bean. Dank des `<jee:jndi-lookup>`-Elements aus Springs `jee`-Namensraum lässt sich jedes Objekt (auch Datenquellen) aus JNDI holen und als Spring-Bean bereitstellen. Wenn zum Beispiel die Datenquelle unserer Anwendung in JNDI konfiguriert ist, können wir `<jee:jndi-lookup>` wie folgt für die Integration mit Spring verwenden:

```
<jee:jndi-lookup id="dataSource"
    jndi-name="/jdbc/SpitterDS"
    resource-ref="true" />
```

Mit dem Attribut `jndi-name` wird der Name der Ressource in JNDI angegeben. Ist lediglich die Eigenschaft `jndi-name` gesetzt, erfolgt ein Lookup für die Datenquelle anhand des Namens ohne Änderung. Läuft die Anwendung jedoch in einem Java-Anwendungsserver, sollten Sie die Eigenschaft `resource-ref` auf `true` setzen, sodass dem Wert in `jndi-name` ein `java:comp/env/` vorangestellt wird.

5.2.2 Pooldatenquelle verwenden

Wenn Sie die Datenquelle nicht aus JNDI anzapfen können, ist das Nächstbeste die Konfiguration einer gepoolten Datenquelle direkt in Spring. Obwohl Spring nativ keine gepoolte Datenquelle bietet, gibt es eine geeignet Datenquelle vom DBCP-Projekt (Jakarta Commons Database Connection Pooling, http://jakarta.apache.org/commons/dbcp).

DBCP umfasst verschiedene Datenquellen, die das Pooling bereitstellen. Oft wird hier die Datenquelle `BasicDataSource` genutzt, weil sie sich in Spring leicht konfigurieren lässt und weil sie der Datenquelle `DriverManagerDataSource` von Spring ähnelt (um die es im nächsten Abschnitt geht).

Für die Spitter-Anwendung konfigurieren wir eine `BasicDataSource` Bean wie folgt:

```
<bean id="dataSource"
      class="org.apache.commons.dbcp.BasicDataSource">
  <property name="driverClassName" value="org.hsqldb.jdbcDriver" />
  <property name="url"
            value="jdbc:hsqldb:hsql://localhost/spitter/spitter" />
  <property name="username" value="sa" />
  <property name="password" value="" />
  <property name="initialSize" value="5" />
  <property name="maxActive" value="10" />
</bean>
```

Die ersten vier Eigenschaften sind wesentlich für die Konfiguration einer `BasicDataSource`. Mit der Eigenschaft `driver-ClassName` wird der vollqualifizierte Name der JDBC-Treiberklasse definiert. Hier wurde eine Konfiguration mit dem JDBC-Treiber für die Hypersonic-Datenbank gewählt. In der Eigenschaft `url` wird die komplette JDBC-URL für die Datenbank angegeben. Zum Schluss verwenden wir die Eigenschaften `username` und `password` für die Authentifizierung beim Öffnen der Datenbankverbindung.

Diese vier grundlegenden Eigenschaften definieren die Verbindungsinformationen für `BasicDataSource`. Darüber hinaus gibt es einige Eigenschaften, um den Datenquellenpool selbst zu definieren. In Tabelle 5.4 werden einige der nützlichsten Poolkonfigurationseigenschaften von `BasicDataSource` definiert.

TABELLE 5.4 Poolkonfigurationseigenschaften von `BasicDataSource`

Poolkonfigurationseigenschaft	Inhalt
`initialSize`	Anzahl der Verbindungen, die beim Starten des Pools zu erstellen ist
`maxActive`	Maximale Anzahl der Verbindungen, die gleichzeitig aus diesem Pool zugewiesen werden kann; falls null, gibt es keine Grenze.
`maxIdle`	Die maximale Anzahl von Verbindungen, die im Pool inaktiv sein können, ohne freigegeben zu werden. Falls null, gibt es keine Grenze.
`maxOpenPreparedStatements`	Die maximale Anzahl von vorbereiteten Anweisungen, die gleichzeitig aus diesem Pool zugewiesen werden kann. Falls null, gibt es keine Grenze.
`maxWait`	Wie lange der Pool darauf wartet, dass eine Verbindung an den Pool zurückgegeben wird (wenn keine weiteren Verbindungen verfügbar sind) vor Auslösung einer Exception. Falls -1, unendlich warten.
`minEvictableIdleTimeMillis`	Wie lange eine Verbindung im Pool inaktiv bleiben kann, bevor sie für den Ausschluss qualifiziert ist.
`minIdle`	Die minimale Anzahl von Verbindungen, die im Pool inaktiv sein können, ohne dass neue Verbindungen erstellt werden.
`poolPreparedStatements`	Entscheidung, ob vorbereitete Anweisungen gepoolt werden sollen (Boolean).

Für unsere Zwecke haben wir den Pool so konfiguriert, dass er mit fünf Verbindungen startet. Sollten weitere Verbindungen erforderlich sein, darf `BasicDataSource` maximal zehn aktive Verbindungen erstellen.

5.2.3 Auf JDBC-Treiber basierende Datenquelle

Die einfachste Datenquelle, die man in Spring konfigurieren kann, wird durch einen JDBC-Treiber definiert. Spring bietet zwei dieser Datenquellenklassen zur Auswahl (beide aus dem Paket `org.springframework.jdbc.datasource`):

- `DriverManagerDataSource` – Liefert eine neue Verbindung immer dann, wenn eine Verbindung angefordert wird. Im Gegensatz zur `BasicDataSource` von DBCP sind die von `DriverManagerDataSource` bereitgestellten Verbindungen nicht gepoolt.
- `SingleConnectionDataSource` – Liefert die gleiche Verbindung immer dann, wenn eine Verbindung angefordert wird. Obwohl `SingleConnectionDataSource` keine gepoolte Datenquelle ist, können Sie diese als Datenquelle mit einem aus genau einer Verbindung bestehenden Pool betrachten.

Die Konfiguration der beiden Datenquellen geschieht analog zur DBCP `BasicDataSource`:

```
<bean id="dataSource"
      class="org.springframework.jdbc.datasource.
         DriverManagerDataSource">
  <property name="driverClassName"
            value="org.hsqldb.jdbcDriver" />
  <property name="url"
            value="jdbc:hsqldb:hsql://localhost/spitter/spitter" />
  <property name="username" value="sa" />
  <property name="password" value="" />
</bean>
```

Der einzige Unterschied besteht darin, dass keine Poolkonfigurationseigenschaften gesetzt werden müssen, weil weder `DriverManagerDataSource` noch `SingleConnectionDataSource` einen Verbindungspool bereitstellen.

Obwohl `SingleConnectionDataSource` und `DriverManagerDataSource` für kleine Anwendungen und zum Ausprobieren während der Entwicklung toll sind, müssen Sie ernsthaft über die Implikationen ihres Einsatzes in einer produktiven Anwendung nachdenken. Weil `SingleConnectionDataSource` mit einer einzigen Datenverbindung arbeitet, funktioniert sie in einer Multithreading-Anwendung nicht gut. Obwohl `DriverManagerDataSource` in der Lage ist, mehrere Threads zu unterstützen, ist der Performance-Aufwand für die Erstellung einer neuen Verbindung bei jeder Verbindungsanforderung zu berücksichtigen. Aufgrund dieser Beschränkungen ist die Nutzung gepoolter Datenquellen sehr empfehlenswert.

Da wir nun eine Verbindung zur Datenbank über eine Datenquelle aufgebaut haben, können wir auf die Datenbank zugreifen. Wie bereits erwähnt, bietet Spring verschiedene Optionen für die Arbeit mit Datenbanken: Dazu gehören JDBC, Hibernate und die Java Persistence API (JPA). Im nächsten Abschnitt erfahren Sie, wie Sie die Persistenzebene einer Spring-Anwendung mithilfe von Springs Support für JDBC abbilden. Wenn Sie sich aber mit Hibernate oder JPA wohler fühlen, können Sie gleich mit dem Abschnitt 5.4 bzw. 5.5 weitermachen.

5.3 JDBC und Spring gemeinsam verwenden

Die Welt ist voller Persistenztechnologien. Hibernate, iBATIS und JPA sind nur drei Beispiele. Dennoch schreiben viele Anwendungen Java-Objekte auf herkömmliche Weise in die Datenbank. Die bewährte Datenpersistenzmethode ist das gute alte JDBC.

Warum auch nicht? Bei JDBC müssen Sie die Abfragesyntax eines anderen Frameworks nicht meistern. JDBC baut auf SQL auf, welche die Datenzugriffssprache darstellt. Darüber hinaus können Sie die Performance des Datenzugriffs besser mit JDBC tunen als mit fast jeder anderen Technologie. Und mit JDBC können Sie die proprietären Features Ihrer Datenbank ausnutzen, wohingegen andere Frameworks Ihre Arbeit vielleicht erschweren oder unterbinden.

Es gibt noch mehr: JDBC gestattet die Arbeit viel näher am System als die Persistenz-Frameworks; so können Sie auf die einzelnen Spalten einer Datenbank zugreifen und sie manipulieren. Dieser fein aufgelöste Datenzugriffsansatz ist praktischer bei Anwendungen wie beispielsweise dem Reporting, wo es keinen Sinn ergibt, die Daten in Objekte zu konvertieren, aus denen Sie dann die Rohdaten wieder extrahieren.

Die JDBC-Welt hat aber auch eine dunkle Seite. Mit der Leistungsfähigkeit, Flexibilität und anderen Nettigkeiten gehen auch andere, nicht ganz so nette Sachen einher.

5.3.1 Wie man JDBC-Code in den Griff bekommt

Obwohl Sie mit JDBC eine API erhalten, die eng mit der Datenbank zusammenarbeitet, tragen Sie die Verantwortung für die Handhabung von allen Aspekten des Datenbankzugriffs. Dazu gehören die Verwaltung der Datenbankressource und das Abfangen von Exceptions.

Wenn Sie schon einmal JDBC geschrieben haben, um Daten in die Datenbank einzufügen, sollte Ihnen Folgendes nicht völlig fremd vorkommen:

LISTING 5.1 Mit JDBC einen Datensatz in eine Datenbank einfügen

```
private static final String SQL_INSERT_SPITTER =
    "insert into spitter (username, password, fullname) values (?, ?, ?)";
private DataSource dataSource;
public void addSpitter(Spitter spitter) {
  Connection conn = null;
  PreparedStatement stmt = null;
  try {
    conn = dataSource.getConnection();     ◂ Verbindung holen
    stmt = conn.prepareStatement(SQL_INSERT_SPITTER);     ◂ Anweisung erstellen
    stmt.setString(1, spitter.getUsername());     ◂ Parameter binden
    stmt.setString(2, spitter.getPassword());
    stmt.setString(3, spitter.getFullName());
    stmt.execute();     ◂ Anweisung ausführen
  } catch (SQLException e) {
    // do something...not sure what, though     ◂ Exceptions abfangen (irgendwie)
  } finally {
    try {
```

```
        if (stmt != null) {      ◂ Bereinigen
          stmt.close();
        }
        if (conn != null) {
          conn.close();
        }
      } catch (SQLException e) {
        // I'm even less sure about what to do here
      }
    }
  }
```

Das nenne ich unübersichtlichen Code! Über 20 Zeilen Code, um ein einfaches Objekt in die Datenbank zu schreiben. Und was JDBC-Operationen betrifft – viel einfacher wird das nicht. Warum braucht man so viele Zeilen für etwas so Einfaches? Nun, das stimmt nicht ganz. Nur einige wenige Zeilen sind für das Einfügen zuständig. Aber JDBC verlangt von Ihnen, dass Sie die Verbindungen und Anweisungen richtig verarbeiten und die eventuell ausgelöste `SQLException` abfangen – wie auch immer Sie es anstellen wollen.

Wenn wir schon beim Thema `SQLException` sind: Es ist nicht nur unklar, wie man damit umgehen soll (weil man nicht weiß, was schief gelaufen ist), sondern Sie müssen die Exception zweimal abfangen! Einmal, wenn etwas beim Schreiben des Datensatzes, und ein andermal, wenn etwas beim Schließen der Anweisung und der Verbindung schiefgeht. Das erscheint mir ziemlich viel Arbeit für etwas, das man normalerweise ohnehin nicht programmatisch abfangen kann.

Sehen Sie sich nun das folgende Listing an; hier wurde traditionelles JDBC zum Aktualisieren eines Datensatzes in der Spitter-Tabelle der Datenbank genutzt.

LISTING 5.2 Mit JDBC einen Datensatz in einer Datenbank ändern

```
private static final String SQL_UPDATE_SPITTER =
      "update spitter set username = ?, password = ?, fullname = ?"
      + "where id = ?";
public void saveSpitter(Spitter spitter) {
  Connection conn = null;
  PreparedStatement stmt = null;
  try {
    conn = dataSource.getConnection();    ◂ Verbindung holen
    stmt = conn.prepareStatement(SQL_UPDATE_SPITTER);    ◂ Anweisung erstellen
    stmt.setString(1, spitter.getUsername());    ◂ Parameter binden
    stmt.setString(2, spitter.getPassword());
    stmt.setString(3, spitter.getFullName());
    stmt.setLong(4, spitter.getId());
    stmt.execute();    ◂ Anweisung ausführen
  } catch (SQLException e) {
    // Still not sure what I'm supposed to do here    ◂ Exceptions abfangen (irgendwie)
  } finally {
    try {
      if (stmt != null) {    ◂ Bereinigen
        stmt.close();
      }
      if (conn != null) {
        conn.close();
```

```
    }
  } catch (SQLException e) {
    // or here
  }
 }
}
```

Oberflächlich betrachtet, scheint Listing 5.2 mit Listing 5.1 identisch zu sein. Tatsächlich sind beide auch identisch, wenn man SQL `String` und die Zeile, in der die Anweisung erstellt wird, außer Acht lässt. Auch hier ist das ziemlich viel Code, um so etwas Einfaches wie die Aktualisierung einer einzigen Reihe in einer Datenbank zu erledigen. Darüber hinaus wird viel Code einfach wiederholt. Im Idealfall müssten wir lediglich die für die aktuelle Aufgabe spezifischen Zeilen schreiben. Letztendlich sind es die einzigen Zeilen, die Listing 5.2 von Listing 5.1 unterscheiden. Der Rest ist einfach Boilerplate-Code.

Um unseren Exkurs in die Welt des konventionellen JDBC abzurunden, sehen wir uns an, wie man Daten aus der Datenbank ausliest. Wie Sie anhand des folgenden Listings unschwer erkennen können, ist das nicht gerade elegant.

LISTING 5.3 Mit JDBC einen Datensatz aus einer Datenbank abrufen

```
private static final String SQL_SELECT_SPITTER =
    "select id, username, fullname from spitter where id = ?";
public Spitter getSpitterById(long id) {
  Connection conn = null;
  PreparedStatement stmt = null;
  ResultSet rs = null;
  try {
    conn = dataSource.getConnection();    ◂ Verbindung holen
    stmt = conn.prepareStatement(SQL_SELECT_SPITTER);    ◂ Anweisung erstellen
    stmt.setLong(1, id);    ◂ Parameter binden
    rs = stmt.executeQuery();    ◂ Abfrage ausführen
    Spitter spitter = null;
    if (rs.next()) {    ◂ Ergebnisse verarbeiten
      spitter = new Spitter();
      spitter.setId(rs.getLong("id"));
      spitter.setUsername(rs.getString("username"));
      spitter.setPassword(rs.getString("password"));
      spitter.setFullName(rs.getString("fullname"));
    }
    return spitter;
  } catch (SQLException e) {    ◂ Exceptions abfangen (irgendwie)
  } finally {
    if(rs != null) {
      try {    ◂ Bereinigen
        rs.close();
      } catch(SQLException e) {}
    }

    if(stmt != null) {
      try {
      stmt.close();
      } catch(SQLException e) {}
    }
```

```
        if(conn != null) {
            try {
                conn.close();
            } catch(SQLException e) {}
        }
    }
    return null;
}
```

Das ist genauso geschwätzig wie die Beispiele mit dem Einfügen und Aktualisieren - oder vielleicht noch schlimmer; wie das Pareto[2]-Prinzip, aber auf den Kopf gestellt: 20 Prozent des Codes werden tatsächlich zum Abfragen der Reihe benötigt, wohingegen 80 Prozent Boilerplate-Code darstellen.

Inzwischen haben Sie erkannt, dass es sich bei einem Großteil des JDBC-Codes um Boilerplate-Code handelt, mit dem Verbindungen geöffnet, Anweisungen erstellt und Exceptions abgefangen werden. Da ich nun den Beweis geführt habe, beenden wir die Tortur an dieser Stelle: Sie werden sich diesen hässlichen Code nicht länger anschauen müssen.

Tatsache ist, dass der Boilerplate-Code wichtig ist. Das Bereinigen von Ressourcen und Abfangen von Fehlern machen den Datenzugriff robust. Ohne ihn blieben die Fehler unerkannt, und die Ressource wäre noch offen, sodass der Code unvorhersagbar wird und Ressourcenlecks entstehen. Also: Wir brauchen diesen Code nicht nur, wir müssen auch dafür sorgen, dass er stimmig ist. Umso mehr Grund, den Boilerplate-Code an ein Framework zu delegieren, sodass wir wissen, dass er nur einmal geschrieben wird, dafür aber richtig.

5.3.2 Mit JDBC-Vorlagen arbeiten

Springs JDBC-Framework bereinigt Ihren JDBC-Code, indem es die Last des Ressourcenmanagements und des Exception-Handlings übernimmt. Mithin müssen Sie nur den erforderlichen Code verfassen, um Ihre Daten in die Datenbank zu schreiben und aus ihr zu lesen.

Wie bereits in Abschnitt 5.3.1 besprochen wurde, versteckt Spring den Boilerplate-Code für den Datenzugriff hinter der Abstraktion der Schablonenklassen. Für JDBC bietet Spring die Wahl zwischen drei Schablonenklassen:

- `JdbcTemplate` - Die einfachste der Spring JDBC-Schablonen. Diese Klasse gewährt den einfachen Zugriff auf eine Datenbank durch JDBC und unterstützt einfache Abfragen für indizierte Parameter.
- `NamedParameterJdbcTemplate` - Mit dieser JDBC-Schablonenklasse können Sie Abfragen durchführen, wenn die Werte mit benannten Parametern statt mit indizierten Parametern im SQL verknüpft sind.
- `SimpleJdbcTemplate` - Diese Version der JDBC-Schablone profitiert von Java-5-Features wie beispielsweise Autoboxing, Generics sowie variablen Parameterlisten, um die Nutzung der JDBC-Schablone zu vereinfachen.

[2] http://de.wikipedia.org/wiki/Paretoprinzip

Früher musste man die Wahl der JDBC-Schablone sehr sorgfältig erwägen. Aber die neueren Versionen von Spring vereinfachen diese Entscheidung. In Spring 2.5 wurde das Merkmal „benannte Parameter“ aus `NamedParameterJdbcTemplate` mit `SimpleJdbcTemplate` verschmolzen. Ab Spring 3.0 wurde der Support für ältere Versionen von Java (vor Java 5) fallengelassen, sodass es fast keinen Grund gibt, dem einfachen `JdbcTemplate` den Vortritt gegenüber `SimpleJdbcTemplate` zu gewähren. Aufgrund dieser Änderungen konzentrieren wir uns in diesem Kapitel ausschließlich auf `SimpleJdbcTemplate`.

Datenzugriff mit `SimpleJdbcTemplate`

Alles, was `SimpleJdbcTemplate` benötigt, um seine Arbeit zu verrichten, ist eine `DataSource`. So lässt sich problemlos eine `SimpleJdbcTemplate`-Bean mit dem folgenden XML in Spring konfigurieren:

```
<bean id="jdbcTemplate"
      class="org.springframework.jdbc.core.simple.SimpleJdbcTemplate">
   <constructor-arg ref="dataSource" />
</bean>
```

Die tatsächlich von der `dataSource`-Eigenschaft referenzierte `DataSource` kann eine beliebige Implementierung von `javax.sql.DataSource` sein – auch die in Abschnitt 5.2 erstellte.

Nun können wir die `jdbcTemplate`-Bean in unser DAO integrieren und für den Zugriff auf die Datenbank nutzen. Nehmen wir beispielsweise an, dass das Spitter-DAO für die Nutzung von `SimpleJdbcTemplate` geschrieben wurde:

```
public class JdbcSpitterDAO implements SpitterDAO {
...
  private SimpleJdbcTemplate jdbcTemplate;
  public void setJdbcTemplate(SimpleJdbcTemplate jdbcTemplate) {
    this.jdbcTemplate = jdbcTemplate;
  }
}
```

Hier würde man die Eigenschaft `jdbcTemplate` von `JdbcSpitterDAO` wie folgt verknüpfen:

```
<bean id="spitterDao"
      class="com.habuma.spitter.persistence.SimpleJdbcTemplateSpitterDao">
  <property name="jdbcTemplate" ref="jdbcTemplate" />
</bean>
```

Da unser DAO nun ein `SimpleJdbcTemplate` zur Verfügung steht, können wir die `addSpitter()`-Methode aus Listing 5.1 stark vereinfachen. Die neue `SimpleJdbcTemplate`-basierte `addSpitter()`-Methode folgt:

LISTING 5.4 Auf `SimpleJdbcTemplate` basierende `addSpitter()`-Methode

```
public void addSpitter(Spitter spitter) {
  jdbcTemplate.update(SQL_INSERT_SPITTER,     ◂ Update Spitter
          spitter.getUsername(),
          spitter.getPassword(),
          spitter.getFullName(),
          spitter.getEmail(),
          spitter.isUpdateByEmail());
  spitter.setId(queryForIdentity());
}
```

Sie werden sicherlich mit mir übereinstimmen, dass diese Version von `addSpitter()` bedeutend einfacher ist. Der Code für die Verbindung und die Anweisung entfällt, und man muss sich nicht mehr um die Exceptions kümmern. Da bleibt nur noch der Code zum Einfügen der Daten übrig.

Aber nur weil Sie den Boilerplate-Code nicht sehen können, bedeutet dies noch lange nicht, dass es ihn nicht gibt. Er ist nur schlauerweise in der JDBC-Schablonenklasse versteckt. Wenn die Methode `update()` gerufen wird, holt `SimpleJdbcTemplate` eine Verbindung, erstellt eine Anweisung und führt die SQL-Einfügung durch.

Auch sieht man nicht, wie mit der `SQLException` umgegangen wird. Intern fängt `SimpleJdbcTemplate` alle eventuell ausgelösten `SQLExceptions` ab. Dann wird die generische `SQLException` in eine der spezifischeren Datenzugriffs-Exceptions konvertiert, die in Tabelle 5.1 stehen, und erneut ausgelöst. Weil es sich bei den Datenzugriffs-Exceptions von Spring ausschließlich um Runtime-Exceptions handelt, mussten wir sie in der `addSpitter()`-Methode nicht abfangen.

Das Lesen der Daten wird außerdem mit `JdbcTemplate` vereinfacht. Im Folgenden sehen Sie eine neue Version von `getSpitterById()`, die `SimpleJdbcTemplate`-Callbacks zum Abbilden eines Ergebnissatzes auf den Domänenobjekten nutzt.

LISTING 5.5 Abfrage für `Spitter` mit `SimpleJdbcTemplate`

```
public Spitter getSpitterById(long id) {
  return jdbcTemplate.queryForObject(     ◂ Abfragen für Spitter
          SQL_SELECT_SPITTER_BY_ID,
      new ParameterizedRowMapper<Spitter>() {
        public Spitter mapRow(ResultSet rs, int rowNum)
            throws SQLException {
          Spitter spitter = new Spitter();     ◂ Bildet Ergebnisse auf Objekt ab
          spitter.setId(rs.getLong(1));
          spitter.setUsername(rs.getString(2));
          spitter.setPassword(rs.getString(3));
          spitter.setFullName(rs.getString(4));
          return spitter;
        }
      },
      id     ◂ Bindet Parameter
      );
}
```

Die Methode getSpitterById() nutzt die queryForObject()-Methode von SimpleJdbc-Template, um ein Spitter aus der Datenbank abzufragen. Die Methode queryForObject() nimmt drei Parameter entgegen:

- Eine Zeichenkette (String) mit dem SQL, das zum Wählen der Daten aus der Datenbank verwendet wird
- Ein ParameterizedRowMapper-Objekt, das die Werte aus einem ResultSet extrahiert und ein Domänenobjekt erstellt (in diesem Fall ein Spitter)
- Eine variable Argumentenliste der Werte, die an die indizierten Parameter der Abfrage gebunden werden sollen

Aber richtig gezaubert wird im Objekt ParameterizedRowMapper. Für jede aus der Abfrage resultierende Reihe ruft JdbcTemplate die Methode mapRow() von RowMapper auf. Innerhalb von ParameterizedRowMapper haben wir den Code geschrieben, der ein Spitter-Objekt erstellt und mit den Werten aus dem ResultSet bevölkert.

Genau wie addSpitter() ist die Methode getSpitterById() frei von JDBC-Boilerplate-Code. Im Gegensatz zum traditionellen JDBC gibt es keinen Code für das Ressourcenmanagement oder das Exception-Handling. Methoden, die SimpleJdbcTemplate verwenden, sind gezielt für das Abfragen eines Spitter-Objekts aus der Datenbank konzipiert.

Nutzen von benannten Parametern

Die Methode addSpitter() in Listing 5.4 nutzt indizierte Parameter. So mussten wir die Reihenfolge der Parameter in der Abfrage beachten und die Werte in der richtigen Reihenfolge bei der Übergabe an die Methode update() auflisten. Sollten wir die SQL jemals so ändern, dass sich die Reihenfolge der Parameter ändert, müssten wir auch die Reihenfolge der Werte ändern.

Optional können wir mit benannten Parametern arbeiten. Benannte Parameter geben uns die Möglichkeit, jedem Parameter in SQL explizit einen Namen zuzuweisen und den Parameter mit diesem Namen anzusprechen, wenn wir Werte an die Anweisung binden. Nehmen wir beispielsweise an, dass die Abfrage SQL_INSERT_ SPITTER wie folgt definiert ist:

```
private static final String SQL_INSERT_SPITTER =
        "insert into spitter (username, password, fullname) " +
        "values (:username, :password, :fullname)";
```

Mit einer Abfrage auf einen benannten Parameter ist die Reihenfolge der gebundenen Parameter unwesentlich. Wir können jeden Wert mit dem Namen binden. Ändert sich die Abfrage und somit die Reihenfolge der Parameter, müssen wir den Code der Bindung nicht anpassen.

In Spring 2.0 musste man für Abfragen mit benannten Parametern eine spezielle JDBC-Schablonenklasse namens NamedParameterJdbcTemplate verwenden. Vor Spring 2.0 war's sogar unmöglich. Ab Spring 2.5 wurde jedoch das Merkmal „benannte Parameter“ aus NamedParameterJdbcTemplate mit SimpleJdbcTemplate verschmolzen, sodass man problemlos die Methode addSpitter() zur Nutzung benannter Parameter aktualisieren kann. Im folgenden Listing finden Sie die neue Version von addSpitter() mit benannten Parametern.

LISTING 5.6 Verwenden benannter Parameter in Spring mit JDBC-Vorlagen

```
public void addSpitter(Spitter spitter) {
  Map<String, Object> params = new HashMap<String, Object>();
  params.put("username", spitter.getUsername());   ◂ Parameter binden
  params.put("password", spitter.getPassword());
  params.put("fullname", spitter.getFullName());

  jdbcTemplate.update(SQL_INSERT_SPITTER, params);   ◂ Einfügen
  spitter.setId(queryForIdentity());
}
```

Als Erstes fällt auf, dass diese Version von `addSpitter()` etwas länger als die vorhergehende ist. Der Grund dafür liegt in der Tatsache begründet, dass die benannten Parameter durch eine `java.util.Map`-Schnittstelle gebunden sind. Dennoch bezieht sich jede Zeile auf das Ziel, ein `Spitter`-Objekt in die Datenbank einzufügen. Außerdem gibt es keinen Code für das Ressourcenmanagement oder Exception-Handling, der vom Hauptzweck der Methode nur ablenken würde.

Nutzen von Springs DAO-Support-Klassen für JDBC

Für jede JDBC-basierte DAO-Klasse in unserer Anwendung müssen wir auf jeden Fall eine `SimpleJdbcTemplate`-Eigenschaft sowie eine Setter-Methode hinzufügen und auf jeden Fall die `SimpleJdbcTemplate`-Bean in die Eigenschaft `SimpleJdbcTemplate` von jedem DAO integrieren. Das ist keine große Affäre, wenn die Anwendung nur ein DAO hat; wenn Sie aber mehrere DAOs haben, ist es eine ganze Menge an sich wiederholendem Code.

Eine Lösung bestünde darin, eine gemeinsame Elternklasse für alle DAO-Objekte zu erstellen, in der die Eigenschaft `SimpleJdbcTemplate` steht. Dann würden alle Ihrer DAO-Klassen diese Klasse erweitern und `SimpleJdbcTemplate` aus der Elternklasse für den Datenzugriff verwenden. Abbildung 5.4 zeigt die vorgeschlagene Beziehung zwischen einer Anwendungs-DAO und der Basisklasse für DAOs.

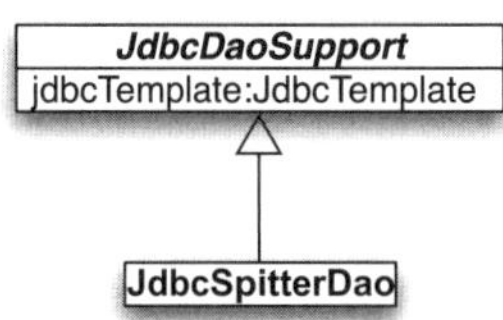

ABBILDUNG 5.4 Springs DAO-Support-Klassen definieren einen Platzhalter für die JDBC-Schablonenobjekte, sodass die Subklassen keine eigenen JDBC-Schablonen verwalten müssen.

Der Gedanke, eine Basisklasse für DAOs mit JDBC-Schablonen zu erstellen, ist tatsächlich so gut, dass Spring diese Basisklasse out-of-the-box anbietet. In Wirklichkeit sind es drei solcher Klassen – `Jdbc-DaoSupport`, `SimpleJdbcDaoSupport` und `NamedParameterJdbcDaoSupport` – für die jeweils passenden Spring-JDBC-Schablonen. Um eine dieser DAO-Support-Klassen zu verwenden, erweitern Sie zunächst Ihre DAO-Klasse. Zum Beispiel:

```
public class JdbcSpitterDao erweitert SimpleJdbcDaoSupport
    implements SpitterDao {
...
}
```

SimpleJdbcDaoSupport bietet den bequemen Zugriff auf SimpleJdbcTemplate mithilfe der Methode getSimpleJdbcTemplate(). Zum Beispiel kann man die Methode addSpitter() wie folgt schreiben:

```
public void addSpitter(Spitter spitter) {
  getSimpleJdbcTemplate().update(SQL_INSERT_SPITTER,
          spitter.getUsername(),
          spitter.getPassword(),
          spitter.getFullName(),
          spitter.getEmail(),
          spitter.isUpdateByEmail());
  spitter.setId(queryForIdentity());
}
```

Wenn Sie Ihre DAO-Klasse in Spring konfigurieren, könnten Sie wie folgt eine SimpleJdbcTemplate-Bean direkt in die jdbcTemplate-Eigenschaft der Klasse integrieren:

```
<bean id="spitterDao"
      class="com.habuma.spitter.persistence.JdbcSpitterDao">
  <property name="jdbcTemplate" ref="jdbcTemplate" />
</bean>
```

Das funktioniert, aber es ist nicht viel anders als die Konfiguration des DAOs, ohne SimpleJdbcDaoSupport-Erweiterung. Alternativ können Sie den Mittelsmann (oder die Bean in der Mitte, wenn Sie das bevorzugen) auslassen und die Datenquelle direkt mit der Eigenschaft dataSource verschalten, die JdbcSpitterDao von SimpleJdbcDaoSupport erbt:

```
<bean id="spitterDao"
      class="com.habuma.spitter.persistence.JdbcSpitterDao">
  <property name="dataSource" ref="dataSource" />
</bean>
```

Ist die Eigenschaft dataSource von JdbcSpitterDao richtig konfiguriert, erstellt die Datenquelle intern eine Instanz von SimpleJdbcTemplate. So müssen Sie in Spring keine SimpleJdbcTemplate-Bean explizit deklarieren.

JDBC stellt die einfachste Art des Zugriffs auf Daten in einer relationalen Datenbank dar. Spring-JDBC-Schablonen ersparen dem Programmierer den Ärger, sich mit dem Boilerplate-Code herumzuschlagen, der für die Verbindungsressourcen und das Exception-Handling zuständig ist. So kann man sich auf die eigentliche Aufgabe konzentrieren: Daten abzufragen und zu aktualisieren.

Obwohl Spring den Umgang mit JDBC größtenteils schmerzlos gestaltet, kann der Ansatz dennoch unhandlich sein, wenn die Anwendung größer und komplexer wird. Um die Herausforderung der Persistenz in einer großen Anwendung anzunehmen, werden Sie unter Umständen auf ein Persistenz-Framework wie Hibernate aufsteigen wollen. Sehen wir uns an, wie man Hibernate in die Persistenzebene einer Spring-Anwendung einbaut.

5.4 Hibernate und Spring integrieren

Als ich klein war, fuhr ich vormittags mit dem Rad zur Schule und nachmittags zu einem guten Freund. Wenn's spät wurde, ging es gemächlich nach Hause, wo meine Eltern mich anblafften, weil ich im Dunkeln noch draußen gewesen war. Hat richtig Spaß gemacht, damals.

Dann wurde ich erwachsen, und heute reicht mir das Fahrrad nicht mehr aus. Manchmal muss ich weite Strecken zur Arbeit fahren, Lebensmittel einkaufen, und die Kinder müssen zum Fußballtraining. Und wenn Sie in Texas leben, ist eine Klimaanlage unabdingbar! Unsere Bedürfnisse sind einfach größer geworden.

JDBC ist das Fahrrad in der Welt der Persistenz. Was es leistet, ist toll – und für manche Aufgaben völlig ausreichend. Wenn die Anwendungen komplexer werden, wachsen auch die Persistenzanforderungen an. Wir müssen Datenbankspalten als Objekteigenschaften abbilden und die Anweisungen und Abfragen erstellen lassen, sodass wir vom Tippen endloser Reihen von Fragezeichen befreit werden. Wir benötigen auch raffiniertere Features:

- *Lazy Loading* – Wenn die Objektgraphen komplexer werden, ist es manchmal nicht wünschenswert, ganze Beziehungen sofort zu laden. Um ein typisches Beispiel zu zitieren, nehmen wir mal an, wir wählen eine Gruppe von `PurchaseOrder`-Objekten, wobei jedes dieser Objekte eine Ansammlung von `LineItem`-Objekten beinhaltet. Wenn wir uns nur für das Attribut von `PurchaseOrder` interessieren, ergibt das keinen Sinn, die Daten aus `LineItem` abzugreifen. Das könnte zu viel Rechenzeit in Anspruch nehmen. Mit Lazy Loading können wir die Daten bei Bedarf abgreifen.
- *Eager Fetching* – Das genaue Gegenteil von Lazy Loading. Mit Eager Fetching können Sie einen kompletten Objektgraphen mit einer Abfrage abgreifen. Wenn wir bereits wissen, dass wir ein `PurchaseOrder`-Objekt und die damit verknüpften `LineItems` benötigen, können wir es mit einer einzigen Operation aus der Datenbank abholen, um aufwendige Wiederholungen zu vermeiden.
- *Cascading* – Manchmal führen Änderungen einer Datenbanktabelle zu Änderungen in weiteren Tabellen. Um beim Beispiel mit dem Auftrag zu bleiben, wenn ein `Order`-Objekt gelöscht wird, wollen wir auch die damit verknüpften `LineItems` aus der Datenbank entfernen.

Es gibt einige Frameworks, die diese Fähigkeit besitzen. Der Überbegriff für diese Fähigkeit lautet *objektrelationales Mapping (ORM)*. Indem Sie ein ORM-Tool für die Persistenzebene einsetzen, können Sie buchstäblich Tausende Zeilen Code und viele Stunden an Entwicklungsarbeit einsparen. So konzentrieren Sie sich auf die Anforderungen der Anwendung, statt fehleranfälligen SQL-Code zu schreiben.

Spring unterstützt verschiedene Persistenz-Frameworks, darunter Hibernate, iBATIS, Java Data Objects (JDO) und die Java Persistence API (JPA).

Analog zum JDBC-Support in Spring gibt es für ORM-Frameworks Integrationspunkte und zusätzliche Services für die Frameworks:

- Integrierter Support für deklarative Transaktionen in Spring
- Transparentes Exception-Handling
- Threading-fähige, schlanke Schablonenklassen
- DAO-Support-Klassen
- Ressourcenmanagement

Der Platz in diesem Kapitel reicht nicht aus, um allen von Spring unterstützten ORM-Frameworks gerecht zu werden. Aber das geht schon in Ordnung, denn der Spring-Support für eine ORM-Lösung ist bei den verschiedenen Frameworks ähnlich. Wenn Sie sich daran gewöhnt haben, ein ORM-Framework mit Spring zu nutzen, werden Sie kein Problem damit haben, auf ein anderes Framework umzuschwenken.

Sehen wir uns zunächst an, wie Spring mit dem wohl beliebtesten ORM-Framework Hibernate integriert werden kann. Weiter unten in diesem Kapitel untersuchen wir auch, wie sich Spring mit JPA integrieren lässt (Abschnitt 5.5).

Hibernate ist ein Open-Source-Persistenz-Framework, das in der Entwickler-Community sehr beliebt geworden ist. Es bietet neben grundlegendem objektrelationalem Mapping all die anderen raffinierten Features, die man von einem umfassenden ORM-Tool erwartet wie beispielsweise Caching, Lazy Loading, Eager Fetching und verteiltes Caching.

In diesem Abschnitt befassen wir uns damit, wie Spring bei Hibernate integriert wird, wobei wir nicht allzu viel Zeit damit verbringen werden, auf die verstrickten Einzelheiten der Nutzung von Hibernate einzugehen. Wenn Sie mehr über die Arbeit mit Hibernate lesen wollen, kann ich entweder *Java Persistence mit Hibernate* (Hanser 2007) oder die Hibernate-Website unter http://www.hibernate.org empfehlen.

5.4.1 Hibernate – ein Überblick

Im vorhergehenden Abschnitt haben wir uns angesehen, wie man mithilfe der JDBC-Schablonen mit JDBC arbeitet. Wie sich herausstellt, bietet Spring eine ähnliche Schablonenklasse für Hibernate, um die Hibernate-Persistenz zu abstrahieren. Historisch betrachtet, war `HibernateTemplate` der gängige Ansatz für die Nutzung von Hibernate in einer Spring-Anwendung. Wie sein JDBC-Gegenstück hat sich `HibernateTemplate` um die Feinheiten der Arbeit mit Hibernate gekümmert, indem es die Hibernate-spezifischen Exceptions abgefangen und sie als nicht geprüfte Spring-Datenzugriffs-Exceptions wieder ausgelöst hat.

Eine der Verantwortlichkeiten von `HibernateTemplate` ist die Verwaltung der Hibernate-`Sessions`. Dazu gehören das Öffnen und Schließen der Sessions – auch muss sichergestellt werden, dass es nur eine Session je Transaktion gibt. Ohne `HibernateTemplate` hätte man nur die Möglichkeit, die DAOs mit Boilerplate-Session-Management-Code vollzustopfen.

Der Nachteil von `HibernateTemplate` besteht darin, dass es stark in den Code eingreift. Wenn wir Springs `HibernateTemplate` in einem DAO nutzen (ob direkt oder durch `HibernateDaoSupport`), ist die DAO-Klasse mit der Spring-API verknüpft. Obwohl das manche Entwickler nicht sonderlich beunruhigen dürfte, werden andere dieses Eingreifen von Spring in den DAO-Code nicht wünschenswert finden.

Obwohl es `HibernateTemplate` weiterhin gibt, gilt diese Methode nicht mehr als der beste Ansatz für die Arbeit mit Hibernate. *Kontextbezogene Sessions*, wie sie in Hibernate 3 eingeführt wurden, sind die von Hibernate selbst gewählte Methode für die Verwaltung von einer `Session` je Transaktion. `HibernateTemplate` wird nicht benötigt, um dieses Verhalten sicherzustellen. So bleiben Ihre DAO-Klassen frei von Spring-spezifischem Code.

Weil kontextbezogene Sessions die Best Practice für den Umgang mit Hibernate darstellen, wollen wir uns darauf konzentrieren und keine weitere Zeit mit `HibernateTemplate` verschwenden. Wenn Sie weiterhin neugierig auf HibernateTemplate sind und wissen wollen, wie es funktioniert, lesen Sie die erste deutsche Auflage dieses Buchs bzw. den Beispielcode, den Sie von folgender Adressen downloaden können: http://www.manning.com/walls4/. Dort finden Sie ein Beispiel für HibernateTemplate.

Bevor wir uns auf die Arbeit mit den kontextbezogenen Sessions von Hibernate stürzen, müssen wir die Bühne für Hibernate vorbereiten, indem wir eine Hibernate-Session-Factory in Spring konfigurieren.

5.4.2 Wie man eine Hibernate-Session-Factory deklariert

Nativ heißt die Hauptschnittstelle für die Arbeit mit Hibernate org.hibernate.Session. Die Session-Schnittstelle stellt eine grundlegende Datenzugriffsfunktionalität bereit, beispielsweise die Fähigkeit, Objekte in der Datenbank zu speichern, zu aktualisieren bzw. zu löschen sowie Objekte aus der Datenbank zu laden. Durch die Hibernate-Session erfüllt das DAO einer Anwendung alle Persistenzanforderungen.

Die Standardmethode zum Referenzieren eines Hibernate-Session-Objekts besteht darin, die Hibernate SessionFactory-Schnittstelle zu implementieren. Unter anderem ist die SessionFactory dafür zuständig, Hibernate-Sessions zu öffnen, zu schließen und zu verwalten.

In Spring kommt man durch Springs Hibernate-Session-Factory-Beans an eine Hibernate-SessionFactory . Diese Session-Factory-Beans sind Implementierungen der Spring FactoryBean-Schnittstelle, die eine Hibernate-SessionFactory erstellen, wenn sie korrekt mit einer Eigenschaft vom Typ SessionFactory verknüpft werden. So können Sie Ihre Hibernate-Session-Factory neben den anderen Beans im Spring-Kontext Ihrer Anwendung konfigurieren.

Wenn es darum geht, eine Hibernate-Session-Factory-Bean zu konfigurieren, stehen Sie vor einer Wahl. Sie hängt davon ab, ob Sie Ihre persistenten Domänenobjekte mithilfe der Hibernate XML-Mapping-Files oder mit Annotationen konfigurieren wollen. Entscheiden Sie sich dafür, das Objekt-zu-Datenbank-Mapping in XML zu konfigurieren, müssen Sie LocalSessionFactoryBean in Spring konfigurieren:

```
<bean id="sessionFactory"
      class="org.springframework.orm.hibernate3.LocalSessionFactoryBean">
  <property name="dataSource" ref="dataSource" />
  <property name="mappingResources">
   <list>
    <value>Spitter.hbm.xml </value>
   </list>
  </property>
  <property name="hibernateProperties">
   <props>
    <prop key="dialect">org.hibernate.dialect.HSQLDialect</prop>
   </props>
  </property>
</bean>
```

LocalSessionFactoryBean wird hier mit drei Eigenschaften konfiguriert. Die Eigenschaft dataSource ist mit einer Referenz auf eine DataSource-Bean verknüpft. Die Eigenschaft mappingResources listet eine oder mehrere Hibernate-Mapping-Files, welche die Persistenzstrategie für die Anwendung definieren. Zu guter Letzt werden in hibernateProperties die Einzelheiten der Betriebsweise von Hibernate konfiguriert. In diesem Fall bestimmen wir, dass Hibernate mit einer Hypersonic-Datenbank arbeitet und den Dialekt HSQLDialect nutzen soll, um die SQL passend zu formulieren.

Wenn Sie sich eher einer annotationsorientierten Persistenz hinzugezogen fühlen, müssen Sie AnnotationSessionFactoryBean statt LocalSessionFactoryBean verwenden:

```
<bean id="sessionFactory"
      class="org.springframework.orm.hibernate3.annotation.
  ➥ AnnotationSessionFactoryBean">
  <property name="dataSource" ref="dataSource" />
  <property name="packagesToScan"
      value="com.habuma.spitter.domain" />
  <property name="hibernateProperties">
    <props>
      <prop key="dialect">org.hibernate.dialect.HSQLDialect</prop>
    </props>
  </property>
</bean>
```

Wie bei LocalSessionFactoryBean verraten die Eigenschaften dataSource und hibernateProperties, wo wir eine Datenbankverbindung finden und mit welcher Art von Datenbank wir es zu tun haben.

Statt Hibernate-Mapping-Files aufzulisten, können wir die Eigenschaft packagesToScan nutzen, um Spring anzuweisen, ein oder mehrere Pakete zu scannen, um die Domänenklassen zu finden, die für die Persistenz mit Hibernate annotiert werden. Dazu gehören Klassen, die mit JPAs @Entity oder @MappedSuperclass annotiert werden, sowie Hibernates eigene @Entity-Annotation.

Eine Liste mit einem Eintrag

Die Eigenschaft packagesToScan von AnnotationSessionFactoryBean erwartet ein Array aus Strings, das die nach persistenten Klassen zu durchsuchenden Pakete definiert. In der Regel würde ich eine solche Liste wie folgt spezifizieren:

```
<property name="packagesToScan">
    <list>
        <value>com.habuma.spitter.domain</value>
    </list>
</property>
```

Weil jedoch ein einziges Paket gescannt werden soll, profitiere ich hier von einem integrierten Eigenschaftseditor, der einen einzigen String-Wert automatisch in ein String-Array konvertiert.

Wenn es Ihnen lieber ist, können Sie alle persistenten Klassen der Anwendung explizit auflisten, indem Sie eine Liste der vollqualifizierten Klassennamen in der Eigenschaft annotatedClasses spezifizieren:

```
<property name="annotatedClasses">
    <list>
        <value>com.habuma.spitter.domain.Spitter</value>
        <value>com.habuma.spitter.domain.Spittle</value>
    </list>
</property>
```

Sofern es nur darum geht, einige Domänenklassen von Hand auszulesen, ist die Eigenschaft `annotatedClasses` völlig in Ordnung. Allerdings ist `packagesToScan` eher angebracht, wenn Sie es mit vielen Domänenklassen zu tun haben und nicht alle aufführen wollen, oder wenn Sie die Freiheit behalten wollen, Domänenklassen hinzuzufügen oder zu entfernen, ohne wieder in die Spring-Konfiguration eingreifen zu müssen.

Da wir nun eine Hibernate-Session-Factory-Bean im Kontext der Spring-Anwendung definiert haben, ist es an der Zeit, die DAO-Klassen zu erstellen.

5.4.3 Spring-freies Hibernate bauen

Wie bereits erwähnt, müssten mangels kontextbezogener Sessions Springs Hibernate-Schablonen die Aufgabe übernehmen, eine Session je Transaktion sicherzustellen. Da Hibernate diese Aufgabe übernimmt, werden die Schablonenklassen nicht benötigt. Mit anderen Worten: Sie können eine Hibernate-Session direkt in Ihre DAO-Klassen integrieren.

LISTING 5.7 Hibernates kontextbezogene Sessions ermöglichen Hibernate-DAOs ohne Spring.

```
package com.habuma.spitter.persistence;
import java.util.List;
import org.hibernate.SessionFactory;
import org.hibernate.classic.Session;
import org.springframework.beans.factory.annotation.Autowired;
import org.springframework.stereotype.Repository;
import com.habuma.spitter.domain.Spitter;
import com.habuma.spitter.domain.Spittle;
@Repository
public class HibernateSpitterDao implements SpitterDao {
  private SessionFactory sessionFactory;
  @Autowired
  public HibernateSpitterDao(SessionFactory sessionFactory) {    ◂ DAO bilden
    this.sessionFactory = sessionFactory;
  }
  private Session currentSession() {
    return sessionFactory.getCurrentSession();    ◂ Aktuelle Session von SessionFactory holen
  }
  public void addSpitter(Spitter spitter) {
    currentSession().save(spitter);    ◂ Aktuelle Session nutzen
  }
  public Spitter getSpitterById(long id) {
    return (Spitter) currentSession().get(Spitter.class, id);    ◂ Aktuelle Session nutzen
  }
  public void saveSpitter(Spitter spitter) {
    currentSession().update(spitter);    ◂ Aktuelle Session nutzen
  }
...
}
```

In Listing 5.7 gibt es einiges zu beachten. Zunächst, dass wir die Annotation `@Autowired` in Spring nutzen, sodass Spring automatische eine `SessionFactory` in die Eigenschaft `sessionFactory` von `HibernateSpitterDao` injiziert. In der aktuellen `current-Session()`-Methode nutzen wir diese `SessionFactory`, um die Session der aktuellen Transaktion zu holen.

Beachten Sie außerdem, dass die Klasse mit `@Repository` annotiert wurde. Damit schaffen wir zweierlei. Erstens handelt es sich bei `@Repository` um eine stereotype Annotation von Spring, die unter anderem von Springs `<context:component-scan>` gescannt wird. Damit müssen wir keine `HibernateSpitterDao`-Bean deklarieren, sofern wir `<context:component-scan>` wie folgt konfigurieren:

```
<context:component-scan
    base-package="com.habuma.spitter.persistence" />
```

Neben der Reduzierung des XML-basierten Konfigurationsaufwandes dient `@Repository` einem weiteren Zweck. Bedenken Sie, dass es zu den Aufgaben der Schablonenklasse gehört, plattformspezifische Exceptions abzufangen und diese als standardisierte, ungeprüfte Spring-Exceptions erneut auszulösen. Wenn wir aber die kontextbezogenen Sessions von Hibernate nutzen – wie soll diese Exception-Übersetzung stattfinden?

Um die Exception-Übersetzung einem Hibernate-DAO ohne Schablonen hinzuzufügen, müssen wir lediglich eine `PersistenceExceptionTranslationPostProcessor`-Bean dem Spring-Anwendungskontext hinzufügen:

```
<bean class="org.springframework.dao.annotation.
  ➥ PersistenceExceptionTranslationPostProcessor"/>
```

`PersistenceExceptionTranslationPostProcessor` ist ein Postprozessor für Beans, der einen Advisor an jede Bean anhängt, die mit `@Repository` annotiert ist, sodass alle plattformspezifischen Exceptions abgefangen und als standardisierte, ungeprüfte Spring-Exceptions erneut ausgelöst werden.

Nun ist die Hibernate-Version unseres DAOs komplett. Wir wollten es ohne direkte Abhängigkeiten für etwaige Spring-spezifische Klassen entwickeln (mit Ausnahme der `@Repository`-Annotation). Analog dazu wird bei der Entwicklung eines reinen JPA-basierten DAOs ebenfalls ohne Schablonen gearbeitet. Wir wagen noch einmal eine `SpitterDao`-Implementierung, dieses Mal mithilfe von JPA.

5.5 Spring und die Java Persistence API

Von Anfang an enthielt die EJB-Spezifikation das Konzept der Entity-Beans. In EJB sind *Entity-Beans* eine Art von EJB, die Business-Objekte beschreiben, die mithilfe einer relationalen Datenbank persistent gestaltet werden. Bei den Entity-Beans gab's im Laufe der Jahre einige Tweaks; darunter *Bean-Managed Persistence (BMP)* Entity-Beans sowie *Container-Managed Persistence (CMP)* Entity-Beans.

Entity-Beans haben von der zunehmenden Beliebtheit von EJB profitiert und unter der abnehmenden Beliebtheit von EJB gelitten. In den letzten Jahren haben die Entwickler ihre schwergewichtigen EJBs gegen eine einfachere, POJO-basierte Entwicklung eingetauscht. So stand der Java Community Process vor der Herausforderung, die neue EJB-Spezifikation um POJOs zu bauen. Das Ergebnis heißt: JSR-220 – auch bekannt als *EJB 3*.

Die Java Persistence API (JPA) entstand aus den Scherben der EJB 2 Entity-Beans als Java-Persistenzstandard der nächsten Generation. JPA ist ein POJO-basierter Persistenzmechanismus, der seine Ideen sowohl aus Hibernate als auch aus *Java Data Objects (JDO)* bezieht und Java 5-Annotationen nur so zum Spaß beigibt.

Gleichzeitig mit der Veröffentlichung von Spring 2.0 fand die Premiere der Spring-Integration mit JPA statt. Ironischerweise schieben viele Spring die Schuld für den Untergang von EJB in die Schuhe (oder loben Spring dafür). Da Spring nun Support für JPA bietet, empfehlen viele Entwickler JPA für die Persistenz in Spring-basierten Anwendungen. Tatsächlich behaupten einige, dass Spring-JPA das Dreamteam für die POJO-Entwicklung darstellt.

Der erste Schritt hin zur Nutzung von JPA mit Spring besteht darin, eine Entity-Manager-Factory als Bean im Spring Anwendungskontext zu konfigurieren.

5.5.1 Entity-Manager-Factory konfigurieren

Kurzum: JPA-basierte Anwendungen nutzen eine Implementierung von `EntityManager-Factory`, um eine Instanz einer `EntityManager` zu holen. Die JPA-Spezifikation definiert zwei Arten von Entity-Manager:

- *Anwendungsverwaltete* Entity-Manager entstehen, wenn eine Anwendung eine Instanz direkt von einer Entity-Manager-Factory anfordert. Beim anwendungsverwalteten Entity-Manager trägt die Anwendung die Verantwortung für das Öffnen oder Schließen der Entity-Manager und für die Einbindung der Entity-Manager in die Transaktionen. Diese Art von Entity-Manager ist am besten für Standalone-Anwendungen geeignet, die nicht in einem Java EE Container laufen.
- *Container-managed* Entity-Manager werden von einem Java EE Container erstellt und verwaltet. Die Anwendung hat keinerlei Interaktionen mit der Entity-Manager-Factory. Stattdessen werden Entity-Manager direkt durch Injektion oder von JNDI geholt. Der Container ist für die Konfiguration der Entity-Manager-Factorys zuständig. Diese Art von Entity-Manager ist am besten für die Nutzung durch einen Java EE Container geeignet, der die Kontrolle über die JPA-Konfiguration über den Inhalt von persistence.xml hinaus behalten möchte.

Beide Arten von Entity-Manager implementieren die gleiche `EntityManager`-Schnittstelle. Der wesentliche Unterschied besteht nicht im `EntityManager` selbst, sondern in der Art, wie der `EntityManager` erstellt und verwaltet wird. Anwendungsverwaltete `EntityManager` werden durch eine `Entity-ManagerFactory` erstellt, die über das Ansprechen der Methode `createEntityManagerFactory()` des `PersistenceProviders` geholt werden. Im Gegensatz dazu werden containerverwaltete `EntityManagerFactorys` durch die Methode `createContainerEntityManagerFactory()` des `PersistenceProviders` geholt.

Was bedeutet dies für Spring-Entwickler, die JPA nutzen wollen? Nicht viel. Ungeachtet der Art von `EntityManagerFactory`, die Sie verwenden wollen, kümmert sich Spring über die Verwaltung der `EntityManager`. Wenn Sie einen anwendungsverwalteten Entity-Manager nutzen, spielt Spring die Rolle der Anwendung und verhandelt transparent und stellvertretend für Sie mit dem `EntityManager`. Im Szenario mit containerverwalteten Entity-Managern spielt Spring die Rolle des Containers.

Die jeweiligen Entity-Manager-Factory-Arten werden durch entsprechende Spring-Factory-Beans erstellt:

- `LocalEntityManagerFactoryBean` erzeugt eine anwendungsverwaltete `EntityManagerFactory`.
- `LocalContainerEntityManagerFactoryBean` erzeugt eine containerverwaltete `EntityManagerFactory`.

Es ist wichtig zu verstehen, dass die Wahl zwischen einer anwendungsverwaltete `EntityManagerFactory` und einer containerverwalteten `EntityManagerFactory` für eine Spring-basierte Anwendung völlig transparent ist. Das `JpaTemplate` von Spring abstrahiert die komplexen Einzelheiten der Handhabung der jeweiligen Arten von `EntityManagerFactory`, sodass sich Ihr Datenzugriffscode auf seine wahre Bestimmung konzentrieren kann: den Datenzugriff.

Der einzige echte Unterschied zwischen einer anwendungs- und einer containerverwalteten Entity-Manager-Factory aus der Sicht von Spring besteht darin, wie die jeweilige Factory innerhalb des Spring-Anwendungskontexts konfiguriert wird. Wir beginnen mit der Konfiguration der anwendungsverwalteten `LocalEntityManagerFactoryBean` in Spring. Anschließend betrachten wir die Konfiguration einer containerverwalteten `LocalContainerEntityManagerFactoryBean`.

Konfiguration einer anwendungsverwalteten JPA

Anwendungsverwaltete Entity-Manager-Factorys beziehen einen Großteil ihrer Konfigurationsinformationen aus einer Konfigurationsdatei namens persistence.xml. Diese Datei muss im Verzeichnis META-INF im Klassenpfad erscheinen.

Der Zweck der Datei persistence.xml besteht darin, eine oder mehrere Persistenzeinheiten zu definieren. Eine *Persistenzeinheit* (*persistence unit*) ist eine Gruppe von einer bzw. mehreren persistenten Klassen, die einer einzigen Datenquelle entsprechen. Einfacher ausgedrückt, wertet persistence.xml eine oder mehrere persistente Klassen sowie die zusätzlichen Konfigurationen wie die Datenquellen und die XML-basierten Mapping-Files aus. Es folgt ein typisches Beispiel einer persistence.xml-Datei für die Spitter-Anwendung:

```
<persistence xmlns="http://java.sun.com/xml/ns/persistence"
    version="1.0">
  <persistence-unit name="spitterPU">
    <class>com.habuma.spitter.domain.Spitter</class>
    <class>com.habuma.spitter.domain.Spittle</class>
    <properties>
      <property name="toplink.jdbc.driver"
          value="org.hsqldb.jdbcDriver" />
      <property name="toplink.jdbc.url" value=
          "jdbc:hsqldb:hsql://localhost/spitter/spitter" />
      <property name="toplink.jdbc.user"
          value="sa" />
      <property name="toplink.jdbc.password"
          value="" />
    </properties>
  </persistence-unit>
</persistence>
```

Weil eine persistence.xml-Datei so viel an Konfigurationsinformationen enthält, ist in Spring wenig Konfigurationsarbeit erforderlich (oder auch möglich). Mit der folgenden `<bean>` wird eine `LocalEntityManagerFactoryBean` in Spring deklariert:

```
<bean id="emf"
      class="org.springframework.orm.jpa.LocalEntityManagerFactoryBean">
  <property name="persistenceUnitName" value="spitterPU" />
</bean>
```

Der Wert, welcher der Eigenschaft `persistenceUnitName` zugewiesen wird, bezieht sich auf den Namen der Persistenzeinheit, wie sie in der persistence.xml erscheint.

Der Grund dafür, dass vieles von dem, was man zum Erstellen einer anwendungsverwaltete `EntityManagerFactory` benötigt, in der persistence.xml steht, hängt mit der Bedeutung von „anwendungsverwaltet" zusammen. In einem anwendungsverwalteten Szenario (ohne Beteiligung von Spring) trägt eine Anwendung die komplette Verantwortung für das Holen einer `EntityManagerFactory` durch den `PersistenceProvider` der JPA-Implementierung. Der Anwendungscode würde sich unglaublich aufblähen, müsste er die Persistenzeinheit jedes Mal beim Anfordern einer `EntityManagerFactory` definieren. Weil die Einheit in der persistence.xml definiert wird, kann JPA diesen bekannten Speicherort nach den Definitionen der Persistenz-Einheiten durchsuchen.

Aufgrund von Springs JPA-Support werden wir es aber niemals direkt mit dem `Persistence-Provider` zu tun bekommen. Daher erscheint es sinnlos, die Konfigurationsinformation in die persistence.xml einzulesen. Tatsächlich verhindert diese Tat die Konfiguration der `EntityManagerFactory` in Spring (sodass wir beispielsweise eine von Spring konfigurierte Datenquelle bereitstellen können).

Aus diesem Grund sollten wir unsere Aufmerksamkeit der containerverwalteten JPA widmen.

Konfiguration einer containerverwalteten JPA

Die containerverwaltete JPA wendet einen anderen Ansatz an. Wenn JBA in einem Container läuft, lässt sich eine `EntityManagerFactory` mithilfe der vom Container gelieferten Informationen erstellen – und unser Container heißt Spring.

Statt in persistence.xml die Einzelheiten der Datenquelle, können Sie diese Informationen im Spring-Anwendungskontext konfigurieren. Beispielsweise zeigt die folgende `<bean>`-Deklaration, wie man eine containerverwaltete JPA in Spring mithilfe von `LocalContainer-EntityManager-Factory-Bean` konfiguriert.

```
<bean id="emf" class=
      "org.springframework.orm.jpa.LocalContainerEntityManagerFactoryBean">
  <property name="dataSource" ref="dataSource" />
  <property name="jpaVendorAdapter" ref="jpaVendorAdapter" />
</bean>
```

Hier wurde die Eigenschaft `dataSource` mit einer Spring-konfigurierten Datenquelle konfiguriert. Jede Implementierung von `javax.sql.DataSource` ist angebracht – beispielsweise die in Abschnitt 5.2 konfigurierten. Obwohl eine Datenquelle nach wie vor in der persistence.xml konfiguriert werden kann, genießt die durch diese Eigenschaft spezifizierte Datenquelle Priorität.

Die Eigenschaft `jpaVendorAdapter` lässt sich nutzen, um Einzelheiten der zu verwendenden JPA-Implementierung zu hinterlegen. Spring wird mit einer Handvoll JPA Vendor-Adaptoren ausgeliefert, und Sie haben die Wahl:

- `EclipseLinkJpaVendorAdapter`
- `HibernateJpaVendorAdapter`
- `OpenJpaVendorAdapter`
- `TopLinkJpaVendorAdapter`

In diesem Fall benutzen wir Hibernate als JPA-Implementierung, sodass wir eine Konfiguration mit `HibernateJpaVendorAdapter` gewählt haben:

```
<bean id="jpaVendorAdapter"
      class="org.springframework.orm.jpa.vendor.HibernateJpaVendorAdapter">
  <property name="database" value="HSQL" />
  <property name="showSql" value="true"/>
  <property name="generateDdl" value="false"/>
  <property name="databasePlatform"
            value="org.hibernate.dialect.HSQLDialect" />
</bean>
```

TABELLE 5.5 Der Hibernate JPA-Vendor-Adapter unterstützt verschiedene Datenbanken. Sie können die zu nutzende Datenbank durch Einstellen der Datenbankeigenschaft definieren.

Datenbankplattform	Wert der Datenbankeigenschaft
IBM DB2	DB2
Apache Derby	DERBY
H2	H2
Hypersonic	HSQL
Informix	INFORMIX
MySQL	MYSQL
Oracle	ORACLE
PostgresQL	POSTGRESQL
Microsoft SQL Server	SQLSERVER
Sybase	SYBASE

Einige Eigenschaften werden im Vendor-Adapter gesetzt, wobei die wichtigste die `database`-Eigenschaft ist; hier wurde die Hypersonic-Datenbank als zu nutzende Datenbank definiert. Andere unterstützte Werte für diese Eigenschaft stehen in Tabelle 5.5.

Bestimmte dynamische Persistenz-Features erfordern, dass die Klasse der persistenten Objekte mit einer Instrumentation zur Unterstützung des Features modifiziert wird. Für Objekte, deren Eigenschaften mit Lazy Loading geladen werden (sie werden erst dann aus der Datenbank abgeholt, wenn auf sie zugegriffen wird), muss die Klasse mit Code instrumentalisiert werden, der versteht, wie sich die ausgeladenen Daten beim Zugriff abfragen lassen. Manche Frameworks setzen dynamische Proxys ein, um das Lazy Loading zu implementieren. Andere – wie beispielsweise JDO – instrumentieren die Klasse bei der Kompilation.

Die Wahl der Entity-Manager-Factory-Bean hängt in erster Linie davon ab, wie Sie die Bean nutzen wollen. Für einfache Anwendungen mag `LocalEntityManagerFactoryBean` ausreichend sein. Weil `LocalContainerEntityManagerFactoryBean` uns ermöglicht, mehr JPA in Spring zu konfigurieren, stellt sie eine attraktive Wahl da, und Sie werden sich im produktiven Einsatz in der Regel dafür entscheiden.

Eine `EntityManagerFactory` aus JNDI abgreifen

Wenn Sie Ihre Spring-Anwendung auf manchem Anwendungsserver einsetzen, beachten Sie auch, dass unter Umständen eine `EntityManagerFactory` bereits für Sie erstellt wurde und darauf wartet, in JNDI abgeholt zu werden. In diesem Fall können Sie das `<jee:jndi-lookup>`-Element aus dem `jee`-Namensraum von Spring nutzen, um sich eine Referenz auf die `EntityManagerFactory` zu schnappen:

```
<jee:jndi-lookup id="emf" jndi-name="persistence/spitterPU" />
```

Egal, wie nun die `EntityManagerFactory` in Ihre Hände gelangt: Sobald Sie eine zu fassen bekommen, können Sie mit einem DAO beginnen. Das ist auch unsere nächste Aufgabe.

5.5.2 DAO auf JPA-Basis erstellen

Wie alle anderen Spring-Optionen für die Integration der Persistenz wird die Spring-JPA-Integration in Form einer Schablone namens `JpaTemplate` mit einer entsprechenden `JpaDaoSupport`-Klasse geliefert. Dennoch wurde auf Schablonen basierende JPA für einen reinen JPA-Ansatz fallen gelassen. Dies geschieht analog zu den kontextbezogenen Hibernate-Sessions, die wir in Abschnitt 5.4.3 gesehen haben.

Weil die reine JPA Vorrang vor der Template-basierten JPA hat, konzentrieren wir uns in diesem Abschnitt auf das Bauen von Spring-freien JPA DAOs. Insbesondere zeigt `JpaSpitterDao` im folgenden Listing, wie man ein JPA DAO entwickelt, ohne auf Springs `JpaTemplate` zurückgreifen zu müssen.

LISTING 5.8 Ein reines JPA DAO nutzt keine Spring-Schablonen.

```
package com.habuma.spitter.persistence;
import java.util.List;
import javax.persistence.EntityManager;
import javax.persistence.PersistenceContext;
import org.springframework.dao.DataAccessException;
import org.springframework.stereotype.Repository;
import org.springframework.transaction.annotation.Transactional;
import com.habuma.spitter.domain.Spitter;
import com.habuma.spitter.domain.Spittle;
@Repository("spitterDao")
@Transactional
public class JpaSpitterDao implements SpitterDao {
  private static final String RECENT_SPITTLES =
      "SELECT s FROM Spittle s";
  private static final String ALL_SPITTERS =
```

```
        "SELECT s FROM Spitter s";
    private static final String SPITTER_FOR_USERNAME =
        "SELECT s FROM Spitter s WHERE s.username = :username";
    private static final String SPITTLES_BY_USERNAME =
        "SELECT s FROM Spittle s WHERE s.spitter.username = :username";
    @PersistenceContext
    private EntityManager em;  ◂ EntityManager injizieren
    public void addSpitter(Spitter spitter) {
      em.persist(spitter);  ◂ EntityManager verwenden
    }
    public Spitter getSpitterById(long id) {
      return em.find(Spitter.class, id);  ◂ EntityManager verwenden
    }
    public void saveSpitter(Spitter spitter) {
      em.merge(spitter);  ◂ EntityManager verwenden
    }
  ...
  }
```

JpaSpitterDao nutzt einen EntityManager, um die Persistenz zu handhaben. Indem es mit einem EntityManager zusammenarbeitet, bleibt das DAO rein und sieht genauso aus wie eine ähnliche DAO in einer Anwendung, die ohne Spring geschrieben wurde. Aber woher kommt der EntityManager?

Beachten Sie, dass die Eigenschaft em mit @PersistentContext annotiert wurde. Einfach ausgedrückt, zeigt die Annotation, dass eine Instanz von EntityManager in em injiziert werden sollte. Um das Injizieren von EntityManager in Spring zu ermöglichen, müssen wir einen Persistence-AnnotationBeanPostProcessor in Springs Anwendungskontext konfigurieren:

```
<bean class="org.springframework.orm.jpa.support.
   ➥ PersistenceAnnotationBeanPostProcessor"/>
```

Vielleicht ist Ihnen aufgefallen, dass JpaSpitterDao mit @Repository und @Transactional annotiert ist. @Transactional zeigt, dass die Persistenzmethoden in diesem DAO mit einem transaktionalen Kontext zu tun haben. Im nächsten Kapitel erfahren wir mehr über @Transactional, wenn es um Springs Unterstützung für deklarative Transaktionen geht.

Was @Repository betrifft, dies dient hier dem gleichen Zweck wie bei der Entwicklung des DAOs mit Hibernates kontextbezogenen Sessions. Ohne ein Template für die Konvertierung von Exceptions müssen wir das DAO mit @Repository annotieren, um PersistenceExceptionTranslationPostProcessor mitzuteilen, dass es sich um eine Bean handelt, für die Exceptions in eine der standardisierten Datenzugriffs-Exceptions von Spring konvertiert werden sollen.

Apropos PersistenceExceptionTranslationPostProcessor: Wir müssen daran denken, den Processor als Bean in Spring zu integrieren, genau wie wir es mit dem Hibernate-Beispiel gemacht haben:

```
<bean class="org.springframework.dao.annotation.
  ➥ PersistenceExceptionTranslationPostProcessor"/>
```

Beachten Sie, dass die Konvertierung von Exceptions, ob mit JPA oder Hibernate, nicht verpflichtend ist. Wenn Sie es vorziehen, dass Ihr DAO JPA- oder Hibernate-spezifische Exceptions auslöst, können Sie gerne auf `PersistenceExceptionTranslationPostProcessor` verzichten und den nativen Exceptions freie Bahn geben. Wenn Sie aber die Exception-Konvertierung in Spring nutzen, vereinheitlichen Sie alle Datenzugriffs-Exceptions unter Springs Exception-Hierarchie, sodass es später einfacher sein wird, die Persistenzmechanismen auszulagern.

5.6 Zusammenfassung

Die Daten sind das Blut in den Adern einer Anwendung. So mancher sehr datenorientierte Entwickler wird unter Umständen sogar behaupten, die Daten *sind* die Anwendung. Weil so viel Wert auf die Daten gelegt wird, ist es wichtig, den Datenzugriffsabschnitt unserer Anwendungen so zu entwickeln, dass er robust, einfach und einleuchtend bleibt.

Springs Support für die JDBC- und ORM-Frameworks ermöglicht dem Entwickler einen schmerzfreien Datenzugriff, indem es sich um den gängigen Boilerplate-Code kümmert, der in allen Persistenzmechanismen existiert. So können Sie sich auf die Spezifika des Datenzugriffs im Kontext Ihrer Anwendung konzentrieren.

Ein Trick, den Spring anwendet, um den Datenzugriff zu vereinfachen, ist das Lifecycle-Management der Datenbankverbindungen und ORM-Framework-Sessions, um sicherzustellen, dass sie bei Bedarf geöffnet und geschlossen werden. So bleibt die Handhabung der Persistenzmechanismen für Ihren Anwendungscode fast transparent.

Darüber hinaus kann Spring auch Framework-spezifische Exceptions abfangen (davon einige geprüfte Exceptions) und diese in eine Hierarchie nicht geprüfter Exceptions konvertieren, die in allen von Spring unterstützten Persistenz-Frameworks konsistent sind. Dazu gehört die Konvertierung der nebulösen, von JDBC ausgelösten `SQLExceptions` in bedeutungsvolle Exceptions, die das eigentliche Problem beschreiben, das die Ursache der Exception ist.

In diesem Kapitel lernten wir die Persistenzebene einer Spring-Anwendung mithilfe von JDBC, Hibernate oder JPA abzubilden. Welche Technologie Sie wählen, ist größtenteils Geschmackssache. Weil wir unsere Persistenzebene hinter einer gemeinsamen Java-Schnittstelle entwickelten, muss die restliche Anwendung nicht wissen, wie die Daten in die Datenbank getragen und aus dieser abgeholt werden.

Das Transaktionsmanagement ist ein weiterer Aspekt des Datenzugriffs, den Spring einfach und transparent gestalten kann. Im nächsten Kapitel untersuchen wir, wie man Spring AOP für das deklarative Transaktionsmanagement verwendet.

6 Transaktionen verwalten

Dieses Kapitel behandelt die folgenden Themen:

- Integration mit Transaktionsmanagern
- Programmgesteuertes Verwalten von Transaktionen
- Verwenden deklarativer Transaktionen
- Beschreiben von Transaktionen mit Annotationen

Lehnen Sie sich entspannt zurück, und denken Sie an Ihre Kindheit. Wahrscheinlich verbrachten Sie viele sorglose Stunden auf dem Spielplatz und auf der Schaukel, kletterten das Klettergerüst hoch und genossen das Kribbeln im Bauch bei der Fahrt mit dem Karussell und auf der Wippe.

Das Problem mit der Wippe besteht darin, dass es nicht möglich ist, alleine Spaß zu haben. Ganz klar: Um zu wippen, benötigen Sie eine zweite Person. Nun haben Sie und Ihr Freund oder Ihre Freundin beschlossen, zu wippen. Diese Übereinkunft ist ein Alles-oder-nichts-Projekt: Entweder, Sie wippen beide – oder keiner von Ihnen beiden. Wenn einer seinen Platz am anderen Ende der Wippe nicht einnimmt, findet kein Wippen statt, sondern es hockt nur ein trauriges Kind da, am Ende eines schrägen Hebels.

In der Software bezeichnet man Alles-oder-nichts-Operationen als *Transaktionen*. Mit Transaktionen können Sie mehrere Operationen zu einer Einheit zusammenfassen, die entweder vollständig oder gar nicht stattfindet. Wenn alles einwandfrei funktioniert, war die Transaktion erfolgreich. Schlägt aber irgendetwas fehl, dann wird alles rückgängig gemacht, so als ob nie irgendetwas geschehen wäre.

Das wohl gängigste Beispiel einer Transaktion in der Praxis ist die Geldüberweisung. Nehmen wir an, Sie wollen 100 € von Ihrem Spar- auf Ihr Girokonto überweisen. Dieser Vorgang umfasst zwei Operationen: 100 € werden von Ihrem Sparkonto abgezogen, und 100 € Ihrem Girokonto gutgeschrieben. Die Überweisung muss vollständig erfolgen, sonst darf sie gar nicht erfolgen. Funktioniert das Abziehen des Betrags von Ihrem Sparkonto, während die Gutschrift auf das Girokonto fehlschlägt, dann haben Sie 100 € weniger – schlecht für Sie, gut für die Bank. Schlägt umgekehrt das Abziehen fehl, während die Gutschrift erfolgt, dann haben Sie 100 € mehr – gut für Sie, schlecht für die Bank. Zufrieden werden beide Beteiligte sein, wenn die gesamte Überweisung rückgängig gemacht wird und wenn eine der Operationen fehlschlägt.

Im vorigen Kapitel haben wir den Spring-Support für den Datenzugriff kennengelernt und mehrere Möglichkeiten beschrieben, Daten in die Datenbank zu schreiben und aus ihr zu lesen. Wenn Sie in die Datenbank schreiben, müssen Sie sicherstellen, dass die Integration der Daten erhalten bleibt. Zu diesem Zweck müssen die Änderungen innerhalb einer Transaktion erfolgen. Spring bietet umfangreichen Support für die programmgesteuerte wie auch für deklarative Transaktionsverwaltung. In diesem Kapitel erfahren wir, wie man Transaktionen im Anwendungscode so durchführt, dass sie, wenn alles klappt, abgeschlossen werden. Und wenn irgendetwas schiefgeht ... nun ja, das muss doch niemand zu wissen. (Genauer gesagt, beinahe niemand. Sie sollten es aus Gründen der Überwachung nicht versäumen, das Problem in eine Logdatei schreiben zu lassen.)

6.1 Grundlagen zu Transaktionen

Um Transaktionen besser erklären zu können, wollen wir exemplarisch den Kauf einer Kinokarte beschreiben. Der Kauf einer solchen Karte umfasst folgende Vorgänge:

- Die Anzahl der verfügbaren Plätze wird geprüft, um festzustellen, ob noch genügend Plätze für Ihre Bestellung vorhanden sind.
- Die Anzahl der vorhandenen Plätze wird pro gekaufter Karte um 1 verringert.
- Sie bezahlen die Karte.
- Die Karte wird Ihnen übergeben.

Klappt alles, dann wünscht Ihnen Ihr Lichtspielhaus - nun um ein paar Euro reicher - einen angenehmen Abend in Ihrem Film. Was aber, wenn irgendein Schritt misslingt? Angenommen, Sie wollen per Kreditkarte zahlen, haben Ihren Verfügungsrahmen aber bereits überschritten? In diesem Fall bekommen Sie ganz sicher keine Karte - und das Kino kein Geld. Wenn dann die Anzahl der freien Plätze nicht auf den Wert vor der Bestellung zurückgesetzt wird, könnte irgendwann fälschlicherweise der Eindruck entstehen, die Vorstellung sei ausverkauft (was dem Kino finanzielle Einbußen bringt). Ein anderer Fall: Angenommen, alles klappt, aber die Kartenausgabe ist kaputt. In diesem Fall sind Sie ein paar Euro los und müssen sich trotzdem mit den Wiederholungen am heimischen Fernseher begnügen.

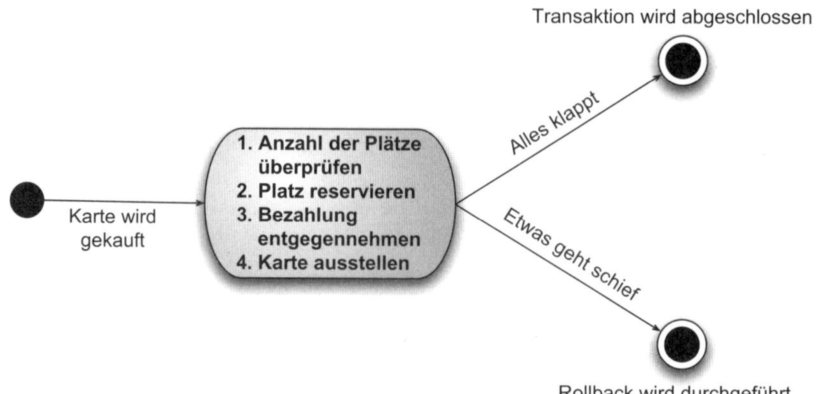

ABBILDUNG 6.1 Beim Kartenkauf müssen alle Schritte durchgeführt werden. Laufen alle Operationen erfolgreich ab, war die gesamte Transaktion erfolgreich. Andernfalls erfolgt ein Rollback - als wäre nie etwas passiert.

Um sicherzustellen, dass weder Sie noch das Kino Geld verlieren, müssen diese Aktionen also in einer Transaktion gekapselt werden. Als Transaktion werden diese Schritte in der Summe als gemeinsamer Vorgang behandelt, wodurch sichergestellt ist, dass sie entweder *alle* durchgeführt oder aber rückgängig gemacht werden, so als ob sie niemals stattgefunden hätten. Abbildung 6.1 zeigt, wie diese Transaktion erfolgt.

Transaktionen spielen in der Software eine wichtige Rolle, denn mit ihnen wird gewährleistet, dass Daten und Ressourcen keinesfalls einen inkonsistenten Zustand einnehmen. Ohne Transaktionen bestünde die Gefahr, dass Daten beschädigt werden oder den Businessregeln der Anwendung nicht mehr entsprechen.

Bevor wir uns jedoch zu sehr in die Transaktionsunterstützung von Spring vertiefen, müssen wir zunächst die Hauptbestandteile einer Transaktion kennenlernen. Werfen wir also einen kurzen Blick auf die vier Faktoren, die die Transaktionen und ihre Funktionsweise bestimmen.

6.1.1 Transaktionen - mit vier Wörtern erklärt

In der großen Tradition der Softwareentwicklung wurde zur Beschreibung von Transaktionen das sogenannte. *ACID*-Prinzip formuliert. ACID steht für die vier Elemente von Transaktionen: Atomarität, Konsistenz, Isoliertheit und Dauerhaftigkeit[1].

- *Atomarität* -Transaktionen bestehen aus einer oder mehreren Aktivitäten, die zu einer einzelnen Arbeitseinheit zusammengefasst sind. Die Atomarität gewährleistet, dass entweder alle oder keine Operation in den Transaktionen stattfinden. Wenn alle Vorgänge einwandfrei ausgeführt werden, ist die Transaktion erfolgreich. Schlägt ein Vorgang fehl, ist auch die gesamte Transaktion misslungen und wird rückgängig gemacht.
- *Konsistenz* - Nach Abschluss einer Transaktion - ob als Erfolg oder Fehlschlag - befindet sich das System in einem Zustand, der zum abgebildeten Business konsistent ist. Die Daten dürfen nicht von der Realität abweichen.
- *Isoliertheit* - Transaktionen sollen die Verarbeitung der Daten durch mehrere Benutzer ermöglichen, ohne dass die Handlungen eines Benutzers mit denen anderer Benutzer verwickelt werden. Aus diesem Grund müssen Transaktionen voneinander isoliert sein, damit gleichzeitige Lese- und Schreibvorgänge für dieselben Daten ausgeschlossen sind. (Beachten Sie, dass die Isoliertheit gewöhnlich das Sperren von Datensätzen und/oder Tabellen in einer Datenbank bedingt.)
- *Dauerhaftigkeit* - Nach Abschluss der Transaktion müssen deren Ergebnisse festgeschrieben werden, damit sie ggf. einen Systemabsturz überstehen. Hierzu werden die Ergebnisse normalerweise in einer Datenbank oder einem anderen Dauerspeicher gesichert.

Im Beispiel mit den Kinokarten könnte eine Transaktion die Atomarität sicherstellen, indem alle Schritte rückgängig gemacht werden, wenn ein Schritt fehlschlägt. Die Atomarität unterstützt die Konsistenz, indem sie sicherstellt, dass die Daten des Systems niemals in einem inkonsistenten, teilbearbeiteten Zustand verbleiben. Auch die Isoliertheit unterstützt die Konsistenz, denn sie verhindert, dass sich andere gleichzeitig erfolgende Transaktionen Plätze nehmen, die zu erwerben Sie gerade im Begriff sind.

[1] Das Akronym ergibt sich aus den englischen Bezeichnungen: *Atomicity, Consistency, Isolation, Durability*. Im Deutschen ist gelegentlich auch von AKID die Rede.

Die Auswirkungen schließlich sind dauerhaft, denn sie wurden an einen persistenten Speicher übergeben. Bei einem Systemausfall oder einem anderen schwerwiegenden Ereignis sollten Sie sich keine Sorgen mehr darüber machen müssen, dass die Ergebnisse der Transaktion verloren gegangen sein könnten.

Eine umfassende Erläuterung von Transaktionen finden Sie auch im Buch *Patterns für Enterprise Application-Architekturen* von Martin Fowler (MITP, 2003). Insbesondere das dortige Kapitel 5 behandelt die Konzepte von Transaktionen und Nebenläufigkeit.

Nun kennen Sie die konzeptionelle Zusammensetzung einer Transaktion. Wir wollen jetzt einmal sehen, wie die Transaktionsfähigkeit einer Spring-Anwendung verfügbar gemacht wird.

6.1.2 Spring-Support für die Transaktionsverwaltung

Wie EJB unterstützt Spring die programmgesteuerte wie auch die deklarative Transaktionsverwaltung. Doch die Spring-Funktionalitäten gehen diesbezüglich noch über das von EJB Gebotene hinaus.

Der Spring-Support für die programmgesteuerte Transaktionsverwaltung unterscheidet sich erheblich vom EJB-Gegenstück. Anders als EJB, das mit einer JTA-Implementierung (Java Transaction API) gekoppelt ist, verwendet Spring einen Callback-Mechanismus, der die eigentliche Transaktionsimplementierung aus dem Transaktionscode heraus abstrahiert. Springs Support für die Transaktionsverwaltung benötigt nicht einmal eine JTA-Implementierung. Wenn Ihre Anwendung nur eine einzige persistente Ressource verwendet, kann Spring den vom Persistenzmechanismus bereitgestellten Transaktionssupport verwenden. Unterstützt werden JDBC, Hibernate und die Java Persistence API (JPA). Erstrecken sich die Transaktionsanforderungen Ihrer Anwendung jedoch über mehrere Ressourcen, dann unterstützt Spring auch verteilte Transaktionen (XA-Transaktionen) unter Verwendung der JTA-Implementierung eines Drittanbieters. Den Spring-seitigen Support für programmgesteuerte Transaktionen behandeln wir in Abschnitt 6.3.

Während die programmgesteuerte Transaktionsverwaltung Ihnen die Flexibilität bietet, Transaktionsgrenzen in Ihrem Code präzise definieren zu können, helfen Ihnen deklarative Transaktionen bei der Entkopplung einer Operation von ihren Transaktionsregeln. Der Support für deklarative Transaktionen in Spring erinnert an die *containerverwalteten Transaktionen (CMTs)* in EJB: Beide gestatten Ihnen die deklarative Definition von Transaktionsgrenzen. Springs deklarative Transaktionen gehen jedoch über CMTs hinaus, denn sie ermöglichen das Deklarieren zusätzlicher Attribute wie der Isolationsebene oder Timeouts. In Abschnitt 6.4 beginnen wir mit der Verwendung des Spring-Supports für deklarative Transaktionen.

Die Wahl zwischen der programmgesteuerten und der deklarativen Transaktionsverwaltung ist im Wesentlichen eine Entscheidung zwischen abgestufter Steuerbarkeit und Bequemlichkeit. Wenn Sie Transaktionen in Ihren Code einprogrammieren, können Sie Transaktionsgrenzen präzise steuern und sie genau dort beginnen und enden lassen, wo Sie es wünschen. Gewöhnlich werden Sie die von programmgesteuerten Transaktionen gebotene abgestufte Steuerbarkeit nicht benötigen und Ihre Transaktionen daher vorwiegend in der Kontextdefinitionsdatei deklarieren.

Unabhängig davon, ob Sie Ihre Transaktionen in Ihren Beans programmieren oder sie als Aspekte deklarieren, werden Sie jedoch einen Spring-Transaktionsmanager verwenden, der als Schnittstelle zur plattformspezifischen Transaktionsimplementierung dient. Wie Transaktionsmanager in Spring Sie vom direkten Umgang mit plattformspezifischen Transaktionsimplementierungen freistellen, zeigt der nächste Abschnitt.

6.2 Auswahl eines Transaktionsmanagers

Spring verwaltet Transaktionen nicht direkt, sondern bietet eine Auswahl von Transaktionsmanagern, die die Zuständigkeit für die Transaktionsverwaltung an eine plattformspezifische Transaktionsimplementierung delegieren, die entweder von JTA oder vom Persistenzmechanismus bereitgestellt wird. Die Transaktionsmanager aus Spring sind in Tabelle 6.1 aufgelistet.

TABELLE 6.1 Spring bietet Transaktionsmanager für jede Gelegenheit.

Transaktionsmanager (org.springframework.*)	Einsatzgebiet
`jca.cci.connection.CciLocalTransactionManager`	Wird bei Verwendung des Spring-Supports für JCA (J2EE Connector Architecture) und CCI (Common Client Interface) verwendet.
`jdbc.datasource.DataSourceTransactionManager`	Wird gemeinsam mit dem JDBC-Abstraktionssupport von Spring verwendet. Ist außerdem nützlich bei der Verwendung von iBATIS zu Persistenzzwecken.
`jms.connection.JmsTransactionManager`	Wird gemeinsam mit JMS 1.1+ verwendet.
`jms.connection.JmsTransactionManager102`	Wird gemeinsam mit JMS 1.0.2 verwendet.
`orm.hibernate3.HibernateTransactionManager`	Wird beim Einsatz von Hibernate 3 zu Persistenzzwecken verwendet.
`orm.jdo.JdoTransactionManager`	Wird beim Einsatz von JDO zu Persistenzzwecken verwendet.
`orm.jpa.JpaTransactionManager`	Wird beim Einsatz von JPA (Java Persistence API) zu Persistenzzwecken verwendet.
`transaction.jta.JtaTransactionManager`	Wird verwendet, wenn Sie verteilte Transaktionen benötigen oder kein anderer Transaktionsmanager für die Anforderungen geeignet ist.
`transaction.jta.OC4JJtaTransactionManager`	Wird gemeinsam mit dem Oracle OC4 J JEE-Container verwendet.
`transaction.jta.WebLogicJtaTransactionManager`	Wird verwendet, wenn Sie verteilte Transaktionen benötigen und Ihre Anwendung in WebLogic ausgeführt wird.
`transaction.jta.WebSphereUowTransactionManager`	In WebSphere müssen die Transaktionen von einem `UOWManager` verwaltet werden.

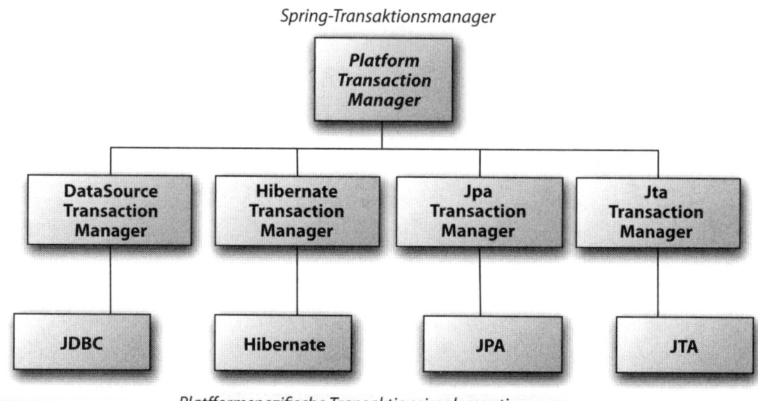

ABBILDUNG 6.2 Die Spring-Transaktionsmanager delegieren die Zuständigkeit für die Transaktionsverwaltung an plattformspezifische Transaktionsimplementierungen.

Alle diese Transaktionsmanager agieren als Fassade für eine plattformspezifische Transaktionsimplementierung. (Abbildung 6.2 veranschaulicht die Beziehung zwischen Transaktionsmanagern und den zugrunde liegenden Plattformimplementierungen für einige Transaktionsmanager.) Auf diese Weise können Sie mit einer Transaktion in Spring arbeiten, ohne sich groß Gedanken machen zu müssen, wie die eigentliche Transaktionsimplementierung aussieht.

Um einen Transaktionsmanager verwenden zu können, müssen Sie ihn in Ihrem Anwendungskontext deklarieren. In diesem Abschnitt erfahren Sie, wie Sie einige der häufiger verwendeten Spring-Transaktionsmanager konfigurieren. Wir beginnen mit `DataSourceTransactionManager`, dem Transaktionsmanager zur Unterstützung für JDBC und iBATIS.

6.2.1 JDBC-Transaktionen

Wenn Sie schlichtes JDBC für die Persistenz Ihrer Anwendung einsetzen, behandelt `DataSourceTransactionManager` die Transaktionsgrenzen für Sie. Sie verwenden `DataSourceTransactionManager` durch Verschaltung in der Anwendungskontextdefinition Ihrer Anwendung. Hierbei kommt der folgende XML-Code zum Einsatz:

```
<bean id="transactionManager" class="org.springframework.jdbc.
     ➥ datasource.DataSourceTransactionManager">
  <property name="dataSource" ref="dataSource"/>
</bean>
```

Beachten Sie, dass der Eigenschaft `dataSource` eine Referenz auf eine Bean namens `dataSource` zugeordnet ist. Wahrscheinlich ist die Bean `dataSource` eine Bean des Typs `javax.sql.DataSource`, der an anderer Stelle in Ihrer Kontextdefinitionsdatei definiert ist.

Hinter den Kulissen verwaltet der `DataSourceTransactionManager` Transaktionen über Aufrufe des `java.sql.Connection`-Objekts, das aus der Datenquelle `DataSource` abgerufen wurde. So wird eine erfolgreiche Transaktion durch Aufruf der Methode `commit()` für die Verbindung abgeschlossen. Gleichermaßen wird eine fehlgeschlagene Transaktion durch einen Aufruf der Methode `rollback()` rückgängig gemacht.

6.2.2 Hibernate-Transaktionen

Wenn die Persistenz Ihrer Anwendung von Hibernate behandelt wird, sollten Sie den `HibernateTransactionManager` einsetzen. Bei Hibernate 3 müssen Sie die folgende `<bean>`-Deklaration in die Spring-Kontextdefinition einfügen:

```
<bean id="transactionManager" class="org.springframework.
      ➥ orm.hibernate3.HibernateTransactionManager">
  <property name="sessionFactory" ref="sessionFactory"/>
</bean>
```

Die Eigenschaft `sessionFactory` sollte mit einer Hibernate-`SessionFactory` verschaltet werden, die hier naheliegenderweise `sessionFactory` genannt wurde. Weitere Informationen zur Einrichtung einer Hibernate-Session-Factory finden Sie in Kapitel 5.

Was muss ich bei Hibernate 2 tun?

Wenn Sie zu Persistenzzwecken das ältere Hibernate 2 nutzen, können Sie in Spring 3.0 und nicht einmal Spring 2.5 den `HibernateTransactionManager` nicht verwenden. Diese Versionen von Spring unterstützen Hibernate 2 nicht. Wenn Sie unbedingt mit einer älteren Version von Hibernate arbeiten wollen, müssen Sie auf Spring 2.0 zurückgreifen.

Wenn Sie aber mit Ihrer älteren Version von Hibernate auf eine ältere Version von Spring zurückrollen, sollte Ihnen klar sein, dass Sie auf eine Menge der Spring-Features verzichten, über die wir in diesem Buch sprechen. Anstatt eines Rollbacks auf eine ältere Version von Spring empfehle ich deswegen ein Upgrade auf Hibernate 3. ■

`HibernateTransactionManager` delegiert die Zuständigkeit für die Transaktionsverwaltung an ein `org.hibernate.Transaction`-Objekt, das es aus der Hibernate-Session abruft. Wenn eine Transaktion erfolgreich abgeschlossen wurde, ruft `HibernateTransactionManager` die Methode `commit()` für das `Transaction`-Objekt auf; schlägt die Transaktion hingegen fehl, wird die Methode `rollback()` für das Objekt aufgerufen.

6.2.3 JPA-Transaktionen

Hibernate ist jahrelang der De-facto-Standard für die Persistenz in Java gewesen, mittlerweile hat JPA (Java Persistence API) aber die Bühne betreten und etabliert sich gegenwärtig als echter Java-Persistenzstandard. Wenn Sie auf den JPA-Zug aufspringen wollen, sollten Sie zur Koordination von Transaktionen Springs `JpaTransactionManager` einsetzen. Die Konfiguration von `JpaTransactionManager` in Spring könnte etwa so aussehen:

```
<bean id="transactionManager"
      class="org.springframework.orm.jpa.JpaTransactionManager">
  <property name="entityManagerFactory" ref="entityManagerFactory" />
</bean>
```

JpaTransactionManager muss lediglich mit einer JPA-Entity-Manager-Factory verschaltet werden (dies kann eine beliebige Implementierung von javax.persistence.EntityManagerFactory sein). JpaTransactionManager kollaboriert zur Durchführung von Transaktionen mit dem von der Factory generierten JPA-EntityManager.

Neben der Anwendung von Transaktionen bei JPA-Operationen unterstützt JpaTransactionManager auch Transaktionen bei einfachen JHDBC-Operationen an derselben Datenquelle, die auch von EntityManagerFactory verwendet wird. Damit dies funktioniert, muss JpaTransactionManager auch mit einer Implementierung von JpaDialect verschaltet werden. Nehmen wir beispielsweise an, Sie haben EclipseLinkJpaDialect folgendermaßen konfiguriert:

```
<bean id="jpaDialect"
    class="org.springframework.orm.jpa.vendor.EclipseLinkJpaDialect" />
```

In diesem Fall müssen Sie die jpaDialect-Bean wie folgt im JpaTransactionManager verschalten:

```
<bean id="transactionManager"
      class="org.springframework.orm.jpa.JpaTransactionManager">
  <property name="entityManagerFactory" ref="entityManagerFactory" />
  <property name="jpaDialect" ref="jpaDialect" />
</bean>
```

Es ist wichtig, festzuhalten, dass die JpaDialect-Implementierung gemischten JPA-/JDBC-Zugriff unterstützen muss, damit dies gelingt. Alle anbieterspezifischen JpaDialect-Implementierungen in Spring (HibernateJpaDialect, OpenJpaDialect und TopLinkJpaDialect) bieten diese Unterstützung für die gemischte Verwendung von JPA und JDBC, DefaultJpaDialect aber nicht.

6.2.4 JTA-Transaktionen

Erfüllt keiner der vorgenannten Transaktionsmanager Ihre Anforderungen, oder erstrecken sich Ihre Transaktionen über mehrere Transaktionsquellen (z. B. zwei verschiedene Datenbanken), dann müssen Sie JtaTransactionManager verwenden:

```
<bean id="transactionManager" class="org.springframework.
      ➥ transaction.jta.JtaTransactionManager">
  <property name="transactionManagerName"
      value="java:/TransactionManager" />
</bean>
```

JtaTransactionManager delegiert die Zuständigkeit für die Transaktionsverwaltung an eine JTA-Implementierung. JTA spezifiziert eine Standard-API zur Koordination von Transaktionen zwischen einer Anwendung und einer oder mehreren Datenquellen. Die Eigenschaft transactionManagerName gibt dabei einen JTA-Transaktionsmanager an, der via JNDI nachgeschlagen wird.

`JtaTransactionManager` arbeitet mit `javax.transaction.UserTransaction`- und `javax.transaction.TransactionManager`-Objekten und delegiert die Verantwortung für die Transaktionsverwaltung an diese Objekte. Eine erfolgreiche Transaktion wird mit dem Aufruf der Methode `UserTransaction.commit()` abgeschlossen, eine fehlgeschlagene mit der `rollback()`-Methode von `UserTransaction` rückgängig gemacht.

Mittlerweile sollte also nun klar sein, welche der Transaktionsmanager von Spring für die Spitter-Applikation am besten passen – soweit wir uns für einen Persistenzmechanismus entschieden haben. Nun wollen wir diesen Transaktionsmanager zum Laufen bringen. Wir beginnen mit der Verwendung eines Transaktionsmanagers zur manuellen Programmierung von Transaktionen.

6.3 Transaktionen in Spring programmieren

Es gibt zwei Arten von Menschen: Kontrollfreaks und andere. Kontrollfreaks nehmen nichts für bare Münze. Wenn Sie Entwickler *und* Kontrollfreak sind, bevorzugen Sie wahrscheinlich die Befehlszeile und schreiben lieber eigene Anfrage- und Änderungsmethoden, als diese Arbeit einer IDE zu überlassen.

Kontrollfreaks wollen auch immer genau wissen, was gerade in ihrem Code passiert. Wenn es um Transaktionen geht, wollen sie exakt festlegen können, wo eine Transaktion startet, Daten festschreibt und endet. Deklarative Transaktionen sind nicht präzise genug für solche Leute.

Das ist aber auch nichts Schlimmes: Kontrollfreaks sind zumindest teilweise durchaus im Recht. Wie Sie im weiteren Verlauf dieses Kapitels sehen werden, sind Sie bei der Deklaration von Transaktionen auf die Methodenebene beschränkt. Wollen Sie die Grenzen Ihrer Transaktionen mit feinerer Abstufung steuern, dann *müssen* Sie den Weg der programmgesteuerten Transaktionen gehen.

Betrachten Sie die Methode `saveSpittle()` aus `SpitterServiceImpl` (Listing 6.1) als Beispiel für eine Transaktionsmethode.

LISTING 6.1 `saveSpittle()` speichert einen `Spittle`.

```
public void saveSpittle(Spittle spittle) {
  spitterDao.saveSpittle(spittle);
}
```

Obwohl diese Methode recht einfach wirkt, steckt doch mehr dahinter, als auf den ersten Blick sichtbar. Wenn der gespeichert wird, hat der zugrunde liegende Persistenzmechanismus wohl eine Menge zu tun. Auch wenn es letzten Endes nur darum geht, eine Zeile in eine Datenbanktabelle einzufügen, muss man darauf achten, dass alles, was passiert, sich im Rahmen einer Transaktion abspielt. Läuft dies erfolgreich ab, sollte die Arbeit übermittelt werden. Wenn nicht, sollte man alles zurückrollen.

Ein Ansatz zum Hinzufügen von Transaktionen besteht darin, die Transaktionsgrenzen durch Programmierung direkt in der Methode `saveSpittle()` zu ergänzen. Hierbei käme die Spring-Vorlage `TransactionTemplate` zum Einsatz. Wie andere Vorlagenklassen in Spring (z. B. das in Kapitel 5 beschriebene `JdbcTemplate`) verwendet `TransactionTemplate` einen Callback-Mechanismus. Hier ist eine aktualisierte `saveSpittle()`-Methode, um zu zeigen, wie mit einem `TransactionTemplate` ein Transaktionskontext eingefügt wird.

LISTING 6.2 Programmgesteuertes Hinzufügen von Transaktionen zu `saveSpittle()`

```
public void saveSpittle(final Spittle spittle) {
  txTemplate.execute(new TransactionCallback<Void>() {
    public Void doInTransaction(TransactionStatus txStatus) {
      try {
      spitterDao.saveSpittle(spittle);
      } catch (RuntimeException e) {
        txStatus.setRollbackOnly();
        throw e;
      }
      return null;
    }
  });
}
```

Um das `TransactionTemplate` verwenden zu können, implementieren Sie zunächst die Schnittstelle `TransactionCallback`. Weil `TransactionCallback` über nur eine Methode zur Implementierung verfügt, ist es häufig am einfachsten, sie wie in Listing 6.2 als anonyme innere Klasse zu implementieren. Der transaktionsgestützte Code wird innerhalb der Methode `doInTransaction()` abgelegt.

Bei Aufruf der Methode `execute()` für die `TransactionTemplate`-Instanz wird der in der `TransactionCallback`-Instanz enthaltene Code ausgeführt. Wenn Ihr Code auf ein Problem stößt, wird die Transaktion durch den Aufruf von `setRollbackOnly()` für das `TransactionStatus`-Objekt rückgängig gemacht. Andernfalls -wenn also die Methode `doInTransaction()` erfolgreich zurückkehrt - wird die Transaktion abgeschlossen.

Woher stammt nun die `TransactionTemplate`-Instanz? Gute Frage - sie sollte wie folgt in `SpitterServiceImpl` injiziert werden:

```
<bean id="spitterService"
      class="com.habuma.spitter.service.SpitterServiceImpl">
  ...
  <property name="transactionTemplate ">
    <bean class="org.springframework.transaction.support.
            TransactionTemplate">
      <property name="transactionManager"
          ref="transactionManager" />
    </bean>
  </property>
</bean>
```

Beachten Sie, dass dem `TransactionTemplate` ein `transactionManager` injiziert wird. Hinter den Kulissen verwendet `TransactionTemplate` eine Implementierung von `PlatformTransactionManager` zur Behandlung der plattformspezifischen Details der Transaktionsverwaltung. Hier haben wir eine Referenz auf eine Bean namens `transactionManager` verschaltet, bei der es sich um irgendeine der in Tabelle 6.1 auf Seite 159 aufgeführten Transaktionen handeln kann.

Programmgesteuerte Transaktionen sind die beste Wahl, wenn Sie vollständige Kontrolle über die Transaktionsgrenzen wünschen. Sie können jedoch, wie Sie dem Code in Listing 6.1 auf Seite 163 entnehmen können, ein wenig aufdringlich sein. Dort mussten Sie die Implementierung von `saveSpittle()` mithilfe Spring-spezifischer Klassen ändern, um den programmgesteuerten Transaktionssupport von Spring verwenden zu können.

Gewöhnlich benötigen Sie keine derart präzise Kontrolle über die Transaktionsgrenzen. Aus diesem Grund werden Sie Ihre Transaktionen in der Regel außerhalb Ihres Anwendungscodes deklarieren - z. B. in der Spring-Konfigurationsdatei. Der Rest dieses Kapitels wird die deklarative Transaktionsverwaltung in Spring behandeln.

6.4 Transaktionen deklarieren

Noch vor nicht allzu langer Zeit war die deklarative Transaktionsverwaltung eine Fähigkeit, die nur in EJB-Containern verfügbar war. Mittlerweile bietet Spring jedoch Unterstützung für deklarative Transaktionen mit POJOs. Dies ist ein ganz wesentliches Feature von Spring, da Ihnen zur Deklaration atomarer Operationen nun eine Alternative zur Verfügung steht.

Der Spring-Support für die deklarative Transaktionsverwaltung wird über das AOP-Framework von Spring implementiert. Dieser Ansatz ist naheliegend, denn Transaktionen sind ein Dienst auf Systemebene oberhalb der primären Funktionalität einer Anwendung. Sie können sich eine Spring-Transaktion als Aspekt vorstellen, der eine Methode mit Transaktionsgrenzen „kapselt".

Spring bietet drei Möglichkeiten der Deklaration von Transaktionsgrenzen in der Spring-Konfiguration und hat deklarative Transaktionen schon immer durch Proxy-Generierung für Beans mithilfe von Spring AOP und `TransactionProxyFactoryBean` unterstützt. Seit Spring 2.0 gehen die beiden jedoch in Form des Konfigurationsnamensraums `tx` und der Annotation `@Transactional`. Sonderwege, um Transaktionen zu deklarieren.

Obwohl es in modernen Versionen von Spring auch die Legacy-Bean `TransactionProxyFactoryBean` gibt, ist sie effektiv obsolet, und wir werden uns damit auch nicht mehr beschäftigen. Stattdessen konzentrieren wir uns weiter unten auf den `tx`-Namensraum und annotationsorientierte deklarative Transaktionen. Zunächst untersuchen wir aber die Transaktionen definierenden Attribute.

6.4.1 Transaktionsattribute definieren

In Spring werden deklarative Transaktionen mit *Transaktionsattributen* definiert. Ein Transaktionsattribut stellt eine Beschreibung dar, wie Transaktionsrichtlinien auf eine Methode angewendet werden sollen. Es gibt fünf Facetten eines Transaktionsattributs (siehe Abbildung 6.3).

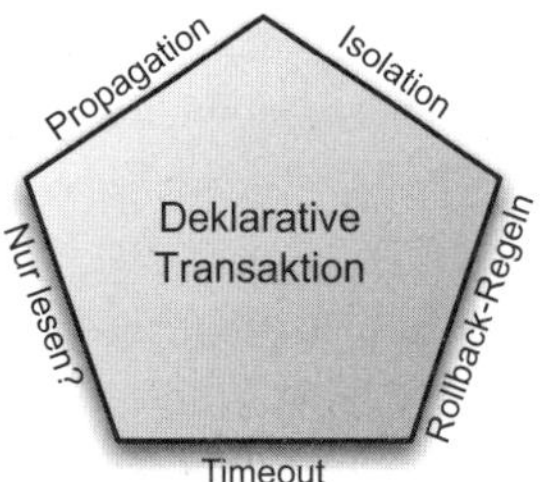

ABBILDUNG 6.3 Deklarative Transaktionen definieren sich durch ihr Propagationsverhalten, die Isolationsebene, Angaben zum Nur-Lese-Verhalten, Timeouts und Rollback-Regeln.

Zwar bietet Spring mehrere Mechanismen zur Deklaration von Transaktionen, sie alle basieren jedoch auf diesen fünf Parametern, die bestimmen, wie Transaktionsrichtlinien administriert werden. Aus diesem Grund ist es wichtig, diese Parameter zu kennen, um die Transaktionsrichtlinien in Spring deklarieren zu können.

Unabhängig von dem von Ihnen verwendeten deklarativen Transaktionsmechanismus haben Sie stets die Möglichkeit, diese Attribute zu definieren. Wir wollen sie im Einzelnen beschreiben, um zu verstehen, wie sie sich jeweils auf die Transaktion auswirken.

Propagationsverhalten

Die erste Facette einer Transaktion ist das *Propagationsverhalten*. Dieses definiert die Grenzen der Transaktion in Bezug auf den Client und die aufgerufene Methode. Spring definiert sieben separate Verhaltensweisen für die in Tabelle 6.2 beschriebene Propagation.

Propagationskonstanten

Die in der Tabelle aufgelisteten Verhaltensweisen sind als Konstanten in der Schnittstelle `org.springframework.transaction.TransactionDefinition` definiert.

Die in Tabelle 6.2 aufgeführten Propagationsverhaltensweisen kommen Ihnen unter Umständen bekannt vor – was daran liegt, dass sie die in EJB-CMTs vorhandenen Propagationsregeln reflektieren. So entspricht beispielsweise Springs `PROPAGATION_REQUIRES_NEW` dem CMT-Verhalten `RequiresNew`. Spring ergänzt ein zusätzliches, in CMT nicht vorhandenes Propagationsverhalten namens `PROPAGATION_NESTED`, um verschachtelte Transaktionen zu unterstützen.

Propagationsregeln bestimmen die Antwort auf die Frage, ob eine neue Transaktion gestartet oder unterbrochen oder ob eine Methode überhaupt in einem Transaktionskontext ausgeführt werden sollte.

Wenn beispielsweise eine Methode als transaktionsgestützt mit dem Verhalten `PROPAGATION_REQUIRES_NEW` deklariert wird, bedeutet dies, dass die Transaktionsgrenzen den Grenzen der Methode selbst entsprechen: Es wird eine neue Transaktion gestartet, wenn die Methode beginnt, und die Transaktion endet, sobald die Methode zurückkehrt oder eine Exception auslöst. Weist die Methode hingegen das Verhalten `PROPAGATION_REQUIRED` auf, so hängen die Transaktionsgrenzen davon ab, ob eine Transaktion bereits offen ist.

TABELLE 6.2 Propagationsregeln definieren, wann eine Transaktion erstellt wird oder eine offene Transaktion verwendet werden kann. Spring bietet diverse Propagationsregeln zur Auswahl an.

Propagationsverhalten	Bedeutung
`PROPAGATION_MANDATORY`	Gibt an, dass die Methode innerhalb einer Transaktion ausgeführt werden muss. Ist keine offene Transaktion vorhanden, wird eine Exception ausgelöst.
`PROPAGATION_NESTED`	Gibt an, dass die Methode innerhalb einer verschachtelten Transaktion ausgeführt werden soll, sofern eine offene Transaktion voliegt. Die verschachtelte Transaktion kann separat von der umschließenden Transaktion abgeschlossen oder rückgängig gemacht werden. Wenn keine umschließende Transaktion vorhanden ist, verhält sich die Regel wie `PROPAGATION_REQUIRED`. Die anbieterseitige Unterstützung für dieses Propagationsverhalten ist maximal als punktuell zu bezeichnen. Schlagen Sie in der Dokumentation zu Ihrem Ressourcenmanager nach, um zu ermitteln, ob verschachtelte Transaktionen unterstützt werden.
`PROPAGATION_NEVER`	Gibt an, dass die aktuelle Methode nicht innerhalb eines Transaktionskontexts ausgeführt werden darf. Ist eine offene Transaktion vorhanden, wird eine Exception ausgelöst.
`PROPAGATION_NOT_SUPPORTED`	Gibt an, dass die Methode nicht innerhalb einer Transaktion ausgeführt werden darf. Wenn eine offene Transaktion vorhanden ist, wird diese für die Dauer der Methode unterbrochen. Wenn der `JTATransactionManager` verwendet wird, ist ein Zugriff auf `TransactionManager` erforderlich.
`PROPAGATION_REQUIRED`	Gibt an, dass die aktuelle Methode innerhalb einer Transaktion ausgeführt werden muss. Wenn eine offene Transaktion vorhanden ist, wird die Methode innerhalb dieser Transaktion ausgeführt. Andernfalls wird eine neue Transaktion gestartet.
`PROPAGATION_REQUIRES_NEW`	Gibt an, dass die aktuelle Methode innerhalb ihrer eigenen Transaktion ausgeführt werden muss. Eine neue Transaktion wird gestartet und - sofern eine offene Transaktion vorhanden ist - für die Dauer der Methode unterbrochen. Wenn der `JTATransactionManager` verwendet wird, ist ein Zugriff auf `TransactionManager` erforderlich.
`PROPAGATION_SUPPORTS`	Gibt an, dass die aktuelle Methode keinen Transaktionskontext erfordert, aber innerhalb einer ggf. bereits offenen Transaktion ausgeführt werden kann.

Isolationsebenen

Die zweite Dimension einer deklarierten Transaktion ist die *Isolationsebene*. Eine Isolationsebene definiert, wie stark eine Transaktion von den Aktivitäten anderer nebenläufiger Transaktionen betroffen werden kann. Eine andere Möglichkeit, die Isolationsebene einer Transaktion zu formulieren, besteht darin, sich zu fragen, wie „egoistisch" eine Transaktion mit den Transaktionsdaten verfährt.

In einer typischen Anwendung laufen Transaktionen gleichzeitig ab und arbeiten dabei oft mit denselben Daten, um ihre Aufgabe zu erledigen. Die Nebenläufigkeit kann - wiewohl erforderlich - zu den folgenden Problemen führen:

- *Dirty Reads* erfolgen, wenn eine Transaktion Daten ausliest, die von einer anderen Transaktion gespeichert, aber noch nicht festgeschrieben wurden. Sollten die Änderungen später rückgängig gemacht werden, dann wären die von der ersten Transaktion abgerufenen Daten ungültig.
- *Nonrepeatable Reads* finden statt, wenn eine Transaktion dieselbe Abfrage mehrfach durchführt und die Daten sich jedes Mal unterscheiden. Dies liegt gewöhnlich daran, dass eine andere nebenläufige Transaktion die Daten zwischen den Abfragen ändern.
- *Phantom Reads* ähneln den Nonrepeatable Reads. Diese treten auf, wenn eine Transaktion T1 mehrere Datensätze ausliest und eine nebenläufige Transaktion T2 danach Datensätze einfügt. Bei nachfolgenden Abfragen findet Transaktion T1 neue Datensätze, die zuvor nicht vorhanden waren.

In einer idealen Situation wären Transaktionen vollständig voneinander isoliert, wodurch diese Probleme vermieden würden. Allerdings kann sich die vollständige Isolation auf die Leistungsfähigkeit auswirken, weil hierbei häufig Datensätze (und manchmal auch ganze Tabellen) im Datenspeicher gesperrt werden. Ein allzu aggressives Sperren kann die Nebenläufigkeit beeinträchtigen - Transaktionen müssen aufeinander warten, um ihre Aufgaben erledigen zu können.

Die Feststellung, dass eine vollständige Isolation Leistungseinbußen verursachen kann, und die Tatsache, dass nicht alle Anwendungen eine solche umfassende Isolation benötigen, machen eine gewisse Flexibilität in Bezug auf die Transaktionsisolation gelegentlich wünschenswert. Aus diesem Grund gibt es mehrere Isolationsebenen, die in Tabelle 6.3 aufgeführt sind.

Konstanten der Isolationsebenen

Die in der Tabelle aufgelisteten Verhaltensweisen sind als Konstanten in der Schnittstelle `org.springframework.transaction.TransactionDefinition` definiert.

`ISOLATION_READ_UNCOMMITTED` ist die effizienteste Isolationsebene, isoliert die Transaktion jedoch am wenigsten stark und lässt so Raum für Dirty Reads, Nonrepeatable Reads und Phantom Reads. Das andere Extrem `ISOLATION_SERIALIZABLE` verhindert alle Arten von Isolationsproblemen, ist aber am wenigsten effizient.

Beachten Sie, dass nicht alle Datenquellen alle in Tabelle 6.3 aufgeführten Isolationsebenen unterstützen. Schlagen Sie in der Dokumentation zu Ihrem Ressourcenmanager nach, um zu ermitteln, welche Isolationsebenen vorhanden sind.

TABELLE 6.3 Die Isolationsebenen bestimmen, bis zu welchem Grad sich nebenläufig ausgeführte Transaktionen aufeinander auswirken können.

Isolationsebene	Bedeutung
ISOLATION_DEFAULT	Verwendet die vorgegebene Isolationsebene des zugrunde liegenden Datenspeichers.
ISOLATION_READ_UNCOMMITTED	Gestattet Ihnen das Lesen von Änderungen, die noch nicht abgeschlossen wurden. Die Folge können Dirty Reads, Phantom Reads und Nonrepeatable Reads sein.
ISOLATION_READ_COMMITTED	Gestattet das Lesen aus nebenläufigen Transaktionen, die bereits abgeschlossen wurden. Dies verhindert Dirty Reads, während Phantom Reads und Nonrepeatable Reads nach wie vor auftreten können.
ISOLATION_REPEATABLE_READ	Mehrfaches Auslesen desselben Feldes führt zu identischen Ergebnissen, sofern nicht durch die Transaktion selbst Änderungen vorgenommen wurden. Dies verhindert Dirty Reads und Nonrepeatable Reads, während Phantom Reads nach wie vor auftreten können.
ISOLATION_SERIALIZABLE	Diese vollständig ACID-kompatible Isolationsebene gewährleistet, dass Dirty Reads, Nonrepeatable Reads und Phantom Reads nicht auftreten können. Es handelt sich hierbei um die langsamste aller Isolationsebenen, denn diese wird in der Regel durch vollständiges Sperren der an der Transaktion beteiligten Tabellen realisiert.

Nur lesende Transaktionen

Das dritte Merkmal einer deklarierten Transaktion ist der Schreibschutz. Wenn eine Transaktion lediglich Leseoperationen am zugrunde liegenden Datenspeicher ausführt, ist der Datenspeicher unter Umständen in der Lage, bestimmte Optimierungen durchzuführen, die auf dem nichtschreibenden Wesen der Transaktion fußen. Indem Sie eine Transaktion als nur lesend deklarieren, bieten Sie dem Datenspeicher die Möglichkeit, diese Optimierungen nach Bedarf anzuwenden.

Da Nur-Lese-Optimierungen am zugrunde liegenden Datenspeicher zu Beginn einer Transaktion ausgeführt werden, ist es nur dann sinnvoll, eine Transaktion als nur lesend zu deklarieren, wenn Methoden mit Propagationsverhalten betroffen sind, die eine neue Transaktion einleiten könnten (also `PROPAGATION_REQUIRED`, `PROPAGATION_REQUIRES_NEW` und `PROPAGATION_NESTED`).

Hinzu kommt, dass, wenn Sie Hibernate als Persistenzmechanismus einsetzen, das Deklarieren einer Transaktion als nur lesend dazu führt, dass der Leerungsmodus von Hibernate auf `FLUSH_NEVER` festgelegt wird. Hierdurch wird Hibernate angewiesen, eine nicht erforderliche Synchronisierung von Objekten mit der Datenbank zu unterlassen, wodurch alle Änderungen ans Ende der Transaktion verschoben werden.

Timeout

Wenn eine Anwendung eine gute Leistung erzielen soll, dürfen die zugehörigen Transaktionen nicht allzu lange dauern. Aus diesem Grund ist der nächste Parameter einer deklarierten Transaktion der *Timeout*.

Angenommen, die Ausführung Ihrer Transaktion dauert unerwartet lang. Weil es bei Transaktionen zu Sperrungen des zugrunde liegenden Datenspeichers kommen kann, können lang andauernde Transaktionen die Datenbankressourcen unnötig binden. Statt bis zum Ende zu warten, können Sie eine Transaktion so deklarieren, dass sie nach einer bestimmten Zeit automatisch einen Rollback durchführt.

Da die Zeitnahme für den Timeout zu Beginn einer Transaktion gestartet wird, ist es nur dann sinnvoll, einen Timeout für eine Transaktion zu deklarieren, wenn Methoden mit Propagationsverhalten betroffen sind, die eine neue Transaktion einleiten könnten (also `PROPAGATION_REQUIRED`, `PROPAGATION_REQUIRES_NEW` und `PROPAGATION_NESTED`).

Rollback-Regeln

Der letzte Aspekt des Transaktionsfünfecks ist ein Regelsatz, der definiert, welche Exceptions einen Rollback auslösen und welche nicht. Standardmäßig werden Transaktionen nur bei Laufzeit-Exceptions rückgängig gemacht, nicht jedoch bei geprüften Exceptions. (Dies entspricht dem Rollback-Verhalten bei EJBs.)

Sie können allerdings deklarieren, dass eine Transaktion bei Auftreten bestimmter geprüfter Exceptions sowie von Laufzeit-Exceptions rückgängig gemacht wird. Ähnlich können Sie festlegen, dass Transaktionen bei Auftreten bestimmter geprüfter Exceptions nicht rückgängig gemacht werden, auch wenn es sich dabei um Laufzeit-Exceptions handelt.

Nachdem Sie nun einen Überblick darüber erhalten haben, wie Transaktionsattribute das Verhalten einer Transaktion bestimmen, wollen wir als Nächstes besprechen, wie man diese Attribute bei der Deklaration von Transaktionen in Spring verwendet.

6.4.2 Transaktionen in XML deklarieren

Bei früheren Spring-Versionen bedingte die deklarative Transaktion die Verschaltung einer speziellen Bean namens `TransactionProxyFactoryBean`. Das Problem bei `TransactionProxyFactoryBean` war, dass dies zu extrem umfangreichen Spring-Konfigurationsdateien führte. Zum Glück ist diese Phase vorbei, und Spring bietet nun den Konfigurationsnamensraum `tx`, der die deklarativen Transaktionen in Spring deutlich vereinfacht.

Um diesen Namensraum `tx` zu nutzen, muss er in die XML-Konfigurationsdatei von Spring eingefügt werden:

```
<beans xmlns="http://www.springframework.org/schema/beans"
    xmlns:xsi="http://www.w3.org/2001/XMLSchema-instance"
    xmlns:aop="http://www.springframework.org/schema/aop"
    xmlns:tx="http://www.springframework.org/schema/tx"
    xsi:schemaLocation="http://www.springframework.org/schema/beans
        http://www.springframework.org/schema/beans/
           spring-beans-3.0.xsd
      http://www.springframework.org/schema/aop
      http://www.springframework.org/schema/aop/spring-aop-3.0.xsd
      http://www.springframework.org/schema/tx
      http://www.springframework.org/schema/tx/spring-tx-3.0.xsd">
```

Beachten Sie, dass der Namensraum `aop` ebenfalls enthalten sein sollte. Dies ist wichtig, weil die neuen Konfigurationselemente für deklarative Transaktionen auf einige der neuen AOP-Konfigurationselemente in Spring (vgl. Kapitel 4) angewiesen sind.

Der Namensraum `tx` bietet eine Handvoll neuer XML-Konfigurationselemente, deren wohl wichtigstes das Element `<tx:advice>` ist.Der folgende XML-Ausschnitt zeigt, wie `<tx:advice>` zur Deklaration von Transaktionsrichtlinien ähnlich denjenigen verwendet werden kann, die wir für den Spitter-Dienst in Listing 6.2 verwendet haben:

```
<tx:advice id="txAdvice">
  <tx:attributes>
    <tx:method name="add*" propagation="REQUIRED" />
    <tx:method name="*" propagation="SUPPORTS"
        read-only="true"/>
  </tx:attributes>
</tx:advice>
```

Bei `<tx:advice>` werden die Transaktionsattribute in einem `<tx:attributes>`-Element definiert, das ein oder mehrere <tx:method>-Elemente enthält. Das `<tx:method>`-Element definiert die Transaktionsattribute für eine oder mehrere gegebene Methoden entsprechend der Definition im Attribut `name` (unter Verwendung von Platzhaltern).

`<tx:method>` verfügt über eine Reihe von Attributen, die die Definition von Transaktionsrichtlinien unterstützen (siehe Tabelle 6.4).

TABELLE 6.4 Die Eigenschaften des Transaktionspentagons (vgl. Abbildung 6.3) werden in den Attributen des `<tx:method>`-Elements festgelegt.

Attribut	Zweck
`isolation`	Gibt die Isolationsebene für die Transaktion an.
`propagation`	Definiert die Propagationsregel für die Transaktion.
`read-only`	Legt fest, dass eine Transaktion nur liest und nicht schreibt.

Rollback-Regeln
`rollback-for`
`no-rollback-for`
	`rollback-for` legt geprüfte Exceptions fest, bei deren Auftreten die Transaktion nicht abgeschlossen, sondern über einen Rollback rückgängig gemacht wird.
	`no-rollback-for` legt Exceptions fest, bei deren Auftreten die Transaktion fortgesetzt werden soll (d. h. es findet kein Rollback statt).

`timeout`	Definiert einen Timeout für eine länger andauernde Transaktion.

Wie im Transaktion-Advice `txAdvice` definiert, lassen sich die konfigurierten Transaktionsmethoden in zwei Kategorien unterteilen: solche, deren Namen mit `add` beginnen, und alle anderen. Die Methode `saveSpittle()` gehört zur ersten Kategorie und ist so deklariert, dass sie eine Transaktion erfordert. Die übrigen Methoden werden mit `propagation ="supports"` deklariert, d. h. sie laufen in einer Transaktion, sofern eine solche vorhanden ist, sind allerdings nicht darauf angewiesen.

Wenn Sie eine Transaktion mit `<tx:advice>` deklarieren, benötigen Sie ebenso wie oben bei der Verwendung von `TransactionProxyFactoryBean` einen Transaktionsmanager. Eher konventions- als konfigurationsorientiert, setzt `<tx:advice>` voraus, dass der Transaktionsmanager als Bean mit der ID `transactionManager` deklariert wird. Wenn Sie Ihrem Transaktionsmanager einen anderen Wert für `id` geben (z. B. `txManager`), müssen Sie diese `id` im Attribut `transactionmanager` angeben:

```
<tx:advice id="txAdvice"
      transaction-manager="txManager">
...
</tx:advice>
```

Für sich genommen definiert `<tx:advice>` nur einen AOP-Advice, der Methoden mit Transaktionsgrenzen verknüpft. Dies ist jedoch nur ein Transaktions-Advice und kein vollständiger transaktionsgestützter Aspekt. Nirgendwo im `<tx:advice>`-Element haben wir angegeben, welche Beans mit dem Advice verknüpft werden sollen – wir benötigen hierfür einen Pointcut. Um die Definition des Transaktionsaspekts zu vervollständigen, müssen wir einen Advisor definieren. Hier kommt der Namensraum `aop` ins Spiel. Der folgende XML-Code definiert einen Advisor, der mithilfe von `txAdvice` allen Beans, die die Schnittstelle `SpitterService` implementieren, einen Advice zur Verfügung stellt:

```
<aop:config>
  <aop:advisor
      pointcut="execution(* *..SpitterService.*(..))"
      advice-ref="txAdvice"/>
</aop:config>
```

Das Attribut `pointcut` verwendet einen AspectJ-Pointcut-Ausdruck, um anzugeben, dass der Advisor allen Methoden der Schnittstelle `SpitterService` einen Advice verfügbar machen soll. Welche Methoden tatsächlich innerhalb einer Transaktion ausgeführt werden und wie die Transaktionsattribute dieser Methoden aussehen, definiert der Transaktions-Advice, der mit dem Attribut `advice-ref` referenziert wird (in unserem Fall der Advice `txAdvice`).

Zwar bewirkt das Konfigurationselement `<tx:advice>` schon eine ganze Menge, um Spring-Entwicklern die deklarativen Transaktionen schmackhafter zu machen, doch gibt es ein weiteres – neues – Feature in Spring 2.0, das diese Aufgabe all jenen, die in einer Java 5-Umgebung arbeiten, weiter vereinfacht. Betrachten wir also Spring-Transaktionen in ihrer annotationsgetriebenen Ausprägung.

6.4.3 Annotationsgetriebene Transaktionen definieren

Das Konfigurationselement `<tx:advice>` vereinfacht den für deklarative Transaktionen in Spring erforderlichen XML-Code erheblich. Und wenn eine noch stärkere Vereinfachung möglich wäre? Oder wenn Sie Ihrem Spring-Kontext nur eine einzige XML-Codezeile hinzufügen müssten, um Transaktionen deklarieren zu können?

Zusätzlich zum `<tx:advice>`-Element bietet der Namensraum `tx` nämlich noch das Konfigurationselement `<tx:annotation-driven>`. Die Verwendung von `<tx:annotation-driven>` erfordert oft lediglich die folgende XML-Codezeile:

```
<tx:annotation-driven />
```

Tja – und das war's schon! Wenn Sie mehr erwartet haben, muss ich Sie enttäuschen. Ich hätte den Sachverhalt vielleicht ein wenig interessanter schildern können, etwa durch Angabe einer bestimmten Transaktionsmanager-Bean mit dem Attribut `transactionmanager` (dessen Vorgabewert `transactionManager` lautet):

```
<tx:annotation-driven transaction-manager="txManager" />
```

Mehr gibt es aber nicht zu besprechen. Diese eine Codezeile leistet Erstaunliches, denn sie gestattet die Definition von Transaktionsregeln an der Stelle, wo es am sinnvollsten ist: in den Methoden, die transaktionsgestützt ausgeführt werden sollen.

Annotationen gehören zu den umfangreichsten und meistdiskutierten Features von Java 5. Sie gestatten Ihnen die Definition von Metadaten direkt im Code statt in externen Konfigurationsdateien. Ich halte sie für den perfekten Partner bei der Deklaration von Transaktionen.

Das Konfigurationselement `<tx:annotation-driven>` weist Spring an, alle Beans im Anwendungskontext zu überprüfen und nach Beans zu suchen, die auf der Klassen- oder der Methodenebene mit `@Transactional` annotiert sind. Alle Beans mit dieser Annotation `@Transactional` erhalten über `<tx:annotation-driven>` automatisch einen Transaktions-Advice. Die Transaktionsattribute des Advices werden von Parametern der Annotation `@Transactional` definiert.

Das folgende Listing beispielsweise zeigt `SpitterServiceImpl` in einer Form an, die so abgeändert wurde, dass die `@Transactional`-Annotationen enthalten sind.

LISTING 6.3 Annotieren des Spitter-Dienstes zur Transaktionsunterstützung

```
@Transactional(propagation=Propagation.SUPPORTS, readOnly=true)
public class SpitterServiceImpl implements SpitterService {
...
  @Transactional(propagation=Propagation.REQUIRED, readOnly=false)
  public void addSpitter(Spitter spitter) {
...
  }
...
}
```

Auf der Klassenebene wurde `SpitterServiceImpl` mit einer `@Transactional`-Annotation versehen, die besagt, dass alle Methoden Transaktionen unterstützen und nur lesen. Auf der Methodenebene wurde die Methode `saveSpittle()` annotiert und gibt nun an, dass sie einen Transaktionskontext benötigt.

6.5 Zusammenfassung

Transaktionen sind ein wesentlicher Bestandteil der Entwicklung von Unternehmensanwendungen und haben eine größere Robustheit auf Seiten der Software zur Folge. Sie gewährleisten ein Alles-oder-nichts-Verhalten und verhindern Dateninkonsistenzen beim Auftreten unvorhergesehener Ereignisse. Zudem unterstützen sie die Nebenläufigkeit, da sie verhindern, dass gleichzeitig laufende Anwendungs-Threads einander stören, wenn sie dieselben Daten bearbeiten.

Spring unterstützt sowohl programmgesteuerte als auch deklarative Transaktionsverwaltung. In beiden Fällen erspart Ihnen Spring den direkten Umgang mit einer bestimmten Transaktionsverwaltungsimplementierung, indem es die entsprechende Plattform hinter einer allgemeinen API verbirgt.

Spring nutzt sein eigenes AOP-Framework zur Unterstützung der deklarativen Transaktionsverwaltung. Der Support deklarativer Transaktionen durch Spring steht in Konkurrenz zu EJB-CMTs und ermöglicht Ihnen in Zusammenhang mit POJOs die Deklaration nicht nur des Propagationsverhaltens, sondern auch anderer Parameter: Isolationsebenen, Nur-Lese-Optimierungen und Rollback-Regeln für bestimmte Exceptions.

In diesem Kapitel haben Sie auch gesehen, wie man deklarative Transaktionen mithilfe von Annotationen im Programmiermodell von Java 5 unterbringt. Dank der Java 5-Annotationen müssen Sie, um einer Methode die Transaktionsfähigkeit beizubringen, diese nur noch mit der passenden Transaktionsannotation versehen.

Wie wir gesehen haben, verleiht Spring POJOs die Leistungsfähigkeit deklarativer Transaktionen. Dies ist eine spannende Entwicklung, denn immerhin waren deklarative Transaktionen zuvor den EJBs vorbehalten. Deklarative Transaktionen sind jedoch nur der Anfang dessen, was Spring den POJOs zu bieten hat. Im nächsten Kapitel erfahren wir, wie Spring die deklarative Sicherheit auf POJOs erweitert.

7 Webapplikationen mit Spring MVC erstellen

Dieses Kapitel behandelt die folgenden Themen:

- Mapping zwischen Requests und Controllern
- Formularparameter transparent binden
- Validierung von Formulareingaben
- Dateien hochladen

Als JEE-Entwickler haben Sie höchstwahrscheinlich schon mal die eine oder andere webbasierte Anwendung entwickelt. Tatsächlich konzentrieren sich die meisten Java-Entwickler hauptsächlich auf webbasierte Anwendungen. Wenn Sie diese Art von Erfahrung haben, sind Sie sich darüber sehr im Klaren, welche Herausforderungen diese Systeme mit sich bringen. Insbesondere die Zustandsverwaltung, der Workflow und die Validierung sind wichtige Features, um die Sie sich kümmern müssen. Nichts davon wird leichter, wenn man die zustandslose Natur des HTTP-Protokolls berücksichtigt.

Das Web-Framework von Spring soll Sie bei diesen Themen unterstützen. Spring MVC basiert auf dem Model-View-Controller-Muster (MVC) und hilft beim Aufbau von webbasierten Anwendungen, die so flexibel und lose miteinander gekoppelt sind wie das Spring-Framework selbst.

In diesem Kapitel untersuchen wir das Web-Framework Spring MVC. Wir werden mit den neuen Spring-MVC-Annotationen Controller erstellen, die Webanfragen bearbeiten. Dabei nehmen wir uns vor, unsere Webschicht in Hinblick auf REST zu designen. Zum Schluss beschäftigen wir uns damit, wie man die JSP-Tags von Spring in Views verwendet, um dem User eine Antwort zurückzuschicken.

Bevor wir uns zu sehr mit den Eigenheiten der Controller und Handler-Mappings von Spring MVC beschäftigen, verschaffen wir uns zunächst einen Gesamtüberblick über Spring MVC und erstellen eine erste eigene Webfunktionalität.

7.1 Der Start mit Spring MVC

Kennen Sie das Brettspiel *Mausefalle*? Ganz schön verrückt: Man schickt eine kleine Stahlkugel durch eine Reihe bizarrer Vorrichtungen, um eine Mausefalle auszulösen. Die Kugel rollt über alle möglichen komplizierten Apparaturen, zum Beispiel eine geschlängelte Rampe oder Wippe, dreht sich in einem Miniaturriesenrad oder wird von einem Gummistiefel aus einem Eimerchen gekickt – alles, damit die arme, ahnungslose Plastikmaus in die Falle tappt.

Auf den ersten Blick könnte man meinen, das Framework von Spring MVC gleicht dieser Mausefalle. Doch hier wird kein Ball durch verschiedene Rampen, Wippen und Räder geführt, sondern Spring schickt Requests zwischen einem Dispatcher-Servlet, Handler-Mappings, Controllern und View-Resolvern umher.

Sie sollten jedoch keinen zu engen Vergleich zwischen Spring MVC und diesem Mausefallenspiel ziehen. Alle Komponenten in Spring MVC dienen bestimmten Zwecken. Beginnen wir die Untersuchung von Spring MVC, indem wir uns den Lebenszyklus eines typischen Requests ansehen.

7.1.1 Einem Request durch Spring MVC folgen

Jedes Mal, wenn ein Anwender auf einen Link klickt oder ein Formular im Browser übermittelt, macht sich eine Anfrage (*Request*) an die Arbeit. Die Arbeitsplatzbeschreibung einer Anfrage ist wie die eines Kuriers. Eine Anfrage soll wie ein Postbote Informationen von einem Ort zum nächsten bringen.

Von dem Moment an, in dem sie den Browser verlässt, bis zum Zeitpunkt der Rückgabe bzw. Ausgabe einer Antwort legt sie mehrere Stopps ein und hinterlässt jedes Mal kleine Infos oder nimmt neue auf. In Abbildung 7.1 sehen Sie, wo die Anwendung überall „einkehrt“.

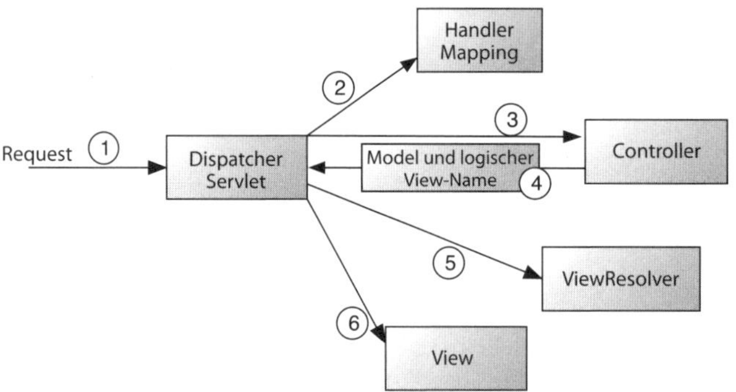

ABBILDUNG 7.1 Die Webschicht der Spitter-Applikation enthält zwei ressourcenorientierte Controller nebst einigen Utility-Controllern.

Beim Verlassen des Browsers nimmt die Anfrage Informationen darüber entgegen, wonach der Anwender fragt. Zumindest enthält die Anfrage die angeforderte URL. Es können aber auch zusätzliche Daten sein, beispielsweise Informationen, die der Anwender in einem Formular übermittelt hat.

Zunächst geht die Anfrage zum DispatcherServlet von Spring über. Wie die meisten auf Java basierenden Web-Frameworks treffen die Anfragen bei Spring MVC in einem einzigen Front-Controller-Servlet zusammen ein. Ein Front-Controller ist ein allgemeines Muster für Webanwendungen, bei dem ein Servlet die Verantwortung für eine Anfrage an andere Komponenten einer Anwendung übergibt, die dann die eigentliche Verarbeitung vornehmen. Bei Spring MVC ist DispatcherServlet dieser Front-Controller.

Dessen Job ist es, die Anfrage an einen Controller von Spring MVC weiterzuschicken. Ein Controller ist eine Spring-Komponente zur Verarbeitung der Anfrage. Eine typische Anwendung kann jedoch verschiedene Controller haben, und DispatcherServlet braucht Hilfe bei der Entscheidung, an welchen Controller die Anfrage gehen soll. Also konsultiert DispatcherServlet eine oder mehrere Handler-Mappings, um herauszufinden, wo die Anfrage als Nächstes hingehen soll. Das Handler-Mapping wird bei seiner Entscheidung vor allem die die Anfrage begleitende URL berücksichtigen.

Wenn etwas Passendes gefunden wurde, schickt DispatcherServlet sie weiter an den ausgewählten Controller. Beim Controller lädt die Anfrage den Payload ab (also die vom Anwender übermittelte Information) und wartet geduldig, bis der Controller diese Information verarbeitet hat. (Tatsächlich verarbeitet ein gut designter Controller selbst kaum etwas oder gar nichts, sondern delegiert die Verantwortung für die Business-Logik an ein oder mehrere Service-Objekte.)

Die von einem Controller ausgeführte Logik führt oft zu Informationen, die an den Anwender zurückgegeben und in seinem Browser dargestellt werden müssen. Diese Information nennt man das *Model*. Doch es reicht nicht, diese Art von Informationen an den Anwender zurückzuschicken – man muss sie in einer benutzerfreundlichen Form ausgeben, normalerweise ist das HTML. Dafür muss die Information einem *View* (Ansicht) übergeben werden, üblicherweise eine JSP-Seite.

Als Letztes wird der Controller also die Model-Daten und den Namen eines Views in ein ModelAndView-Objekt verpacken Dann schickt es die Anfrage zusammen mit seinem neuen ModelAndView-Päckchen zurück an DispatcherServlet.

Damit der Controller nicht mit einem bestimmten View gekoppelt ist, enthält ModelAndView keinen Verweis auf die eigentliche JSP-Seite. Tatsächlich wird nicht einmal nahegelegt, dass der View überhaupt eine JSP ist. Stattdessen enthält es nur einen logischen Namen, über den der tatsächliche View gesucht wird, der das endgültige HTML produziert. Das DispatcherServlet wird einen View-Resolver konsultieren, der den logischen View-Namen einer speziellen View-Implementierung zuordnen soll, die eine JSP-Seite sein kann oder auch nicht.

Weil DispatcherServlet nun weiß, mit welchem View die Ergebnisse dargestellt werden, hat die Anfrage ihren Job beinahe erledigt. Letzter Stopp ist bei der Implementierung des View (wahrscheinlich eine JSP-Seite), wo die Model-Daten ausgeliefert werden. Die Anfrage ist mit ihrem Job nun schließlich fertig. Der View wird die Model-Daten zur Darstellung einer Seite verwenden, die durch das (nicht so hart arbeitende) Response-Objekt an den Browser übertragen wird.

Wir werden in diesem Kapitel jeden dieser Schritte eingehender erläutern. Doch eins nach dem anderen: Sie müssen Spring MVC und DispatcherServlet in der Spitter-Applikation konfigurieren.

7.1.2 Das Setup von Spring

Im Zentrum von Spring MVC steht DispatcherServlet – ein als Front-Controller von Spring MVC fungierendes Servlet. Wie jedes Servlet muss auch DispatcherServlet in der web.xml-Datei Ihrer Webanwendung konfiguriert werden. Um Spring MVC in unserer Applikation einsetzen zu können, müssen wir also als Erstes die folgende <servlet>-Deklaration in die Datei web.xml schreiben:

```
<servlet>
    <servlet-name>spitter</servlet-name>
    <servlet-class>
       org.springframework.web.servlet.DispatcherServlet
     </servlet-class>
    <load-on-startup>1</load-on-startup>
</servlet>
```

Es ist bedeutsam, welchen <servlet-name> das Servlet bekommt. Beim Laden von DispatcherServlet wird es als Default den Spring-Anwendungskontext aus einer XML-Datei laden, dessen Name auf dem Namen des Servlets basiert. In diesem Fall wird DispatcherServlet den Anwendungskontext aus einer Datei namens spitter-servlet.xml laden (die sich im WEB-INF-Verzeichnis der Applikation befindet), weil das Servlet spitter heißt.

Als Nächstes müssen Sie angeben, um welche URLs sich das DispatcherServlet kümmern soll. Üblicherweise wird DispatcherServlet URL-Pattern wie *.htm, /* oder /app zugeordnet. Doch diese URL-Patterns bringen einige Probleme mit sich:

- Das *.htm-Pattern impliziert, dass die Antwort immer in HTML-Form geschieht (was nicht notwendigerweise der Fall sein muss, wie wir in Kapitel 11 erfahren werden).
- Wenn man es /* zuordnet, impliziert das keine spezielle Art von Antwort, zeigt aber an, dass DispatcherServlet *alle* Anfragen bearbeiten wird. Damit wird die Bereitstellung von statischen Inhalten wie Bildern oder Stylesheets schwieriger als nötig.
- Das /app-Pattern (oder etwas Ähnliches) hilft uns, den vom DispatcherServlet bereitgestellten Inhalt von anderen Inhaltsarten zu unterscheiden. Aber dann wird ein Detail unserer Implementierung (speziell der /app-Pfad) in unseren URLs erkennbar. Das zwingt uns, die URLs kompliziert umzuschreiben, um diesen Pfad zu verstecken.

Anstatt eines dieser fehlerhaften Muster der Zuordnung des Servlets einzusetzen, bevorzuge ich das Mapping von DispatcherServlet wie folgt:

```
<servlet-mapping>
    <servlet-name>spitter</servlet-name>
    <url-pattern>/</url-pattern>
</servlet-mapping>
```

Indem ich DispatcherServlet zu / mappe, sage ich, dass dies das Default-Servlet ist und verantwortlich für die Abwicklung aller Anfragen einschließlich solcher nach statischen Inhalten.

Wenn es Ihnen Kopfschmerzen bereitet, dass DispatcherServlet diese Art von Anfragen behandelt, gedulden Sie sich bitte noch ein wenig. Ein praktischer Konfigurationstrick befreit Sie als Entwickler davon, sich über dieses Detail allzu viele Gedanken machen zu müssen.

Der Spring-Namensraum mvc enthält ein neues <mvc:resources>-Element, das Ihnen die Abwicklung statischer Inhalte abnimmt. Sie brauchen ihn nur in der Spring-Konfiguration zu konfigurieren.

Dies bedeutet, dass wir nun die Datei spitter-servlet.xml erstellen können, mit der DispatcherServlet einen Anwendungskontext erstellen wird. Listing 7.1 zeigt den Anfang der Datei spitter-servlet.xml.

LISTING 7.1 <mvc:resources> richtet einen Handler für die Bereitstellung statischer Ressourcen ein.

```
<?xml version="1.0" encoding="UTF-8"?>
<beans xmlns="http://www.springframework.org/schema/beans"
       xmlns:xsi="http://www.w3.org/2001/XMLSchema-instance"
       xmlns:mvc="http://www.springframework.org/schema/mvc"
       xsi:schemaLocation="http://www.springframework.org/schema/mvc
         http://www.springframework.org/schema/mvc/spring-mvc-3.0.xsd
         http://www.springframework.org/schema/beans
         http://www.springframework.org/schema/beans/spring-beans-3.0.xsd">
  <mvc:resources mapping="/resources/**"
                 location="/resources/" />    ◂ Bearbeite Anfragen nach statischen
</beans>                                        Ressourcen
```

Wie bereits erwähnt, muss man alle Anfragen, die DispatcherServlet durchlaufen, irgendwie behandeln, meist über Controller. Weil Anfragen nach statischen Inhalten ebenfalls von DispatcherServlet behandelt werden, muss geklärt sein, wie DispatcherServlet diese Ressourcen bereitstellen soll. Aber einen Controller zu diesem Zweck zu schreiben und zu pflegen, scheint zu kompliziert. Zum Glück ist das <mvc:resources>-Element im Dienst.[1]

<mvc:resources> richtet einen Handler für die Bereitstellung statischer Ressourcen ein. Das Attribut mapping ist auf /resources/** gesetzt, das eine Wildcard im Ant-Stil enthält, um anzuzeigen, dass der Pfad mit */resources* beginnen muss, aber hiervon auch einen Unterpfad enthalten kann. Das Attribut location verweist auf den Standort der bereitgestellten Dateien. Wie hier konfiguriert, werden alle Anfragen, deren Pfad mit /resources beginnt, automatisch aus dem Ordner /resources im root der Applikation versorgt. Dafür muss man alle Bilder, Stylesheets, JavaScript und anderen statischen Inhalt in den /resources-Ordner der Applikation ablegen.

Nun haben wir das Problem geklärt, wie statische Inhalte bereitgestellt werden, und können darüber nachdenken, wie sich dies mit der Funktionalität unserer Applikation erreichen lässt. Da wir erst am Anfang stehen, machen wir uns einfach daran, die Homepage der Spitter-Applikation zu entwickeln.

[1] Das <mvc:resources>-Element wurde in Spring 3.0.4 ergänzt. Wenn Sie eine ältere Spring-Version verwenden, steht diese Einrichtung nicht zur Verfügung.

7.2 Einen Basis-Controller schreiben

Wenn wir die Webfunktionalität für die Spitter-Applikation entwickeln, werden wir ressourcenorientierte Controller schreiben. Anstatt für jeden Anwendungsfall unserer Applikation einen Controller zu erstellen, schreiben wir jeweils für jede Art Ressource, die unsere Applikation versorgen soll, einen einzigen Controller.

Weil die Spitter-Applikation so simpel gestrickt ist, hat sie nur zwei primäre Ressourcentypen: die „Spitter", also die User der Applikation, die anhand von „Spittles" ihre Gedanken kommunizieren. Darum müssen Sie einen Spitter-orientierten Controller und einen Spittle-orientierten Controller schreiben. Abbildung 7.2 zeigt, wo diese Controller in die Applikation insgesamt hineinpassen.

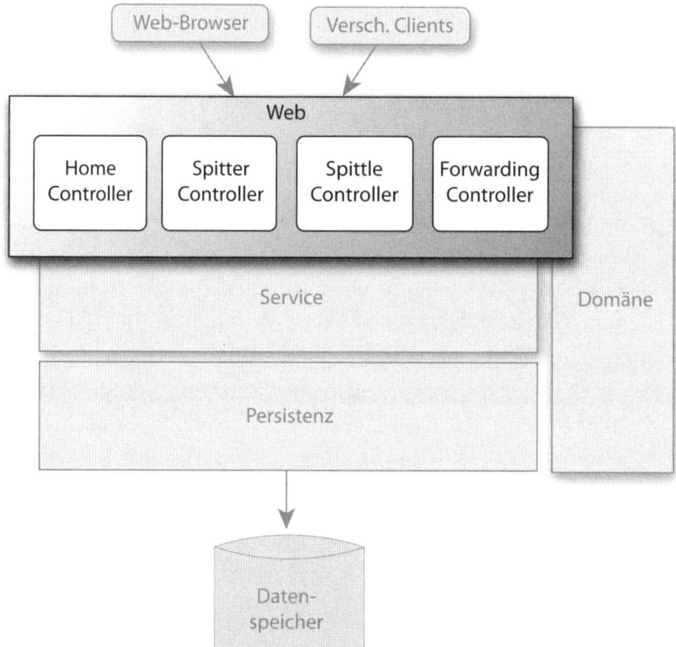

ABBILDUNG 7.2 Die Webschicht der Spittle-Applikation enthält zwei ressourcenorientierte Controller nebst einigen Utility-Controllern.

Neben den Controllern für jedes Kernkonzept der Applikation gibt es in Abbildung 7.2 auch zwei weitere Utility-Controller. Diese Controller wickeln einige Anfragen ab, die erforderlich sind, aber nicht direkt einem speziellen Konzept zugeordnet werden können.

Einer dieser Controller, `HomeController`, führt die notwendige Aufgabe aus, die Homepage darzustellen – diese Seite ist weder mit `Spitter`n noch `Spittle`s direkt verknüpft. Diesen Controller schreiben wir zuerst. Weil wir aber annotationsgetriebene Controller schreiben, müssen wir noch ein paar Vorarbeiten erledigen.

7.2.1 Konfiguration eines annotationsgetriebenen Spring MVC

Wie bereits erwähnt, konsultiert `DispatcherServlet` einen oder mehrere Handler-Mappings, um zu klären, an welchen Controller eine Anfrage weitergeleitet werden soll. Spring enthält eine Handvoll Implementierungen von Handler-Mappings, aus denen Sie wählen können. Dazu gehören:

- `BeanNameUrlHandlerMapping` – Zuordnung der Controller auf URLs, basierend auf dem Bean-Namen des Controllers
- `ControllerBeanNameHandlerMapping` – Ähnlich wie `BeanNameUrlHandlerMapping`: Zuordnung der Controller auf URLs, basierend auf dem Bean-Namen des Controllers. In diesem Fall müssen sich die Bean-Namen nicht an URL-Konventionen halten.
- `ControllerClassNameHandlerMapping` – Zuordnung der Controller zu URLs über den Klassennamen des Controllers als Basis für die URL.
- `DefaultAnnotationHandlerMapping` – Zuordnung von Anfragen an Controller und Controller-Methoden, die mit `@RequestMapping` annotiert sind.
- `SimpleUrlHandlerMapping` – Zuordnung der URLs über eine Eigenschaftssammlung, die im Anwendungskontext von Spring definiert ist.

Um diese Handler-Mappings einzusetzen, muss man sie normalerweise nur als Bean in Spring konfigurieren. Aber wenn keine Beans für Handler-Mappings gefunden werden, erstellt `DispatcherServlet` das `BeanNameUrlHandlerMapping` und `DefaultAnnotationHandlerMapping`. Zum Glück werden wir primär mit annotierten Controller-Klassen arbeiten, also passt es hervorragend, dass wir von `DispatcherServlet` das `DefaultAnnotationHandlerMapping` bekommen.

`DefaultAnnotationHandlerMapping` ordnet Anfragen den Controller-Methoden zu, die mit `@RequestMapping` annotiert sind (mehr darüber im nächsten Abschnitt). Das annotationsgetriebene Spring MVC kann aber mehr als nur Anfragen den Methoden zuordnen. Wenn wir unsere Controller erstellen, nutzen wir auch Annotationen, um Anfragen an Handler-Methodenparameter zu binden, Validierungen auszuführen und Nachrichten zu konvertieren. Darum reicht `DefaultAnnotationHandlerMapping` nicht aus.

Zum Glück brauchen wir für die Konfiguration bei spitter-servlet.xml nur eine Zeile einzufügen, damit alle annotationsgetriebenen Features aus Spring MVC verfügbar sind:

```
<mvc:annotation-driven/>
```

Obwohl klein, ist das Tag `<mvc:annotation-driven>` doch schlagkräftig. Es registriert mehrere Features, darunter den Validierungssupport für JSR-303, Nachrichtenkonvertierung und die Unterstützung für Feldformatierung.

Mehr über diese Features, wenn wir sie brauchen. Jetzt müssen wir erst einen Controller für die Homepage schreiben.

7.2.2 Den Homepage-Controller definieren

Die Normalerweise sehen die Besucher einer Website die Homepage als Erstes. Sie ist der Haupteingang zur restlichen Funktionalität der Site. Im Falle der Spitter-Applikation hat die Homepage die Aufgabe, den Besucher willkommen zu heißen und eine Handvoll aktueller Spittles zu zeigen, was sie ermutigen soll, an den Gesprächen teilzunehmen.

`HomeController` ist ein einfacher Controller von Spring MVC, der die Anfragen für die Homepage abwickelt.

LISTING 7.2 `HomeController` begrüßt die User der Spitter-Applikation.

```
package com.habuma.spitter.mvc;
import javax.inject.Inject;
import java.util.Map;
import org.springframework.beans.factory.annotation.Autowired;
import org.springframework.stereotype.Controller;
import org.springframework.web.bind.annotation.RequestMapping;
import com.habuma.spitter.service.SpitterService;
@Controller     ◂ Als Controller deklarieren
public class HomeController {
  public static final int DEFAULT_SPITTLES_PER_PAGE = 25;
  private SpitterService spitterService;
  @Inject     ◂ SpitterService injizieren
  public HomeController(SpitterService spitterService) {
    this.spitterService = spitterService;
  }
  @RequestMapping({"/","/home"})     ◂ Anfragen für Homepage bearbeiten
  public String showHomePage(Map<String, Object> model) {
    model.put("spittles", spitterService.getRecentSpittles(
              DEFAULT_SPITTLES_PER_PAGE));     ◂ Spittles im Model platzieren
    return "home";     ◂ View-Name zurückgeben
  }
}
```

Obwohl `HomeController` ganz simpel ist, lässt sich doch eine Menge darüber sagen. Erstens zeigt die Annotation `@Controller` an, dass diese Klasse eine Controller-Klasse ist. Diese Annotation ist eine Spezialisierung der Annotation `@Component`, d. h., dass `<context:component-scan>` mit `@Controller` annotierte Klassen aufgreift und als Beans registriert, so als wären sie mit `@Component` annotiert.

Das heißt, wir müssen in spitter-servlet.xml einen `<context:component-scan>` konfigurieren, damit die Klasse `HomeController` (und alle anderen Controller, die wir schreiben) automatisch als Beans erkannt und registriert werden. Hier ist das relevante XML-Snippet:

```
<context:component-scan base-package="com.habuma.spitter.mvc" />
```

Gehen wir zurück zur Klasse `HomeController`: Wir wissen, dass sie mit einem `SpitterService` eine Liste der aktuellsten Spittles auslesen soll. Darum haben wir den Konstruktor so geschrieben, dass er einen `SpitterService` als Argument nimmt und sie mit `@Inject` annotiert, damit sie automatisch injiziert wird, sobald der Controller instanziiert wird.

Die eigentliche Arbeit findet in der Methode showHomePage() statt. Wie Sie sehen, ist Letztere mit @RequestMapping annotiert. Diese Annotation dient zweierlei Zwecken: Zum einen identifiziert sie showHomePage() als Methode, die Anfragen behandelt. Und zum anderen spezifiziert sie, dass diese Methode Anfragen bearbeiten soll, deren Pfad entweder / oder /home ist.

Als Methode zum Bearbeiten von Anfragen akzeptiert showHomePage() eine Map mit String-zu-Object als Parameter. Diese Map repräsentiert das Model, also die zwischen Controller und View übergebenen Daten. Nach Auslesen einer Liste der aktuellsten Spittles aus der Methode getRecentSpittles() von SpitterService wird diese Liste in der Model-Map platziert, damit sie dargestellt werden kann, wenn die View gerendert wird.

Wenn wir mehr Controller schreiben, werden wir sehen, dass die Signatur einer Methode zur Anfragenbearbeitung praktisch alles als Argument enthalten kann. Auch wenn showHomePage() eigentlich nur die Model-Map braucht, hätten wir ebenso HttpServletRequest, HttpServletResponse, String oder numerische Parameter einfügen können, die mit den Query-Parametern in der Anfrage, Werten von Cookies oder HTTP-Request-Headern oder mit einer Reihe anderer Möglichkeiten korrespondieren. Momentan reicht uns aber die Model-Map.

Als Letztes gibt showHomePage() einen String-Wert zurück, der der logische Name des Views ist, der die Ergebnisse darstellen soll. Eine Controller-Klasse sollte keine direkte Rolle bei der Darstellung der Ergebnisse an den Client spielen, sondern nur eine View-Implementierung identifizieren, die die Daten für den Client darstellt. Nachdem der Controller mit seiner Arbeit fertig ist, wird DispatcherServlet anhand dieses Namens die eigentliche View-Implementierung nachschlagen und dafür einen View-Resolver konsultieren.

Einen solchen View-Resolver konfigurieren wir weiter unten. Zunächst schreiben wir jedoch einen kurzen Unit-Test, um sicher zu gehen, dass HomeController wie geplant arbeitet.

Den Controller testen

Das Bemerkenswerte an HomeController (und den meisten Controllern von Spring MVC) ist die Tatsache, dass an ihm so wenig Spring-Spezifisches ist. In der Tat: Ohne die drei Annotationen hätten wir es mit einem POJO zu tun.

Aus Sicht der Unit-Tests ist das signifikant, weil es bedeutet, dass man HomeController ganz einfach testen kann, ohne Mock-Objekte oder irgendwelche Spring-spezifischen Objekte zu erstellen. HomeControllerTest demonstriert, wie man HomeController testet.

LISTING 7.3 Mit diesem Test stellt man fest, ob HomeController korrekt arbeitet.

```
package com.habuma.spitter.mvc;
import static com.habuma.spitter.mvc.HomeController.*;
import static java.util.Arrays.*;
import static org.junit.Assert.*;
import static org.mockito.Mockito.*;
import java.util.HashMap;
import java.util.List;
import org.junit.Test;
import com.habuma.spitter.domain.Spittle;
import com.habuma.spitter.service.SpitterService;
public class HomeControllerTest {
  @Test
  public void shouldDisplayRecentSpittles() {
```

```
        List<Spittle> expectedSpittles =
          asList(new Spittle(), new Spittle(), new Spittle());          Pseudo-
        SpitterService spitterService = mock(SpitterService.class);   ◂ SpitterService
        when(spitterService.getRecentSpittles(DEFAULT_SPITTLES_PER_PAGE)).
            thenReturn(expectedSpittles);
        HomeController controller =
                       new HomeController(spitterService);          ◂ Controller erstellen
        HashMap<String, Object> model = new HashMap<String, Object>();
        String viewName = controller.showHomePage(model);        ◂ Handler-Methode aufrufen
        assertEquals("home", viewName);
        assertSame(expectedSpittles, model.get("spittles"));      ◂ Ergebnisse sichern
        verify(spitterService).getRecentSpittles(DEFAULT_SPITTLES_PER_PAGE);
    }
}
```

Das Einzige, was `HomeController` für seinen Job braucht, ist eine Instanz von `SpitterService`, die Mockito[2] freigiebig als Pseudo-Implementierung bereitstellt. Wenn der Pseudo-`SpitterService` bereit ist, müssen Sie nur eine neue Instanz von `HomeController` erstellen und dann die Methode `showHomePage()` aufrufen. Schließlich sorgen Sie dafür, dass die Liste von Spittles, die vom Pseudo-`SpitterService` zurückgegeben wird, im Model-`Map` unter dem Schlüssel `spittles` landen und dass die Methode den logischen View-Namen `home` zurückgibt.

Wie Sie sehen, ist der Test eines Spring-MVC-Controllers nicht anders als jedes andere POJO in Ihrer Spring-Applikation. Auch wenn es letzten Endes dafür verwendet wird, eine Webseite zu beschicken, mussten wir damit nichts Spezielles oder Web-Spezifisches anstellen, um es zu testen.

An diesem Punkt haben wir also einen Controller entwickelt, um Anfragen für die Homepage zu bearbeiten, und einen Test geschrieben, um sicherzugehen, dass der Controller so arbeitet, wie wir es wollen. Eine Frage bleibt jedoch offen: Die Methode `showHomePage()` hat einen logischen View-Namen zurückgegeben. Wie lässt sich dieser View-Name letzten Endes verwenden, um Output für den User darzustellen?

7.2.3 Auflösung von Views

Zur Bearbeitung der Anfragen gehört außerdem, den Output für den User zu rendern. Dieser Job fällt einer View-Implementierung zu, normalerweise JavaServer Pages (JSP), geeignet sind aber auch andere View-Technologien wie Velocity oder FreeMarker. Um nun herauszufinden, welcher View eine bestimmte Anfrage bearbeiten soll, konsultiert `DispatcherServlet` einen View-Resolver, um den logischen View-Namen, der von einem Controller zurückgegeben wurde, gegen einen View auszutauschen, der tatsächlich die Ergebnisse darstellen soll.

In der Realität besteht der Job des View-Resolvers darin, einer Implementierung von `org.springframework.web.servlet.View` einen logischen View-Namen zuzuordnen. Hier reicht es aber erst einmal, sich einen View-Resolver als etwas vorzustellen, das einen View-Namen an eine JSP weiterleitet, denn so geschieht es letzten Endes auch.

Spring bietet eine ganze Reihe von View-Resolver-Implementierungen, die in Tabelle 7.1 aufgelistet sind.

---

2 http://mockito.org

TABELLE 7.1 Wenn dem User die Informationen präsentiert werden sollen, kann Spring MVC anhand verschiedener View-Resolver einen passenden View auswählen.

View-Resolver	Beschreibung
`BeanNameViewResolver`	Sucht nach Implementierungen des `View`-Interface, die als `<bean>` registriert ist und die gleiche ID hat wie der logische View-Name.
`ContentNegotiatingViewResolver`	Delegiert an einen oder mehrere View-Resolver, wobei die Wahl auf dem angeforderten Content-Typ basiert. (In Kapitel 11 beschäftigen wir uns mit diesem View-Resolver eingehender.)
`FreeMarkerViewResolver`	Findet ein auf FreeMarker basierendes Template, dessen Pfad durch Voranstellen und Anhängen des logischen View-Namens bestimmt wird.
`InternalResourceViewResolver`	Findet ein View-Template, das in der WAR-Datei der Webapplikation enthalten ist. Der Pfad zum View-Template wird durch Voranstellen und Anhängen des logischen View-Namens abgeleitet.
`JasperReportsViewResolver`	Findet einen als Jasper-Reports-Berichtsdatei definierten View, dessen Pfad durch Voranstellen und Anhängen des logischen View-Namens abgeleitet wird.
`ResourceBundleViewResolver`	Sucht `View`-Implementierungen in einer Properties-Datei.
`TilesViewResolver`	Sucht einen View, der als Tiles-Template definiert ist. Der Name des Templates ist der gleiche wie der logische View-Name.
`UrlBasedViewResolver`	Dies ist die Basisklasse für einige andere View-Resolver wie z. B. `InternalResourceViewResolver`. Sie kann allein eingesetzt werden, ist aber nicht so leistungsfähig wie ihre Unterklassen. Zum Beispiel kann `UrlBasedViewResolver` keinen View basierend auf den Standorteinstellungen auflösen.
`VelocityLayoutViewResolver`	Dies ist eine Unterklasse von `VelocityViewResolver`, die die Seitenzusammenstellung mit `VelocityLayoutView` von Spring unterstützt (eine View-Implementierung, die das `VelocityLayoutServlet` von Velocity emuliert).
`VelocityViewResolver`	Löst einen auf Velocity basierenden View auf, wobei der Pfad des Velocity-Templates durch Voranstellen und Anhängen des logischen View-Namens abgeleitet wird.
`XmlViewResolver`	Findet eine Implementierung von `View`, die als `<bean>` in einer XML-Datei deklariert ist (/WEB-INF/views.xml). Dieser View-Resolver ist `BeanNameViewResolver` sehr ähnlich, außer dass die View- `<bean>`s separat von denen für den Spring-Kontext der Applikation deklariert werden.
`XsltViewResolver`	Löst einen auf XSLT basierenden View auf, wobei der Pfad des XSLT-Stylesheets durch Voranstellen und Anhängen des logischen View-Namens abgeleitet wird.

Leider ist hier nicht der Ort, um all diese View-Resolver vorzustellen. Einige von ihnen sind jedoch recht praktisch und verdienen eine genauere Beschreibung. Beginnen wir mit `InternalResolverViewResolver`.

Interne Views auflösen

Bei Spring MVC wird in der Entwicklung mit dem Ansatz, Konventionen über Konfigurationen (Convention over configuration, CoC) zu stellen, gearbeitet. `InternalResourceViewResolver` ist ein solches an Konventionen orientiertes Element. Es löst einen logischen View-Namen in ein `View`-Objekt auf, das die Verantwortung für die Darstellung an ein Template (meist ein JSP) im Kontext der Webanwendung delegiert. Wie aus Abbildung 7.3 ersichtlich, schließt es dabei den logischen View-Namen in ein Präfix und Suffix ein und gelangt auf diesem Weg zum Pfad eines Templates in der Webanwendung.

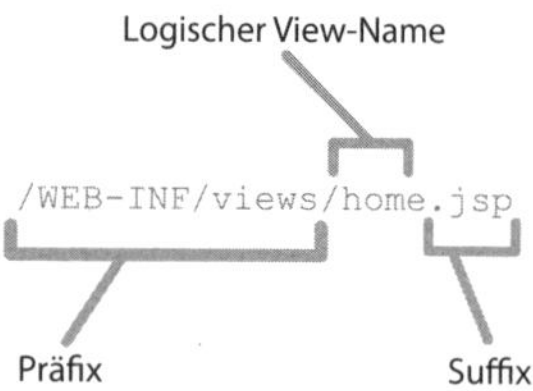

ABBILDUNG 7.3 `InternalResourceViewResolver` löst den Pfad eines View-Templates auf, indem der logische View-Name ein Präfix und ein Suffix bekommt.

Nehmen wir an, dass Sie alle JSPs für die Spitter-Anwendung im Verzeichnis /WEB-INF/views/ abgelegt haben. Dann müssen Sie eine `InternalResourceViewResolver`-Bean in spitter-servlet.xml wie folgt konfigurieren:

```
<bean class=
      "org.springframework.web.servlet.view.InternalResourceViewResolver">
  <property name="prefix" value="/WEB-INF/views/"/>
  <property name="suffix" value=".jsp"/>
</bean>
```

Wenn `DispatcherServlet` den `InternalResourceViewResolver` auffordert, einen View aufzulösen, nimmt es den logischen View-Namen, stellt ihm /WEB-INF/views/ voran und hängt ein .jsp hinten an. Das Ergebnis ist der Pfad einer JSP-Seite, die den Output darstellt. Dann übergibt `InternalResourceViewResolver` diesen Pfad an ein `View`-Objekt, das den Request an die JSP-Seite weiterleitet. Wenn `HomeController` also *home* als logischen View-Namen zurückgibt, wird das schließlich zum Pfad /WEB-INF/views/home.jsp aufgelöst.

Standardmäßig ist das von `InternalResourceViewResolver` erstellte `View`-Objekt eine Instanz von `InternalResourceView`, die einfach die Anfrage zur Darstellung an die JSP-Seite weiterleitet. Weil home.jsp aber einige JSTL-Tags verwendet, könnten wir uns auch entscheiden, `InternalResourceView` durch `JstlView` zu ersetzen, indem die Eigenschaft `viewClass` wie folgt gesetzt wird:

```
<bean class=
      "org.springframework.web.servlet.view.InternalResourceViewResolver">
  <property name="viewClass"
     value="org.springframework.web.servlet.view.JstlView" />
  <property name="prefix" value="/WEB-INF/views/"/>
  <property name="suffix" value=".jsp"/>
</bean>
```

JstlView leitet die Anfrage genau wie InternalResourceView an eine JSP-Seite weiter. Doch es macht auch JSTL-spezifische Anfrageattribute verfügbar, damit Sie den Support von JSTL für die Internationalisierung nutzen können.

Obwohl wir hier nicht weiter in die Details von FreeMarkerViewResolver, JasperReportsViewResolver, VelocityViewResolver, VelocityLayoutViewResolver oder XsltViewResolver einsteigen wollen, sei doch gesagt, dass sie alle InternalResourceViewResolver insofern ähneln, als sie Views auflösen, indem sie ein Präfix und ein Suffix an den logischen View-Namen anhängen, um ein View-Template zu finden. Wenn Sie erst einmal wissen, wie man InternalResourceViewResolver verwendet, sollte Ihnen die Arbeit mit diesen anderen View-Resolvern ganz natürlich von der Hand gehen.

Für eine einfache Webanwendung mit einem unkomplizierten Erscheinungsbild reicht es, JSP-Views mit InternalResourceViewResolver aufzulösen. Websites verfügen aber oft über interessante Benutzerschnittstellen mit einigen allgemeinen Elementen, die die Seiten gemeinsam haben. Für solche Sites ist ein Layout-Manager wie Apache Tiles gut geeignet. Nun schauen wir uns an, wie man Spring MVC so konfiguriert, dass Tiles-Layout-Views aufgelöst werden.

Auflösung der Tiles-Views

Apache Tiles[3] ist ein Template-Framework, um Teile von Seiten als Fragmente in einem Layout anzulegen, die zur Laufzeit zu einer kompletten Seite zusammengesetzt werden. Es wurde zwar ursprünglich als Teil des Struts-Frameworks erstellt, hat sich aber auch mit anderen Web-Frameworks als praktisch erwiesen. Nun verwenden wir es also mit Spring MVC, um das Erscheinungsbild der Spitter-Applikation festzulegen.

Um Tiles-Views in Spring MVC zu nutzen, muss zuerst der TilesViewResolver von Spring als <bean> im spitter-servlet.xml registriert werden.

```
<bean class=
    "org.springframework.web.servlet.view.tiles2.TilesViewResolver"/>
```

Diese bescheidene <bean>-Deklaration richtet einen View-Resolver ein, der versucht, Views zu finden, bei denen es sich um Tiles-Template-Definitionen mit dem gleichen logischen Namen wie der Tiles-Definitionsname handelt.

Hier fehlt aber etwas: Woher kennt Spring die Tiles-Definitionen? Von sich aus weiß TilesViewResolver nichts über Tiles-Definitionen, sondern verlässt sich auf einen TilesConfigurer, um diese Information nachzuverfolgen. Also müssen wir in spitter-servlet.xml eine TilesConfigurer-Bean einfügen:

```
<bean class=
    "org.springframework.web.servlet.view.tiles2.TilesConfigurer">
  <property name="definitions">
    <list>
      <value>/WEB-INF/viewsviews.xml</value>
    </list>
  </property>
</bean>
```

[3] http://tiles.apache.org

`TilesConfigurer` lädt eine oder mehrere Tiles-Definitionsdateien und stellt sie für `TilesViewResolver` zur Verfügung, damit daraus die Views aufgelöst werden können. Für die Spitter-Applikation brauchen wir einige Tiles-Definitionsdateien, die alle views.xml heißen und unterhalb des Ordners /WEB-INF/views verteilt sind. Also verschalten wir `/WEB-INF/views/**/views.xml` mit der Eigenschaft `definitions`. Das Muster `**` im Ant-Stil zeigt an, dass die gesamte Verzeichnishierarchie unter /WEB-INF/views nach Dateien namens views.xml durchsucht werden soll.

Die Inhalte der views.xml-Dateien bauen wir in diesem Kapitel auf. Um die Homepage darzustellen, beginnen wir mit einer Minimalausstattung. Die folgende views.xml-Datei definiert sowohl die `home`-Tile-Definition als auch eine allgemeine `template`-Definition, die mit anderen Tile-Definitionen verwendet werden soll.

LISTING 7.4 Definierte Tiles

```
<!DOCTYPE tiles-definitions PUBLIC
      "-//Apache Software Foundation//DTD Tiles Configuration 2.1//EN"
      "http://tiles.apache.org/dtds/tiles-config_2_1.dtd">
<tiles-definitions>
   <definition name="template"                                   Definiert
               template="/WEB-INF/views/main_template.jsp">    ◂ allgemeines Layout
     <put-attribute name="top"
                    value="/WEB-INF/views/tiles/spittleForm.jsp" />
     <put-attribute name="side"
                    value="/WEB-INF/views/tiles/signinsignup.jsp" />
   </definition>
   <definition name="home" extends="template">  ◂ Definiert home-Tile
     <put-attribute name="content" value="/WEB-INF/views/home.jsp" />
   </definition>
</tiles-definitions>
```

Die Definition `home` erweitert die Definition `template` und nutzt home.jsp als die JSP-Seite, die den Hauptinhalt der Seite rendert, verlässt sich aber für die allgemeinen Features der Seite auf `template`.

Es ist das `home`-Template, das der `TilesViewResolver` finden wird, wenn er versucht, den logischen View-Namen aufzulösen, der von den `showHomePage()`-Methoden des `HomeControllers` zurückgegeben wurde. `DispatcherServlet` wird die Anfrage an Tiles senden, um die Ergebnisse anhand der `home`-Definition darzustellen.

7.2.4 Definition der Homepage-View

Wie Sie Listing 7.4 entnehmen können, besteht die Homepage aus verschiedenen Bestandteilen. Die Datei main_template.jsp beschreibt das allgemeine Layout für alle Seiten in der Spitter-Applikation, während in home.jsp der Hauptinhalt der Homepage steht. Außerdem bieten spittlerForm.jsp und signinsignup.jsp einige zusätzliche allgemeine Elemente.

Wir konzentrieren uns zunächst auf home.jsp, weil es für unsere Diskussion der Darstellung der Homepage am sachdienlichsten ist. Dieses JSP ist der Ort, wo die Homepage-Anfrage ihre Reise beendet. Es greift die Liste der `Spittles` auf, die von `HomeController` im Model platziert wurden, und bereitet sie so auf, dass sie im Browser des Users dargestellt werden. Das folgende Listing zeigt, woraus home.jsp besteht.

LISTING 7.5 Das `<div>`-Element der Homepage wird ins Template eingefügt.

```
<%@ taglib prefix="c" uri="http://java.sun.com/jsp/jstl/core" %>
<%@ taglib prefix="s" uri="http://www.springframework.org/tags"%>
<%@ taglib prefix="t" uri="http://tiles.apache.org/tags-tiles"%>
<%@ taglib prefix="fmt" uri="http://java.sun.com/jsp/jstl/fmt"%>
<div>
  <h2>A global community of friends and strangers spitting out their
  inner-most and personal thoughts on the web for everyone else to
  see.</h2>
  <h3>Look at what these people are spitting right now...</h3>
  <ol class="spittle-list">
    <c:forEach var="spittle" items="${spittles}">   ◂ Durch Liste der Spittles iterieren
      <s:url value="/spitters/{spitterName}"
                  var="spitter_url" >   ◂ Kontextbezogene Spitter-URL konstruieren
        <s:param name="spitterName"
                    value="${spittle.spitter.username}" />
      </s:url>
      <li>
        <span class="spittleListImage">
          <img src=
            "http://s3.amazonaws.com/spitterImages/${spittle.spitter.id}.jpg"
             width="48"
             border="0"
             align="middle"
             onError=
      "this.src='<s:url value="/resources/images"/>/spitter_avatar.png';"/>
      </span>
      <span class="spittleListText">
        <a href="${spitter_url}">   ◂ Spitter-Eigenschaften darstellen
          <c:out value="${spittle.spitter.username}" /></a>
          - <c:out value="${spittle.text}" /><br/>
         <small><fmt:formatDate value="${spittle.when}"
                               pattern="hh:mma MMM d, yyyy" /></small>
      </span>
      </li>
    </c:forEach>
  </ol>
</div>
```

Abgesehen von einigen freundlichen Botschaften am Anfang steht der Knackpunkt von home.jsp im Tag `<c:forEach>`, der die Liste der `Spittles` durchquert und dabei jedes einzelne detailliert darstellt. Weil die `Spittles` im Modell mit dem Schlüssel `spittles` platziert wurden, wird die Liste in der JSP-Seite anhand von `${spittles}` referenziert.

Das Model und die Anfrageattribute – die Hintergrundgeschichte:
Es ist nicht offensichtlich, aber `${spittles}` in home.jsp bezieht sich auf ein Servlet-Anfrageattribut namens `spittles`. Nachdem `HomeController` seine Arbeit beendet hatte und bevor home.jsp in Aktion treten sollte, kopierte `DispatcherServlet` alle Mitglieder des Models in Anfrageattribute gleichen Namens.

Achten Sie auf das `<s:url>`-Tag etwa in der Mitte. Wir nutzen dieses Tag, um eine zum Servlet-Kontext relative URL für den `Spitter` zu erstellen, der jeden `Spittle` schreibt. Das `<s:url>`-Tag ist neu in Spring 3.0 und funktioniert weitgehend wie das `<c:url>`-Tag von JSTL.

Der Hauptunterschied zwischen `<s:url>` von Spring und `<c:url>` von JSTL besteht darin, dass `<s:url>` parametrisierte URL-Pfade unterstützt. In diesem Fall ist der Pfad mit dem Usernamen des `Spitters` parametrisiert. Wenn der Username des `Spitters` beispielsweise *habuma* lautet und der Servlet-Kontextname *Spitter*, dann wird daraus der resultierende Pfad /Spitter/spitters/habuma.

Beim Rendern wird diese JSP-Seite zusammen mit den anderen JSP-Seiten in der gleichen Tiles-Definition die Homepage der Spitter-Applikation darstellen – siehe Abbildung 7.4.

Nun haben wir unseren ersten Spring MVC-Controller geschrieben, einen View-Resolver konfiguriert und einen einfachen JSP-View definiert, um die Ergebnisse des Controller-Aufrufs darzustellen. Doch ein kleines Problem bleibt: In `HomeController` wird eine Exception

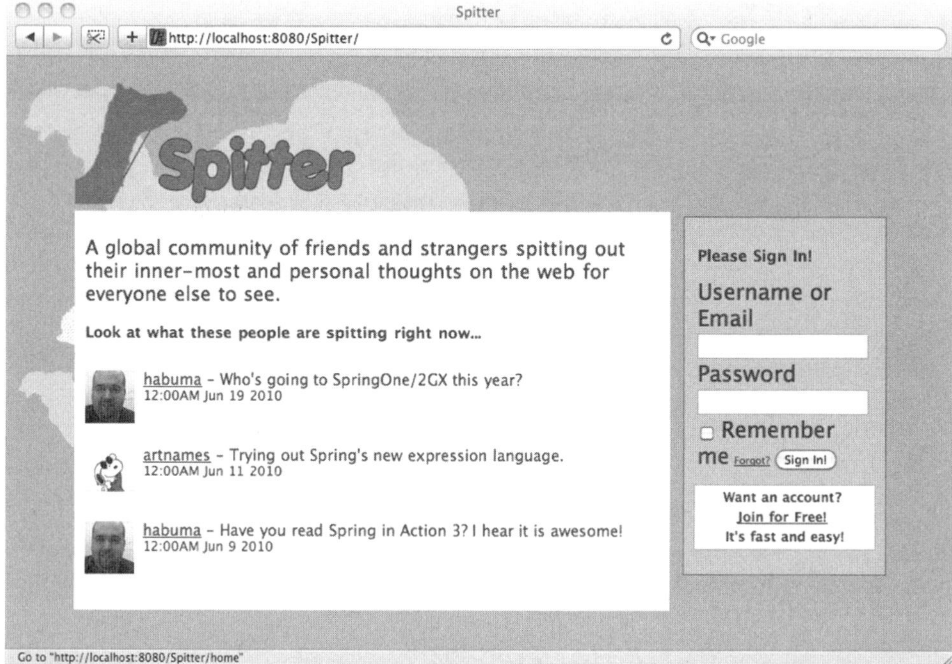

ABBILDUNG 7.4 Die Homepage der Spitter-Applikation zeigt eine Begrüßungsbotschaft neben einer Liste der aktuellen Spittles.

ausgelöst, da der Spring-Anwendungskontext von `DispatcherServlet` nicht weiß, wo eine `SpitterService`-Bean zu finden ist. Zum Glück lässt sich das einfach beheben.

7.2.5 Den Spring-Anwendungskontext vervollständigen

Wie bereits erwähnt, wird `DispatcherServlet` den Anwendungskontext aus einer XML-Datei laden, deren Name auf deren `<servlet-name>` beruht. Doch was ist mit den anderen Beans, die wir in den vorigen Kapiteln deklariert haben, z. B. die Bean `SpitterService`? Wenn `DispatcherServlet` seine Beans aus einer Datei namens spitter-servlet.xml laden wird, dann werden wir diese anderen Beans doch nicht in spitter-servlet.xml deklarieren müssen, oder?

In den früheren Kapiteln haben wir die Spring-Konfiguration auf mehrere XML-Dateien verteilt: eine für die Serviceschicht, eine für die Persistenzschicht und eine dritte für die Konfiguration der Datenquelle. Obwohl nicht streng erforderlich, ist es doch eine gute Idee, unsere Spring-Konfiguration auf mehrere Dateien zu verteilen. Vor diesem Hintergrund ist es sinnvoll, die gesamte Konfiguration der Webschicht in spitter-servlet.xml abzulegen, der von `DispatcherServlet` geladenen Datei. Wir brauchen aber noch immer einen Weg, um die anderen Konfigurationsdateien zu laden.

Hier kommen `ContextLoaderListener` ins Spiel. Dabei handelt es sich um einen Servlet-Listener, der neben dem von `DispatcherServlet` erstellten Anwendungskontext eine zusätzliche Konfiguration in einen Spring-Anwendungskontext lädt. Um `ContextLoaderListener` zu verwenden, fügen Sie `<listener>` bei der folgenden Deklaration in die Datei web.xml ein:

```
<listener>
    <listener-class>
        org.springframework.web.context.ContextLoaderListener
    </listener-class>
</listener>
```

Wir müssen `ContextLoaderListener` außerdem vermitteln, welche Spring-Konfigurationsdatei(en) geladen werden sollen. Wenn nicht anders angegeben, wird der ContextLoader unter /WEB-INF/applicationContext.xml nach einer Spring-Konfigurationsdatei suchen. Diese einzelne Datei eignet sich aber nicht dazu, den Anwendungskontext in mehrere Teile aufzuteilen. Also müssen wir diesen Standard überschreiben.

Um eine oder mehrere Spring-Konfigurationsdateien zum Laden durch `ContextLoaderListener` anzugeben, setzen wir den Parameter `contextConfigLocation` im Servlet-Kontext wie folgt:

```
<context-param>
    <param-name>contextConfigLocation</param-name>
    <param-value>
        /WEB-INF/spitter-security.xml
        classpath:service-context.xml
        classpath:persistence-context.xml
        classpath:dataSource-context.xml
    </param-value>
</context-param>
```

Der Parameter `contextConfigLocation` wird als Liste von Pfaden spezifiziert. Wenn nicht anders angegeben, sind die Pfade relativ zum root der Applikation. Weil unsere Spring-Konfiguration jedoch über mehrere XML-Dateien verteilt ist, die auch noch über verschiedene JAR-Dateien der Webanwendung verstreut sind, haben wir einigen von ihnen das Präfix `classpath:` gegeben, damit sie als Ressource aus dem Klassenpfad der Anwendung geladen werden, und andere bekommen einen lokalen Pfad für die Webanwendung.

Sie haben sicher bemerkt, dass wir die in den vorigen Kapiteln erstellten Spring-Konfigurationsdateien eingebunden haben. Wahrscheinlich fallen Ihnen auch einige zusätzliche Konfigurationsdateien auf, die wir noch nicht angesprochen haben. Keine Sorge, um sie kümmern wir uns später.

Nun haben wir den ersten Controller geschrieben. Er ist jetzt bereit, Anfragen für die Homepage der Spitter-Applikation zu bedienen. Würden wir hier nur eine Homepage benötigen, könnten wir nun Feierabend machen. Spitter beendet die Homepage aber nicht, und somit fahren wir mit dem Erstellen der Applikation fort. Als Nächstes schreiben wir einen Controller, der mit Eingaben umgehen kann.

7.3 Controller-Input bearbeiten

`HomeController` hatte es leicht. Er musste sich nicht mit Benutzereingaben oder Parametern herumzuschlagen, hat nur eine einfache Anfrage abgewickelt und zum Rendern das Modell für den View befüllt. Einfacher geht's nicht.

Aber nicht allen Controllern ist ein solch einfaches Leben beschieden. Controller bekommen oft die Aufgabe, eine Logik mit einer oder mehreren Informationen auszuführen, die als URL-Parameter oder Formulardaten übergeben werden. Dies ist sowohl bei `SpitterController` als auch bei `SpittleController` der Fall. Diese beiden Controller werden mehrere Arten von Anfragen behandeln, von denen viele irgendeine Art von Input akzeptieren.

Ein Beispiel dafür, wie `SpitterController` mit diesem Input umgeht, ist die Darstellung einer Liste von `Spittle`s für einen bestimmten `Spitter`. Fahren wir also diese Funktionalität aus, um zu sehen, wie man Controller schreibt, die Input verarbeiten können.

7.3.1 Controller schreiben, der Input verarbeitet

Eine Möglichkeit, wie wir `SpitterController` implementieren können, wäre, dass er auf eine URL mit dem Benutzernamen des `Spitter`s als Parameter für die Anfrage reagiert. Zum Beispiel könnte http://localhost:8080/spitter/spitters/spittles?spitter=habuma die URL sein, um alle `Spittle`s eines `Spitter`s darzustellen, dessen Benutzername habuma lautet.

Im Folgenden wird eine Implementierung von `SpitterController` gezeigt, die auf diese Art von Anfrage reagieren kann.

LISTING 7.6 Ein konventioneller Ansatz, um Anfragen für die Spittles eines Spitters zu bearbeiten

```
package com.habuma.spitter.mvc;
import org.springframework.beans.factory.annotation.Autowired;
import org.springframework.stereotype.Controller;
import org.springframework.ui.Model;
import org.springframework.web.bind.annotation.RequestParam;
import org.springframework.web.bind.annotation.RequestMapping;
import com.habuma.spitter.domain.Spitter;
import com.habuma.spitter.service.SpitterService;
import static org.springframework.web.bind.annotation.RequestMethod.*;
@Controller
@RequestMapping("/spitter")    ◂ Root-URL-Pfad
public class SpitterController {
  private final SpitterService spitterService;
  @Inject
  public SpitterController(SpitterService spitterService) {
    this.spitterService = spitterService;
  }                                                          GET-Requests
  @RequestMapping(value="/spittles", method=GET)    ◂ für /spitter/spittles bearbeiten
  public String listSpittlesForSpitter(
       @RequestParam("spitter") String username, Model model) {
    Spitter spitter = spitterService.getSpitter(username);
    model.addAttribute(spitter);    ◂ Model füllen
    model.addAttribute(spitterService.getSpittlesForSpitter(username));
    return "spittles/list";
  }
}
```

Brauche ich @RequestParam wirklich?

Die `@RequestParam`-Annotation ist nicht unbedingt erforderlich. `@RequestParam` ist nützlich, um die Abfrageparameter an die Methodenparameter zu binden, bei denen der Name nicht passt. Es ist eine Sache der Konvention, dass alle Parameter einer Handler-Methode, die nicht anderweitig annotiert sind, an den Abfrageparameter des gleichen Namens gebunden werden. Im Fall von `listSpittlesForSpitter()` könnten wir die Annotation `@RequestParam` abgeschaltet lassen, wenn der Parameter *spitter* hieße oder der Abfrageparameter *username*.

`@RequestParam` ist auch praktisch, wenn Sie Java-Code kompilieren, der keine Debugging-Information enthält. Unter diesen Umständen ist der Name der Methodenparameter verloren, und somit gibt es keine Möglichkeit, die Abfrageparameter per Konvention an die Methodenparameter zu binden. Aus diesem Grund ist es wahrscheinlich am besten, immer `@RequestParam` zu nutzen und sich nicht zu sehr auf die Konvention zu verlassen. ■

Wie Sie sehen, haben wir `SpitterController` mit `@Controller` und `@RequestMapping` auf Klassenebene annotiert. Wie bereits erläutert, ist `@Controller` ein Hinweis für `<context:component-scan>`, dass diese Klasse automatisch erkannt und als Bean im Spring-Anwendungskontext registriert werden soll.

Ihnen wird auch aufgefallen sein, dass SpitterController auf Klassenebene mit @RequestMapping annotiert ist. Im HomeController haben wir @RequestMapping für die showHomePage()-Handler-Methode verwendet, aber diese Verwendung von @RequestMapping auf Klassenebene ist anders.

Wie es hier verwendet wird, definiert @RequestMapping auf Klassenebene den root-URL-Pfad, den dieser Controller bearbeiten wird. Letzten Endes haben wir in SpitterController mehrere Handler-Methoden, die alle verschiedene Arten von Anfragen bearbeiten. Aber hier besagt @RequestMapping, dass all diese Anfragen Pfade haben werden, die mit /spitters beginnen.

In SpitterController verfügen wir aktuell über eine einzige Methode: listSpittlesForSpitter(). Wie jede gute Handler-Methode ist sie mit @RequestMapping annotiert. Das unterscheidet sich nicht dramatisch von dem, den wir in HomeController verwendet haben. Doch in diesem @RequestMapping steckt noch einiges mehr.

@RequestMappings auf Methodenebene schränken das Mapping ein, das von einem @RequestMapping auf Klassenebene definiert wurde. Hier wird SpitterController auf Klassenebene zu /spitters gemappt und auf Methodenebene zu /spittles. Insgesamt bedeutet dies, dass listSpittlesForSpitter() Anfragen auf /spitters/spittles bearbeitet. Außerdem ist das method-Attribut auf GET gesetzt, was darauf verweist, dass diese Methode nur HTTP-GET-Anfragen für /-spitters/spittles bearbeitet.

Die listSpittlesForSpitter()-Methode akzeptiert einen Stringusername und ein Model-Objekt als Parameter.

Der username-Parameter ist mit @RequestParam("spitter") annotiert, um darauf zu verweisen, dass er den Wert des spitter-Abfrageparameters aus der Anfrage bekommen soll. listSpittlesForSpitter() nutzt diesen Parameter, um das Spitter-Objekt und dessen Liste mit Spittles nachzuschlagen.

Wahrscheinlich schauen Sie sich stirnrunzelnd den zweiten Parameter der listSpittlesForSpitter()-Methode an. Als wir HomeController geschrieben haben, haben wir ein Map<String, Object> übergeben, um das Model zu repräsentieren. Hier verwenden wir aber einen neuen Model-Parameter.

Um die Wahrheit zu sagen: Das als Model übergebene Objekt ist wahrscheinlich unter der Haube ein Map<String, Object>. Model bietet aber einige praktische Methoden an, um das Model zu befüllen, z. B. addAttribute(). Die Methode addAttribute() leistet ziemlich genau das Gleiche wie die Methode put() von Map, außer dass sie selbst den zentralen Teil der Map herausfindet.

Wenn sie das Model mit einem Spitter-Objekt ergänzt, gibt addAttribute() ihr den Namen spitter. Zu diesem Namen gelangt sie, indem sie die Namensregeln für die JavaBeans-Eigenschaften auf den Klassennamen des Objekts anwendet. Wenn sie eine List mit Spittles einfügt, klebt sie *List* ans Ende des Member-Typs der List, und so heißt das Attribut nun spittleList.

Wir sind beinahe so weit, um listSpittlesForSpitter() für fertiggestellt zu erklären. Wir haben den SpitterController und eine Handler-Methode geschrieben. Nun müssen wir nur noch den View schreiben, der die Liste von Spittles darstellt.

7.3.2 Den View darstellen

Wenn die Liste der Spittles für den User dargestellt wird, müssen wir nicht viel anderes machen als für die Homepage. Wir müssen nur den Namen des Spitters zeigen (damit klar ist, zu wem die Liste der Spittles gehört) und dann alle auflisten.

Um dies zu aktivieren, müssen wir zuerst eine neue Tiles-Definition erstellen. listSpittlesForSpitter() gibt als logischen View-Namen spittles/list zurück. Also sollte die folgende Tiles-Definition für diese Aufgabe ausreichen:

```
<definition name="spittles/list" extends="template">
  <put-attribute name="content"
                 value="/WEB-INF/views/spittles/list.jsp" />
</definition>
```

So wie beim home-Tiles wird hier eine weitere JSP-Seite ins content-Attribut eingefügt, das innerhalb von main_template.jsp gerendert wird. Die Datei list.jsp, mit der die Liste der Spittles dargestellt wird, wird nun als Nächstes gezeigt.

LISTING 7.7 Die Datei list.jsp ist eine JSP-Seite, mit der die Liste der Spittle-Objekte dargestellt wird.

```
<%@ taglib prefix="s" uri="http://www.springframework.org/tags"%>
<%@ taglib prefix="c" uri="http://java.sun.com/jsp/jstl/core"%>
<div>
  <h2>Spittles for ${spitter.username}</h2>     ◂ Usernamen darstellen
  <table cellspacing="15">
    <c:forEach items="${spittleList}" var="spittle">     ◂ Spittles auflisten
    <tr>
      <td>
        <img src="<s:url value="/resources/images/spitter_avatar.png"/>"
             width="48" height="48" /></td>
      <td>
        <a href="<s:url value="/spitters/${spittle.spitter.username}"/>">
                ${spittle.spitter.username}</a>
        <c:out value="${spittle.text}" /><br/>
        <c:out value="${spittle.when}" />
      </td>
    </tr>
    </c:forEach>
  </table>
</div>
```

Einmal abgesehen von der Ästhetik leistet dieses JSP, was wir brauchen. Im oberen Bereich wird ein Header dargestellt, dem man entnehmen kann, wem die Liste der Spittles gehört. Dieser Header referenziert die Eigenschaft username des Spitter-Objekts, das listSpittlesForSpitter() mit ${spitter.username} ins Model platziert hat.

Der größere Teil dieser JSP-Seite iteriert durch die Liste der Spittles und stellt deren Details dar. Das items-Attribut des JSTL-<c:forEach>-Tags referenziert die Liste mit ${spittleList}, dem Namen, den das addAttribute() von Model ihm gegeben hat.

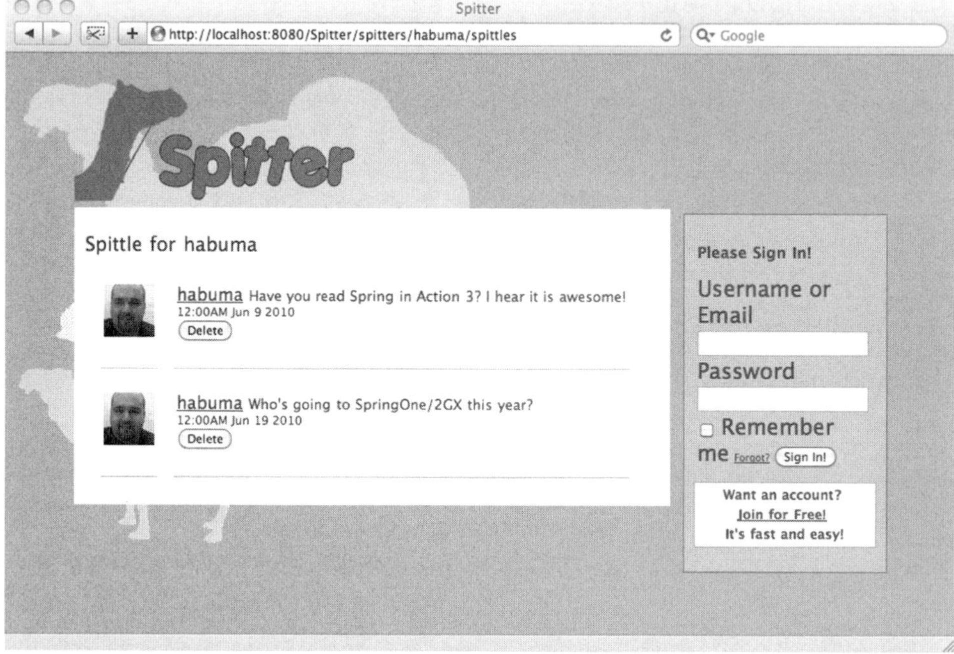

ABBILDUNG 7.5 Zusammen mit den anderen Tiles-Elementen zeigt list.jsp eine Liste der Spittles eines bestimmten Users.

Eine kleinere, noch zu beachtende Sache ist, dass wir eine fest kodierte Referenz auf spitter_avatar.png als Profilbild des Users nehmen. In Abschnitt 7.5 beschäftigen wir uns damit, wie der User ein Bild in sein Profil hochladen kann.

Das Ergebnis von list.jsp, wie es im Kontext der spittles/list-View gerendert wird, sehen Sie in Abbildung 7.5.

Doch zuerst müssen wir eine Möglichkeit schaffen, den User in der Applikation zu registrieren. Dabei ergibt sich auch die Gelegenheit, einen Controller zu schreiben, der Formulareingaben bearbeiten kann.

7.4 Formulare verarbeiten

Zur Arbeit mit Formularen in einer Webanwendung gehören zwei Operationen: die Darstellung des Formulars und die Verarbeitung der Formulareingaben. Um also einen neuen `Spitter` in unserer Applikation zu registrieren, müssen wir für diese beiden Operationen zwei Handler-Methoden in `SpitterController` einfügen. Weil wir das Formular im Browser brauchen, bevor wir es übermitteln können, beginnen wir mit der Handler-Methode, die das Registrierungsformular darstellt.

7.4.1 Das Registrierungsformular darstellen

Wenn das Formular dargestellt wird, wird es ein Spitter-Objekt brauchen, um die Formularfelder zu binden. Weil wir hier nun einen neuen Spitter erstellen, wäre ein neu konstruiertes, nicht initialisiertes Spitter-Objekt perfekt. Die folgende Handler-Methode createSpitterProfile() wird ein Spitter-Objekt erstellen und im Model platzieren.

LISTING 7.8 Die Darstellung des Formulars, um einen Spitter zu registrieren

```
@RequestMapping(method=RequestMethod.GET, params="new")
public String createSpitterProfile(Model model) {
  model.addAttribute(new Spitter());
  return "spitters/edit";
}
```

So wie andere Handler-Methoden ist auch createSpitterProfile() mit @RequestMapping annotiert. Aber anders als vorige Handler-Methoden legt Letztere keinen Pfad fest. Somit bearbeitet diese Methode Anfragen für den Pfad, der im @RequestMapping auf Klassenebene angegeben ist – im Fall von SpitterController wäre dies /spitters.

Das @RequestMapping der Methode spezifiziert nun aber, dass diese Methode nur HTTP-GET-Anfragen bearbeiten wird. Beachten Sie außerdem das Attribut params, das auf new gesetzt ist, was bedeutet, dass diese Methode nur HTTP-GET-Anfragen für /spitters bearbeiten wird, wenn die Anfrage einen new-Abfrageparameter enthält. Abbildung 7.6 illustriert die Art URL, die createSpitterProfile verarbeiten wird.

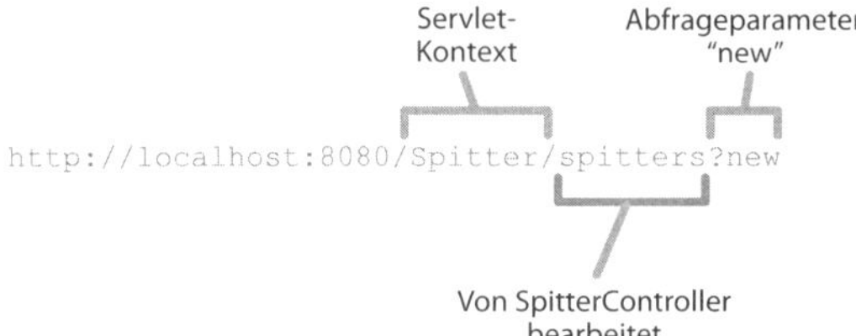

ABBILDUNG 7.6 Mit dem params-Attribut von @RequestMapping kann eine Handler-Methode darauf beschränkt werden, nur Requests mit bestimmten Parametern zu verarbeiten.

Über das Innenleben von createSpitterProfile() ist zu sagen, dass es einfach eine neue Instanz eines Spitters erstellt und ihn ins Model einfügt. spitters/edit wird dann als logischer Name des View zurückgegeben, der das Formular darstellt.

Da wir gerade vom View sprechen, erstellen wir Selbigen als Nächstes.

Definition des Formular-Views

Wie gehabt, wird der logische View-Name, der aus createSpitterProfile() zurückgegeben wird, letzten Endes auf eine Tiles-Definition gemappt, um das Formular für den User zu rendern. Also müssen wir eine Tile-Definition namens spitters/edit in die Tiles-Konfigurationsdatei einfügen. Das geht mit dem folgenden <definition>-Eintrag:

```
<definition name="spitters/edit" extends="template">
 <put-attribute name="content"
               value="/WEB-INF/views/spitters/edit.jsp" />
</definition>
```

Wie zuvor kommt der Hauptinhalt der Seite in das Attribut `content`. In diesem Fall wird die JSP-Datei unter /WEB-INF/views/spitters/edit.jsp, als Nächstes gezeigt.

LISTING 7.9 Ein Formular rendern, um die Registrierungsinformation des Benutzers aufzunehmen

```
<%@ taglib prefix="sf" uri="http://www.springframework.org/tags/form"%>

<div>
<h2>Create a free Spitter account</h2>

<sf:form method="POST" modelAttribute="spitter">    ◂ Formular an model-Attribut binden
   <fieldset>
   <table cellspacing="0">
      <tr>
         <th><label for="user_full_name">Full name:</label></th>
         <td><sf:input path="fullName" size="15" id="user_full_name"/></td>
      </tr>
      <tr>
         <th><label for="user_screen_name">Username:</label></th>
         <td><sf:input path="username" size="15" maxlength="15"
             id="user_screen_name"/>   ◂ Feld für Benutzername
              <small id="username_msg">No spaces, please.</small>

            </td>
      </tr>
      <tr>
         <th><label for="user_password">Password:</label></th>
         <td><sf:password path="password" size="30"
                             showPassword="true"
                             id="user_password"/>   ◂ Passwortfeld
             <small>6 characters or more (be tricky!)</small>
            </td>
      </tr>

      <tr>
         <th><label for="user_email">Email Address:</label></th>

         <td><sf:input path="email" size="30"
                 id="user_email"/>   ◂ E-Mail-Feld
             <small>In case you forget something</small>
            </td>
      </tr>
      <tr>
         <th></th>
         <td>
            <sf:checkbox path="updateByEmail"
                           id="user_send_email_newsletter"/>   ◂ Checkbox Update
            <label for="user_send_email_newsletter"               per E-Mail
            >Send me email updates!</label>

         </td>
      </tr>
   </table>
</fieldset>
</sf:form>
</div>
```

Diese JSP-Datei unterscheidet sich insofern von denen, die wir bisher erstellt haben, dass sie die Formular-Binding-Bibliothek von Spring verwendet. Das `<sf:form>`-Tag bindet das `Spitter`-Objekt (identifiziert durch das `modelAttribute`-Attribut), das `createSpitterProfile()` im Model platziert hat, an die verschiedenen Felder im Formular.

Die Tags `<sf:input>`, `<sf:password>` und `<sf:checkbox>` haben alle ein `path`-Attribut, das die Eigenschaft des `Spitter`-Objekts referenziert, an das dieses Formular gebunden ist. Wenn das Formular übermittelt wird, dann wird das, was als Wert in diesen Feldern enthalten ist, in ein `Spitter`-Objekt platziert und zur Verarbeitung an den Server übermittelt.

Beachten Sie, dass das `<sf:form>` angibt, dass es als HTTP-POST-Request übermittelt wird. Nicht spezifiziert wird hingegen die URL. Ohne Angabe der URL wird es an `/spitters` zurückübermittelt, also an den gleichen URL-Pfad, der das Formular dargestellt hat. Das bedeutet, dass als Nächstes eine weitere Handler-Methode zu schreiben ansteht, die POST-Requests für /spitters akzeptiert.

7.4.2 Formulareingaben verarbeiten

Nach Übermittlung des Formulars brauchen wir eine Handler-Methode, die ein `Spitter`-Objekt speichert (das mit Daten aus dem Formular gefüllt ist). Dann soll es als Letztes an die Profilseite des Users weiterleiten. Das folgende Listing zeigt `addSpitterFromForm()`, eine Methode zur Verarbeitung der Formularübermittlung.

LISTING 7.10 Die Methode `addSpitter` verarbeitet Input aus dem spitter-Formular.

```
@RequestMapping(method=RequestMethod.POST)
public String addSpitterFromForm(@Valid Spitter spitter,
                                 BindingResult bindingResult) {
  if(bindingResult.hasErrors()) {     ◂ Auf Fehler prüfen
    return "spitters/edit";
  }
  spitterService.saveSpitter(spitter);     ◂ Spitter speichern

  return "redirect:/spitters/" + spitter.getUsername();     ◂ Nach POST weiterleiten
}
```

Beachten Sie, dass die Methode `addSpitterFromForm()` mit `@RequestMapping` annotiert ist. Diese Annotation unterscheidet sich nicht sonderlich von `@RequestMapping`, mit dem sich die `createSpitterProfile()`-Methode schmückt. Beide geben keinen URL-Pfad an, was bedeutet, dass beide Requests für /spitters bearbeiten. Der Unterschied ist, dass `createSpitterProfile()` GET-Requests bearbeitet und `addSpitterFromForm()` POST-Requests. Das ist perfekt, denn so wird das Formular übermittelt.

Und wenn dies geschieht, werden die Felder im Request an das `Spitter`-Objekt gebunden, das als Argument für `addSpitterFromForm()` übergeben wird. Von dort wird es an die Methode `saveSpitter()` von `SpitterService` gesendet, um in der Datenbank gespeichert zu werden.

Ihnen ist vielleicht auch aufgefallen, dass der `Spitter`-Parameter mit `@Valid` annotiert ist. Das zeigt an, dass der `Spitter` erst die Validierung bestehen muss, bevor er weitergegeben wird. Über Validierung sprechen wir im nächsten Abschnitt.

Wie die bisher geschriebenen Handler-Methoden endet diese, indem ein `String` zurückgegeben wird, aus dem zu erkennen ist, wohin der Request als Nächstes geschickt werden soll. Dieses Mal geben wir einen speziellen Redirect-View zurück, anstatt einen logischen View-Namen anzugeben. Mit dem Präfix `redirect:` wird angezeigt, dass der Request auf den Pfad umgeleitet werden soll, der ihm vorangeht. Durch Umleitung auf eine andere Seite können wir die doppelte Übermittlung des Formulars vermeiden, falls der User auf den Aktualisieren-Button im Browser klickt.

Der Pfad, auf den umgeleitet wird, nimmt die Form `/spitters/{username}` an, wobei *{username}* für den Usernamen des `Spitters` steht, der gerade übermittelt wurde. Wenn der User sich beispielsweise mit dem Namen habuma registriert, dann wird nach der Formularübermittlung an `/spitters/habuma` umgeleitet.

Requests mit Pfadvariablen bearbeiten

Die große Frage lautet, wer auf Requests nach `/spitters/{username}` reagieren wird. Tatsächlich ist das eine weitere Handler-Methode, die wir in den `SpitterController` einfügen:

```
@RequestMapping(value="/{username}", method=RequestMethod.GET)
public String showSpitterProfile(@PathVariable String username,
        Model model) {
  model.addAttribute(spitterService.getSpitter(username));
  return "spitters/view";
}
```

Die Methode `showSpitterProfile()` unterscheidet sich nicht sonderlich von anderen uns bekannten Handler-Methoden. Sie bekommt einen `String`-Parameter, der einen Usernamen enthält, und nutzt diesen, um ein `Spitter`-Objekt auszulesen. Dann wird dieser im `Spitter`-Model platziert und kapselt es durch Rückgabe des logischen Namens des Views, der den Output darstellen wird.

Mittlerweile sind Ihnen wahrscheinlich einige Besonderheiten aufgefallen, die nur in `showSpitterProfile()` vorkommen. Zum einen enthält das `value`-Attribut im `@RequestMapping` diverse merkwürdige geschwungene Klammern. Zum anderen ist der Parameter `username` mit `@PathVariable` annotiert.

Beides arbeitet zusammen und versetzt die `showSpitterProfile()`-Methode in die Lage, Requests zu bearbeiten, bei deren URLs Parameter in den Pfad eingebettet sind. Der `{username}`-Teil des Pfads ist eigentlich ein Platzhalter, der mit dem Methodenparameter `username` korrespondiert, der wiederum mit `@PathVariable` annotiert ist. Jener Wert, der sich im Pfad eines Requests an diesem Standort befindet, wird als Wert von `username` übergeben.

Wenn z. B. der Request-Pfad `/username/habuma` ist, dann wird `habuma` in `showSpitterProfile()` als Username übergeben.

Wenn wir zum Kapitel 11 kommen, werden wir mehr über `@PathVariable` sprechen und wie es uns hilft, Handler-Methoden zu schreiben, die auf REST-konforme URLs reagieren.

Bei `addSpitterFromForm()` wartet auf Sie aber noch immer einiges an Unerledigtem. Wahrscheinlich ist Ihnen aufgefallen, dass der `Spitter`-Parameter von `addSpitterFromForm()` mit `@Valid` annotiert ist. Schauen wir uns an, wie man diese Annotation nutzen kann, um zu verhindern, dass in einem Formular schlechte Daten übermittelt werden.

7.4.3 Eingaben validieren

Wenn sich ein Benutzer auf der Spitter-Applikation registriert, wollen wir seine Registrierung bestimmten Beschränkungen unterziehen. Im Einzelnen wäre dies, dass ein neuer Benutzer seinen vollständigen Namen, die E-Mail-Adresse, den Usernamen und ein Passwort angeben soll. Doch nicht nur das: Auch die E-Mail-Adresse darf nicht frei gestaltet sein, sondern muss wie eine E-Mail-Adresse aussehen. Außerdem sollte das Passwort mindestens sechs Zeichen lang sein.

Die Annotation `@Valid` ist die erste Verteidigungslinie gegen mangelhafte Formulareingaben. `@Valid` gehört tatsächlich zur Validierungsspezifikation[4] von JavaBean. Spring 3 enthält Support für JSR-303, und mit `@Valid` weisen wir Spring an, dass das `Spitter`-Objekt beim Binden an die Formulareingabe validiert werden soll.

Sollte bei der Validierung des `Spitter`-Objekts irgendetwas schiefgehen, wird der Validierungsfehler mit dem `BindingResult`, das als zweiter Parameter übergeben wird, in die `addSpitterFromForm()`-Methode übertragen. Wenn die `hasErrors()`-Methode von `BindingResult` `true` zurückgibt, bedeutet dies, dass die Validierung fehlgeschlagen ist. In diesem Fall wird die Methode `spitters/edit` als View-Namen zurückgegeben, um das Formular erneut darzustellen, damit der Benutzer die Validierungsfehler korrigieren kann.

Aber woher kennt Spring den Unterschied zwischen einem gültigen `Spitter` und einem ungültigen `Spitter`?

Validierungsregeln deklarieren

JSR-303 definiert u. a. eine Handvoll Annotationen, die man in Eigenschaften platzieren kann, um Validierungsregeln anzugeben. Wir können diese Annotationen nutzen, um zu definieren, was „valide" bezogen auf ein `Spitter`-Objekt bedeutet. Im Folgenden zeigen wir Ihnen die Eigenschaften der Klasse `Spitter`, die mit Validierungsannotationen annotiert ist.

LISTING 7.11 Einen `Spitter` zur Validierung annotieren

```
@Size(min=3, max=20, message=
    "Username must be between 3 and 20 characters long.")   ◂ Namenslänge erzwingen
@Pattern(regexp="^[a-zA-Z0-9]+$",
        message="Username must be alphanumeric with no spaces")   ◂ Keine
private String username;                                          Leerzeichen
@Size(min=6, max=20,
        message="The password must be at least 6 characters long.").")
private String password;                                  ▴ Passwortlänge erzwingen

@Size(min=3, max=50, message=
    "Your full name must be between 3 and 50 characters long.")   ◂ Namenslänge
private String fullName;                                          erzwingen
@Pattern(regexp="[A-Za-z0-9._%+-]+@[A-Za-z0-9.-]+\.[A-Za-z]{2,4}",
        message="Invalid email address.")   ◂ E-Mail-Schema prüfen
private String email;
```

[4] Auch bekannt als JSR-303 (http://jcp.org/en/jsr/summary?id=303).

Die ersten drei Eigenschaften in Listing 7.11 sind mit @Size von JSR-303 annotiert, um zu gewährleisten, dass diese Felder bestimmte Anforderungen hinsichtlich der Länge erfüllen. Die username-Eigenschaft muss zwischen 3 und maximal 20 Zeichen lang sein, während die fullName-Eigenschaft zwischen 3 und 50 Zeichen enthalten muss. Die Eigenschaft password muss mindestens 6 Zeichen aufweisen und darf 20 Zeichen nicht überschreiten.

Um sicherzugehen, dass der Wert in der E-Mail-Eigenschaft zum Format einer E-Mail-Adresse passt, haben wir sie mit @Pattern annotiert und einen regulären Ausdruck angegeben, anhand dessen es mit dem regexp-Attribut überprüft werden soll.[5] Entsprechend haben wir @Pattern für die username-Eigenschaft genommen, um zu gewährleisten, dass der Username nur aus alphanumerischen Zeichen ohne Leerzeichen besteht.

Bei allen Validierungsannotationen haben wir das message-Attribut so formuliert, dass im Formular dargestellt wird, warum die Validierung misslingt, damit der Benutzer weiß, was zu korrigieren ist.

Nun sind diese Annotationen an Ort und Stelle, und wenn ein User nun ein Registrierungsformular an die addSpitterFromForm()-Methode von SpitterController übermittelt, werden die Werte in den Feldern des Spitter-Objekts anhand dieser Validierungsannotationen ausgewertet. Wenn man die Regeln nicht einhält, sendet die Handler-Methode das Formular an den User zur Fehlerbehebung zurück.

Wenn der User wieder im Formular landet, müssen wir ihm sagen, worin das Problem bestand. Also müssen wir noch einmal zur JSP-Formularseite zurück und dort Code einfügen, damit die Validierungsnachrichten dargestellt werden.

Validierungsfehler darstellen

Rufen Sie sich ins Gedächtnis, dass das als Parameter für addSpitterFromForm() übergebene BindingResult wusste, ob das Formular Validierungsfehler enthielt. Und wir konnten etwaige Fehler herausfinden, indem wir dessen hasErrors()-Methode aufriefen. Wir bemerkten aber nicht, dass die eigentlichen Fehlermeldungen ebenfalls vorhanden waren, und zwar verknüpft mit den Feldern, bei denen die Validierung fehlgeschlagen war.

Um für die User diese Fehler darzustellen, kann man z. B. anhand der getFieldError()-Methode von BindingResult auf diese Feldfehler zugreifen. Doch ein weitaus besserer Weg besteht darin, Fehler anhand der JSP-Bibliothek mit Formular-Binding-Tags von Spring darzustellen Genauer gesagt, kann das Tag <sf:errors> die Feldvalidierungsfehler rendern. Wir müssen dafür bloß einige <sf:errors>-Tags in unserer Formular-JSP-Seite verteilen

LISTING 7.12 Anhand des JSP-Tags <sf:errors> kann man Validierungsfehler darstellen.

```
<%@ taglib prefix="sf" uri="http://www.springframework.org/tags/form"%>
<div>
<h2>Create a free Spitter account</h2>
<sf:form method="POST" modelAttribute="spitter"
        enctype="multipart/form-data">
   <fieldset>
   <table cellspacing="0">
```

[5] Vertrauen Sie mir ... dieses Gefasel wird eine E-Mail-Adresse validieren.

```
      <tr>
         <th><sf:label path="fullName">Full name:</sf:label></th>
         <td><sf:input path="fullName" size="15" /><br/>
             <sf:errors path="fullName" cssClass="error" />
         </td>
      </tr>
      <tr>
         <th><sf:label path="username">Username:</sf:label></th>
         <td><sf:input path="username" size="15" maxlength="15" />
              <small id="username_msg">No spaces, please.</small><br/>
             <sf:errors path="username" cssClass="error" />
            </td>
      </tr>
      <tr>
         <th><sf:label path="password">Password:</sf:label></th>
         <td><sf:password path="password" size="30"
                           showPassword="true"/>
             <small>6 characters or more (be tricky!)</small><br/>
             <sf:errors path="password" cssClass="error" />
            </td>
      </tr>
      <tr>
         <th><sf:label path="email">Email Address:</sf:label></th>
         <td><sf:input path="email" size="30"/>
             <small>In case you forget something</small><br/>
             <sf:errors path="email" cssClass="error" />
            </td>
      </tr>
      <tr>
         <th></th>
         <td>
            <sf:checkbox path="updateByEmail"/>
            <sf:label path="updateByEmail"
            >Send me email updates!</sf:label>
         </td>
      </tr>
      <tr>
        <th><label for="image">Profile image:</label></th>
        <td><input name="image" type="file"/>
      </tr>
      <tr>
         <th></th>
         <td><input name="commit" type="submit"
                   value="I accept. Create my account." /></td>
      </tr>
   </table>
</fieldset>
</sf:form>
</div>
```

◂ **Fehler bei fullName darstellen**

◂ **Fehler bei username darstellen**

◂ **Fehler bei password darstellen**

◂ **Fehler bei email darstellen**

Das path-Attribut des <sf:errors>-Tags gibt das Formularfeld an, für das die Fehler dargestellt werden sollen. Beispielsweise zeigt das <sf:errors> folgende Fehler für das Feld namens fullName an (falls es welche gibt):

```
<sf:errors path="fullName" cssClass="error" />
```

Wenn es in einem Feld mehrere Fehler gibt, werden diese zur Gänze dargestellt, und zwar getrennt durch das HTML-Tag <br/>. Sollen sie anders separiert werden, können Sie auch das delimiter-Attribut einsetzen. Das folgende <sf:errors>-Snippet nutzt delimiter, um Fehler durch Komma und Leerzeichen zu trennen.

```
<sf:errors path="fullName" delimiter=", "
    cssClass="error" />
```

Beachten Sie, dass es in dieser JSP-Seite vier <sf:errors>-Tags gibt: eines für jedes Feld, für das wir Validierungsregeln deklariert haben. Das cssClass-Attribut bezieht sich auf eine Klasse, die per CSS so deklariert wurde, dass sie in Rotschrift die Aufmerksamkeit des Anwenders auf sich zieht.

Nun werden Validierungsfehler auf der Seite dargestellt, falls es welche gibt. Abbildung 7.7 zeigt beispielsweise, wie das Formular aussähe, wenn der User es ohne irgendwelche Einträge in die Felder übermittelt.

Wie Sie sehen, werden Validierungsfehler jeweils pro Feld angezeigt. Natürlich können Sie auch alle Fehler an einer Stelle ausgeben (z. B. oben im Formular). Dafür brauchen Sie nur einen <sf:errors>-Tag, dessen path-Attribut auf * gesetzt ist:

```
<sf:errors path="*" cssClass="error" />
```

Nun wissen Sie, wie man im Controller Handler-Methoden schreibt, die Formulardaten verarbeiten. Allen Formularfeldern bisher ist gemein, dass es sich um Textdaten handelt, die der User meist über eine Tastatur in das Formular eingibt. Was aber, wenn er z. B. ein Bild oder eine andere Dateiart übermitteln möchte?

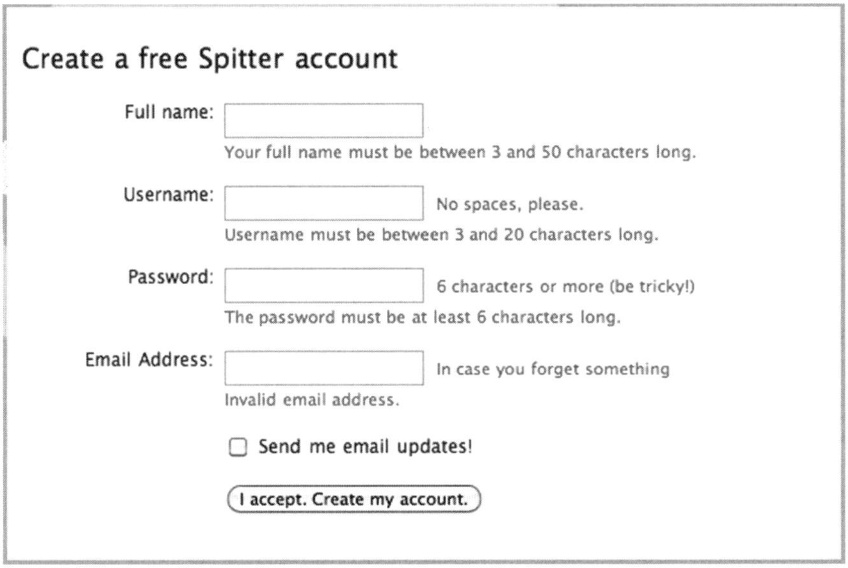

ABBILDUNG 7.7 Wenn das JSP-Tag <sf:errors> auf der Registrierungsseite steht, bekommt der User Validierungsprobleme angezeigt, um sie zu beheben.

7.5 Der Umgang mit Datei-Uploads

In Abschnitt 7.2.4 beschrieben wir, wie man das Profilbild des Users darstellt: einfach – standardmäßig – über ein spitter_avatar.png. Echte Spitter-User beanspruchen aber mehr Identität, als mit einem generischen Symbol möglich ist. Um ihnen mehr Individualität zu gewähren, lassen wir sie als Teil des Registrierungsvorgangs eigene Profilbilder hochladen.

Um in der Spitter-Applikation Datei-Uploads zu realisieren, müssen wir drei Dinge erledigen:

- in das Registrierungsformular ein Datei-Upload-Feld einfügen
- `addSpitterFromForm()` von `SpitterController` so anpassen, dass es die hochgeladene Datei bekommt
- in Spring einen mehrteiligen Datei-Resolver konfigurieren

Fangen wir nun in der Liste oben an und bereiten die JSP-Seite mit dem Registrierungsformular so vor, dass ein Datei-Upload möglich wird.

7.5.1 Datei-Upload-Feld im Registrierungsformular

Die meisten Formularfelder sind Textfelder und können einfach als Name-Wert-Paare an den Server übermittelt werden. Tatsächlich hat eine übliche Formularübermittlung den Inhaltstyp `application/x-www-form-urlencoded` und akzeptiert Name-Wert-Paare, die durch das kaufmännische Und-Zeichen (&) getrennt sind.

Sie werden mir jedoch sicher zustimmen, wenn ich behaupte, dass es sich bei Dateien um ein anderes Paar Schuhe handelt als bei den meisten anderen Feldwerten, die ein Formular übermittelt. Hochgeladene Dateien sind üblicherweise Binärdateien, die nicht gut zum Paradigma des Name-Wert-Paares passen. Wenn wir also die User-Bilder hochladen lassen wollen, die mit ihrem Profil verknüpft sind, müssen wir die Formularübermittlung anders kodieren.

Wenn es um die Übermittlung von Formularen geht, die andere Dateien im Schlepptau haben, fällt unsere Wahl auf den Inhaltstyp `multipart/form-data`. Wenn das Formular mit dem Inhaltstyp `multipart/form-data` übermittelt werden soll, müssen wir es so konfigurieren, dass das `enctype`-Attribut von `<sf:form>` wie folgt gesetzt wird:

```
<sf:form method="POST"
         modelAttribute="spitter"
         enctype="multipart/form-data">
```

Wenn `enctype` auf `multipart/form-data` gesetzt ist, wird jedes Feld als eindeutiger Teil des POST-Requests übermittelt und nicht als ein weiteres Name-Wert-Paar. Damit wird es möglich, dass einer dieser Teile die Daten eines hochzuladenden Bildes enthält.

Nun können wir ins Formular ein neues Feld einfügen. Ein Standard-HTML-Feld `<input>` mit dem `type` auf `file` gesetzt erledigt das:

```
<tr>
  <th><label for="image">Profile image:</label></th>
  <td><input name="image" type="file"/>
</tr>
```

Dieses HTML rendert im Formular ein einfaches Dateiauswahlfeld. Die meisten Browser stellen dies als Textfeld mit einem Button daneben dar. Abbildung 7.8 zeigt, wie das im Safari-Browser unter Mac OS X aussieht.

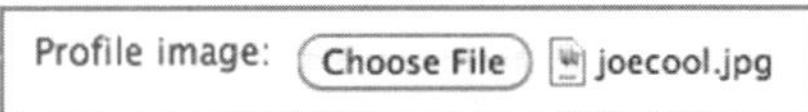

ABBILDUNG 7.8 Mit dem Feld zur Dateiauswahl im Registrierungsformular für Spitter verleiht der User seinem Profil ein Gesicht.

Alle Teile des Formulars sind nun fertig, damit unsere User ihre Profilbilder übermitteln können. Wenn das Formular übermittelt wurde, kommt es als mehrteiliges Formular an, wobei in einem der Teil die Binärdaten des Bildes enthalten sind. Nun müssen wir unsere Applikation serverseitig auf den Empfang der Daten vorbereiten.

7.5.2 Hochgeladene Dateien empfangen

Wie zuvor wird die `addSpitterFromForm()`-Methode die Übermittlung des Registrierungsformulars bearbeiten. Doch wir müssen diese Methode anpassen, damit sie auch ein hochgeladenes Bild akzeptiert. Im Folgenden sehen Sie die neue Methode `addSpitterFromForm()`, die auf den Upload vorbereitet ist.

LISTING 7.13 `addSpitterFromForm()` akzeptiert als Parameter eine `MultipartFile`.

```
@RequestMapping(method=RequestMethod.POST)
public String addSpitterFromForm(@Valid Spitter spitter,
    BindingResult bindingResult,
    @RequestParam(value="image", required=false)    ◂ Datei-Upload akzeptieren
        MultipartFile image) {
  if(bindingResult.hasErrors()) {
    return "spitters/edit";
  }

  spitterService.saveSpitter(spitter);

  try {
    if(!image.isEmpty()) {
      validateImage(image);    ◂ Bild validieren
      saveImage(spitter.getId() + ".jpg", image); //    ◂ Bilddatei speichern
    }
  } catch (ImageUploadException e) {
    bindingResult.reject(e.getMessage());
    return "spitters/edit";
  }
  return "redirect:/spitters/" + spitter.getUsername();
}
```

Die erste Änderung bei addSpitterFromForm() ist das Einfügen eines neuen Parameters. Der Parameter image wird als MultipartFile übergeben und mit @RequestParam annotiert, um anzuzeigen, dass dies nicht erforderlich ist (damit sich ein User auch ohne Profilbild registrieren kann).

Etwas weiter unten in der Methode wird geprüft, ob das Bild leer ist. Ist das nicht der Fall, wird es einer validateImage()-Methode und einer saveImage()-Methode übergeben. Das hier gezeigte validateImage() achtet darauf, dass die hochgeladene Datei unseren Ansprüchen genügt:

```
private void validateImage(MultipartFile image) {
  if(!image.getContentType().equals("image/jpeg")) {
    throw new ImageUploadException("Only JPG images accepted");
  }
}
```

Es soll nicht zugelassen werden, dass User zip- oder exe-Dateien als Bilder übergeben. Also achtet validateImage() darauf, dass es sich bei der hochgeladenen Datei um ein JPEG-Bild handelt. Wenn diese Validierung fehlschlägt, wird eine ImageUploadException (eine einfache Erweiterung von RuntimeException) geworfen.

Nachdem nun sichergestellt ist, dass es sich bei der hochgeladenen Datei um ein Bild handelt, sind wir bereit zum Speichern und rufen die saveImage()-Methode auf. Die eigentliche Implementierung von saveImage() könnte die Datei praktisch überall speichern, solange sie dem Browser des Users zur Verfügung stehen, damit sie auch im Browser dargestellt werden kann. Um es einfach zu halten, beginnen wir mit dem Schreiben einer Implementierung von saveImage(), die das Bild im lokalen Dateisystem speichert.

Dateien im Dateisystem abspeichern

Auch wenn unsere Applikation übers Internet erreichbar ist, befinden sich deren Ressourcen letzten Endes in einem Dateisystem auf dem Host-Server. Also wäre es naheliegend, dass die Profilbilder des Users in einen Pfad auf dem lokalen Dateisystem geschrieben werden, von dem aus der Webserver die Bilder bereitstellen kann. Genau das leistet die folgende Implementierung von saveImage:

```
private void saveImage(String filename, MultipartFile image)
      throws ImageUploadException {
  try {
    File file = new File(webRootPath + "/resources/" + filename);
    FileUtils.writeByteArrayToFile(file, image.getBytes());
  } catch (IOException e) {
    throw new ImageUploadException("Unable to save image", e);
  }
}
```

saveImage() konstruiert hier als Erstes ein java.io.File-Objekt, dessen Pfad auf dem Wert des webRootPath basiert. Wir haben den Wert dieser Variablen absichtlich im Unklaren belassen, weil er vom Server abhängt, auf dem die Applikation gehostet wird. Es soll reichen zu sagen, dass es per Wertinjektion konfiguriert werden kann: entweder durch eine setWebRootPath()-Methode oder vielleicht anhand von SpEL und einer @Value-Annotation, um den Wert aus einer Konfigurationsdatei zu lesen.

Wenn das File-Objekt fertig ist, nutzen wir FileUtils von Apache Commons IO[6], um die Bilddaten in eine Datei zu schreiben. Falls etwas schiefgeht, wird eine ImageUploadException geworfen.

Es funktioniert hervorragend, eine Datei auf diese Weise im lokalen Dateisystem zu speichern, aber man überlässt Ihnen die Verwaltung des Dateisystems. Sie werden dafür verantwortlich sein, dass ausreichend Platz vorhanden ist. Es bleibt Ihnen überlassen, dass als Absicherung gegen Hardware-Fehler Backups gemacht werden. Und Sie müssen sich darum kümmern, diese Bilddatei zwischen mehreren Servern in einem Cluster zu synchronisieren.

Eine andere Option wäre, dass Ihnen jemand diese Plackerei abnimmt. Mit ein bisschen mehr Code können wir unsere Bilder in der Cloud speichern. Befreien wir uns von der Last, selbst für die Verwaltung unserer Dateien zu sorgen, indem wir die saveFile()-Methode so umschreiben, dass sie in ein Amazon S3-Bucket schreibt.

Dateien in Amazon S3 speichern

Der *Simple Storage Service* von Amazon (kurz *S3* genannt) ist ein preiswerter Weg, um die Speicherung von Dateien in die Infrastruktur von Amazon zu verschieben. Mit S3 können wir einfach die Dateien schreiben und die Routinearbeiten den Systemadministratoren von Amazon überlassen.

Am einfachsten nutzt man S3 in Java mit der JetS3t-Library[7]. JetS3t ist eine Open Source-Library zum Speichern und Lesen von Dateien in der S3-Cloud. Wir können mit JetS3t die Profilbilder der User speichern. Das folgende Listing zeigt die neue saveImage()-Methode.

LISTING 7.14 Diese saveImage()-Methode stellt das Bild eines Users in die S3-Cloud von Amazon.

```
private void saveImage(String filename, MultipartFile image)
      throws ImageUploadException {
  try {
    AWSCredentials awsCredentials =
      new AWSCredentials(s3AccessKey, s3SecretKey);
    S3Service s3 = new RestS3Service(awsCredentials);   ◂ S3-Dienst einrichten
    S3Bucket imageBucket = s3.getBucket("spitterImages");
    S3Object imageObject = new S3Object(filename);   ◂ S3-Bucket und Objekt erstellen
    imageObject.setDataInputStream(
            new ByteArrayInputStream(image.getBytes()));
    imageObject.setContentLength(image.getBytes().length);
    imageObject.setContentType("image/jpeg");   ◂ Bilddaten angeben
    AccessControlList acl = new AccessControlList();   ◂ Berechtigungen angeben
    acl.setOwner(imageBucket.getOwner());
    acl.grantPermission(GroupGrantee.ALL_USERS,
            Permission.PERMISSION_READ);
    imageObject.setAcl(acl);
    s3.putObject(imageBucket, imageObject);   ◂ Bild speichern
  } catch (Exception e) {
    throw new ImageUploadException("Unable to save image", e);
  }
}
```

[6] http://commons.apache.org/io/

[7] http://bitbucket.org/jmurty/jets3t/wiki/Home

`saveImage()` kümmert sich als Erstes um die Zugangsdaten für den Amazon Web Service. Dafür brauchen Sie einen S3-Zugangsschlüssel und einen geheimen S3-Zugangsschlüssel. Diese bekommen Sie von Amazon, wenn Sie sich für den S3-Dienst registrieren. In den `SpitterController` gelangt sie per Wertinjektion.

Anhand der AWS-Zugangsberechtigung erstellt `saveImage()` eine Instanz des `RestS3Service` von JetS3t, mit dem es im S3-Dateisystem arbeiten wird. Es bekommt eine Referenz auf den `spitterImages`-Bucket, erstellt ein `S3Object`, in den das Bild wandern soll, und füllt dieses `S3Object` anschließend mit Bilddaten.

Direkt vor Aufruf der `putObject()`-Methode, um die Bilddaten in S3 zu schreiben, setzt `saveImage()` die Berechtigungen für das `S3Object`, damit alle User es auch sehen können. Das ist wichtig – denn sonst wären die Bilder für den User unserer Applikation nicht sichtbar.

Wie bei der vorigen Version von `saveImage()` wird eine `ImageUploadException` geworfen, falls etwas schiefgeht.

Wir sind fast fertig, um die Profilbilder in die Spitter-Applikation hochzuladen. Ein wenig muss Spring aber noch konfiguriert werden, um alles miteinander zu verbinden.

7.5.3 Spring für Datei-Uploads konfigurieren

Auf sich allein gestellt, hat `DispatcherServlet` keine Ahnung, wie mit mehrteiligen Formulardaten zu verfahren ist. Wir brauchen einen Multipart-Resolver, um die mehrteiligen Daten aus dem POST-Request zu extrahieren, damit `DispatcherServlet` sie an den Controller übergeben kann.

Um einen Multipart-Resolver in Spring zu registrieren, müssen wir eine Bean deklarieren, die das `MultipartResolver`-Interface implementiert. Die Wahl für den Resolver fällt leicht, da es bei Spring nur einen einzigen gibt: `CommonsMultipartResolver`. Der wird wie folgt in Spring konfiguriert:

```
<bean id="multipartResolver" class=
    "org.springframework.web.multipart.commons.CommonsMultipartResolver"
    p:maxUploadSize="500000" />
```

Beachten Sie, dass die Bean-ID des Multipart-Resolvers signifikant ist. Wenn `DispatcherServlet` nach einem Multipart-Resolver sucht, dann sucht es nach einer Bean mit der ID `multipartResolver`. Wenn die Bean irgendeine andere ID hat, wird sie von `DispatcherServlet` übersehen.

7.6 Zusammenfassung

In diesem Kapitel erstellten wir einen Großteil der Webschicht für die Spitter-Applikation. Wir sahen, dass Spring ein leistungsfähiges und flexibles Web-Framework enthält. Durch Einsatz von Annotationen bietet Spring MVC ein beinahe POJO-mäßiges Entwicklungsmodell, das die Entwicklung von Controllern sehr vereinfacht, die Requests bearbeiten und die leicht zu testen sind. Diese Controller verarbeiten üblicherweise Requests nicht direkt, sondern delegieren sie an andere Beans im Anwendungskontext von Spring, die mit der Abhängigkeitsinjektion von Spring in die Controller injiziert werden.

Durch den Einsatz von Handler-Mappings, die Controller für die Bearbeitung von Requests und View-Resolvern für die Darstellung der Ergebnisse auswählen, bewahrt Spring MVC die lose Kopplung, wie Controller für diese Aufgaben gewählt werden. Das hebt Spring von vielen anderen MVC-Web-Frameworks ab, bei denen die Wahl nur unter ein oder zwei Optionen zu treffen ist.

Obwohl die in diesem Kapitel entwickelten Views in JSP geschrieben wurden, um HTML-Output zu produzieren, gibt es keinen Grund, warum die von den Controllern produzierten Model-Daten nicht auch in anderer Form gerendert werden sollten, z. B. in maschinenlesbarem XML oder JSON. Wir werden in Kapitel 11 sehen, wie man die Webschicht der Spitter-Applikation in eine leistungsfähige, Web-basierte API verwandelt, wenn wir uns weiterhin mit dem REST-Support von Spring befassen.

Doch nun machen wir damit weiter, wie man mit Spring benutzerseitige Web-Applikationen erstellt. Dafür beschäftigen wir uns mit Spring Web Flow, einer Erweiterung von Spring MVC, die eine dialogorientierte Webentwicklung in Spring ermöglicht.

8 Die Arbeit mit Spring Web Flow

Dieses Kapitel behandelt die folgenden Themen:

- Erstellen von Konversationen in Webapplikationen
- Definieren von Ablaufzuständen und Aktionen
- Absichern von Web-Flows

Eine der „wunderbaren" Eigenschaften des Internets ist die Möglichkeit, online allzu leicht vom Weg abzukommen. Es gibt so viel zu sehen und zu lesen. Der Hyperlink ist der Schlüssel zur Macht im Internet, und der Ausdruck *Web* bezeichnet die herrschende Sachlage sehr gut. Genau wie bei einem Spinngewebe bleibt jeder, der über das Netz krabbelt, darin hängen.

Ein Grund, dass ich für das Schreiben dieses Buchs so viel Zeit brauchte, war – ich gestehe es – eine endlose Kette von Wikipedia-Links, in die ich mich verlor.

Manchmal muss die Web-Anwendung die Kontrolle über die Reise des Websurfers übernehmen und ihn Schritt für Schritt durch die Anwendung führen. Das klassische Beispiel einer solchen Anwendung ist der Checkout-Prozess einer E-Commerce-Site. Angefangen mit dem Einkaufswagen, führt Sie die Anwendung durch einen Prozess, bei dem Sie die Einzelheiten des Versands und die Rechnungsinformationen eingeben und zum Schluss die Bestellung bestätigen.

Spring Web Flow ist ein Web-Framework, das die Entwicklung von Elementen im Rahmen eines vorgeschriebenen Ablaufs unterstützt. In diesem Kapitel untersuchen wir Spring Web Flow und beurteilen, wie es in die Landschaft des Spring-Web-Frameworks passt.

Es ist möglich, eine sequenzielle Anwendung mit jedem Web-Framework zu schreiben. Ich habe sogar eine Struts-Anwendung gesehen, die einen gewissen Flow hatte. Wenn man aber keine Möglichkeit hat, den Flow von der Implementierung zu trennen, werden Sie feststellen, dass die Definition des Flows sich über die verschiedenen Elemente verteilt, aus denen der Flow besteht. Es gibt keine feste Anlaufstelle, die man betrachten muss, um den Flow zu verstehen.

Spring Web Flow ist eine Erweiterung des die Entwicklung von ablaufbasierten Web-Anwendungen unterstützenden Spring MVC. Dazu trennt Spring Web Flow die Definition des Anwendungsablaufs von den Klassen und Ansichten, die das Verhalten des Flows implementieren.

Während wir Spring Web Flow kennenlernen, wollen wir uns eine Pause vom Spitter-Beispiel gönnen und an einer neuen Web-Anwendung für Pizzabestellungen arbeiten. Wir werden Spring Web Flow nutzen, um den Bestellablauf zu definieren.

Bevor Sie mit Spring Web Flow arbeiten können, müssen Sie es in Ihrem Projekt installieren. Genau hier setzen wir an.

8.1 Installieren von Spring Web Flow

Zwar ist Spring Web Flow ein Unterprojekt des Spring-Frameworks, aber nicht Teil des Spring-Frameworks selbst. Daher müssen wir Spring Web Flow dem Klassenpfad unseres Projekts hinzufügen, bevor wir mit dem Erstellen flow-basierter Anwendungen beginnen können.

Sie können Spring Web Flow von der Projekt-Homepage downloaden (http://www .springframework.org/webflow). Stellen Sie sicher, dass Sie die neueste Version erwischen (momentan ist das Version 2.2.1). Nach Download und Entpacken der Distributionsdatei finden Sie die JAR-Dateien von Spring Web Flow im dist-Verzeichnis.

- org.springframework.binding-2.2.1.RELEASE.jar
- org.springframework.faces-2.2.1.RELEASE.jar
- org.springframework.js-2.2.1.RELEASE.jar
- org.springframework.js.resources-2.2.1.RELEASE.jar
- org.springframework.webflow-2.2.1.RELEASE.jar

Für unser Beispiel benötigen wir lediglich die JAR-Dateien *binding* und *webflow*. Die anderen sind für den Einsatz von Spring Web Flow mit JSF und JavaScript gedacht.

8.1.1 Konfigurieren von Web Flow in Spring

Spring Web Flow baut auf dem Fundament von Spring MVC. Mit anderen Worten: Alle Anfragen fließ en zunächst durch das `DispatcherServlet` von Spring MVC. Von dort aus muss eine Handvoll spezieller Beans, die sich um die Flow-Anfragen kümmern, im Spring-Anwendungskontext konfiguriert werden und den Flow ausführen.

Einige Web-Flow-Beans werden mithilfe von Elementen aus Spring Web Flows Spring-Konfiguration-XML-Namensraum deklariert. Daher müssen wir die Namensraum-Deklaration der XML-Datei mit der Kontextdefinition hinzufügen.

```
<?xml version="1.0" encoding="UTF-8"?>
<beans xmlns="http://www.springframework.org/schema/beans"
 xmlns:xsi="http://www.w3.org/2001/XMLSchema-instance"
 xmlns:flow="http://www.springframework.org/schema/webflow-config"
 xsi:schemaLocation="http://www.springframework.org/schema/webflow-config
   http://www.springframework.org/schema/webflow-config/
   ➥ spring-webflow-config-2.0.xsd
   http://www.springframework.org/schema/beans
   http://www.springframework.org/schema/beans/spring-beans-3.0.xsd">
```

Da wir nun die Namensraum-Deklaration hinter uns gebracht haben, ist es an der Zeit, die Web-Flow-Beans zu verschalten, beginnend mit dem Flow-Executor.

Konfiguration eines Flow-Executors

Wie der Name schon andeutet, treibt der *Flow-Executor* die Ausführung eines Flows. Wenn ein Benutzer in einen Flow eintritt, instanziiert der Flow-Executor den Flow-Ablauf für den Benutzer und führt den Ablauf aus. Hält der Flow an (wenn dem Benutzer beispielsweise ein View gezeigt wird), setzt der Flow-Executor den Flow dann fort, wenn der Benutzer eine Aktion durchgeführt hat.

Das Element `<flow:flow-executor>` erstellt einen Flow-Executor in Spring:

```
<flow:flow-executor id="flowExecutor"
                    flow-registry="flowRegistry" />
```

Obwohl der Flow-Executor für das Erstellen und Ausführen der Flows zuständig ist, trägt er keine Verantwortung für das Laden der Flow-Definitionen. Diese Verantwortung hat eine Flow-Registry, die wir gleich als Nächstes erstellen wollen. Hier wird die Flow-Registry über ihre ID angesprochen: `flowRegistry`.[1]

Konfiguration einer Flow-Registry

Die Aufgabe der *Flow-Registry* besteht darin, Flow-Definitionen zu laden und sie dem Flow-Executor zur Verfügung zu stellen. In der Spring-Konfiguration können wir eine Flow-Registry mithilfe eines `<flow:flow-registry>`-Elements wie folgt konfigurieren:

```
<flow:flow-registry id="flowRegistry"
        base-path="/WEB-INF/flows">
   <flow:flow-location-pattern value="*-flow.xml" />
</flow:flow-registry>
```

Gemäß dieser Deklaration sucht diese Flow-Registry im Verzeichnis /WEB-INF/flows nach Flow-Definitionen, wie im Attribut `base-path` angegeben wurde. Das Element `<flow:flow-location-pattern>` bestimmt, dass jede XML-Datei, deren Name auf *-flow.xml* endet, als Flow-Definition zu betrachten ist.

Alle Flows werden durch ihre ID referenziert. Mit dem hier vorliegenden `<flow:flow-location-pattern>` ist die Flow-ID der Pfad relativ zum `base-path` – oder der Teil des Pfads, den das Doppelsternchen bezeichnet. Abbildung 8.1 zeigt, wie die Flow-ID in diesem Fall berechnet wird.

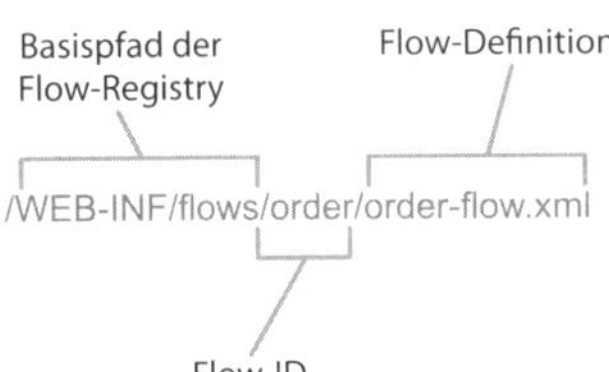

ABBILDUNG 8.1 Benutzt man ein Flow-Location-Pattern, wird der Pfad zur Datei mit der Flow-Definition relativ zum Basispfad als Flow-ID verwendet.

[1] Das Attribut `flow-registry` wird hier explizit gesetzt, was aber nicht unbedingt erforderlich ist. Wenn es nicht gesetzt ist, wird standardmäßig `flowRegistry` genommen.

Alternativ können Sie das Attribut base-path weglassen und den Speicherort der Flow-Definition-Datei explizit angeben:

```
<flow:flow-registry id="flowRegistry"
        base-path="/WEB-INF/flows">
   <flow:flow-location-pattern value="*-flow.xml" />
</flow:flow-registry>
```

An dieser Stelle wird das Element <flow:flow-location> statt <flow:flow-location-pattern> genutzt. Das Attribut path zeigt direkt auf die Datei /WEB-INF/flows/springpizza.xml als Flow-Definition. Diese Konfiguration bedingt, dass die ID des Flows aus dem Basisnamen der Flow-Definition-Datei abgeleitet wird: hier *springpizza*.

Die ID des Flow lässt sich mit dem Attribut id des Elements <flow:flow-location> noch genauer definieren. Wollen Sie beispielsweise pizza als Flow-ID definieren, dann müssen Sie <flow:flow-location> wie folgt konfigurieren:

```
<flow:flow-registry id="flowRegistry"
        base-path="/WEB-INF/flows">
   <flow:flow-location-pattern value="*-flow.xml" />
</flow:flow-registry>
```

Handhabung von Flow-Requests

Wie wir im vorhergehenden Kapitel erfahren haben, sendet DispatcherServlet Requests in der Regel an Controller. Aber für Flows benötigen wir ein FlowHandlerMapping, um DispatcherServlet anzuweisen, Flow-Requests an Spring Web Flow zu senden. Das FlowHandlerMapping wird wie folgt im Spring-Anwendungskontext konfiguriert:

```
<bean class="org.springframework.webflow.mvc.servlet.FlowHandlerAdapter">
  <property name="flowExecutor" ref="flowExecutor" />
</bean>
```

Wie Sie sehen können, ist das FlowHandlerMapping mit einer Referenz auf die Flow-Register versehen, sodass es weiß, wann die URL einer Request einen Flow anfordert. Wenn wir es beispielsweise mit einem Flow zu tun haben, dessen ID pizza gleicht, weiß das FlowHandlerMapping, dass eine Anforderung diesem Flow zugeordnet werden muss, wenn das URL-Muster der Request relativ zum Kontextpfad der Anwendung /pizza ist.

Wo das FlowHandlerMapping die Aufgabe übernimmt, Flow-Requests an den Spring Web Flow zu leiten, hat der FlowHandlerAdapter die Aufgabe, auf diese zu reagieren. Ein FlowHandlerAdapter gleicht einem Spring MVC Controller insofern, als es die eingehenden Flow-Requests entgegennimmt und verarbeitet. Der FlowHandlerAdapter wird wie folgt als Spring-Bean konfiguriert:

```
<bean class="org.springframework.webflow.mvc.servlet.FlowHandlerAdapter">
  <property name="flowExecutor" ref="flowExecutor" />
</bean>
```

Dieser Handler-Adapter bildet die Brücke zwischen `DispatcherServlet` und Spring Web Flow. Er verarbeitet Flow-Requests und manipuliert den Flow auf Basis dieser Requests. In unserem Beispiel ist er mit einer Referenz auf den Flow-Executor ausgestattet, um die Flows auszuführen, für die er die Requests verarbeitet.

Wir haben schon alle Beans und Komponenten konfiguriert, die man für die Funktion des Spring Web Flow benötigt. Was übrig bleibt, ist die Flow-Definition. Dazu kommen wir recht bald. Vorher wollen wir die Elemente kennenlernen, die zusammengestellt einen Flow definieren.

8.2 Die Komponenten eines Flows

In Spring Web Flow wird ein Flow mithilfe dreier wichtiger Elemente definiert: Zustände, Transitionen und Flow-Daten.

Zustände sind die Stellen in einem Flow, an denen irgendetwas passiert. Wenn Sie sich einen Flow als Road-Trip vorstellen, dann sind die Zustände die Städte, Raststätten und Picknickplätze auf dem Weg. Anstatt eine Tüte Pommes und eine Cola Light zu kaufen, wird für einen Zustand in einem Flow die Logik ausgeführt, eine Entscheidung getroffen oder dem Benutzer eine Seite gezeigt.

Wenn die Flow-Zustände wie die Punkte auf der Landkarte sind, an denen Sie während der Fahrt anhalten, sind die *Transitionen* die Straßen, welche diese Punkte miteinander verbinden. In einem Flow erfolgt eine Transition, wenn man von einem Zustand zum anderen „fährt".

Während Sie von Stadt zu Stadt reisen, sammeln Sie unterwegs vielleicht Souvenirs, Erinnerungen oder gar leere Chipstüten. Analog dazu sammelt der Flow, während er abläuft, Daten: über den momentanen Zustand des Flows. Ich bin geneigt, vom Zustand des Ablaufs zu sprechen, aber das Wort *Zustand* ist im Kontext der Abläufe bereits vorbelastet.

Sehen wir uns etwas genauer an, wie diese drei Elemente in Spring Web Flow definiert werden.

8.2.1 Zustände

Spring Web Flow definiert fünf verschiedene Arten von Zuständen (siehe Tabelle 8.1 auf der nächsten Seite).

Durch diese verschiedenen Zustände in Spring Web Flow können praktisch alle möglichen Kombinationen von Funktionalitäten in einer dialogorientierten Webapplikation konstruiert werden. Zwar werden nicht bei jedem Ablauf alle Zustände aus Tabelle 8.1 eingesetzt, doch früher oder später werden Sie sicher mit den meisten zu tun bekommen.

In Kürze sehen Sie, wie diese unterschiedlichen Zustände zusammengeklebt werden, um einen vollständigen Ablauf abzubilden. Zunächst aber wollen wir die jeweiligen Ablaufelemente kennenlernen, die in der Spring Web Flow-Definition manifestiert sind.

TABELLE 8.1 Geltungsbereiche im Spring Web Flow

Zustandsart	Aufgabe
Action	In den Aktionszuständen findet die Logik des Ablaufs statt.
Decision	Im Entscheidungszustand verzweigt der Ablauf in zwei Richtungen, sodass der Ablauf auf Basis der Ergebnisse der Ablaufdatenauswertung geleitet wird.
End	Der Endzustand ist der letzte Stopp für einen Ablauf. Nachdem der Ablauf den Endstatus erreicht hat, wird der Ablauf beendet.
Subflow	Dieser Zustand fängt im Kontext eines bereits ausgeführten Ablaufs einen neuen Ablauf an.
View	Ein View-Zustand lässt den Ablauf pausieren und lädt den Anwender ein, am Ablauf zu partizipieren.

View-Zustände

Mithilfe von View-Zuständen werden dem Benutzer Informationen gezeigt, der dann die Gelegenheit erhält, eine aktive Rolle im Ablauf zu übernehmen. Die momentane View-Implementierung kann eine beliebige von Spring MVC unterstützte sein; sie wird aber oft in JSP implementiert.

Innerhalb der XML-Ablaufdefinitionsdatei wird das Element `<view-state>` benutzt, um einen View-Zustand zu definieren:

```
<view-state id="welcome" />
```

In diesem einfachen Beispiel dient das Attribut `id` zwei Zwecken. Es bezeichnet den Zustand innerhalb des Ablaufs. Weil sonst keine View definiert wurde, definiert es außerdem `welcome` als logischen Namen der umzusetzenden Ansicht, sobald der Ablauf in diesen Zustand eintritt.

Wenn Sie es vorziehen, explizit einen anderen View-Namen anzugeben, ist dies mit dem Attribut `view` ebenfalls möglich:

```
<view-state id="welcome" view="greeting" />
```

Wenn ein Ablauf dem User ein Formular zeigt, werden Sie unter Umständen das Objekt angeben wollen, mit dem das Formular verknüpft ist. Dazu setzen Sie das `model`-Attribut:

```
<view-state id="takePayment" model="flowScope.paymentDetails"/>
```

An dieser Stelle haben wir angegeben, dass das Formular in der Ansicht `takePayment` mit dem ablaufeigenen Objekt `paymentDetails` verknüpft wird. (Über Flow-Scopes, d. h. den Geltungsbereich des Ablaufs, sowie Ablaufdaten unterhalten wir uns in Kürze.)

Aktionszustände

Wo der View-Zustand den Benutzer der Anwendung am Ablauf beteiligt, leistet die Anwendung selbst die Arbeit in einem Aktionszustand. Ein Aktionszustand wird in der Regel eine Methode für eine von Spring verwaltete Bean aufrufen und dann – je nach Ergebnis des Aufrufs – in einen anderen Zustand wechseln.

Im XML der Ablaufdefinition werden Aktionszustände mithilfe des Elements `<action-state>` dargestellt. Hier ein Beispiel:

```
<action-state id="saveOrder">
  <evaluate expression="pizzaFlowActions.saveOrder(order)" />
  <transition to="thankYou" />
</action-state>
```

Obwohl es streng genommen nicht erforderlich ist, besitzen `<action-state>`-Elemente in der Regel ein `<evaluate>`-Element als Subelement. Dank des `<evaluate>`-Elements bekommt der Aktionszustand etwas zu tun. Dem Attribut `expression` wird ein Ausdruck übertragen, der beim Eintritt in den Zustand ausgewertet wird. In diesem Fall erhält `expression` einen SpEL[2]-Ausdruck, der angibt, dass die Methode `saveOrder()` für eine Bean mit der ID `pizza-FlowActions` aufzurufen ist.

Entscheidungszustände

Ein Ablauf kann komplett linear sein, wobei er immer von einem Zustand zum nächsten wechselt, ohne alternative Routen einzuschlagen. In der Regel verzweigt der Ablauf je nach der aktuellen Beschaffenheit des Ablaufs aber an einem Punkt.

Mit dem Entscheidungszustand wird eine binäre Verzweigung im Ablauf ermöglicht. Der Entscheidungszustand wertet einen Booleschen Ausdruck aus und setzt den Ablauf mit einer von zwei möglichen Transitionen fort, je nachdem, ob der Ausdruck mit `true` oder `false` bewertet wird. In der XML der Ablaufdefinition werden Entscheidungszustände mithilfe des Elements `<decision-state>` dargestellt. Ein typisches Beispiel für einen Entscheidungszustand sieht folgendermaßen aus:

```
<decision-state id="checkDeliveryArea">
  <if test="pizzaFlowActions.checkDeliveryArea(customer.zipCode)"
      then="addCustomer"
      else="deliveryWarning" />
</decision-state>
```

Wie Sie sehen können, arbeitet das Element `<decision-state>` nicht alleine. Das Kernstück des Entscheidungszustandes bildet das `<if>`-Element. Hier wird der Ausdruck ausgewertet. Wenn die Auswertung `true` ergibt, wird der Ablauf in den vom Attribut `then` angegebenen Zustand übergehen. Im Falle von `false` wechselt der Ablauf in den im Attribut `else` genannten Zustand.

Subflow-Zustände

Wahrscheinlich wollen Sie nicht die komplette Anwendungslogik in einer einzigen Methode unterbringen. Stattdessen würden Sie diese in mehrere Klassen, Methoden und sonstige Strukturen unterteilen.

Analog dazu ist es eine gute Idee, Abläufe in diskrete Abschnitte zu unterteilen. Mit dem `<subflow-state>`-Element können Sie einen anderen Ablauf innerhalb eines aktiven Ablaufs aufrufen. Das ist analog zum Aufrufen einer Methode aus einer anderen Methode.

---

2 Ab Version 2.1.0 nutzt Spring Web Flow die Sprache Spring Expression Language; allerdings kann man optional mit OGNL oder mit Unified EL arbeiten.

Einen `<subflow-state>` können Sie wie folgt deklarieren:

```
<subflow-state id="order" subflow="pizza/order">
  <input name="order" value="order"/>
  <transition on="orderCreated" to="payment" />
</subflow-state>
```

Hier wird das Element `<input>` benutzt, um das Objekt *order* als Eingabe an den Subflow weiterzureichen. Endet der Subflow nun mit einem `<end-state>`, dessen ID `orderCreated` lautet, geht der Ablauf in einen Zustand mit der ID `payment` über.

Aber alles schön der Reihe nach. Wir haben uns noch gar nicht über das Element `<end-state>` oder über die Transitionen unterhalten. Transitionen sehen wir uns gleich in Abschnitt 8.2.2 an. Endzustände untersuchen wir als Nächstes.

Endzustände

Letztendlich müssen alle Abläufe irgendwo enden. Und das tun sie, wenn sie in den Endzustand wechseln. Das Element `<end-state>` bezeichnet das Ende eines Ablaufs und sieht in der Regel folgendermaßen aus:

```
<end-state id="customerReady" />
```

Wenn der Ablauf einen `<end-state>` erreicht, wird er beendet. Was dann passiert, hängt von verschiedenen Faktoren ab:

- Endet ein Ablauf, der ein Subflow ist, wird der aufrufende Ablauf vom `<subflow-state>` fortgesetzt. Die ID des `<end-state>` wird als Ereignis benutzt, um die Transition aus dem `<subflow-state>` auszulösen.
- Ist das `view`-Attribut vom `<end-state>` gesetzt, wird die angegebene View umgesetzt. Es kann sich bei der View um einen ablaufrelativen Pfad zu einem View-Template handeln, wobei dann ein Präfix von `externalRedirect:` benötigt wird, um eine Umleitung auf eine Seite außerhalb des Ablaufs zu gestalten; alternativ dazu wird ein Präfix von `flowRedirect:` benötigt, um in einen anderen Ablauf umzuleiten.
- Wenn der zu Ende gehende Ablauf kein Subflow ist und kein `view` angegeben wurde, endet der Ablauf einfach. Der Browser landet bei der Basis-URL des Ablaufs, und weil momentan kein Ablauf aktiv ist, beginnt eine neue Instanz des Ablaufs.

Es ist wichtig zu wissen, dass ein Ablauf mehrere Endzustände besitzen kann. Weil die ID des Endzustands das vom Subflow ausgelöste Ereignis bestimmt, werden Sie den Ablauf unter Umständen mit verschiedenen Endzuständen beenden wollen, um verschiedene Ereignisse im aufrufenden Ablauf auszulösen. Sogar bei Abläufen, die keine Subflows sind, gibt es unter Umständen verschiedene Landing-Pages, die nach der Beendigung des Ablaufs angesteuert werden, je nachdem, welchen Ausgang der Ablauf genommen hat.

Da wir nun die verschiedenen Ablaufzustände berücksichtigt haben, wollen wir uns kurz damit befassen, wie der Ablauf zwischen den Zuständen verläuft. Sehen wir uns an, wie wir die Straßen eines Ablaufs bepflastern, indem wir Transitionen definieren.

8.2.2 Transitionen

Wie bereits weiter oben in diesem Kapitel erwähnt wurde, verbinden Transitionen die Zustände innerhalb eines Ablaufs. Jeder Zustand in einem Ablauf, mit Ausnahme des Endzustands, sollte jedenfalls eine Transition besitzen, sodass der Ablauf weiß, wohin die Reise geht, sobald der Zustand endet. Ein Zustand kann mehrere Transitionen beinhalten, wobei jeder einen anderen Pfad abbildet, der nach Beendigung des Zustands eingeschlagen werden könnte.

Eine Transition wird mit dem Element `<transition>` definiert, einem Subelement der verschiedenen Zustandselemente (`<action-state>`, `<view-state>` und `<subflow-state>`). Im einfachsten Fall definiert das Element `<transition>` den nächsten Zustand in einem Ablauf:

```
<transition to="customerReady" />
```

Mit dem Attribut `to` wird der nächste Zustand im Ablauf spezifiziert. Wird `<transition>` mit nur einem `to`-Attribut definiert, stellt die Transition die Standardtransition für den Zustand dar; sie erfolgt, wenn keine weitere Transition anwendbar ist.

In der Regel werden Transitionen aber definiert, die dann stattfinden, wenn ein bestimmtes Ereignis ausgelöst wird. In einem View-Zustand ist das Ereignis in der Regel eine Benutzeraktion. In einem Action-Zustand ist das Ereignis das Ergebnis der Auswertung eines Ausdrucks. Bei einem Subflow-Zustand wird das Ereignis durch die ID des Subflow-Endzustands definiert. Wie auch immer – Sie können das Ereignis spezifizieren, das die Transition auslöst, indem Sie es im Attribut `on` definieren:

```
<transition on="phoneEntered" to="lookupCustomer"/>
```

In diesem Beispiel wechselt der Ablauf in den Zustand mit der ID `lookupCustomer`, sofern ein `phoneEntered`-Ereignis ausgelöst wird.

Der Ablauf kann als Reaktion auf das Auslösen einer Exception auch in einen anderen Zustand wechseln. Wenn beispielsweise die Kundendaten nicht auffindbar sind, ist es vielleicht sinnvoll, den Ablauf in einen View-Zustand wechseln zu lassen, die ein Formular für die Registrierung zeigt. Im folgenden Abschnitt sehen Sie eine Transition dieser Art:

```
<transition
    on-exception=
          "com.springinaction.pizza.service.CustomerNotFoundException"
    to="registrationForm" />
```

Das Attribut `on-exception` ähnelt dem Attribut `on`, nur dass es eine Exception statt eines Ereignisses definiert, welche den Zustandswechsel auslöst. In diesem Fall sorgt eine `CustomerNotFoundException` dafür, dass der Ablauf in den Zustand `registrationForm` wechselt.

Globale Transitionen

Nachdem Sie einen Ablauf erstellt haben, werden Sie unter Umständen feststellen, dass einige Zustände gemeinsame Transitionen teilen. Zum Beispiel würde es mich nicht wundern, wenn die folgende `<transition>` überall im Ablauf auftaucht:

```
<transition on="cancel" to="endState" />
```

Statt diese häufig wiederkehrenden Transitionen in mehreren Zuständen zu wiederholen, können Sie sie, indem Sie das `<transition>`-Element als Kind eines `<global-transitions>`-Elements definieren, als globale Transitionen definieren. Zum Beispiel:

```
<global-transitions>
  <transition on="cancel" to="endState" />
</global-transitions>
```

Mit dieser globalen Transition an Ort und Stelle besitzen alle Zustände im Ablauf eine implizite Transition namens `cancel`.

Wir haben uns nun über Zustände und Transitionen unterhalten. Bevor wir uns mit dem Schreiben von Abläufen befassen, sehen wir uns zunächst die Ablaufdaten an – das dritte Glied in der Web-Flow-Triade.

8.2.3 Ablaufdaten

Wenn Sie schon mal eines dieser alten Text-Adventures gespielt haben, wissen Sie, dass man beim Herumziehen von Ort zu Ort gelegentlich Objekte findet, die man aufheben und mitnehmen kann. Manchmal braucht man diese Objekte sofort. In anderen Fällen schleppen Sie das Objekt durch das ganze Spiel mit sich mit und wissen nicht, wofür es gut sein soll, bis Sie beim letzten Rätsel ankommen und feststellen, dass es doch noch zu etwas taugt.

In vielerlei Hinsicht ähneln Abläufe diesen Adventures. Während der Ablauf von einem Zustand in den nächsten wechselt, sammelt er bestimmte Daten. Manchmal werden diese Daten nur kurzfristig benötigt (vielleicht nur so lange, wie man dem Benutzer eine Seite zeigt). In anderen Fällen werden die Daten durch den gesamten Ablauf mitgenommen, um letztendlich beim Beenden des Ablaufs genutzt zu werden.

Variablen deklarieren

Die Ablaufdaten werden in Variablen gespeichert, die zu verschiedenen Punkten im Ablauf angesprochen werden können. Die Daten können auf verschiedenste Art erstellt und gesammelt werden. Am einfachsten erstellt man eine Variable in einem Ablauf mit dem Element `<var>`:

```
<var name="customer" class="com.springinaction.pizza.domain.Customer"/>
```

Hier wird eine neue Instanz eines `Customer`-Objekts erstellt und in eine Variable namens `customer` geschrieben. Diese Variable steht allen Zuständen des Ablaufs zur Verfügung.

Als Teil eines Action-Zustands oder beim Eintreten in einen View-Zustand können Sie Variablen auch mithilfe des Elements `<evaluate>` erstellen. Zum Beispiel:

```
<evaluate result="viewScope.toppingsList"
   expression="T(com.springinaction.pizza.domain.Topping).asList()" />
```

In diesem Fall wertet das Element <evaluate> einen Ausdruck aus (hier einen SpEL-Ausdruck) und stellt das Ergebnis in eine Variable namens `toppingsList`, die nur im View gültig ist. (Über Scopes unterhalten wir uns in Kürze.)

Analog dazu kann das Element <set> den Wert einer Variablen setzen:

```
<set name="flowScope.pizza"
   value="new com.springinaction.pizza.domain.Pizza()" />
```

Das <set>-Element funktioniert ähnlich dem <evaluate>-Element, indem es die Variable gleich dem Ergebnis eines ausgewerteten Ausdrucks setzt. Hier setzen wir eine Variable namens `pizza` im Ablauf-Scope der neuen Instanz eines `Pizza`-Objekts gleich.

Sobald wir in Abschnitt 8.3 damit beginnen, einen tatsächlich funktionierenden Webablauf zu konstruieren, erfahren Sie mehr über die Einzelheiten der Nutzung dieser Objekte. Wir wollen aber davor entdecken, was es mit den Begriffen Ablauf-Scope, View-Scope oder der Nutzung irgendwelcher anderer Scopes auf sich hat.

Scoping von Ablaufdaten

Die Daten, die ein Ablauf mit sich führt, haben eine unterschiedliche Lebensdauer und sind unterschiedlich sichtbar, je nach dem sogenannten Scope (Geltungsbereich) der Variable, welche sie speichert. Spring Web Flow definiert fünf Geltungsbereiche, die in Tabelle 8.2 beschrieben werden.

TABELLE 8.2 Geltungsbereiche von Spring Web Flow

Geltungsbereich	Lebensdauer und Sichtbarkeit
Conversation	Wird beim Starten eines Ablaufs der obersten Ebene erstellt und bei Beenden des Ablaufs der obersten Ebene zerstört. Wird vom Ablauf der obersten Ebene sowie allen Subflows genutzt.
Flow	Wird beim Starten des Ablaufs erstellt und beim Beenden des Ablaufs zerstört. Nur sichtbar innerhalb des Ablaufs, der ihn erstellt hat.
Request	Wird erstellt, wenn eine Request an einen Ablauf gerichtet wird, und zerstört, wenn der Ablauf zurückkehrt.
Flash	Wird beim Starten des Ablaufs erstellt, beim Beenden des Ablaufs zerstört und auch nach dem Umsetzen einer View bereinigt.
View	Wird beim Eintritt in einen View-Zustand erstellt und beim Austritt aus dem Zustand zerstört. Nur sichtbar innerhalb des View-Zustands.

Wenn Sie eine Variable mit dem Element <var> definieren, gilt die Variable grundsätzlich innerhalb des Ablaufs, in dem die Variable definiert wurde. Wenn Sie <set> bzw. <evaluate> verwenden, wird der Geltungsbereich als Präfix für das Attribut `name` oder `result` genutzt. So weisen Sie beispielsweise einer Variablen namens `theAnswer` im Geltungsbereich eines Ablaufs einen Wert zu:

```
<set name="flowScope.theAnswer" value="42"/>
```

Da wir nun alle Rohstoffe des Webablaufs gesehen haben, ist es an der Zeit, sie zu einem vollwertigen, voll funktionsfähigen Webablauf zusammenzusetzen. Während wir das tun, halten Sie die Augen offen, weil es viele Beispiele für das Speichern von Daten in Variablen mit einem bestimmten Geltungsbereich gibt.

8.3 Zusammensetzen der Einzelteile: Der Pizza-Ablauf

Wie bereits weiter oben erwähnt, gönnen wir uns eine Pause von der Spitter-Anwendung. Man hat uns gebeten, eine Online-Pizza-Bestellanwendung auszubauen, mit deren Hilfe hungrige Web-Besucher ihre bevorzugte italienische Teigspezialität bestellen können.[3]

Wie sich herausstellt, können wir den Bestellprozess für die Pizza-Bestellung sehr schön mit einem Ablauf definieren. Zunächst bauen wir einen Ablauf aus der Vogelperspektive, der den Gesamtprozess der Pizza-Bestellung abbildet. Anschließend brechen wir diesen Ablauf in Subflows herunter, welche die Einzelheiten auf einer tieferen Ebene definieren.

8.3.1 Definieren des Basisablaufs

Eine neue Pizza-Kette namens Spizza[4] entscheidet, das Telefon in ihren Läden zu entlasten, indem sie Online-Kundenbestellungen ermöglicht. Wenn ein Kunde die Spizza-Website besucht, gibt er seine Kennung ein, wählt eine Pizza oder mehrere für die Bestellung, stellt die Zahlungsdaten bereit, gibt die Bestellung auf und wartet darauf, dass die Pizza heiß und frisch angeliefert wird. Abbildung 8.2 veranschaulicht diesen Ablauf.

Die Quadrate im Diagramm stellen Zustände dar und die Pfeile Transitionen. Wie Sie sehen, ist der Gesamtablauf für die Pizza-Bestellung einfach und linear. Es sollte kein Problem sein, diesen Ablauf in Spring Web Flow abzubilden. Interessant wird es dadurch, dass die ersten drei Zustände komplexer sein können, als es ein einfaches Quadrat andeutet.

Im Folgenden sehen Sie den Pizza-Bestellablauf aus der Vogelperspektive, der mit der XML-basierten Ablaufdefinition in Spring Web Flow definiert wurde.

---

[3] In Wirklichkeit habe ich keinen vernünftigen Weg gefunden, einen Ablauf in die Spitter-Anwendung einzubauen. Statt eines künstlichen Beispiels eines Ablaufs mit Spring Web Flow wollen wir mit dem Pizza-Beispiel arbeiten.

[4] Ja, mir ist bekannt, dass es tatsächlich ein Unternehmen namens Spizza Pizza in Singapur gibt. Aber das ist eine andere Geschichte.

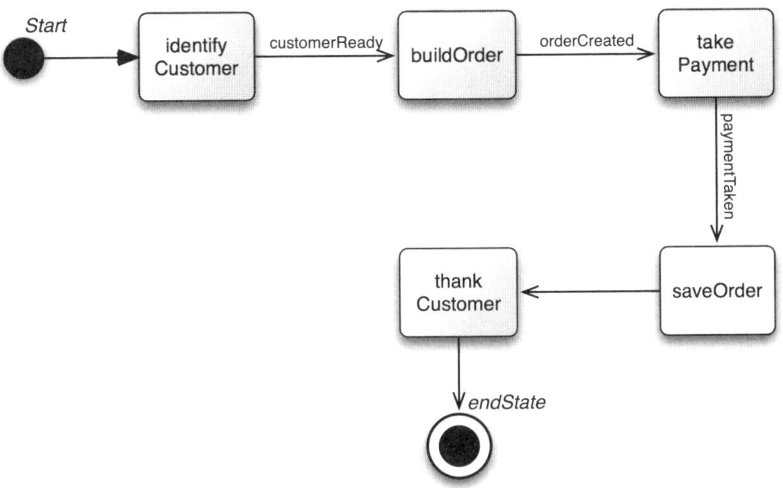

ABBILDUNG 8.2 Der Prozess der Pizza-Bestellung lässt sich mit einem einfachen Ablauf abbilden.

LISTING 8.1 Der Pizza-Bestellablauf als Spring Web Flow definiert

```
<?xml version="1.0" encoding="UTF-8"?>
<flow xmlns="http://www.springframework.org/schema/webflow"
  xmlns:xsi="http://www.w3.org/2001/XMLSchema-instance"
  xsi:schemaLocation="http://www.springframework.org/schema/webflow
  http://www.springframework.org/schema/webflow/spring-webflow-2.0.xsd">
  <var name="order"
       class="com.springinaction.pizza.domain.Order"/>
  <subflow-state id="identifyCustomer" subflow="pizza/customer">   ◂ Customer-Subflow aufrufen
    <output name="customer" value="order.customer"/>
    <transition on="customerReady" to="buildOrder" />
  </subflow-state>
  <subflow-state id="buildOrder" subflow="pizza/order">   ◂ Customer-Subflow aufrufen
    <input name="order" value="order"/>
    <transition on="orderCreated" to="takePayment" />
  </subflow-state>
  <subflow-state id="takePayment" subflow="pizza/payment">   ◂ Payment-Subflow aufrufen
    <input name="order" value="order"/>
    <transition on="paymentTaken" to="saveOrder"/>
  </subflow-state>
  <action-state id="saveOrder">   ◂ Bestellung speichern
    <evaluate expression="pizzaFlowActions.saveOrder(order)" />
    <transition to="thankCustomer" />
  </action-state>
  <view-state id="thankCustomer">   ◂ Beim Kunden bedanken
    <transition to="endState" />
  </view-state>
  <end-state id="endState" />
  <global-transitions>
    <transition on="cancel" to="endState" />   ◂ Globale Transition cancel
  </global-transitions>
</flow>
```

Als Erstes sieht man in der Ablaufdefinition die Deklaration der Variablen `order`. Jedes Mal, wenn ein neuer Ablauf startet, wird eine neue Instanz von `Order` erstellt. Die Klasse `Order`, die als Nächstes gezeigt wird, besitzt Eigenschaften, die ihr ermöglichen, alle Informationen über die Bestellung zu transportieren, darunter die Kundeninformationen, die Pizza-Bestellliste sowie die Einzelheiten der Zahlung.

LISTING 8.2 Mit `Order` werden alle Details der Pizzabestellung transportiert.

```
package com.springinaction.pizza.domain;
import java.io.Serializable;
import java.util.ArrayList;
import java.util.List;
public class Order implements Serializable {
   private static final long serialVersionUID = 1L;
   private Customer customer;
   private List<Pizza> pizzas;
   private Payment payment;
   public Order() {
      pizzas = new ArrayList<Pizza>();
      customer = new Customer();
   }
   public Customer getCustomer() {
      return customer;
   }
   public void setCustomer(Customer customer) {
      this.customer = customer;
   }
   public List<Pizza> getPizzas() {
      return pizzas;
   }
   public void setPizzas(List<Pizza> pizzas) {
      this.pizzas = pizzas;
   }
   public void addPizza(Pizza pizza) {
      pizzas.add(pizza);
   }
   public float getTotal() {
      return 0.0f;
   }
   public Payment getPayment() {
      return payment;
   }
   public void setPayment(Payment payment) {
      this.payment = payment;
   }
}
```

Der Hauptabschnitt der Ablaufdefinition besteht aus den Ablaufzuständen. Standardmäßig ist der erste Zustand in der Ablaufdefinitionsdatei auch der erste im Ablauf anzusteuernde Zustand. In diesem Fall handelt es sich um den Zustand `identifyCustomer` (einen Subflow-Zustand). Wenn Sie wollen, können Sie jeden Zustand explizit als Startzustand definieren, indem Sie das Attribut `start-state` im Element `<flow>` setzen:

```
<?xml version="1.0" encoding="UTF-8"?>
<flow xmlns="http://www.springframework.org/schema/webflow"
  xmlns:xsi="http://www.w3.org/2001/XMLSchema-instance"
  xsi:schemaLocation="http://www.springframework.org/schema/webflow
  http://www.springframework.org/schema/webflow/spring-webflow-2.0.xsd"
  start-state="identifyCustomer">
...
</flow>
```

Einen Kunden zu identifizieren, eine Pizza-Bestellung aufzunehmen und die Zahlung entgegenzunehmen: Diese Aktivitäten sind zu komplex, um sie in einen einzigen Zustand zu stopfen. Aus diesem Grunde definieren Sie sie weiter unten detailliert als eigenständige Abläufe. Aus Sicht des übergeordneten Pizza-Ablaufs werden diese Aktivitäten mit dem Element `<subflow-state>` ausgedrückt.

Die Ablaufvariable `order` wird durch die ersten drei Zustände bevölkert und anschließend im vierten Zustand gespeichert. Der Subflow-Zustand `identifyCustomer` nutzt das Element `<output>`, um die Eigenschaft `customer` von `order` zu bevölkern; dabei wird sie dem Output gleichgesetzt, das aus dem Aufruf des Subflows `customer` entsteht. Die Zustände `buildOrder` und `takePayment` verwenden einen anderen Ansatz, indem sie `<input>` nutzen, um die Ablaufvariable `order` als Input zu übergeben, sodass diese Subflows `order` intern mit Werten füllen können.

Nachdem die Bestellung mit einem Kunden, einigen Pizzen und den Einzelheiten der Zahlung ausgestattet wurde, ist es an der Zeit, sie zu speichern. Beim Zustand `saveOrder` handelt es sich um einen Aktionszustand, der diese Aufgabe übernimmt. Er nutzt `<evaluate>`, um die Methode `saveOrder()` für die Bean aufzurufen, deren ID `pizzaFlowActions` gleicht; dabei wird die zu speichernde Bestellung übergeben. Nachdem die Bestellung gespeichert wurde, erfolgt ein Wechsel in den Zustand `thankCustomer`.

Der Zustand `thankCustomer` ist ein einfacher View-Zustand, der durch eine JSP-Datei unter /WEB-INF/flows/pizza/thankCustomer.jsp unterstützt wird, wie Sie nachfolgend sehen können.

LISTING 8.3 Eine JSP-View, die sich beim Kunden für die Bestellung bedankt.

```
<html xmlns:jsp="http://java.sun.com/JSP/Page">
  <jsp:output omit-xml-declaration="yes"/>
  <jsp:directive.page contentType="text/html;charset=UTF-8" />
  <head><title>Spizza</title></head>
  <body>
    <h2>Thank you for your order!</h2>
    <![CDATA[
    <a href='${flowExecutionUrl}&_eventId=finished'>Finish</a>>    ◂ Fertiges Ereignis abliefern
   ]]>
    </body>
</html>
```

Die „Dankeschön"-Seite bedankt sich beim Kunden für die Bestellung und stellt einen Link dar, mit dessen Hilfe der Kunde den Ablauf beenden kann. Dieser Link ist auch das Interessanteste auf der Seite, weil er eine Art demonstriert, wie der Kunde mit dem Ablauf interagieren kann.

Spring Web Flow stellt eine `flowExecutionUrl`-Variable zur Verfügung, welche die URL für den Ablauf enthält, die in der View genutzt wird. Der Link Finish hängt einen `_eventId`-

Parameter an die URL, um ein `finished`-Ereignis an den Webablauf zurückzuliefern. Dieses Ereignis schickt den Ablauf in den Endzustand.

Im Endzustand endet auch der Ablauf. Weil er keine weiteren Einzelheiten über das Ziel nach Beendigung des Ablaufs findet, startet der Ablauf erneut im Zustand `identifyCustomer` und ist somit bereit, eine weitere Pizza-Bestellung entgegenzunehmen.

Damit haben wir den allgemeinen Ablauf für die Pizza-Bestellung abgehakt. Der Ablauf umfasst aber mehr, als man in Listing 8.1 sieht. Wir müssen noch immer die Subflows für die Zustände `identifyCustomer`, `buildOrder` und `takePayment` definieren. Diese Abläufe wollen wir als Nächstes erstellen; wir beginnen mit dem Ablauf, der den Kunden identifiziert.

8.3.2 Kundeninformationen sammeln

Wenn Sie schon mal eine Pizza bestellt haben, kennen Sie sich wahrscheinlich mit der Prozedur aus. Als Erstes werden Sie nach Ihrer Telefonnummer gefragt. So kann der Pizzabote Sie anrufen, falls er Ihr Haus nicht findet, aber die Telefonnummer dient auch als Identifikation dem Pizzabäcker gegenüber. Wenn Sie ein regelmäßiger Kunde sind, kann er anhand Ihrer Telefonnummer auch Ihre Adresse finden, sodass er weiß, wohin die Bestellung zu liefern ist.

Für einen neuen Kunden ergibt die Telefonnummer keine Ergebnisse. Als Nächstes werden Sie in diesem Fall nach Ihrer Adresse gefragt. An diesem Punkt weiß der Pizzabäcker, wer Sie sind und wohin die Pizzen zu liefern sind. Bevor er aber fragt, welche Art von Pizza Sie wollen, muss er sicherstellen, dass Sie innerhalb des Lieferbezirks wohnen. Wenn nicht, müssen Sie vorbeikommen und die Pizza selbst abholen.

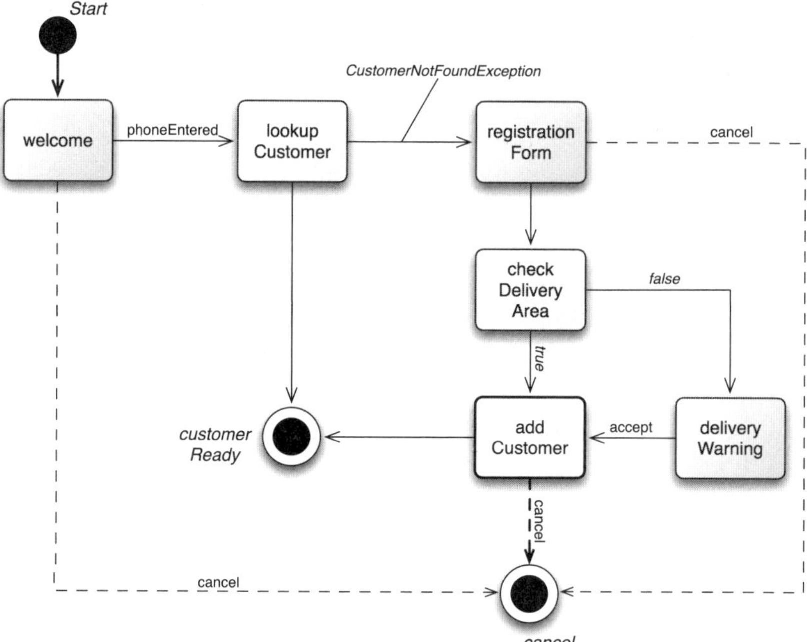

ABBILDUNG 8.3 Der Ablauf zur Identifizierung eines Kunden umfasst einige Wendungen mehr als der Ablauf für die Pizza-Bestellung.

Diese erste Frage- und Antwortsession, die am Anfang jeder Pizza-Bestellung steht, lässt sich mit dem Ablaufdiagramm in Abbildung 8.3 darstellen.

Dieser Ablauf ist interessanter als der übergeordnete Pizza-Ablauf. Er ist nicht linear und verzweigt an einigen Stellen, je nach den Bedingungen. Zum Beispiel kann – nachdem der Kunde gesucht wurde – der Ablauf entweder enden (falls der Kunde gefunden wird) oder in ein Registrierungsformular wechseln (falls der Kunde nicht gefunden wurde). Im Zustand `checkDeliveryArea` wird der Kunde gewarnt oder nicht gewarnt, dass die Adresse außerhalb des Lieferbezirks liegt.

Im Folgenden wird die Ablaufdefinition zur Kundenidentifizierung gezeigt.

LISTING 8.4 Wie man einen hungrigen Pizza-Kunden mit einem Webablauf identifiziert.

```
<?xml version="1.0" encoding="UTF-8"?>
<flow xmlns="http://www.springframework.org/schema/webflow"
  xmlns:xsi="http://www.w3.org/2001/XMLSchema-instance"
  xsi:schemaLocation="http://www.springframework.org/schema/webflow
  http://www.springframework.org/schema/webflow/spring-webflow-2.0.xsd">
  <var name="customer" class="com.springinaction.pizza.domain.Customer"/>
  <view-state id="welcome">   ◂ Kunden begrüßen
    <transition on="phoneEntered" to="lookupCustomer"/>
  </view-state>
  <action-state id="lookupCustomer">   ◂ Kunde suchen
    <evaluate result="customer" expression=
        "pizzaFlowActions.lookupCustomer(requestParameters.phoneNumber)" />
    <transition to="registrationForm" on-exception=
        "com.springinaction.pizza.service.CustomerNotFoundException" />
    <transition to="customerReady" />
  </action-state>
  <view-state id="registrationForm" model="customer">   ◂ Neukunde registrieren
    <on-entry>
      <evaluate expression=
          "customer.phoneNumber = requestParameters.phoneNumber" />
    </on-entry>
    <transition on="submit" to="checkDeliveryArea" />
  </view-state>
  <decision-state id="checkDeliveryArea">   ◂ Lieferbezirk prüfen
    <if test="pizzaFlowActions.checkDeliveryArea(customer.zipCode)"
        then="addCustomer"
        else="deliveryWarning"/>
  </decision-state>
  <view-state id="deliveryWarning">   ◂ Lieferwarnung ausgeben
    <transition on="accept" to="addCustomer" />
  </view-state>
  <action-state id="addCustomer">   ◂ Kunde hinzufügen
    <evaluate expression="pizzaFlowActions.addCustomer(customer)" />
    <transition to="customerReady" />
  </action-state>
  <end-state id="cancel" />
  <end-state id="customerReady">
    <output name="customer" />
  </end-state>
  <global-transitions>
    <transition on="cancel" to="cancel" />
  </global-transitions>
</flow>
```

In diesem Ablauf werden einige neue Tricks eingeführt: Zum Beispiel nutzen wir hier erstmalig das Element `<decision-state>`. Außerdem – weil es sich um einen Subflow des Ablaufs `pizza` handelt – erwartet der Subflow ein `Order`-Objekt als Eingabe.

Wie zuvor wollen wir die Ablaufdefinition Zustand für Zustand abarbeiten, beginnend mit `welcome`.

Nach einer Telefonnummer fragen

Der Zustand `welcome` ist ein relativ unkomplexer View-Zustand, der den Kunden auf der Spizza-Website begrüßt und zur Eingabe der Telefonnummer auffordert. Der Zustand selbst ist nicht besonders interessant. Er umfasst zwei Transitionen: davon eine, die den Ablauf in den Zustand `lookupCustomer` verzweigt, wenn ein `phoneEntered`-Ereignis von der View geliefert wird, und dann noch eine `cancel`-Transition, die als globale Transition definiert ist und auf ein `cancel`-Ereignis reagiert.

Der Zustand `welcome` wird in der View selbst interessant. Die Welcome-View ist in /WEB-INF/flows/pizza/customer/welcome.jspx definiert, die wir Ihnen als Nächstes präsentieren.

LISTING 8.5 Den Kunden begrüßen und nach seiner Telefonnummer fragen

```
<html xmlns:jsp="http://java.sun.com/JSP/Page"
     xmlns:form="http://www.springframework.org/tags/form">
  <jsp:output omit-xml-declaration="yes"/>
  <jsp:directive.page contentType="text/html;charset=UTF-8" />
  <head><title>Spizza</title></head>
  <body>
    <h2>Welcome to Spizza!!!</h2>
    <form:form>
      <input type="hidden" name="_flowExecutionKey"
             value="${flowExecutionKey}"/>   ◂ Ablaufausführungsschlüssel
      <input type="text" name="phoneNumber"/><br/>
      <input type="submit" name="_eventId_phoneEntered"
             value="Lookup Customer" />   ◂ Ereignis phoneEntered abliefern
    </form:form>
  </body>
</html>
```

Mit diesem einfachen Formular wird der Kunde aufgefordert, die Telefonnummer einzugeben. Das Formular besitzt aber zwei spezielle Zutaten, mit deren Hilfe der Ablauf gesteuert wird.

Beachten Sie zunächst das versteckte Feld `_flowExecutionKey`. Beim Eintritt in einen View-Zustand hält der Ablauf an und wartet darauf, dass der Kunde eine Aktion unternimmt. Der Ablaufausführungsschlüssel wird der View wie eine Art „Abholschein" für den Ablauf übergeben. Wenn der Benutzer das Formular abschickt, wird der Ablaufausführungsschlüssel im Feld `_flowExecutionKey` mitgeschickt, und der Ablauf läuft dort weiter, wo er aufgehört hat.

Werfen Sie außerdem einen Blick auf den Namen der Schaltfläche *submit*. Der Abschnitt *_eventId_* im Namen der Schaltfläche teilt Spring Web Flow mit, dass als Nächstes ein Ereignis folgt, das abgeliefert werden muss. Wird das Formular durch Klicken der Schaltfläche übertragen, werden ein `PhoneEntered`-Ereignis und somit eine Transition in `lookupCustomer` ausgelöst.

Den Kunden suchen

Nachdem das Begrüßungsformular eingereicht wurde, steht die Telefonnummer des Kunden in den Request-Parametern und kann für die Suche nach dem Kunden verwendet werden. Im Element `<evaluate>` des Zustands `lookup-Customer` findet das nun statt. Das Element extrahiert die Telefonnummer aus den Request-Parametern und reicht sie an die Methode `lookupCustomer()` der Bean `pizzaFlowActions` weiter.

Die Implementierung von `lookupCustomer()` ist momentan unwichtig. Es reicht zu wissen, dass sie entweder ein `Customer`-Objekt zurückliefert oder eine `CustomerNotFoundException` auslöst.

Im ersten Fall wird das `Customer`-Objekt der Variablen `customer` zugewiesen (mithilfe des Attributs `result`), und die Standardtransition versetzt den Ablauf in den Zustand `customerReady`. Kann der Kunde aber nicht gefunden werden, wird eine `CustomerNotFoundException` ausgelöst, und der Ablauf wechselt in den Zustand `registrationForm`.

Registrieren eines neuen Kunden

Im Zustand `registrationForm` wird der Kunde um die Eingabe der Lieferadresse gebeten. Wie die anderen View-Zustände, die wir schon gesehen haben, setzt er eine JSP-View um. Die JSP-Datei wird nachfolgend gezeigt.

LISTING 8.6 Registrierung eines Neukunden

```
<html xmlns:c="http://java.sun.com/jsp/jstl/core"
     xmlns:jsp="http://java.sun.com/JSP/Page"
     xmlns:spring="http://www.springframework.org/tags"
     xmlns:form="http://www.springframework.org/tags/form">
  <jsp:output omit-xml-declaration="yes"/>
  <jsp:directive.page contentType="text/html;charset=UTF-8" />
  <head><title>Spizza</title></head>
  <body>
    <h2>Customer Registration</h2>
    <form:form commandName="customer">
      <input type="hidden" name="_flowExecutionKey"
             value="${flowExecutionKey}"/>
      <b>Phone number: </b><form:input path="phoneNumber"/><br/>
      <b>Name: </b><form:input path="name"/><br/>
      <b>Address: </b><form:input path="address"/><br/>
      <b>City: </b><form:input path="city"/><br/>
      <b>State: </b><form:input path="state"/><br/>
      <b>Zip Code: </b><form:input path="zipCode"/><br/>
      <input type="submit" name="_eventId_submit"
             value="Submit" />
      <input type="submit" name="_eventId_cancel"
             value="Cancel" />
    </form:form>
    </body>
</html>
```

Das ist nicht das erste Formular in diesem Ablauf. Mit dem View-Zustand `welcome` wurde dem Kunden ebenfalls ein Formular gezeigt. Es war einfach gehalten und bestand aus einem Feld. Problemlos konnte der Wert des Feldes aus den Request-Parametern extrahiert werden. Im Vergleich dazu ist das Registrierungsformular komplexer.

Statt alle Felder über die Request-Parameter einzeln abzuarbeiten, ist es sinnvoller, das Formular an ein `Customer`-Objekt zu binden – lassen wir das Framework die schwere Arbeit übernehmen.

Den Lieferbezirk prüfen

Nachdem der Kunde die Adresse eingegeben hat, müssen wir sichergehen, dass er innerhalb des Lieferbezirks wohnt. Wenn Spizza den Kunden nicht beliefern kann, müssen wir ihm mitteilen, dass er in den Laden kommen muss, um die Pizzen persönlich abzuholen.

Um diese Entscheidung zu treffen, verwenden wir einen Entscheidungszustand. Der Entscheidungszustand `checkDeliveryArea` besitzt ein `<if>`-Element, das die Postleitzahl des Kunden an die `checkDeliveryArea()`-Methode der Bean `pizzaFlowActions` übergibt. Die Methode gibt einen Booleschen Wert zurück: `true`, wenn der Kunde im Lieferbezirk lebt, anderenfalls `false`.

Lebt der Kunde im Lieferbezirk, wechselt der Ablauf in den Zustand `addCustomer`. Wenn nicht, wird der Kunde zum View-Zustand `deliveryWarning` geführt. Die View hinter `deliveryWarning` steht in /WEB-INF/flows/pizza/customer/deliveryWarning.jspx und wird nachfolgend gezeigt.

LISTING 8.7 Der Kunde wird gewarnt, dass die Pizza an seine Adresse nicht geliefert werden kann.

```
<html xmlns:jsp="http://java.sun.com/JSP/Page">
  <jsp:output omit-xml-declaration="yes"/>
  <jsp:directive.page contentType="text/html;charset=UTF-8" />
  <head><title>Spizza</title></head>
  <body>
        <h2>Delivery Unavailable</h2>
        <p>The address is outside of our delivery area. You may
        still place the order, but you will need to pick it up
        yourself.</p>
        <![CDATA[
        <a href="${flowExecutionUrl}&_eventId=accept">
                             Continue, I'll pick up the order</a> |
        <a href="${flowExecutionUrl}&_eventId=cancel">Never mind</a>
        ]]>
  </body>
</html>
```

Die wichtigsten ablaufrelevanten Punkte in deliveryWarning.jspx sind die beiden Links, die dem Kunden die Option bieten, die Bestellung fortzusetzen oder abzubrechen. Mithilfe der gleichen `flow-ExecutionUrl`-Variablen, die wir im Zustand `welcome` genutzt haben, werden diese Links entweder ein `accept`-Ereignis oder ein `cancel`-Ereignis im Ablauf erzeugen. Wird ein Accept-Ereignis gesendet, wechselt der Ablauf in den Zustand `addCustomer`. Anderenfalls geht es zur globalen Cancel-Transition, und der Subflow wechselt in den Endzustand `cancel`.

Über Endzustände unterhalten wir uns in Kürze. Vorher wollen wir uns aber den Zustand `addCustomer` anschauen.

Speichern der Kundendaten

Bis der Ablauf beim Zustand `addCustomer` ankommt, hat der Kunde bereits seine Adresse eingegeben. Diese Adresse muss als künftige Referenz gespeichert werden (wahrscheinlich in einer Datenbank). Der Zustand `addCustomer` besitzt ein `<evaluate>`-Element, das die Methode `add-Customer()` von der Bean `pizzaFlowActions` aufruft und die Ablaufvariable `customer` einreicht.

Nach Abschluss der Auswertung wird der Ablauf mit der Standardtransition fortgesetzt und wechselt in den Endzustand, dessen ID `customerReady` lautet.

Beenden des Ablaufs

Normalerweise ist der Endzustand eines Ablaufs nicht so spannend. Bei diesem Ablauf gibt es nicht nur einen Endzustand, sondern zwei. Endet ein Subflow, löst er ein Ablaufereignis aus, das der ID des Endzustands gleicht. Hat der Ablauf nur einen Endzustand, wird immer das gleiche Ereignis ausgelöst. Gibt es aber zwei oder mehrere Endzustände, kann der Ablauf den aufrufenden Ablauf steuern.

Verläuft der Kundenablauf auf einem der normalen Pfade, landet er letztendlich beim Endzustand mit der ID `customerReady`. Sobald der aufrufende Pizza-Ablauf fortgesetzt wird, empfängt er ein `customerReady`-Ereignis, das einen Wechsel in den Zustand `buildOrder` auslöst.

Beachten Sie, dass der Endzustand `customerReady` bereits ein `<output>`-Element umfasst. Dieses Element ist für den Ablauf das Gegenstück zur `return`-Anweisung in Java. Es gibt Daten vom Subflow an den aufrufenden Ablauf zurück. In diesem Fall gibt `<output>` die Ablaufvariable aus `customer` zurück, sodass der Subflow-Zustand `identifyCustomer` im Pizza-Ablauf diese der Bestellung zuweisen kann.

Andererseits, wenn ein `cancel`-Ereignis irgendwann im Kundenablauf ausgelöst wird, wird der Ablauf über einen Endzustand mit einer ID gleich `cancel` beendet. Auf diese Art wird ein `cancel`-Ereignis im Pizza-Ablauf ausgelöst, was zu einem Wechsel (über die globale Transition) in den Endzustand des Pizza-Ablaufs führt.

8.3.3 Eine Bestellung bilden

Nachdem der Kunde identifiziert wurde, geht es im nächsten Schritt des Hauptablaufs darum, die zu bestellenden Pizza-Arten in Erfahrung zu bringen. Im Order-Subflow, den Sie in Abbildung 8.4 auf der nächsten Seite sehen können, wird der Benutzer aufgefordert, Pizzen zu erstellen und der Bestellung hinzuzufügen.

Wie Sie sehen können, ist der Zustand `showOrder` das Herzstück des Order-Ablaufs. Es handelt sich um den ersten Zustand, den der Benutzer beim Eintritt in den Ablauf sieht, außerdem um den Zustand, zu dem der Benutzer wechselt, wenn er der Bestellung eine neue Pizza hinzufügt. Der Ablauf zeigt den aktuellen Status der Bestellung an und gibt dem Benutzer die Möglichkeit, der Bestellung eine weitere Pizza hinzuzufügen.

Möchte der Kunde eine weitere Pizza bestellen, wechselt der Ablauf in den Zustand `create-Pizza`. Es handelt sich um einen weiteren View-Zustand, in dem der User die Pizzagröße und den Belag auswählen kann. An dieser Stelle kann der Benutzer eine Pizza hinzufügen oder abbrechen. In diesem Fall wechselt der Ablauf zum Zustand `showOrder` zurück.

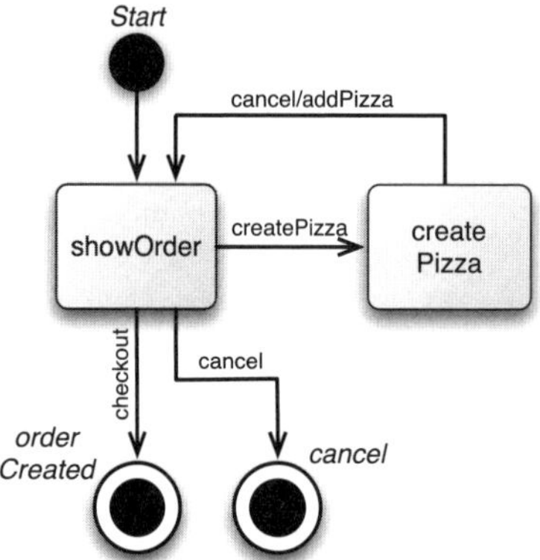

ABBILDUNG 8.4 Pizzas werden im Order-Subflow hinzugefügt.

Im Zustand `showOrder` kann der Benutzer wahlweise die Bestellung abgeben oder stornieren. Beide Optionen beenden den Order-Subflow, aber der Hauptablauf verzweigt an dieser Stelle, je nach Wahl des Benutzers.

Im Folgenden sehen Sie, wie das Diagramm als Spring-Web-Flow-Definition abgebildet wird.

LISTING 8.8 Die Order-Subflow-View-Zustände zur Darstellung der Bestellung und zum Erstellen einer Pizza

```
<?xml version="1.0" encoding="UTF-8"?>
<flow xmlns="http://www.springframework.org/schema/webflow"
  xmlns:xsi="http://www.w3.org/2001/XMLSchema-instance"
  xsi:schemaLocation="http://www.springframework.org/schema/webflow
  http://www.springframework.org/schema/webflow/spring-webflow-2.0.xsd">
  <input name="order" required="true" />
  <view-state id="showOrder">
    <transition on="createPizza" to="createPizza" />
    <transition on="checkout" to="orderCreated" />
    <transition on="cancel" to="cancel" />
  </view-state>
  <view-state id="createPizza" model="flowScope.pizza">
    <on-entry>
      <set name="flowScope.pizza"
          value="new com.springinaction.pizza.domain.Pizza()" />
      <evaluate result="viewScope.toppingsList"  expression=
                "T(com.springinaction.pizza.domain.Topping).asList()" />
    </on-entry>
    <transition on="addPizza" to="showOrder">
      <evaluate expression="order.addPizza(flowScope.pizza)" />
    </transition>
    <transition on="cancel" to="showOrder" />
  </view-state>
  <end-state id="cancel" />
  <end-state id="orderCreated" />
</flow>
```

Dieser Subflow wirkt auf das `Order`-Objekt, das im Hauptablauf erstellt wurde. Daher benötigen wir eine Methode, um `Order` aus dem Hauptablauf an den Subflow zu übergeben. Wie Sie sicherlich aus Listing 8.1 noch wissen, haben wir dort mit dem Element `<input>` gearbeitet, um `Order` in den Ablauf zu übertragen. Hier nutzen wir das gleiche Element, um das `Order`-

Objekt entgegenzunehmen. Wenn Sie diesen Subflow analog zu einer Java-Methode betrachten, wird hier das Element `<input>` verwendet, um die Signatur des Subflows zu definieren. Dieser Ablauf benötigt einen einzigen Parameter namens `order`.

Als Nächstes finden wir den Zustand `showOrder`, einen einfachen View-Zustand mit drei unterschiedlichen Transitionen. Mit einer wird die Pizza erstellt, mit der zweiten die Bestellung eingereicht und mit der dritten die Bestellung storniert.

Der Zustand `createPizza` ist spannender. Diese View umfasst ein Formular, mit dessen Hilfe ein neues `Pizza`-Objekt übertragen wird, das in die Bestellung aufgenommen wird. Das Element `<on-entry>` fügt dem Ablaufgeltungsbereich ein neues `Pizza`-Objekt hinzu, das beim Übertragen des Formulars mit Werten gefüllt wird. Beachten Sie, dass das `model` dieses View-Zustands das gleiche `Pizza`-Objekt im Geltungsbereich des Ablaufs referenziert. Dieses `Pizza`-Objekt wird dann gebunden, um das Pizza-Formular zu erstellen, mit dem wir als Nächstes zu tun haben.

LISTING 8.9 Pizzen einer Bestellung hinzufügen mithilfe eines HTML-Formulars, das an ein Objekt im Geltungsbereich des Ablaufs gebunden ist

```
<div xmlns:form="http://www.springframework.org/tags/form"
     xmlns:jsp="http://java.sun.com/JSP/Page">
  <jsp:output omit-xml-declaration="yes"/>
  <jsp:directive.page contentType="text/html;charset=UTF-8" />
    <h2>Create Pizza</h2>
    <form:form commandName="pizza">
      <input type="hidden" name="_flowExecutionKey"
          value="${flowExecutionKey}"/>
      <b>Size: </b><br/>
  <form:radiobutton path="size"
                    label="Small (12-inch)" value="SMALL"/><br/>
  <form:radiobutton path="size"
                    label="Medium (14-inch)" value="MEDIUM"/><br/>
  <form:radiobutton path="size"
                    label="Large (16-inch)" value="LARGE"/><br/>
  <form:radiobutton path="size"
                    label="Ginormous (20-inch)" value="GINORMOUS"/>
      <br/>
      <br/>
      <b>Toppings: </b><br/>
      <form:checkboxes path="toppings" items="${toppingsList}"
                       delimiter="&lt;br/&gt;"/><br/><br/>
      <input type="submit" class="button"
          name="_eventId_addPizza" value="Continue"/>
      <input type="submit" class="button"
          name="_eventId_cancel" value="Cancel"/>
    </form:form>
</div>
```

Wenn man das Formular mit der Schaltfläche *Continue* überträgt, werden Größe und Belag an das `Pizza`-Objekt gebunden, und die Transition `addPizza` erfolgt. Das mit dieser Transition verknüpfte `<evaluate>`-Element zeigt an, dass das `Pizza`-Objekt im Geltungsbereich des Ablaufs mit einem Aufruf an die `addPizza()`-Methode der Bestellung übergeben werden muss, bevor der Wechsel in den Zustand `showOrder` erfolgt.

Es gibt zwei Möglichkeiten, den Ablauf zu beenden. Der Benutzer kann entweder in der `showOrder`-View auf *Cancel* oder auf *Checkout* klicken. Wie dem auch sei – der Ablauf wechselt in einen `<end-state>`. Die `id` des Endzustands legt das beim Austritt aus dem Ablauf ausgelöste Ereignis und damit den nächsten Schritt im Hauptablauf fest. Der Hauptablauf wechselt entweder bei `cancel` oder bei `order-Created`. Im ersten Fall wird der äußere Ablauf beendet; im zweiten Fall wechselt er in den Subflow `takePayment`, den wir uns als Nächstes ansehen.

8.3.4 Zahlungsannahme

Eine kostenlose Pizza ist eine Seltenheit, und die Pizzeria Spizza würde nicht lange überleben, wenn die Kunden Pizzen bestellen, ohne eine wie auch immer geartete Zahlung zu fordern. Kurz vor dem Ende des Pizza-Ablaufs wird der Benutzer im letzten Subflow aufgefordert, die Zahlungsdetails einzugeben. Diesen einfachen Ablauf stellt Abbildung 8.5 dar.

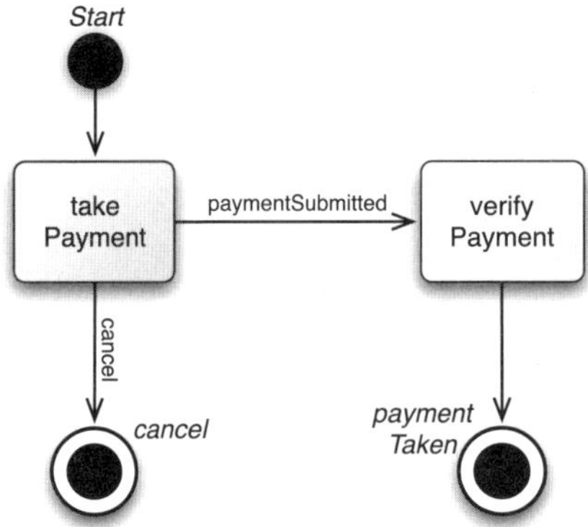

ABBILDUNG 8.5 Der letzte Schritt bei der Pizza-Bestellung ist die Entgegennahme der Kundenzahlung durch den Payment-Subflow.

Wie der Order-Subflow erwartet auch der Payment-Subflow ein `Order`-Objekt als Eingabe über das `<input>`-Element.

Wie Sie sehen können, erreicht der Kunde beim Eintritt in den Payment-Subflow den Zustand `takePayment`. Es handelt sich um einen View-Zustand, in dem der Benutzer festlegt, ob er mit Kreditkarte, per Scheck oder bar bezahlt. Nachdem er die Zahlungsinformationen eingegeben hat, wird der Benutzer zum Zustand `verifyPayment` geführt; es handelt sich dabei um einen Aktionszustand, der feststellt, ob die Zahlungsinformationen akzeptabel sind.

Der Payment-Subflow wird wie folgt in XML definiert.

LISTING 8.10 Der Payment-Subflow besteht aus einem View-Zustand und einem Aktionszustand.

```
<?xml version="1.0" encoding="UTF-8"?>
<flow xmlns="http://www.springframework.org/schema/webflow"
  xmlns:xsi="http://www.w3.org/2001/XMLSchema-instance"
  xsi:schemaLocation="http://www.springframework.org/schema/webflow
  http://www.springframework.org/schema/webflow/spring-webflow-2.0.xsd">
  <input name="order" required="true"/>
  <view-state id="takePayment" model="flowScope.paymentDetails">
    <on-entry>
      <set name="flowScope.paymentDetails"
          value="new com.springinaction.pizza.domain.PaymentDetails()" />
```

```
      <evaluate result="viewScope.paymentTypeList" expression=
               "T(com.springinaction.pizza.domain.PaymentType).asList()" />
    </on-entry>
    <transition on="paymentSubmitted" to="verifyPayment" />
    <transition on="cancel" to="cancel" />
  </view-state>
  <action-state id="verifyPayment">
    <evaluate result="order.payment" expression=
        "pizzaFlowActions.verifyPayment(flowScope.paymentDetails)" />
    <transition to="paymentTaken" />
  </action-state>

  <end-state id="cancel" />
  <end-state id="paymentTaken" />
</flow>
```

Während der Ablauf in den View-Zustand takePayment eintritt, erstellt das Element <on-entry> das Zahlungsformular, indem es mithilfe eines SpEL-Ausdrucks eine neue Instanz von PaymentDetails im Geltungsbereich des Ablaufs erstellt. Dieses Objekt ist im Grunde das Backend für das Formular. Außerdem wird die Variable paymentTypeList im Geltungsbereich des View-Zustands gleich einer Liste mit den Werten von PaymentTypeenum gesetzt (siehe Listing 8.11). Hier wird der T()-Operator von SpEL genutzt, um die PaymentType-Klasse zu holen, sodass die statische Methode toList() aufgerufen werden kann.

LISTING 8.11 Die Auswertung PaymentType definiert die Wahl der Zahlungsart durch den Kunden.

```
package com.springinaction.pizza.domain;
import static org.apache.commons.lang.WordUtils.*;
import java.util.Arrays;
import java.util.List;
public enum PaymentType {
  CASH, CHECK, CREDIT_CARD;
  public static List<PaymentType> asList() {
    PaymentType[] all = PaymentType.values();
    return Arrays.asList(all);
  }
  @Override
  public String toString() {
    return capitalizeFully(name().replace('_', ' '));
  }
}
```

Nachdem dem Kunden das Zahlungsformular gezeigt wurde, kann er entweder eine Zahlung vornehmen oder stornieren. Dementsprechend endet der Payment-Subflow entweder im paymentTaken<end-state> oder im cancel<end-state>. Wie bei anderen Subflows beendet auch jeder <end-state> den Subflow und gibt die Steuerung an den Hauptablauf zurück. Die id des <end-state> legt aber die nächste Transition im Hauptablauf fest.

Wir haben nun alle Schritte im Pizza-Ablauf und dessen Subflows durchgespielt und viele Features von Spring Web Flow kennengelernt. Bevor wir das Thema Webablauf hinter uns lassen, sehen wir uns den Aufwand für die Absicherung des Zugriffs auf einen Ablauf oder dessen Zustände an.

8.4 Absichern von Web-Flows

Im nächsten Kapitel erfahren Sie, wie man eine Spring-Anwendung mit Spring Security absichert. Weil wir uns gerade mit Spring Web Flow befassen, untersuchen wir, wie Spring Web Flow in Kombination mit Spring Security die Sicherheit auf Ablaufebene gewährleistet.

Zustände, Transitionen und sogar komplette Abläufe können als Subelement durch Verwendung des Elements `<secured>` in Spring Web Flow abgesichert werden. Wenn Sie beispielsweise den Zugriff auf einen View-Zustand absichern wollen, würden Sie `<secured>` wie folgt einsetzen:

```
<view-state id="restricted">
  <secured attributes="ROLE_ADMIN" match="all"/>
</view-state>
```

In dieser Konfiguration wird der Zugriff auf den View-Zustand nur solchen Benutzern gestattet, die die Zugriffsberechtigung ROLE_ADMIN besitzen (über das Attribut `attributes`). Das Attribut `attributes` erwartet eine durch Kommata getrennte Liste der Autorisierungen, welche der Benutzer besitzen muss, um auf den Zustand, die Transition oder den Ablauf zugreifen zu dürfen. Das Attribut `match` kann gleich `any` oder `all` gesetzt werden. Wenn es gleich `any` gesetzt wurde, muss der Benutzer mindestens eine der Autorisierungen besitzen, die in `attributes` aufgeführt sind. Wenn es gleich `all` gesetzt wurde, muss der Benutzer über alle Autorisierungen verfügen.

Sie fragen sich vielleicht, wie man dem Benutzer die Autorisierungen zuweist, die vom Element `<secured>` geprüft werden, und wie sich der Benutzer überhaupt bei der Anwendung anmeldet? Die Antworten auf diese Fragen finden Sie im nächsten Kapitel.

8.5 Zusammenfassung

Nicht in allen Webapplikationen kann man frei navigieren. Manchmal muss ein Anwender angeleitet, passend abgefragt und, entsprechend seiner Reaktion, auf bestimmte Seiten geleitet werden. In solchen Situationen erscheint eine Anwendung weniger wie ein Menü mit Optionen, sondern eher wie ein Gespräch zwischen Applikation und Anwender.

In Kapitel 8 beschäftigten wir uns mit Spring Web Flow. Dieses Web-Framework eignet sich für die Entwicklung dialogorientierter Anwendungen. Wir erstellten anhand eines Beispiels eine ablaufbasierte Anwendung, die Bestellungen für Pizzas annimmt. Dafür wurde zuerst der allgemeine Weg definiert, den die Anwendung einschlagen soll: zunächst das Aufnehmen der Kundeninformationen und zum Schluss die Speicherung der Bestellung im System.

Ein Ablauf (Flow) besteht aus mehreren Zuständen und Übergängen, die definieren, wie die Konversation von einem Zustand zum nächsten wechselt. Die Zustände selbst gibt es in unterschiedlichen Varianten: Aktionszustände führen Business-Logik aus, View-Zustände lassen den Anwender am Ablauf teilhaben, Entscheidungszustände steuern den Ablauf dynamisch, und

Endzustände kennzeichnen das Ende eines Ablaufs. Darüber hinaus gibt es Subflow-Zustände, die ebenfalls durch einen Ablauf definiert sind.

Nicht zuletzt haben wir im Ansatz erfahren, wie der Zugriff auf einen Ablauf, einen Zustand oder eine Transition auf solche Benutzer beschränkt werden kann, die über bestimmte Autorisierungen verfügen. Allerdings haben wir die Beantwortung der Frage, wie sich der Benutzer bei der Anwendung authentifiziert und wie wir einem Benutzer diese Autorisierungen übertragen können, auf einen späteren Zeitpunkt verschoben. Das ist die Domäne von Spring Security, und um Spring Security geht es im folgenden Kapitel.

9 Spring absichern

Dieses Kapitel behandelt die folgenden Themen:

- Einführung in Spring Security
- Absichern von Webanwendungen mit Servlet-Filtern
- Authentifizierung gegenüber Datenbanken und LDAP
- Transparentes Schützen von Methodenaufrufen

Ist Ihnen eigentlich schon aufgefallen, dass in amerikanischen Fernsehserien niemand seine Wohnung abschließt? In *Seinfeld* verschafft sich Kramer häufig Einlass in Jerrys Apartment, um sich an den Leckerbissen aus Jerrys Kühlschrank zu vergreifen. In *Friends* gehen diverse Mitwirkende in den Wohnungen anderer Charaktere ein und aus – ohne zu zögern und ohne Vorwarnung. Einmal platzt Ross sogar in ein Londoner Hotelzimmer – und verpasst Chandler in einer verfänglichen Situation mit seiner – Ross' – Schwester nur um Haaresbreite ...

In den Fünfzigern und frühen Sechzigern war es in den Vereinigten Staaten noch nicht so ungewöhnlich, Wohnungstüren unverschlossen zu lassen. Heute erscheint es uns allerdings als nicht normal, wenn Personen im Fernsehen ungehindert Zugang zu fremden Wohnungen und Häusern haben, während alle Welt von Privatsphäre und Sicherheit redet.

Es ist traurige Wirklichkeit, dass schurkische Elemente danach trachten, uns um Geld, Wertsachen, Autos und andere Besitztümer zu erleichtern. Insofern ist es keineswegs überraschend, wenn Übeltäter – weil Daten zum Wertvollsten dessen gehören, was wir besitzen – nach einer Möglichkeit suchen, uns Daten und/oder unsere Identität zu stehlen, indem sie in ungesicherten Anwendungen herumschnüffeln.

Als Softwareentwickler müssen wir Maßnahmen ergreifen, um die Daten zu schützen, die sich in unseren Anwendungen befinden. Egal, ob es sich um ein mit Benutzername und Passwort geschütztes Mailkonto oder ein Aktienkonto handelt, das per PIN abgesichert ist: Sicherheit ist ein wesentlicher *Aspekt* der meisten Anwendungen.

Es ist kein Zufall, dass ich die Anwendungssicherheit mit dem Wort *Aspekt* beschreibe. Sicherheit ist ein Faktor, der die Funktionalität einer Anwendung übersteigt. In aller Regel sollte die Anwendung selbst keine Rolle bei ihrer Absicherung spielen. Zwar könnten Sie Sicherheitsfunktionen auch direkt in den Anwendungscode schreiben (was durchaus vorkommt), aber es ist besser, sicherheitstechnische Maßnahmen von der Anwendung zu trennen.

Sie meinen, das klingt so, als ob sich die Sicherheit mithilfe aspektorientierter Techniken realisieren ließe? Nun, Sie haben recht. In diesem Kapitel werden wir Möglichkeiten untersuchen, Ihre Anwendungen mit Aspekten zu schützen. Aber diese Aspekte müssen wir nicht selbst entwickeln Wir schauen uns dazu Spring Security an, ein Sicherheits-Framework, das mit Spring AOP und Servlet-Filtern implementiert wird.[1]

9.1 Einführung in Spring Security

Spring Security ist ein Sicherheits-Framework, das deklarative Sicherheit für Ihre Spring-basierten Anwendungen bietet. Spring Security stellt eine umfassende Sicherheitslösung dar, die Authentifizierung und Autorisierung auf der Ebene von Webanforderung und Methodenaufruf gleichermaßen behandelt. Es basiert auf dem Spring-Framework und nutzt daher gewissenhaft Dependency Injection (DI) und aspektorientierte Techniken.

Spring Security war zunächst „Acegi Security", ein leistungsfähiges Sicherheits-Framework, das einen großen Nachteil hatte, weil es *sehr* viel XML-Konfiguration benötigte. Ich erspare Ihnen die komplizierten Details, wie eine solche Konfiguration aussah. Hier soll nur erwähnt werden, dass es bei einer typischen Acegi-Konfiguration nicht unüblich war, dass sie auf mehrere Hundert XML-Zeilen anwachsen konnte.

Mit Version 2.0 wurde Acegi Security zu Spring Security. Doch das 2.0-Release brachte mehr als nur eine oberflächliche Namensänderung. Spring Security 2.0 führte einen neuen sicherheitsspezifischen XML-Namensraum für die Konfiguration der Sicherheit in Spring ein. Der neue Namensraum verschlankte zusammen mit Annotationen und vernünftigen Standards die typische Sicherheitskonfiguration von Hunderten Codezeilen auf nur etwa ein Dutzend XML-Zeilen. Spring Security 3.0 ist das aktuelle Release und nahm SpEL mit auf, wodurch die Sicherheitskonfiguration weiter vereinfacht wurde.

Spring Security kümmert sich unter zwei Gesichtspunkten um Sicherheit. Um Webanfragen und Zugriffsbeschränkungen auf URL-Ebene abzusichern, arbeitet Spring Security mit Servlet-Filtern. Spring Security kann auch Methodenaufrufe mit Spring AOP absichern: Objekte mit Proxys versehen und Advices anwenden, die gewährleisten, dass der User auch die passende Autorität hat, um abgesicherte Methoden aufzurufen.

9.1.1 Der Start mit Spring Security

Egal, welche Art Applikation Sie mit Spring Security absichern wollen, zuallererst müssen Sie die Module von Spring Security in den Klassenpfad der Applikation einfügen. Spring Security 3.0 ist in acht Module aufgeteilt, die in Tabelle 9.1 aufgeführt sind.

[1] Ich werde wegen dieses Ausspruchs wahrscheinlich eine Menge E-Mails bekommen, komme aber trotzdem nicht umhin, es so zu formulieren: Servlet-Filter stellen eine primitive Form von AOP dar, bei denen URL-Patterns als eine Art Pointcut-Ausdruckssprache dienen. Nun ist es endlich heraus. Jetzt geht es mir besser.

TABELLE 9.1 Spring Security ist in acht Module aufgeteilt.

Modul	Beschreibung
ACL	Bietet Support für die Domänenobjektsicherheit durch Zugriffskontrolllisten (Access Control List, ACL).
CAS Client	Bietet Integration mit dem Central Authentication Service (CAS) von JA-SIG.
Configuration	Enthält Support für den XML-Namensraum von Spring Security.
Core	Enthält die wesentliche Spring Security-Library.
LDAP	Enthält Support für die Authentifizierung anhand von Lightweight Directory Access Protocol (LDAP).
OpenID	Bietet Integration mit dem dezentralisierten Standard OpenID.
Tag Library	Enthält einen Satz JSP-Tags für Sicherheit auf View-Ebene.
Web	Bietet Support für die filterbasierten Websicherheit von Spring Security

Zumindest die Module Core und Configuration sollten Sie in den Klassenpfad Ihrer Applikation einbinden. Oft wird Spring Security für die Absicherung von Webapplikationen eingesetzt. Das ist bei der Spitter-Applikation natürlich auch der Fall, also sollten wir das Web-Modul einfügen. Wir werden auch die JSP-Tag-Library von Spring Security beanspruchen und packen dieses Modul dann mit hinzu.

Nun können wir damit beginnen, die Sicherheitskonfiguration in Spring Security zu deklarieren. Schauen wir, wie man den Einstieg beim XML-Konfigurationsnamensraum von Spring Security findet.

9.1.2 Der Konfigurationsnamensraum von Spring Security

Als man Spring Security noch unter dem Namen Acegi Security kannte, wurden alle Sicherheitselemente als `<bean>`s im Spring-Anwendungskontext konfiguriert. Ein übliches Acegi-Konfigurationsszenario enthielt Dutzende von `<bean>`-Deklarationen und reichte über mehrere Seiten. Kurz war die Konfiguration unter Acegi meist ganz und gar nicht.

Spring Security enthält nun einen sicherheitsspezifischen Namensraum, der die Sicherheitskonfiguration in Spring deutlich vereinfacht. Dieser neue Namensraum mit einigem vernünftigen Standardverhalten reduziert eine typische Sicherheitskonfiguration von über 100 XML-Zeilen auf etwa ein Dutzend.

Um den Sicherheitsnamensraum zu nutzen, muss man ihn im Vorfeld nur durch Einfügen der Namensraumdeklaration in die XML-Datei aufnehmen.

LISTING 9.1 Den Namensraum von Spring Security in eine Spring-XML-Konfigurationsdatei einfügen

```
<beans xmlns="http://www.springframework.org/schema/beans"
  xmlns:security="http://www.springframework.org/schema/security"
  xmlns:xsi="http://www.w3.org/2001/XMLSchema-instance"
  xsi:schemaLocation=" http://www.springframework.org/schema/beans
   http://www.springframework.org/schema/beans/spring-beans-3.0.xsd
   http://www.springframework.org/schema/security
   http://www.springframework.org/schema/security/spring-security-3.0.xsd">
</beans>     ◂ Elemente mit Präfix security: hier
```

Für die Spitter-Applikation haben wir die gesamte sicherheitsspezifische Konfiguration in eine separate Spring-Konfigurationsdatei namens spitter-security.xml gepackt. Weil die gesamte Konfiguration in dieser Datei aus dem Security-Namensraum kommt, haben wir diesen Namensraum als primär festgelegt.

LISTING 9.2 Den Security-Namensraum als Standardnamensraum festlegen

```
<beans:beans xmlns:beans="http://www.springframework.org/schema/beans"
  xmlns="http://www.springframework.org/schema/security"
  xmlns:xsi="http://www.w3.org/2001/XMLSchema-instance"
  xsi:schemaLocation="http://www.springframework.org/schema/beans
   http://www.springframework.org/schema/beans/spring-beans-3.0.xsd
   http://www.springframework.org/schema/security
   http://www.springframework.org/schema/security/spring-security-3.0.xsd">
</beans:beans>      ◂ Elemente ohne Präfix security: hier
```

Wenn der Security-Namensraum der primäre ist, müssen wir die nervtötenden `security:`-Präfixe nicht bei allen Elementen einfügen.

Alle Teile von Spring Security sind schön an Ort und Stelle. Nun können wir die Sicherheit auf Webebene in die Spitter-Applikation einfügen.

9.2 Webanfragen absichern

Was immer Sie mit einer Java-Webapplikation anstellen – es beginnt mit einem `HttpServletRequest`. Und wenn der Request der Zugriffspunkt für eine Webapplikation ist, sollte hier auch die Sicherheit beginnen.

Die grundlegendste Form der Sicherheit auf Request-Ebene deklariert, dass ein oder mehrere URL-Muster eine bestimmte Genehmigung erteilen und somit User, die diese Genehmigung nicht haben, daran hindern, auf die Inhalte hinter diesen URLs zuzugreifen. Geht man einen Schritt weiter, kann man auch zur Bedingung machen, dass auf bestimmte URLs nur mit HTTPS zugegriffen werden kann.

Bevor Sie den Zugriff auf User mit bestimmten Privilegien beschränken können, müssen Sie also wissen, wer die Applikation nutzt. Somit muss die Applikation den User authentifizieren und auffordern, sich einzuloggen und zu identifizieren.

Spring Security unterstützt diese und viele andere Formen der Sicherheit auf Request-Ebene. Um in Spring mit der Websicherheit zu beginnen, müssen wir die Servlet-Filter einrichten, die die verschiedenen Sicherheits-Features liefern.

9.2.1 Proxys für Servlet-Filter erstellen

Spring Security nutzt verschiedene Servlet-Filter, um unterschiedliche Aspekte von Sicherheit zu bieten. Wie Sie sich vorstellen können, kann das zu mehreren <filter>-Deklarationen in der Datei web.xml Ihrer Applikation führen. Aber gemach – mit ein wenig Spring-Magie brauchen wir nur einen Filter in web.xml zu konfigurieren. Genauer gesagt, müssen wir den folgenden <filter> einfügen:

```
<filter>
  <filter-name>springSecurityFilterChain</filter-name>
  <filter-class>
    org.springframework.web.filter.DelegatingFilterProxy
  </filter-class>
</filter>
```

DelegatingFilterProxy ist ein spezieller Servlet-Filter, der allein nicht allzu viel bewirkt. Stattdessen delegiert er an eine Implementierung von javax.servlet.Filter, das im Spring-Anwendungskontext als <bean> registriert ist – siehe Abbildung 9.1.

ABBILDUNG 9.1 DelegatingFilterProxy übergibt die Filterbehandlung an eine Delegate-Filter-Bean, die als Proxy im Spring-Anwendungskontext agiert.

Damit sie ihre Aufgabe erfüllen können, müssen einige andere Beans in die Filter von Spring Security injiziert werden. Man kann keine Beans in Servlet-Filter injizieren, die in web.xml registriert sind. Mit DelegatingFilterProxy können wir aber den eigentlichen Filter in Spring konfigurieren und somit den Spring-Support für die Dependency Injection voll ausnutzen.

Der Wert, der als <filter-name> für DelegatingFilterProxy übergeben wird, ist signifikant. Anhand dieses Namens wird die Filter-Bean aus dem Spring-Anwendungskontext nachgeschlagen. Spring Security wird automatisch eine Filter-Bean mit der ID springSecurityFilterChain erstellen. Also ist das der Name, den wir in web.xml auch DelegatingFilterProxy geben.

Was hingegen die Bean springSecurityFilterChain selbst angeht, haben wir hier einen anderen speziellen Filter namens FilterChainProxy. Dies ist ein Filter, der eine oder mehrere zusätzliche Filter miteinander verkettet. Spring Security verlässt sich auf mehrere Servlet-Filter, um unterschiedliche Sicherheits-Features zu ermöglichen. Sie müssen diese Details in der Praxis aber nicht kennen, weil Sie die springSecurityFilterChain-Bean oder einen der Filter, die sie verkettet, wahrscheinlich nie explizit deklarieren werden. Spring Security wird diese Beans automatisch für uns erstellen, wenn wir das <http>-Element konfigurieren – was unsere nächste Aufgabe ist.

9.2.2 Minimale Websicherheit konfigurieren

Frühe Versionen von Spring Security erforderten eine scheinbar endlose XML-Konfiguration, um grundlegende Sicherheits-Features einzurichten. Im Kontrast dazu schafft das folgende XML-Snippet mit aktuellen Versionen von Spring Security ganz schön was weg:

```
<http auto-config="true">
 <intercept-url pattern="/**" access="ROLE_SPITTER" />
</http>
```

Diese bescheidenen drei XML-Zeilen konfigurieren Spring Security so, dass Requests für alle URLs abgefangen werden (so wie sie im Pfad im Ant-Stil im `pattern`-Attribut von `<intercept-url>` spezifiziert sind) und der Zugriff nur auf solche User beschränkt ist, die die Rolle `ROLE_SPITTER` übernehmen. Das `<http>`-Element richtet automatisch einen `FilterChainProxy` (der über den `DelegatingFilterProxy` delegiert wird, den wir in web.xml konfiguriert haben) und alle anderen Filter-Beans in der Kette ein.

Zu diesen Filter-Beans kommt einiges hinzu, wenn wir das Attribut `auto-config` auf `true` setzen. Durch die Autokonfiguration erhält unsere Applikation auf diese Weise eine Login-Seite, Support für HTTP-Basic-Authentifizierung und Support fürs Ausloggen. Wenn man `auto-config` auf `true` setzt, entspricht dies – wie folgt – in der Tat der expliziten Anforderung dieser Features:

```
<http>
  <form-login />
  <http-basic />
  <logout />
 <intercept-url pattern="/**" access="ROLE_SPITTER" />
</http>
```

Schauen wir uns genauer an, was wir mit diesen Features bekommen und wie sie einzusetzen sind.

Über Formular einloggen

Zu den Vorteilen, wenn man `config` auf `true` setzt, gehört, dass Spring Security automatisch eine Login-Seite für Sie generiert. Hier ist das HTML für dieses Formular.

LISTING 9.3 Spring Security kann automatisch eine einfache Login-Seite für Sie generieren.

```
<html>
 <head><title>Login Page</title></head>
 <body onload='document.f.j_username.focus();'>
  <h3>Login with Username and Password</h3>
  <form name='f' method='POST'
     action='/Spitter/j_spring_security_check'>     ◂ Pfad der Filterauthentifizierung
   <table>
    <tr><td>User:</td><td>
      <input type='text' name='j_username' value=''>     ◂ Feld Username
     </td></tr>
```

```
      <tr><td>Password:</td><td>
        <input type='password' name='j_password'/>    ◂ Feld Passwort
       </td></tr>
      <tr><td colspan='2'><input name="submit" type="submit"/></td></tr>
      <tr><td colspan='2'><input name="reset" type="reset"/></td></tr>
    </table>
   </form>
  </body>
</html>
```

Sie bekommen das automatisch generierte Login-Formular über den Pfad /spring_security_login relativ zur URL des Anwendungskontexts. Wenn man beispielsweise auf die Spitter-Applikation über localhost zugreift, lautet diese URL http://localhost:8080/Spitter/spring_security_login.

Zunächst scheint ein kostenloses Login-Formular von Spring Security eine tolle Sache. Wie Sie sehen, ist das Formular aber recht simpel gehalten, und über die Ästhetik breite man den Mantel des Schweigens. Wahrscheinlich sollte es durch eine Login-Seite aus eigener Werkstatt ersetzt werden.

Um sie durch eine eigene Seite zu ersetzen, müssen wir ein <form-login>-Element konfigurieren, damit das Standardverhalten überschrieben wird.

```
<http auto-config="true" use-expressions="false">
 <form-login login-processing-url="/static/j_spring_security_check"
       login-page="/login"
       authentication-failure-url="/login?login_error=t"/>
</http>
```

Das Attribut login spezifiziert eine neue, kontextrelative URL für die Login-Seite. In diesem Fall geben wir an, dass sie sich unter /login befindet, was letzten Endes von einem Spring MVC-Controller bearbeitet wird. Entsprechend wird bei misslungener Authentifizierung das Attribut authentication-failure-url gesetzt, damit der User auf die gleiche Login-Seite zurückgeschickt wird.

Beachten Sie, dass wir login-processing-url auf /static/j_spring_security_check gesetzt haben. Diese URL wird das Login-Formular zurück übermitteln, damit der User sich authentifiziert.

Auch wenn wir das User-generierte Login-Formular nicht behalten wollen, können wir eine Menge daraus lernen. Zum Einstieg: Wir wissen, dass Spring Security den Login-Request im Pfad /Spitter/j_spring_security_check verarbeiten wird. Und es ist klar, dass Username und Passwort im Request als Felder mit den Namen j_username und j_password übermittelt werden sollten. Gewappnet mit dieser Information können wir unsere eigene Login-Seite erstellen.

Für die Spitter-Applikation ist die neue Login-Seite eine JSP-Seite, die ein Spring-MVC-Controller bereitstellt. Die JSP-Datei wird nachfolgend gezeigt.

LISTING 9.4 Die Spitter-Applikation nutzt eine angepasste Login-Seite, die als JSP definiert ist.

```
<%@ taglib prefix="s" uri="http://www.springframework.org/tags"%>
<div>
  <h2>Sign in to Spitter</h2>
  <p>
  If you've been using Spitter from your phone,
  then that's amazing...we don't support IM yet.
  </p>
  <spring:url var="authUrl"
     value="/static/j_spring_security_check" />   ◂ Pfad für Authentifizierungsfilter
  <form method="post" class="signin" action="${authUrl}">
  <fieldset>
  <table cellspacing="0">
  <tr>
  <th><label for="username_or_email">Username or Email</label></th>
  <td><input id="username_or_email"
        name="j_username"
        type="text" />   ◂ Feld Username
   </td>
  </tr>
  <tr>
  <th><label for="password">Password</label></th>
   <td><input id="password"
         name="j_password"
         type="password" />   ◂ Feld Passwort
     <small><a href="/account/resend_password">Forgot?</a></small>
   </td>
  </tr>
  <tr>
  <th></th>
  <td><input id="remember_me"
    name="_spring_security_remember_me"
    type="checkbox"/>   ◂ Checkbox für Bitte Namen merken
    <label for="remember_me"
        class="inline">Remember me</label></td>
  </tr>
  <tr>
  <th></th>
  <td><input name="commit" type="submit" value="Sign In" /></td>
  </tr>
  </table>
  </fieldset>
  </form>
  <script type="text/javascript">
  document.getElementById('username_or_email').focus();
  </script>
</div>
```

Unsere Login-Seite unterscheidet sich zwar von der entsprechenden Seite, die in Spring Security standardmäßig enthalten ist, wesentlich ist aber die Tatsache, dass das Formular die Parameter `j_username` und `j_password` mit den Zugangsdaten des Users übermittelt. Der Rest ist reine Dekoration.

Beachten Sie außerdem, dass in Listing 9.4 eine Checkbox (*remember me*) enthalten ist, um den Namen des Benutzers zu speichern. Wie das im Detail funktioniert, erläutern wir in

Abschnitt 9.4.4. Hier soll es um den Support von Spring Security für die HTTP-Basic-Authentifizierung gehen.

Der Umgang mit Basic-Authentifizierung

Eine formularbasierte Authentifizierung ist für den menschlichen Nutzer einer Applikation ideal. Kapitel 11 beschreibt, wie man einige Seiten der Webanwendung in eine REST-konforme API verwandelt. Wenn der User der Applikation eine andere Applikation ist, wird es nicht genügen, zum Einloggen per Formular aufzufordern.

Die HTTP-Basic-Authentifizierung ist eine Möglichkeit, wie ein User sich bei einer Applikation direkt im HTTP-Request selbst authentifizieren kann. Vielleicht ist Ihnen diese Art der Authentifizierung schon einmal begegnet. In einem Browser fordert sie mit einer einfachen modalen Dialogbox den User zum Authentifizieren auf.

Doch so manifestiert es sich nur in einem Browser. In Wirklichkeit ist es eine HTTP-401-Antwort und zeigt an, dass ein Username und ein Passwort zusammen mit dem Request angegeben sein müssen. Dies ermöglicht REST-Clients, sich bei den Diensten, die sie benötigen, zu authentifizieren.

Bei `<http-basic>` lässt sich nicht allzu viel in Eigenregie anpassen. Die HTTP-Basic-Authentifizierung ist entweder eingeschaltet oder nicht. Also halten wir uns bei diesem Thema nicht länger auf, sondern sehen nach, was wir vom `<logout>`-Element bekommen.

Ausloggen

Das `<logout>`-Element richtet einen Spring-Security-Filter ein, der eine Usersession für ungültig erklärt. Verwendet man es so, wie es ist, wird der von `<logout>` eingerichtete Filter auf /j_spring_security_ logout gemappt. Damit dies nicht mit unserer Einrichtung von `DispatcherServlet` kollidiert, müssen wir die URL des Filters überschreiben – im Wesentlichen so wie beim Login-Formular. Dafür gilt es das Attribut `logout-url` zu setzen:

```
<logout logout-url="/static/j_spring_security_logout"/>
```

Die Diskussion über die Frage, was wir von der Autokonfiguration bekommen, ist hiermit beendet. In Spring Security gilt es aber einiges mehr zu untersuchen. Schauen wir uns das Element `<intercept-url>` genauer an. Wie steuert es den Zugriff auf Request-Ebene?

9.2.3 Requests abfangen

Im vorigen Abschnitt haben wir ein einfaches Beispiel des `<intercept-url>`-Elements gesehen. Weiter sind wir bisher nicht eingestiegen.

Das Element `<intercept-url>` ist die erste Verteidigungslinie bei der Sicherheit auf Request-Ebene. Sein `pattern`-Attribut bekommt ein URL-Muster, mit dem die eingehenden Requests geprüft werden. Wenn Requests mit diesem Muster übereinstimmen, werden die Sicherheitsregeln dieser `<intercept-url>` angewendet.

Wenden wir uns noch einmal dem `<intercept-url>`-Element von vorhin zu:

```
<intercept-url pattern="/**" access="ROLE_SPITTER" />
```

Das pattern-Attribut akzeptiert standardmäßig einen Pfad im Ant-Stil. Wenn Sie es bevorzugen, kann pattern auch reguläre Ausdrücke akzeptieren, wenn man das path-type-Attribut des <http>-Elements auf regex setzt.

In diesem Fall haben wir das pattern-Attribut auf /** gesetzt und legen damit fest, dass alle Requests ungeachtet der URL einen ROLE_SPITTER-Zugriff erfordern. Das /** hat eine breite Reichweite, aber Sie können auch spezifischer sein.

Nehmen wir an, dass bestimmte Bereiche der Spitter-Applikation für administrative User vorbehalten sein sollen. Dafür können wir das folgende <intercept-url> einfügen, und zwar direkt vor dem, den wir bereits haben:

```
<intercept-url pattern="/admin/**" access="ROLE_ADMIN" />
```

Wo der erste <intercept-url>-Eintrag sicherstellt, dass der User die Berechtigung für den Großteil der Applikation hat, beschränkt dieses <intercept-url> den Zugriff auf den /admin-Zweig der Site-Hierarchie auf User mit der Berechtigung ROLE_ADMIN.

Sie können beliebig viele <intercept-url>-Einträge verwenden, wenn Sie mehrere Pfade in Ihrer Webanwendung sichern wollen. Aber es ist wichtig zu wissen, dass die <intercept-url>-Regeln von oben nach unten abgearbeitet werden. Also sollte das neue <intercept-url> vor dem ursprünglichen platziert werden, oder es wird vom breiten Geltungsbereich des /**-Pfads in den Hintergrund gedrängt.

Mit Spring Expressions für Sicherheit sorgen

Die Berechtigungen aufzulisten, ist einfach genug, aber auch irgendwie eindimensional. Was wäre, wenn Sie Sicherheitsbeschränkungen festlegen wollten, die mehr berücksichtigen als nur gewährte Privilegien?

In Kapitel 2 haben wir gesehen, wie man die Spring Expression Language (SpEL) als fortgeschrittene Technik zur Verschaltung von Bean-Eigenschaften nutzt. Seit Version 3.0 unterstützt Spring Security auch SpEL als Mittel zur Deklarierung von Zugriffsanforderungen. Um das zu aktivieren, müssen wir das use-expressions-Attribut von <http> auf true setzen:

```
<http auto-config="true" use-expressions="true">
...
</http>
```

Nun können wir im access-Attribut mit SpEL-Ausdrücken arbeiten. So schreibt man einen SpEL-Ausdruck, damit er den ROLE_ADMIN-Zugriff für das URL-Muster /admin/** erfordert:

```
<intercept-url pattern="/admin/**" access="hasRole('ROLE_ADMIN')"/>
```

Diese <intercept-url> ist im Prinzip das Gleiche wie das Element, mit dem wir angefangen haben, außer dass es mit SpEL arbeitet. Der Ausdruck hasRole() wird true ausgewertet, wenn der aktuelle User die jeweilige Berechtigung gewährt bekommen hat. Aber hasRole() ist nur einer der verschiedenen sicherheitsspezifischen Ausdrücke, die unterstützt werden. In Tabelle 9.2 werden alle SpEL-Ausdrücke aufgelistet, die Spring Security 3.0 einfügt.

TABELLE 9.2 Spring Security erweitert die Spring Expression Language mit mehreren sicherheitsspezifischen Ausdrücken.

Sicherheitsausdruck	Wird ausgewertet zu
`authentication`	Das Authentifizierungsobjekt des Users
`denyAll`	Immer als `false`
`hasAnyRole(list of roles)`	`true`, wenn der User eine der angegebenen Rollen gewährt bekommen hat
`hasRole(role)`	`true`, wenn der User die angegebene Rolle gewährt bekommen hat
`hasIpAddress(IP Address)`	Die IP-Adresse des Users (nur bei Websicherheit verfügbar)
`isAnonymous()`	`true`, wenn der aktuelle User ein anonymer User ist
`isAuthenticated()`	`true`, wenn der aktuelle User kein anonymer User ist
`isFullyAuthenticated()`	`true`, wenn der aktuelle User weder anonym noch ein „remember me"-User ist
`isRememberMe()`	`true`, wenn der aktuelle User automatisch über „remember me" authentifiziert wurde
`permitAll`	Immer als `true`
`principal`	Das Principal-Objekt des Users

Unter Einsatz der SpEL-Ausdrücke von Spring Security können wir mehr, als nur den Zugriff basierend auf den gewährten Berechtigungen eines Users zu begrenzen. Wenn Sie beispielsweise die `/admin/**`-URLs so sperren wollen, dass nicht nur ROLE_ADMIN erforderlich ist, sondern auch nur von einer bestimmten IP-Adresse erlaubt wird, können Sie `<intercept-url>` wie folgt deklarieren:

```
<intercept-url pattern="/admin/**"
  access="hasRole('ROLE_ADMIN') and hasIpAddress('192.168.1.2')"/>
```

Mit auf SpEL basierenden Sicherheitseinschränkungen sind die Möglichkeiten praktisch endlos. Sicher denken Sie sich schon einige interessante, auf SpEL basierende Sicherheitsbeschränkungen aus.

Jetzt schauen wir uns aber erst einmal einen anderen Trick von `<intercept-url>` an: das Erzwingen der Absicherung von Kommunikationskanälen.

Requests für HTTPS erzwingen

Wenn man Daten über HTTP übermittelt, kann das eine riskante Angelegenheit sein. Wahrscheinlich ist es keine große Angelegenheit, eine Spittle-Botschaft im Klartext über HTTP zu versenden. Wenn Sie aber sensible Informationen wie Passwörter oder Kreditkartennummern über HTTP versenden, handeln Sie sich Ärger ein. Darum sollten sensible Informationen über HTTPS verschlüsselt versendet werden.

Die Arbeit mit HTTPS scheint einfach genug zu sein. Sie brauchen in einer URL nur ein `s` nach dem `http` einzufügen, und fertig ist die Laube. Richtig?

Das stimmt, aber es verschiebt die Verantwortung für die Nutzung des HTTPS-Kanals an die falsche Stelle. Wenn Sie Dutzende oder Hunderte von Links oder Formularaktionen haben, die zu einer HTTPS-URL gehen sollen, vergisst man dieses S nur zu leicht. Die Wahrscheinlichkeit ist groß, dass Sie aus Versehen ein oder zwei weglassen. Oder Sie sind überkorrekt und setzen HTTPS an Stellen ein, wo es nicht notwendig ist.

Das Attribut `requires-channel` des `<intercept-url>`-Elements verschiebt die Verantwortung für die Erzwingung des Kanals in die Konfiguration von Spring Security.

Als Beispiel schauen Sie sich das Registrierungsformular der Spitter-Applikation an. Obwohl Spitter nicht nach Kreditkartennummern oder Sozialversicherungsnummern oder anderen hochsensiblen Dingen fragt, könnten die User wünschen, dass diese Informationen vertraulich behandelt werden sollen. In diesem Fall könnten wir ein `<intercept-url>`-Element für /spitter/form wie folgt konfigurieren:

```
<intercept-url pattern="/spitter/form" requires-channel="https"/>
```

Jedes Mal, wenn für /spitter/form ein Request eintrifft, wird Spring Security sehen, dass der `https`-Kanal erforderlich ist, und den Request automatisch so umleiten, dass er über HTTPS läuft. Entsprechend benötigt die Homepage kein HTTPS. Also können wir deklarieren, dass sie stets über HTTP gesendet werden soll:

```
<intercept-url pattern="/home" requires-channel="http"/>
```

Wir wissen nun, wie man Webanwendungen bei Requests sichert. Dabei gingen wir davon aus, dass es zur Sicherheit gehört, einen User davon abzuhalten, auf eine URL zuzugreifen, für die er nicht autorisiert ist. Eine gute Idee ist aber auch, Links, denen der User nicht folgen soll, erst gar nicht zu zeigen. Schauen wir uns also an, wie Spring Security für Sicherheit im View sorgt.

9.3 Die Absicherung von Elementen auf View-Ebene

Um die Sicherheit in der Darstellungsebene zu unterstützen, gibt es bei Spring Security eine JSP-Tag-Library.[2] Diese Tag-Library ist klein und enthält nur drei Tags (siehe Tabelle 9.3).

Um die JSP-Tag-Library zu nutzen, müssen wir sie in den JSP-Dateien deklarieren, wo sie verwendet wird:

```
<%@ taglib prefix="security"
    uri="http://www.springframework.org/security/tags" %>
```

[2] Wenn Sie Views lieber mit Velocity rendern statt mit JSP, gibt es bei Spring Security auch einen Satz Velocity-Makros, die den JSP-Tags ähnlich sind.

TABELLE 9.3 Spring Security unterstützt Sicherheit in der Darstellungsebene mit einer JSP-Tag-Library.

JSP-Tag	Zweck
`<security:accesscontrollist>`	Erlaubt, dass der Body des Tags dargestellt wird, wenn der aktuell authentifizierte User eine der geforderten Berechtigungen im angegebenen Domänenobjekt hat.
`<security:authentication>`	Greift auf die Eigenschaften des Authentifizierungsobjekts des aktuellen Users zu.
`<security:authorize>`	Erlaubt, dass der Body des Tags dargestellt wird, wenn eine angegeben Sicherheitseinschränkung erfüllt ist.

Wenn die Tag-Library in der JSP-Datei deklariert wurde, können wir sie verwenden. Schauen wir uns jedes der drei JSP-Tags an, die es bei Spring Security gibt, und wie sie funktionieren.

9.3.1 Der Zugriff auf Authentifizierungsdetails

Eines der einfachsten Dinge, die die JSP-Tag-Library von Spring Security für uns bereitstellt, ist der praktische Zugriff auf die Authentifizierungsinformationen des Users. Es ist beispielsweise üblich, dass auf Websites eine „Willkommen"- oder „Hallo"-Nachricht im Seiten-Header ausgegeben wird, bei der der User mit seinem Namen angesprochen wird. Genau so etwas leistet `<security:authentication>`. Zum Beispiel:

```
Hello <security:authentication property="principal.username" />!
```

Das Attribut `property` identifiziert eine Eigenschaft des Authentifizierungsobjekts des Users. Die verfügbaren Eigenschaften unterscheiden sich abhängig davon, wie der User sich authentifiziert hat. Sie können aber damit rechnen, dass auf jeden Fall einige – übliche – Eigenschaften verfügbar sind, darunter die in Tabelle 9.4 aufgeführten.

TABELLE 9.4 Sie können auf verschiedene Authentifizierungsdetails des Users anhand des JSP-Tags `<security:authentication>` zugreifen.

Authentifizierungseigenschaft	Beschreibung
`authorities`	Eine Sammlung von `GrantedAuthority`-Objekten, die die dem User gewährten Privilegien repräsentieren.
`credentials`	Die Zugangsdaten, mit denen das Principal-Objekt verifiziert wird (üblicherweise das Passwort des Users).
`details`	Weitere Informationen über die Authentifizierung (IP-Adresse, Seriennummer des Zertifikats, Session-ID usw.)
`principal`	Das Principal-Objekt des Users

In unserem Beispiel ist die gerenderte Eigenschaft eigentlich die verschachtelte `username`-Eigenschaft der Eigenschaft `principal`.

Wird wie im vorigen Beispiel `<security:authentication>` verwendet, stellt es den Wert der Eigenschaft im View dar. Wenn Sie ihn aber lieber einer Variablen zuweisen wollen, spezifizieren Sie einfach den Namen der Variable im Attribut `var`:

```
<security:authentication property="principal.username"
    var="loginId"/>
```

Die Variable wird standardmäßig im Geltungsbereich der Seite erstellt. Aber wenn Sie sie lieber für einen anderen Geltungsbereich (*scope*) wie Request oder Session (oder einen anderen aus `javax.servlet.jsp.PageContext`) erstellen wollen, können Sie es über das Attribut `scope` angeben. Um z. B. die Variable im Request-Geltungsbereich zu erstellen, verwenden Sie das `<security:authentication>`-Tag wie folgt:

```
<security:authentication property="principal.username"
    var="loginId" scope="request" />
```

Das Tag `<security:authentication>` ist schon mal praktisch, aber erst der Anfang dessen, wozu die JSP-Tag-Library fähig ist. Schauen wir uns an, wie man Inhalte bedingungsabhängig von den Privilegien eines Users darstellt.

9.3.2 Darstellung nach jeweiliger Befugnis

Manchmal sollten bestimmte Bereiche des Views dargestellt werden (oder auch nicht) – und zwar abhängig davon, wozu der User berechtigt ist. Es ist sinnlos, dem bereits eingeloggten User ein Login-Formular zu zeigen oder einem noch nicht eingeloggten User eine persönliche Begrüßung zu präsentieren.

Das JSP-Tag `<security:authorize>` von Spring Security stellt abhängig von der gewährten Berechtigung des Users einen Bereich des Views dar. In der Spitter-Applikation soll z. B. das Formular zum Einfügen eines neuen Spittles erst dann gezeigt werden, wenn der User die Rolle ROLE_SPITTER besitzt. Das folgende Listing zeigt, wie man das Tag `<security:authorize>` nutzt, um das Spittle-Formular darzustellen, wenn der User die Berechtigung ROLE_SPITTER hat.

LISTING 9.5 Bedingungsabhängige Darstellung mit dem Tag `<security:authorize>`

```
<sec:authorize access="hasRole('ROLE_SPITTER')">   ◂ Nur mit Berechtigung ROLE_SPITTER
  <s:url value="/spittles" var="spittle_url" />
   <sf:form modelAttribute="spittle"
         action="${spittle_url}">
    <sf:label path="text"><s:message code="label.spittle"
            text="Enter spittle:"/></sf:label>
    <sf:textarea path="text" rows="2" cols="40" />
      <sf:errors path="text" />

    <br/>
    <div class="spitItSubmitIt">
     <input type="submit" value="Spit it!"
       class="status-btn round-btn disabled" />
    </div>
   </sf:form>
  </sec:authorize>
```

Das access-Attribut bekommt einen SpEL-Ausdruck, dessen Resultat bestimmt, ob der Body von <security:authorize> dargestellt wird. Wir nutzen hier den Ausdruck hasRole('ROLE_SPITTER'), um zu gewährleisten, dass der User die Rolle ROLE_SPITTER hat. Ihnen steht aber die gesamte Power von SpEL zur Verfügung, wenn Sie das access-Attribut setzen, einschließlich der Ausdrücke von Spring Security, die in Tabelle 9.2 (S. 249) aufgeführt sind.

Wenn diese Ausdrücke nun verfügbar sind, können Sie einige interessante Sicherheitsbeschränkungen aushecken. Stellen Sie sich z. B. vor, dass es bei der Applikation einige administrative Funktionen gibt, die nur jenen Usern zur Verfügung stehen sollen, deren Username habuma lautet. Dann würden Sie die Ausdrücke isAuthenticated() und principal wie folgt nutzen:

```
<security:authorize
  access="isAuthenticated() and principal.username=='habuma'">
 <a href="/admin">Administration</a>
</security:authorize>
```

Ich bin sicher, Sie können sich noch ein paar interessantere Ausdrücke einfallen lassen. Ich überlasse es Ihrer Fantasie, weitere Sicherheitsbeschränkungen auszutüfteln. Mit SpEL sind die Optionen praktisch endlos.

Etwas stört mich an meinem fiktiven Beispiel: Ich will zwar die administrativen Funktionen auf habuma beschränken, vielleicht ist ein SpEL-Ausdruck dafür aber nicht ideal geeignet. Sicher: Man vermeidet auf diese Weise, dass der Link im View dargestellt wird. Doch das hindert niemanden daran, die /admin-URL in der Adresszeile des Browsers per Hand einzugeben.

Nimmt man das bislang in diesem Kapitel Gelernte hinzu, sollte das einfach zu beheben sein. Durch Einfügen einer neuen <intercept-url> in der Sicherheitskonfiguration wird die Sicherheit um die URL /admin verstärkt:

```
<intercept-url pattern="/admin/**"
  access="hasRole('ROLE_ADMIN') and hasIpAddress('192.168.1.2')"/>
```

Nun ist die admin-Funktionalität gesperrt. Die URL ist gesichert, und der Link zur URL wird erst erscheinen, wenn der User zur Verwendung autorisiert ist. Dafür müssten wir aber den SpEL-Ausdruck an zwei Stellen deklarieren: in <intercept-url> und im access-Attribut von <security:authorize>. Wäre es nicht sinnvoller, die URL nur zu zeigen, wenn die Sicherheitsbeschränkung der URL erfüllt ist?

Genau dafür ist das url-Attribut des <security:authorize>-Tags da. Anders als das access-Attribut, wo die Sicherheitsbeschränkung explizit deklariert ist, bezieht sich das url-Attribut indirekt auf die Sicherheitsbeschränkungen eines bestimmten URL-Musters. Weil wir in der Konfiguration von Spring Security bereits Sicherheitsbeschränkungen für /admin deklariert haben, können wir das url-Attribut wie folgt nutzen:

```
<security:authorize url="/admin/**">
 <spring:url value="/admin" var="admin_url" />
 <br/><a href="${admin_url}">Admin</a>
</security:authorize>
```

Weil die /admin-URL nur auf authentifizierte User mit der Berechtigung ROLE_ADMIN beschränkt ist und auf Requests, die von einer bestimmten IP-Adresse kommen, wird der Body des `<security:authorize>`-Tags nur gerendert, wenn diese Bedingungen erfüllt sind.

Was ist mit den anderen Attributen von `<security:authorize>`?

Neben den Attributen `access` und `url` hat `<security:authorize>` drei weitere: `ifAllGranted`, `ifAnyGranted` und `ifNotGranted`. Diese Attribute sorgen dafür, dass `<security:authorize>` die Darstellung abhängig davon rendert, welche Berechtigungen dem User gewährt wurden oder auch nicht.

Vor Spring Security 3.0 waren das die einzigen für `<security:authorize>` verfügbaren Attribute. Mit der Einführung von SpEL und dem `access`-Attribut sind sie jedoch obsolet geworden. Es gibt sie zwar weiterhin, aber das `access`-Attribut leistet das Gleiche und noch viel mehr.

Wir haben nun gelernt, verschiedene Formen der Sicherheit auf Webebene zu deklarieren. Eine Frage steht weiterhin im Raum: Wo bewahrt man die User-Information auf? Anders ausgedrückt: Welches Repository mit User-Informationen nutzt Spring Security zur Authentifizierung, wenn sich jemand in die Applikation einloggen will?

Die Antwort in Kurzform lautet: Spring Security ist flexibel genug, um mit praktisch jedem User-Repository die Authentifizierung vorzunehmen. Schauen wir uns einige Authentifizierungsoptionen an.

9.4 Benutzer authentifizieren

Jede Applikation hat ihre Eigenheiten – was an der Art, User-Informationen zu speichern, besonders deutlich wird. Manchmal werden sie in einer relationalen Datenbank aufbewahrt. Anderswo könnte es ein LDAP-fähiges Verzeichnis sein. Manche Applikationen verlassen sich auf ein dezentralisiertes System für die Benutzeridentifizierung. Und manche setzen nicht nur eine Strategie dafür ein.

Zum Glück ist Spring Security flexibel und kann mit fast jeder Authentifizierungsstrategie umgehen. Spring Security ist darauf vorbereitet, viele häufig vorkommende Authentifizierungsszenarien abzudecken, z. B. durch Authentifizierung der User mit

- speicherresidenten User-Repositorys (von Spring konfiguriert)
- JDBC-basierten User-Repositorys
- LDAP-basierten User-Repositorys
- OpenID-dezentralisierten User-Identifizierungssystemen
- Central Authentication System (CAS)
- x.509-Zertifikaten
- JAAS-basiertem Provider

Wenn keine dieser enthaltenen Optionen für Sie passend ist, können Sie leicht eine eigene Authentifizierungsstrategie implementieren und verschalten.

Schauen wir uns einige der am häufigsten verwendeten Authentifizierungsoptionen an, die Spring Security anbietet.

9.4.1 Konfiguration eines speicherresidenten User-Repositorys

Eine der einfachsten verfügbaren Authentifizierungsoptionen besteht darin, die User-Details direkt in der Spring-Konfiguration zu deklarieren. Das macht man, indem man einen User-Service mit dem `<user-service>`-Element aus dem XML-Namensraum von Spring Security erstellt:

```
<user-service id="userService">
  <user name="habuma" password="letmein"
        authorities="ROLE_SPITTER,ROLE_ADMIN"/>
  <user name="twoqubed" password="longhorns"
        authorities="ROLE_SPITTER"/>
  <user name="admin" password="admin"
        authorities="ROLE_ADMIN"/>
</user-service>
```

Ein User-Service ist im Prinzip ein Datenzugriffsobjekt, das die User-Details nachschlägt, wenn es eine Login-ID eines Users bekommt. Im Falle von `<user-service>` werden diese User-Details innerhalb von `<user-service>` deklariert. Es gibt ein `<user>`-Element für jeden User, der sich in die Applikation einloggen kann. Die Attribute `name` und `password` geben den Login-Namen bzw. das Passwort an. In der Zwischenzeit wird das `authorities`-Attribut auf eine kommagetrennte Liste von Berechtigungen gesetzt – die Dinge also, wozu der User berechtigt ist.

Erinnern Sie sich, dass wir (in Abschnitt 9.2.3) Spring Security so konfiguriert haben, dass der Zugriff auf alle URLs nur für User mit der Berechtigung ROLE_SPITTER erlaubt ist. In diesem Fall bekämen die User habuma und twoqubed Zugriff, aber der admin-User nicht.

Der User-Service ist nun bereit und wartet darauf, die User-Details zur Authentifizierung nachschlagen zu können. Nun müssen wir es nur noch mit dem Authentifizierungsmanager von Spring Security verschalten:

```
<authentication-manager>
  <authentication-provider user-service-ref="userService" />
</authentication-manager>
```

Das Element `<authentication-manager>` registriert einen Authentifizierungsmanager. Genauer gesagt, registriert es eine Instanz von `ProviderManager`. Dieser Authentifizierungsmanager delegiert die Authentifizierungsverantwortung an einen oder mehrere Authentifizierungsanbieter. In diesem Fall ist es ein Authentifizierungsanbieter, der sich auf einen User-Service verlässt, von dem er User-Details bekommen soll. Zufälligerweise haben wir einen User-Service zur Hand. Den müssen wir also nur durch das Attribut `user-service-ref` von `<authentication-provider>` verschalten.

Hier haben wir den Authentifizierungsanbieter und den User-Service unabhängig deklariert und miteinander verschaltet. Optional – wenn Ihnen das besser passt – könnten Sie den User-Service auch in den Authentifizierungsanbieter einbetten:

```
<authentication-provider>
  <user-service id="userService">
    <user name="habuma" password="letmein"
        authorities="ROLE_SPITTER,ROLE_ADMIN"/>
    ...
  </user-service>
</authentication-provider>
```

Es gibt keinen signifikanten Vorteil, den `<user-service>` in `<authentication-provider>` einzubetten, wenn es Ihnen aber hilft, die Spring-XML-Konfiguration zu organisieren, steht Ihnen diese Option frei.

Die Definierung von User-Details im Spring-Anwendungskontext ist zum Testen praktisch oder wenn Sie erst damit beginnen, für Sicherheit in Ihrer Applikation zu sorgen. Es ist aber kein sehr realistischer Weg, um User in einer Produktionsapplikation zu verwalten. Meist werden die User-Details in einer Datenbank oder einem Directory-Server abgelegt. Schauen wir uns an, wie man einen User-Service registriert, der in einer relationalen Datenbank nach User-Details sucht.

9.4.2 Authentifizierung gegenüber einer Datenbank

Viele Anwendungen speichern Benutzerdaten wie Benutzername oder Passwort in einer relationalen Datenbank. Wenn Ihre Anwendung diese Art der Benutzerdatenhaltung verfolgt, ist Spring Securitys `<jdbc-user-service>` unter Umständen eine gute Wahl.

Der `<jdbc-user-service>` wird auf die gleiche Weise wie `<user-service>` verwendet. Dazu gehört, ihn mit dem `user-service-ref`-Attribut von `<authentication-provider>` zu verschalten oder in `<authentication-provider>` einzubetten. Hier konfigurieren wir einen einfachen `<jdbc-user-service>` mit einer `id`, damit er unabhängig deklariert und mit dem `<authentication-provider>` verschaltet werden kann:

```
<jdbc-user-service id="userService"
   data-source-ref="dataSource" />
```

Das `<jdbc-user-service>`-Element verwendet eine JDBC-Datenquelle (verschaltet durch dessen Attribut `data-source-ref`), um eine Datenbank nach User-Details abzufragen. Ohne weitere Konfiguration fragt der User-Service anhand des folgenden SQL nach User-Informationen.

```
select username,password,enabled
 from users
 where username = ?
```

Wir sprechen hier zwar über die User-Authentifizierung, doch gehört auch das Nachschlagen der diesem User gewährten Berechtigungen zu diesem Themenbereich. Standardmäßig wird die grundlegende `<jdbc-user-service>`-Konfiguration das folgende SQL nehmen, um die einem Usernamen gewährten Berechtigungen nachzuschlagen:

```
select username,authority
 from authorities
 where username = ?
```

Das ist prima, wenn in der Datenbank Ihrer Applikation nun auch die User-Details und Berechtigungen stehen, die zu diesen Abfragen passen. Aber ich wette, dass das für die meisten Applikationen nicht gilt. Tatsächlich sind im Fall der Spitter-Applikation die User-Details in der Tabelle `spitter` enthalten. Also wird das Standardverhalten nicht funktionieren.

Zum Glück kann `<jdbc-user-service>` einfach so konfiguriert werden, dass es mit denjenigen Abfragen arbeitet, die für Ihre Applikation am besten passen. Tabelle 9.5 beschreibt die Attribute, mit denen man das Verhalten von `<jdbc-user-service>` genauer festlegen kann.

TABELLE 9.5 Die Attribute von `<jdbc-user-service>`, mit denen man das SQL ändern kann, um die User-Details abzufragen.

Attribut	Zweck
`users-by-username-query`	Abfragen für Username, Passwort und den Aktivierungsstatus dieses Usernamens
`authorities-by-username-query`	Abfragen für die dem User unter diesem Usernamen gewährten Berechtigungen
`group-authorities-by-username-query`	Abfragen für die dem User unter diesem Usernamen gewährten Gruppenberechtigungen

Für die Spitter-Applikation setzen wir die Attribute `users-by-username-query` und `authorities-by-username-query` wie folgt:

```
<jdbc-user-service id="userService"
    data-source-ref="dataSource"
    users-by-username-query=
     "select username, password, true from spitter where username=?"
    authorities-by-username-query=
     "select username,'ROLE_SPITTER' from spitter where username=?" />
```

In der Spitter-Applikation werden Username und Passwort in der Tabelle `spitter` in den Eigenschaften `username` bzw. `password` gespeichert. Wir haben aber noch nicht ernsthaft darüber nachgedacht, ob ein User aktiviert ist oder nicht, weil wir einfach davon ausgingen, dass alle aktiviert sind. Also haben wir das SQL so geschrieben, dass für alle User immer `true` zurückgegeben wird.

Wir machten uns auch kaum Gedanken darüber, ob Spitter-User verschiedene Berechtigungsstufen bekommen sollen. Alle Spitter-User haben die gleichen Berechtigungen. In der Tat hat das Spitter-Datenbankschema gar keine Tabelle, um User-Berechtigungen zu speichern. Also haben wir `authorities-by-username-query` mit einer zusammengesetzten Abfrage versehen, die allen Usern die Berechtigung ROLE_SPITTER gibt.

Während relationale Datenbanken üblicherweise der Ort sind, wo die User-Details einer Applikation abgelegt werden, finden Sie genauso oft (oder öfter) Applikationen, die zur Authentifizierung anhand von LDAP mit einem Directory-Server arbeiten. Schauen wir uns an, wie man Spring Security so konfiguriert, dass es LDAP als User-Repository nimmt.

9.4.3 Authentifizierung gegenüber einem LDAP-Repository

Wir kennen alle Organisationsdiagramme. Die meisten Organisationen sind hierarchisch strukturiert. Angestellte unterstehen ihren Managern, diese wiederum dem Geschäftsführer, der dem Vizepräsident unterstellt ist, usw. Innerhalb dieser Hierarchie werden Sie oft einen ähnlichen hierarchischen Satz an Sicherheitsregeln finden. Die Kollegen von der Personalabteilung haben wahrscheinlich andere Privilegien als die Buchhaltung, Vorgesetzte wahrscheinlich einen offeneren Zugriff als jene, die ihnen unterstellt sind.

So praktisch relationale Datenbanken sind, repräsentieren sie hierarchische Daten aber nicht so gut. LDAP-Verzeichnisse sind andererseits hervorragend geeignet, Informationen hierarchisch zu speichern. Aus diesem Grund ist es üblich, die organisatorische Struktur einer Firma in einem LDAP-Verzeichnis repräsentiert zu finden. Nebenher werden Sie oft feststellen, dass die Sicherheitseinschränkungen den Einträgen im Verzeichnis zugeordnet sind.

Um mit LDAP-basierter Authentifizierung zu arbeiten, müssen wir zuerst das LDAP-Modul von Spring Security nehmen und die LDAP-Authentifizierung innerhalb des Spring-Anwendungskontexts konfigurieren. Wenn es um die Konfiguration von LDAP-Authentifizierung geht, können wir unter zwei Möglichkeiten wählen:

- ein LDAP-orientierter Authentifizierungsmanager
- ein LDAP-orientierter User-Service

Ihnen bleibt hier weitgehend die freie Wahl. Doch es gibt einige kleine Überlegungen, die man anstellen kann.

Einen LDAP-Authentifizierungsmanager deklarieren

Für die speicherresidenten und JDBC-basierten User-Services deklarierten wir einen `<authentication-provider>` und verschalteten ihn mit dem User-Service. Das Gleiche ist für einen LDAP-orientierten User-Service möglich (ich zeige es Ihnen gleich). Ein direkterer Weg besteht jedoch darin, einen speziellen LDAP-orientierten Authentifizierungsmanager zu benutzen, indem man ein `<ldap-authentication-provider>` innerhalb des `<authentication-manager>`s deklariert:

```
<authentication-manager alias="authenticationManager">
   <ldap-authentication-provider
     user-search-filter="(uid={0})"
     group-search-filter="member={0}"/>
  </authentication-manager>
```

Mit den Attributen `user-search-filter` und `group-search-filter` wird ein Filter für die Basis-LDAP-Abfragen vorgehalten, mit denen man nach Usern und Gruppen suchen kann. Standardmäßig sind die Abfragen für User und Gruppen leer, was anzeigt, dass die Suche im root der LDAP-Hierarchie beginnt. Wir können das jedoch ändern, indem wir eine Abfragebasis angeben:

```
<ldap-user-service id="userService"
       user-search-base="ou=people"
       user-search-filter="(uid={0})"
       group-search-base="ou=groups"
       group-search-filter="member={0}" />
```

Das Attribut `user-search-base` bietet eine Basisabfrage, um User zu suchen. Entsprechend spezifiziert `group-search-base` die Basisabfrage zum Finden von Gruppen. Anstatt von root aus zu suchen, haben wir angegeben, dass User dort gesucht werden sollen, wo sich die Organisationseinheit `people` befindet. Und Gruppen sollten dort gesucht werden, wo die Organisationseinheit `groups` ist.

Passwortvergleich konfigurieren

Die Standardstrategie für eine Authentifizierung gegenüber LDAP besteht darin, eine Bind-Operation durchzuführen und den User direkt am LDAP-Server zu authentifizieren. Eine weitere Option ist, eine Vergleichsoperation durchzuführen. Dazu gehört, das eingegebene Passwort zum LDAP-Verzeichnis zu schicken und den Server aufzufordern, das Passwort mit dem Passwortattribut eines Users zu vergleichen. Weil der Vergleich innerhalb des LDAP-Servers geschieht, bleibt das eigentliche Passwort geheim.

Eine Authentifizierung per Passwortvergleich deklarieren Sie mit dem Element `<password-compare>`:

```
<ldap-authentication-provider
  user-search-filter="(uid={0})"
  group-search-filter="member={0}">
 <password-compare />
</ldap-authentication-provider>
```

Wie hier deklariert, wird das im Login-Formular übergebene Framework mit dem Wert des Attributs `userPassword` im LDAP-Eintrag des Users verglichen. Wenn das Passwort in einem anderen Attribut enthalten ist, geben Sie den Namen dieses Passwortattributs mit `password-attribute` an:

```
<password-compare hash="md5"
  password-attribute="passcode" />
```

Es ist schön, dass das eigentliche Passwort auf dem Server geheim bleibt, wenn ein serverseitiger Passwortvergleich vorgenommen wird. Aber das fragliche Passwort wird weiterhin über die Leitung an den LDAP-Server geschickt und könnte von einem Hacker abgefangen werden. Um das zu verhindern, können Sie eine Verschlüsselungsstrategie über das `hash`-Attribut angeben und dafür einen der folgenden Werte nehmen:

- `{sha}`
- `{ssha}`
- `md4`
- `md5`
- `plaintext`
- `sha`
- `sha-256`

Im Beispiel haben wir Passwörter mit MD5 verschlüsselt und dazu `hash` auf `md5` gesetzt.

Auf einen Remote-LDAP-Server Bezug nehmen

Was ich bisher ganz weggelassen habe: Wo stecken eigentlich der LDAP-Server und die Daten? Wir haben fröhlich Spring so konfiguriert, dass mit einem LDAP-Server authentifiziert werden kann, doch wo steht der eigentlich?

Standardmäßig geht die LDAP-Authentifizierung von Spring Security davon aus, dass der LDAP-Server auf Port 33389 auf localhost lauscht. Wenn Ihr LDAP-Server aber auf einer anderen Maschine läuft, können Sie mit dem `<ldap-server>`-Element den Standort konfigurieren:

```
<ldap-server url="ldap://habuma.com:389/dc=habuma,dc=com" />
```

Hier nutzen wir das Attribut, um den Standort des LDAP-Servers anzugeben.[3]

Einen eingebetteten LDAP-Server konfigurieren

Falls Sie gerade keinen LDAP-Server zur Hand haben, der darauf wartet, in die Authentifizierung einbezogen zu werden, können Sie mit `<ldap-server>` auch einen eingebetteten LDAP-Server konfigurieren. Lassen Sie einfach den Parameter `url` weg. Zum Beispiel:

```
<ldap-server root="dc=habuma,dc=com" />
```

Das Attribut `root` ist optional. Dessen Standard lautet aber `dc=springframework,dc=org`, wobei ich den Verdacht hege, dass es nicht in Ihrer Absicht liegt, dies als root für Ihren LDAP-Server zu nehmen.

Wenn der LDAP-Server startet, versucht er, Daten aus allen LDIF-Dateien zu laden, die er im Klassenpfad findet. LDIF (LDAP Data Interchange Format) ist ein Standardweg, um LDAP-Daten in einer Textdatei darzustellen. Jeder Eintrag besteht aus einer oder mehreren Zeilen, die jeweils ein name:value-Paar enthalten. Die Einträge werden durch leere Zeilen voneinander getrennt.[4]

Wenn Sie genauer angeben wollen, welche LDIF-Datei geladen werden soll, können Sie das `ldif`-Attribut nehmen:

```
<ldap-server root="dc=habuma,dc=com"
       ldif="classpath:users.ldif" />
```

Hier weisen wir den LDAP-Server gezielt an, seinen Inhalt aus der Datei users.ldfi im root des Klassenpfads zu laden. Falls Sie neugierig sind, zeigt das folgende Listing unsere LDIF-Datei.

LISTING 9.6 Eine Beispiel-LDIF-Datei, mit der User-Details in LDAP geladen werden

```
dn: ou=groups,dc=habuma,dc=com
objectclass: top
objectclass: organizationalUnit
ou: groups
```

[3] Versuchen Sie gar nicht erst, diese LDAP-URL zu verwenden. Das ist nur ein Beispiel. Hier lauscht ganz bestimmt kein LDAP-Server.

[4] Mehr über diese LDIF-Spezifikation finden Sie unter http://tools.ietf.org/html/rfc2849.

```
dn: ou=people,dc=habuma,dc=com
objectclass: top
objectclass: organizationalUnit
ou: people
dn: uid=habuma,ou=people,dc=habuma,dc=com
objectclass: top
objectclass: person
objectclass: organizationalPerson
objectclass: inetOrgPerson
cn: Craig Walls
sn: Walls
uid: habuma
userPassword: password
dn: uid=jsmith,ou=people,dc=habuma,dc=com
objectclass: top
objectclass: person
objectclass: organizationalPerson
objectclass: inetOrgPerson
cn: John Smith
sn: Smith
uid: jsmith
userPassword: password
dn: cn=spitter,ou=groups,dc=habuma,dc=com
objectclass: top
objectclass: groupOfNames
cn: spitter
member: uid=habuma,ou=people,dc=habuma,dc=com
```

Egal, ob Ihre User sich anhand einer Datenbank oder eines LDAP-Verzeichnisses authentifizieren, es ist für sie immer praktischer, sich überhaupt nicht direkt authentifizieren zu müssen. Schauen wir uns an, wie man Spring Security so konfiguriert, dass es sich einen User merkt, damit der sich beim Besuch der Applikation nicht jedes Mal neu einloggen muss.

9.4.4 Die Funktionalität „Auf diesem Computer merken"

Für eine Applikation ist es wichtig, User zu authentifizieren. Aus Sicht des Nutzers wäre es aber schön, wenn die Applikation ihm nicht jedes Mal ein Login vor die Nase hält, sobald er dort auftaucht. Darum bieten viele Websites eine Funktion an, sich an den Rückkehrer zu erinnern, damit dieser sich nur einmal einzuloggen braucht und die Applikation sich das anschließend merkt.

Mit Spring Security können Sie eine solche Funktionalität einfach einfügen. Dafür müssen wir nur das Element `<remember-me>` ins Element `<http>` schreiben:

```
<http auto-config="true" use-expressions="true">
  ...
  <remember-me
    key="spitterKey"
    token-validity-seconds="2419200" />
</http>
```

Hier haben wir diese „Remember me“-Funktionalität mit etwas spezieller Konfiguration eingeschaltet. Ohne Attribute für `<remember-me>` wird dieses Feature über die Speicherung eines Token in einem Cookie umgesetzt, das zwei Wochen gültig ist. Aber hier haben wir angegeben, dass das Token bis zu vier Wochen (2.419.200 Sekunden) gültig sein soll.

Das im Cookie gespeicherte Token besteht aus dem Usernamen, dem Passwort, einem Verfallsdatum und einem privaten Schlüssel – alles kodiert in einem MD5-Hash, bevor es ins Cookie geschrieben wird. Standard ist der private Schlüssel `SpringSecured`, wir haben ihn aber auf `spitterKey` gesetzt, damit er für Spitter-Applikation spezifisch ist.

Ganz schön einfach! Nun ist diese Erinnerungsfunktionalität aktiviert, und wir müssen einen Weg für den User schaffen, damit er der Applikation mitteilen kann, dass sie sich an ihn erinnern soll. Dafür muss der Login-Request einen `_spring_security_remember_me`-Parameter enthalten. Eine einfache Checkbox im Login-Formular soll sich darum kümmern:

```
<input id="remember_me" name="_spring_security_remember_me"
    type="checkbox"/>
<label for="remember_me" class="inline">Remember me</label>
```

Bisher haben wir uns hauptsächlich auf die Absicherungen von Webanfragen konzentriert. Weil Spring Security oft genutzt wird, um Webanwendungen zu sichern, gerät oft in Vergessenheit, dass man es auch für die Sicherung von Methodenaufrufen nutzen kann. Schauen wir uns an, wie Spring Security die Sicherheit auf Methodenebene unterstützt.

9.5 Methoden sichern

Wie bereits angedeutet, ist Sicherheit ein aspektorientiertes Konzept. Und Spring AOP ist die Basis in Spring Security für die Sicherheit auf Methodenebene. Sie werden sich aber fast nie direkt um die Aspekte von Spring Security kümmern müssen. Alles AOP, was zum Sichern von Methoden gehört, ist in ein einziges Element gepackt worden: `<global-method-security>`. So kann man `<global-method-security>` üblicherweise nutzen:

```
<global-method-security secured-annotations="enabled" />
```

Damit wird Spring Security eingerichtet, Methoden abzusichern, die mit der eigenen `@Secured`-Annotation von Spring Security annotiert sind. Dies ist nur eine von vier Möglichkeiten, wie Spring Security Sicherheit auf Methodenebene unterstützt:

- Methoden, die mit `@Secured` annotiert sind
- Methoden, die mit `@RolesAllowed` von JSR-250 annotiert sind
- Methoden, die mit Springs Pre- und Post-Invocation-Annotationen versehen sind
- Methoden, die auf einen oder mehrere explizit deklarierte Pointcuts passen

Schauen wir uns jeden Stil der Methodensicherheit im Einzelnen an.

9.5.1 Mit @Secured annotierte Methoden sichern

Wenn <global-method-security> mit dem secured-annotations-Attribut auf enabled gesetzt konfiguriert ist, wird ein Pointcut erstellt, sodass die Spring-Security-Aspekte Bean-Methoden kapseln werden, die mit @Secured annotiert sind. Zum Beispiel:

```
@Secured("ROLE_SPITTER")
public void addSpittle(Spittle spittle) {
  // ...
}
```

Die Annotation @Secured akzeptiert ein String-Array als Argument. Jeder String-Wert ist eine Berechtigung, die erforderlich ist, um die Methode aufzurufen. Durch Übergeben von ROLE_SPITTER weisen wir Spring Security an, den Aufruf der addSpittle()-Methode erst dann zu erlauben, wenn der authentifizierte User ROLE_SPITTER als eine ihm gewährte Berechtigung aufweisen kann.

Wenn mehr als ein Wert in @Secured übergeben wird, muss dem authentifizierten User mindestens eine dieser Berechtigungen gewährt werden, um auf die Methode zugreifen zu können. Zum Beispiel zeigt die folgende Nutzung von @Secured, dass der User das Privileg ROLE_SPITTER *oder* ROLE_ADMIN haben muss, um die Methode aufzurufen:

```
@Secured({"ROLE_SPITTER", "ROLE_ADMIN"})
public void addSpittle(Spittle spittle) {
  // ...
}
```

Wird die Methode von einem nicht authentifizierten User oder einem solchen, der die erforderlichen Privilegien nicht besitzt, aufgerufen, wird der die Methode kapselnde Aspekt eine der Exceptions von Spring Security werfen (wahrscheinlich eine Subklasse von AuthenticationException oder AccessDeniedException). Letzten Endes muss die Exception gefangen werden. Wird die gesicherte Methode im Verlauf einer Webanfrage aufgerufen, wickeln die Filter von Spring Security die Exception automatisch ab. Anderenfalls müssen Sie den Code zur Behandlung der Exception schreiben.

Der einzige Nachteil der @Secured-Annotation besteht in der Tatsache, dass es sich um eine Spring-spezifische Annotation handelt. Wenn Sie sich mit Standardannotationen wohler fühlen, sollten Sie vielleicht überlegen, stattdessen @RolesAllowed zu nehmen.

9.5.2 @RolesAllowed von JSR-250 verwenden

Die @RolesAllowed-Annotation entspricht @Secured in fast jeder Hinsicht. Der einzige wesentliche Unterschied besteht darin, dass es sich bei @RolesAllowed um eine der Standardannotationen von Java handelt, wie sie JSR-250 definiert.[5]

---

[5] http://jcp.org/en/jsr/summary?id=250

Dieser Unterschied enthält eher politische als technische Konsequenzen. Die Verwendung der Standardannotation `@RolesAllowed` könnte aber Implikationen haben, wenn sie im Kontext anderer Frameworks oder APIs verwendet werden, die Annotationen verarbeiten.

Wenn Sie sich für `@RolesAllowed` entscheiden, müssen Sie es jedoch dessen ungeachtet einschalten, indem Sie das `jsr250-annotations`-Attribut von `<global-method-security>` auf `enabled` setzen:

```
<global-method-security jsr250-annotations="enabled" />
```

Obwohl wir hier nur `jsr250-annotations` aktiviert haben, sollte die Anmerkung getroffen werden, dass es sich mit `secured-annotations` nicht gegenseitig ausschließt. Diese beiden Annotationsstile können gleichzeitig aktiviert sein. Und sie lassen sich auch parallel zu den Spring-Sicherheitsannotationen vor und nach dem Methodenaufruf verwenden.

9.5.3 SpEL-Sicherheit mit Pre- und Post-Invocation

Obwohl es scheinbar ausreicht, `@Secured` und `@RolesAllowed` vor den Karren zu spannen, um nicht-autorisierte User fernzuhalten, sind sie gleichwohl zu mehr nicht in der Lage. Manchmal sind Sicherheitseinschränkungen interessanter als die bloße Frage, ob ein User Privilegien hat oder nicht.

Mit Spring Security 3.0 wurde eine Handvoll neuer Annotationen eingeführt, die SpEL nutzen, um für Methoden noch interessantere Sicherheitsbeschränkungen zu ermöglichen. Diese neuen Annotationen werden in Tabelle 9.6 beschrieben.

TABELLE 9.6 Spring Security 3.0 bietet vier neue Annotationen, mit denen man anhand von SpeL-Ausdrücken Methoden absichern kann.

Annotation	Beschreibung
`@PreAuthorize`	Beschränkt den Zugriff auf eine Methode vor dem eigentlichen Aufruf, basierend auf dem Resultat der Auswertung eines Ausdrucks.
`@PostAuthorize`	Erlaubt den Aufruf einer Methode, wirft aber eine Sicherheits-Exception, wenn der Ausdruck als falsch ausgewertet wird.
`@PostFilter`	Erlaubt den Aufruf einer Methode, filtert aber die Ergebnisse dieser Methode anhand eines Ausdrucks.
`@PreFilter`	Erlaubt den Aufruf einer Methode, filtert aber den Input vor Eintritt in die Methode.

Wir schauen uns die jeweiligen Beispiele weiter unten an. Wenn Sie eine dieser Annotationen nutzen wollen, müssen Sie diese zunächst aktivieren, indem Sie `pre-post-annotations` von `<global-method-security>` auf `enabled` setzen:

```
<global-method-security pre-post-annotations="enabled" />
```

Mit aktivierten Annotationen können Sie beginnen, Methoden abzusichern. Fangen wir mit @PreAuthorize an.

Methoden prüfen Rolle vor Ausführung

Auf den ersten Blick scheint @PreAuthorize nichts anderes zu sein als ein SpEL-aktiviertes Äquivalent für @Secured und @RolesAllowed. Tatsächlich können Sie @PreAuthorize nutzen, um den Zugriff basierend auf den Rollen zu begrenzen, die der authentifizierte User bekommen hat:

```
@PreAuthorize("hasRole('ROLE_SPITTER')")
public void addSpittle(Spittle spittle) {
  // ...
}
```

Das String-Argument für @PreAuthorize ist ein SpEL-Ausdruck. Hier verwendet es die hasRole()-Funktion, die Spring Security liefert, um den Zugriff auf die Methode zu autorisieren, wenn der User die Rolle ROLE_SPITTER besitzt.

Wenn die Entscheidungen von SpEL-Ausdrücken geleitet werden, kann man weitaus differenziertere Sicherheitsbeschränkungen schreiben. Nehmen wir beispielsweise an, dass der normale Spitter-User nur Spittles mit bis zu 140 Zeichen schreiben kann, aber Premium-User so viel schreiben dürfen, wie sie wollen. Obwohl @Secured und @RolesAllowed hier keine Hilfe wären, können wir @PreAuthorize auf den Fall ansetzen:

```
@PreAuthorize("(hasRole('ROLE_SPITTER') and #spittle.text.length() <= 140)
        or hasRole('ROLE_PREMIUM')")
public void addSpittle(Spittle spittle) {
  // ...
}
```

Der #spittle-Teil des Ausdrucks bezieht sich direkt auf den Methodenparameter gleichen Namens. Das versetzt Spring Security in die Lage, die an die Methode übergebenen Parameter zu untersuchen und diese Parameter bei der Entscheidungsfindung über die Authentifizierung zu Rate zu ziehen. Hier nehmen wir uns den Text des Spitters vor, damit er die für Standard-Spitter-User erlaubte Länge nicht überschreitet. Falls der User ein Premium-User ist, ist die Länge egal.

Methoden prüfen Rollen nach Ausführung

Ein etwas weniger offensichtlicher Weg, eine Methode zu autorisieren, ist die nachträgliche Autorisierung. Dazu gehört es normalerweise, Entscheidungen zur Sicherheit basierend auf dem Objekt zu treffen, das von der abgesicherten Methode zurückgegeben wird. Das bedeutet natürlich, dass die Methode aufgerufen wird und eine Chance bekommen muss, einen Rückgabewert zu produzieren.

Abgesehen vom Timing der Autorisierung funktioniert @PostAuthorize weitgehend so wie @PreAuthorize. Nehmen wir beispielsweise an, dass wir die getSpittleById()-Methode absichern wollen, damit nur Zugriff autorisiert wird, wenn das Spittle-Objekt zum authentifizierten User gehört. Dafür könnten wir getSpittleById() mit @PostAuthorize wie folgt annotieren:

```
@PostAuthorize("returnObject.spitter.username == principal.username")
public Spittle getSpittleById(long id) {
 // ...
}
```

Für den leichten Zugriff auf das von der gesicherten Methode zurückgegebene Objekt bietet Spring Security den `returnObject`-Namen in SpEL. Hier wissen wir, dass das zurückgegebene Objekt ein `Spittle` ist. Also greift der Ausdruck in die Eigenschaft `spitter` und zieht von dort die Eigenschaft `username` heran.

Auf der anderen Seite des doppelten Gleichheitszeichens greift der Ausdruck auf das integrierte `principal`-Objekt zu, um dessen `username`-Eigenschaft zu bekommen. `principal` ist ein weiterer der besonderen, in Spring Security eingebauten Namen, der das Principal-Objekt des aktuell authentifizierten Users repräsentiert.

Wenn das `Spittle`-Objekt einen `Spitter` hat, dessen Eigenschaft `username` die gleiche wie der `username` von `principal` ist, wird der `Spittle` an den Aufrufer zurückgegeben. Anderenfalls wird eine `AccessDeniedException` geworfen, und der Aufrufer bekommt den `Spittle` nicht zu Gesicht.

Hier muss man unbedingt berücksichtigen, dass – anders als mit `@PreAuthorize` annotierte Methoden – die mit `@PostAuthorize` annotierten Methoden zuerst ausgeführt und hinterher abgefangen werden. Also muss man sorgfältig darauf achten, dass die Methode keine unerwünschten Nebeneffekte hat, wenn die Authentifizierung misslingt.

Methoden beim Verlassen filtern

Manchmal werden nicht die Methoden gesichert, sondern die von ihnen zurückgegebenen Daten. Nehmen wir beispielsweise an, dass Sie dem User eine Liste mit `Spittles` präsentieren wollen, diese Liste aber auf jene `Spittles` beschränken wollen, die der User löschen darf. In diesem Fall annotieren Sie die Methode wie folgt:

```
@PreAuthorize("hasRole('ROLE_SPITTER')")
@PostFilter("filterObject.spitter.username == principal.name")
public List<Spittle> getABunchOfSpittles() {
 ...
}
```

Hier dürfen wegen der `@PreAuthorize`-Annotation nur User mit der Berechtigung ROLE_SPITTER die Methode ausführen. Wenn der User diese Prüfung besteht, wird die Methode ausgeführt und eine `List` mit `Spittles` zurückgegeben. Doch die `@PostFilter`-Annotation filtert diese Liste und gewährleistet damit, dass der User nur jene `Spittle`-Objekte sieht, die ihm gehören.

Das im Ausdruck referenzierte `filterObject` bezieht sich auf ein einzelnes Element (das wir als `Spittle` kennen) aus der von der Methode zurückgegebenen `List`. Wenn der `Spitter` dieses `Spittles` nun einen Usernamen hat, der der gleiche ist wie der authentifizierte User (in diesem Ausdruck der `principal.name`), dann landet das Element in der gefilterten Liste. Anderenfalls bleibt es vor der Tür.

Wahrscheinlich denken Sie jetzt: Ich schreibe meine Abfrage so, dass sie nur Spittle-Objekte zurückgibt, die unserem User gehören. Das wäre prima, wenn die Sicherheitsregeln so lauteten, dass ein User nur Spittles löschen darf, die ihm gehören.

Um die Sache interessanter zu gestalten, gehen wir davon aus, dass ein User nicht nur ein Spittle löschen darf, das ihm gehört, sondern auch alle Spittles, die Obszönitäten enthalten. Dafür schreiben Sie den Ausdruck @PostFilter wie folgt um:

```
@PreAuthorize("hasRole('ROLE_SPITTER')")
@PostFilter("hasPermission(filterObject, 'delete')")
public List<Spittle> getSpittlesToDelete() {
  ...
}
```

Wie er hier verwendet wird, *sollte* der Vorgang hasPermission() zu true evaluiert werden, wenn der User die Löscherlaubnis delete für den Spittle hat, der vom filterObject identifiziert wurde. Ich sage: es *sollte* in diesem Fall zu true evaluiert werden, aber die Realität ist, dass hasPermission() standardmäßig immer false zurückgeben wird.

Wenn hasPermission() standardmäßig immer false zurückgibt, wozu ist es dann gut? Tja, das ist das Schöne an einem Standardverhalten: Man kann es überschreiben. Zum Überschreiben des Verhaltens von hasPermission() gehört das Erstellen und Registrieren eines Permission-Evaluators. Genau dafür ist der SpittlePermissionEvaluator im folgenden Listing gedacht.

LISTING 9.7 Ein Permission-Evaluator liefert die Logik hinter hasPermission().

```
package com.habuma.spitter.security;
import java.io.Serializable;
import org.springframework.security.access.PermissionEvaluator;
import org.springframework.security.core.Authentication;
import com.habuma.spitter.domain.Spittle;
public class SpittlePermissionEvaluator implements PermissionEvaluator {
  public boolean hasPermission(Authentication authentication,
      Object target, Object permission) {
    if (target instanceof Spittle) {
      Spittle spittle = (Spittle) target;
      if ("delete".equals(permission)) {
        return spittle.getSpitter().getUsername().equals(
          authentication.getName()) || hasProfanity(spittle);
      }
    }
    throw new UnsupportedOperationException(
        "hasPermission not supported for object <" + target
          + "> and permission <" + permission + ">");
  }
  public boolean hasPermission(Authentication authentication,
      Serializable targetId, String targetType, Object permission) {
    throw new UnsupportedOperationException();
  }
  private boolean hasProfanity(Spittle spittle) {
    ...
    return false;
  }
}
```

SpittlePermissionEvaluator implementiert das PermissionEvaluator-Interface von Spring Security, das verlangt, dass zwei verschiedene hasPermission()-Methoden implementiert sein sollen. Eine der hasPermission()-Methoden akzeptiert ein Object, und anhand dieses Objekts soll der zweite Parameter evaluiert werden. Das andere hasPermission() ist praktisch, wenn nur die ID des Zielobjekts verfügbar ist, und nimmt diese ID als ein Serializable im zweiten Parameter.

Für unsere Zwecke nehmen wir an, dass wir die Berechtigungen immer anhand des Spittle-Objekts auswerten. Also wird die andere Methode einfach eine UnsupportedOperationException werfen.

Was die andere Methode hasPermission() angeht: sie prüft, ob das auszuwertende Objekt ein Spittle und ob die Löscherlaubnis vorhanden ist. Wenn ja, vergleicht sie den Usernamen des Spitters mit dem Namen des authentifizierten Users. Sie prüft außerdem, ob in dem Spittle etwas Obszönes steht, indem sie ihn an die hasProfanity()-Methode übergibt.[6]

Nun ist der Permission-Evaluator bereit, und Sie müssen ihn mit Spring Security registrieren, damit er die hasPermission()-Operation in dem an @PostFilter übergebenen Ausdruck bewilligt. Dafür müssen Sie eine Expression-Handler-Bean erstellen und mit <global-method-security> registrieren.

Für den Expression-Evaluator erstellen Sie eine Bean vom Typ DefaultMethodSecurityExpressionHandler und injizieren dessen Eigenschaft permissionEvaluator mit einer Instanz unseres SpittlePermissionEvaluators:

```
<beans:bean id="expressionHandler" class=
  "org.springframework.security.access.expression.method.
            ➥ DefaultMethodSecurityExpressionHandler">
 <beans:property name="permissionEvaluator">
  <beans:bean class=
       "com.habuma.spitter.security.SpittlePermissionEvaluator" />
 </beans:property>
</beans:bean>
```

Dann können wir diese expressionHandler-Bean wie folgt mit <global-method-security> konfigurieren:

```
<global-method-security pre-post-annotations="enabled">
  <expression-handler ref="expressionHandler"/>
</global-method-security>
```

Vorher haben wir eine <global-method-security> ohne Angabe eines Expression-Handlers konfiguriert. Wir haben aber den Standard-Expression-Handler durch einen Handler ersetzt, der von unserem Permission-Evaluator weiß.

---

[6] Die Implementierung von hasProfanity() habe ich praktischerweise als Übung für den Leser belassen.

9.5.4 Sicherheits-Pointcuts auf Methodenebene deklarieren

Sicherheitseinschränkungen auf Methodenebene variieren oft von einer Methode zur nächsten. Deswegen ist es durchaus sinnvoll, jede Methode mit den Einschränkungen zu annotieren, die für diese Methode am besten geeignet sind. Manchmal ist es aber besser, die gleichen Autorisierungsprüfungen auf mehrere Methoden anzuwenden – sozusagen eine querschnittliche Autorisierung.

Um den Zugriff auf mehrere Methoden einzuschränken, können wir das `<protect-pointcut>`-Element als Kind des `<global-method-security>`-Elements einsetzen. Zum Beispiel:

```
<global-method-security>
 <protect-pointcut access="ROLE_SPITTER"
   expression=
     "execution(@com.habuma.spitter.Sensitive * *.*(String))"/>
</global-method-security>
```

Das `expression`-Attribut bekommt einen AspectJ-Pointcut-Ausdruck. In diesem Fall identifiziert es jegliche Methode, die mit einer eigenen `@Sensitive`-Annotation annotiert ist. In der Zwischenzeit zeigt das `access`-Attribut an, welche Berechtigungen der authentifizierte User haben muss, um auf die Methoden zuzugreifen, die vom `expression`-Attribut identifiziert werden.

9.6 Zusammenfassung

Die Sicherheit ist bei vielen Applikationen ein kritischer Aspekt. Spring Security bietet einen Mechanismus zum Absichern Ihrer Applikation, der flexibel, einfach und leistungsfähig ist.

Mit einer Serie von Servlet-Filtern kann Spring Security den Zugriff auf Webressourcen steuern, z. B. auch Spring MVC-Controllern. Und durch den Einsatz von Aspekten können Sie in Spring Security auch den Methodenaufruf sichern. Dank des Konfigurationsnamensraums von Spring Security brauchen Sie sich mit den Filtern oder Aspekten aber nicht direkt herumzuschlagen. Die Sicherheit kann kurz und bündig deklariert werden.

Wenn es um die Authentifizierung von Usern geht, bietet Spring Security mehrere Optionen. Wir haben gesehen, wie man Authentifizierung anhand eines speicherresidenten Repositorys, einer relationalen Datenbank und von LDAP-Verzeichnisservern konfiguriert.

Als Nächstes schauen wir uns an, wie man Spring-Applikationen in andere Applikationen integriert. Dazu untersuchen wir, wie Spring verschiedene Remoting-Optionen unterstützt, z. B. RMI und Webservices.

Teil III: Spring integrieren

In den Teilen 1 und 2 haben Sie die Grundlagen der Arbeit mit Spring und die wesentlichen Grundzüge der Anwendungsentwicklung mit dem Persistenz- und Transaktionssupport von Spring und dem Web-Framework erlernt. In Teil 3 erfahren Sie, wie Sie Ihre Applikation noch weiter voranbringen, indem Sie sie in andere Applikationen und Unternehmensdienste integrieren.

Kapitel 10, „Mit Remote-Diensten arbeiten“, vermittelt Ihnen, wie Sie Ihre Applikationsobjekte als Remote-Dienste verfügbar machen. Sie erfahren außerdem, wie man transparent auf Remote-Services zugreift, so als wären sie einfache Objekte in Ihrer Applikation. Wir untersuchen Remoting-Technologien, z. B. RMI, Hessian/Burlap, den HTTP-Invoker von Spring und Webservices mit JAX-RPC und JAX-WS.

Im Kontrast zu den in Kapitel 10 präsentierten Remote-Services im RPC-Stil untersuchen wir in Kapitel 11, „Spring und REST“, den Aufbau ressourcenorientierter REST-Integration mit Spring MVC.

Kapitel 12, „Messaging in Spring“, untersucht einen anderen Ansatz zur Applikation-Integration: Dort zeigen wir Ihnen, wie Sie Spring mit JMS nutzen, um asynchron Nachrichten zwischen Applikationen zu senden und zu empfangen.

Management und Monitoring von Spring-Beans ist das Thema von Kapitel 13, „Verwalten von Spring-Beans mit JMX“. In diesem Kapitel erfahren Sie, wie Spring automatisch Beans veröffentlichen kann, die in Spring als JMX-MBeans konfiguriert sind.

Am Ende unseres Buches greifen wir in Kapitel 14, „Krimskrams“, einige Themen auf, die wichtig genug sind, um angesprochen zu werden, vom Umfang her aber kein eigenes Kapitel rechtfertigen. Sie lernen, Konfigurationen auszulagern, JNDI-Ressourcen als Spring-Beans zu verschalten, E-Mails zu versenden, Aufgaben terminlich festzulegen und Methoden zu deklarieren, damit sie asynchron als Hintergrundjobs laufen.

10 Die Arbeit mit Remote-Diensten

Dieses Kapitel behandelt die folgenden Themen:

- Auf RMI-Dienste zugreifen und verfügbar machen
- Mit Hessian- und Burlap-Diensten arbeiten
- Springs HTTP-Invoker nutzen
- Der Einsatz von Spring mit Webservices

Stellen Sie sich einen Moment lang vor: Sie befinden sich auf einer verlassenen Insel. Ein Traum ist wahr geworden. Wer wollte da nicht die Einsamkeit am Strand genießen und die Außenwelt geflissentlich ignorieren?

Sie können aber nicht den lieben langen Tag in der Sonne liegen, und Piña Colada gibt es auch nicht. Vielleicht erfreuen Sie sich an der friedlichen Abgeschiedenheit, doch über kurz oder lang werden Hunger, Langeweile und Einsamkeit die Oberhand gewinnen. Weil Sie sich nur von Kokosnüssen und Fisch, den Sie mit einem Spieß erbeuten, ernähren, sehnen Sie sich nach anderer Nahrung, frischer Kleidung und weiteren Gegenständen des täglichen Bedarfs. Und wenn Sie nicht bald Kontakt zu Menschen aufnehmen, beginnen Sie womöglich noch mit Ihrem Volleyball zu sprechen!

Viele Anwendungen, die Sie entwickeln, sind wie Schiffbrüchige auf abgelegenen Inseln. Oberflächlich betrachtet, sind sie nicht auf fremde Hilfe angewiesen, aber in Wirklichkeit können sie mit anderen Systemen innerhalb wie auch außerhalb Ihrer Organisation kollaborieren.

Betrachten Sie etwa ein Beschaffungssystem, das mit dem Supply-Chain-System eines Anbieters kommunizieren muss. Und vielleicht muss sich das Personalsystem Ihres Unternehmens mit der Lohnbuchhaltung integrieren lassen. Das Lohnbuchhaltungssystem selbst wiederum muss unter Umständen mit einem externen System kommunizieren können, das Gehaltsschecks druckt und verschickt. Wie auch immer die Umstände aussehen mögen: Ihre Anwendung muss mit dem entfernten System in Kontakt treten, um auf Remote-Services zugreifen zu können.

Ihnen als Java-Entwickler stehen hierfür verschiedene Remote-Technologien zur Verfügung:

- RMI (Remote Method Invocation)
- Hessian und Burlap von Caucho
- Der Spring-eigene HTTP-basierte Fernzugriff
- Webservices mit JAX-RPC und JAX-WS

Egal, welche Remote-Technologie Sie wählen: Spring bietet einen breiten Support für den Zugriff und die Erstellung von Remote-Diensten anhand unterschiedlicher Technologien. In diesem Kapitel erfahren Sie, wie Spring diese Remote-Services sowohl vereinfacht als auch ergänzt. Zunächst wollen wir jedoch mit einem Überblick über die Funktionsweise des Remoting in Spring die Bühne für dieses Kapitel einrichten.

10.1 Das Spring-Remoting im Überblick

Remoting bezeichnet einen Kommunikationsvorgang zwischen einer Clientanwendung und einem Service. Client-seitig sind bestimmte Funktionalitäten erforderlich, die nicht zum Aufgabenkreis der Anwendung gehören. Aus diesem Grund greift die Anwendung in diesem Fall auf ein anderes System zurück, das die erforderliche Funktionalität bereitstellt. Die Remote-Anwendung macht die Funktionalität über einen Remote-Service verfügbar.

Nehmen wir an, dass etwas von der Funktionalität der Spitter-Applikation als Remote-Dienst für andere Applikationen bereitgestellt werden soll. Vielleicht als Ergänzung für die vorhandene Browser-basierte Benutzerschnittstelle könnten wir auch ein Desktop- oder mobiles Frontend für Spitter schaffen (siehe Abbildung 10.1). Dafür müssen wir die Grundfunktionen des `SpitterService`-Interface als Fernzugriffsdienst (*remote service*) verfügbar machen.

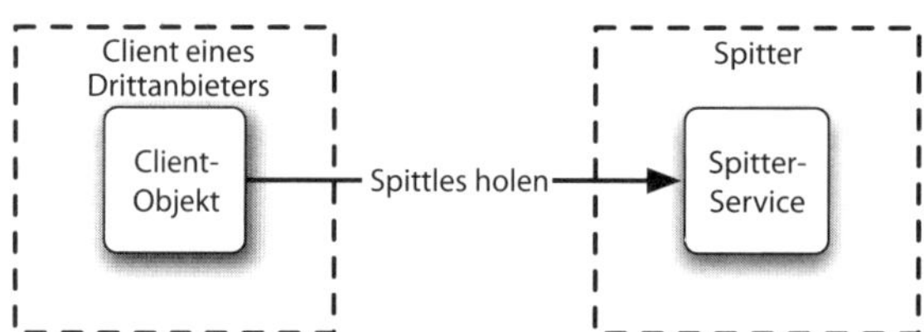

ABBILDUNG 10.1 Der Client eines Drittanbieters kann sich mit der Spitter-Applikation austauschen, indem er Remote-Calls bei einem von Spitter angebotenen Dienst macht.

Die Kommunikation zwischen den anderen Applikationen und Spitter beginnt mit einem RPC (*Remote Procedure Call*, entfernter Prozeduraufruf) von den Client-Applikationen. Oberflächlich betrachtet, ähnelt ein RPC dem Aufruf einer Methode für ein lokales Objekt: Bei beiden handelt es sich um synchrone Operationen, die die Ausführung des aufrufenden Codes unterbinden, bis die aufgerufene Prozedur abgeschlossen ist.

Der Unterschied besteht in der „Nähe", wobei man hier eine Analogie zur menschlichen Kommunikation herstellen kann. Wenn Sie am Montagmorgen in der Frühstückspause mit Kollegen über die Fußballergebnisse vom Wochenende diskutieren, nehmen Sie an einem lokalen Kommunikationsvorgang teil, d. h., die Kommunikation findet zwischen zwei oder mehr Personen im gleichen Raum statt. Ähnlich erfolgt beim lokalen Methodenaufruf der Ausführungsablauf zwischen zwei Codeblocks innerhalb derselben Anwendung.

Im Gegensatz dazu kommunizieren Sie, wenn Sie einen Kunden in einer anderen Stadt anrufen, fernmündlich (d. h. über das Telefonnetz). Analog wechselt beim RPC via Netzwerk der Ausführungsablauf zwischen den Anwendungen, die sich auch auf unterschiedlichen Systemen an verschiedenen Standorten befinden können.

Spring unterstützt das Remoting für verschiedene RPC-Modelle wie RMI (Remote Method Invocation), Hessian und Burlap von Caucho und Springs eigenen HTTP-Invoker. Tabelle 10.1 umreißt die einzelnen Modelle und ihren Nutzen in verschiedenen Situationen.

Unabhängig vom gewählten Remoting-Modell lässt sich ein gemeinsamer Ansatz bei der Unterstützung der einzelnen Modelle durch Spring erkennen. Wenn Sie also einmal verstanden haben, wie man Spring so konfiguriert, dass es mit einem der Modelle arbeitet, ist der Lernaufwand bei der Verwendung eines anderen Modells erheblich geringer.

TABELLE 10.1 Spring unterstützt RPC über verschiedene Remoting-Technologien.

RPC-Modell	Einsatzzweck
Remote Method Invocation (RMI)	Zugriff auf und Verfügbarmachung von Java-basierten Services, wenn Beschränkungen des Netzwerks (z. B. Firewall) keine Rolle spielen
Hessian oder Burlap	Zugriff auf und Verfügbarmachung von Java-basierten Services über HTTP, wenn Beschränkungen des Netzwerks zu berücksichtigen sind
HTTP-Invoker	Zugriff auf und Verfügbarmachung von Spring-basierten Services, wenn Beschränkungen des Netzwerks zu berücksichtigen sind und Sie eine Java-Serialisierung über XML oder eine proprietäre Serialisierung wünschen.
JAX-RPC und JAX-WS	Zugriff auf und Verfügbarmachung von plattformneutralen, SOAP-basierten Webservices

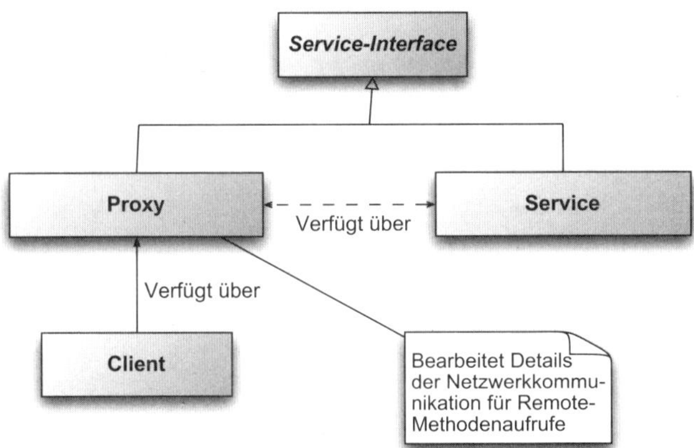

ABBILDUNG 10.2
In Spring können Proxys für Remote-Services eingerichtet werden, um sie so im Clientcode zu verschalten, als ob es sich um eine ganz normale Spring-Bean handelt.

Bei allen Modellen lassen sich die Services als Spring-verwaltete Beans in Ihrer Anwendung konfigurieren. Hierbei kommt eine Proxy-Factory-Bean zum Einsatz, mit der Sie Remote-Services in Eigenschaften Ihrer anderen Beans so verschalten können, als ob es sich um lokale Objekte handelt. Abbildung 10.2 veranschaulicht, wie das funktioniert.

Der Client setzt Aufrufe an den Proxy ab, so als ob dieser die Servicefunktionalität bereitstellen würde. Der Proxy seinerseits kommuniziert im Auftrag des Clients mit dem Remote-Service. Er behandelt die Details des Verbindens mit dem Remote-Service und des Absetzens von Remote-Aufrufen.

Mehr noch: Wenn der Aufruf des Remote-Service eine `java.rmi.Remote-Exception` auslöst, behandelt der Proxy diese Exception und löst sie als ungeprüfte `RemoteAccessException` neu aus. Remote-Exceptions signalisieren gewöhnlich Netzwerk- oder Konfigurationsprobleme, die nicht ohne Weiteres behoben werden können. Da ein Client in der Regel nur sehr wenig zur stillschweigenden Behebung einer Remote-Exception tun kann, ermöglicht ihm das erneute Auslösen einer `RemoteAccessException` die Behandlung der Exception.

Auf Serviceseite können Sie die Funktionalität beliebiger Spring-verwalteter Beans als Remote-Service mithilfe der in Tabelle 10.1 aufgeführten Modelle bereitstellen. Abbildung 10.3 veranschaulicht, wie Remote-Exporter Bean-Methoden als Remote-Services verfügbar machen.

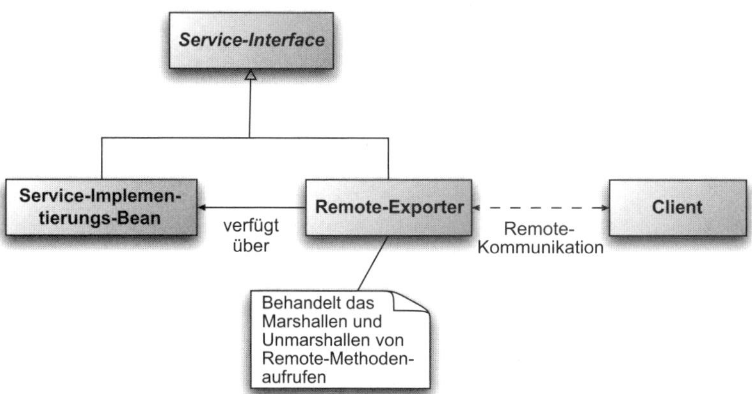

ABBILDUNG 10.3 Spring-verwaltete Beans können als Remote-Services mithilfe von Remote-Exportern exportiert werden.

Unabhängig davon, ob der von Ihnen entwickelte Code Remote-Services weiterverarbeitet oder implementiert (oder beides), ist der Umgang mit Remote-Services in Spring ausschließlich eine Frage der Konfiguration. Um das Remoting zu unterstützen, müssen Sie keinen Java-Code schreiben. Ihre Service-Beans müssen auch nicht wissen, dass sie Bestandteil eines RPC sind. (Allerdings müssen Beans, die an Remote-Aufrufe übergeben oder von diesen zurückgegeben werden, `java.io.Serializable` implementieren.)

Beginnen wir unsere Abhandlung zum Remoting-Support in Spring mit RMI, der ursprünglichen Remoting-Technologie für Java.

10.2 Die Arbeit mit RMI

Auch wenn Sie erst Einsteiger in Sachen Java sind, haben Sie zweifelsohne bereits von RMI (Remote Method Invocation, Methodenfernaufruf) gehört – und es wahrscheinlich sogar schon eingesetzt. Das mit JDK 1.1 zur Java-Plattform hinzugekommene RMI ist ein mächtiges Werkzeug für Java-Programmierer, um die Kommunikation zwischen Java-Programmen zu realisieren. Vor RMI waren die einzigen diesbezüglichen Optionen CORBA (welches damals den Erwerb eines Drittanbieter-ORBs (*Object Request Broker*) nach sich zog) oder eine selbst geschriebene Socket-Programmierung.

Entwicklung von und Zugriff auf RMI-Services sind mühevoll und erfordern viel Programmieraufwand und Handarbeit. Spring vereinfacht das RMI-Modell durch Bereitstellung einer Proxy-Factory-Bean, mit der Sie RMI-Services in Ihrer Spring-Anwendung verschalten können, als ob es sich um lokale JavaBeans handelt. Spring stellt zudem einen Remote-Exporter zur Verfügung, der die Konvertierung Ihrer Spring-verwalteten Beans in RMI-Service buchstäblich zu einem „kurzen Prozess“ macht.

Für die Spitter-Applikation zeige ich Ihnen, wie Sie einen RMI-Service mit dem Spring-Anwendungskontext einer Client-Applikation verschalten. Aber zuerst schauen wir uns an, wie man mit dem RMI-Exporter die `SpitterService`-Implementierung als RMI-Service veröffentlicht.

10.2.1 Einen RMI-Service exportieren

Wenn Sie jemals einen RMI-Service erstellt haben, wissen Sie, dass hierzu die folgenden Schritte durchgeführt werden müssen:

1. Schreiben der Serviceimplementierungsklasse mit Methoden, die `java.rmi.RemoteException` auslösen.
2. Erstellen des Service-Interface zur Erweiterung von `java.rmi.Remote`.
3. Ausführen des RMI-Compilers (`rmic`) zur Erzeugung von Client-Stub und Servercode-Gerüst.
4. Starten einer RMI-Registrierung als Host für die Services
5. Registrieren des Service in der RMI-Registrierung

Meine Güte! Das ist aber eine Menge Arbeit, nur um einen RMI-Service zu veröffentlichen. Schlimmer noch als alle erforderlichen Schritte ist aber wohl die Tatsache, dass – wie Sie durchaus bemerkt haben werden – eine Menge `RemoteExceptions` und `MalformedURLExceptions` ausgelöst werden. Diese Exceptions weisen gewöhnlich auf einen schwerwiegenden Fehler hin, der nicht mit einem `catch`-Block aufgelöst werden kann; Sie müssen also noch Boilerplate-Code schreiben, der diese Exceptions abfängt und behandelt – auch wenn man dagegen nicht allzu viel unternehmen kann.

Ganz offensichtlich sind für die Veröffentlichung eines RMI-Service ohne Spring eine Menge Code und Handarbeit erforderlich. Gibt es irgendetwas, das Spring befähigt, diese verzwickte Lage zu entschärfen?

RMI-Service in Spring konfigurieren

Zum Glück bietet Spring tatsächlich eine einfachere Möglichkeit an, um RMI-Services zu veröffentlichen. Statt RMI-spezifische Klassen mit Methoden formulieren zu müssen, die `RemoteExceptions` auslösen, schreiben Sie einfach ein POJO, das die Funktionalität Ihres Service durchführt. Den Rest erledigt Spring.

Der RMI-Service, den wir erstellen werden, veröffentlicht die Methoden aus dem `SpitterService`-Interface. Als Erinnerung sehen Sie im Folgenden, wie das Interface aussieht.

LISTING 10.1 `SpitterService` definiert die Serviceschicht der Spitter-Applikation.

```
package com.habuma.spitter.service;
import java.util.List;
import com.habuma.spitter.domain.Spitter;
import com.habuma.spitter.domain.Spittle;
public interface SpitterService {
  List<Spittle> getRecentSpittles(int count);
  void saveSpittle(Spittle spittle);
  void saveSpitter(Spitter spitter);
  Spitter getSpitter(long id);
  void startFollowing(Spitter follower, Spitter followee);
  List<Spittle> getSpittlesForSpitter(Spitter spitter);
  List<Spittle> getSpittlesForSpitter(String username);
  Spitter getSpitter(String username);
  Spittle getSpittleById(long id);
  void deleteSpittle(long id);
  List<Spitter> getAllSpitters();
}
```

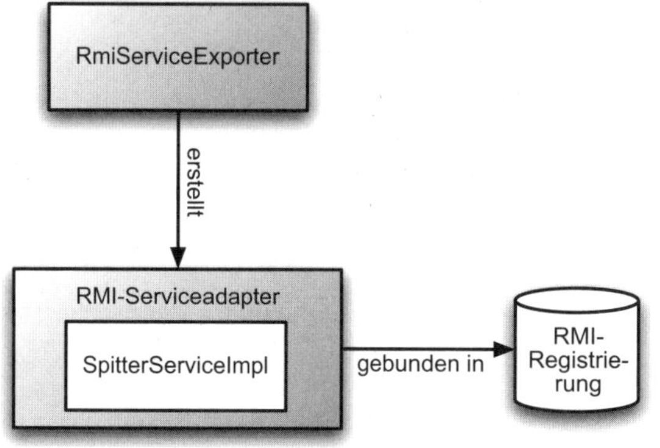

ABBILDUNG 10.4
RmiServiceExporter verwandelt POJOs in RMI-Services, indem er sie in einem Serviceadapter kapselt und diesen dann an die RMI-Registrierung bindet.

Würden wir das traditionelle RMI nehmen, um diesen Service zu veröffentlichen, müssten alle Methoden in Spitter-Service und SpitterServiceImpl eine java.rmi.Remote-Exception werfen.

RmiServiceExporter exportiert beliebige Spring-verwaltete Beans als RMI-Service. Wie Abbildung 10.4 zeigt, kapselt RmiServiceExporter die Bean in einer Adapterklasse. Diese Adapterklasse wird dann an die RMI-Registrierung gebunden und fungiert als Proxy für Anfragen der Serviceklasse – in unserem Fall also SpitterServiceImpl.

Die einfachste Möglichkeit, RmiServiceExporter zur Verfügbarmachung von Spitter-ServiceImpl als RMI-Service zu verwenden, besteht in seiner Konfiguration in Spring. Hierbei kommt der folgende XML-Code zum Einsatz:

```
<bean class="org.springframework.remoting.rmi.RmiServiceExporter"
      p:service-ref="spitterService"
      p:serviceName="SpitterService"
      p:serviceInterface="com.habuma.spitter.service.SpitterService" />
```

Hier wird die spitterService-Bean mit der Eigenschaft service verschaltet, um anzugeben, dass RmiServiceExporter die Bean als RMI-Service exportieren soll. Die Eigenschaft vergibt den Namen an den RMI-Service, und die Eigenschaft serviceInterface legt das Interface fest, das der Service implementiert.

Standardmäßig versucht sich RmiServiceExporter auf Port 1099 des lokalen Computers an eine RMI-Registrierung zu binden. Wird auf diesem Port keine RMI-Registrierung gefunden, dann initiiert RmiServiceExporter eine solche. Soll die Bindung an eine RMI-Registrierung auf einem anderen Port oder Host erfolgen, können Sie dies mit den Eigenschaften registryPort und registryHost festlegen. Der folgende RmiServiceExporter etwa versucht eine Bindung an eine RMI-Registrierung auf Port 1199 von rmi.spitter.com:

```
<bean class="org.springframework.remoting.rmi.RmiServiceExporter"
      p:service-ref="spitterService"
      p:serviceName="SpitterService"
      p:serviceInterface="com.habuma.spitter.service.SpitterService"
      p:registryHost="rmi.spitter.com"
      p:registryPort="1199"/>
```

Mehr brauchen Sie nicht zu tun, damit Spring eine Bean in einen RMI-Service verwandelt. Da nun der Spitter-Service als RMI-Service veröffentlicht wurde, können wir alternative Benutzerschnittstellen einbauen oder Drittanbieter einladen, neue Clients für Spitter zu erstellen, die den RMI-Service nutzen. Für die Entwickler dieser Clients wird es ein Leichtes sein, die Verbindung mit dem Spitter-RMI-Service aufzubauen, wenn sie mit Spring arbeiten. Wechseln wir nun das Thema und beschäftigen uns damit, wie man einen Client für den Spitter-RMI-Service schreibt.

10.2.2 Einen RMI-Service verschalten

Traditionellerweise müssen RMI-Clients die Klasse der RMI-API verwenden, um einen Service in der RMI-Registrierung nachzuschlagen. Das folgende Code-Snippet kann man beispielsweise nutzen, um den RMI-Spitter-Service auszulesen:

```
try {
  String serviceUrl = "rmi:/spitter/SpitterService";
  SpitterService spitterService =
          (SpitterService) Naming.lookup(serviceUrl);
  ...
}
catch (RemoteException e) { ... }
catch (NotBoundException e) { ... }
catch (MalformedURLException e) { ... }
```

Obwohl dieses Code-Snippet sicherlich eine Referenz auf den RMI-Spitter-Service auslesen kann, bringt es zwei Probleme mit sich:

- Konventionelle RMI-Lookups könnten eine von drei möglichen Exceptions (`RemoteException`, `NotBoundException` und `MalformedURLException`) auslösen, die abgefangen oder neu ausgelöst werden müssten.
- Jeder Code, der den Spitter-Service braucht, ist selbst dafür verantwortlich, dass der Service ausgelesen wird. Dieser Code dient dem Zusammenfügen und hängt wahrscheinlich mit der Funktionalität des Clients nicht direkt zusammen.

Die im Verlauf eines RMI-Lookups ausgelösten Exceptions sind von der Art, dass sie gewöhnlich eine schwerwiegende, nicht behebbare Fehlerbedingung in der Anwendung signalisieren. `MalformedURLException` beispielsweise gibt an, dass die für den Service angegebene Adresse nicht gültig ist. Um diese Exception aufzulösen, muss die Anwendung zumindest neu konfiguriert – und somit auch neu kompiliert – werden. Eine stillschweigende Auflösung via `try/catch`-Block ist nicht möglich. Warum also sollte Ihr Code gezwungen werden, die Exception abzufangen und zu behandeln?

Vielleicht noch hinterhältiger ist die Tatsache, dass `lookupCitationService()` einen direkten Verstoß gegen die Prinzipien der Dependency Injection darstellt. Weil der Client-Code sowohl dafür verantwortlich ist, den Spitter-Service nachzuschlagen, als auch, dass es sich bei dem Service um einen RMI-Service handelt, gibt es keine Gelegenheit, eine andere Implementierung von `SpitterService` aus einer anderen Quelle zu liefern. Im Idealfall sollten Sie in der Lage sein, ein `SpitterService`-Objekt in jede Bean zu injizieren, die ein solches benötigt, damit die Bean den Service nicht selbst nachschlagen muss. Wenn man DI verwendet, muss ein `SpitterService`-Client nicht wissen, woher der Service stammt.

Springs RmiProxyFactoryBean ist eine Factory-Bean, die einen Proxy für einen RMI-Service erstellt. Die Referenzierung eines RMI-SpitterService mit RmiProxyFactoryBean ist nicht schwieriger, als das folgende <bean>-Element in der Spring-Konfigurationsdatei zu deklarieren:

```
<bean id="spitterService"
      class="org.springframework.remoting.rmi.RmiProxyFactoryBean"
      p:serviceUrl="rmi://localhost/SpitterService"
      p:serviceInterface="com.habuma.spitter.service.SpitterService" />
```

Der URL des RMI-Service wird über die Eigenschaft serviceUrl von RmiProxyFactoryBean festgelegt. Hier wird der Service SpitterService genannt und auf der lokalen Maschine gehostet. In der Zwischenzeit wird die Benutzerschnittstelle, die der Service liefert, mit der Eigenschaft serviceInterface angegeben. Die Interaktion zwischen Client und RMI-Proxy veranschaulicht Abbildung 10.5.

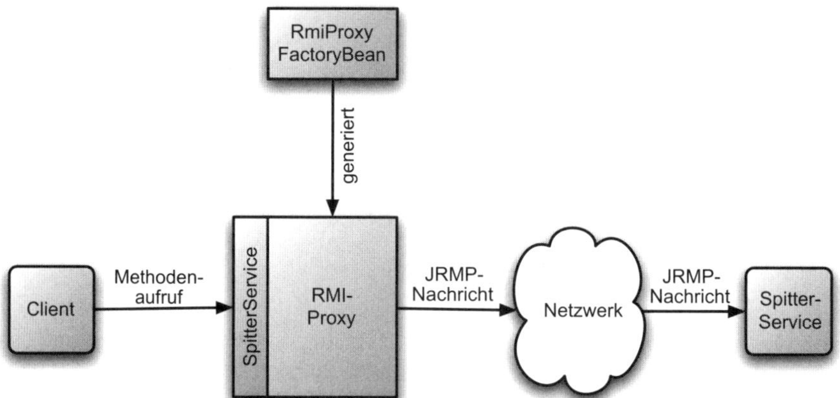

ABBILDUNG 10.5 RmiProxyFactory-Bean generiert ein Proxy-Objekt, das im Auftrag des Clients mit den entfernten RMI-Services kommuniziert. Der Client kommuniziert mit dem Proxy über das Interface des Service, so als ob der Remote-Service nichts anderes als ein lokales POJO wäre.

Nachdem Sie den RMI-Service als Spring-verwaltete Bean definiert haben, können Sie ihn als Abhängigkeit in einer anderen Bean verschalten – genau so, wie Sie es auch mit anderen lokalen Beans täten. Nehmen wir beispielsweise an, dass der Client den Spitter-Service verwenden muss, um eine Liste von Spittles für einen bestimmten User auszulesen. Sie können @Autowired nehmen, um den Service-Proxy mit dem Client zu verschalten:

```
@Autowired
  SpitterService spitterService;
```

Dann können Sie dafür Methoden aufrufen, als wäre es eine lokale Bean:

```
public List<Spittle> getSpittles(String userName) {
  Spitter spitter = spitterService.getSpitter(userName);
  return spitterService.getSpittlesForSpitter(spitter);
}
```

Das Praktische bei einem derartigen Zugriff auf einen RMI-Service ist, dass der Client-Code nicht einmal weiß, dass ein RMI-Service beteiligt ist. Er bekommt per Injektion ein `SpitterService`-Objekt, ohne sich darum zu kümmern, woher es stammt.

Zudem fängt der Proxy alle `RemoteExceptions` ab, die ggf. vom Service ausgelöst werden, und löst sie als Laufzeit-Exceptions erneut aus, sodass Sie sie problemlos ignorieren können. Auf diese Weise können Sie die Remote-Service-Bean unkompliziert durch eine andere Implementierung des Service ersetzen – etwa durch einen anderen Remote-Service oder eine Pseudo-Implementierung, die bei Unit-Tests des Client-Codes zum Einsatz kommt.

Auch wenn dem Client-Code nicht bewusst ist, dass es sich bei dem `SpitterService`, den er bekommen hat, um einen Remote-Service handelt, sollten Sie das Interface des Services sorgfältig gestalten. Beachten Sie, dass der Client für den Service zwei Aufrufe machen musste: Mit dem einen schlägt er den `Spitter` anhand des Usernamens nach, mit dem anderen liest er eine Liste von `Spittle`-Objekten aus. Diese beiden Remote-Calls werden die Netzwerklatenz beeinflussen und sich auf die Performance des Clients auswirken. Wenn man nun weiß, dass der Service auf diese Weise genutzt wird, kann es sich lohnen, noch einmal zu seinem Interface zurückzugehen, um diese beiden Aufrufe zu einer Methode zusammenzufassen. Für den Moment akzeptieren wir aber den Service so, wie er ist.

RMI stellt eine hervorragende Möglichkeit dar, mit Remote-Services zu kommunizieren, weist allerdings einige Einschränkungen auf. Zunächst einmal hat RMI Schwierigkeiten, Firewall-übergreifend zu arbeiten. Ursache hierfür ist die Tatsache, dass RMI Kommunikationsports willkürlich auswählt, was Firewalls gewöhnlich nicht erlauben. In einer Intranet-Umgebung ist dies meist unproblematisch, aber wenn Sie im „bösen" Internet arbeiten, ist RMI wahrscheinlich die Quelle vieler Probleme. Zwar unterstützt RMI das Tunneling über HTTP (wohingegen Firewalls in der Regel nichts einzuwenden haben), doch kann dessen Einrichtung höchst knifflig sein.

Ein weiterer, zu berücksichtigender Punkt ist die Tatsache, dass RMI Java-basiert ist. Dies bedeutet, dass sowohl der Client als auch der Service in Java geschrieben sein müssen. Und weil RMI die Java-Serialisierung verwendet, müssen die Typen der Objekte, die über das Netzwerk versandt werden, auf beiden Seiten des Aufrufs die exakt gleiche Version aufweisen. Das kann für Ihre Anwendung problematisch sein, muss es aber nicht; trotzdem sollten Sie diesen Umstand auf jeden Fall berücksichtigen, wenn Sie RMI als Remoting-Technologie einsetzen.

Caucho Technology (von dort stammt auch der Anwendungsserver Resin) haben eine Remoting-Lösung entwickelt, die die Beschränkungen von RMI aufhebt. Eigentlich handelt es sich sogar um zwei Lösungen: Hessian und Burlap. Wir wollen uns ansehen, wie Hessian und Burlap die Arbeit mit Remote-Services in Spring ermöglichen.

10.3 Remote-Services mit Hessian und Burlap veröffentlichen

Hessian und Burlap sind zwei von Caucho Technology[1] angebotene Lösungen, die Lightweight-Remote-Services über HTTP ermöglichen. Beide zielen auf eine Vereinfachung der Webservices ab, indem sie ihre API und ihre Kommunikationsprotokolle so einfach wie möglich halten.

Sie fragen sich vielleicht, warum Caucho zwei Lösungen für dasselbe Problem anbietet. Tatsächlich sind Hessian und Burlap zwei Seiten derselben Medaille, die aber jeweils etwas andere Zwecke verfolgen. Wie RMI verwendet Hessian binäre Nachrichten zur Kommunikation zwischen Client und Service. Anders als konventionelle binäre Remoting-Technologien wie RMI ist eine solche Binärnachricht in andere Sprachen als Java portierbar, z. B. in PHP, Python, C++ und C#.

Burlap hingegen ist eine XML-basierte Routing-Technologie, wodurch es automatisch in jede andere Sprache portiert werden kann, die zum XML-Parsing in der Lage ist. Und weil es sich um XML handelt, ist sie für den Menschen auch einfacher zu lesen als das Binärformat von Hessian. Im Unterschied zu anderen, XML-basierten Routing-Technologien wie SOAP oder XML-RPC ist die Nachrichtenstruktur von Burlap jedoch möglichst einfach gehalten und erfordert keine externe Definitionssprache wie WSDL oder IDL.

Sie fragen sich vielleicht, wie man die richtige Wahl zwischen Hessian und Burlap trifft. Größtenteils sind die beiden identisch. Der einzige Unterschied besteht darin, dass Hessian-Nachrichten ein binäres Format aufweisen, während Burlap-Nachrichten aus XML-Code bestehen. Die binären Hessian-Nachrichten sind bandbreitenfreundlicher. Ist jedoch das Erfassen der Nachricht durch den menschlichen Benutzer (etwa zu Debugging-Zwecken) für Sie von Bedeutung oder kommuniziert die Anwendung in einer Sprache, für die es keine Hessian-Implementierung gibt, dann sind die XML-Nachrichten von Burlap vorzuziehen.

Um zu veranschaulichen, wie Hessian- und Burlap-Services in Spring funktionieren, wollen wir noch einmal das Beispiel mit dem Spitter-Service heranziehen, das wir im vorigen Abschnitt mit RMI lösten. Diesmal verwenden wir zur Bearbeitung des Problems allerdings Hessian und Burlap als Remoting-Modelle.

10.3.1 Bean-Funktionalitäten mit Hessian und Burlap verfügbar machen

Auch hier wollen wir wieder annehmen, dass es um die Veröffentlichung der Funktionalität der `SpitterServiceImpl`-Klasse als Service geht – dieses Mal soll der Service Hessian-basiert feilgeboten werden. Auch ohne Spring wäre das ziemlich trivial. Sie formulieren Ihre Service-Klasse einfach so, dass sie `com.caucho.hessian.server.HessianServlet` erweitert, und achten darauf, dass alle Servicemethoden `public` sind (in Hessian gelten alle öffentlichen Methoden als Servicemethoden).

Weil Hessian-Services bereits recht leicht zu implementieren sind, tut Spring nicht allzu viel, um das Hessian-Modell weiter zu vereinfachen. In Verbindung mit Spring kann ein Hessian-

[1] http://www.caucho.com

Service das Spring-Framework jedoch optimal nutzen – ganz anders als ein reiner Hessian-Service. Dies bezieht auch die Verwendung von Spring AOP mit ein, um einen Hessian-Service via Advice mit systemweiten Services wie etwa deklarativen Transaktionen zu verknüpfen.

Einen Hessian-Service exportieren

Der Export eines Hessian-Service in Spring weist große Ähnlichkeit mit der Implementierung eines RMI-Service in Spring auf. Um die `SpitterService`-Bean als RMI-Service zur Verfügung zu stellen, haben Sie eine `RmiServiceExporter`-Bean in der Spring-Konfigurationsdatei konfiguriert. Ähnlich müssen wir eine andere Exporter-Bean konfigurieren, um den Service als Hessian-Service zugänglich zu machen. Dieses Mal wird es ein `HessianServiceExporter` sein.

`HessianServiceExporter` führt bei einem Hessian-Service exakt die gleichen Aktionen durch wie `RmiServiceExporter` für einen RMI-Service: Er macht die öffentlichen Methoden eines POJO als Methoden eines Hessian-Service verfügbar. Allerdings unterscheidet sich (siehe Abbildung 10.6) die Art und Weise, wie dies erfolgt, vom Ansatz des Exports von POJOs als RMI-Services durch `RmiServiceExporter`.

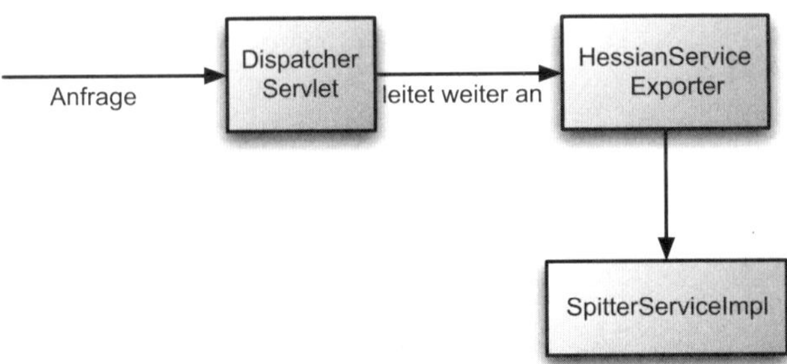

ABBILDUNG 10.6 `HessianServiceExporter` ist ein Spring-MVC-Controller, der ein POJO als Hessian-Service exportiert, indem er Hessian-Anfragen empfängt und diese in POJO-Aufrufe übersetzt.

`HessianServiceExporter` ist ein Spring MVC-Controller (mehr dazu in Kürze), der Hessian-Anfragen empfängt und diese in Methodenaufrufe für das exportierte POJO übersetzt.

Die folgende Deklaration von `HessianServiceExporter` in Spring exportiert die Bean `spitterService` als Hessian-Service:

```
<bean id="hessianSpitterService"
      class="org.springframework.remoting.caucho.HessianServiceExporter"
      p:service-ref="spitterService"
      p:serviceInterface="com.habuma.spitter.service.SpitterService" />
```

Wie beim `RmiServiceExporter` wird auch hier die Eigenschaft `service` mit einer Referenz auf die Bean verschaltet, die den Service implementiert. Hier ist das eine Referenz auf die `spitterService`-Bean. Der Wert der Eigenschaft `serviceInterface` gibt an, dass `SpitterService` das vom Service implementierte Interface ist.

Anders als `RmiServiceExporter` müssen wir uns keine `serviceName`-Eigenschaft besorgen. Bei RMI wird die Eigenschaft `serviceName` verwendet, um einen Service in der RMI-Registrierung zu registrieren. Hessian verfügt über keine Registrierung, weswegen ein Benennen des Hessian-Service nicht erforderlich ist.

Hessian-Controller konfigurieren

Ein weiterer wesentlicher Unterschied zwischen RmiServiceExporter und HessianServiceExporter besteht darin, dass HessianServiceExporter als Spring-MVC-Controller implementiert wird, weil Hessian HTTP-basiert ist. Dies bedeutet, dass Sie zwei weitere Konfigurationsschritte durchführen müssen, um exportierte Hessian-Services verwenden zu können.

- Sie müssen in web.xml ein DispatcherServlet konfigurieren und Ihre Anwendung als Webanwendung deployen.
- Sie müssen einen URL-Handler in Ihrer Spring-Konfigurationsdatei konfigurieren, um Hessian-Service-URLs an die passende Hessian-Service-Bean weiterzuleiten.

Wir haben in Kapitel 7 gesehen, wie man den DispatcherServlet von Spring und die URL-Handler konfiguriert. Diese Schritte sollten Ihnen mittlerweile vertraut sein. Zuerst brauchen Sie ein DispatcherServlet. Zum Glück ist bereits eines in der Datei web.xml der Spitter-Applikation konfiguriert. Zum Zweck des Umgangs mit Hessian-Services braucht dieses DispatcherServlet jedoch ein Servlet-Mapping, das *.service-URLs fängt:

```
<servlet-mapping>
  <servlet-name>spitter</servlet-name>
  <url-pattern>*.service</url-pattern>
</servlet-mapping>
```

Durch diese Konfiguration wird jede Anfrage, deren URL auf .service endet, an DispatcherServlet übergeben, welches die Anfrage seinerseits an den mit dem URL verknüpften Controller weiterleitet. Also werden Requests für /spitter.service letzten Endes von der hessianSpitterService-Bean bearbeitet (die einfach ein Proxy für SpitterServiceImpl ist).

Woher wissen wir, dass der Request zu hessianSpitterService gehen wird? Weil wir auch ein URL-Mapping konfigurieren werden, damit DispatcherServlet es an hessianSpitterService sendet. Dafür sorgt das folgende SimpleUrlHandlerMapping:

```
<bean id="urlMapping" class=
    "org.springframework.web.servlet.handler.SimpleUrlHandlerMapping">
  <property name="mappings">
    <value>
      /spitter.service=hessianSpitterService
    </value>
  </property>
</bean>
```

Eine Alternative zum binären Protokoll von Hessian ist das auf XML basierende Protokoll von Burlap. Schauen wir uns an, wie man einen Service als Burlap-Service exportiert.

Einen Burlap-Service exportieren

BurlapServiceExporter ist mit HessianServiceExporter in praktisch jeder Hinsicht identisch – mit dem einen Unterschied, dass er ein XML-basierte Protokoll statt eines binären Protokolls verwendet. Die folgende Bean-Definition zeigt, wie man den Spitter-Service mit BurlapServiceExporter als Burlap-Service veröffentlicht:

```
<bean id="burlapSpitterService"
      class="org.springframework.remoting.caucho.BurlapServiceExporter"
      p:service-ref="spitterService"
      p:serviceInterface="com.habuma.spitter.service.SpitterService" />
```

Wie Sie sehen können, ist der einzige Unterschied zwischen dieser Bean und ihrem Hessian-Gegenstück die ID der Bean und deren Klasse. Die Konfiguration eines Burlap-Service entspricht ansonsten der eines Hessian-Service. Dies betrifft auch die Notwendigkeit, einen URL-Handler und das `DispatcherServlet` einzurichten.

Nun schauen wir uns die andere Seite der Konversation an und verarbeiten den Service weiter, den wir mit Hessian (oder Burlap) veröffentlicht haben.

10.3.2 Zugriff auf Hessian-/Burlap-Services

Wie Ihnen aus Abschnitt 10.2.2 bekannt ist, wusste der Client-Code, der den Spitter-Service mit `RmiProxyFactoryBean` verarbeitet hat, nichts darüber, dass es sich um einen RMI-Service handelt. Tatsächlich hatte er nicht die geringste Ahnung, dass es dabei um einen Remote-Service ging. Er kam nur mit dem Interface `SpitterService` in Kontakt, während die RMI-Details vollständig in der Konfiguration der Beans in der Spring-Konfigurationsdatei enthalten waren. Praktisch ist in diesem Zusammenhang, dass aufgrund der Unkenntnis des Clients bezüglich der Serviceimplementierung der Wechsel vom RMI- zum Hessian-Client wirklich ganz einfach ist: Am Clientcode sind keine Änderungen erforderlich.

Weniger schön ist hingegen, dass dieser Abschnitt für Sie recht desillusionierend sein wird, wenn Sie eigentlich Code schreiben wollen. Der einzige Unterschied zwischen der Verschaltung der Client-Seite eines RMI-basierten Service und der eines Hessian-basierten Service besteht nämlich darin, dass Sie Springs `HessianProxyFactoryBean` statt `RmiProxyFactoryBean` verwenden. Ein Hessian-basierter Spitter-Service wird im Clientcode wie folgt deklariert:

```
<bean id="spitterService"
      class="org.springframework.remoting.caucho.HessianProxyFactoryBean"
      p:serviceUrl="http://localhost:8080/Spitter/spitter.service"
      p:serviceInterface="com.habuma.spitter.service.SpitterService" />
```

Wie beim RMI-basierten Service gibt die Eigenschaft `serviceInterface` das Interface an, das der Service implementiert. Und wie bei `RmiProxyFactoryBean` benennt auch hier `serviceUrl` den URL des Service. Da Hessian HTTP-basiert ist, wurde hier ein HTTP-URL festgelegt (teilweise ermittelt vom URL-Mapping, das wir vorhin definiert haben). Abbildung 10.7 zeigt die Interaktion zwischen einem Client und dem von `HessianProxyFactoryBean` generierten Proxy.

Wie sich zeigt, ist auch die Verschaltung eines Burlap-Service gleichermaßen langweilig. Der einzige Unterschied besteht darin, dass Sie `BurlapProxyFactoryBean` statt `HessianProxyFactoryBean` verwenden:

```
<bean id="spitterService"
      class="org.springframework.remoting.caucho.BurlapProxyFactoryBean"
      p:serviceUrl="http://localhost:8080/Spitter/spitter.service"
      p:serviceInterface="com.habuma.spitter.service.SpitterService" />
```

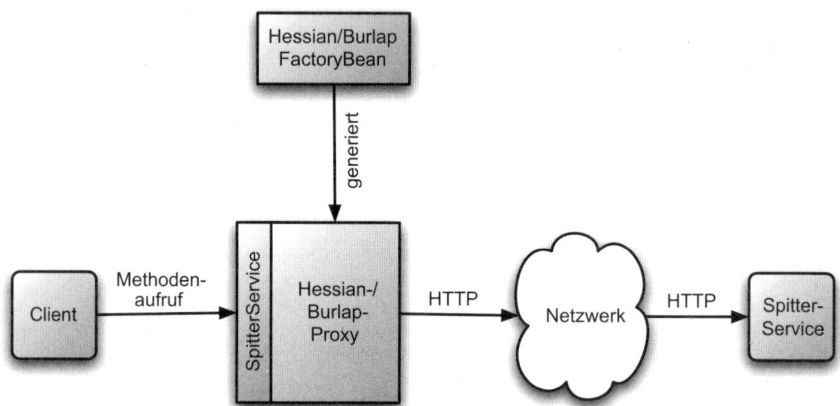

ABBILDUNG 10.7 `HessianProxyFactoryBean` und `BurlapProxyFactoryBean` generieren Proxy-Objekte, die via HTTP mit einem Remote-Service kommunizieren (Hessian binär, Burlap im XML-Format).

Ich habe nun veranschaulicht, wie uninteressant die konfigurationsseitigen Unterschiede zwischen RMI-, Hessian- und Burlap-Services sind. Allerdings ist dieser Umstand eigentlich ein Vorteil. Er zeigt nämlich, dass Sie ohne Umschweife zwischen den verschiedenen von Spring unterstützten Remoting-Technologien wechseln können, ohne ein komplett neues Modell erlernen zu müssen. Wenn Sie bereits eine Referenz auf einen RMI-Service konfiguriert haben, können Sie diese unkompliziert für einen Hessian- oder Burlap-Service umkonfigurieren.

Da sowohl Hessian als auch Burlap auf HTTP basieren, treten die RMI-spezifischen Probleme mit Firewalls nicht auf. Wenn es jedoch um die Serialisierung von Objekten geht, die in RPC-Nachrichten gesendet werden, sticht RMI Hessian und Burlap aus. Während Hessian und Burlap nämlich einen proprietären Serialisierungsmechanismus verwenden, setzt RMI die Java-eigene Serialisierung ein. Ist Ihr Datenmodell komplex, dann ist das Serialisierungsmodell von Hessian und Burlap unter Umständen ungeeignet.

Es gibt jedoch eine Lösung, die die Vorzüge beider Modelle in sich vereint. Vorhang auf für Springs HTTP-Invoker, der wie Hessian und Burlap RPC über HTTP bietet, gleichzeitig jedoch wie RMI die Java-Serialisierung von Objekten einsetzt.

10.4 Springs HTTP-Invoker verwenden

Das Spring-Team erkannte eine Lücke zwischen RMI-Services und HTTP-basierten Services wie Hessian und Burlap. Einerseits verwendet RMI die Java-Standardserialisierung für Objekte, ist aber Firewall-übergreifend schwer einsetzbar. Im Gegensatz dazu funktionieren Hessian und Burlap auch über Firewalls hinweg ohne Probleme, setzen jedoch einen proprietären Mechanismus zur Objektserialisierung ein.

Aus dieser Not heraus wurde Springs HTTP-Invoker geboren. Der HTTP-Invoker ist ein neues Remoting-Modell, das als Bestandteil des Spring-Frameworks erstellt wurde, um Remoting über

HTTP zu ermöglichen (um Firewalls zu beschwichtigen) und gleichzeitig die Java-Serialisierung zu verwenden (um Programmierer zu beschwichtigen).

Die Arbeit mit auf HTTP-Invoker basierenden Services ähnelt der Vorgehensweise bei auf Hessian oder Burlap basierenden Services. Um einen Einstieg in den HTTP-Invoker zu finden, wollen wir uns auch hier zunächst den Spitter-Service ansehen – diesmal implementiert als HTTP-Invoker-Service.

10.4.1 Beans als HTTP-Services verfügbar machen

Um eine Bean als RMI-Service zu exportieren, verwendeten wir `RmiServiceExporter`. Um sie als Hessian-Service zu exportieren, nahmen wir `HessianServiceExporter`. Und für den Export als Burlap-Service war es dann der `BurlapServiceExporter`. Wendet man dieses monotone Prinzip nun auch auf den HTTP-Invoker von Spring an, sollte der Export eines HTTP-Invoker-Service über `HttpInvokerServiceExporter` erfolgen.

Um den Spitter-Service als HTTP-Invoker-basierten Service zu exportieren, müssen Sie eine `HttpInvokerServiceExporter`-Bean wie folgt konfigurieren:

```
<bean class=
      "org.springframework.remoting.httpinvoker.HttpInvokerServiceExporter"
      p:service-ref="spitterService"
      p:serviceInterface="com.habuma.spitter.service.SpitterService" />
```

Haben Sie das seltsame Gefühl, so etwas schon einmal gesehen zu haben? Es wird Ihnen ziemlich schwer fallen, den Unterschied zwischen dieser Bean-Deklaration und denen in Abschnitt 10.3.2 zu erkennen. Lediglich der Klassenname ist anders: `HttpInvokerServiceExporter`. Ansonsten unterscheidet sich dieser Exporter nicht grundlegend von den anderen Remote-Service-Exportern.

Wie Abbildung 10.8 zeigt, funktioniert `HttpInvokerServiceExporter` weitgehend wie `HessianServiceExporter` und `BurlapServiceExporter`. Es handelt sich um einen Spring MVC-Controller, der über `DispatcherServlet` Anfragen von einem HTTP-Invoker-Client empfängt und diese in Methodenaufrufe des Service-implementierenden POJOs übersetzt.

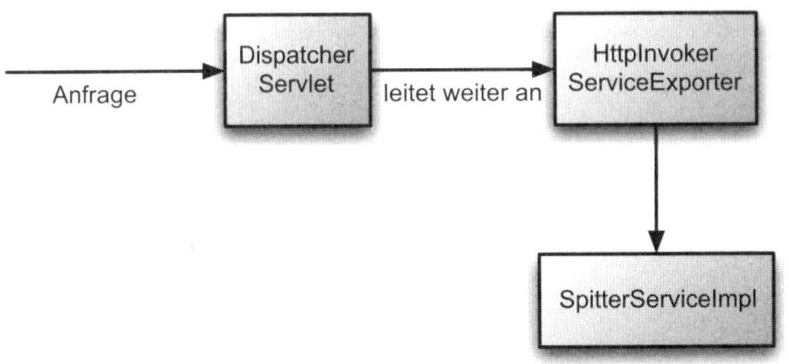

ABBILDUNG 10.8 `HttpInvokerServiceExporter` funktioniert weitgehend wie die Gegenstücke für Hessian und Burlap, d. h. er empfängt Anfragen von einem Spring MVC-`DispatcherServlet` und übersetzt diese in Methodenaufrufe für eine von Spring verwaltete Bean.

Da `HttpInvokerServiceExporter` ein Spring MVC-Controller ist, müssen Sie einen URL-Handler einrichten, um einen HTTP-URL an diesen Service weiterzuleiten – so wie bei den Hessian- und Burlap-Exportern:

```
<bean id="urlMapping" class=
    "org.springframework.web.servlet.handler.SimpleUrlHandlerMapping">
  <property name="mappings">
    <value>
      /spitter.service=httpInvokerSpitterService
    </value>
  </property>
</bean>
```

Wie gehabt, müssen Sie darauf achten, in web.xml ein `DispatcherServlet` zu deklarieren, und zwar mit dem folgenden `<servlet-mapping>`:

```
<servlet-mapping>
  <servlet-name>spitter</servlet-name>
  <url-pattern>*.service</url-pattern>
</servlet-mapping>
```

Wird er auf diese Weise konfiguriert, ist der Spitter-Service unter /spitter.service verfügbar, der gleichen URL wie bei einem Hessian- oder Burlap-Service also.

Wir wissen nun, wie die Verarbeitung von Services mit RMI, Hessian und Burlap auch remote funktioniert. Nun schreiben wir den Spitter-Client um, damit er den Service nutzen kann, den Sie soeben mit HTTP-Invoker veröffentlicht haben.

10.4.2 Zugriff auf Services via HTTP

Auf die Gefahr hin, wie eine hängen gebliebene Schallplatte zu klingen, muss ich Ihnen leider erneut mitteilen, dass die Weiterverarbeitung eines HTTP-Invoker-basierten Services stark dem ähnelt, was wir bereits bei den anderen Remote-Service-Proxys gesehen haben. Es ist praktisch identisch. Wie Sie Abbildung 10.9 entnehmen, stopft die `HttpInvokerProxyFactoryBean` dieselbe Lücke wie die anderen Service-Proxy-Factory-Beans, die wir bislang in diesem Kapitel kennengelernt haben.

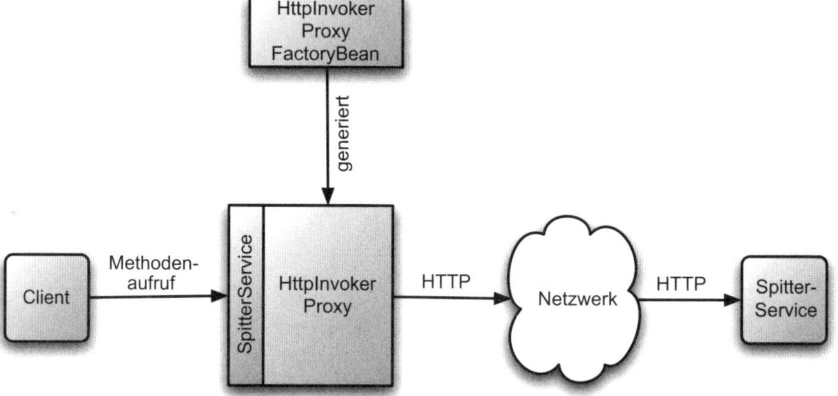

ABBILDUNG 10.9 `HttpInvokerProxyFactoryBean` ist eine Proxy-Factory-Bean, die einen Proxy für den Fernzugriff mit einem Spring-spezifischen HTTP-basierten Protokoll produziert.

Um den HTTP-Invoker-basierten Service mit dem Spring-Anwendungskontext unseres Clients zu verschalten, müssen wir eine Bean konfigurieren, die anhand von `HttpInvokerProxyFactoryBean` wie folgt einen Proxy einsetzt:

```
<bean id="spitterService" class=
    "org.springframework.remoting.httpinvoker.HttpInvokerProxyFactoryBean"
     p:serviceUrl="http://localhost:8080/Spitter/spitter.service"
     p:serviceInterface="com.habuma.spitter.service.SpitterService" />
```

Ein Vergleich dieser Bean-Definition mit denen in den Abschnitten 10.2.2 und 10.3.2 zeigt, dass sich nur wenig geändert hat. Die Eigenschaft `serviceInterface` ist immer noch im Einsatz, um das vom Spitter-Service implementierte Interface anzuzeigen. Und mit der Eigenschaft `serviceUrl` wird immer noch der Standort des Remote-Service gekennzeichnet. Da HTTP-Invoker ebenso wie Hessian und Burlap auf HTTP basiert, kann `serviceUrl` dieselbe URL enthalten wie bei den Hessian- und Burlap-Versionen der Bean.

Welch wunderbare Symmetrie, nicht wahr?

Springs HTTP-Invoker stellt eine Remoting-Lösung dar, die die Einfachheit der HTTP-Kommunikation mit der in Java vorhandenen Objektserialisierung kombiniert – quasi das Beste aus beiden Welten. Insofern sind HTTP-Invoker-Services eine ansprechende Alternative zu RMI und/oder Hessian/Burlap.

Der `HttpInvoker` weist allerdings eine wesentliche Einschränkung auf, die Sie berücksichtigen sollten: Es handelt sich um eine Remoting-Lösung, die ausschließlich vom Spring-Framework angeboten wird. Dies bedeutet, dass sowohl der Client als auch der Service Spring-fähige Anwendungen sein müssen. Eine weitere Folge – zumindest zum gegenwärtigen Zeitpunkt – besteht darin, dass Client und Service Java-basiert zu sein haben. Weil die Java-Serialisierung verwendet wird, müssen außerdem ähnlich wie bei RMI beide Seiten dieselben Klassenversionen aufweisen.

RMI, Hessian, Burlap und HTTP-Invoker sind hervorragende Remoting-Lösungen. Doch wenn es um wirklich allgegenwärtiges Remoting geht, kann keine den Webservices das Wasser reichen. Deswegen wollen wir uns als Nächstes ansehen, wie Spring das Remoting über SOAP-basierte Webservices unterstützt.

■ 10.5 Webservices veröffentlichen und weiterverarbeiten

Eine der bekanntesten Dreibuchstabenabkürzungen der letzten Jahre war SOA (*Service-Oriented Architecture*, serviceorientierte Architektur). SOA hat für viele Menschen jeweils unterschiedliche Bedeutung. Im Zentrum von SOA steht jedoch stets das Konzept, dass Anwendungen so entwickelt werden können (und auch sollten), dass sie auf einem gemeinsamen Satz von Services basieren, statt dieselbe Funktionalität für jede Anwendung neu zu implementieren.

So kann ein Kreditinstitut mehrere Anwendungen einsetzen, von denen viele in der Lage sein müssen, auf Informationen über Kreditnehmerkonten zuzugreifen. Statt die Zugriffslogik nun in jede Anwendung separat einzubauen (was anwendungsübergreifend zu einer Menge redundantem Code führen würde), könnten alle Anwendungen einen gemeinsamen Service zum Abrufen der Kontendaten nutzen.

Java und Webservices blicken auf eine lange gemeinsame Geschichte zurück, und mehrere Optionen stehen zur Verfügung, wenn man in Java mit Webservices arbeiten will. Viele dieser Optionen integrieren sich bei Spring auf die eine oder andere Weise. Es wäre für mich unmöglich, in diesem Buch jedes Spring-fähige Webservice-Framework und Toolkit vorzustellen, aber Spring enthält selbst leistungsfähigen Support für die Veröffentlichung und Weiterverarbeitung von SOAP-Webservices mit JAX-WS (Java API for XML Web Services).

Was ist mit JAX-RPC und XFire?

In früheren Ausgaben dieses Buches äußerte ich mich zur Entwicklung von Webservices mit XFire (http://xfire.codehaus.org) und zum Support von Spring für JAX-RPC. Damals waren das großartige Themen. Heute sind diese Technologien jedoch auf dem absteigenden Ast.

JAX-RPC wurde als Java-Standard für Webservices von JAX-WS verdrängt. Spring tat es dem gleich und lässt nun seinen Support für JAX-RPC als veraltet auslaufen zugunsten des Supports für das neue JAX-WS. Zum Glück spiegelt der Support für JAX-WS in Spring den für JAX-RPC wider. Die `JaxWsPortProxyFactoryBean` von Spring funktioniert beispielsweise sehr ähnlich wie die alte `JaxRpcPortProxyFactoryBean`.

Bei Webservices in Spring habe ich am liebsten mit XFire gearbeitet. Doch die Entwicklung von XFire wurde mit dem Release 1.2.6 beendet. Das Projekt Apache CXF (http://cxf.apache.org) wird von vielen als XFire 2 betrachtet. Wenn Sie also XFire mochten, sollten Sie einmal einen Blick auf Apache CXF werfen. Apache CXF ist weitaus ambitionierter als XFire, und es würde definitiv den Rahmen unseres Buches sprengen, wollte man es adäquat vorstellen.

Weil eine meiner Zielvorgaben für diese Buchauflage lautete, so aktuell wie möglich zu bleiben, entschied ich mich dafür, JAX-RPC und XFire außen vor zu lassen. Wenn Sie sich für eines dieser Themen interessieren, besorgen Sie sich bitte die erste Ausgabe von *Spring im Einsatz*. Darin wird beides vorgestellt, und bezogen auf JAX-RPC oder XFire hat sich wenig verändert.

In diesem Abschnitt besuchen wir das Beispiel mit dem Spitter-Service noch einmal. Dieses Mal werden wir den Spitter-Service als Webservice veröffentlichen sowie weiterverarbeiten und dafür den Spring-Support von JAX-WS einsetzen. Fangen wir damit an, was wir brauchen, um in Spring einen JAX-WS-Webservice zu erstellen.

10.5.1 Spring-fähige JAX-WS-Endpunkte erstellen

Weiter oben haben wir Remote-Services mit den Service-Exportern aus Spring erstellt. Diese Service-Exporter verwandeln Spring-konfigurierte POJOs auf wundersame Weise in Remote-Services. Wir haben gesehen, wie man mit `RmiServiceExporter` RMI-Services, mit `HessianServiceExporter` Hessian-Services, mit `BurlapServiceExporter` Burlap-Services und schließlich mit `HttpInvokerServiceExporter` HTTP-Invoker-Services erstellt. Nun erwarten Sie wahrscheinlich von mir, dass ich Ihnen zeige, wie man Webservices mit einem JAX-WS-Service-Exporter erstellt.

Spring enthält tatsächlich einen JAX-WS-Service-Exporter, und auf diesen `SimpleJaxWsServiceExporter` werden wir schon bald stoßen. Doch bevor wir dorthin kommen, sollten Sie wissen, dass er vielleicht nicht in allen Situationen die beste Wahl ist. Denn `SimpleJaxWsServiceExporter` erfordert, dass der JAX-WS-Runtime-Support es unterstützt, dass Endpunkte an einer bestimmten Adresse veröffentlicht werden.[2] Das mit JDK 1.6 von Sun gelieferte JAX-WS-Runtime passt hier, die anderen JAX-WS-Implementierungen, z. B. die Referenz-Implementierung von JAX-WS, vielleicht aber nicht.

Wenn Sie zu einem JAX-WS-Runtime deployen, der diese Veröffentlichung zu einer bestimmten Adresse nicht unterstützt, müssen Sie Ihre JAX-WS-Endpunkte auf konventionellere Weise schreiben – was bedeutet, dass der Lebenszyklus der Endpunkte von JAX-WS-Runtime und nicht von Spring verwaltet wird. Es bedeutet aber nicht, dass man sie nicht mit Beans aus einem Spring-Anwendungskontext verschalten kann.

Autowiring von JAX-WS-Endpunkten in Spring

Zum Programmiermodell von JAX-WS gehört die Arbeit mit Annotationen, um eine Klasse und deren Methoden als Webservice-Operationen zu deklarieren. Eine Klasse, die mit `@WebService` annotiert ist, wird als Webservice-Endpunkt betrachtet, und deren mit `@WebMethod` annotierten Methoden sind die Operationen.

So wie mit jedem anderen Objekt in einer Applikation von einiger Größe wird ein JAX-WS-Endpunkt wahrscheinlich von anderen Objekten abhängen, damit es seine Arbeit machen kann. Dies bedeutet, dass JAX-WS-Endpunkte von der Dependency Injection profitieren könnten. Wenn der Lebenszyklus des Endpunkts vom JAX-WS-Runtime und nicht von Spring verwaltet wird, scheint es jedoch unmöglich zu sein, mit Spring verwaltete Beans mit einer von JAX-WS verwalteten Endpunkt-Instanz zu verschalten.

Das Geheimnis der Verschaltung von JAX-WS-Endpunkten ist, `SpringBeanAutowiringSupport` zu erweitern. Dadurch können Sie die Eigenschaften eines Endpunkts mit `@Autowired` annotieren, und dessen Abhängigkeiten werden erfüllt.[3] `SpitterServiceEndpoint` zeigt, wie das funktioniert.

---

[2] Genauer gesagt bedeutet dies, dass der JAX-WS-Provider seinen eigenen HTTP-Server mitbringen muss, mit dem er die erforderliche Infrastruktur aufbauen kann, um den Service für eine angeforderte Adresse zu veröffentlichen.

[3] Obwohl wir mit `SpringBeanAutowiringSupport` das Autowiring für JAX-WS-Endpunkte aktivieren, ist es praktisch, die automatische Verschaltung überall dort zu unterstützen, wo der Lebenszyklus eines Objekts außerhalb von Spring verwaltet wird. Die einzige Anforderung ist, dass sich der Spring-Anwendungskontext und die Nicht-Spring-Runtime in der gleichen Webanwendung befinden.

LISTING 10.2 `SpringBeanAutowiringSupport` bei JAX-WS-Endpunkten

```
package com.habuma.spitter.remoting.jaxws;
import java.util.List;
import javax.jws.WebMethod;
import javax.jws.WebService;
import org.springframework.beans.factory.annotation.Autowired;
import org.springframework.web.context.support.SpringBeanAutowiringSupport;
import com.habuma.spitter.domain.Spitter;
import com.habuma.spitter.domain.Spittle;
import com.habuma.spitter.service.SpitterService;
@WebService(serviceName="SpitterService")
public class SpitterServiceEndpoint
    extends SpringBeanAutowiringSupport {     ◂ Autowiring aktivieren
  @Autowired
  SpitterService spitterService;     ◂ SpitterService automatisch verschalten
  @WebMethod
  public void addSpittle(Spittle spittle) {
    spitterService.saveSpittle(spittle);     ◂ An SpitterService delegieren
  }
  @WebMethod
  public void deleteSpittle(long spittleId) {
    spitterService.deleteSpittle(spittleId);     ◂ An SpitterService delegieren
  }
  @WebMethod
  public List<Spittle> getRecentSpittles(int spittleCount) {
    return spitterService.getRecentSpittles(spittleCount);     ◂ An SpitterService delegieren
  }
  @WebMethod
  public List<Spittle> getSpittlesForSpitter(Spitter spitter) {
    return spitterService.getSpittlesForSpitter(spitter);     ◂ An SpitterService delegieren
  }
}
```

Wir haben die Eigenschaft `spitterService` mit `@Autowired` annotiert, um anzuzeigen, dass sie automatisch eine Bean aus dem Spring-Anwendungskontext injiziert bekommen soll. Von dort delegiert dieser Endpunkt zum injizierten `SpitterService`, wo die eigentliche Arbeit erledigt wird.

Standalone JAX-WS-Endpunkte exportieren

Wie bereits gesagt, ist `SpringBeanAutowiringSupport` praktisch, wenn bei dem Objekt, dessen Eigenschaften injiziert werden sollen, der Lebenszyklus nicht von Spring verwaltet wird. Unter den richtigen Umständen ist es aber möglich, eine Spring-verwaltete Bean als JAX-WS-Endpunkt zu exportieren.

Der `SimpleJaxWsServiceExporter` von Spring arbeitet auf ähnliche Weise wie die anderen Service-Exporter, die wir in diesem Kapitel bereits kennenlernten, und zwar insofern, als er von Spring verwaltete Beans in Form von Service-Endpunkten in einem JAX-WS-Runtime veröffentlicht. Im Unterschied zu diesen anderen Service-Exportern braucht `SimpleJaxWsServiceExporter` keine Referenz auf die Bean zu bekommen, die er exportieren soll. Stattdessen veröffentlicht er alle Beans, die mit JAX-WS-Annotationen versehen sind, als JAX-WS-Services.

SimpleJaxWsServiceExporter kann anhand der folgenden <bean>-Deklaration konfiguriert werden:

```
<bean class=
    "org.springframework.remoting.jaxws.SimpleJaxWsServiceExporter"/>
```

Wie Sie sehen können, braucht SimpleJaxWsServiceExporter zum Erledigen seines Jobs nicht mehr. Wenn er anfängt, arbeitet er sich zum Spring-Anwendungskontext durch und sucht nach Beans, die mit @WebService annotiert sind. Findet er eine, dann veröffentlicht er sie als JAX-WS-Endpunkt mit der Basisadresse http://localhost:8080/.

Eine solche Bean, auf die er treffen kann, ist SpitterServiceEndpoint.

LISTING 10.3 SimpleJaxWsServiceExporter verwandelt Beans in JAX-WS-Endpunkte.

```
package com.habuma.spitter.remoting.jaxws;
import java.util.List;
import javax.jws.WebMethod;
import javax.jws.WebService;
import org.springframework.beans.factory.annotation.Autowired;
import org.springframework.stereotype.Component;
import com.habuma.spitter.domain.Spitter;
import com.habuma.spitter.domain.Spittle;
import com.habuma.spitter.service.SpitterService;
@Component
@WebService(serviceName="SpitterService")
public class SpitterServiceEndpoint {
  @Autowired
  SpitterService spitterService;    ◂ SpitterService automatisch verschalten
  @WebMethod
  public void addSpittle(Spittle spittle) {
    spitterService.saveSpittle(spittle);    ◂ An SpitterService delegieren
  }
  @WebMethod
  public void deleteSpittle(long spittleId) {
    spitterService.deleteSpittle(spittleId);    ◂ An SpitterService delegieren
  }
  @WebMethod
  public List<Spittle> getRecentSpittles(int spittleCount) {
    return spitterService.getRecentSpittles(spittleCount);    ◂ An SpitterService
  }                                                                 delegieren
  @WebMethod
  public List<Spittle> getSpittlesForSpitter(Spitter spitter) {
    return spitterService.getSpittlesForSpitter(spitter);    ◂ An SpitterService
  }                                                              delegieren
}
```

Ihnen wird auffallen, dass diese neue Implementierung von SpitterServiceEndpoint SpringBeanAutowiringSupport nicht mehr länger erweitert. Als komplett ausgestatte Spring-Bean ist sie fürs Autowiring ohne Erweiterung irgendeiner speziellen Support-Klasse qualifiziert.

Weil die Basisadresse von SimpleJaxWsServiceEndpoint standardmäßig http://localhost:8080/ lautet und weil SpitterServiceEndpoint mit @WebService(serviceName=

"SpitterService") annotiert ist, wird das Zusammentreffen dieser beiden Beans in einem Webservice unter http://localhost:8080/SpitterService resultieren. Sie haben jedoch über die Service-URL die totale Kontrolle und können also nach Belieben die Basisadresse verändern. Zum Beispiel veröffentlicht die folgende Konfiguration von SimpleJaxWsServiceEndpoint den gleichen Service-Endpunkt bei http://localhost:8888/services/SpitterService.

```
<bean class=
  "org.springframework.remoting.jaxws.SimpleJaxWsServiceExporter"
      p:baseAddress="http://localhost:8888/services/"/>
```

So einfach, wie SimpleJaxWsServiceEndpoint scheint, sollten Sie aber doch darauf achten, dass es nur mit einem JAX-WS-Runtime funktioniert, der die Veröffentlichung von Endpunkten mit einer Adresse unterstützt. Dazu gehört das JAX-WS-Runtime, das mit JDK 1.6 von Sun geliefert wird. Andere JAX-WS-Runtimes wie die JAX-WS 2.1 Referenzimplementierung unterstützen diese Art von Endpunktpublikation nicht und können somit nicht mit SimpleJaxWsServiceEndpoint verwendet werden.

10.5.2 JAX-WS-Services auf Client-Seite mit Proxy versehen

Die Veröffentlichung von Webservices mit Spring hat die Unterschiede zu den Services in RMI, Hessian, Burlap und zum HTTP-Invoker offenbart. Wie Sie gleich sehen werden, gehören zur Weiterverarbeitung von Webservices mit Spring jedoch Client-seitige Proxys in weitgehend gleicher Form, wie Spring-basierte Clients diese anderen Remoting-Technologien verarbeiten.

Mit einer JaxWsPortProxyFactoryBean können wir den Spitter-Webservice in Spring wie jede andere Bean verschalten. JaxWsPortProxyFactoryBean ist eine Spring-Factory-Bean, die einen Proxy erzeugt, der weiß, wie er mit einem SOAP-Webservice kommuniziert. Der Proxy selbst wird so erstellt, dass er das Interface des Service implementiert (siehe Abbildung 10.10). Infolgedessen ermöglicht JaxWsPortProxyFactoryBean das Verschalten und Verwenden eines Remote-Service wie jedes andere POJO auch.

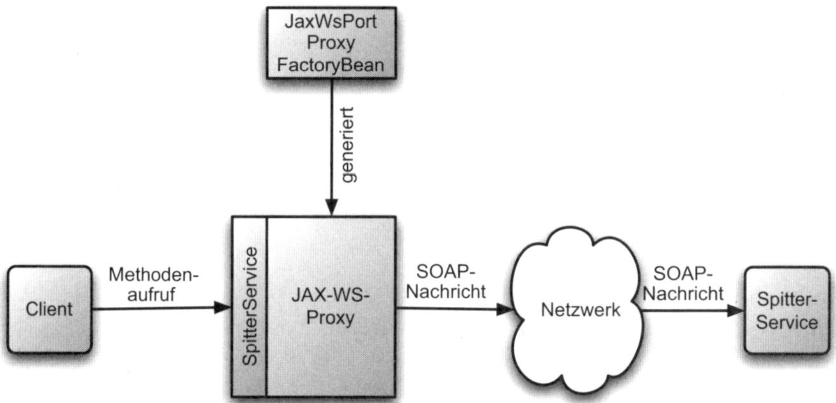

ABBILDUNG 10.10 JaxWsPortProxyFactoryBean produziert Proxys, die mit Remote-Webservices sprechen. Diese Proxys kann man mit anderen Beans verschalten, als wären es lokale POJOs.

Wir werden `JaxWsPortProxyFactoryBean` so konfigurieren, dass er den Spitter-Service-Webservice wie folgt referenziert:

```
<bean id="spitterService"
      class="org.springframework.remoting.jaxws.JaxWsPortProxyFactoryBean"
      p:wsdlDocumentUrl="http://localhost:8080/services/SpitterService?wsdl"
      p:serviceName="spitterService"
      p:portName="spitterServiceHttpPort"
      p:serviceInterface="com.habuma.spitter.service.SpitterService"
      p:namespaceUri="http://spitter.com"/>
```

Wie Sie sehen können, müssen mehrere Eigenschaften gesetzt werden, damit `JaxWsPortProxyFactoryBean` arbeiten kann. Die Eigenschaft `wsdlDocumentUrl` gibt die Position der Definitionsdatei des Remote-Webservice an. `JaxWsPortProxyFactoryBean` konstruiert auf Basis des an dieser Position vorhandenen WSDL-Codes einen Proxy für den Service. Der von `JaxWsPortProxyFactoryBean` generierte Proxy implementiert entsprechend den Vorgaben der Eigenschaft `serviceInterface` das Interface `SpitterService`.

Die Werte für die verbleibenden drei Eigenschaften können gewöhnlich dem WSDL-Code des Service entnommen werden. Zur besseren Verdeutlichung nehmen wir an, dass der WSDL-Code für den Spitter-Service wie folgt aussah:

```
<wsdl:definitions targetNamespace="http://spitter.com">
...
  <wsdl:service name="spitterService">
    <wsdl:port name="spitterServiceHttpPort"
          binding="tns:spitterServiceHttpBinding">
...
    </wsdl:port>
  </wsdl:service>
</wsdl:definitions>
```

Es ist zwar unwahrscheinlich, aber durchaus möglich, dass mehrere Services und/oder Protokolle in der WSDL-Definition des Service definiert sind. Aus diesem Grund verlangt `JaxWsPortProxyFactoryBean`, dass wir über die Eigenschaften `portName` und `serviceName` den Port- und den Servicenamen angeben. Ein schneller Blick auf das Attribut `name` der Elemente `<wsdl:port>` und `<wsdl:service>` hilft uns dabei, die Werte dieser Eigenschaften zu ermitteln.

Die Eigenschaft `namespaceUri` schließlich legt den Namensraum des Services fest. Der Namensraum unterstützt `JaxWsPortProxyFactoryBean` unter anderem bei der Suche nach der Servicedefinition im WSDL-Code. Wie bei Port- und Servicenamen entnehmen Sie auch den korrekten Wert für diese Eigenschaft dem WSDL-Code. Er ist gewöhnlich im Attribut `targetNamespace` des `<wsdl:definitions>`-Elements vorhanden.

10.6 Zusammenfassung

Der Umgang mit Remote-Services ist gewöhnlich eine wirklich langweilige Angelegenheit. Spring bietet jedoch Remoting-Support, der die Arbeit mit Remote-Services so einfach wie den Umgang mit normalen JavaBeans gestaltet.

Auf Client-Seite bietet Spring Proxy-Factory-Beans, die Ihnen die Konfiguration von Remote-Services in Ihrer Spring-Anwendung gestatten. Unabhängig davon, ob Sie RMI, Hessian, Burlap, Springs eigenen HTTP-Invoker oder SOAP für das Remoting einsetzen, können Sie Remote-Services in Ihrer Anwendung so verschalten, als ob es POJOs wären. Spring fängt sogar alle ausgelösten `RemoteExceptions` ab und löst an deren Stelle zur Laufzeit `RemoteAccessExceptions` aus, wodurch Ihr Code von der Aufgabe befreit wird, sich um eine Exception zu kümmern, die er wahrscheinlich ohnehin nicht auflösen könnte.

Obwohl Spring viele Details von Remote-Services verbirgt, weswegen diese wie lokale JavaBeans wirken, sollten Sie stets die Auswirkungen von Remote-Services bedenken. Remote-Services sind ihrem Wesen nach gewöhnlich weniger effizient als lokale Services. Dies ist beim Schreiben von Code, der auf Remote-Services zugreift, zu berücksichtigen: Remote-Aufrufe sollten weitestgehend vermieden werden, um Leistungsengpässe zu vermeiden.

Sie haben in diesem Kapitel gesehen, wie Services mithilfe von Spring und basierend auf Remoting-Technologien verfügbar gemacht und weiterverwendet werden können. Obwohl diese Remoting-Optionen bei der Verteilung von Anwendungen nützlich sind, war dies nur ein Vorgeschmack dessen, was bei der Arbeit in einer SOA anfällt.

Wir schauten uns außerdem an, wie man Beans als SOAP-basierte Webservices exportiert. Dies stellt zwar gewiss eine einfache Möglichkeit dar, Webservices zu entwickeln, muss aber aus architekturtechnischer Sicht nicht die erste Wahl sein. Im nächsten Kapitel betrachten wir einen anderen Ansatz, wie man verteilte Applikationen erstellt, indem man Bereiche der Applikation als REST-konforme Ressourcen veröffentlicht.

11 Spring und REST

Dieses Kapitel behandelt die folgenden Themen:

- Controller für REST-Ressourcen schreiben
- Ressourcen in XML, JSON und anderen Formaten repräsentieren
- REST-Clients schreiben
- REST-konforme Formulare übermitteln

Die Daten sind König.

Als Entwickler sind wir oft darauf fokussiert, tolle Software zu schreiben, um Business-Probleme zu lösen. Daten sind nur das Rohmaterial, das unsere Softwareprozesse benötigen, um ihren Job zu erledigen. Wenn Sie aber Geschäftsleuten die Frage stellen, was sie für wertvoller halten – Daten oder Software –, werden sich die meisten wohl für Daten entscheiden. Sie sind das Herzblut vieler Firmen. Software lässt sich oft ersetzen, während im Laufe der Jahre angesammelte Daten unersetzbar sind.[1]

Halten Sie es vor dem Hintergrund der Bedeutung von Daten nicht auch für merkwürdig, dass in der Art, wie wir Software entwickeln, Daten oft erst im Nachhinein berücksichtigt werden? Nehmen wir beispielsweise die Remote-Services aus dem vorigen Kapitel. Diese Services zentrierten sich auf Aktionen und Prozesse, nicht auf Informationen und Ressourcen.

In den letzten Jahren ist *Representational State Transfer (REST)* als eine populäre, informationszentrierte Alternative zu den traditionellen, SOAP-basierten Webservices entstanden. Um Spring-Entwicklern dabei zu helfen, das REST-Architekturmodell optimal zu nutzen, gibt es in Spring 3.0 einen erstklassigen Support für REST.

Die gute Nachricht lautet, dass der REST-Support von Spring auf Spring MVC aufbaut. Also haben wir schon vieles von dem vorgestellt, was wir für die Arbeit mit REST in Spring brauchen. In diesem Kapitel bauen wir auf dem auf, was wir bereits über Spring MVC wissen, um Controller zu entwickeln, die Requests für REST-konforme Ressourcen bearbeiten. Wir werden auch sehen, was Spring client-seitig für eine REST-Konversation zu bieten hat.

Bevor wir zu weit vorgreifen, wollen wir jedoch untersuchen, worum es sich bei der Arbeit mit REST eigentlich handelt.

[1] Das bedeutet nicht, dass Software keinen Wert hat. Die meisten Firmen wären ohne Software ernsthaft gehandicapt. Aber ohne ihre Daten wären sie tot.

11.1 Representational State Transfer (REST)

Ich wette, dass Sie nicht zum ersten Mal von REST hören oder lesen. In den letzten Jahren war dies immer wieder ein Thema. Sie werden feststellen, dass es bei der Softwareentwicklung Mode geworden ist, schlecht von SOAP-basierten Webservices zu reden und gleichzeitig für REST als Alternative zu werben.

Sicher kann SOAP für viele Applikationen der Overkill sein, und REST schenkt uns eine einfachere Alternative. Doch was ist REST wirklich? Hier zirkuliert eine Menge an Fehlinformationen. Bevor wir darüber sprechen, wie Spring von REST unterstützt wird, müssen wir eine Verständnisgrundlage in Bezug darauf schaffen, worum es bei REST eigentlich geht.

11.1.1 Die Grundlagen von REST

Ein häufiger Fehler besteht darin, dass man sich REST als „Webservices mit URLs" vorstellt, als einen weiteren RPC-Mechanismus (Remote Procedure Call) wie SOAP also, der durch einfache HTTP-URLs und ohne die gepfefferten XML-Namensräume von SOAP aufgerufen wird.

Im Gegenteil: REST hat nur sehr wenig mit RPC zu tun. Während RPC serviceorientiert ist und sich auf Aktionen und Verben konzentriert, ist REST ressourcenorientiert und betont die Dinge und Nomen, die eine Applikation beschreiben.

Obwohl URLs in REST eine zentrale Rolle spielen, sind sie nur ein Teil der ganzen Geschichte.

Um zu verstehen, worum es bei REST geht, ist es hilfreich, das Akronym in seine Bestandteile zu zerlegen:

- *Representational* - REST-Ressourcen können in praktisch jeder Form repräsentiert werden, z. B. XML, JavaScript Object Notation (JSON) oder gar HTML, also einfach das, was dem Konsumenten dieser Ressourcen am besten passt.
- *State* - Wenn wir mit REST arbeiten, kümmern wir uns mehr um den Zustand (*state*) einer Ressource als um die Aktionen, die wir damit vornehmen können.
- *Transfer* - Zu REST gehört es, Daten von Ressourcen in irgendeiner repräsentativen Form von einer Applikation zur nächsten zu transferieren.

Um es prägnant zu formulieren: REST beschäftigt sich mit dem Transfer des Zustands von Ressourcen (in der optimal passenden Form) von einem Server zu einem Client oder umgekehrt.

Mit dieser Sichtweise von REST versuche ich, Begriffe wie *REST-Service* oder *REST-konformer Webservice* (oder ähnliche, die fälschlicherweise Aktionen in den Vordergrund setzen) zu vermeiden. Stattdessen betone ich lieber die ressourcenorientierte Natur von REST und spreche von *REST-konformen Ressourcen*.

11.1.2 Wie Spring REST unterstützt

Spring besaß schon lange einige der nötigen Zutaten, die man zur Veröffentlichung von REST-Ressourcen benötigt. Mit Spring 3 kamen jedoch mehrere Erweiterungen für Spring MVC hinzu, die einen erstklassigen REST-Support lieferten. Nun unterstützt Spring die Entwicklung von REST-Ressourcen auf folgende Weise:

- Controller können Requests für alle HTTP-Methoden bearbeiten, darunter auch die vier primären REST-Methoden: `GET`, `PUT`, `DELETE` und `POST`.
- Die neue `@PathVariable`-Annotation versetzt Controller in die Lage, Requests für parametrisierte URLs zu bearbeiten (URLs, in deren Pfad variabler Input steht).
- Das JSP-Tag `<form:form>` aus der JSP-Tag-Library für das Binden von Formularen ermöglicht es zusammen mit dem neuen `HiddenHttpMethodFilter`, die `PUT`- und `DELETE`-Requests aus HTML-Formularen zu übermitteln, auch in Browsern, die diese HTTP-Methoden nicht unterstützen.
- Ressourcen kann man mit Views und View-Resolvern von Spring auf verschiedene Weise repräsentieren, z. B. die neuen View-Implementierungen zum Darstellen von Model-Daten wie XML, JSON, Atom und RSS.
- Die für den Client am besten geeignete Repräsentation kann man anhand des neuen `ContentNegotiatingViewResolver` wählen.
- View-basiertes Rendering lässt sich gänzlich umgehen, wenn man die neue `@ResponseBody`-Annotation und diverse `HttpMethodConverter`-Implementierungen einsetzt.
- Entsprechend kann neben den `HttpMethodConverter`-Implementierungen die neue `@RequestBody`-Annotation eingehende HTTP-Daten in Java-Objekte konvertieren, die einer der Handler-Methoden des Controllers übergeben werden.
- `RestTemplate` vereinfacht die Client-seitige Verarbeitung von REST-Ressourcen.

In diesem Kapitel untersuchen wir all jene Features, die Spring REST-konformer machen, und beschäftigen uns mit der Frage, wie man REST-Ressourcen sowohl produziert als auch weiterverarbeitet. Wir beginnen mit dem ressourcenorientierten Spring-MVC-Controller.

11.2 Ressourcenorientierte Controller schreiben

Wie wir in Kapitel 7 gesehen haben, ist das Model von Spring MVC zum Schreiben von Controller-Klassen extrem flexibel. Praktisch jede Methode mit fast jeder Signatur lässt sich so annotieren, dass sie mit einer Webanfrage umgehen kann. Doch ein Nebeneffekt dieser Flexibilität ist, dass Sie mit Spring MVC auch Controller entwickeln können, die hinsichtlich der REST-konformen Ressourcen nicht ideal sind. Es geht viel zu einfach, *REST-„unfähige“* Controller zu schreiben.

11.2.1 Analyse eines nicht-REST-konformen Controllers

Damit Sie verstehen, wie ein REST-konformer Controller aussieht, hilft es, zuerst zu wissen, wie ein nicht-REST-konformer Controller aussieht. `DisplaySpittleController` ist ein entsprechendes Beispiel.

LISTING 11.1 `DisplaySpittleController` ist ein nicht-REST-konformer Spring-MVC-Controller.

```
package com.habuma.spitter.mvc.restless;
import javax.inject.Inject;
import org.springframework.stereotype.Controller;
import org.springframework.ui.Model;
import org.springframework.web.bind.annotation.RequestMapping;
import org.springframework.web.bind.annotation.RequestMethod;
import org.springframework.web.bind.annotation.RequestParam;
import com.habuma.spitter.service.SpitterService;
@Controller
@RequestMapping("/displaySpittle.htm")    ◂ Nicht-REST-konformes URL-Mapping
public class DisplaySpittleController {
  private final SpitterService spitterService;
  @Inject
  public DisplaySpittleController(SpitterService spitterService) {
    this.spitterService = spitterService;
  }
  @RequestMapping(method=RequestMethod.GET)
  public String showSpittle(@RequestParam("id") long id, Model model) {
    model.addAttribute(spitterService.getSpittleById(id));
    return "spittles/view";
  }
}
```

Über den Controller in Listing 11.1 lässt sich zunächst etwas über den Namen sagen. Sicher: bloß ein Name. Doch er beschreibt genau, was der Controller leistet. Das erste Wort ist *Display* (darstellen) - ein Verb, das darauf hinweist, dass dieser Controller aktionsorientiert und nicht ressourcenorientiert funktioniert.

Beachten Sie die Annotation `@RequestMapping` auf Klassenebene. Sie besagt, dass dieser Controller Requests für /displaySpittle.htm bearbeiten wird. Das scheint zu implizieren, dass dieser Controller sich auf den speziellen Use Case der Darstellung von Spittles konzentriert (untermauert durch den Namen der Klasse). Außerdem impliziert diese Erweiterung, dass er diese Liste nur in HTML-Form darstellen kann.

Es ist nichts schrecklich falsch daran, wie dieser `DisplaySpittleController` geschrieben ist. Aber es ist eben kein REST-konformer Controller. Er ist aktionsorientiert und konzentriert sich auf einen speziellen Use Case: die Darstellung der Details eines `Spittle`-Objekts in HTML-Form. Sogar der Klassenname des Controllers passt dazu.

Da Sie nun wissen, wie ein nicht-REST-konformer Controller aussieht, schauen wir uns mal das Gegenteil an. Wir beginnen damit, wie Requests nach ressourcenorientierten URLs bearbeitet werden.

11.2.2 REST-konforme URLs bearbeiten

Die meisten User denken als Erstes an URLs, wenn sie mit REST arbeiten. Immerhin wird alles, was in REST passiert, per URL erledigt. Das Lustige an vielen URLs ist die Tatsache, dass sie normalerweise nicht leisten, was sie als URLs leisten sollten.

URL ist das Akronym von *Uniform Resource Locator* (etwa: einheitlicher Quellenanzeiger). Ein URL ist dazu gedacht, eine Ressource zu lokalisieren. Außerdem sind alle URLs auch URIs oder *Uniform Resource Identifiers*. Wenn das wirklich zutrifft, sollten wir davon ausgehen können, dass URLs nicht nur Ressourcen lokalisieren, sondern auch dazu dienen, sie zu identifizieren.

Dass eine URL eine Ressource lokalisiert, liegt nahe. Immerhin tippen wir schon seit Jahren URLs in die Adresszeilen unserer Browser, um Inhalte im Internet zu finden. Man kann sich diese URL aber auch als Weg vorstellen, eine Ressource eindeutig zu identifizieren. Keine zwei Ressourcen können sich die gleiche URL teilen, also ist die URL auch ein Mittel zu ihrer Identifizierung.[2]

Viele URL lokalisieren oder identifizieren gar nichts – sie fordern etwas. Anstatt etwas zu identifizieren, bestehen sie darauf, dass eine Aktion ausgeführt werden soll. Nehmen wir beispielsweise Abbildung 11.1, das die Art von URL verdeutlicht, wie sie von der `displaySpittle()`-Methode des `DisplaySpittleControllers` bearbeitet wird.

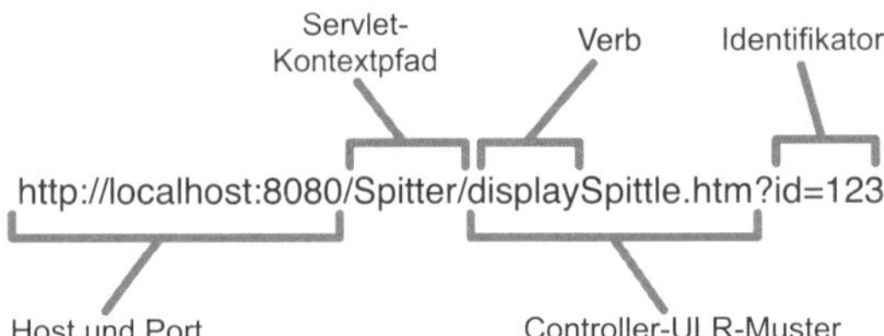

ABBILDUNG 11.1 Eine REST-konforme URL ist aktionsorientiert und identifiziert bzw. lokalisiert keine Ressourcen.

Wie Sie sehen, lokalisiert oder identifiziert diese URL keine Ressource. Sie verlangt, dass der Server einen `Spittle` darstellt. Der einzige Teil der URL, der überhaupt etwas identifiziert, ist der Abfrageparameter `id`. Der Basisteil dieser URL ist verborientiert. Was bedeutet: es geht um eine REST-konforme URL.

Wenn wir Controller schreiben wollen, die REST-konforme URLs korrekt verarbeiten, dann sollten wir uns zuerst mit dem Aussehen einer REST-konformen URL vertraut machen.

Kennzeichen einer REST-konformen URL

Im Kontrast zu ihren nicht-REST-konformen Verwandten erkennen REST-konforme URLs vollständig an, dass es bei HTTP vor allem um Ressourcen geht. Abbildung 11.2 zeigt beispielsweise, wie wir die nicht-REST-konforme URL so umstrukturieren, dass sie eher ressourcenorientiert ist.

---

[2] Obwohl es außerhalb unseres Themenbereichs liegt, nutzt das semantische Web die identifizierende Natur von URLs beim Erstellen eines verknüpften Webs der Ressourcen.

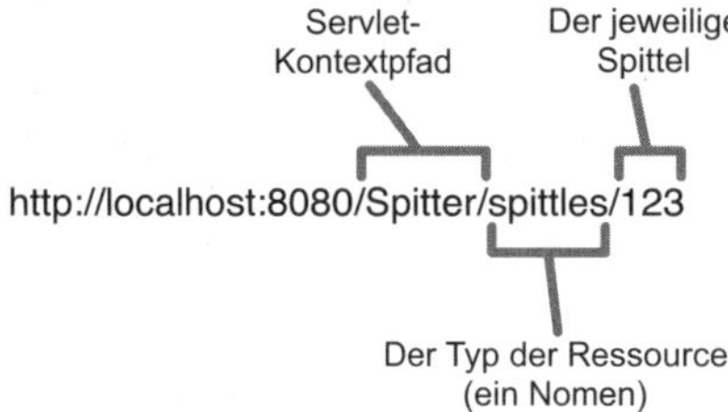

ABBILDUNG 11.2 Eine REST-konforme URL ist ressourcenorientiert, indem sie eine Ressource sowohl identifiziert als auch lokalisiert.

Unklar an dieser URL ist, was sie eigentlich leistet; was daran liegt, dass die URL nicht irgendetwas *macht*. Sie identifiziert vielmehr eine Ressource. Genauer gesagt: die Ressource, die ein `Spittle`-Objekt repräsentiert. Was mit dieser Ressource geschieht, steht auf einem anderen Blatt – und wird von HTTP-Methoden entschieden (siehe Abschnitt 11.2.3).

Diese URL lokalisiert nicht nur eine Ressource, sondern identifiziert sie auch eindeutig – sie dient genauso gut als URI wie als URL. Anstatt einen Abfrageparameter zur Identifizierung der Ressource zu verwenden, kümmert sich die gesamte Basis-URL darum.

Tatsächlich besitzt die neue URL überhaupt keine Abfrageparameter. Obwohl solche Parameter immer noch ein legitimer Weg sind, um Informationen an den Server zu schicken, sind sie dazu gedacht, dem Server bei der Produktion der Ressource behilflich zu sein. Man sollte sie nicht dafür verwenden, eine Ressource zu identifizieren.

Eine Anmerkung zu REST-konformen URLs steht noch aus: Sie neigen zu hierarchischem Verhalten. Wenn Sie sie von links nach rechts lesen, bewegen Sie sich von einem allgemeinen Konzept zu einer Präzisierung. In unserem Beispiel hat die URL mehrere Ebenen, die alle eine Ressource identifizieren können:

- *http://localhost:8080* identifiziert eine Domäne und einen Port. Obwohl unsere Applikation eine Ressource nicht mit dieser URL verknüpfen würde, gibt es keinen Grund, warum sie das nicht tun könnte.
- *http://localhost:8080/Spitter* identifiziert den Servlet-Kontext der Applikation. Diese URL ist insofern spezifischer, als sie eine auf dem Server laufende Applikation identifiziert hat.
- *http://localhost:8080/Spitter/spittles* identifiziert eine Ressource, die eine Liste mit `Spittle`-Objekten innerhalb der Spitter-Applikation repräsentiert.
- *http://localhost:8080/Spitter/spittles/123* ist die präziseste URL und identifiziert eine spezielle `Spittle`-Ressource.

Diese REST-konformen URLs sind deswegen so interessant, weil ihr Pfad parametrisiert ist. Während die nicht-REST-konforme URL ihren Input von Abfrageparametern bekommt, gehört der Input der REST-konformen URL zum Pfad dieser URL. Um Requests für diese Art URL bearbeiten zu können, brauchen wir einen Weg, um die Handler-Methode eines Controllers zu schreiben, damit sie den Input aus dem Pfad der URL akzeptiert.

Parameter in URLs einbetten

Um parametrisierte URL-Pfade zu ermöglichen, hat Spring 3 eine neue `@PathVariable`-Annotation eingeführt. Um zu sehen, wie das funktioniert, schauen wir uns `SpittleController` an, einen neuen Spring-MVC-Controller, der sich eines ressourcenorientierten Ansatzes bedient, um Requests für `Spittles` zu bearbeiten.

LISTING 11.2 `SpittleController` ist ein REST-konformer Spring-MVC-Controller.

```
package com.habuma.spitter.mvc;
import javax.inject.Inject;
import javax.validation.Valid;
import org.springframework.stereotype.Controller;
import org.springframework.ui.Model;
import org.springframework.web.bind.annotation.PathVariable;
import org.springframework.web.bind.annotation.RequestMapping;
import org.springframework.web.bind.annotation.RequestMethod;
import com.habuma.spitter.domain.Spittle;
import com.habuma.spitter.service.SpitterService;
@Controller
@RequestMapping("/spittles")    ◂ Requests für /spittles bearbeiten
public class SpittleController {
  private SpitterService spitterService;
  @Inject
  public SpittleController(SpitterService spitterService) {
    this.spitterService = spitterService;
  }
  @RequestMapping(value="/{id}",
                method=RequestMethod.GET)    ◂ Platzhaltervariable im Pfad nutzen
  public String getSpittle(@PathVariable("id") long id,
          Model model) {
    model.addAttribute(spitterService.getSpittleById(id));
    return "spittles/view";
  }
}
```

Wir haben `SpittleController` auf Klassenebene mit `@RequestMapping` annotiert, um anzuzeigen, dass dieser Controller Requests für `Spittle`-Ressourcen bearbeiten wird – solche Requests also, deren URLs mit */spittles* beginnen.

Momentan gibt es nur eine Handler-Methode: `getSpittle()`. Wenn die `@RequestMapping`-Annotation dieser Methode mit dem `@RequestMapping` auf Klassenebene gekoppelt wird, ist diese Methode bereit, `GET`-Requests für URLs zu bearbeiten, die die Form */-spittles/{id}* haben.

Sie wundern sich wahrscheinlich über diese merkwürdigen geschwungenen Klammern im URL-Muster. Der Teil mit *{id}* besagt, dies sei ein Platzhalter, durch den Variablendaten in die Methode übergeben werden. Er korrespondiert mit der `@PathVariable`-Annotation beim `id`-Methodenparameter.

Wenn also eine `GET`-Request für http://localhost:8080/Spitter/spittles/123 eingeht, wird die `getSpittle()`-Methode aufgerufen und `123` für den Parameter `id` übergeben. Die Methode schlägt das angeforderte `Spittle`-Objekt dann anhand dieses Werts nach und platziert ihn im Model.

An diesem Punkt ist Ihnen vielleicht schon aufgefallen, dass `id` drei Mal in der Signatur dieser Methode verwendet wurde. Nicht nur als Platzhalter für den URL-Pfad und als Wert der Annotation `@PathVariable`, sondern auch als eigentlicher Name des Methodenparameters. Hier ist das nur ein Zufall. Doch wenn der Name des Methodenparameters zufällig so lautet wie der Name der Pfadvariable (und mir fällt kein Grund ein, warum das nicht der Fall sein sollte), können Sie von einer einfachen Konvention profitieren und den Wert von `@PathVariable` weglassen. Zum Beispiel:

```
@RequestMapping(value="/{id}", method=RequestMethod.GET)
public String getSpittle(@PathVariable long id, Model model) {
  model.addAttribute(spitterService.getSpittleById(id));
  return "spittles/view";
}
```

Wenn `@PathVariable` keinen Wert bekommt, dient der Name des Methodenparameters als Name der Pfadvariablen.[3]

Egal, ob Sie die Pfadvariable explizit über den Namen identifizieren, ermöglicht es `@PathVariable`, Handler-Methoden für Controller zu schreiben. Diese Controller wiederum bearbeiten die Requests für URLs, die eine Ressource identifizieren, anstatt zu beschreiben, welche Aktion ausgeführt werden soll. Die andere Seite von REST-konformen Requests sind die HTTP-Methoden, die auf die URLs angewendet werden. Schauen wir uns an, wie HTTP-Methoden für die Verben in einem REST-Request sorgen.

11.2.3 Die REST-Verben ausführen

Wie bereits erwähnt, geht es bei REST um den Transfer des Ressourcenzustands. Von daher brauchen wir wirklich nur eine Handvoll Verben, um etwas mit diesen Ressourcen anzustellen: Verben, die den Zustand einer Ressource transferieren. Für jede beliebige Ressource gehört es zu den Standardoperationen, diese Ressource auf dem Server zu erstellen, sie von dort auszulesen, auf dem Server zu aktualisieren oder ganz zu löschen.

Die Verben, an denen wir interessiert sind (*post*, *get*, *put* und *delete*), korrespondieren direkt mit vier Methoden, die von der HTTP-Spezifikation definiert werden und in Tabelle 11.1 zusammengefasst sind.[4]

Jede HTTP-Methode wird durch zwei Merkmale charakterisiert: Sicherheit und Idempotenz. Eine Methode wird als *sicher* betrachtet, wenn sie den Zustand der Ressource nicht verändert. *Idempotente* Methoden ändern den Zustand oder vielleicht auch nicht, aber wiederholte Requests sollten nach dem ersten Request keine weiteren Nebeneffekte haben. Per Definition sind alle sicheren Methoden auch gleichzeitig idempotent, aber nicht alle idempotenten Methoden sind sicher.

Es ist wichtig zu realisieren, dass Spring zwar all diese HTTP-Methoden unterstützt, aber es immer noch Ihnen als Entwickler obliegt, darauf zu achten, dass die Implementierung dieser Methoden auch deren Semantik befolgt. Mit anderen Worten: Eine Methode, die sich um `GET` kümmert, sollte nur eine Ressource zurückgeben – diese Ressource also nicht aktualisieren oder löschen.

Die vier in Tabelle 11.1 beschriebenen HTTP-Methoden werden oft auf CRUD-Operationen gemappt (Create/Read/Update/Delete). Ganz bestimmt führt die GET-Methode eine Leseoperation und die DELETE-Methode eine Löschoperation durch. Und auch wenn man PUT und

---

[3] Hier wird vorausgesetzt, dass Sie Ihre Controller-Klassen so kompiliert haben, dass die Debugging-Informationen in die Klassendateien kompiliert sind. Anderenfalls stünden die Namen der Methodenparameter zur Laufzeit nicht zur Verfügung und könnten nicht mit den Pfadvariablen abgeglichen werden.

[4] Die HTTP-Spezifikation definiert vier andere Methoden: TRACE, OPTIONS, HEAD und CONNECT. Aber wir konzentrieren uns auf die vier Kernmethoden.

TABELLE 11.1 HTTP bietet verschiedene Methoden zur Manipulation von Ressourcen.

Methode	Beschreibung	Sicher?	Idempotent?
GET	Liest Ressourcendaten vom Server aus. Die Ressource wird vom URL des Requests identifiziert.	Ja	Ja
POST	Postet Daten an den Server, damit sie von einem Prozessor verarbeitet werden, der an der URL des Requests lauscht.	Nein	Nein
PUT	Legt Ressourcendaten auf dem Server im URL des Requests ab.	Nein	Ja
DELETE	Löscht die Ressource auf dem Server, die von der URL des Requests identifiziert wird.	Nein	Ja
OPTIONS	Fragt verfügbare Optionen für die Kommunikation mit dem Server ab.	Ja	Ja
HEAD	Wie GET, außer dass nur die Header zurückgegeben werden sollen – im Body der Antwort sollten keine Inhalte sein.	Ja	Ja
TRACE	Gibt den Request-Body zum Client zurück.	Ja	Ja

POST auf andere Weise als nur für Update- und Create-Operationen einsetzen kann, ist das üblicherweise ihr Einsatzzweck.

Wir hatten bereits ein Beispiel, wie man mit GET-Requests umgeht. Die getSpittle()-Methode des SpittleControllers wird mit @RequestMapping annotiert, wobei das method-Attribut so eingerichtet ist, dass man Requests bearbeitet. Das method-Attribut ist der Schlüssel dafür, die HTTP-Methode zuzuweisen, die von einer Controller-Methode bearbeitet wird.

Ressourcen mit PUT aktualisieren

Wenn es darum geht, den Zweck der PUT-Methode zu verstehen, ist es hilfreich zu wissen, dass es sich dabei semantisch um das Gegenteil von GET handelt. Während ein GET-Request den Zustand einer Ressource vom Server zum Client transferiert, überträgt PUT den Ressourcenzustand vom Client zum Server.

Die folgende putSpittle()-Methode wird beispielsweise annotiert, um ein Spittle-Objekt von einem PUT-Request zu empfangen:

```
@RequestMapping(value="/{id}", method=RequestMethod.PUT)
@ResponseStatus(HttpStatus.NO_CONTENT)
public void putSpittle(@PathVariable("id") long id,
       @Valid Spittle spittle) {
  spitterService.saveSpittle(spittle);
}
```

Die putSpittle()-Methode ist wie jede andere Handler-Methode mit @RequestMapping annotiert. Tatsächlich ist die @RequestMapping-Annotation hier fast die gleiche wie die mit der getSpittle()-Methode eingesetzte Annotation. Der einzige Unterschied besteht darin, dass das method-Attribut so eingerichtet ist, dass HTTP-PUT- statt GET-Requests bearbeitet werden.

Wenn das der einzige Unterschied ist, bedeutet dies, dass die `putSpittle()`-Methode Requests mit URLs bearbeiten wird, die die Form */spittles/{id}* annehmen – die gleichen URLs, die von der `getSpittle()`-Methode bearbeitet werden. Wiederum identifiziert die URL eine Ressource, aber nicht, was damit geschieht. Also wird die URL, die einen `Spittle` identifiziert, die gleiche sein, egal ob wir sie mit `GET` oder `PUT` bekommen.

Die `putSpittle()`-Methode ist außerdem mit einer Annotation getaggt, die wir noch nicht gesehen haben. Die `@ResponseStatus`-Annotation definiert den HTTP-Status, mit dem die Antwort zum Client ausgezeichnet sein soll. In diesem Fall verweist `HttpStatus.NO_CONTENT` darauf, dass der Response-Status auf den HTTP-Statuscode 204 gesetzt werden soll. Dieser Statuscode bedeutet, dass der Request erfolgreich verarbeitet, aber im Body der Response nichts zurückgegeben wurde.

Bearbeitung von DELETE-Requests

Anstatt einfach eine Ressource zu aktualisieren, könnten wir sie auch komplett loswerden. Im Fall der Spitter-Applikation könnten wir beispielsweise dafür sorgen, dass Clients einen peinlichen `Spittle` löschen können, der in Hektik verfasst wurde oder während der User nicht ganz zurechnungsfähig war. Wenn eine Ressource ganz weg soll, greifen Sie zur HTTP-Methode `DELETE`.

Als Beispiel, wie man in Spring MVC mit einem `DELETE`-Request umgeht, fügen wir in den `SpittleController` eine neue Handler-Methode ein, die `DELETE`-Requests beantwortet, um eine `Spittle`-Ressource zu entfernen:

```
@RequestMapping(value="/{id}", method=RequestMethod.DELETE)
@ResponseStatus(HttpStatus.NO_CONTENT)
public void deleteSpittle(@PathVariable("id") long id) {
  spitterService.deleteSpittle(id);
}
```

Wieder sieht die Annotation `@RequestMapping` weitgehend so aus wie jene, die wir für `getSpittle()` und `putSpittle()` verwendet haben. Der Unterschied besteht nur darin, dass beim `@RequestMapping` dieser Methode das `method`-Attribut so gesetzt ist, dass `DELETE`-Requests bearbeitet werden. Das URL-Muster, das eine `Spittle`-Ressource identifiziert, bleibt gleich.

So wie `putSpittle()` ist auch `deleteSpittle()` ebenfalls mit `@ResponseStatus` annotiert, damit der Client weiß, dass der Request erfolgreich verarbeitet wurde, aber dass in der Antwort kein Inhalt übertragen wird.

Ressourcen mit POST erstellen

Einer steckt in jedem Strauß: ein Freigeist ... ein Dissident ... ein Rebell. Unter den HTTP-Methoden ist `POST` dieser Rebell. Er hält sich nicht an die Regeln. Er ist unsicher und definitiv *nicht* idempotent. Diese nonkonformistische HTTP-Methode scheint alle Regeln zu brechen, aber deswegen kann sie auch Jobs erledigen, die die anderen HTTP-Methoden nicht bewältigen.

Um diesen Rebellen in Aktion zu sehen, beobachten Sie `POST`, wie er seinen Job erledigt, zu dem er oft aufgerufen wird: neue Ressourcen zu erstellen. Die Methode `createSpittle()` ist eine Controller-Methode zum Umgang mit `POST`, die neue `Spittle`-Ressourcen erstellt.

LISTING 11.3 Neue `Spittles` mit `POST` erstellen

```
@RequestMapping(method=RequestMethod.POST)    ◂ POST bearbeiten

@ResponseStatus(HttpStatus.CREATED)    ◂ Mit HTTP 201 antworten
public @ResponseBody Spittle createSpittle(@Valid Spittle spittle,
                    BindingResult result, HttpServletResponse response)
                    throws BindException {
  if(result.hasErrors()) {
    throw new BindException(result);
  }

  spitterService.saveSpittle(spittle);
                                                              Ressourcenstandort
  response.setHeader("Location", "/spittles/" + spittle.getId());    ◂ setzen
  return spittle;    ◂ Spittle-Ressource zurückgeben
}
```

Ihnen fällt wahrscheinlich als Erstes auf, dass sich das `@RequestMapping` dieser Methode von denen unterscheidet, mit denen wir es bisher zu tun hatten. Anders als bei ihnen ist hier das Attribut `value` nicht angegeben, was bedeutet, dass einzig das `@RequestMapping` des Controllers auf Klassenebene für die Festlegung verantwortlich ist, welches URL-Muster von `createSpittle()` bearbeitet wird. Genauer gesagt wird `createSpittle()` die Requests behandeln, deren URL-Muster zu */spittles* passt.

Üblicherweise bestimmt der Server die Identität einer Ressource. Weil wir hier eine neue Ressource erstellen, gibt es keine Möglichkeit, in Erfahrung zu bringen, wie die URL zu dieser Ressource lautet. Während nun Requests mit `GET`, `PUT` und `DELETE` direkt mit der Ressource operieren, die von ihrer URL identifiziert werden, muss `POST` mit einer anderen URL als die Ressource, die sie erstellt, arbeiten (weil diese URL erst existiert, wenn die Ressource erstellt wird).

Wieder ist diese Methode mit `@ResponseStatus` annotiert, um den HTTP-Statuscode im Request zu setzen. Dieses Mal wird der Status auf 201 (Created) gesetzt, um anzuzeigen, dass eine Ressource erfolgreich erstellt wurde. Wenn eine HTTP-201-Response an den Client zurückgegeben wird, sollte die URL der neuen Ressource auch mitgesendet werden. Also besteht eine der letzten Aktionen von `createSpittle()` darin, den `Location`-Header so einzurichten, dass er die URL der Ressource enthält.

Obwohl das bei einer HTTP-201-Response nicht streng erforderlich ist, kann man die volle Entity-Repräsentation im Body der Antwort zurückgeben. Somit gibt diese Methode – sehr ähnlich wie die `getSpittle()`-Methode von vorhin, die sich um `GET` kümmert – am Ende das neue `Spittle`-Objekt zurück. Dieses Objekt wird in eine Repräsentation transformiert, mit der der Client arbeiten kann.

Aber bisher ist noch nicht klar, wie diese Transformation stattfinden oder wie die Repräsentation aussehen wird. Schauen wir uns das *R* vom REST-Akronym an: Representation.

11.3 Ressourcen repräsentieren

Die Repräsentation ist eine wichtige Facette von REST. So kommunizieren ein Client und ein Server über eine Ressource. Jede beliebige Ressource könnte in praktisch jeder Form repräsentiert werden. Wenn der Verbraucher der Ressource JSON bevorzugt, kann die Ressource im Format JSON präsentiert werden. Oder wenn der Konsument gerne spitze Klammern mag, lässt sich die gleiche Ressource in XML präsentieren. Wenn sich jemand die Ressource im Browser ansieht, möchte er sie wahrscheinlich lieber in HTML erleben (oder vielleicht als PDF oder Excel-Tabelle oder einer anderen, menschenlesbaren Form). Die Ressource verändert sich nicht, nur ihre Repräsentation.

Es ist wichtig zu wissen, dass sich Controller normalerweise nicht damit belasten, wie Ressourcen repräsentiert zu werden. Controller beschäftigen sich mit Ressourcen bezüglich der Java-Objekte, die sie definieren. Aber erst nachdem der Controller mit seiner Arbeit fertig ist, wird die Ressource in eine Form transformiert, die am besten zum Client passt.

Spring bietet zwei Wege, um die Java-Präsentation einer Ressource in die Repräsentation zu transformieren, die dem Client geliefert wird:

- Ausgehandelte, View-basierte Darstellung
- HTTP-Nachrichtenkonverter

Weil wir View-Resolver in Kapitel 7 besprochen haben und mit der View-basierten Darstellung (ebenfalls in Kapitel 7) bereits vertraut sind, beginnen wir mit der Content-Negotiation (wörtlich: Inhaltsvereinbarung), um einen View oder View-Resolver auszuwählen, der eine Ressource in einer für den Client akzeptablen Form rendern kann.

11.3.1 Die Repräsentation der Ressource verhandeln

Wie Sie sich aus Kapitel 7 erinnern, wird bei Beendigung der Handler-Methode eines Controllers normalerweise ein logischer View-Name zurückgegeben. Auch wenn die Methode nicht direkt einen logischen View-Namen zurückgibt (z. B. `void`), wird der logische View-Name von der URL des Requests abgeleitet. `DispatcherServlet` übergibt dann den View-Namen an einen View-Resolver und bittet ihn um Hilfe bei der Frage, welcher View die Resultate des Requests darstellen soll.

Bei einer für Menschen gedachten Webanwendung wird der gewählte View praktisch immer als HTML dargestellt. Die View-Auflösung ist eine eindimensionale Aktivität. Wenn der View-Name zu einem View passt, nehmen wir eben diesen View.

Wenn es darum geht, View-Namen zu Views aufzulösen, die Ressourcen-Repräsentationen produzieren können, muss eine weitere Dimension berücksichtigt werden. Nicht nur muss der View zum View-Namen passen, sondern auch so gewählt werden, dass er zum Client passt. Wenn der Client XML haben will, reicht ein View zur Darstellung von HTML nicht – auch wenn der View-Name passt.

Der `ContentNegotiatingViewResolver` von Spring ist ein spezieller View-Resolver, der den vom Client gewollten Inhaltstyp berücksichtigt. So wie jeder andere View-Resolver wird er im Spring-Anwendungskontext als `<bean>` konfiguriert – was wir im Folgenden erläutern.

LISTING 11.4 Der ContentNegotiatingViewResolver wählt den besten View.

```
<bean class="org.springframework.web.servlet.view.
    ➥ ContentNegotiatingViewResolver">
  <property name="mediaTypes">
    <map>
      <entry key="json" value="application/json" />
      <entry key="xml" value="text/xml" />
      <entry key="htm" value="text/html" />
    </map>
  </property>
  <property name="defaultContentType" value="text/html" />
</bean>
```

Um zu verstehen, wie ContentNegotiatingViewResolver arbeitet, muss man sich mit den beiden Schritten der Content-Negotiation auskennen:

1. Die angeforderte/n Medientype/n feststellen
2. Den besten View für die angeforderte/n Medientyp/en finden

Gehen wir nun näher auf diese beiden Schritte ein, um die Funktionsweise von ContentNegotiatingViewResolver herauszufinden. Wir beginnen, indem wir zunächst herausfinden, welchen Inhalt der Client anfordert.

Die angeforderten Medientypen feststellen

Der erste Schritt bei der Content-Negotiation besteht darin, festzustellen, welche Art von Ressourcenrepräsentation der Client will. Oberflächlich betrachtet, scheint das ein einfacher Job zu sein. Sollte aus dem Accept-Header des Requests nicht klar hervorgehen, welche Repräsentation an den Client gesendet werden soll?

Leider kann man diesen Accept-Header nicht immer als verlässlich erachten. Wenn der fragliche Client ein Browser ist, gibt es keine Garantie, dass das, was der Client will, vom Browser im Accept-Header gesendet wird. Browser akzeptieren (üblicherweise) nur benutzerfreundliche Inhaltstypen (z. B. text/html), und es gibt - mangels Browser-Plugins, die sich an Entwicklern orientieren- keine Möglichkeit, einen anderen Inhaltstyp anzugeben.

Der ContentNegotiatingViewResolver wird den Accept-Header berücksichtigen und den jeweils angefragten Medientyp verwenden, zunächst aber die Dateiendung der URL untersuchen. Wenn in der URL am Ende eine Dateiendung steht, wird er diese mit den Einträgen in der Eigenschaft mediaTypes abgleichen. mediaTypes ist eine Map, deren Schlüssel Dateiendungen und deren Werte Medientypen sind. Gibt es eine Übereinstimmung, dann wird dieser Medientyp verwendet. Somit kann die Dateiendung jeden Medientyp im Accept-Header überschreiben.

Ergibt sich aus der Dateiendung kein verwendbarer Medientyp, wird der Accept-Header im Request berücksichtigt. Doch wenn der Request-Header keinen Accept-Header hat, wird auf den in der defaultContentType-Eigenschaft festgelegten Medientyp zurückgegriffen.

Als Beispiel, wie so etwas umgesetzt wird, nehmen wir an, dass der in Listing 11.4 konfigurierte ContentNegotiatingViewResolver aufgefordert wird, herauszufinden, welches die gewünschten Medientypen für einen Request sind, deren Endung .json lautet. In diesem Fall passt die Dateiendung zum Eintrag json in der Eigenschaft mediaTypes. Darum wird der gewählte Medientyp application/json sein.

Aber nehmen wir an, dass ein Request mit der Endung .huh eintrifft. Diese Endung passt zu keinem Eintrag der `mediaTypes`-Eigenschaft. In Ermangelung einer passenden Endung wird der `ContentNegotiatingViewResolver` im `Accept`-Header des Requests nach dem Medientyp suchen. Wenn der Request von Firefox stammt, sind die Medientypen `text/html`, `application/xhtml+xml`, `application/xml` sowie `*/*`. Wenn der Request keinen `Accept`-Header hat, wird `text/html` aus `defaultContentType` gewählt.

Die Wahl der Medientypen beeinflussen

Der bisher beschriebene Wahlprozess für die Medientypen umreißt die Standardstrategie für die Feststellung der angeforderten Medientypen. Doch es gibt mehrere Optionen, die dieses Verhalten beeinflussen können:

- Wenn man die Eigenschaft `favorPathExtension` auf `false` setzt, sorgt dies dafür, dass der `ContentNegotiatingViewResolver` die Pfadendung der URL ignoriert.
- Wenn man das Java Activation Framework (JAF) in den Klassenpfad einfügt, sorgt dies dafür, dass `ContentNegotiatingViewResolver` JAF um Unterstützung bei der Bestimmung des Medientyps für die Pfadendung bittet, zusätzlich zu den Einträgen in der Eigenschaft `mediaTypes`.
- Wenn Sie die Eigenschaft `favorParameter` auf `true` setzen und der Request einen `format`-Parameter aufweist, wird der Wert des `format`-Parameters mit der Eigenschaft `mediaTypes` abgeglichen. (Außerdem kann der Name des Parameters durch Setzen der `parameterName`-Eigenschaft gewählt werden.)
- Wenn man den `ignoreAcceptHeader` auf `true` setzt, wird `Accept` nicht mehr berücksichtigt.

Nehmen wir beispielsweise an, dass Sie die Eigenschaft `favorParameter` auf `true` gesetzt haben:

```
<property name="favorParameter" value="true" />
```

Nun kann ein Request, dessen URL keine Dateiendung hat, immer noch mit dem Medientyp `application/json` abgeglichen werden, solange der `format`-Parameter des Requests auf `json` gesetzt ist.

Wenn `ContentNegotiatingViewResolver` weiß, welchen Medientyp der Client will, wird es Zeit, einen View zu finden, der diese Art Inhalt darstellen kann.

Einen View finden

Anders als andere View-Resolver löst `ContentNegotiatingViewResolver` Views nicht direkt auf. Stattdessen delegiert er an andere View-Resolver, die sich dann den am besten passenden View für den Client suchen. Diese werden einen View-Resolver aus dem Anwendungskontext nehmen, außer es wird etwas anderes angegeben. Indem Sie die Eigenschaft `viewResolvers` setzen, können Sie aber explizit die View-Resolver auflisten, an die delegiert werden soll.

`ContentNegotiatingViewResolver` weist alle seine View-Resolver an, den logischen View-Namen in einen View aufzulösen. Jeder aufgelöste View wird in eine Liste mit potenziellen

Views aufgenommen. Außerdem wird ein View am Ende der Liste mit potenziellen Views aufgenommen, wenn er in der Eigenschaft `defaultView` angegeben wird.

Wenn die Liste mit potenziellen Views zusammengestellt wurde, geht `ContentNegotiating-ViewResolver` die angeforderten Medientypen der Reihe nach durch und versucht, unter den potenziellen Views einen zu finden, der einen passenden Inhaltstyp produziert. Der erste gefundene Treffer wird dann verwendet.

Falls `ContentNegotiatingViewResolver` keinen passenden View findet, gibt er einen `null`-View zurück. Oder wenn `useNotAcceptableStatusCode` auf `true` gesetzt ist, wird ein View mit dem HTTP-Statuscode 406 (Not Acceptable) zurückgegeben.

Content-Negotiation ist eine Möglichkeit, um für einen Client, der genau dazu passt, wie wir das Web-Frontend unserer Applikation in Kapitel 7 entwickelt haben, die Ressourcenrepräsentationen darzustellen. Damit kann man zusätzliche Repräsentationen perfekt auf die HTML-Repräsentationen aufsetzen, die eine Webapplikation mit Spring MVC bereits mitbringt.

Bei der Definition von REST-konformen Ressourcen, die von einem Rechner weiterverarbeitet werden, ist es vielleicht sinnvoller, den Controller auf eine Weise zu entwickeln, die anerkennt, dass die davon produzierten Daten als Ressource repräsentiert werden, die eine andere Applikation weiterverarbeitet. Hier kommen die HTTP-Nachrichtenkonvertierer von Spring und die `@ResponseBody`-Annotation ins Spiel.

11.3.2 Die Arbeit mit HTTP-Nachrichtenkonvertierern

Wie wir in Kapitel 7 und im vorigen Abschnitt gesehen haben, endet eine typische Controller-Methode von Spring MVC damit, eine oder mehrere Informationen ins Model abzulegen und einen View zu bestimmen, der diese Daten für den User darstellt. Obwohl es verschiedene Wege gibt, das Model mit Daten zu befüllen, und viele Arten der Identifizierung des Views, hat sich bislang jede Controller-Handler-Methode, die wir bisher eingerichtet haben, an dieses Grundmuster gehalten.

Wenn der Job eines Controllers darin besteht, eine Repräsentation einer Ressource zu produzieren, steht jedoch eine direktere Option zur Verfügung, die Modell und View umgeht. Im Stil dieser Handler-Methode wird das vom Controller zurückgegebene Objekt automatisch in eine Repräsentation konvertiert, die zum Client passt.

Der Einsatz dieser neuen Technik beginnt mit dem Einsatz der Annotation `@ResponseBody` für die Handler-Methode eines Controllers.

Den Ressourcenzustand im Body der Antwort zurückgeben

Wenn eine Handler-Methode ein Java-Objekt (alles außer `String`) zurückgibt, dann landet das Objekt normalerweise im Model, damit es im View dargestellt werden kann. Aber wenn diese Handler-Methode mit `@ResponseBody` annotiert wird, zeigt dies, dass der HTTP-Mechanismus für den Nachrichtenkonvertierer übernehmen und das zurückgegebene Objekt in eine Form transformieren soll, mit der der Client etwas anfangen kann.

Schauen wir uns beispielsweise die folgende `getSpitter()`-Methode aus `SpitterController` an:

```
@RequestMapping(value = "/{username}", method = RequestMethod.GET,
                headers = {"Accept=text/xml, application/json"})
public @ResponseBody
Spitter getSpitter(@PathVariable String username) {
  return spitterService.getSpitter(username);
}
```

Die Annotation `@ResponseBody` weist Spring an, dass wir das zurückgegebene Objekt als Ressource an den Client senden wollen, das in eine repräsentative Form konvertiert wurde, die der Client akzeptieren kann. Genauer gesagt, soll die Ressource eine Form annehmen, mit der der `Accept`-Header des Requests zufrieden ist. Wenn der Request keinen `Accept`-Header hat, wird davon ausgegangen, dass der Client eine beliebige Repräsentationsform akzeptiert.

Weil die Rede vom `Accept`-Header ist: Achten Sie auf das `@RequestMapping` von `getSpitter()`. Das Attribut `headers` zeigt an, das diese Methode nur Requests bearbeiten wird, in deren `Accept`-Header `text/xml` oder `application/json` steht. Jeder andere Request, auch wenn es ein `GET`-Request ist, dessen URL zum angegebenen Pfad passt, wird von dieser Methode nicht behandelt. Entweder wird er von einer anderen Handler-Methode behandelt (wenn eine passende existiert) oder der Client bekommt eine HTTP-406-Antwort (Not Acceptable).

Ein beliebiges, von einer Handler-Methode zurückgegebenes Java-Objekt zu nehmen und es in eine für den Client angenehme Repräsentation zu konvertieren, ist ein Job für einen der HTTP-Nachrichtenkonvertierer von Spring. Bei Spring gibt es eine Reihe von Nachrichtenkonvertierern, die Tabelle 11.2 aufführt, um die häufigsten Konvertierungen von Objekt zu Repräsentation zu bearbeiten.

Nehmen wir beispielsweise an, dass der Client über den `Accept`-Header des Requests anzeigt hat, dass er `application/json` akzeptiert. Davon ausgehend, dass sich die Jackson-JSON-Library im Klassenpfad der Applikation befindet, wird das von der Handler-Methode zurückgegebene Objekt zur Konvertierung in eine JSON-Repräsentation an den `MappingJacksonHttpMessageConverter` übergeben und anschließend an den Client zurückgegeben. Wenn andererseits der Request-Header anzeigt, dass der Client `text/xml` bevorzugt, bekommt `Jaxb2RootElementHttpMessageConverter` die Aufgabe, eine XML-Antwort für den Client zu produzieren.

Beachten Sie, dass außer dreien alle HTTP-Nachrichtenkonvertierer in Tabelle 11.2 standardmäßig registriert sind und somit für deren Nutzung keine Spring-Konfiguration erforderlich ist. Doch vielleicht wollen Sie in den Klassenpfad Ihrer Applikation zusätzliche Librarys einfügen, um sie zu unterstützen. Wenn Sie also z. B. den `MappingJacksonHttpMessageConverter` nehmen wollen, um JSON-Nachrichten in und aus Java-Objekten zu konvertieren, müssen Sie die Jackson JSON Processor-Library[5] in den Klassenpfad einfügen.

[5] http://jackson.codehaus.org

TABELLE 11.2 Spring enthält mehrere HTTP-Nachrichtenkonvertierer, die sich um das Marshalling von Ressourcenrepräsentationen in und aus verschiedenen Java-Typen kümmern.

Nachrichtenkonvertierer	Beschreibung
`AtomFeedHttp-MessageConverter`	Konvertiert Rome[a]-`Feed`-Objekte in/aus Atom-Feeds (Medientyp `application/atom+xml`). *Wird registriert, wenn die Rome-Library im Klassenpfad vorhanden ist.*
`BufferedImageHttp-MessageConverter`	Konvertiert `BufferedImages` zu/aus binären Bilddaten.
`ByteArrayHttp-MessageConverter`	Liest/schreibt Byte-Arrays. Liest aus allen Medientypen (`*/*`) und schreibt als `application/octet-stream`. *Standardmäßig registriert.*
`FormHttp-MessageConverter`	Liest Inhalt als `application/x-www-form-urlencoded` in einen `MultiValueMap<String, String>`. Schreibt auch `MultiValueMap<String, String>` als `application/x-www-form-urlencoded` und `MultiValueMap<String, Object>` als `multipart/form-data`
`Jaxb2RootElement-HttpMessageConverter`	Liest und schreibt XML (`text/xml` oder `application/xml`) in/aus JAXB2-annotierte/n Objekte/n. *Registriert, wenn sich JAXB v2-Librarys im Klassenpfad befinden.*
`MappingJacksonHttp-MessageConverter`	Liest und schreibt JSON in/aus typisierte/n Objekte/n oder untypisierte/n `HashMaps`. *Registriert, wenn sich die Jackson-JSON-Library im Klassenpfad befinden.*
`MarshallingHttp-MessageConverter`	Liest und schreibt XML anhand eines injizierten Marshallers und Unmarshallers. Zu den unterstützten (Un)Marshallern gehören Castor, JAXB2, JIBX, XMLBeans und XStream.
`ResourceHttp-MessageConverter`	Liest und schreibt `Resources`. *Standardmäßig registriert.*
`RssChannelHttp-MessageConverter`	Liest und schreibt RSS-Feeds in/aus Rome-`Channel`-Objekte/n. Wird registriert, wenn die Rome-Library im Klassenpfad vorhanden ist.
`SourceHttp-MessageConverter`	Liest und schreibt XML in/aus `javax.xml.transform.Source`-Objekte/n. *Standardmäßig registriert.*
`StringHttp-MessageConverter`	Liest alle Medientypen (`*/*`) in einen `String`. Schreibt Strings in `text/plain`. *Standardmäßig registriert.*
`XmlAwareFormHttp-MessageConverter`	Eine Erweiterung von `FormHttpMessageConverter`, die den Support für XML-basierte Teile durch Verwendung eines `SourceHttpMessageConverters` ergänzt. *Standardmäßig registriert.*

[a] https://rome.dev.java.net

Den Ressourcenzustand im Body des Requests zurückgeben

Auf der anderen Seite einer REST-konformen Konversation kann ein Client uns ein Objekt in Form von JSON, XML oder eines anderen Inhaltstyps senden. Es wäre unpraktisch für die Handler-Methoden unseres Controllers, diese Objekte in ihrer Rohform zu bekommen und sie selbst zu konvertieren. Zum Glück leistet die Annotation `@RequestBody` das Gleiche für vom Client gesendete Objekte, wie `@ResponseBody` für an den Client zurückgegebene Objekte.

Gehen wir einmal davon aus, dass der Client einen `PUT`-Request mit den Daten für ein `Spitter`-Objekt übermittelt, das als JSON im Body des Requests vertreten ist. Um diese Nachricht als `Spitter`-Objekt zu empfangen, müssen wir nur den `Spitter`-Parameter einer Handler-Methode mit `@RequestBody` annotieren:

```
@RequestMapping(value = "/{username}", method = RequestMethod.PUT,
                headers = "Content-Type=application/json")
@ResponseStatus(HttpStatus.NO_CONTENT)
public void updateSpitter(@PathVariable String username,
                          @RequestBody Spitter spitter) {
  spitterService.saveSpitter(spitter);
}
```

Wenn der Request eintrifft, wird Spring MVC sehen, dass `updateSpitter()` in der Lage ist, den Request zu bearbeiten. Doch die Nachricht trifft als XML-Dokument ein, und diese Methode fordert ein `Spitter`-Objekt an. In diesem Fall könnte der `MappingJacksonHttpMessageConverter` gewählt werden, um die JSON-Nachricht in ein `Spitter`-Objekt zu konvertieren. Damit es funktioniert, müssen die folgenden Kriterien erfüllt sein:

- Der `Content-Type`-Header des Requests muss auf `application/json` gesetzt sein.
- Die Jackson JSON-Library muss im Klassenpfad der Applikation verfügbar sein.

Vielleicht ist Ihnen aufgefallen, dass die `updateSpitter()`-Methode mit `@ResponseStatus` annotiert ist. Nach einem PUT-Request gibt es nicht viel zu tun, und an den Client muss nichts zurückgegeben werden. Indem man `updateSpitter()` auf diese Weise annotiert, sagen wir, dass die HTTP-Antwort an den Client den Statuscode 204 haben soll (No Content).

Nun haben wir einige Spring-MVC-Controller mit Handler-Methoden geschrieben, die Requests für Ressourcen bearbeiten. Es gibt einige weitere Dinge, die man hinsichtlich der Definition einer REST-konformen API mit Spring MVC ansprechen sollte, und zu diesem Teil der Diskussion kehren wir in Abschnitt 11.5 zurück. Aber zunächst wechseln wir das Thema und untersuchen, wie man `RestTemplate` von Spring nutzt, um Client-Code zu schreiben, der diese Ressourcen weiterverarbeitet.

11.4 REST-Clients schreiben

Wenn wir Webapplikationen schreiben, stellen wir uns oft vor, dass sie eine Benutzerschnittstelle haben, die sich in einem Browser befindet. Bei Webapplikationen, die aus REST-konformen Ressourcen bestehen, muss das jedoch überhaupt nicht der Fall sein. Nur weil die Daten einer Ressource übers Internet übertragen werden, muss sie nicht unbedingt in einem Browser dargestellt werden. Vielleicht schreiben Sie auch eine Webapplikation, die sich über eine REST-konforme API mit einer anderen Webapplikation austauscht.

Wenn man Code schreibt, der mit einer REST-Ressource als Client arbeiten soll, kann das zu langweiligem Boilerplate-Code führen. Nehmen wir beispielsweise an, dass Client-seitiger Code nötig ist, um die SpittlesforSpitter-REST-API weiterzuverarbeiten, die wir schon entwickelt haben. Das folgende Listing zeigt eine Möglichkeit, so etwas umzusetzen.

LISTING 11.5 REST-Clients können Boilerplate-Code und Exception-Handling enthalten.

```
public Spittle[] retrieveSpittlesForSpitter(String username) {
  try {
    HttpClient httpClient = new DefaultHttpClient();    ◂ HttpClient erstellen
    String spittleUrl = "http://localhost:8080/Spitter/spitters/" +
                        username + "/spittles";    ◂ URL zusammenstellen
    HttpGet getRequest = new HttpGet(spittleUrl);    ◂ Request aus URL erstellen
    getRequest.setHeader(
            new BasicHeader("Accept", "application/json"));
    HttpResponse response = httpClient.execute(getRequest);    ◂ Request ausführen
    HttpEntity entity = response.getEntity();    ◂ Resultat parsen
    ObjectMapper mapper = new ObjectMapper();
    return mapper.readValue(entity.getContent(), Spittle[].class);
  } catch (IOException e) {
    throw new SpitterClientException("Unable to retrieve Spittles", e);
  }
}
```

Wie Sie sehen, gehört eine Menge dazu, eine REST-Ressource weiterzuverarbeiten. Und ein bisschen schummele ich auch, indem ich den Request mit dem HTTP-Client von Jakarta Commons[6] verwende, um den Request und den Jackson JSON Processor[7] dazu zu bringen, die Antwort zu parsen.

Wenn man sich die `retrieveSpittlesForSpitter()`-Methode genauer ansieht, erkennt man, dass nur wenig in dieser Methode direkt mit der speziellen Art Funktionalität verknüpft ist. Müssten Sie eine andere Methode, die eine andere REST-Ressource weiterverarbeiten soll, schreiben, würde sie wahrscheinlich dieser recht ähnlich sein und nur wenige – kleine – Unterschiede aufweisen.

Überdies gibt es unterwegs noch einige Stellen, wo eine `IOException` geworfen werden könnte. Weil `IOException` eine Checked-Exception ist, bin ich gezwungen, sie entweder zu fangen oder zu werfen. In diesem Fall habe ich mich entschlossen, sie zu fangen und an ihrer Stelle eine Unchecked-`SpitterClientException` zu werfen.

---

6 http://hc.apache.org/httpcomponents-client/index.html

7 http://jackson.codehaus.org/

Da nun so viel Boilerplate-Code an der Weiterverarbeitung der Ressource beteiligt ist, sollte man meinen, dass es schlauer wäre, den allgemeinen Code zu kapseln und die Varianten zu parametrisieren. Genau das macht `RestTemplate` von Spring. So wie sich `JdbcTemplate` um die hässlichen Teile der Arbeit mit dem JDBC-Datenzugriff kümmert, befreit uns `RestTemplate` von der Langeweile der Weiterverarbeitung von REST-konformen Ressourcen.

Gleich werden wir sehen, wie man mit `RestTemplate` die `retrieveSpittlesForSpitter()`-Methode umschreibt, damit sie den Boilerplate-Code dramatisch vereinfachen und eliminieren kann. Doch zuerst werfen wir einen leicht distanzierten Blick auf alle REST-Operationen, die `RestTemplate` anbietet.

11.4.1 Die Operationen von RestTemplate

Sie erinnern sich aus Tabelle 11.1, dass die HTTP-Spezifikation sieben Methodentypen definiert, wie man mit REST-konformen Ressourcen umgehen kann. Diese Methodentypen liefern die Verben in einem REST-konformen Gespräch.

TABELLE 11.3 `RestTemplate` definiert 11 separate Operationen, die jeweils überladen sind und insgesamt zu 33 Methoden führen.

Methode	Beschreibung
`delete()`	Führt einen HTTP DELETE auf einer Ressource an einer angegebenen URL aus.
`exchange()`	Führt eine angegebene HTTP-Methode unter der URL aus und gibt eine `ResponseEntity` zurück, die den Body der Antwort als gemapptes Objekt enthält.
`execute()`	Führt eine angegebene HTTP-Methode unter der URL aus und gibt im Body der Antwort ein gemapptes Objekt zurück.
`getForEntity()`	Sendet einen HTTP-GET-Request und gibt eine `ResponseEntity` zurück, die den auf ein Objekt gemappten Body der Antwort enthält.
`getForObject()`	Holt mit GET eine Ressource und gibt den auf ein Objekt gemappten Body der Antwort zurück.
`headForHeaders()`	Sendet einen HTTP-HEAD-Request und gibt den HTTP-Header für die angegebene Ressourcen-URL zurück.
`optionsForAllow()`	Sendet einen HTTP-OPTIONS-Request und gibt den `Allow`-Header für die angegebene URL zurück.
`postForEntity()`	Übermittelt Daten mit POST und gibt eine `ResponseEntity` zurück, die den Body der Antwort als gemapptes Objekt enthält.
`postForLocation()`	Übermittelt Daten mit POST und gibt die URL der neuen Ressource zurück.
`postForObject()`	Übermittelt Daten mit POST und gibt den Response-Body als Objekt zurück.
`put()`	Stellt mit PUT eine Ressource der angegebenen URL zur Verfügung.

RestTemplate definiert 33 Methoden für die Interaktion mit REST-Ressourcen und nutzt dabei alle HTTP-Verben auf verschiedene Weise. Bedauerlicherweise steht mir in diesem Kapitel nicht genügend Platz zur Verfügung, um alle 33 Methoden einzeln vorzustellen. Wie sich herausstellt, gibt es eigentlich nur 11 separate Operationen, die jeweils in drei Methodenvarianten überladen sind. Tabelle 11.3 beschreibt die 11 einmaligen Operationen, die RestTemplate bietet.

Mit Ausnahme von TRACE deckt RestTemplate alle HTTP-Verben ab. Zusätzlich liefern execute() und exchange() Allzweckmethoden auf niedrigerer Ebene zur Verwendung dieser HTTP-Methoden.

Jede Operation in Tabelle 11.3 ist mit drei Methodenformen überladen:

- eine akzeptiert java.net.URI als URL-Spezifikation, ohne Support für parametrisierte URLs;
- eine akzeptiert die String-URL-Spezifikation mit als Map spezifizierten URL-Parametern;
- eine akzeptiert die String-URL-Spezifikation mit als variable Argumentenliste spezifizierten URL-Parametern.

Wenn Sie sich erst einmal durch RestTemplate möglichen 11 Operationen auskennen und wie jede Variante funktioniert, dann sind Sie schon auf gutem Weg, REST-Clients zu schreiben, die Ressourcen weiterverarbeiten. Untersuchen wir nun die Operationen von RestTemplate, indem wir uns auf jene konzentrieren, die die vier primären HTTP-Methoden unterstützen: GET, PUT, DELETE und POST. Beginnen wir mit den GET-Methoden getForObject() und getForEntity().

11.4.2 Ressourcen mit GET bekommen

Vielleicht ist Ihnen aufgefallen, dass Tabelle 11.3 zwei Methoden zur Ausführung von GET-Requests enthält: getForObject() und getForEntity(). Wie bereits beschrieben, sind alle diese Methoden in drei Formen überladen. Die Signaturen dieser drei getForObject()-Methoden sehen wie folgt aus:

```
<T> T getForObject(URI url, Class<T> responseType)
                                              throws RestClientException;
<T> T getForObject(String url, Class<T> responseType,
                   Object... uriVariables) throws RestClientException;
<T> T getForObject(String url, Class<T> responseType,
       Map<String, ?> uriVariables) throws RestClientException;
```

Entsprechend sind die Signaturen der getForEntity()-Methoden wie folgt:

```
<T> ResponseEntity<T> getForEntity(URI url, Class<T> responseType)
       throws RestClientException;
<T> ResponseEntity<T> getForEntity(String url, Class<T> responseType,
       Object... uriVariables) throws RestClientException;
<T> ResponseEntity<T> getForEntity(String url, Class<T> responseType,
       Map<String, ?> uriVariables) throws RestClientException;
```

Außer beim Rückgabetyp sind die getForObject()-Methoden Spiegelbilder der getForEntity()-Methoden und funktionieren tatsächlich weitgehend gleich. Beide führen eine

GET-Request aus und lesen bei Übergabe einer URL eine Ressource aus. Und beide mappen diese Ressource auf einen vom responseType-Parameter angegebenen Typ. Der einzige Unterschied besteht darin, dass getForObject() einfach ein Objekt des angeforderten Typs zurückgibt, während getForEntity() dieses Objekt um weitere Informationen über die Antwort ergänzt.

Schauen wir uns zunächst die einfachere getForObject()-Methode an. Dann sehen wir, wie man von einer GET-Antwort mehr Informationen bekommt, indem man die Methode getForEntity() nutzt.

Ressourcen auslesen

Die Methode getForObject() ist eine gradlinige Option, um eine Ressource auszulesen. Sie fordert eine Ressource an und bekommt sie dann auch, gemappt auf einen Java-Typ Ihrer Wahl. Als einfaches Beispiel dafür, wozu getForObject() fähig ist, unternehmen wir einen weiteren Versuch, retrieveSpittlesForSpitter() zu implementieren:

```
public Spittle[] retrieveSpittlesForSpitter(String username) {
  return new RestTemplate().getForObject(
     "http://localhost:8080/Spitter/spitters/{spitter}/spittles",
     Spittle[].class, username);
}
```

In Listing 11.5 benötigte retrieveSpittlesForSpitter() noch über ein Dutzend Codezeilen. Mithilfe von RestTemplate wird sie nun auf eine Handvoll Zeilen reduziert (es hätten noch weniger sein können, wäre ich wegen der Seitenränder unseres Buches ohne Zeilenumbruch ausgekommen).

retrieveSpittlesForSpitter() beginnt mit der Konstruktion einer Instanz von RestTemplate (eine alternative Implementierung hätte vielleicht stattdessen eine injizierte Instanz verwendet). Dann ruft sie die Methode getForObject() auf, um die Liste der Spittles auszulesen. Auf diese Weise fordert es die Resultate als Array von Spittle-Objekten an. Beim Empfang dieses Arrays gibt es das an den Aufrufer zurück.

Beachten Sie, dass wir in dieser Version von retrieveSpittlesForSpitter() keine String-Verkettung nutzen, um die URL zu produzieren. Stattdessen arbeiten wir mit der Tatsache, dass RestTemplate parametrisierte URLs akzeptiert. Der *{spitter}*-Platzhalter im URL wird letzten Endes vom Parameter username der Methode gefüllt. Das letzte Argument von getForObject() ist eine Argumentenliste, die unterschiedlich lang sein kann, wo jedes Argument in der angegebenen URL in einen Platzhalter eingefügt wird, und zwar in der Reihenfolge, wie es erscheint.

Alternativ hätten wir den Parameter username auch in einer Map mit dem Schlüssel spitter platzieren und diese Map als letzten Parameter an getForObject() übergeben können:

```
public Spittle[] retrieveSpittlesForSpitter(String username) {
    Map<String, String> urlVariables = new HashMap<String, String();
    urlVariables.put("spitter", username);
    return new RestTemplate().getForObject(
        "http://localhost:8080/Spitter/spitters/{spitter}/spittles",
        Spittle[].class, urlVariables);
}
```

Was fehlt: eine Art JSON-Parsing oder Objekt-Mapping. Unter der Haube konvertiert `getForObject()` den Body der Antwort für uns in ein Objekt. Das wird anhand der gleichen HTTP-Nachrichtenkonvertierer aus Tabelle 11.2 erledigt, die Spring MVC für mit `@ResponseBody` annotierten Handler-Methoden nimmt.

Auch fehlt in dieser Methode jeglicher Umgang mit Exceptions. Das liegt nicht daran, dass `getForObject()`keine Exception werfen könnte, sondern, dass jede von dieser Methode geworfene Exception unchecked ist. Falls in `getForObject()` irgendetwas schiefgeht, wird eine Unchecked-`RestClientException` geworfen. Auf Wunsch können Sie die natürlich fangen, werden vom Compiler dazu aber nicht gezwungen.

Metadaten aus der Antwort extrahieren

Als Alternative zu `getForObject()` bietet `RestTemplate` auch `getForEntity()` an. Die `getForEntity()`-Methoden funktionierten weitgehend so wie die `getForObject()`-Methoden. Doch wo `getForObject()` nur die Ressource (per HTTP-Nachrichtenkonvertierer in ein Java-Objekt konvertiert) zurückgibt, gibt `getForEntity()` das gleiche Objekt zurück, das in einer `ResponseEntity` enthalten ist. Die `ResponseEntity` enthält ebenfalls zusätzliche Informationen über die Antwort, z. B. den HTTP-Statuscode und die Header der Antwort.

Vielleicht wollen Sie mit einer `ResponseEntity` den Wert eines Antwort-Headers auslesen. Nehmen wir beispielsweise an, dass Sie neben dem Auslesen der Ressource wissen möchten, wann diese Ressource zuletzt modifiziert wurde. Ausgehend davon, dass der Server im `LastModified`-Header auch solche Infos angibt, können Sie die Methode `getHeaders()` wie folgt verwenden:

```
Date lastModified = new Date(response.getHeaders().getLastModified());
```

Die Methode `getHeaders()` gibt ein `HttpHeaders`-Objekt zurück, das mehrere praktische Convenience-Methoden enthält, um die Antwort-Header auszulesen, z. B. `getLastModified()`, was die seit dem 1. Januar 1970 verstrichenen Millisekunden angibt.

Neben `getLastModified()` enthält `HttpHeaders` auch die folgenden Methoden zum Auslesen der Header-Informationen:

```
public List<MediaType> getAccept() { ... }
public List<Charset> getAcceptCharset() { ... }
public Set<HttpMethod> getAllow() { ... }
public String getCacheControl() { ... }
public long getContentLength() { ... }
public MediaType getContentType() { ... }
public long getDate() { ... }
public String getETag() { ... }
public long getExpires() { ... }
public long getIfNotModifiedSince() { ... }
public List<String> getIfNoneMatch() { ... }
public long getLastModified() { ... }
public URI getLocation() { ... }
public String getPragma() { ... }
```

Für einen allgemeineren Zugriff auf HTTP-Header enthält `HttpHeaders` auch eine `get()`-Methode und die Methode `getFirst()`. Beide akzeptieren ein `String`-Argument, das den Header identifiziert. Die Methode `get()` gibt eine Liste mit `String`-Werten zurück, einen für jeden dem Header zugewiesenen Wert. Die Methode getFirst() gibt nur den ersten Header-Wert zurück.

Wenn Sie am HTTP-Statuscode der Antwort interessiert sind, sollten Sie die getStatusCode()-Methode aufrufen. Schauen Sie sich z. B. die Implementierung von retrieveSpittlesForSpitter() an.

LISTING 11.6 Eine ResponseEntity enthält den HTTP-Statuscode.

```
public Spittle[] retrieveSpittlesForSpitter(String username) {
  ResponseEntity<Spittle[]> response = new RestTemplate().getForEntity(
      "http://localhost:8080/Spitter/spitters/{spitter}/spittles",
      Spittle[].class, username);
  if(response.getStatusCode() == HttpStatus.NOT_MODIFIED) {
    throw new NotModifiedException();
  }
  return response.getBody();
}
```

Wenn der Server hier mit dem Status 304 antwortet, zeigt er damit an, dass der Inhalt auf dem Server nicht modifiziert wurde, seitdem der Client ihn das letzte Mal angefordert hat. In diesem Fall wird eine eigene NotModifiedException geworfen, um anzuzeigen, dass der Client wegen der Ressourcendaten in seinem Cache nachschauen soll.

11.4.3 Ressourcen mit PUT beziehen

Um bei einer Ressource PUT-Operationen auszuführen, bietet RestTemplate einen einfachen Satz von drei put()-Methoden an. Wie bei allen Methoden von RestTemplate gibt es die put()-Methoden in drei Formen:

```
void put(URI url, Object request) throws RestClientException;
void put(String url, Object request, Object... uriVariables)
      throws RestClientException;
void put(String url, Object request, Map<String, ?> uriVariables)
      throws RestClientException;
```

In ihrer einfachsten Form nimmt die put()-Methode eine java.net.URI, die die an den Server zu sendende Ressource identifiziert (und lokalisiert), und ein Objekt, das die Java-Repräsentation dieser Ressource ist.

Hier sehen Sie z. B., wie Sie die URI-basierte Version von put() nutzen können, um eine Spittle-Ressource auf dem Server zu aktualisieren:

```
public void updateSpittle(Spittle spittle) throws SpitterException {
  try {
    String url = "http://localhost:8080/Spitter/spittles/" + spittle.getId();
    new RestTemplate().put(new URI(url), spittle);
  } catch (URISyntaxException e) {
    throw new SpitterUpdateException("Unable to update Spittle", e);
  }
}
```

Hier war zwar die Methodensignatur einfach, doch es ist offensichtlich, dass die Verwendung eines `java.net.URI`-Arguments impliziert ist. Zuerst müssen wir eine `String`-Verkettung durchführen, damit die URL des `Spittle`-Objekts aktualisiert wird. Weil es für einen Nicht-URI unmöglich ist, den Konstruktor von `URI` zu bekommen, sind wir gezwungen, eine `URISyntaxException` zu fangen (auch wenn wir ziemlich sicher sind, dass die angegebene URL legitim ist).

Die Verwendung einer der anderen, `String`-basierten `put()`-Methoden mildert den Großteil der mit Erstellung eines `URI` verknüpften Umstände, einschließlich der Notwendigkeit, mit etwaigen Exceptions umzugehen. Überdies versetzen diese Methoden uns in die Lage, die URI als Template anzugeben und die Werte für die variablen Teile einzubinden. Hier ist eine neue `updateSpittle()`-Methode, die so umgeschrieben wurde, dass sie eine der `String`-basierten `put()`-Methoden verwendet.

```
public void updateSpittle(Spittle spittle) throws SpitterException {
    restTemplate.put("http://localhost:8080/Spitter/spittles/{id}",
                     spittle,  spittle.getId());
}
```

Der URI wird nun als ein einfaches `String`-Template ausgedrückt. Wenn `RestTemplate` den `PUT`-Request sendet, wird das URI-Template erweitert, um den *{id}*-Teil durch den Wert zu ersetzen, der aus `spittle.getId()` zurückgegeben wurde. So wie `getForObject()` und `getForEntity()` ist das letzte Argument für diese Version von `put()` eine variabel lange Liste von Argumenten, die jeweils in der Reihenfolge, in der sie erscheinen, den Platzhaltervariablen zugewiesen werden.

Optional hätten Sie die Template-Variablen als `Map` übergeben können:

```
public void updateSpittle(Spittle spittle) throws SpitterException {
    Map<String, String> params = new HashMap<String, String>();
    params.put("id", spittle.getId());
    restTemplate.put("http://localhost:8080/Spitter/spittles/{id}",
                     spittle,  params);
}
```

Wenn man die Template-Variablen mit einer `Map` sendet, korrespondiert der Schlüssel jedes Eintrags in der `Map` mit der Platzhaltervariablen gleichen Namens im URI-Template.

In allen Versionen von `put()` ist das zweite Argument das Java-Objekt, das die Ressource repräsentiert, die mit `PUT` unter dem angegebenen URI auf den Server kommt. In diesem Fall ist es ein `Spittle`-Objekt. `RestTemplate` wird einen der Nachrichtenkonvertierer aus Tabelle 11.2 nutzen, um den `Spittle` in eine Repräsentation zu konvertieren, um sie im Request-Body an den Server zu senden.

Der Inhaltstyp, in den das Objekt konvertiert wird, hängt weitgehend vom Typ ab, der in `put()` übergeben wurde. Wird ein `String`-Wert übermittelt, klinkt sich `StringHttpMessage-Converter` ein: Der Wert wird direkt in den Body des Requests geschrieben, und der Inhaltstyp auf `text/plain` gesetzt. Bei der Übergabe eines `MultiValueMap<String,String>` werden die Werte in der Map in den Request-Body geschrieben, und zwar vom `FormHttpMessage-Converter` in Form von `application/x-www-form-urlencoded`.

Weil wir ein Spittle-Objekt übergeben, brauchen wir einen Nachrichtenkonvertierer, der mit beliebigen Objekten arbeiten kann. Wenn die Jackson JSON-Library im Klassenpfad steht, wird MappingJacksonHttpMessageConverter den Spittle in den Request als application/json schreiben. Optional: Wenn die Spittle-Klasse für eine JAXB-Serialisierung annotiert wäre und eine JAXB-Library im Klassenpfad stünde, würde Spittle als application/xml gesendet und im XML-Format in den Request-Body geschrieben.

11.4.4 Ressourcen mit DELETE löschen

Wenn eine Ressource nicht mehr auf dem Server sein soll, sollten Sie die delete()-Methoden von RestTemplate aufrufen. Ähnlich wie bei den put()-Methoden sind auch die delete()-Methoden einfach gehalten. Es gibt drei Versionen mit den Signaturen wie folgt:

```
void delete(String url, Object... uriVariables)
        throws RestClientException;
void delete(String url, Map<String, ?> uriVariables)
        throws RestClientException;
void delete(URI url) throws RestClientException;
```

Die delete()-Methoden sind zweifellos die einfachsten aller RestTemplate-Methoden. Sie wollen von Ihnen eigentlich nur den URI der zu löschenden Ressource. Um z. B. einen Spittle loszuwerden, dessen ID bekannt ist, können Sie delete() wie folgt aufrufen:

```
public void deleteSpittle(long id) {
  try {
    restTemplate.delete(
                 new URI("http://localhost:8080/Spitter/spittles/" + id));
  } catch (URISyntaxException wontHappen) { }
}
```

Das ist also recht einfach. Doch auch hier haben wir uns auf die String-Verkettung verlassen, um ein URI-Objekt zu erstellen, das defensiv eine Checked-URISyntaxException wirft, die wir gezwungenermaßen fangen müssen. Also wenden wir uns einer einfacheren Version von delete() zu, um dieser misslichen Lage zu entkommen:

```
public void deleteSpittle(long id) {
  restTemplate.delete("http://localhost:8080/Spitter/spittles/{id}", id));
}
```

Das war's. Jetzt geht es mir bedeutend besser. Ihnen auch?

Nun habe ich Ihnen den einfachsten Set von RestTemplate-Methoden gezeigt, und wir schauen uns als Nächstes den vielfältigsten Methodensatz von RestTemplate an: jenen, der HTTP-POST-Requests unterstützt.

11.4.5 Ressourcendaten mit POST zum Server bringen

Mit Blick auf Tabelle 11.3 sehen Sie, dass in RestTemplate drei verschiedene Arten Methoden enthalten sind, um POST-Requests zu senden. Multipliziert mit den drei Varianten, in die jede überschrieben werden kann, ergibt das neun Methoden insgesamt, um Daten mit POST auf den Server zu bringen.

Zwei dieser Methodennamen wirken vertraut. Diese postForObject()- und postForEntity()-Methoden arbeiten mit POST-Requests in einer Weise, die getForObject() ähnlich ist, und die getForEntity() GET-Requests senden. Die andere Methode getForLocation() ist speziell für POST-Requests gedacht.

Objektantworten von POST-Requests empfangen

Nehmen wir an, dass Sie mit RestTemplate per POST einen neuen Spitter in die REST-API der Spitter-Applikation bringen. Weil es ein brandneuer Spitter ist, weiß der Server darüber (noch) gar nichts. Darum ist er offiziell noch keine REST-Ressource und hat keine URL. Außerdem kennt der Client die ID des Spitters erst, nachdem sie auf dem Server erstellt worden ist.

Man kann eine Ressource auf den Server z. B. mit der postForObject()-Methode des RestTemplates POSTen. Die drei Varianten von postForObject() haben die folgenden Signaturen:

```
<T> T postForObject(URI url, Object request, Class<T> responseType)
        throws RestClientException;
<T> T postForObject(String url, Object request, Class<T> responseType,
        Object... uriVariables) throws RestClientException;
<T> T postForObject(String url, Object request, Class<T> responseType,
        Map<String, ?> uriVariables) throws RestClientException;
```

In allen Fällen ist der erste Parameter die URL, auf die die Ressource gePOSTet werden soll, der zweite Parameter das zu postende Objekt und der dritte Parameter der als Rückgabe erwartete Java-Typ. Im Fall der beiden Versionen, die die URL als String akzeptieren, identifiziert ein vierter Parameter die URL-Variablen (entweder als variable Argumentliste oder als Map).

Beim POSTing neuer Spitter-Ressourcen an die REST-API von Spitter sollten Letztere an http://localhost:8080/Spitter/spitters gepostet werden, wo eine den POST bearbeitende Controller-Handler-Methode darauf wartet, das Objekt zu speichern. Weil diese URL keine URL-Variablen erfordert, könnten wir eine beliebige Version von postForObject() verwenden. Doch weil wir es einfach halten und vermeiden wollen, irgendwelche Exceptions zu fangen, die bei der Konstruktion eines neuen URI geworfen werden, nehmen wir den Aufruf wie folgt vor:

```
public Spitter postSpitterForObject(Spitter spitter) {
  RestTemplate rest = new RestTemplate();
  return rest.postForObject("http://localhost:8080/Spitter/spitters",
          spitter, Spitter.class);
}
```

Die postSpitterForObject()-Methode bekommt ein neu erstelltes Spitter-Objekt und verwendet postForObject(), um es an den Server zu senden. Als Antwort erhält es ein Spitter-Objekt und gibt es an den Aufrufer zurück.

So wie bei den getForObject()-Methoden könnten wir auch einige Metadaten untersuchen, die zusammen mit dem Request zurückkommen. In diesem Fall ist postForEntity() die bevorzugte Methode. postForEntity()enthält einen Satz Signaturen, die jene von postForObject() widerspiegeln:

```
<T> ResponseEntity<T> postForEntity(URI url, Object request,
        Class<T> responseType) throws RestClientException;
<T> ResponseEntity<T> postForEntity(String url, Object request,
        Class<T> responseType, Object... uriVariables)
        throws RestClientException;
<T> ResponseEntity<T> postForEntity(String url, Object request,
        Class<T> responseType, Map<String, ?> uriVariables)
        throws RestClientException;
```

Nehmen wir also an, dass Sie neben der zurückgesandten Spitter-Ressource gerne den Wert des Location-Headers in der Antwort sehen möchten. In diesem Fall können Sie postForEntity() wie folgt aufrufen:

```
RestTemplate rest = new RestTemplate();
ResponseEntity<Spitter> response = rest.postForEntity(
    "http://localhost:8080/Spitter/spitters", spitter, Spitter.class);
Spitter spitter = response.getBody();
URI url = response.getHeaders().getLocation();
```

So wie die getForEntity()-Methode gibt auch postForEntity() ein ResponseEntity<T>-Objekt zurück. Von diesem Objekt können Sie getBody() aufrufen, um das Ressourcenobjekt zu erhalten (in diesem Fall ein Spitter). Und mit der getHeaders()-Methode bekommen Sie auch ein HttpHeaders, von dem aus Sie auf die verschiedenen HTTP-Header zugreifen können, die in der Antwort mit zurückgegeben werden. Hier rufen wir getLocation() auf, um den Location-Header als java.net.URI auszulesen.

Nach einem POST-Request einen Ressourcenstandort empfangen

Mit der postForEntity()-Methode kann man sehr praktisch die gepostete Ressource und alle Header der Antworten empfangen. Doch oft ist es gar nicht nötig, dass die Ressource an Sie zurückgesandt wird (immerhin haben Sie sie ja zunächst auf den Server geschickt). Wenn Sie eigentlich nur den Wert des Location-Headers wissen müssen, dann ist es sogar noch einfacher, die postForLocation()-Methode von RestTemplate zu verwenden.

Wie die anderen POST-Methoden sendet postForLocation() eine Ressource an den Server im Body eines POST-Requests. Doch anstatt mit dem gleichen Ressourcenobjekt zu antworten, gibt postForLocation() den Standort der neu erstellten Ressource zurück. Er hat die folgenden drei Methodensignaturen:

```
URI postForLocation(String url, Object request, Object... uriVariables)
        throws RestClientException;
URI postForLocation(
        String url, Object request, Map<String, ?> uriVariables)
        throws RestClientException;
URI postForLocation(URI url, Object request) throws RestClientException;
```

Um postForLocation() zu demonstrieren, versuchen wir noch einmal, einen Spitter zu POSTen. Dieses Mal wollen wir die URL der Ressource zurück:

```
public String postSpitter(Spitter spitter) {
  RestTemplate rest = new RestTemplate();
  return rest.postForLocation("http://localhost:8080/Spitter/spitters",
          spitter).toString();
}
```

Hier übergeben wir die Ziel-URL als String zusammen mit dem Spitter-Objekt, das gePOSTet werden soll (in diesem Fall gibt es keine URL-Variablen). Wenn nach Erstellen der Ressource der Server mit der neuen Ressourcen-URL im Location-Header der Antwort reagiert, dann gibt postForLocation() diesen URL als String zurück.

11.4.6 Ressourcen austauschen

Bis zu diesem Punkt haben wir uns alle Arten von RestTemplate-Methoden angeschaut, um Ressourcen mit GET, PUT, DELETE und POST zu bearbeiten, unter ihnen die beiden speziellen Methoden getForEntity() und postForEntity(), die uns die resultierende Ressource, gekapselt in einer RequestEntity, zurückgaben, aus der wir die Response-Header und die Statuscodes auslesen konnten.

Es ist praktisch, die Header aus der Antwort lesen zu können. Doch was, wenn wir auch den an den Server gesendeten Request mit Headern versehen wollen? Dafür sind die exchange()-Methoden von RestTemplate gut.

Wie alle anderen Methoden in RestTemplate ist exchange() mit drei Signaturformen überladen, wie hier gezeigt wird:

```
<T> ResponseEntity<T> exchange(URI url, HttpMethod method,
        HttpEntity<?> requestEntity, Class<T> responseType)
        throws RestClientException;
<T> ResponseEntity<T> exchange(String url, HttpMethod method,
        HttpEntity<?> requestEntity, Class<T> responseType,
        Object... uriVariables) throws RestClientException;
<T> ResponseEntity<T> exchange(String url, HttpMethod method,
        HttpEntity<?> requestEntity, Class<T> responseType,
        Map<String, ?> uriVariables) throws RestClientException;
```

Wie Sie sehen, sind die drei exchange()-Signaturen überladen, damit sie auf die gleichen Muster wie die andren RestTemplate-Methoden passen. Eine nimmt eine java.net.URI, um die Ziel-URL zu identifizieren, während die anderen beiden die URL in String-Form mit URL-Variablen akzeptieren.

Die exchange()-Methode akzeptiert auch einen HttpMethod-Parameter, um das zu verwendende HTTP-Verb anzuzeigen. Abhängig vom Wert, den dieser Parameter bekommt, kann die exchange()-Methode die gleichen Aufgaben ausführen wie eine der anderen RestTemplate-Methoden.

Beispielsweise ist eine Möglichkeit, um eine Spitter-Ressource vom Server auszulesen, der Einsatz der getForEntity()-Methode von RestTemplate wie folgt:

```
ResponseEntity<Spitter> response = rest.getForEntity(
        "http://localhost:8080/Spitter/spitters/{spitter}",
        Spitter.class, spitterId);
Spitter spitter = response.getBody();
```

Wie Sie hier sehen können, ist auch `exchange()` der Aufgabe gewachsen:

```
ResponseEntity<Spitter> response = rest.exchange(
        "http://localhost:8080/Spitter/spitters/{spitter}",
        HttpMethod.GET, null, Spitter.class, spitterId);
Spitter spitter = response.getBody();
```

Durch Übergabe in `HttpMethod.GET` als HTTP-Verb fordern wir `exchange()` auf, einen `GET`-Request zu senden. Das dritte Argument ist fürs Senden einer Ressource nach dem Request, aber weil es sich hier um einen `GET`-Request handelt, kann er `null` sein. Das nächste Argument zeigt an, dass die Antwort in ein `Spitter`-Objekt konvertiert werden soll. Und das letzte Argument ist der Wert, der in den {spitter}-Platzhalter im angegebenen URL-Template platziert werden soll.

Wird sie so verwendet, ist die `exchange()`-Methode praktisch identisch mit der vorher verwendeten `getForEntity()`. Aber anders als `getForEntity()` (oder `getForObject()`) lässt uns `exchange()` Header im gesendeten Request setzen. Anstatt `null` an `exchange()` zu übergeben, übergeben wir eine `HttpEntity`, die mit den von uns gewünschten Request-Headern erstellt wurde.

Ohne die Header näher festzulegen, wird `exchange()` den `GET`-Request für einen `Spitter` mit dem folgenden Header senden:

```
GET /Spitter/spitters/habuma HTTP/1.1
Accept: application/xml, text/xml, application/*+xml, application/json
Content-Length: 0
User-Agent: Java/1.6.0_20
Host: localhost:8080
Connection: keep-alive
```

Schauen Sie sich den `Accept`-Header an. Darin steht, dass er mehrere verschiedene XML-Inhaltstypen und auch `application/json` akzeptiert. So bleibt dem Server eine Menge Spielraum, um zu entscheiden, in welchem Format die Ressource zurückgesendet werden soll. Nehmen wir an, wir wollten verlangen, dass der Server die Antwort als JSON zurücksendet. In diesem Fall müssen wir `application/json` als einzigen Wert im `Accept`-Header angeben.

Um die Request-Header zu setzen, muss man einfach die an `exchange()` gesendete `HttpEntity` mit einer `MultiValueMap` konstruieren, die mit den gewünschten Headern beladen ist:

```
MultiValueMap<String, String> headers =
    new LinkedMultiValueMap<String, String>();
headers.add("Accept", "application/json");
HttpEntity<Object> requestEntity = new HttpEntity<Object>(headers);
```

Hier erstellen wir eine `LinkedMultiValueMap` und fügen einen `Accept`-Header hinzu, der auf `application/json` gesetzt ist. Dann konstruieren wir eine `HttpEntity` (mit dem generischen Typ `Object`) und übergeben die `MultiValueMap` als Konstruktorargument. Wenn dies ein

PUT- oder ein POST-Request wäre, hätten wir der HttpEntity auch ein Objekt gegeben, das es im Body des Requests senden kann – bei einem GET-Request ist das nicht nötig.

Nun können wir exchange() und die HttpEntity übergeben:

```
ResponseEntity<Spitter> response = rest.exchange(
        "http://localhost:8080/Spitter/spitters/{spitter}",
        HttpMethod.GET, requestEntity, Spitter.class, spitterId);
Spitter spitter = response.getBody();
```

Oberflächlich gesehen, sollten die Resultate gleich sein. Wir sollten das Spitter-Objekt bekommen, das wir angefordert haben. Unter der Oberfläche wird der Request mit den folgenden Headern gesendet:

```
GET /Spitter/spitters/habuma HTTP/1.1
Accept: application/json
Content-Length: 0
User-Agent: Java/1.6.0_20
Host: localhost:8080
Connection: keep-alive
```

Davon ausgehend, dass der Server die Spitter-Antwort in JSON serialisieren kann, sollte der Body der Antwort im JSON-Format repräsentiert werden.

In diesem Abschnitt haben wir gesehen, wie Sie anhand der verschiedenen, von RestTemplate gebotenen Methoden Java-basierte Clients schreiben können, die mit REST-konformen Ressourcen auf dem Server interagieren. Wenn aber der Client Browser-basiert ist? Wenn ein Browser REST-Ressourcen anfordert, gibt es einige Einschränkungen, die zu berücksichtigen sind, insbesondere die Bandbreite der im Browser unterstützten HTTP-Methoden. Um dieses Kapitel abzuschließen, schauen wir uns an, wie man diese Einschränkungen mit Spring überwindet.

11.5 REST-konforme Formulare übermitteln

Wir haben gesehen, wie die vier primären HTTP-Methoden (GET, POST, PUT und DELETE) die Basisoperationen definieren, die man mit einer Ressource ausführen kann. Und indem wir das method-Attribut der @RequestMapping-Annotation passend setzen, können wir DispatcherServlet veranlassen, die Requests für diese HTTP-Verben an bestimmte Controller-Methoden zu leiten. Spring MVC kann Requests für beliebige dieser HTTP-Methoden bearbeiten – vorausgesetzt, der Client sendet die Requests in Form der gewünschten HTTP-Methode.

Die Fallstricke bei diesem Plan sind HTML und der Browser. Nicht-Browser-Clients wie jene, die RestTemplate verwenden, sollten problemlos Requests senden, um eines der HTTP-Verben auszuführen. Aber HTML 4 unterstützt offiziell in Formularen nur GET und POST und lässt PUT, DELETE und alle anderen HTTP-Methoden außen vor. Auch wenn HTML 5 und neuere Browser diese HTTP-Methoden unterstützen werden, können Sie wahrscheinlich bei den Usern Ihrer Applikation nicht voraussetzen, dass diese einen modernen Browser verwenden.

Um die Mängel von HTML 4 und älteren Browsern zu umgehen, nutzt man üblicherweise den Trick, einen PUT- oder DELETE-Request in Form eines POST-Requests zu maskieren. Das funktioniert so, dass ein Browser-freundlicher POST-Request mit einem versteckten Feld übermittelt wird, das den Namen der eigentlichen HTTP-Methode enthält. Wenn der Request auf dem Server eintrifft, wird er umgeschrieben, und zwar zu der Art von Request, die im versteckten Feld angegeben ist.

Spring unterstützt die POST-Maskierung durch zwei Features:

- Request-Transformation mit HiddenHttpMethodFilter
- Darstellung des versteckten Feldes mit dem JSP-Tag <sf:form>

Schauen wir uns zunächst an, wie das <sf:form>-Tag von Spring dabei hilft, ein verstecktes Feld für die POST-Maskierung darzustellen.

11.5.1 Versteckte Methodenfelder in JSP darstellen

In Abschnitt 7.4.1 haben wir gesehen, wie man die Formular-Binding-Bibliothek von Spring nutzt, um HTML-Formulare darzustellen. Das Kernelement dieser JSP-Tag-Bibliothek ist das <sf:form>-Tag. Wie Ihnen sicherlich noch in Erinnerung ist, setzt dieses Tag den Inhalt der anderen formularbindenden Tags und verknüpft das dargestellte Formular und deren Felder mit einem Model-Attribut.

An dieser Stelle hatten wir mit <sf:form> ein Formular definiert, das zur Erstellung eines neuen Spitter-Objekts genutzt wurde. In diesem Fall war ein POST-Request passend, weil man mit POST oft neue Ressourcen erstellt. Doch was machen wir, wenn wir eine Ressource aktualisieren oder löschen wollen? In solchen Situationen scheint ein PUT- oder DELETE-Request passender zu sein.

Wie ich bereits erwähnte, kann man beim <form>-Tag von HTML jedoch nicht darauf vertrauen, dass es etwas anderes als einen GET- oder POST-Request sendet. Obwohl einige neuere Browser keine Probleme mit einem <form>-Tag haben, dessen method-Attribut auf PUT oder DELETE gesetzt ist, muss man den Request als POST an den Server schicken, wenn man auch ältere Browser mit ins Boot holen will.

Um einen PUT- oder DELETE-Request als POST zu maskieren, besteht in einem HTML-Formular der zentrale Punkt darin, ein Formular zu erstellen, dessen Methode POST ist und das ein verstecktes Feld aufweist. Das folgende HTML-Snippet zeigt z. B., wie Sie ein Formular erstellen, das einen DELETE-Request übermitteln soll:

```
<form method="post">
    <input type="hidden" name="_method" value="delete"/>
    ...
</form>
```

Wie Sie sehen, ist dazu kein großer Aufwand nötig, um ein Formular mit dem hidden-Feld zu erstellen, das die eigentliche HTTP-Methode angibt. Sie müssen dazu nur ein verstecktes Feld mit einem Namen einfügen, mit dem Formular und Server zurechtkommen, und dieses Feld dann auf den gewünschten HTTP-Methodennamen setzen. Übermittelt man dieses Formular, wird ein POST-Request an den Server gesendet. Vermutlich wird der Server das _method-Feld als eigentlich zu verarbeitenden Methodentyp interpretieren (wie der Server dafür konfiguriert werden muss, sehen wir gleich).

Unter Verwendung der Formular-Binding-Library von Spring kann `<sf:form>` dies noch weiter erleichtern. Sie setzen das `method`-Attribut auf die gewünschte HTTP-Methode, und `<sf:form>` kümmert sich für Sie um das versteckte Feld:

```
<sf:form method="delete" modelAttribute="spitter">
  ...
</sf:form>
```

Wenn `<sf:form>` in HTML gerendert wird, wird das Resultat ganz ähnlich sein wie das vorher gezeigte HTML-`<form>`. Die Verwendung von `<sf:form>` befreit Sie von der Notwendigkeit, sich ums versteckte Feld kümmern zu müssen, und Sie können auf unkomplizierte Weise mit `PUT`- und `DELETE`-Formen umgehen, so als unterstützte sie der Browser.

Das Tag `<sf:form>` erzählt nur die Browser-Seite der Geschichte der `POST`-Maskierung. Woher weiß der Server, was er mit diesen `POST`-Requests machen soll, die als `PUT`- und `DELETE`-Requests behandelt werden sollen?

11.5.2 Den echten Request demaskieren

Wenn der Browser einen `PUT`- oder `DELETE`-Request aus einem Formular übermittelt, das von `<sf:form>` gerendert wurde, ist es in jeglicher Hinsicht ein `POST`-Request. Es wird im Netzwerk als `POST`-Request übertragen, kommt am Server als solcher an, und wenn sich nicht irgendetwas auf dem Server dazu veranlasst sieht, sich das versteckte `_method`-Feld anzuschauen, wird er als `POST`-Request verarbeitet.

In der Zwischenzeit werden die Handler-Methoden unseres Controllers mit `@RequestMapping` annotiert und auf die Verarbeitung der `PUT`- und `DELETE`-Requests vorbereitet. Irgendwie muss diese Fehlzuordnung der HTTP-Methode aufgelöst werden, bevor `DispatcherServlet` versucht, eine Controller-Handler-Methode zu finden, an die sie weitergeleitet werden sollen. Das ist der Job, für den der `HiddenHttpMethodFilter` von Spring ins Leben gerufen wurde. `HiddenHttpMethodFilter` ist ein Servlet-Filter und wird in web.xml konfiguriert.

```
<filter>
    <filter-name>httpMethodFilter</filter-name>
    <filter-class>
        org.springframework.web.filter.HiddenHttpMethodFilter
    </filter-class>
</filter>
...
<filter-mapping>
    <filter-name>httpMethodFilter</filter-name>
    <url-pattern>/*</url-pattern>
</filter-mapping>
```

Hier haben wir `HiddenHttpMethodFilter` auf das URL-Pattern `/*` gemappt. Also können nun alle URLs auf ihrem Weg zum `DispatcherServlet` durch `HiddenHttpMethodFilter` wandern.

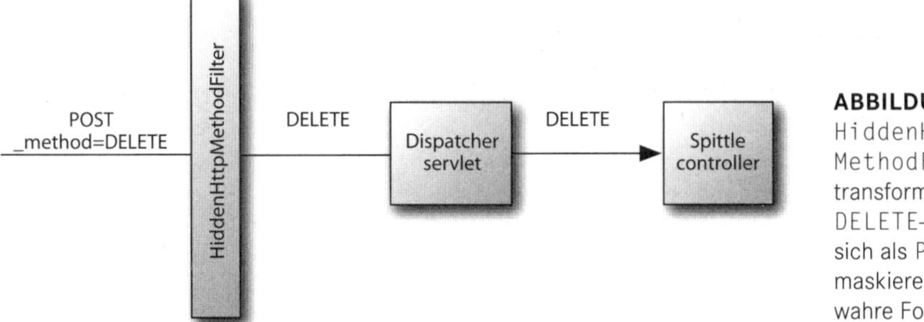

ABBILDUNG 11.3 HiddenHttp-MethodFilter transformiert PUT- und DELETE-Requests, die sich als POST-Requests maskieren, in ihre wahre Form.

Wie Abbildung 11.3 veranschaulicht, transformiert HiddenHttpMethodFilter die PUT- und DELETE-Requests, die sich als POST-Requests maskieren, in ihre wahre Form. Wenn ein POST-Request beim Server eintrifft, sieht HiddenHttpMethodFilter, dass das _hidden-Feld einen anderen Request-Typ festsetzt, und schreibt ihn in den vorbestimmten HTTP-Methodentyp um.

Wenn DispatcherServlet und Ihre Controller-Methoden den Request sehen, wird er bereits umgewandelt sein. Niemand wird je erfahren, dass der Request seinen Werdegang eigentlich als POST-Request begonnen hat. Zwischen der automatischen Darstellung des versteckten Feldes durch <sf:form> und der Fähigkeit von HiddenHttpMethodFilter, Requests basierend auf dem Wert dieses versteckten Feldes zu transformieren, müssen sich Ihre JSP-Formulare und Ihre Spring-MVC-Controller nicht darum kümmern, wie mit HTTP-Methoden umgegangen wird, die von Browsern nicht unterstützt werden.

Bevor wir das Thema der sich als POST maskierenden Requests verlassen, möchte ich Sie noch einmal daran erinnern, dass diese Technik nur als Workaround für den fehlenden Support von PUT- und DELETE-Requests in älteren Browsern und in HTML 4 existiert. Requests von Clients, die keine Browser sind, einschließlich jener, die RestTemplate sendet, können als beliebiges passendes HTTP-Verb gesendet und müssen nicht in einem POST-Request übertragen werden. Wenn Sie also nicht mit irgendwelchen PUT- und DELETE-Requests aus einem Browser-Formular umgehen müssen, brauchen Sie die Dienste von HiddenHttpMethodFilter nicht.

11.6 Zusammenfassung

Die REST-konforme Architektur nutzt Webstandards, um Applikationen zu integrieren und dabei die Interaktionen einfach und natürlich zu halten. Ressourcen in einem System werden von URLs identifiziert, mit HTTP-Methoden manipuliert und in einer oder mehreren, für den Client passenden Formen repräsentiert.

In diesem Kapitel lernten wir, Spring-MVC-Controller zu schreiben, die auf Requests reagieren, um REST-konforme Ressourcen zu manipulieren. Durch Verwendung von parametrisierten URL-Mustern und die Verknüpfung von Controller-Handler-Methoden mit speziellen HTTP-Methoden können Controller auf GET-, POST-, PUT- und DELETE-Requests für die Ressourcen in einer Applikation reagieren.

Als Reaktion auf diese Requests kann Spring die Daten hinter diesen Ressourcen in einem für den Client optimalen Format repräsentieren. Für View-basierte Antworten kann `ContentNegotiatingViewResolver` den besten View auswählen, der von mehreren View-Resolvern produziert wurde, um den vom Client gewünschten Inhaltstyp zu erfüllen. Oder eine Controller-Handler-Methode lässt sich mit `@ResponseBody` annotieren, um die View-Auflösung komplett zu umgehen und eine von mehreren Nachrichtenkonvertierern den zurückgegebenen Wert in eine Antwort für den Client konvertieren zu lassen.

Auf der Client-Seite von REST-Konversationen bietet Spring `RestTemplate` einen Template-basierten Ansatz der Verarbeitung REST-konformer Ressourcen von Java. Wenn der Client Browser-basiert ist, kann `HiddenHttpMethodFilter` von Spring den fehlenden Support für `PUT`- und `DELETE`-Methoden in Browsern ausgleichen.

Obwohl die REST-konformen Interaktionen, mit denen wir uns in diesem Kapitel beschäftigten, und die RPC-Konversationen aus dem vorigen Kapitel recht unterschiedlich sind, ist ihnen doch ein Merkmal eigen: Von ihrer Natur her sind sie synchron. Wenn der Client seine Nachricht sendet, erwartet man vom Server, dass er sofort antwortet. Im Kontrast dazu erlaubt eine asynchrone Kommunikation, dass der Server auf eine Nachricht „bei Gelegenheit" reagiert und nicht notwendigerweise sofort. Im nächsten Kapitel erfahren Sie, wie man mit Spring Applikationen asynchron integriert.

12 Messaging in Spring

Dieses Kapitel behandelt die folgenden Themen:

- Einführung in Java Message Service (JMS)
- Senden und Empfangen von asynchronen Nachrichten
- Nachrichtengetriebene POJOs

Es ist Freitagnachmittag – kurz vor fünf. Gleich heißt es für Sie ab in den heiß ersehnten Urlaub. Sie haben noch genügend Zeit, um Ihren Flug zu erwischen, und müssen noch dafür sorgen, dass Chef und Kollegen den genauen Status quo Ihrer Arbeit erfahren, damit sie Montag an Ihrem Projekt weiterarbeiten können. Leider haben sich einige Ihrer Kollegen schon ins Wochenende verabschiedet ... und der Chef sitzt in einer Besprechung. Was nun?

Den Chef per Handy kontaktieren ...? Das wäre wohl zu viel des Guten – ihn nur wegen der Übergabe in einer Besprechung zu stören. Vielleicht warten Sie, bis er aus dem Meeting zurückkommt. Wie lange das noch dauert, steht allerdings in den Sternen, und immerhin müssen Sie ja zu Ihrem Flug. Vielleicht kleben Sie ihm ein gelbes Post-it-Zettelchen auf den Monitor, direkt neben die anderen Hundert Memos ... sodass es gar nicht auffällt.

Am praktischsten wäre eine kurze Mail an Chef und Kollegen, um sowohl den Stand der Dinge zu vermitteln als auch rechtzeitig am Flughafen einzutreffen. Darin beschreiben Sie Ihren Fortschritt und kündigen eine Postkarte aus dem Urlaub an. Sie haben zwar keine Ahnung, wo die Leute alle sind oder wann sie Ihre E-Mail lesen werden, doch wissen mit Sicherheit, dass sie irgendwann ihre Mailbox checken. Unterdessen sind Sie schon auf dem Weg zum Flughafen.

Manchmal ist es nötig, mit jemandem direkt zu sprechen. Wenn Sie einen Unfall hatten und einen Notarzt brauchen, werden Sie wahrscheinlich zum Telefon greifen – eine E-Mail an das Krankenhaus ist da nicht genug. Doch oft reicht es aus, eine Nachricht zu schicken, was vorteilhafter als eine direkte Kommunikation ist – Sie können beispielsweise Ihren Urlaub fortsetzen.

In den letzten Kapiteln haben Sie gesehen, wie Sie mit RMI, Hessian, Burlap, HTTP-Invoker und Webservices arbeiten können, um die Kommunikation zwischen Applikationen zu aktivieren. Alle diese Kommunikationsmechanismen verwenden die synchrone Kommunikation, bei der eine Client-Applikation direkt mit einem entfernten Service Kontakt aufnimmt und erst wartet, bis die Remote-Prozedur abgeschlossen ist, bevor sie weitermacht.

Die synchrone Kommunikation hat ihren Stellenwert, ist aber für Entwickler nicht die einzige Form der Kommunikation zwischen Applikationen. Asynchrone Nachrichten sind ein Weg, wie man indirekt Nachrichten von einer Applikation zur nächsten schickt, ohne auf eine Antwort zu warten. Das asynchrone Messaging hat gegenüber dem synchronen verschiedene Vorteile, wie Sie gleich sehen werden.

JMS (Java Message Service) ist ein Standard-API für asynchrones Messaging. In diesem Kapitel gehen wir der Frage nach, wie man mithilfe von Spring das Senden und Empfangen von Nachrichten per JMS vereinfacht. Neben dem einfachen Senden und Empfangen untersuchen wir, wie Spring nachrichtengetriebene POJOs unterstützt -eine Möglichkeit des Nachrichtenempfangs, die den MDBs (Message Driven Beans) von EJB gleicht.

12.1 Kurze Einführung in JMS

Bei JMS geht es weitgehend ähnlich wie bei den Remoting-Mechanismen und REST-Interfaces, mit denen wir uns bisher in diesem Teil des Buches beschäftigten, darum, wie Applikationen miteinander kommunizieren. JMS unterscheidet sich von diesen Mechanismen allerdings in der Weise, wie Informationen zwischen Systemen übermittelt werden.

Remoting-Optionen wie RMI und Hessian/Burlap sind synchron. Wie Abbildung 12.1 zeigt, muss der Client nach Aufruf einer Remote-Methode warten, bis die Methode fertig ist, bevor er weitermachen kann. Auch wenn die entfernte Methode nichts an den Client zurückgibt, kommt der Client in die Warteschleife, bis der Service fertig ist.

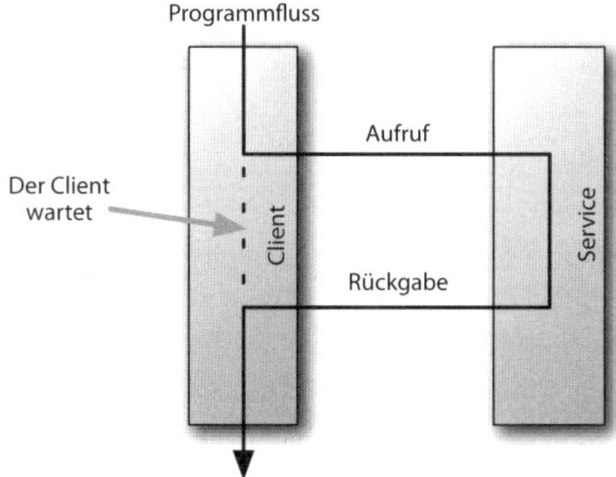

ABBILDUNG 12.1 Bei einer synchronen Kommunikation muss der Client warten, bis der Service beendet ist.

JMS bietet andererseits eine asynchrone Kommunikation zwischen Applikationen. Wenn Nachrichten asynchron verschickt werden (siehe Abbildung 12.2), muss der Client nicht warten, bis der Service die Nachricht verarbeitet hat oder die Nachricht überhaupt übermittelt wurde. Er versendet seine Nachricht und macht dann in der Annahme weiter, dass der Service sie irgendwann empfangen und verarbeiten wird.

Die asynchrone Kommunikation über JMS weist gegenüber der synchronen Kommunikation mehrere Vorteile auf. Wir schauen uns das gleich an. Zuerst beschäftigen wir uns aber mit der Frage, wie man Nachrichten anhand von JMS versendet.

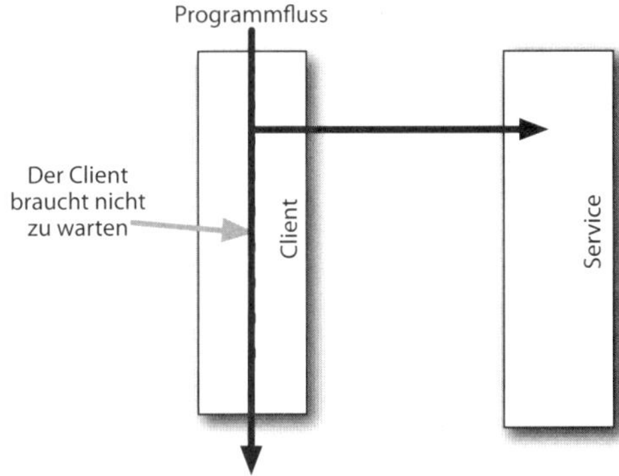

ABBILDUNG 12.2 Die asynchrone Kommunikation ist eine Form der Kommunikation ohne Wartezeiten.

12.1.1 Die Architektur von JMS

Postdienste sind für uns eine Selbstverständlichkeit. Jeden Tag werden Millionen von Postsendungen auf den Weg gebracht – im Vertrauen darauf, dass sie zum gewünschten Bestimmungsort gelangen. Die Entfernungen sind viel zu groß, um sie selbst vorbeizubringen. Also verlassen wir uns auf die Post. Wir schreiben die Adresse auf die Sendung, kleben die erforderlichen Marken auf den Brief und werfen ihn in den Briefkasten, ohne einen weiteren Gedanken daran zu verschwenden, welchen Weg die Sendung nehmen wird.

Wesentlich für den Postdienst ist der Umweg. Wenn Oma Geburtstag hat, wäre es höchst unpraktisch, die Glückwunschkarte selbst zu überbringen. Dafür müssten wir – je nach Wohnort – einige Stunden oder gar mehrere Tage aufwenden.

Ähnlich verläuft dieser Umweg bei JMS. Wenn Informationen über JMS von einer Applikation an eine andere versendet werden, gibt es keinen direkten Link zwischen den beiden. Stattdessen übergibt die sendende Applikation die Nachricht an einen Service, der für die Auslieferung an die empfangende Applikation sorgt.

JMS hat zwei grundlegende Konzepte: *Message-Broker* und *Endpunkte* (*destinations*).

Wenn eine Applikation eine Nachricht sendet, übergibt sie diese an einen Message-Broker. Ein Message-Broker entspricht bei JMS einer Postzweigstelle. Er gewährleistet, dass die Nachricht an den angegebenen Endpunkt übersendet wird, und der Absender kann sich um andere Dinge kümmern.

Wenn Sie einen Brief per Post verschicken, müssen Sie ihn natürlich adressieren, damit die Post weiß, wohin er geliefert werden soll. Entsprechend haben Nachrichten bei JMS ebenfalls einen Bestimmungsort. Diese Endpunkte sind wie Postfächer, wo die Nachrichten bis zur Abholung abgelegt werden.

Doch anders als Postadressen mit einer bestimmten Person oder einem Straßennamen sind Endpunkte weniger präzise. Hierbei geht es nur darum, *wo* die Nachricht abgeholt wird, aber nicht, *wer* sie abholt. In dieser Hinsicht sind Endpunkte wie der Versand von Briefen an die Adresse „An alle Haushalte".

JMS kennt zwei Arten von Endpunkten: Warteschlangen (*queues*) und Themen (*topics*). Beide sind mit einem besonderen Nachrichtenmodell verknüpft: entweder Punkt zu Punkt (*point-to-point*) für Queues oder mit dem Publish-Subscribe-System für Themen.

Das Nachrichtenmodell Punkt zu Punkt

Beim Punkt-zu-Punkt-Modell hat jede Nachricht genau einen Sender und einen Empfänger (siehe Abbildung 12.3). Wenn der Message-Broker eine Nachricht bekommt, stellt er sie in eine Queue. Wenn ein Empfänger sich an die Warteschlange wendet und nach der nächsten Nachricht in der Schlange fragt, wird die Nachricht herausgezogen und dem Empfänger übergeben. Weil die Nachricht zur Zustellung der Schlange entnommen wird, ist garantiert, dass sie nur an einen Empfänger übermittelt wird.

ABBILDUNG 12.3 Eine Warteschlange entkoppelt den Nachrichtensender vom Empfänger. Zwar kann eine Warteschlange mehrere Empfänger haben, doch jede Nachricht wird nur von genau einem Empfänger abgeholt.

Obwohl jede Nachricht in einer Nachrichtenwarteschlange nur an einen Empfänger übermittelt wird, impliziert das nicht, dass es nur einen Empfänger gibt, der Nachrichten dort herauszieht. Es ist im Gegenteil sehr wahrscheinlich, dass es verschiedene Empfänger sind, die Nachrichten aus der Warteschlange verarbeiten. Sie alle bekommen die für sie bestimmten Nachrichten zur Weiterverarbeitung.

Das entspricht der Warteschlange vor einem Bankschalter. Während Sie warten, sehen Sie, dass es mehrere Kassierer gibt, die Ihnen bei Ihrer Finanzaktion helfen. Wenn jeder Kunde bedient wird und ein Kassierer frei ist, ruft dieser die nächste Person in der Schlange auf. Wenn Sie am Anfang der Warteschlange stehen, werden Sie an den Schalter gerufen und von einem Kassierer bedient. Die anderen Kassierer kümmern sich um die folgenden Bankkunden.

Beim Warten in der Bank können Sie nicht genau beurteilen, welcher Kassierer gleich für Sie frei wird. Sie können die wartenden Personen zählen, diese Zahl mit der Anzahl der verfügbaren Kassierer abgleichen und darauf achten, welcher am schnellsten arbeitet, und anschließend überschlagen, bei welchem Schalter Sie möglicherweise landen werden. Es kann aber auch sein, dass Sie sich irren und zu einem anderen Schalter kommen.

Entsprechend weiß man auch bei JMS nicht, welcher Empfänger tatsächlich eine bestimmte Nachricht verarbeiten wird, wenn mehrere Empfänger auf eine Warteschlange lauschen. Die Unsicherheit ist somit sogar von Vorteil, weil die Applikation die Nachrichtenverarbeitung skalieren kann, indem sie der Warteschlange einfach einen weiteren Listener zuordnet.

Das Nachrichtenmodell Publish-and-Subscribe

Bei diesem Nachrichtenmodell werden die Nachrichten an ein *Topic* (Thema) gesendet. Wie bei den Warteschlangen können viele Empfänger auf ein Thema lauschen. Doch anders als bei den Schlangen, wo eine Nachricht genau einen Empfänger hat, werden alle Abonnenten eines Themas eine Kopie der Nachricht bekommen (siehe Abbildung 12.4).

Das Modell des Anmeldeversendesystems ähnelt stark dem Konzept eines Zeitungsabonnements. Die Zeitung (also die Nachricht) wird veröffentlicht und per Post verschickt. Dann bekommen alle Abonnenten eine eigene Kopie.

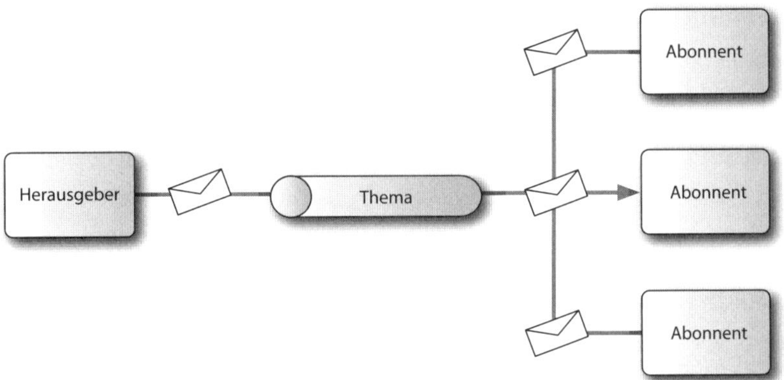

ABBILDUNG 12.4 Wie Warteschlangen entkoppeln Themen die Sender von Nachrichten von deren Empfängern. Anders als bei Warteschlangen lässt sich eine Themennachricht vielen Abonnenten des Themas übermitteln.

Die Analogie mit dem Zeitungsabonnement passt aber insofern nicht, weil bei JMS der Herausgeber der Nachricht seine Abonnenten nicht kennt. Er weiß nur, dass seine Nachricht zu einem bestimmten Thema veröffentlicht wird – aber nicht, wer auf dieses Thema lauscht. Das impliziert auch, dass der Veröffentlicher einer Nachricht keine Ahnung hat, wie die Nachricht verarbeitet wird.

Nachdem wir nun die Grundlagen von JMS gelegt haben, wollen wir schauen, wie das Messaging bei JMS verglichen mit dem synchronen RPC abläuft.

12.1.2 Die Vorteile von JMS

Obwohl eine synchrone Kommunikation sehr intuitiv und einfach einzurichten ist, gibt es für den Client eines Remote-Service doch einige Einschränkungen. Vor allem folgende:

- Zu einer synchronen Kommunikation gehört eine Wartezeit. Wenn ein Client bei einem Remote-Service eine Methode aufruft, kann er erst damit fortfahren, wenn die Remote-Methode beendet ist. Kommuniziert der Client regelmäßig mit dem Remote-Service, und/oder reagiert dieser Remote-Service nur langsam, kann sich das negativ auf die Performance der Client-Applikation auswirken.
- Der Client wird mit dem Service über dessen Interface gekoppelt. Wenn das Interface des Service sich ändert, müssen alle Clients des Service auch entsprechend geändert werden.
- Der Client ist an den Standort des Service gekoppelt. Ein Client muss mit dem Netzwerkstandort des Service konfiguriert werden, damit er weiß, wie er mit dem Service in Kontakt treten kann. Falls sich die Netzwerktopologie ändert, muss der Client mit dem neuen Standort konfiguriert werden.
- Der Client ist an die Verfügbarkeit des Service gekoppelt. Wenn der Service nicht verfügbar ist, wird der Client lahmgelegt.

Zwar hat die synchrone Kommunikation auch ihren Stellenwert, doch sollten die Nachteile erst dann berücksichtigt werden, wenn Sie entscheiden, welchen Bedarf an Kommunikationsmechanismen Ihre Applikation hat. Falls diese Einschränkungen auch auf Sie zutreffen, sollten Sie untersuchen, wie Sie diese Probleme mit der asynchronen Kommunikation mit JMS lösen.

Keine Wartezeit

Wenn eine Nachricht mit JMS gesendet wird, braucht der Client nicht untätig zu warten, bevor sie verarbeitet oder überhaupt erst zugestellt wird. Der Client hinterlässt die Nachricht beim Message-Broker und macht voller Zuversicht weiter, dass die Nachricht es zum entsprechenden Zielort schaffen wird.

Weil er nicht warten muss, kann der Client sich unbeschwert um andere Aktivitäten kümmern. So verbessert man die Performance des Clients erheblich.

Nachrichtenorientiert und Entkopplung

Anders als die RPC-Kommunikation, die sich normalerweise an einem Methodenaufruf orientiert, sind mit JMS gesendete Nachrichten datenzentriert. Dies bedeutet, dass der Client auf keine spezielle Methodensignatur fixiert ist. Alle Warteschlangen oder Themen-Abonnenten, die die vom Client gesendeten Daten verarbeiten, können auch die Nachricht verarbeiten. Der Client braucht die Besonderheiten des jeweiligen Service nicht zu kennen.

Unabhängigkeit vom Standort

Synchrone RPC-Services werden normalerweise über ihre Netzwerkadresse lokalisiert. Was zur Folge hat, dass Clients auf Änderungen in der Netzwerktopologie empfindlich reagieren. Wenn sich die IP-Adresse eines Service ändert oder er so konfiguriert wird, dass er auf einen anderen Port lauscht, muss der Client entsprechend angepasst werden, da er sonst nicht auf den Service zugreifen kann.

Im Kontrast dazu haben JMS-Clients keine Ahnung davon, wer ihre Nachrichten verarbeiten wird oder wo sich der Service befindet. Der Client kennt nur die Warteschlange oder das Thema, über das die Nachrichten gesendet werden. Als Folge davon ist es unerheblich, wo sich der Service befindet, solange er Nachrichten aus dieser Warteschlage oder diesem Thema auslesen kann.

Beim Punkt-zu-Punkt-Modell ist es möglich, sich die Standortunabhängigkeit zunutze zu machen und einen Service-Cluster zu erstellen. Wenn der Client den Standort des Services nicht kennt und die einzige Anforderung an den Service lautet, auf den Message-Broker zugreifen zu können, können verschiedene Services natürlich so konfiguriert werden, dass sie Nachrichten aus der gleichen Warteschlange ziehen. Wenn der Service überlastet ist und in der Verarbeitung nachlässt, brauchen nur einige zusätzliche Instanzen des Service, die auf die gleiche Warteschlange lauschen, eingefügt zu werden.

Die Standortunabhängigkeit führt zu einem weiteren interessanten Nebeneffekt des Publish-and-Subscribe-Modells. Verschiedene Services können alle ein Thema abonnieren und erhalten dann Kopien der gleichen Nachricht, doch jeder Service kann diese Nachricht anders verarbeiten. Nehmen wir beispielsweise an, Sie haben mehrere Services, die gemeinsam die Nachricht mit Details über die Neueinstellung eines Mitarbeiters verarbeiten. Ein Service kann diesen neuen Kollegen in das Abrechnungssystem einfügen, ein weiterer in die Personalabteilung, und der dritte achtet darauf, dass der neue Mitarbeiter Zugriff auf die Systeme bekommt, die er für seine Arbeit benötigt. Jeder Service arbeitet unabhängig, aber mit den gleichen Daten, die er aus einem Thema bekommen hat.

Zustellung garantiert

Damit ein Client mit einem synchronen Service kommunizieren kann, muss der Service auf die angegebene IP-Adresse und den Port lauschen. Wenn sich der Service abschaltet oder anderweitig nicht verfügbar wäre, könnte der Client nicht fortfahren.

Doch wenn die Nachrichten mit JMS versendet werden, kann der Client sicher sein, dass seine Nachrichten zugestellt werden. Auch wenn ein Service beim Versenden der Nachricht nicht verfügbar ist, wird die Nachricht gespeichert, bis der Service wieder bereit ist.

Nun wissen Sie über die Grundlagen von JMS und des asynchronen Messagings Bescheid, und wir können einen JMS-Message-Broker einrichten, um ihn in unseren Beispielen zu nutzen. Natürlich können Sie sich für jeden beliebigen JMS-Message-Broker entscheiden, doch wir arbeiten hier mit dem bekannten ActiveMQ.

12.2 Einen Message-Broker in Spring einrichten

ActiveMQ ist Open Source, ein großartiger Message-Broker und eine wunderbare Option für das asynchrone Messaging mit JMS. Während ich dies schreibe, ist die aktuelle Version von ActiveMQ 5.4.2. Laden Sie die binäre Distribution von ActiveMQ unter http://activemq.apache.org herunter und entpacken Sie sie auf die Festplatte. Im lib-Verzeichnis der entpackten Distribution finden Sie die Datei activemq-core-5.4.2.jar. Diese JAR-Datei müssen Sie dem Klassenpfad der Applikation hinzufügen, um mit der API von ActiveMQ arbeiten zu können.

Im bin-Verzeichnis finden Sie mehrere Unterverzeichnisse für verschiedene Betriebssysteme. Darin finden Sie Skripte, mit denen Sie ActiveMQ starten können. Um beispielsweise ActiveMQ unter Mac OS X zu starten, starten Sie im Verzeichnis bin/macosx die Datei `activemq start`. Nach wenigen Augenblicken ist ActiveMQ bereit und kann Ihre Nachrichten vermitteln.

12.2.1 Erstellen einer `ConnectionFactory`

Im Verlauf dieses Kapitels werden wir uns unterschiedliche Möglichkeiten ansehen, wie man Spring nutzt, um Nachrichten über JMS zu senden und zu empfangen. In jedem Fall brauchen wir eine JMS-`ConnectionFactory`, um Nachrichten mit dem Message-Broker senden zu können. Da wir ActiveMQ als Message-Broker nehmen, müssen wir die JMS-`ConnectionFactory` konfigurieren, damit sie weiß, wie sie die Verbindung mit ActiveMQ aufnehmen muss. `ActiveMQConnectionFactory` ist in ActiveMQ enthalten und wird wie folgt in Spring konfiguriert:

```
<bean id="connectionFactory"
      class="org.apache.activemq.spring.ActiveMQConnectionFactory">
  <property name="brokerURL" value="tcp://localhost:61616"/>
</bean>
```

Optional: Weil wir wissen, dass wir mit ActiveMQ arbeiten, können wir auch den Spring-Konfigurationsnamensraum von ActiveMQ nehmen (ist bei allen Versionen von ActiveMQ seit Version 4.1 erhältlich), um die `ConnectionFactory` zu deklarieren. Zuerst sollten Sie darauf achten, dass der Namensraum `amq` in der Konfigurations-XML-Datei von Spring deklariert wird:

```
<?xml version="1.0" encoding="UTF-8"?>
<beans xmlns="http://www.springframework.org/schema/beans"
 xmlns:xsi="http://www.w3.org/2001/XMLSchema-instance"
 xmlns:jms="http://www.springframework.org/schema/jms"
 xmlns:amq="http://activemq.apache.org/schema/core"
 xsi:schemaLocation="http://activemq.apache.org/schema/core
   http://activemq.apache.org/schema/core/activemq-core-5.5.0.xsd
   http://www.springframework.org/schema/jms
   http://www.springframework.org/schema/jms/spring-jms-3.0.xsd
   http://www.springframework.org/schema/beans
   http://www.springframework.org/schema/beans/spring-beans-3.0.xsd">
 ...
</beans>
```

Dann können wir das Element `<amq:connectionFactory>` nutzen, um die `connectionFactory` zu deklarieren.

```
<amq:connectionFactory id="connectionFactory"
      brokerURL="tcp://localhost:61616"/>
```

Beachten Sie, dass das `<amq:connectionFactory>`-Element für ActiveMQ spezifisch ist. Wenn Sie eine andere Message-Broker-Implementierung verwenden, gibt es vielleicht einen Konfigurationsnamensraum für Spring oder auch nicht. Wenn nicht, müssen Sie `connectionFactory` als `<bean>` verschalten.

Später in diesem Kapitel werden wir diese `connectionFactory` häufig einsetzen. Hier soll nur darauf verwiesen werden, dass die Eigenschaft `brokerURL` der `connectionFactory` mitteilt, wo sich der Message-Broker befindet. In diesem Fall besagt der URL in der Eigenschaft `brokerURL`, dass sich die `connectionFactory` mit ActiveMQ auf dem lokalen Rechner über Port 61616 verbinden soll (dem Default-Port, auf den ActiveMQ lauscht).

12.2.2 Deklaration eines Nachrichtenendpunkts für ActiveMQ

Neben der `connectionFactory` brauchen wir noch einen Endpunkt, an den die Nachrichten weitergeleitet werden sollen. Dieser Endpunkt kann (abhängig von den Anforderungen der Applikation) entweder eine Warteschlange oder ein Thema sein.

Egal, ob Sie mit einer Warteschlange oder einem Thema arbeiten – Sie müssen die Endpunkt-Bean in Spring mit einer für den Message-Broker spezifischen Implementierungsklasse konfigurieren. Die folgende `<bean>`-Deklaration deklariert beispielsweise eine ActiveMQ-Warteschlange:

```
<bean id="queue" class="org.apache.activemq.command.ActiveMQQueue">
  <constructor-arg value="spitter.queue"/>
</bean>
```

Entsprechend deklariert die folgende <bean> ein Thema für ActiveMQ:

```
<bean id="topic" class="org.apache.activemq.command.ActiveMQTopic">
  <constructor-arg value="spitter.topic"/>
</bean>
```

In beiden Fällen gibt <constructor-arg> den Namen der Warteschlange an, die dem Message-Broker bekannt ist – in diesem Fall spitter.topic.

So wie mit der connectionFactory bietet der ActiveMQ-Namensraum einen alternativen Weg, um Warteschlangen und Themen zu deklarieren. Für Warteschlangen könnten wir auch das <amq:queue>-Element nehmen:

```
<amq:queue id="queue" physicalName="spitter.queue" />
```

Oder wenn ein JMS-Thema im Einsatz ist, nehmen Sie <amq:topic>:

```
<amq:topic id="topic" physicalName="spitter.topic" />
```

In beiden Fällen setzt das Attribut physicalName den Namen des Nachrichtenkanals.

An diesem Punkt haben wir gesehen, wie die wesentlichen Komponenten der Arbeit mit JMS deklariert werden, und zwar sowohl fürs Senden als auch Empfangen von Nachrichten. Nun sind wir bereit, Nachrichten zu senden und zu empfangen. Dafür nehmen wir JmsTemplate, das Kernstück des JMS-Supports von Spring. Zuerst wollen wir uns jedoch ansehen, was JmsTemplate bietet, indem wir JMS ohne JmsTemplate untersuchen.

12.3 Das JMS-Template von Spring

Wie bereits erwähnt, bekommen Java-Entwickler durch JMS ein Standard-API zur Interaktion mit Message-Brokern und für das Senden und Empfangen von Nachrichten. Obendrein wird JMS von praktisch jeder verfügbaren Implementierung eines Message-Brokers unterstützt, und von daher gibt es keinen Grund, eine proprietäre Messaging-API für jeden Message-Broker zu erlernen, mit dem Sie zu tun haben.

Zwar bietet JMS eine universelle Schnittstelle für alle Message-Broker, doch hat diese Bequemlichkeit ihren Preis. Beim Senden und Empfangen von Nachrichten mit JMS ist es nicht damit getan, bloß eine Marke anzulecken und auf den Umschlag zu kleben. Wie Sie gleich erfahren, müssen Sie sich bei JMS auch darum kümmern, dass bildlich gesprochen der Postlieferwagen vollgetankt ist.

12.3.1 Umgang mit unübersichtlichem JMS-Code

In Abschnitt 5.3.1 haben Sie erfahren, wie konventioneller JDBC-Code zu einer schlecht handhabbaren Menge Code werden kann, wenn es um Verbindungen, Anweisungen, Resultsets und Exceptions geht. Leider liegt die Sache beim konventionellen JMS ähnlich, wie Sie im folgenden Listing sehen können.

LISTING 12.1 Versenden einer Nachricht über konventionelles (nicht-Spring) JMS

```
ConnectionFactory cf =
    new ActiveMQConnectionFactory("tcp://localhost:61616");
Connection conn = null;
Session session = null;
try {
  conn = cf.createConnection();
  session = conn.createSession(false, Session.AUTO_ACKNOWLEDGE);
  Destination destination = new ActiveMQQueue("spitter.queue");
  MessageProducer producer = session.createProducer(destination);
  TextMessage message = session.createTextMessage();

  message.setText("Hello world!");
  producer.send(message);     ◂ Verschickt Nachricht
} catch (JMSException e) {
  // handle exception?
} finally {
  try {
    if (session != null) {
      session.close();
    }
    if (conn != null) {
      conn.close();
    }
  } catch (JMSException ex) {
  }
}
```

Auf die Gefahr hin, mich zu wiederholen: was für ein mächtiger Brocken an Code! So wie beim JDBC-Beispiel gibt es beinahe zwanzig Programmzeilen, bloß um die Nachricht „Hello world!“ zu verschicken. Nur wenige Zeilen senden die eigentliche Nachricht, die restlichen betreffen den Rahmen, um die Nachricht verschicken zu können.

Wie Sie dem folgenden Listing entnehmen können, wird es auf Empfängerseite nicht schöner.

LISTING 12.2 Empfangen einer Nachricht über konventionelles (nicht-Spring) JMS

```
ConnectionFactory cf =
    new ActiveMQConnectionFactory("tcp://localhost:61616");
Connection conn = null;
Session session = null;
try {
  conn = cf.createConnection();
  conn.start();
  session = conn.createSession(false, Session.AUTO_ACKNOWLEDGE);
```

```
    Destination destination =
        new ActiveMQQueue("spitter.queue");
    MessageConsumer consumer = session.createConsumer(destination);
    Message message = consumer.receive();
    TextMessage textMessage = (TextMessage) message;
    System.out.println("GOT A MESSAGE: " + textMessage.getText());
    conn.start();
  } catch (JMSException e) {
    // handle exception?
  } finally {
    try {
      if (session != null) {
        session.close();
      }
      if (conn != null) {
        conn.close();
      }
    } catch (JMSException ex) {
    }
  }
```

Und wieder gibt es hier wie in Listing 12.1 eine ganze Menge Code, bloß um etwas ganz Simples zu bewerkstelligen. Wenn Sie die beiden Listings zeilenweise vergleichen, werden Sie merken, dass sie beinahe identisch sind. Und wenn Sie sich einige Tausend weitere JMS-Beispiele anschauen, wird Ihnen auffallen, dass sie alle einander überraschend ähnlich sind. Manche lesen ihre `ConnectionFactory`s aus JNDI aus, und manche nehmen ein Thema statt einer Warteschlange. Doch nichtsdestotrotz folgen sie alle in etwa dem gleichen Muster.

Eine Konsequenz dieses ganzen Boilerplate-Codes ist, dass Sie sich bei der Arbeit mit JMS dauernd wiederholen müssen. Schlimmer noch – Sie müssen sogar den JMS-Code anderer Entwickler wiederkäuen.

Wir haben bereits in Kapitel 5 gesehen, wie `JdbcTemplate` mit unübersichtlichem JDBC-Boilerplate-Code umgeht. Nun schauen wir uns an, was `JmsTemplate` von Spring für den JMS-Boilerplate-Code tun kann.

12.3.2 Die Arbeit mit JMS-Templates

`JmsTemplate` ist die Antwort von Spring auf weitschweifigen und sich wiederholenden JMS-Code. `JmsTemplate` kümmert sich um Verbindungsaufbau und Einrichtung einer Session sowie das eigentliche Senden und Empfangen von Nachrichten. So bleibt Ihnen bei der Entwicklung mehr Zeit für die Konstruktion der zu versendenden Nachricht oder die Verarbeitung der empfangenen Nachrichten.

Mehr noch: `JmsTemplate` wird mit jeder schwerfälligen `JMSException` fertig, die zwischendurch geworfen wird. Wenn bei der Arbeit mit `JmsTemplate` eine `JMSException` geworfen wird, fängt `JmsTemplate` sie ab und löst sie als eine der ungecheckten Unterklassen von `JMSException` erneut aus.

Tabelle 12.1 zeigt, wie Spring Standard-`JMSException`s auf die ungecheckten `JmsException`s von Spring mappt.

TABELLE 12.1 Das `JmsTemplate` von Spring fängt Standard-`JMSExceptions` und wirft sie erneut als ungecheckte Subklassen der Spring-eigenen `JmsException`.

Spring (org.springframework.jms.*)	Standard-JMS (javax.jms.*)
`DestinationResolutionException`	Spring-spezifisch – wird geworfen, wenn Spring den Namen des Endpunkts nicht auflösen kann
`IllegalStateException`	`IllegalStateException`
`InvalidClientIDException`	`InvalidClientIDException`
`InvalidDestinationException`	`InvalidDestinationException`
`InvalidSelectorException`	`InvalidSelectorException`
`JmsSecurityException`	`JmsSecurityException`
`ListenerExecutionFailedException`	Spring-spezifisch – wird geworfen, wenn die Ausführung einer Listener-Methode fehlschlägt
`MessageConversionException`	Spring-spezifisch – wird geworfen, falls Nachrichtenkonvertierung fehlschlägt
`MessageEOFException`	`MessageEOFException`
`MessageFormatException`	`MessageFormatException`
`MessageNotReadableException`	`MessageNotReadableException`
`MessageNotWriteableException`	`MessageNotWriteableException`
`ResourceAllocationException`	`ResourceAllocationException`
`SynchedLocalTransactionFailed-Exception`	Spring-spezifisch – wird geworfen, wenn eine synchronisierte lokale Transaktion nicht abgeschlossen werden kann
`TransactionInProgressException`	`TransactionInProgressException`
`TransactionRolledBackException`	`TransactionRolledBackException`
`UncategorizedJmsException`	Spring-spezifisch – wird geworfen, wenn keine andere Exception zutrifft

Der JMS-API muss man zugute halten, dass `JMSException` einen reichhaltigen und ausführlichen Satz Subklassen hat, durch den Sie gut nachvollziehen können, was schiefgegangen ist. Nichtsdestotrotz sind all diese Subklassen von `JMSException` gecheckte Exceptions und müssen von daher gefangen werden. Darum kümmert sich `JmsTemplate` für Sie, indem es diese Exceptions abfängt und erneut eine passende ungecheckte `JmsException`-Subklasse wirft.

Die Geschichte zweier `JmsTemplates`

Spring enthält eigentlich zwei JMS-Templateklassen: `JmsTemplate` und `JmsTemplate102`. `JmsTemplate102` ist eine besondere Version von `JmsTemplate` für JMS 1.0.2-Provider. Bei JMS 1.0.2 werden Themen und Warteschlangen als völlig unterschiedliche Konzepte behandelt, die man als *Domains* bezeichnet. Bei JMS 1.1+ werden Themen und Warteschlangen allerdings unter einem domänenunabhängigen API vereinheitlicht. Weil Themen und Warteschlangen in JMS 1.0.2 so unterschiedlich behandelt werden, muss es ein spezielles `JmsTemplate102` geben, das sich um ältere JMS-Implementierungen kümmert. In diesem Kapitel gehen wir von einem modernen JMS-Provider aus und konzentrieren uns von daher auf `JmsTemplate`. ■

Verschaltung eines JMS-Templates

Um mit JmsTemplate arbeiten zu können, müssen wir es als Bean in der Spring-Konfigurationsdatei deklarieren. Das geht mit folgendem XML:

```
<bean id="jmsTemplate"
      class="org.springframework.jms.core.JmsTemplate">
  <property name="connectionFactory" ref="connectionFactory" />
</bean>
```

Weil JmsTemplate wissen muss, wie Verbindungen mit dem Message-Broker aufgebaut werden, müssen wir die Eigenschaft connectionFactory mit einem Verweis zu der Bean setzen, die das Interface ConnectionFactory von JMS implementiert. Hier haben wir es mit Verweis auf die connectionFactory-Bean verschaltet, die wir bereits in Abschnitt 10.1.3 deklariert haben.

Mehr brauchen Sie bei JmsTemplate nicht zu konfigurieren – es ist startbereit. Nun verschicken wir eine Nachricht!

Der Versand von Nachrichten

Eines unserer Features für die Spitter-Applikation ist die Option, andere User zu benachrichtigen (vielleicht per E-Mail), sobald ein Spittle erstellt wurde. Wir könnten dieses Feature direkt in die Applikation einbauen, und zwar an dem Punkt, wo ein Spittle eingefügt wird. Aber es könnte einige Zeit dauern, herauszufinden, an wen eine solche Info geschickt werden soll, und sie dann auch zu verschicken. Außerdem könnte das die empfundene Performance der Applikation belasten. Wenn ein neuer Spittle eingefügt wird, soll die Applikation flott antworten.

Anstatt sich die Zeit zu nehmen, die Nachrichten in dem Moment zu senden, in dem der Spittle eingefügt wird, ist es sinnvoller, diese Arbeit in eine Warteschlange zu setzen und sich später darum zu kümmern, nachdem die Antwort an den User zurückgesandt wurde. Man kann die erforderliche Zeit vernachlässigen, um eine Nachricht an eine Nachrichtenschlange oder ein Thema zu senden, vor allem verglichen mit der Zeit, die man möglicherweise benötigt, um diese Infos den anderen Usern zu übermitteln.

Um das Versenden der Spittle-Alerts asynchron zur Erstellung der Spittles zu unterstützen, führen wir AlertService in die Spittle-Applikation ein:

```
package com.habuma.spitter.alerts;
import com.habuma.spitter.domain.Spittle;
public interface AlertService {
  void sendSpittleAlert(Spittle spittle);
}
```

Wie Sie sehen, ist AlertService eine Schnittstelle, die eine einzige Operation definiert, und zwar sendSpittleAlert(). AlertServiceImpl ist eine Implementierung der Schnittstelle AlertService, die JmsTemplate nutzt, um Spittle-Objekte an eine Nachrichtenschlange zu senden, die später verarbeitet wird.

LISTING 12.3 Ein Spittle mit `JmsTemplate` versenden

```
package com.habuma.spitter.alerts;
import javax.jms.JMSException;
import javax.jms.Message;
import javax.jms.Session;
import org.springframework.beans.factory.annotation.Autowired;
import org.springframework.jms.core.JmsTemplate;
import org.springframework.jms.core.MessageCreator;
import com.habuma.spitter.domain.Spittle;
public class AlertServiceImpl implements AlertService {
  public void sendSpittleAlert(final Spittle spittle) {
    jmsTemplate.send(     ◂ Nachricht senden
      "spittle.alert.queue",     ◂ Endpunkt angeben
      new MessageCreator() {
        public Message createMessage(Session session)
                throws JMSException {
          return session.createObjectMessage(spittle);     ◂ Nachricht erstellen
        }
      }
    );
  }
  @Autowired
  JmsTemplate jmsTemplate;     ◂ JMS-Template injizieren
}
```

Der erste Parameter für die `send()`-Methode des `JmsTemplates` ist der Name der JMS-`Destination`, an die die Nachricht gesendet werden soll. Wenn die `send()`-Methode aufgerufen wird, kümmert sich `JmsTemplate` darum, die JMS-Verbindung und Session aufzubauen, und verschickt die Nachricht dann im Auftrag des Senders (siehe Abbildung 12.5).

ABBILDUNG 12.5 `JmsTemplate` kümmert sich im Auftrag des Senders um alles, was mit dem Verschicken einer Nachricht zu tun hat.

Die Nachricht selbst wird mittels eines `MessageCreators` konstruiert und hier als anonyme innere Klasse implementiert. In der `createMessage()`-Methode des `MessageCreators` fordern wir von der Session einfach eine Objektnachricht an und übergeben ihr das `Spittle`-Objekt, damit daraus die Objektnachricht erstellt wird.

Das war's schon! Beachten Sie, dass die Methode `sendSpittleAlert()` sich vollständig auf Zusammenstellen und Versenden einer Nachricht konzentriert. Es gibt keinen Code für die Verbindung oder das Sessionmanagement – darum kümmert sich `JmsTemplate` für uns. Und es brauchen keine `JMSException` gefangen zu werden – `JmsTemplate` fängt jede geworfene `JMSException` und wirft sie erneut als eine der ungecheckten Exceptions von Spring aus Tabelle 12.1.

Einen Default-Endpunkt einrichten

In Listing 12.3 haben wir explizit einen bestimmten Endpunkt angegeben, an den die Nachricht über den Spittle mit der `send()`-Methode gesendet wird. Diese Form der `send()`-Methode ist sehr praktisch, wenn wir programmatisch einen Endpunkt wählen wollen. Doch im Fall von `AlertServiceImpl` werden wir die Spittle-Nachrichten immer an den gleichen Endpunkt schicken; von daher sind die Vorteile dieser Form von `send()` nicht ganz so offensichtlich.

Anstatt beim Nachrichtenversand explizit jedes Mal einen Endpunkt anzugeben, können wir uns dafür entscheiden, einen Endpunkt als Default in `JmsTemplate` zu verschalten:

```
<bean id="jmsTemplate"
      class="org.springframework.jms.core.JmsTemplate">
  <property name="connectionFactory" ref="connectionFactory" />
  <property name="defaultDestinationName"
            value="spittle.alert.queue"/>
</bean>
```

Nun lässt sich der Aufruf der `send()`-Methode von `JmsTemplate` etwas vereinfachen, indem man den ersten Parameter entfernt:

```
jmsTemplate.send(
  new MessageCreator() {
  ...
  }
);
```

Für diese Form der `send()`-Methode wird nur ein `MessageCreator` benötigt. Einen Endpunkt muss man nicht angeben, weil der Default-Endpunkt derjenige ist, an den wir die Nachrichten senden wollen.

Verarbeitung der Nachrichten

Nun haben Sie gesehen, wie eine Nachricht über `JmsTemplate` verschickt wird. Doch was passiert auf der Empfängerseite? Kann man über `JmsTemplate` auch Nachrichten empfangen?

Ja, das geht. In der Tat ist es sogar noch einfacher, eine Nachricht mit `JmsTemplate` zu empfangen. Sie brauchen nur die `receive()`-Methode von `JmsTemplate` wie folgt aufzurufen:

LISTING 12.4 Empfang einer Nachricht über `JmsTemplate`

```
public Spittle getAlert() {
  try {
    ObjectMessage receivedMessage =
        (ObjectMessage) jmsTemplate.receive();      ◂ Nachricht empfangen

    return (Spittle) receivedMessage.getObject();    ◂ Objekt holen
  } catch (JMSException jmsException) {
    throw JmsUtils.convertJmsAccessException(jmsException);   ◂ Konvertierte
  }                                                              Exception werfen
}
```

Wenn die receive()-Methode aufgerufen wird, wird JmsTemplate versuchen, eine Nachricht vom Message-Broker auszulesen. Ist keine Nachricht verfügbar, wird die receive()-Methode so lange warten, bis eine Nachricht zur Verfügung steht. Diese Beziehung veranschaulicht Abbildung 12.6.

ABBILDUNG 12.6 Für den Empfang von Nachrichten mit JmsTemplate aus einem Thema oder Queue braucht bloß die receive()-Methode aufgerufen zu werden. JmsTemplate kümmert sich um den Rest.

Weil wir wissen, dass die Spittle-Nachricht als Objektnachricht gesendet wurde, kann sie beim Eintreffen in eine ObjectMessage umgewandelt werden. Anschließend rufen wir getObject() auf, um das Spittle-Objekt aus der ObjectMessage zu extrahieren, und geben es zurück.

Der eine Fallstrick hier besteht in der Tatsache, dass wir etwas wegen der JMSException unternehmen müssen, die eventuell geworfen wird. Wie ich schon erwähnte, ist JmsTemplate gut dafür geeignet, gecheckte JMSExceptions zu bearbeiten, die geworfen werden, und diese dann als eine der ungecheckten JmsExceptions von Spring erneut zu werfen. Das ist aber nur möglich, wenn man eine der JmsTemplate-Methoden aufruft. JmsTemplate kann nicht viel mit der JMSException anstellen, die möglicherweise durch den Aufruf der getObject()-Methode der ObjectMessage geworfen wird.

Von daher müssen wir entweder diese JMSException fangen oder deklarieren, dass die Methode sie wirft. In Übereinstimmung mit der Spring-Philosophie, gecheckte Exceptions zu vermeiden, lassen wir nicht zu, dass JMSException dieser Methode durch die Lappen geht. Also fangen wir sie. Im catch-Block können wir die convertJmsAccessException()-Methode aus der Spring-Klasse nutzen, um die gecheckte JMSException in eine ungecheckte JmsException zu verwandeln. Das ist letzten Endes genau das Gleiche, was JmsTemplate in anderen Fällen für uns erledigt.

Der große Nachteil der Verarbeitung von Nachrichten mit JmsTemplate ist die Tatsache, dass die receive()-Methode synchron ist. Dies bedeutet, dass der Empfänger geduldig darauf warten muss, dass die Nachricht eintrifft, weil die receive()-Methode blockieren wird, bis eine Nachricht verfügbar ist (oder ein Timeout ausgelöst wird). Scheint es nicht etwas eigenartig, wenn man eine Nachricht synchron weiterverarbeitet, die asynchron gesendet wurde?

Hier sind die nachrichtengetriebenen POJOs sehr praktisch. Schauen wir uns an, wie man die Nachricht asynchron empfängt und dazu Komponenten nutzt, die auf Nachrichten eher reagieren, statt auf sie zu warten.

12.4 Erstellung nachrichtengetriebener POJOs

In meiner Collegezeit hatte ich einmal das große Privileg, im Yellowstone National Park zu arbeiten. Das war kein sonderlich anspruchsvoller Job wie der eines Parkrangers oder von jemandem, der immer den Geysir Old Faithful ein- und ausschaltet. Stattdessen hatte ich mit der Hauswirtschaft im *Old Faithful Inn* zu tun, wo ich Bettwäsche wechselte, Badezimmer säuberte und die Teppiche saugte. Nicht besonders aufregend, doch immerhin durfte ich an einem der schönsten Orte der Welt arbeiten.

Jeden Abend ging ich zur Poststelle, um nachzuschauen, ob mir jemand geschrieben hatte. Ich war mehrere Wochen von zu Hause fort. Also fand ich es sehr schön, wenn mir meine Schulfreunde eine Karte oder einen Brief geschickt hatten. Ich hatte kein eigenes Postfach, und so musste ich den Mann hinter dem Schalter fragen, ob es Post für mich gab. Dann stellte ich mich erst mal auf ein längeres Warten ein.

Der Mann hinter dem Schalter war ungefähr 195 Jahre alt. Oder nicht ganz so viel. Wie die meisten Leute seines Alters war es für ihn nicht so einfach, sich zu bewegen. Er hievte seinen Hintern vom Stuhl, setzte bedächtig einen Fuß vor den anderen und verschwand langsam hinter einer Trennwand. Nach einiger Zeit tauchte er wieder auf und schlurfte zu seinem Platz am Schalter zurück, um sich wieder auf den Stuhl fallen zu lassen. Dann schaute er mich an und sagte: „Heute keine Post.“

Die `receive()`-Methode von `JmsTemplate` gleicht diesem betagten Postler doch sehr. Wenn Sie `receive()` aufrufen, macht es sich auf den Weg, um nach einer Nachricht in der Warteschlange oder dem Thema zu suchen, und kehrt erst zurück, wenn eine Nachricht eingetroffen oder der im Timeout festgelegte Zeitraum verstrichen ist. In der Zwischenzeit wartet Ihre Applikation untätig, bis sie erfährt, ob es eine Nachricht gibt. Wäre es nicht besser, wenn die Applikation weitermachen könnte und informiert wird, sobald eine Nachricht eintrifft?

Einer der Höhepunkte der EJB 2-Spezifikation war die Aufnahme der *nachrichtengetriebenen Bean* (Message Driven Bean, MDB). MDBs sind EJBs, die Nachrichten asynchron verarbeiten. MDBs reagieren also auf Nachrichten in einem JMS-Endpunkt als Events und antworten auf diese Events. Das steht im Gegensatz zu synchronen Nachrichtenempfänger, die blockiert sind, bis eine Nachricht verfügbar ist.

MDBs waren in der Landschaft von EJB ein echter Lichtblick. Auch die heftigsten Kritiker von EJB mussten einräumen, dass MDBs eine elegante Lösung darstellten, Nachrichten zu bearbeiten. Der einzige Schönheitsfehler bei den EJB 2 MDBs bestand darin, dass sie `javax.ejb.MessageDrivenBean` implementieren mussten. Dabei mussten sie auch einige EJB-Lebenszyklus-Callback-Methoden implementieren. Platt ausgedrückt, waren EJB 2 MDBs nicht gerade POJO-mäßig.

Durch die EJB 3-Spezifikation wurden MDBs so aufpoliert, dass sie etwas mehr in Richtung POJO gingen. Sie brauchen nun nicht mehr das Interface `MessageDrivenBean` zu implementieren. Stattdessen implementieren Sie das generischere Interface `javax.jms.MessageListener` und annotieren MDBs mit `@MessageDriven`.

Spring 2.0 erfüllt die Anforderung für die asynchrone Verarbeitung von Nachrichten, indem es eine eigene Form der nachrichtengetriebenen Bean anbietet, die den MDBs von EJB 3 recht ähnlich ist. In diesem Abschnitt erfahren Sie, wie Spring die asynchrone Nachrichtenverarbeitung durch nachrichtengetriebene POJOs unterstützt (wir nennen sie kurz *MDPs*).

12.4.1 Erstellen eines Message-Listeners

Wenn wir unseren Spittle-Alert-Handler mit dem nachrichtengetriebenen Modell von EJB erstellen wollten, müsste es mit @MessageDriven annotiert werden. Obwohl streng genommen nicht erforderlich, ist es doch empfehlenswert, dass die MDB das Interface MessageListener implementiert. Das Ergebnis würde dann in etwa so aussehen:

```
@MessageDriven(mappedName="jms/spittle.alert.queue")
public class SpittleAlertHandler implements MessageListener {
  @Resource
  private MessageDrivenContext mdc;

  public void onMessage(Message message) {
     ...
  }
}
```

Stellen Sie sich für einen Moment eine einfachere Welt vor, in der nachrichtengetriebene Komponenten das MessageListener-Interface nicht zu implementieren bräuchten. An einem so glücklichen Ort erstrahlt der Himmel immer in leuchtendem Blau, die Vögel trillerten stets Ihr Lieblingslied, und Sie müssten nicht die onMessage()-Methode implementieren oder einen MessageDrivenContext injizieren.

Okay, vielleicht sind die Anforderungen, die die EJB-3-Spezifikaton an eine MDB stellt, nicht derart beschwerlich. Doch es bleibt die Tatsache, dass die EJB-3-Implementierung von SpittleAlertHandler zu eng mit den nachrichtengetriebenen APIs der EJB verbunden und nicht so POJO-mäßig ist, wie wir es gerne hätten. Idealerweise wäre der Alert-Handler fähig, mit Nachrichten umzugehen, aber nicht so, als wüsste er, dass er genau das machen soll ...

Spring bietet die Möglichkeit, dass eine Methode bei einem POJO Nachrichten aus einer JMS-Warteschlange oder Thema bearbeitet. Die folgende POJO-Implementierung von SpittleAlertHandler ist dafür beispielsweise perfekt geeignet.

LISTING 12.5 Ein Spring-MDP empfängt Nachrichten asynchron und verarbeitet sie.

```
package com.habuma.spitter.alerts;
import com.habuma.spitter.domain.Spittle;
public class SpittleAlertHandler {
  public void processSpittle(Spittle spittle) {      ◂ Handler-Methode
    // ... implementation goes here...
  }
}
```

Obwohl die Farbe des Himmels und ein Gesangsunterricht für Vögel für Spring nicht ganz in Reichweite liegen, zeigt Listing 12.5, dass diese von mir beschriebene Traumwelt näher an die Realität herangerückt ist. Wir tragen die Details der processSpittle()-Methode später noch nach. Fürs Erste sollten Sie einfach darauf achten, dass nichts in SpittleAlertHandler Anzeichen von JMS zeigt. Es ist ein POJO in jeder Hinsicht und kann nichtsdestotrotz wie sein EJB-Cousin mit Nachrichten umgehen. Man braucht nur eine besondere Spring-Konfiguration.

12.4.2 Message-Listener konfigurieren

Um ein POJO mit der Fähigkeit auszustatten, Nachrichten zu empfangen, konfigurieren Sie es in Spring mit einem Message-Listener. Im `jms`-Namensraum von Spring finden Sie dazu alles Nötige. Zunächst müssen wir den Handler als `<bean>` deklarieren:

```
<bean id="spittleHandler"
      class="com.habuma.spitter.alerts.SpittleAlertHandler" />
```

Um den `SpittleAlertHandler` in ein nachrichtengetriebenes POJO zu verwandeln, können wir die Bean zum Message-Listener deklarieren:

```
<jms:listener-container connection-factory="connectionFactory">
  <jms:listener destination="spitter.alert.queue"
      ref="spittleHandler" method="processSpittle" />
</jms:listener-container>
```

Hier haben wir nun einen Message-Listener, der in einem Message-Listener-Container enthalten ist. Ein *Message-Listener-Container* ist eine spezielle Bean, die einen JMS-Endpunkt beobachtet und auf das Eintreffen einer Nachricht wartet. Wenn eine Nachricht eintrifft, liest die Bean die Nachricht aus und übergibt sie an alle interessierten Message-Listeners. Abbildung 12.7 veranschaulicht diese Interaktion.

ABBILDUNG 12.7 Ein Message-Listener-Container lauscht auf eine Warteschlange bzw. ein Thema. Trifft eine Nachricht ein, wird sie an einen Message-Listener (z. B. ein nachrichtengetriebenes POJO) weitergeleitet.

Um den Message-Listener-Container und den Message-Listener in Spring zu konfigurieren, verwenden wir zwei Elemente aus dem `jms`-Namensraum von Spring. Der `<jms:listener-container>` wird verwendet, um `<jms:listener>`-Elemente aufzunehmen. Hier ist dessen `connectionFactory`-Attribut mit einem Verweis auf die `connectionFactory` konfiguriert, die von allen Kind-`<jms:listener>`s verwendet werden sollen, wenn sie auf Nachrichten lauschen. In diesem Fall hätte das `connection-Factory`-Attribut auch weggelassen werden können, weil es standardmäßig `connectionFactory` lautet.

Das `<jms:listener>`-Element wird dafür eingesetzt, eine Bean und eine Methode zu identifizieren, die eingehende Nachrichten bearbeiten sollen. Zum Zweck des Umgangs mit Spittle-Alert-Nachrichten verweist das `ref`-Element auf unsere `spittleHandler`-Bean. Wenn in der spitter.alert.queue (wie im Attribut `destination` ausgewiesen) eine Nachricht eintrifft, bekommt die `processSpittle()`-Methode der `spittleHandler`-Beans den Aufruf (über das `method`-Attribut).

12.5 Die Arbeit mit nachrichtenbasierten RPCs

In Kapitel 10 untersuchten wir mehrere Optionen von Spring zur Veröffentlichung von Bean-Methoden als Remote-Services und wie man von Clients aus dieses Service aufruft. In diesem Kapitel sahen wir, wie man Nachrichten über Message-Queues und Themen zwischen Applikationen versendet. Nun bringen wir diese beiden Konzepte zusammen und schauen, wie man Fernaufrufe (*remote calls*) durchführt, die JMS als Transport nutzen.

Spring verfügt über zwei Optionen für ein nachrichtengetriebenes RPC:

- Spring selbst bietet `JmsInvokerServiceExporter`, um Beans als nachrichtengetriebene Services zu exportieren, und `JmsInvokerProxyFactoryBean` für Clients, die diese Services weiterverarbeiten.
- Lingo bietet einen ähnlichen Ansatz für nachrichtengetriebenes Remoting mit dessen `JmsServiceExporter` und `JmsProxyFactoryBean`.

Wie Sie sehen werden, sind beide Optionen recht ähnlich, jede hat aber ihre Vor- und Nachteile. Ich werde Ihnen beide vorstellen, und Sie entscheiden, was für Sie am besten passt. Beginnen wir damit, wie man mit dem Spring-eigenen Support für JMS-unterstützte Services arbeitet.

12.5.1 Die Arbeit mit nachrichtengetriebenen RPC in Spring

Wie Sie aus Kapitel 10 wissen, bietet Spring mehrere Optionen für den Export von Beans als Remote-Services. Wir haben `RmiServiceExporter` genutzt, um Beans als RMI-Services über JRMP, `HessianExporter` und `BurlapExporter` für Hessian- und Burlap-Services über HTTP zu exportieren und `HttpInvokerServiceExporter`, um HTTP-Invoker-Services über HTTP zu erstellen. Spring enthält aber einen weiteren Service-Exporter, der in Kapitel 10 nicht zur Sprache kam.

Die Verarbeitung von JMS-basierten Services

`JmsInvokerServiceExporter` ist weitgehend wie diese anderen Service-Exporter. Tatsächlich wird Ihnen diese gewisse Symmetrie in den Namen `JmsInvokerServiceExporter` und `HttpInvokerServiceExporter` auffallen. Wenn `HttpInvokerServiceExporter` Services exportiert, die über HTTP kommunizieren, dann muss `JmsInvokerServiceExporter` Services exportieren, die über JMS sprechen.

Um zu demonstrieren, wie `JmsInvokerServiceExporter` funktioniert, schauen Sie sich `AlertServiceImpl` an.

LISTING 12.6 `AlertServiceImpl` ist ein JMS-freies POJO, das JMS-Nachrichten bearbeiten wird.

```
package com.habuma.spitter.alerts;
import org.springframework.mail.SimpleMailMessage;
import org.springframework.mail.javamail.JavaMailSender;
import org.springframework.stereotype.Component;
import com.habuma.spitter.domain.Spittle;
@Component("alertService")
```

```
public class AlertServiceImpl implements AlertService {
  private JavaMailSender mailSender;
  private String alertEmailAddress;
  public AlertServiceImpl(JavaMailSender mailSender,
                          String alertEmailAddress) {
    this.mailSender = mailSender;
    this.alertEmailAddress = alertEmailAddress;
  }
  public void sendSpittleAlert(final Spittle spittle) {    ◂ Spittle-Alert senden
    SimpleMailMessage message = new SimpleMailMessage();
    String spitterName = spittle.getSpitter().getFullName();
    message.setFrom("noreply@spitter.com");
    message.setTo(alertEmailAddress);
    message.setSubject("New spittle from " + spitterName);
    message.setText(spitterName + " says: " + spittle.getText());
    mailSender.send(message);
  }
}
```

Machen Sie sich an diesem Punkt nicht allzu viele Gedanken über die Interna der `sendSpittleAlert()`-Methode. Wir gehen später näher darauf ein, wie man mit Spring E-Mails verschickt (Abschnitt 14.3). Wichtig ist aber an dieser Stelle, anzumerken, dass es sich bei `AlertServiceImpl` um ein einfaches POJO handelt, das nichts enthält, woran man erkennt, dass es zur Verarbeitung von JMS-Nachrichten verwendet wird. Es implementiert aber das einfache `AlertService`-Interface:

```
package com.habuma.spitter.alerts;
import com.habuma.spitter.domain.Spittle;
public interface AlertService {
  void sendSpittleAlert(Spittle spittle);
}
```

Wie Sie sehen, ist `AlertServiceImpl` mit `@Component` annotiert, damit es automatisch als Bean entdeckt und im Spring-Anwendungskontext mit der ID `alertService` registriert wird. Wir beziehen uns auf diese Bean, wenn wir einen `JmsInvokerServiceExporter` konfigurieren:

```
<bean id="alertServiceExporter"
      class="org.springframework.jms.remoting.JmsInvokerServiceExporter"
      p:service-ref="alertService"
      p:serviceInterface="com.habuma.spitter.alerts.AlertService" />
```

Die Eigenschaften dieser Bean beschreiben, wie der exportierte Service aussehen soll. Die Eigenschaft `service` ist so verschaltet, dass sie sich auf die `alertService`-Bean bezieht, die die Implementierung des Remote-Service ist. Zwischenzeitlich wird die Eigenschaft `serviceInterface` auf den vollqualifizierten Klassennamen des Interface gesetzt, den der Service bietet.

Die Eigenschaften des Exporters beschreiben keine Einzelheiten, wie der Service über JMS ausgeführt wird. Doch die gute Nachricht lautet, dass sich `JmsInvokerServiceExporter` zum JMS-Listener eignen. Darum können wir ihn als solchen innerhalb eines `<jms:listener-container>`-Elements konfigurieren:

```
<jms:listener-container connection-factory="connectionFactory">
  <jms:listener destination="spitter.alert.queue"
      ref="alertServiceExporter" />
</jms:listener-container>
```

Der JMS-Listener-Container bekommt die Connection-Factory, damit er weiß, wie die Verbindung mit dem Message-Broker aufzunehmen ist. Zwischenzeitlich bekommt die `<jms:listener>`-Deklaration den Endpunkt, an den die Remote-Nachricht übertragen wird.

Die Verarbeitung von JMS-basierten Services

An diesem Punkt sollte der JMS-basierte Alert-Service fertig sein und auf RPC-Nachrichten warten, die in der Warteschlange namens spitter.alert.queue eintreffen. Auf der Client-Seite wird `JmsInvokerProxyFactoryBean` für den Zugriff auf den Service eingesetzt.

`JmsInvokerProxyFactoryBean` ist weitgehend so wie die anderen Remoting-Proxy-Factory-Beans, mit denen wir uns in Kapitel 10 beschäftigt haben. Sie versteckt die Details des Zugriffs auf einen Remote-Service hinter einem praktischen Interface, durch den sich der Client mit dem Service austauscht. Der große Unterschied besteht darin, dass `JmsInvokerProxyFactoryBean` nicht mit einem Proxy über RMI- oder HTTP-basierte Services arbeitet, sondern mit einem JMS-basierten Service, der von `JmsInvokerServiceExporter` exportiert wurde.

Um den Alert-Service weiterzuverarbeiten, können wir die `JmsInvokerProxyFactoryBean` wie folgt verschalten:

```
<bean id="alertService"
    class="org.springframework.jms.remoting.JmsInvokerProxyFactoryBean">
  <property name="connectionFactory" ref="connectionFactory" />
  <property name="queueName" value="spitter.alert.queue" />
  <property name="serviceInterface"
          value="com.habuma.spitter.alerts.AlertService" />
</bean>
```

Die Eigenschaften `connectionFactory` und `queueName` geben an, wie RPC-Nachrichten überliefert werden sollen – hier in der Warteschlange namens spitter.alert.queue bei dem Message-Broker, der in der angegebenen Connection-Factory konfiguriert wurde. Für das `serviceInterface` wird damit angegeben, dass der Proxy über das `AlertService`-Interface veröffentlicht werden soll.

`JmsInvokerServiceExporter` und `JmsInvokerProxyFactoryBean` bieten eine JMS-basierte Alternative zu den anderen Remoting-Optionen von Spring. Das ist jedoch nicht der einzige Weg, um Beans zu exportieren und JMS-basierte Services zu verarbeiten – vielleicht nicht einmal der beste. Schauen wir uns Lingo an und was es bietet, wozu der JMS-Invoker nicht in der Lage ist.

12.5.2 Asynchrones RPC mit Lingo

Lingo[1] ist eine auf Spring basierende Remoting-Option, die dem eigenen JMS-Invoker-Support von Spring entspricht. Tatsächlich wird in der Javadoc für die JMS-Invoker-Klassen von Spring indirekt Lingo als Inspiration genannt.[2]

Im Unterschied zum JMS-Invoker kann Lingo die asynchrone Natur von JMS effektiv nutzen, um Services asynchron aufzurufen. Was bedeutet, dass der Server nicht einmal verfügbar sein muss, wenn der Client den Aufruf vornimmt. Außerdem muss der Client nicht einmal darauf warten, dass der Service fertig ist, wenn es sich um einen lang laufenden Service handelt.

Anders als die Remoting-Option, die wir in Kapitel 10 diskutiert haben, oder sogar die Spring-eigenen JMS-Invoker-Klassen gehört Lingo nicht zum Spring-Framework. Es ist ein separates Projekt, das auf Spring Remoting aufsetzt und einen JMS-basierten Service-Exporter und Client-Proxy anbietet.

Wir beginnen unsere Untersuchung von Lingo, indem wir uns um den Export der Services mit dem `JmsServiceExporter` von Lingo kümmern. Dann werden wir diesen Service mit `JmsServiceProxy` weiterverarbeiten.

Den asynchronen Service exportieren

Wie Sie der folgenden Deklaration entnehmen können, sind `JmsServiceExporter` und `JmsInvokerServiceExporter` weitgehend identisch konfiguriert:

```
<bean id="alertServiceExporter"
      class="org.logicblaze.lingo.jms.JmsServiceExporter"
      p:connectionFactory-ref="connectionFactory"
      p:destination-ref="alertServiceQueue"
      p:service-ref="alertService"
      p:serviceInterface="com.habuma.spitter.alerts.AlertService" />
```

Die Eigenschaften `service` und `serviceInterface` sind exakt die gleichen wie beim `JmsInvokerServiceExporter`. In die `JmsServiceExporter`-Bean wird jedoch eine neue Eigenschaft injiziert. `JmsServiceExporter` kann nicht als Message-Listener in einem Spring-Listener-Container verwendet werden. Also müssen wir ihn über die JMS-Connection-Factory und den Nachrichtenendpunkt in den Eigenschaften `connectionFactory` und `destination` informieren, damit er weiß, wie die Nachricht zu versenden ist.

Beachten Sie, dass die `destination`-Eigenschaft `javax.jms.Destination` lautet. Also müssen wir eine Referenz auf eine Endpunkt-Bean verschalten. Die folgende `alertServiceQueue`-Bean wird gewährleisten, dass JMS-RPC-Nachrichten über die Wartschlange namens spittle. alert.queue transportiert wird:

```
<amq:queue id="alertServiceQueue"
           physicalName="spitter.alert.queue" />
```

---

1 http://lingo.codehaus.org

2 In der Javadoc wird Lingo nicht erwähnt, würdigt aber James Strachan, den Schöpfer von Lingo.

Bis zu diesem Punkt hat Lingo uns noch nichts anderes gegeben, als was der Spring-eigene JMS-Invoker nicht auch hätte liefern können. Also fragen Sie sich wohl, warum ich Ihnen von Lingo erzähle, wenn der JMS-RPC-Mechanismus von Spring praktisch das Gleiche leistet.

Wie Sie gleich sehen werden, bietet die Client-Seite von Lingo etwas, das der JMS-Invoker nicht kann: asynchrone Aufrufe.

Asynchrone Services als Proxy

Als wir Methoden für einen Proxy aufriefen, der mit `JmsInvokerServiceProxy` von Spring erstellt wurde, mussten wir warten. Auch wenn dem Transport JMS zugrunde liegt, wartete der Proxy, bis er eine Antwort bekam.

Die `JmsProxyFactoryBean` von Lingo lässt sich andererseits so konfigurieren, dass `void`-Methoden als asynchrone Einwegmethoden behandelt werden. Die Client-Seite eines Lingo-basierten Alert-Services könnte man z. B. folgendermaßen konfigurieren:

```
<bean id="alertService"
      class="org.logicblaze.lingo.jms.JmsProxyFactoryBean"
  p:connectionFactory-ref="connectionFactory"
  p:destination-ref="queue"
  p:serviceInterface="com.habuma.spitter.alerts.AlertService">
   <property name="metadataStrategy">
     <bean id="metadataStrategy"
          class="org.logicblaze.lingo.SimpleMetadataStrategy">
       <constructor-arg value="true"/>
     </bean>
   </property>
</bean>
```

Die Eigenschaften `connectionFactory`, `destination` und `serviceInterface` dienen dem gleichen Zweck wie in den vorigen Beispielen. Neu ist hier aber die Eigenschaft `metadataStrategy`, die wir anhand einer inneren Bean-Deklaration des Typs `SimpleMetadataStrategy` gesetzt haben.

Unter anderem ist eine Metadatenstrategie der Weg von Lingo, um zu bestimmen, welche Methoden asynchrone Einwegoperationen sein sollen. Die einzige verfügbare Implementierung ist `SimpleMetadataStrategy`, dessen Konstruktor einen Booleschen Wert als Argument akzeptiert, um anzuzeigen, ob `void`-Methoden asynchron sein sollen. Hier haben wir für das Konstruktorargument `true` deklariert und legen damit fest, dass alle `void`-Methoden für den Service als Einwegmethoden betrachtet werden sollen. Sie sind somit asynchron und sollen sofort zurückkommen.

Hätten wir das Konstruktorargument als `false` deklariert oder die `metadataStrategy`-Eigenschaft der `JmsProxyFactoryBean` gar nicht injiziert, wären alle Servicemethoden synchron behandelt worden, und `JmsProxyFactoryBean` entspräche in seiner Leistung etwa `JmsInvokerServiceProxy` von Spring.

12.6 Zusammenfassung

Asynchrones Messaging bietet gegenüber synchronen RPCs mehrere Vorteile. Indirekte Kommunikation führt zu Applikationen, die locker miteinander gekoppelt sind, was die Auswirkungen reduziert, falls ein System ausfällt. Überdies muss kein Sender auf eine Antwort warten, weil Nachrichten an ihre Empfänger weitergeleitet werden. In vielerlei Hinsicht kann die Performance einer Applikation enorm zulegen.

Obwohl JMS ein Standard-API für alle Java-Applikationen bietet, die an der asynchronen Kommunikation teilnehmen wollen, kann es in der Handhabung etwas schwerfällig sein. Spring eliminiert den Bedarf an JMS-Boilerplate- und Exception-Handling-Code und erleichtert die Verwendung asynchronen Messagings.

In diesem Kapitel erörterten wir diverse Möglichkeiten, wie Spring uns helfen kann, asynchrone Kommunikation zwischen Applikationen anhand von Message-Brokern und JMS zu etablieren. Das JMS-Template von Spring eliminiert den im traditionellen JMS-Programmiermodell erforderlichen Boilerplate-Code, und Spring-fähige nachrichtengetriebene Beans ermöglichen es uns, Bean-Methoden zu deklarieren, die auf in einer Warteschlange oder einem Thema eintreffende Nachrichten reagieren.

Wir beschäftigten uns sowohl mit dem JMS-Invoker von Spring als auch dem von Lingo, um nachrichtengetriebenes RPC mit Spring-Beans zu bieten. Obwohl Springs JMS-Invoker von Lingo inspiriert ist und als dessen Nachfolger betrachtet werden kann, liefert er nur eine synchrone Kommunikation. Nun bietet Lingo etwas an, das der Spring-JMS-Invoker nicht in seinem Portfolio hat: die Möglichkeit, Remote-Methoden asynchron aufzurufen.

Da wir nun wissen, wie JMS durch Spring vereinfacht wird, untersuchen wir als Nächstes, wie Spring mit einem ähnlich benannten Java-Standard arbeitet. Im folgenden Kapitel beschreiben wir Springs Fähigkeiten, Beans anhand von JXM als verwaltete Beans zu exportieren.

13 Verwalten von Spring-Beans mit JMX

Dieses Kapitel behandelt die folgenden Themen:

- Spring-Beans als Managed-Beans
- Remote-Management von Spring-Beans
- Handhabung von JMX-Benachrichtigungen

Mit Springs DI können Sie Bean-Eigenschaften hervorragend in einer Anwendung konfigurieren. Doch wenn die Anwendung erst einmal bereitgestellt ist und läuft, kann DI allein nicht viel unternehmen, um Ihnen bei der Änderung dieser Konfiguration zu helfen. Nehmen wir an, dass Sie bei einer laufenden Anwendung die Konfiguration *on the fly* ändern wollen. Hier kommt JMX ins Spiel: die *Java Management Extensions.*

JMX ist eine Technologie, mit der Sie Anwendungen für Verwaltung, Überwachung und Konfiguration erstellen können. Ursprünglich als eigenständige Java-Erweiterung verfügbar, ist JMX nun ein Standardbestandteil der Java 5-Distribution.

Die *MBean (Managed Bean)* ist die zentrale Komponente einer Anwendung, die zur Verwaltung mit JMX erstellt wird. Eine MBean ist eine JavaBean, die bestimmte Methoden bereitstellt, um das Management-Interface zu definieren. Die JMX-Spezifikation definiert vier Arten von MBeans:

- *Standard MBeans*, deren Management-Interface durch die Reflexion eines festen Java-Interfaces bestimmt ist, das von der Bean-Klasse implementiert wird;
- *Dynamic MBeans*, deren Management-Interface zur Laufzeit bestimmt wird, indem Methoden des DynamicMBeans-Interfaces aufgerufen werden. Weil das Management-Interface nicht von einem statischen Interface definiert wird, kann es zur Laufzeit variieren;
- *Open MBeans*, eine spezielle Art dynamischer MBeans, deren Attribute und Operationen auf primitive Typen, Klassen-Wrapper für primitive Typen und jeden Typ beschränkt ist, der in Primitive oder primitive Wrapper aufgeschlüsselt werden kann;
- *Model MBeans*, eine besondere Art dynamischer MBeans, die eine Brücke vom Management-Interface zur verwalteten Ressource schlägt. Model-MBeans werden nicht so sehr geschrieben, als vielmehr deklariert. Normalerweise erzeugt sie eine Factory, die gewisse Meta-Informationen nutzt, um das Management-Interface zusammenzustellen.

Mit dem JMX-Modul von Spring können Sie Spring-Beans als Model-MBeans exportieren, damit Sie in die Anwendung schauen und die Konfiguration genauer abstimmen können – sogar zur Laufzeit der Anwendung. Sehen wir uns an, wie wir unserer Spring-Anwendung JMX-Fähigkeiten verleihen, sodass wir die Beans im Spring-Anwendungskontext verwalten können.

13.1 Spring-Beans als MBeans exportieren

Es gibt verschiedene Ansätze, JMX zur Verwaltung der Beans in der Spitter-Anwendung zu nutzen. Um alles einfach zu halten, beginnen wir mit einer geringfügigen Änderung des HomeControllers; dabei wollen wir eine neue spittlesPerPage-Eigenschaft hinzufügen:

```
public static final int DEFAULT_SPITTLES_PER_PAGE = 25;
private int spittlesPerPage = DEFAULT_SPITTLES_PER_PAGE;
public void setSpittlesPerPage(int spittlesPerPage) {
  this.spittlesPerPage = spittlesPerPage;
}
public int getSpittlesPerPage() {
  return spittlesPerPage;
}
```

Als HomeController früher getRecentSpittles() im SpitterService aufrief, wurde DEFAULT_SPITTLES_PER_PAGE eingereicht, sodass die Homepage maximal 25 Spittles anzeigte. Statt diese Entscheidung zur Laufzeit fest zu verankern, wollen wir JMX einsetzen, um sie offen zu gestalten. Die neue Eigenschaft spittlesPerPage ist der erste Schritt hin zur Implementierung.

Auf sich allein gestellt, kann die Eigenschaft spittlesPerPage die externe Konfiguration der Anzahl auf der Homepage angezeigter Spittles nicht gewährleisten. Es handelt sich lediglich um die Eigenschaften einer Bean, die sich genau wie jede andere Eigenschaft verhält. Als Nächstes müssen wir die HomeController-Bean als MBean bereitstellen. Dann wird die Eigenschaft spittlesPerPage als *verwaltetes Attribut* (*managed attribute*) der MBean bereitgestellt, und wir können deren Wert zur Laufzeit ändern.

Springs MBeanExporter ist der Schlüssel zur JMX-ifizierung von Beans in Spring. Der MBean-Exporter ist eine Bean, die eine oder mehr durch Spring gemanagte Beans als Model-MBeans in einen *MBean-Server* exportiert. Dieser MBean-Server (manchmal auch unter dem Namen *MBean-Agent* bekannt) ist ein Container, in dem sich MBeans befinden und über den auf die MBeans zugegriffen werden kann.

Wie Abbildung 13.1 zeigt, kann ein auf JMX basierendes Management-Tool wie JConsole oder VisualVM durch den Export von Spring-Beans als JMX-MBeans unter die Haube der laufenden Anwendung schauen, um die Eigenschaften der Beans zu sehen und deren Methoden aufzurufen.

Die folgende <bean> deklariert in Spring eine MBeanExporter-Bean, um die Bean homeController als Model-MBean zu exportieren:

```
<bean id="mbeanExporter"
  class="org.springframework.jmx.export.MBeanExporter">
  <property name="beans">
    <map>
      <entry key="spitter:name=HomeController"
             value-ref="homeController"/>
    </map>
  </property>
</bean>
```

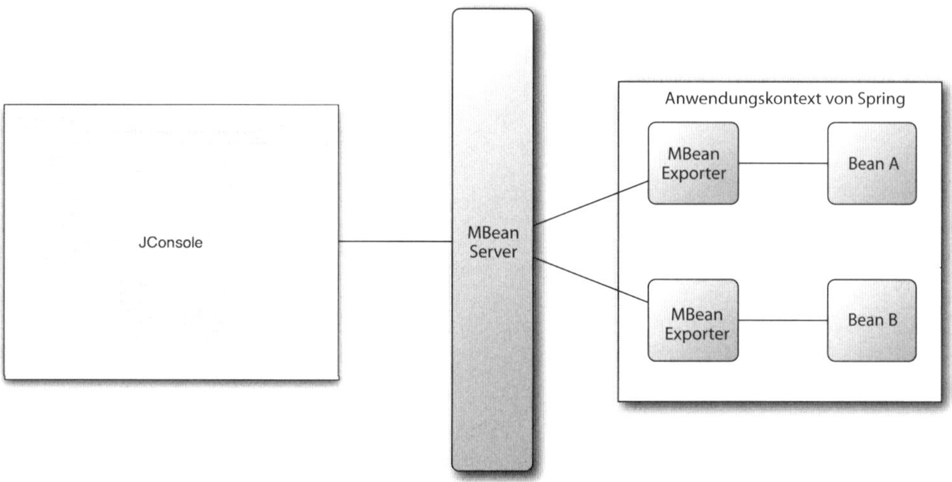

ABBILDUNG 13.1 Der `MBeanExporter` von Spring exportiert Methoden und Eigenschaften von Spring-Beans als JMX-Attribute und -Operationen in einen MBean-Server. Von dort aus kann dann ein JMX-Management-Tool wie JConsole in die laufende Anwendung schauen.

In seiner einfachsten Form kann der `MBeanExporter` über seine `beans`-Eigenschaft mit einer `Map` mit einer oder mehreren Beans, die als Model-MBean über JMX zur Verfügung stehen sollen, konfiguriert werden. Der `key` von jedem `<entry>` ist der an die MBean übergebene Name, der aus einem Management-Domänennamen sowie einem Schlüssel/Wert-Tupel besteht – `spitter:name=HomeController` im Falle der `HomeController`-MBean. Der Wert von `entry` ist ein Verweis auf die von Spring verwaltete, zu exportierende Bean. Hier exportieren wir die Bean `homeController`, damit sich ihre Eigenschaften zur Laufzeit über JMX verwalten lassen.

Woher kommt der MBean-Server?

In der obigen Konfiguration geht `MBeanExporter` davon aus, dass er innerhalb eines Anwendungsservers (wie Tomcat oder JBoss) läuft, der einen MBean-Server bereitstellt. Doch wenn Ihre Spring-Anwendung als Stand-alone oder in einem Container läuft, der keine MBean-Server bietet, sollten Sie einen MBean-Server im Spring-Kontext konfigurieren: Das Element `<context:mbean-server>` kümmert sich um diese Aufgabe:

```
<context:mbean-server />
```

`<context:mbean-server>` erstellt einen MBean-Server als Bean im Spring-Anwendungskontext. Standardmäßig ist die ID dieser Bean `mbeanServer`. Mit diesem Wissen ausgestattet, können Sie die Bean in die `server` Eigenschaft von `MBeanExporter` integrieren, um anzugeben, welcher MBean-Server eine MBean bereitstellt:

```
<bean id="mbeanExporter"
      class="org.springframework.jmx.export.MBeanExporter">
  <property name="beans">
```

```
      <map>
        <entry key="spitter:name=HomeController"
               value-ref="homeController"/>
      </map>
    </property>

    <property name="server" ref="mbeanServer" />
  </bean>
```

Der MBeanExporter ist nun an Ort und Stelle, und die homeController-Bean wird als Model-MBean auf den MBean-Server exportiert, wo sie unter dem Namen HomeController verwaltet wird. Abbildung 13.2 zeigt, wie die homeController-MBean aussieht, wenn wir sie in JConsole betrachten.

Wie Sie Abbildung 13.2 entnehmen können, werden alle public-Methoden und -Eigenschaften der homeController-Bean als MBean-Operationen und -Attribute exportiert. Das ist wahrscheinlich nicht erwünscht. Eigentlich wollen wir nur die Eigenschaft spittlesPerPage konfigurieren und weder die showHomePage()-Method aufrufen, noch mit irgendeinem anderen Teil von HomeController herumspielen. Stattdessen brauchen wir einen Plan, der es uns ermöglicht, all jene Attribute und Operatoren zu bestimmen, die verfügbar sein sollen.

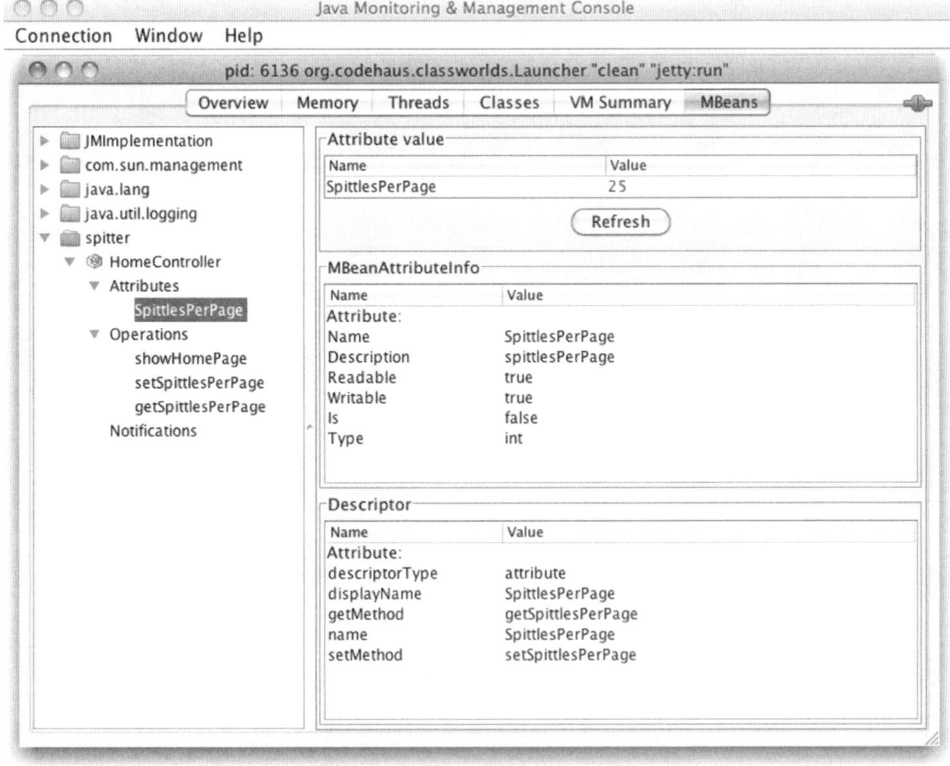

ABBILDUNG 13.2 HomeController als MBean exportiert aus der Sicht von JConsole

Spring bietet uns einige Optionen für die genauere Steuerung der Attribute und Operationen einer MBean. Dazu gehören:

- Bean-Methoden deklarieren, die namentlich bereitgestellt/ignoriert werden
- der Bean eine Schnittstelle voranstellen, um die bereitzustellenden Methoden zu wählen
- Annotierung der Bean, um die verwalteten Attribute und Operationen zu bestimmen

Wir wollen diese Optionen ausprobieren, um zu erfahren, welche für unsere HomeController-MBean am besten geeignet ist. Wir beginnen mit der Auswahl der namentlich bereitgestellten Bean-Methoden.

13.1.1 Methoden über den Namen bereitstellen

Der Schlüssel zur Beschränkung der in eine MBean exportierten Operationen und Attribute ist ein *MBean Info-Assembler*. MethodNameBasedMBeanInfoAssembler stellt einen solchen MBean-Info-Assembler dar. Dem Assembler wird eine Liste der Namen und Methoden übergeben, die als MBean-Operationen zu exportieren sind. Im Falle der HomeController-Bean wollen wir spittlesPerPage als verwaltetes Attribut exportieren. Wie kann ein Assembler, der auf den Methodennamen basiert, uns helfen, ein verwaltetes Attribut zu exportieren?

Wie Sie sich sicherlich noch erinnern, bestimmen die JavaBean-Regeln (nicht zwangsläufig die Spring-Bean-Regeln), dass spittlesPerPage eine Eigenschaft sein muss, weil sie über entsprechende Accessor-Methodennamen verfügt (setSpittlesPerPage() und getSpittlesPerPage()). Um die Exponiertheit der MBean zu begrenzen, müssen wir den MethodNameBasedMBeanInfoAssembler anweisen, nur diese Methoden in die Schnittstelle der MBean aufzunehmen. Die folgende Deklaration einer MethodNameBasedMBeanInfoAssembler-Bean zielt auf diese Methoden:

```
<bean id="assembler"
        class="org.springframework.jmx.export.assembler.
        ➥ MethodNameBasedMBeanInfoAssembler"
        p:managedMethods="getSpittlesPerPage,setSpittlesPerPage" />
```

Die Eigenschaft managedMethods erwartet eine Liste mit Methodennamen. Dabei handelt es sich um die als verwaltete Operationen der MBean bereitzustellenden Methoden. Weil diese Methoden Eigenschafts-Accessor-Methoden sind, führen sie zu einem verwalteten Attribut der MBean namens spittlesPerPage.

Um den Assembler zu realisieren, müssen wir ihn in den MBeanExporter integrieren:

```
<bean id="mbeanExporter"
      class="org.springframework.jmx.export.MBeanExporter">
  <property name="beans">
    <map>
      <entry key="spitter:name=HomeController"
             value-ref="homeController"/>
    </map>
  </property>

  <property name="server" ref="mbeanServer" />
</bean>
```

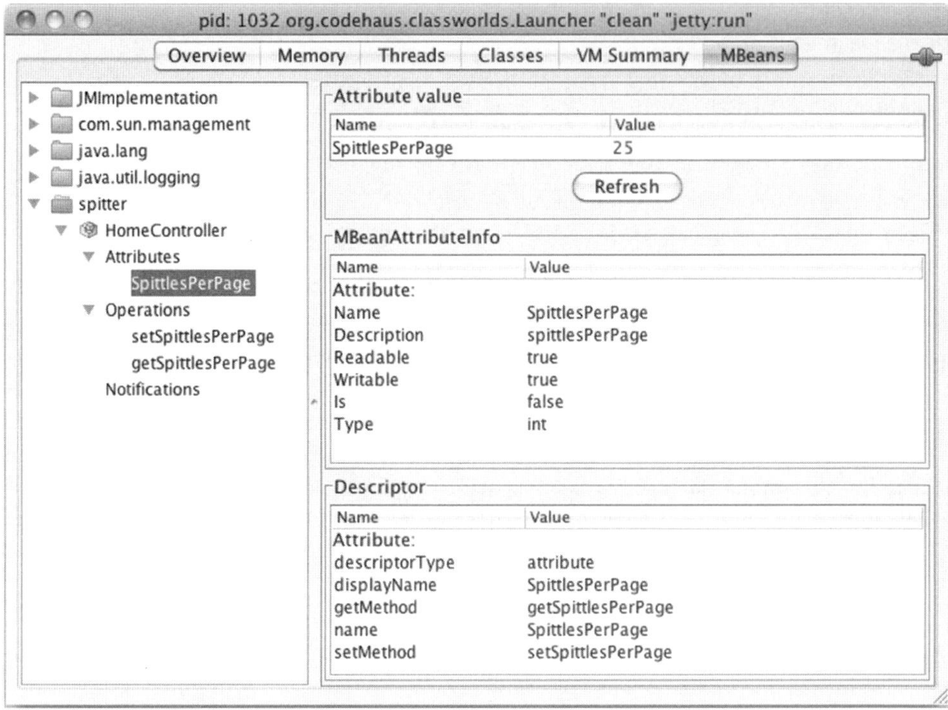

ABBILDUNG 13.3 Nachdem wir spezifiziert haben, welche Methoden `HomeController`-MBean exportiert, ist die Methode `showHomePage()` keine verwaltete Operation mehr.

Wenn wir nun die Anwendung starten, steht das `HomeController`-Attribut `spittlesPerPage` als verwaltetes Attribut zur Verfügung, aber die Methode `showHomePage()` wird nicht als verwaltete Operation exportiert. Abbildung 13.3 zeigt Ihnen, wie sich das aus Sicht von JConsole darstellt.

Ein weiterer auf Methodennamen basierender Assembler, den wir berücksichtigen wollen, ist `MethodExclusionMBeanInfoAssembler`. Dieser MBean-Info-Assembler ist das Gegenteil von `MethodNameBasedMBeanInfoAssembler`. Anstatt die Methoden anzugeben, die als verwaltete Operationen exportiert werden sollen, übergeben wir `MethodExclusionMBeanInfoAssembler` eine Liste der Methoden, die *nicht* als verwaltete Operationen exportiert werden sollen. So benutzen wir `MethodExclusionMBeanInfoAssembler`, um `showHomePage()` als verwaltete Operation auszuschließen:

```
<bean id="assembler"
        class="org.springframework.jmx.export.assembler.
    ➥ MethodNameBasedMBeanInfoAssembler"
        p:managedMethods="getSpittlesPerPage,setSpittlesPerPage" />
```

Assembler auf Basis von Methodennamen sind einfach und leicht zu nutzen. Können Sie sich aber vorstellen, was passieren würde, wenn wir mehrere Spring-Beans als MBeans exportieren? Irgendwann hätten wir eine riesige Liste von Methodennamen, die wir dem Assembler übergeben müssten. Außerdem besteht die Möglichkeit, dass wir zwar eine Methode aus einer Bean, die gleichnamige Methode aus einer anderen Bean aber nicht exportieren wollen.

Wenn es um die Spring-Konfiguration geht, müssen wir konstatieren, dass der Ansatz über Methodennamen nicht sonderlich skalierbar ist, wenn mehrere MBeans exportiert werden sollen. Schauen wir zunächst, ob die Nutzung von Schnittstellen zum Exportieren von MBean-Operationen und Attributen die Aufgabe vereinfacht.

13.1.2 Über Interfaces, die Operationen und Attribute von MBeans definieren

InterfaceBasedMBeanInfoAssembler von Spring ist ein weiterer MBean-Info-Assembler. Mit seiner Hilfe kann der Programmierer ein Interface definieren, um zu bestimmen, welche Bean-Methoden als MBean-verwaltete Operation zu exportieren sind. Der Assembler ähnelt den Methodennamen-basierten Assemblern, nur dass man – statt die Namen der zu exportierenden Methoden aufzulisten – die Interfaces aufführen muss, die die zu exportierenden Methoden definieren.

Nehmen wir beispielsweise an, Sie wollten ein Interface namens HomeControllerManaged-Operations wie folgt definieren:

```
package com.habuma.spitter.jmx;

public interface HomeControllerManagedOperations {
  int getSpittlesPerPage();
  void setSpittlesPerPage(int spittlesPerPage);
}
```

An dieser Stelle haben Sie die Methoden setSpittlesPerPage() und getSpittlesPerPage als jene Operationen gewählt, die Sie exportieren wollen. Auch hier werden die Accessor-Methoden die Eigenschaft spittlesPerPage indirekt als verwaltetes Attribut exportieren. Um diesen Assembler zu nutzen, müssen Sie lediglich die folgende assembler-Bean ansprechen, statt der Methodennamen-basierten Assembler von vorhin:

```
<bean id="assembler"
        class="org.springframework.jmx.export.assembler.
      ➥ InterfaceBasedMBeanInfoAssembler"
  p:managedInterfaces=
                "com.habuma.spitter.jmx.HomeControllerManagedOperations"
/>
```

Die Eigenschaft managedInterfaces erwartet eine Liste mit einem Interface oder gleich mehrere, die als Schnittstellen für die MBean-verwaltete Operation dienen – in diesem Fall handelt es sich um das Interface HomeControllerManagedOperations.

Vielleicht nicht offensichtlich, aber sicherlich spannend ist die Tatsache, dass HomeController HomeControllerManagedOperations nicht explizit implementieren muss. Das Interface ist für den Exporter bestimmt, muss aber nicht direkt in unserem Code implementiert werden.

Das Schöne am Einsatz von Interfaces zur Auswahl verwalteter Operationen ist die Tatsache, dass wir Dutzende Methoden mit einigen Interfaces sammeln und die Konfiguration von InterfaceBasedMBeanInfoAssembler sauber halten können. Das ist ein riesiger Schritt nach vorne, wenn wir die gesamte Spring-Konfiguration aufgeräumt halten wollen (obwohl wir mehrere MBeans exportieren).

Letztendlich müssen diese verwalteten Operationen irgendwo deklariert werden, ob in der Spring-Konfiguration oder irgendeinem Interface. Darüber hinaus stellt die Deklaration der verwalteten Operationen eine Duplizierung des Codes dar – Methodennamen, die in einem Interface oder im Spring-Kontext deklariert werden, und Methodennamen in der Implementierung. Diese Duplizierung dient keinem anderen Zweck, als den `MBeanExporter` zufriedenzustellen.

Java-Annotationen machen sich bei der Vermeidung doppelter Arbeit nützlich. Sehen wir uns an, wie eine von Spring verwaltete Bean annotiert werden kann, sodass wir sie als MBean exportieren können.

13.1.3 Die Arbeit mit von Annotierungen gesteuerten MBeans

Neben den MBean-Info-Assemblern, die wir bisher gesehen haben, bietet Spring einen weiteren Assembler namens `MetadataMBeanInfoAssembler`, der sich für die Nutzung von Annotierungen konfigurieren lässt, um Bean-Methoden als verwaltete Operationen und Attribute zu bestimmen. Ich könnte Ihnen zwar zeigen, wie Sie diesen Assembler verwenden, aber ich streike. Das kommt daher, dass die manuelle Integration sehr mühsam ist – die Mühe lohnt sich nicht, nur um Annotierungen nutzen zu können.

Stattdessen zeige ich Ihnen, wie Sie das Element `<context:mbean-export>` aus dem Konfigurationsnamensraum `context` von Spring verwenden. Dieses nützliche Element verschaltet einen MBean-Exporter mit allen passenden Assemblern, um durch Annotierung gesteuerte MBeans in Spring zu unterstützen. Dafür brauchen Sie nur dieses Element anzusprechen statt der `MBeanExporter`-Bean, die wir bisher genutzt haben:

```
<context:mbean-export server="mbeanServer" />
```

Um eine beliebige Spring-Bean in eine MBean zu verwandeln, müssen wir sie lediglich mit `@ManagedResource` annotieren und ihre Methoden dann mit `@ManagedOperation` oder `@ManagedAttribute`. Hier ein Beispiel, wie Sie `HomeController` mit Annotierungen modifizieren, um den Export als MBean zu ermöglichen.

LISTING 13.1 Annotieren von `HomeController` als MBean

```
package com.habuma.spitter.mvc;
import java.util.Map;
import org.springframework.beans.factory.annotation.Autowired;
import org.springframework.jmx.export.annotation.ManagedAttribute;
import org.springframework.jmx.export.annotation.ManagedResource;
import org.springframework.stereotype.Controller;
import org.springframework.web.bind.annotation.RequestMapping;
import com.habuma.spitter.service.SpitterService;
@Controller
@ManagedResource(objectName="spitter:name=HomeController") //   ◂ HomeController
public class HomeController {                                      als MBean exportieren
  ...
```

```
  @ManagedAttribute    //   ◂ spittlesPerPage als gemanagtes Attribut verfügbar machen
  public void setSpittlesPerPage(int spittlesPerPage) {
    this.spittlesPerPage = spittlesPerPage;
  }
  @ManagedAttribute    //   ◂ spittlesPerPage als gemanagtes Attribut verfügbar machen
  public int getSpittlesPerPage() {
    return spittlesPerPage;
  }
}
```

Die Annotierung `@ManagedResource` wird auf Klassenebene angewandt, um zu zeigen, dass diese Bean als MBean zu exportieren ist. Das Attribut `objectName` verweist auf die Domäne (`spitter`) und den Namen (`HomeController`) der MBean.

Die Accessor-Methoden für die Eigenschaft `spittlesPerPage` sind beide mit `@ManagedAttribute` annotiert, um anzugeben, dass die Eigenschaft als verwaltetes Attribut zu exportieren ist. Beachten Sie, dass es nicht zwingend erforderlich ist, beide Accessor-Methoden zu annotieren. Wenn Sie nur die Methode `setSpittlesPerPage()` annotieren, werden Sie die Eigenschaft weiterhin über JMX setzen können, aber den Wert nicht mehr sehen. Umgekehrt führt die Annotierung von `getSpittlesPerPage()` dazu, dass man deren Werte der Eigenschaft als Nur-Lese-JMX betrachten kann.

Beachten Sie außerdem, dass es möglich ist, die Accessor-Methoden mit `@ManagedOperation` statt mit `@ManagedAttribute` zu annotieren. Zum Beispiel:

```
@ManagedOperation
public void setSpittlesPerPage(int spittlesPerPage) {
  this.spittlesPerPage = spittlesPerPage;
}

@ManagedOperation
public int getSpittlesPerPage() {
  return spittlesPerPage;
}
```

Damit werden die Methoden über JMX exportiert, aber nicht die Eigenschaft `spittlesPerPage` als verwaltetes Attribut. Das lässt sich damit erklären, dass die mit `@ManagedOperation` annotierten Methoden strikt als Methoden und nicht als JavaBean-Accessors behandelt werden, wenn es darum geht, die Funktionalität von MBean zu exponieren. Daher sollte `@ManagedOperation` ausschließlich dafür eingesetzt werden, Methoden als MBean-Operationen zu exportieren; beim Export von verwalteten Attributen kommt `@ManagedAttribute` zum Einsatz.

13.1.4 Der Umgang mit MBean-Kollisionen

Sie haben nun erfahren, wie man eine MBean durch verschiedene Ansätze in einem MBean-Server veröffentlicht. In allen Fällen haben wir dem MBean einen Objektnamen gegeben, der aus einem verwalteten Domain-Namen und einem Schlüssel-Wert-Paar besteht. Wenn wir davon ausgehen, dass noch keine MBean unter dem von uns angegebenen Namen veröffentlicht wurde, sollten wir bei der Veröffentlichung dieser MBean keine Probleme haben. Doch was passiert, wenn es eine Namenskollision gibt?

Als Default wird MBeanExporter eine InstanceAlreadyExistsException auslösen, wenn Sie versuchen, eine MBean zu exportieren, die den gleichen Namen hat wie eine, die sich bereits im MBean-Server befindetSie können dieses Verhalten aber ändern, indem Sie vorgeben, wie mit der Kollision umzugehen ist: Dazu nutzt man die Eigenschaft registrationBehaviorName des MBeanExporters oder das Attribut registration von <context:mbean-export>.

Es gibt drei Methoden für den Umgang mit einer MBean-Namenskollision:

- Fehler, falls eine bestehende MBean gleichen Namens existiert (Standardverhalten)
- Die Kollision ignorieren und die neue MBean nicht registrieren
- Die vorhandene MBean durch die neue ersetzen

Wenn Sie beispielsweise MBeanExporter nutzen, können Sie den Exporter durch Setzen der Eigenschaft registrationBehaviorName gleich REGISTRATION_IGNORE_EXISTING wie folgt für das Ignorieren von Kollisionen konfigurieren:

```
<bean id="mbeanExporter"
   class="org.springframework.jmx.export.MBeanExporter">
  <property name="beans">
    <map>
      <entry key="spitter:name=HomeController"
             value-ref="homeController"/>
    </map>
  </property>
  <property name="server" ref="mbeanServer" />

  <property name="assembler" ref="assembler"/>
  <property name="registrationBehaviorName"
            value="REGISTRATION_IGNORE_EXISTING" />
</bean>
```

Die Eigenschaft registrationBehaviorName erwartet REGISTRATION_FAIL_ON_EXISTING, REGISTRATION_IGNORE_EXISTING oder REGISTRATION_REPLACING_EXISTING, die für die drei verfügbaren Verhaltensweisen der Kollisionshandhabung stehen.

Wenn Sie <context:mbean-export> für den Export annotierter MBeans nutzen, verwenden Sie das Attribut registration, um das Verhalten im Kollisionsfall zu definieren. Zum Beispiel:

```
<context:mbean-export server="mbeanServer"
    registration="replaceExisting"/>
```

Das Attribut registration erwartet failOnExisting, ignoreExisting oder replaceExisting.

Nachdem wir die MBeans nun über MBeanExporter registriert haben, brauchen wir einen Weg, um für die Verwaltung darauf zugreifen zu können. Wie Sie bereits gesehen haben, können wir mithilfe von Tools wie JConsole auf einen lokalen MBean-Server zugreifen, um MBeans zu sehen und zu manipulieren. Aber ein Tool wie JConsole ist nicht für die programmatische Handhabung von MBeans konzipiert. Wie können wir die MBeans in einer Anwendung von einer anderen Anwendung aus manipulieren? Zum Glück gibt es noch eine andere Möglichkeit für den Zugriff auf MBeans als entfernte Objekte. Wir wollen untersuchen, wie Springs Support für Remote-MBeans uns in die Lage versetzt, über eine Remote-Schnittstelle standardisiert auf unsere MBeans zuzugreifen.

13.2 Remoting von MBeans

Obwohl sich die ursprüngliche JMX-Spezifikation auf das Remote-Management von Anwendungen über MBeans bezieht, hat sie das eigentliche Remoting-Protokoll oder API nicht definiert. Konsequenterweise fiel es dann den JMX-Herstellern zu, eigene – oft proprietäre – Remoting-Lösungen zu finden.

Als Reaktion auf den Bedarf eines Standards für Remote-JMX produzierte der Java Community Process die Spezifikation *JSR-160* für die Java Management Extensions (JMX) Remote API. Diese Spezifikation definiert einen Standard für das JMX-Remoting, was als Minimum ein RMI-Binding und optional das *JMX Messaging Protocol (JMXMP)* erfordert.

In diesem Abschnitt erfahren wir, wie Spring Remote-MBeans ermöglicht. Wir beginnen mit der Konfiguration von Spring, um unsere `HomeController`-MBean als Remote-MBean zu exportieren. Anschließend erfahren Sie, wie man Spring für die Remote-Verwaltung dieser MBean einsetzt.

13.2.1 Exportieren von Remote-MBeans

Wenn MBeans als entfernte Objekte verfügbar sein sollten, konfiguriert man am einfachsten die `ConnectorServerFactoryBean` von Spring:

```
<bean class=
    "org.springframework.jmx.support.ConnectorServerFactoryBean" />
```

`ConnectorServerFactoryBean` erstellt und startet einen JSR-160 `JMXConnectorServer`. Standardmäßig lauscht der Server auf Port 9875 nach dem JMXMP-Protokoll – daher ist er an den `service:jmx:jmxmp://localhost:9875` gebunden. Aber JMXMP ist nicht unsere einzige Option für das Exportieren von MBeans.

Je nach JMX-Implementierung können Sie unter Umständen zwischen verschiedenen Remoting-Protokollen wählen, z. B. RMI, SOAP, Hessian/Burlap und sogar IIOP. Um eine andere Remote-Bindung für unsere MBeans zu spezifizieren, müssen wir lediglich die Eigenschaft `serviceUrl` von `ConnectorServerFactoryBean` setzen. Wenn wir beispielsweise RMI zum Remoten von MBean verwenden wollen, würden wir `serviceUrl` wie folgt konfigurieren:

```
<bean class="org.springframework.jmx.support.ConnectorServerFactoryBean"
    p:serviceUrl=
        "service:jmx:rmi://localhost/jndi/rmi://localhost:1099/spitter" />
```

In diesem Fall binden wir `serviceUrl` an eine RMI-Registry, die auf Port 1099 von localhost lauscht. Mit anderen Worten: Eine RMI-Registry muss tatsächlich aktiv sein und an diesem Port lauschen. Wie Sie sich aus Kapitel 10 erinnern, kann `RmiServiceExporter` eine RMI-Registry automatisch für Sie starten In diesem Fall nutzen wir `RmiServiceExporter` aber nicht, sodass wir eine RMI-Registry durch Deklarieren einer `RmiRegistryFactoryBean` in Spring mit der folgenden `<bean>`-Deklaration starten müssen:

```
<bean class="org.springframework.remoting.rmi.RmiRegistryFactoryBean"
      p:port="1099" />
```

Und das war's schon! Nun sind die MBeans über RMI verfügbar. Doch das hat wenig Sinn, wenn nie einer über RMI auf die MBeans zugreift. Also nehmen wir uns die Client-Seite des JMX-Remotings vor und schauen, wie eine Remote-MBean in Spring verschaltet wird.

13.2.2 Zugriff auf Remote-MBeans

Für den Zugriff auf einen Remote-MBean-Server muss man eine `MBeanServerConnectionFactoryBean` im Spring-Kontext konfigurieren. Die folgende Bean deklariert eine `MBeanServerConnectionFactoryBean`, über die auf den im vorigen Abschnitt erstellten, RMI-basierten Remote-Server zugegriffen werden kann:

```
<bean id="mBeanServerClient"
    class=
        "org.springframework.jmx.support.MBeanServerConnectionFactoryBean"
    p:serviceUrl=
        "service:jmx:rmi://localhost/jndi/rmi://localhost:1099/spitter"/>
```

Wie der Name schon sagt, handelt es sich bei `MBeanServerConnectionFactoryBean` um eine Factory-Bean, die eine `MBeanServerConnection` erstellt. Die von der `MBeanServerConnectionFactoryBean` produzierte `MBeanServerConnection` dient als lokaler Proxy für den entfernten MBean-Server. Sie lässt sich wie jede andere Bean mit einer Bean-Eigenschaft verschalten:

```
<bean id="jmxClient" class="com.springinaction.jmx.JmxClient">
  <property name="mbeanServerConnection" ref="mBeanServerClient" />
</bean>
```

`MBeanServerConnection` bietet verschiedene Methoden, über die Sie den entfernten MBean-Server abfragen und für die darin enthaltenen MBeans Methoden aufrufen können. Nehmen wir beispielsweise an, dass Sie wissen wollen, wie viele MBeans in diesem entfernten MBean-Server registriert sind. Durch den folgenden Code wird diese Information ausgegeben:

```
int mbeanCount = mbeanServerConnection.getMBeanCount();
System.out.println("There are " + mbeanCount + " MBeans");
```

Und Sie können bei diesem Remote-Server durch die Methode `queryNames()` auch alle MBean-Namen abfragen:

```
java.util.Set mbeanNames = mbeanServerConnection.queryNames(null, null);
```

Die beiden an `queryNames()` übergebenen Parameter werden genutzt, um die Ergebnisse zu verfeinern. Weil für beide Parameter `null` übergeben wird, fragen wir die Namen aller registrierten MBeans ab.

Es macht zwar Spaß, den Remote-MBean-Server die Anzahl und Namen der Beans abzufragen, aber viel Arbeit schafft man damit nicht gerade weg. Der echte Wert des Fernzugriffs auf einen MBean-Server besteht darin, auf Attribute zuzugreifen und Operationen bei den MBeans aufrufen zu können, die auf dem Remote-Server registriert sind.

Für den Zugriff auf MBean-Attribute sollten Sie mit den Methoden `getAttribute()` und `setAttribute()` arbeiten. Um beispielsweise den Wert einer MBean auszulesen, rufen Sie `getAttribute()` wie folgt auf:

```
String cronExpression = mbeanServerConnection.getAttribute(
    new ObjectName("spitter:name=HomeController"), "spittlesPerPage");
```

Analog dazu können Sie mit der Methode `setAttribute()` den Wert eines MBean-Attributs ändern:

```
mbeanServerConnection.setAttribute(
    new ObjectName("spitter:name=HomeController"),
    new Attribute("spittlesPerPage", 10));
```

Wenn Sie die Operation einer MBean aufrufen wollen, ist die Methode `invoke()` genau passend. So rufen Sie die Methode `setSpittlesPerPage()` für die MBean `HomeController` auf:

```
mbeanServerConnection.invoke(
    new ObjectName("spitter:name=HomeController"),
    "setSpittlesPerPage",
    new Object[] { 100 },
    new String[] {"int"});
```

Und Sie können Dutzende anderer schöner Dinge mit Remote-MBeans anstellen, indem Sie die in `MBeanServerConnection` verfügbaren Methoden einsetzen. Erforschen Sie auf eigene Faust die verschiedenen Möglichkeiten.

Allerdings ist es umständlich, bei Remote-MBeans Methoden aufzurufen und Attribute zu setzen, wenn Sie dazu `MBeanServerConnection` nutzen. Sogar für etwas Einfaches wie das Aufrufen der Methode `setSpittlesPerPage()` müssen Sie `ObjectName` instanziieren und verschiedene andere Parameter an die Methode `invoke()` übergeben. Das ist nicht halbwegs so intuitiv wie der normale Aufruf einer Methode. Für einen direkteren Ansatz braucht die Remote-MBean einen Proxy.

13.2.3 Proxy für MBeans

Die `MBeanProxyFactoryBean` von Spring ist eine Proxy-Factory-Bean der gleichen Art wie die Remoting-Proxy-Factory-Beans, die wir in Kapitel 10 untersucht haben. Doch anstatt den proxybasierten Zugriff auf Remote-Beans zu ermöglichen, können Sie mit `MBeanProxyFactoryBean` direkt auf die entfernten MBeans zugreifen (genau wie bei jeder lokal konfigurierten Bean). Abbildung 13.4 veranschaulicht, wie das funktioniert.

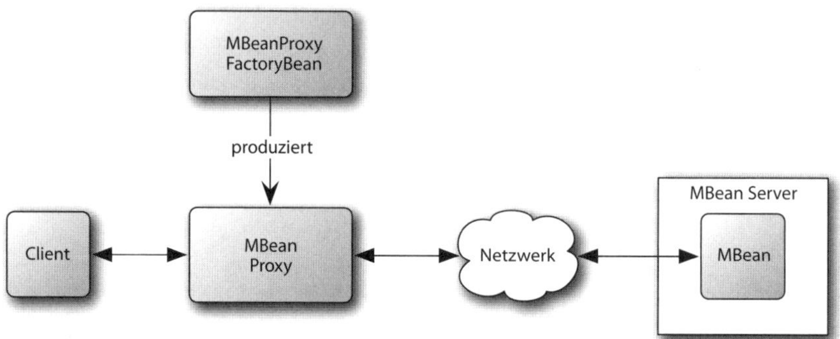

ABBILDUNG 13.4 `MBeanProxyFactoryBean` produziert einen Proxy für eine entfernte MBean. Der Client des Proxys kann dann mit der entfernten MBean interagieren, so als wäre sie ein lokal konfiguriertes POJO.

Betrachten Sie beispielsweise die folgende Deklaration der `MBeanProxyFactoryBean`:

```
<bean id="remoteHomeControllerMBean"
      class="org.springframework.jmx.access.MBeanProxyFactoryBean"
      p:objectName="spitter:name=HomeController"
      p:server-ref="mBeanServerClient"
      p:proxyInterface=
        "com.habuma.spitter.jmx.HomeControllerManagedOperations" />
```

Die Eigenschaft `objectName` gibt den Objektnamen der entfernten MBean an, die lokal einen Proxy bekommen soll. Hier bezieht sie sich auf die MBean `HomeController`, die weiter oben exportiert wurde.

Die `server`-Eigenschaft bezieht sich auf eine `MBeanServerConnection`, durch die die gesamte Kommunikation mit der MBean geroutet wird. An dieser Stelle haben wir die `MBeanServerConnectionFactoryBean` integriert, die weiter oben konfiguriert wurde.

Schließlich gibt die Eigenschaft `proxyInterface` das vom Proxy implementierte Interface an. In diesem Fall werden wir die gleiche `HomeControllerManagedOperations`-Schnittstelle verwenden, die in Abschnitt 13.1.2 definiert wurde.

Nachdem wir die Bean `remoteHomeControllerMBean` deklariert haben, können wir sie nun direkt mit jeder Bean-Eigenschaft verknüpfen, deren Typ `HomeControllerManagedOperations` lautet, und sie für den Zugriff auf die Remote-MBean verwenden. Von dort aus werden wir in der Lage sein, die Methoden `setSpittlesPerPage()` und `getSpittlesPerPage()` aufzurufen.

Sie haben nun verschiedene Wege kennengelernt, um mit MBeans zu kommunizieren, und können die Bean-Konfiguration in Spring anschauen und bearbeiten, selbst während die Anwendung läuft. Bislang ist das jedoch eine einseitige Konversation. Sie haben mit MBeans gesprochen, die aber sozusagen nicht zu Wort gekommen sind. Nun ist es an der Zeit, zu erfahren, was die Beans uns mitteilen wollen, indem wir auf Benachrichtigungen lauschen.

13.3 Der Umgang mit Benachrichtigungen

Eine MBean nach Informationen abzufragen, ist nur eine der Möglichkeiten, den Zustand einer Anwendung zu überwachen – aber nicht die effektivste, um mit wichtigen Ereignissen innerhalb der Anwendung auf dem Laufenden zu bleiben.

Nehmen wir beispielsweise an, die Spitter-Anwendung zählt, wie viele Spittles gepostet wurden. Und nehmen wir außerdem an, Sie wollen jedes Mal benachrichtigt werden, wenn der Zähler um eine Million Spittles gestiegen ist (für den einmillionsten, zweimillionsten, dreimillionsten Spittle usw.). Dazu könnte man Code schreiben, der die Datenbank periodisch abfragt und die Anzahl der Spittles ermittelt. Allerdings würde der zuständige Prozess sowohl sich selbst als auch die Datenbank auslasten, wenn er ständig die Spittles zählt.

Anstatt die Datenbank wiederholt nach diesen Informationen zu fragen, wäre ein Ansatz, bei dem eine MBean Sie über dieses bedeutende Ereignis benachrichtigt, sicherlich sinnvoller. Die JMX-Benachrichtigungen (siehe Abbildung 13.5) sind eine Möglichkeit, wie MBeans von sich aus mit der Außenwelt kommunizieren können, anstatt darauf zu warten, dass eine externe Anwendung sie abfragt.

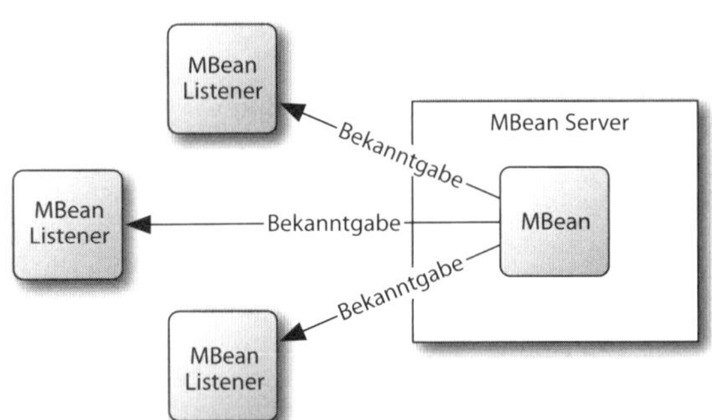

ABBILDUNG 13.5 Durch JMX-Benachrichtigungen können MBeans aktiv mit der Außenwelt kommunizieren.

Spring ermöglicht das Senden von Benachrichtigungen in Form des `NotificationPublisherAware`-Interfaces. Jede Bean, die in eine MBean verwandelt wurde und Benachrichtigungen senden will, sollte dieses Interface implementieren. Denken wir beispielsweise an `SpittleNotifierImpl`.

LISTING 13.2 Mit einem `NotificationPublisher` JMX-Benachrichtigungen versenden

```
package com.habuma.spitter.jmx;
import javax.management.Notification;
import org.springframework.jmx.export.annotation.ManagedNotification;
import org.springframework.jmx.export.annotation.ManagedResource;
import org.springframework.jmx.export.notification.NotificationPublisher;
import org.springframework.jmx.export.notification.NotificationPublisherAware;
import org.springframework.stereotype.Component;
@Component
@ManagedResource("spitter:name=SpitterNotifier")
@ManagedNotification(
```

```
        notificationTypes="SpittleNotifier.OneMillionSpittles",
        name="TODO")
public class SpittleNotifierImpl                              NotificationPublisherAware
    implements NotificationPublisherAware, SpittleNotifier {   ◂ implementieren
  private NotificationPublisher notificationPublisher;
  public void setNotificationPublisher(    ◂ NotificationPublisher injizieren
          NotificationPublisher notificationPublisher) {
    this.notificationPublisher = notificationPublisher;
  }
  public void millionthSpittlePosted() {
    notificationPublisher.sendNotification(    ◂ Notification versenden
            new Notification(
                    "SpittleNotifier.OneMillionSpittles", this, 0));
  }
}
```

Wie Sie sehen, implementiert `SpittleNotifierImpl` `NotificationPublisherAware`. Die Schnittstelle stellt keine besondere Herausforderung dar. Man muss lediglich eine einzige Methode implementieren: `setNotificationPublisher`.

`SpittleNotifierImpl` implementiert auch eine einzige Methode aus der Schnittstelle `SpittleNotifier`,[1] `millionthSpittlePosted()`. Diese Methode verlässt sich auf den `NotificationPublisher`, der automatisch über die Methode `setNotificationPublisher()` injiziert wird, um eine Nachricht zu versenden, dass eine weitere Million Spittles gepostet wurden.

Wenn die Methode `sendNotification()` aufgerufen wird, bringt sie die Benachrichtigung auf ihren Weg nach ... hm, wir haben ja noch gar nicht festgelegt, wer die Benachrichtigung erhalten soll. Also muss ein Listener eingerichtet werden, der auf sie lauscht und reagiert.

13.3.1 Auf Benachrichtigungen lauschen

Die Standardmethode für den Empfang von MBean-Benachrichtigungen ist die Implementierung der `javax.management.NotificationListener`-Schnittstelle. Sehen Sie sich beispielsweise `PagingNotificationListener` an:

```
package com.habuma.spitter.jmx;
import javax.management.Notification;
import javax.management.NotificationListener;
public class PagingNotificationListener implements NotificationListener {
  public void handleNotification(Notification notification,
                                 Object handback) {
     // ...
  }
}
```

[1] Aus Gründen der Vereinfachung übergehen wir die Schnittstelle `SpittleNotifier`. Wie Sie sich aber vorstellen können, umfasst sie nur eine Methode: `millionthSpittlePosted`.

PagingNotificationListener ist ein typischer JMX-Listener für Benachrichtigungen. Bei Empfang einer Benachrichtigung wird die Methode handleNotification() aufgerufen, um darauf zu reagieren. Wahrscheinlich wird die Methode handleNotification() des PagingNotificationListeners eine Nachricht über die Veröffentlichung einer weiteren Million Spittles an einen Pager oder ein Handy schicken. (Die eigentliche Implementierung überlasse ich der Fantasie des Lesers.)

Nun muss der PagingNotificationListener nur noch beim MBeanExporter registriert werden:

```
<bean class="org.springframework.jmx.export.MBeanExporter">
  ...
  <property name="notificationListenerMappings">
    <map>
      <entry key="Spitter:name=PagingNotificationListener">
        <bean class="com.habuma.spitter.jmx.PagingNotificationListener" />
      </entry>
    </map>
  </property>
</bean>
```

Über die Eigenschaft notificationListenerMappings des MBeanExporters werden die Listener für Benachrichtigungen auf die MBeans gemappt, auf die sie lauschen werden. In diesem Fall haben wir PagingNotificationListener dafür konfiguriert, nach allen Benachrichtigungen zu lauschen, die die MBean SpittleNotifier herausgibt.

13.4 Zusammenfassung

Mit JMX können Sie unter die Haube Ihrer Anwendung schauen. In diesem Kapitel lernten Sie, Spring für den automatischen Export von Spring-Beans als JMX-MBeans zu konfigurieren, und die Details mithilfe JMX-fähiger Managementtools zu betrachten und zu manipulieren. Außerdem erfuhren Sie, wie man Remote-MBeans erstellt und nutzt – für all jene Fälle, in denen die MBeans und die Tools nicht an der gleichen Stelle liegen. Zum Schluss ging es darum, wie man Spring zum Veröffentlichen und zum Lauschen nach JMX-Benachrichtigungen einsetzt.

Bevor wir das Ende unserer Reise durch Spring erreichen, steuern wir noch – in aller Kürze – einige Nebenhaltestellen an. Im nächsten Kapitel untersuchen wir mehrere Spring-Features, die nützlich sind und in unserem Buch noch nicht vorkamen. Bei dieser Gelegenheit erfahren Sie, wie Sie Spring für den Zugriff auf Objekte in JNDI, das Versenden von E-Mails sowie für die Zeitplanung von Aufgaben nutzen.

14 Krimskrams

Dieses Kapitel behandelt die folgenden Themen:

- Die Konfiguration auslagern
- Verschalten von JNDI-Ressourcen in Spring
- Versenden von E-Mail-Nachrichten
- Zeitplanung für Tasks
- Asynchrone Methoden

In vielen Wohnungen und Häusern (auch in meinem) gibt es eine Schublade für Krimskrams. mit – trotz des Namens – oft sehr praktischen und auch notwendigen Dingen: Schraubendreher, Kulis, Büroklammern und Zweitschlüssel. Eigentlich kein wertloses Zeug, nur findet es woanders keinen Platz.

Wir haben in diesem Buch viele Themen erörtert und die Arbeit mit Spring in vielerlei Hinsicht untersucht. Jedes Thema bekam sein Kapitel. Im Folgenden möchte ich Ihnen einige Tricks mit Spring vorführen, die jedoch nicht genügend Umfang beanspruchen, um ein eigenes Kapitel zu rechtfertigen.

Willkommen in der Krimskramsschublade unseres Buches mit wertvollen Techniken. Wir beschäftigen uns mit der Frage, wie man die Spring-Konfiguration auslagert, Eigenschaftswerte verschlüsselt, mit JNDI-Objekten arbeitet, E-Mails versendet und Methoden so konfiguriert, dass sie im Hintergrund laufen – alles mit Spring.

Als Erstes schauen wir uns an, wie man die Konfiguration der Eigenschaftswerte aus der Spring-Konfiguration herausnimmt und in externen Eigenschaftsdateien ablegt, die man verwalten kann, ohne Applikationen erneut packen und deployen zu müssen.

14.1 Die Konfiguration auslagern

Meistens ist es möglich, Ihre gesamte Anwendung in einer einzigen Bean-Verschaltungsdatei zu konfigurieren. Manchmal kann es jedoch von Vorteil sein, bestimmte Teile dieser Konfiguration in einer separaten Eigenschaftsdatei abzulegen. Ein konfigurationsspezifischer Aspekt, der vielen Anwendungen gemein ist, ist die Konfiguration einer Datenquelle. In Spring könnten Sie mit dem folgenden XML-Code eine Datenquelle in der Bean-Verschaltungsdatei konfigurieren:

```
<bean id="dataSource"
      class="org.springframework.jdbc.datasource.DriverManagerDataSource"
      p:driverClassName="org.hsqldb.jdbcDriver"
      p:url="jdbc:hsqldb:hsql://localhost/spitter/spitter"
      p:username="spitterAdmin"
      p:password="tOps3cr3t" />
```

Wie Sie sehen, ist in dieser Bean-Deklaration alles enthalten, was Sie für den Aufbau der Verbindung mit der Datenbank benötigen. Das hat zwei Konsequenzen:

- Wenn Sie die Datenbank-URL, den Usernamen oder das Passwort verändern, brauchen Sie nur die Spring-Konfigurationsdatei zu bearbeiten. Dann kompilieren Sie die Applikation neu und deployen sie noch einmal.
- Usernamen und Passwort sind sensible Details, die Sie nicht in falsche Hände gelangen lassen sollten.

In solchen Situationen ist es wohl besser, diese Details nicht direkt im Spring-Anwendungskontext zu konfigurieren. Spring bringt eine Reihe von Optionen mit, um die Details der Spring-Konfiguration in Eigenschaftsdateien auszulagern, die man außerhalb der deployten Applikation verwalten kann:

- Die *Property-Placeholder-Konfiguration* ersetzt Platzhaltervariablen, die in Eigenschaftswerten mit Werten aus einer externen Eigenschaftsdatei platziert sind.
- Die *Property-Override-Konfiguration* überschreibt Bean-Eigenschaftswerte mit Werten aus externen Eigenschaftsdateien.

Zusätzlich bietet das Open-Source-Projekt Jasypt[1] alternative Implementierungen dieser Konfiguratoren der Property-Placeholder und der Property-Overrider, die solche Werte aus verschlüsselten Eigenschaftsdateien ziehen können.

Im Folgenden erörtern wir all diese Optionen und beginnen mit der einfachen Property-Placeholder-Konfiguration, die in Spring enthalten ist.

14.1.1 Property-Placeholder ersetzen

In den Versionen vor Spring 2.5 gehörte es zur Konfiguration eines Property-Placeholders bei Spring, dass man `PropertyPlaceholderConfigurer` als `<bean>` in der Spring-Kontextdefinition deklarierte. Obwohl das nicht sonderlich komplex war, ist es durch Spring 2.5 mit dem `<context:property-placeholder>`-Element im `context`-Konfigurationsnamensraum noch einfacher geworden, Nun lässt sich ein Property-Placeholder wie folgt konfigurieren:

```
<context:property-placeholder
    location="classpath:/db.properties" />
```

Hier ist er nun so konfiguriert, dass Eigenschaftswerte aus einer Datei namens db.properties gezogen werden, die sich im root des Klassenpfads befindet. Ebenso einfach könnten auch Konfigurationsdaten aus einer Eigenschaftsdatei im Dateisystem bezogen werden:

1 http://www.jasypt.org

```
<context:property-placeholder
    location="file:///etc/db.properties" />
```

Was die Inhalte dieser Datei angeht: Zumindest wird sie die von der `DriverManagerDataSource` benötigten Eigenschaften enthalten:

```
jdbc.driverClassName=org.hsqldb.jdbcDriver
jdbc.url=jdbc:hsqldb:hsql://localhost/spitter/spitter
jdbc.username=spitterAdmin
jdbc.password=tOps3cr3t
```

Nun können wir die fest kodierten Werte der Spring-Konfiguration durch Platzhaltervariablen ersetzen, die auf den Eigenschaften in db.properties basieren:

```
<bean id="dataSource"
      class="org.springframework.jdbc.datasource.DriverManagerDataSource"
      p:driverClassName="${jdbc.driverClassName}"
      p:url="${jdbc.url}"
      p:username="${jdbc.username}"
      p:password="${jdbc.password}" />
```

Wie dem auch sei: die Power von Property-Placeholdern ist nicht nur auf die Konfiguration von Bean-Eigenschaften in XML beschränkt. Sie können damit auch `@Value`-annotierte Eigenschaften konfigurieren. Wenn Sie z. B. eine Bean haben, die die JDBC-URL benötigt, verwenden Sie den `${jdbc.url}`-Platzhalter wie folgt mit `@Value`:

```
@Value("${jdbc.url}")
String databaseUrl;
```

Außerdem können Sie sogar Platzhaltervariablen in der Eigenschaftsdatei selbst verwenden, indem Sie beispielsweise die `jdbc.url`-Eigenschaft mit Platzhaltervariablen definieren, um dessen Konfiguration aufzuteilen:

```
jdbc.protocol=hsqldb:hsql
db.server=localhost
db.name=spitter
jdbc.url=jdbc:${jdbc.protocol}://${db.server}/${db.name}/${db.name}
```

Hier habe ich die drei Eigenschaften `jdbc.protocol`, `db.server` und `db.name` definiert, dazu noch eine vierte, die anhand der anderen drei die Datenbank-URL konstruiert.

Damit ist im Wesentlichen die Ersetzung der Property-Placeholder in Spring beschrieben. Die Konfigurationsmöglichkeiten von Property-Placeholdern bieten aber noch einiges mehr. Schauen wir uns an, wie man mit Platzhaltervariablen umgeht, wenn dafür keine Eigenschaft definiert ist.

Fehlende Eigenschaften ersetzen

Was würde passieren, wenn die Variable eines Property-Placeholders auf eine Eigenschaft verweist, die noch nicht definiert wurde? Oder, schlimmer noch: wenn das `location`-Attribut auf eine Eigenschaftsdatei zeigt, die nicht existiert?

Tja, dann wird standardmäßig eine Exception geworfen, wenn der Spring-Kontext geladen wird und die Beans erstellt werden. Sie können es aber auch so konfigurieren, dass alles still und leise ohne Störung geschieht, indem Sie die Attribute `ignore-resource-not-found` und `ignore-unresolvable` von `<context:property-placeholder>` setzen:

```
<context:property-placeholder
  location="file:///etc/myconfig.properties"
  ignore-resource-not-found="true"
  ignore-unresolvable="true"
  properties-ref="defaultConfiguration"/>
```

Setzt man die Eigenschaften auf `true`, werden in der Property-Placeholder-Konfiguration Exceptions zurückgehalten, wenn sich die Platzhaltervariable nicht auflösen lässt oder die Eigenschaftsdatei nicht existiert. Stattdessen bleiben die Platzhalter unaufgelöst.

Okay, aber nicht aufgelöste Platzhalter sind doch übel? Immerhin kann man mit `${jdbc.url}` auf keine Datenbank zugreifen. Das ist keine gültige JDBC-URL.

Anstatt nutzlose Platzhaltervariablen zu verschalten, wäre es besser, Standardwerte zu nehmen. Dafür eignet sich das Attribut `properties-ref` bestens.Es wird auf die ID einer `java.util.Properties`-Bean gesetzt, die die standardmäßig verwendeten Eigenschaften enthält. Für unsere Datenbankeigenschaften enthält das folgende `<util:properties>` die Standardwerte zur Datenbankkonfiguration:

```
<util:properties id="defaultConfiguration">
  <prop key="jdbc.url">jdbc:hsqldb:hsql://localhost/spitter/spitter</prop>
  <prop key="jdbc.driverClassName">org.hsqldb.jdbcDriver</prop>
  <prop key="jdbc.username">spitterAdmin</prop>
  <prop key="jdbc.password">t0ps3cr3t</prop>
</util:properties>
```

Wenn nun irgendwelche Platzhaltervariablen in der db.properties-Datei nicht zu finden sind, verwendet man die Standardwerte in der `defaultConfiguration`-Bean.

Platzhaltervariablen aus Systemeigenschaften auflösen

Nun wissen wir, wie man Platzhaltervariablen aus einer Eigenschaftsdatei und einer `<util:properties>`-Definition auflöst. Es ist aber auch möglich, sie aus Systemeigenschaften aufzulösen. Dafür müssen wir nur das Attribut `system-properties-mode` von `<context:property-placeholder>` setzen. Zum Beispiel:

```
<context:property-placeholder
  location="file:///etc/myconfig.properties"
  ignore-resource-not-found="true"
  ignore-unresolvable="true"
  properties-ref="defaultConfiguration"
  system-properties-mode="OVERRIDE"/>
```

Hier wurde `system-properties-mode` auf `OVERRIDE` gesetzt, um anzuzeigen, dass `<context:property-placeholder>` die Systemeigenschaften denen in db.properties oder der Bean `defaultConfiguration` vorziehen sollen. `OVERRIDE` ist nur eine von drei Werten, die das Attribut `system-properties-mode` akzeptiert:

- `FALLBACK` – löst Platzhaltervariablen aus Systemeigenschaften auf, falls sie von der Eigenschaftsdatei nicht aufgelöst werden können.
- `NEVER` – Platzhaltervariablen nie aus Systemeigenschaften auflösen.
- `OVERRIDE` – Systemeigenschaften denen aus einer Eigenschaftsdatei vorziehen.

Standardmäßig versucht `<component:property-placeholder>`, Platzhaltervariablen aus einer Eigenschaftsdatei aufzulösen und auf Systemeigenschaften zurückzugreifen, falls solche verfügbar sind, und zwar anhand des `FALLBACK`-Werts des Attributs `system-properties-mode`.

14.1.2 Eigenschaften überschreiben

Man kann in Spring eine externe Konfiguration auch so vornehmen, dass Eigenschaften von Beans mit jenen aus einer Eigenschaftsdatei überschrieben werden. In diesem Fall werden keine Platzhalter benötigt. Stattdessen werden die Bean-Eigenschaften entweder mit Standardwerten verschaltet oder gar nicht. Wenn eine externe Eigenschaft zu einer Bean-Eigenschaft passt, wird dieser externe Wert verwendet anstatt derjenige, der in Spring explizit verschaltet ist.

Nehmen wir beispielsweise die Bean `dataSource`, so wie sie war, bevor wir von den Property-Placeholdern erfuhren. Hier als Erinnerung: So sah sie mit fest kodierten Werten aus:

```
<bean id="dataSource"
      class="org.springframework.jdbc.datasource.DriverManagerDataSource"
      p:driverClassName="org.hsqldb.jdbcDriver"
      p:url="jdbc:hsqldb:hsql://localhost/spitter/spitter"
      p:username="spitterAdmin"
      p:password="t0ps3cr3t" />
```

Im vorigen Abschnitt habe ich Ihnen gezeigt, wie man Standardwerte anhand von `<util:properties>` zusammen mit der Konfiguration des Property-Placeholders deklariert. Mit einem Property-Overrider können Sie jedoch die Standardwerte in den Bean-Eigenschaften so belassen – der Overrider kümmert sich um den Rest.

Die Konfiguration eines Property-Overriders ist weitgehend mit der eines Property-Placeholders identisch. Der Unterschied besteht darin, dass wir `<context:property-override>` statt `<context:property-placeholder>` nehmen:

```
<context:property-override
    location="classpath:/db.properties" />
```

Damit ein Property-Overrider weiß, welche Eigenschaft aus db.properties zu welcher Bean-Eigenschaft im Spring-Anwendungskontext gehört, müssen Sie die Bean und den Eigenschaftsnamen auf die aus der Eigenschaftsdatei mappen. Abbildung 14.1 veranschaulicht, wie das funktioniert.

Wie Sie sehen, besteht der Eigenschaftsschlüssel in der externen Eigenschaftsdatei aus einer Bean-ID und einem Eigenschaftsnamen, die durch Punkt getrennt sind. Wenn Sie zum Anfang von Abschnitt 14.1 zurückblättern, werden Sie sehen, dass die in db.properties definierten Eigenschaften ähnlich, aber nicht identisch waren. Die Eigenschaften fingen alle mit *jdbc.* an, was nur funktioniert, wenn die `dataSource`-Bean die ID `jdbc` bekäme. Aber die ID lautet `dataSource`, also müssen wir in der Datei db.properties einiges anpassen:

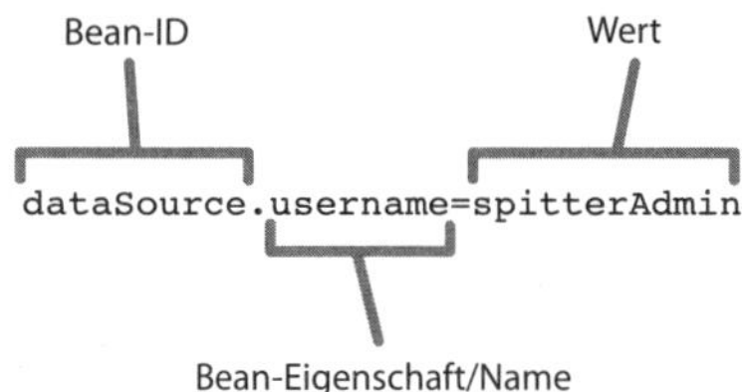

ABBILDUNG 14.1 Ein Property-Overrider stellt fest, welche Bean-Eigenschaften überschrieben werden sollen, indem Schlüssel aus einer Eigenschaftsdatei zu einer Bean-ID und einen Eigenschaftsnamen gemappt werden.

```
dataSource.driverClassName=org.hsqldb.jdbcDriver
dataSource.url=jdbc:hsqldb:hsql://localhost/spitter/spitter
dataSource.username=spitterAdmin
dataSource.password=t0ps3cr3t
```

Nun passen die Schlüssel in db.properties zur `dataSource`-Bean und deren Eigenschaften. Bei fehlender db.properties-Datei kommen die explizit verschalteten Werte in der Spring-Konfiguration ins Spiel. Wenn die Datei existiert und die gerade definierten Eigenschaften enthält, werden diese aber jenen in der Spring-XML-Konfiguration vorgezogen.

Es dürfte Sie auch interessieren, dass `<context:property-override>` mit dem gleichen Satz Attributen konfiguriert werden kann wie `<context:property-placeholder>`. Sie können das so einrichten, dass Eigenschaft aus einer `<util:properties>` oder aus Systemeigenschaften aufgelöst werden.

Nun haben wir zwei Optionen kennengelernt, um Eigenschaftswerte auszulagern. Es sollte einfach sein, die Datenbank-URL oder das Passwort ohne neues Build bzw. Deployen der Applikation zu ändern. Eine Sache bleibt aber noch ungeklärt. Auch wenn sich das Datenbankpasswort nicht mehr in der Spring-Kontextdefinition befindet, liegt es immer noch offen in irgendwelchen Eigenschaftsdateien. Schauen wir uns an, wie man den Property-Placeholder und Property-Overrider von Jasypt konfiguriert, um das in den externen Eigenschaftsdateien gespeicherte Passwort zu verschlüsseln.

14.1.3 Externe Eigenschaften verschlüsseln

Das *Jasypt-Projekt* ist eine wunderbare Bibliothek, die die Verschlüsselung in Java vereinfacht. Was es alles leistet, ist nicht explizites Thema unseres Buches. Nahe verwandt mit der Auslagerung der Konfiguration von Bean-Eigenschaften, enthält Jasypt spezielle Implementierungen des Property-Placeholders und des Property-Overriders von Spring. Diese Implementierungen können Eigenschaften lesen, die in der externen Eigenschaftsdatei verschlüsselt sind.

Wie bereits erwähnt, wurde mit Spring 2.5 der `context`-Namensraum eingeführt und damit auch die Elemente `<context:property-placeholder>` und `<context:property-overrider>`. Vorher musste man `PropertyPlaceholderConfigurer` und `PropertyOverrideConfigurer` als `<bean>`s konfigurieren, um die gleich Funktionalität zu bekommen.

Die Jasypt-Implementierungen des Property-Placeholders und des Property-Overriders haben aktuell keinen besonderen Konfigurationsnamensraum. Somit müssen beide ähnlich wie ihre Gegenstücke aus der Zeit vor Spring 2.5 als `<bean>`-Elemente konfiguriert werden.

Die folgende <bean> konfiguriert beispielsweise einen Property-Placeholder von Jasypt:

```
<bean class=
   "org.jasypt.spring.properties.EncryptablePropertyPlaceholderConfigurer"
   p:location="file:///etc/db.properties">
  <constructor-arg ref="stringEncrypter" />
</bean>
```

Wenn Ihnen ein Property-Overrider besser passt, sorgt diese <bean> bei Ihnen für Wohlgefallen:

```
<bean class=
     "org.jasypt.spring.properties.EncryptablePropertyOverrideConfigurer"
    p:location="file:///etc/db.properties">
  <constructor-arg ref="stringEncrypter" />
</bean>
```

Egal, wofür Sie sich entscheiden, beide müssen mit dem Standort der Eigenschaftsdatei anhand der Eigenschaft `location` konfiguriert werden. Und beide erfordern ein `stringEncryptor`-Objekt als Konstruktorargument.

In Jasypt ist `stringEncryptor` eine Strategieklasse, die sich um die Verschlüsselung von `String`-Werten kümmert. Durch die Konfiguration des Placeholders/Overriders werden mit diesem `stringEncryptor` alle verschlüsselten Werte entschlüsselt, die er in der externen Eigenschaftsdatei findet. Für unsere Zwecke reicht der in Jasypt enthaltene `StandardPBEStringEncryptor` völlig aus:

```
<bean id="stringEncrypter"
      class="org.jasypt.encryption.pbe.StandardPBEStringEncryptor"
      p:config-ref="environmentConfig" />
```

Das Einzige, was `StandardPBEStringEncryptor` wirklich zum Erledigen seiner Aufgabe benötigt, sind der Algorithmus und das Passwort, mit dem die Daten verschlüsselt wurden. Wenn Sie sich die Javadoc für `StandardPBEStringEncryptor` ansehen, stellen Sie fest, dass es die Eigenschaften `algorithm` und `password` hat – also können wir die direkt in der `stringEncryptor`-Bean konfigurieren.

Wenn wir aber das Verschlüsselungspasswort in der Spring-Konfiguration lassen – haben wir dann denn Zugriff zur Datenbank wirklich gesichert? Bildlich gesprochen, schließen wir die Schlüssel für die Datenbank in einen Kasten ein und lassen den Schlüssel für den Kasten daneben auf dem Tisch liegen. Bestenfalls haben wir es etwas unpraktischer gemacht, aber definitiv nicht sicherer.

Anstatt das Passwort direkt in Spring zu konfigurieren, habe ich die Eigenschaft `config` von `StandardPBEStringEncryptor` mit `EnvironmentStringPBEConfig` konfiguriert. Mit `EnvironmentStringPBEConfig` können wir die Verschlüsselungsdetails in Umgebungsvariablen konfigurieren, z. B. das Verschlüsselungspasswort. Die `EnvironmentStringPBEConfig` ist einfach eine ganz normale Bean, die man wie folgt deklariert:

```
<bean id="environmentConfig" class=
     "org.jasypt.encryption.pbe.config.EnvironmentStringPBEConfig"
      p:algorithm="PBEWithMD5AndDES"
      p:passwordEnvName="DB_ENCRYPTION_PWD" />
```

Ich hatte nichts dagegen, den Algorithmus in der Spring-Konfiguration zu konfigurieren: Ich habe es als `PBEWithMD5AndDES` konfiguriert. Das Verschlüsselungspasswort hingegen wollte ich außerhalb von Spring in einer Umgebungsvariablen speichern. Hier ist diese Umgebungsvariable mit `DB_ENCRYPTION_PWD` benannt.

Wahrscheinlich fragen Sie sich, wie dieses Arrangement sicherer sein kann, wenn man das Verschlüsselungspasswort in eine Umgebungsvariable verschiebt. Kann denn ein Hacker nicht die Umgebungsvariable so einfach lesen wie die Spring-Konfigurationsdatei? Diese Frage muss man natürlich mit Ja beantworten. Die Idee hier ist jedoch, dass die Umgebungsvariable von einem Systemadministrator direkt vor Start der Applikation gesetzt und dann wieder entnommen wird, sobald die Applikation im Gange ist. Bis dahin werden die Eigenschaften der Datenquelle gesetzt, und die Umgebungsvariable wird nicht mehr länger erforderlich sein.

Durch Auslagern der Bean-Eigenschaftswerte kann man die Konfigurationsdetails verwalten, die sensibel sind und/oder geändert werden müssen, nachdem die Applikation deployt wurde. Man könnte mit solchen Situationen auch so umgehen, dass ganze Objekte ins JNDI ausgelagert werden und dass man Spring dann so konfiguriert, dass diese Objekte im Spring-Kontext ausgelesen werden. Schauen wir uns das genauer an.

14.2 JNDI-Objekte verschalten

Das *Java Naming and Directory Interface* (oder *JNDI*, wie es Spring-Vertraute nennen) ist ein Java-API, mit dem man Objekte über ihren Namen in einem Verzeichnis nachschlagen kann (oft – aber nicht notwendigerweise immer – ein LDAP-Verzeichnis). JNDI gibt Java-Anwendungen den Zugriff auf ein zentrales Repository zum Speichern und Auslesen von Anwendungsobjekten. JNDI wird normalerweise in JEE-Anwendungen verwendet, um JDBC-Datenquellen und JTA-Transaktionsmanager zu speichern und auszulesen. Sie werden auch feststellen, dass EJB-3-Session-Beans häufig im JNDI zu Hause sind.

Doch was, wenn einige Ihrer Anwendungsobjekte im JNDI konfiguriert sind, also extern für Spring – wie können wir sie in die von Spring verwalteten Objekte injizieren, die sie brauchen?

In diesem Abschnitt geht es darum, wie Spring mit JNDI arbeitet, indem es über der Standard-JNDI-API eine vereinfachte Abstraktionsschicht bietet. Diese JNDI-Abstraktion von Spring ermöglicht es, in Ihrer Spring-Kontextdefinitionsdatei JNDI-Lookup-Informationen zu deklarieren. Dann können Sie ein von JNDI verwaltetes Objekt mit den Eigenschaften anderer Spring-Beans verschalten, als wäre das JNDI-Objekt nur eine Bean im Spring-Anwendungskontext.

Um besser zu verstehen, was die JNDI-Abstraktion von Spring zu bieten hat, fangen wir damit an, wie ein JNDI-Objekt ohne Spring gesucht wird.

14.2.1 Die Arbeit mit konventionellem JNDI

Es kann eine ermüdende Arbeit sein, Objekte im JNDI zu suchen. Nehmen wir beispielsweise an, dass Sie die sehr häufige Aufgabe ausführen müssen, eine `javax.sql.DataSource` von JNDI auszulesen. Mit den konventionellen JNDI-APIs schreiben Sie den Code in etwa wie folgt:

```
InitialContext ctx = null;
try {
  ctx = new InitialContext();
  DataSource ds =
      (DataSource) ctx.lookup("java:comp/env/jdbc/SpitterDatasource");
} catch (NamingException ne) {
  // handle naming exception ...
} finally {
  if(ctx != null) {
      try {
        ctx.close();
      } catch (NamingException ne) {}
  }
}
```

Wenn Sie überhaupt schon einmal JNDI-Lookup-Code geschrieben haben, sind Sie wahrscheinlich sehr vertraut damit, was in diesem Codeabschnitt vor sich geht. Sie haben wahrscheinlich schon Dutzende Male eine ähnliche Zauberformel geschrieben, um ein Objekt aus dem JNDI heraufzubeschwören. Bevor Sie das alles wiederkäuen, sollten Sie sich allerdings genauer ansehen, was hier eigentlich geschieht:

- Sie müssen einen Initialkontext einzig und allein deswegen angeben, weil Sie `DataSource` suchen. Das sieht vielleicht nicht nach viel zusätzlichem Code aus, doch handelt es sich dabei um Code zum Zusammenfügen, der nicht direkt zum Ziel hat, eine Datenquelle auszulesen.
- Sie müssen eine `javax.naming.NamingException` fangen oder allermindestens erneut auslösen. Wenn Sie sich dafür entscheiden, sie zu fangen, müssen Sie damit auch angemessen umgehen. Wenn Sie sich dafür entscheiden, sie wieder auszulösen, muss der aufrufende Code damit fertig werden. Letzten Endes wird sich irgendjemand irgendwo um die Exception kümmern müssen.
- Der Code ist eng mit einem JNDI-Lookup gekoppelt. Ihr Code braucht eigentlich nur eine `DataSource`. Es ist nicht wichtig, ob sie von JNDI oder anderswoher stammt. Wenn der Code so ähnlich wie der weiter oben gezeigte aussieht, bleibt Ihnen aber nichts anderes übrig, als die `DataSource` aus dem JNDI auszulesen.
- Ihr Code ist eng an einen speziellen JNDI-Namen gekoppelt – in diesem Fall `java:comp/env/jdbc/SpitterDatasource`. Sicher: Sie könnten diesen Namen in eine Eigenschaftsdatei auslagern, doch dann müssten Sie sogar noch mehr Code zum Zusammenfügen einbauen, um den JNDI-Namen in der Eigenschaftsdatei auszulesen.

Bei näherer Betrachtung sind wir der Meinung, dass es sich beim JNDI-Lookup hauptsächlich um Boilerplate-Code handelt, der bei allen JNDI-Lookups weitgehend gleich aussieht. Nur eine Zeile ist direkt für das Auslesen der Datenquelle verantwortlich:

```
DataSource ds =
    (DataSource) ctx.lookup("java:comp/env/jdbc/SpitterDatasource");
```

ABBILDUNG 14.2 Wenn man Abhängigkeiten durch konventionelles JNDI bekommt, bedeutet dies, dass das Objekt an JNDI gekoppelt ist. Somit wird es schwierig, das Objekt irgendwo zu verwenden, wo kein JNDI verfügbar ist.

Noch beunruhigender als der JNDI-Boilerplate-Code ist die Tatsache, dass die Anwendung weiß, woher die Datenquelle stammt. Sie ist so programmiert, dass *immer* eine Datenquelle aus dem JNDI ausgelesen wird. Wie aus Abbildung 14.2 ersichtlich, wird das DAO, das die Datenquelle verwendet, an JNDI gekoppelt. Somit ist es beinahe unmöglich, diesen Code in einer Situation zu verwenden, in der ein JNDI nicht zur Verfügung steht oder unerwünscht ist.

Nehmen wir beispielsweise an, dass der Lookup-Code für die Datenquelle in eine Klasse eingebettet ist, die einem Unit-Test unterzogen werden soll. Bei einem idealen Unit-Test testen wir ein isoliertes Objekt ohne direkte Abhängigkeit von speziellen Objekten. Obwohl die Klasse durch JNDI von der Datenquelle entkoppelt ist, ist sie an JNDI selbst gekoppelt. Insofern ist dieser Unit-Test direkt von JNDI abhängig, und damit der Unit-Test starten kann, brauchen wir einen JNDI-Server.

Dennoch ändert das nichts an der Tatsache, dass Sie manchmal in der Lage sein müssen, Objekte im JNDI zu suchen. `DataSources` werden oft in einem Anwendungsserver konfiguriert, um den Verbindungspool des Applikationsservers zu nutzen, und dann vom Anwendungscode ausgelesen, um auf die Datenbank zuzugreifen. Wie bekommt Ihr Code ein Objekt aus dem JNDI, ohne von JNDI abhängig zu sein?

Die Antwort findet sich in der Dependency Injection (DI). Anstatt sich über JNDI eine Datenquelle zu besorgen, sollten Sie Ihren Code so schreiben, dass er eine Datenquelle von irgendwoher akzeptiert – Ihr Code sollte eine `DataSource`-Eigenschaft haben, die injiziert wurde. Woher die Objekte kommen, kümmert die Klasse, die sie benötigt, nicht.

Das Datenquellenobjekt befindet sich allerdings immer noch im JNDI. Wie lässt sich Spring also so konfigurieren, dass es ein im JNDI gespeichertes Objekt injiziert?

14.2.2 Injektion von JNDI-Objekten

Der Konfigurationsnamensraum `jee` von Spring birgt die Antwort, wie man mit JNDI lose gekoppelt arbeitet. Innerhalb dieses Namensraums finden Sie das Element `<jee:jndi-lookup>`, mit dem man ganz einfach ein JNDI-Objekt mit Spring verschaltet.

Um zu veranschaulichen, wie das funktioniert, nehmen wir uns ein Beispiel aus Kapitel 5 noch einmal vor. Dort haben wir `<jee:jndi-lookup>` genutzt, um eine `DataSource` aus dem JNDI auszulesen:

```
<jee:jndi-lookup id="dataSource"
                 jndi-name="/jdbc/SpitterDS"
                 resource-ref="true" />
```

Die Attribut `jndi-Name` gibt den Namen des Objekts im JNDI an. Standardmäßig wird dieser Name verwendet, um das Objekt im JNDI zu suchen. Doch wenn der Lookup in einem JEE-Container passiert, muss das Präfix `java:comp/env` ergänzt werden. Sie könnten es auch manuell einfügen, wenn Sie den Wert in `jndi-name` angeben. Doch wenn Sie `resource-ref` auf `true` setzen, kümmert sich `<jee:jndi-lookup>` für Sie darum.

Nachdem die `dataSource` deklariert ist, können Sie sie nun in eine `dataSource`-Eigenschaft injizieren. Sie können mit ihr beispielsweise wie folgt eine Hibernate-Session-Factory konfigurieren:

```
<bean id="sessionFactory"
  class="org.springframework.orm.hibernate3.annotation.
                                            ➥ AnnotationSessionFactoryBean">
  <property name="dataSource" ref="dataSource" />
  ...
</bean>
```

Wie in Abbildung 14.3 gezeigt, wird die `sessionFactory`-Bean nach Verschaltung durch Spring das `DataSource`-Objekt, das aus dem JNDI ausgelesen wurde, in die `dataSource`-Eigenschaft der Session-Factory injizieren.

ABBILDUNG 14.3 `<jee:jndi-lookup>` sucht ein Objekt im JNDI und macht es als Bean im Spring-Anwendungskontext verfügbar. Von dort kann es mit jedem anderen Objekt verschaltet werden, das von ihm abhängt.

Das Tolle an der Suche nach einem Objekt im JNDI über `<jee:jndi-lookup>` ist Folgendes: Die XML-Deklaration der `dataSource`-Bean ist der einzige Teil des Codes, der weiß, dass die `DataSource` aus dem JNDI ausgelesen wird. Die `sessionFactory`-Bean weiß nicht, woher die `Datasource` stammt (und es ist ihr auch egal). Das bedeutet: Wenn Sie Ihre `DataSource` lieber von einem JDBC-Treiber-Manager wollen, brauchen Sie nur die `dataSource`-Bean in eine `DriverManagerDataSource` umzudefinieren.

Nun wird unsere Datenquelle von JNDI ausgelesen und dann in die Session-Factory injiziert. Kein expliziter JNDI-Lookup-Code mehr! Immer, wenn wir sie brauchen, steht die Datenquelle im Spring-Anwendungskontext als `dataSource`-Bean bereit.

Wie Sie gesehen haben, ist es recht einfach, eine von JNDI verwaltete Bean in Spring zu verschalten. Nun untersuchen wir einige Möglichkeiten, wie wir beeinflussen können, wann und wie das Objekt aus dem JNDI ausgelesen wird – und mit dem Caching geht's los.

Caching von JNDI-Objekten

Oft werden die aus dem JNDI ausgelesenen Objekte öfter als einmal verwendet. Eine Datenquelle wird beispielsweise immer gebraucht, wenn Sie auf die Datenbank zugreifen. Es wäre ineffizient, die Datenquelle jedes Mal von Neuem aus dem JNDI auszulesen. Aus diesem Grund gibt es den Default, dass `<jee:jndi-lookup>` das aus dem JNDI ausgelesene Objekt cacht.

Caching ist meistens eine gute Sache. Doch damit wird eine neuerliche Bereitstellung zur Laufzeit (*Hot Redeployment*) von Objekten im JNDI ausgeschlossen. Wenn Sie das Objekt im JNDI ändern wollten, müsste die Spring-Anwendung neu gestartet werden, damit sich das neue Objekt auslesen lässt.

Wenn Ihre Anwendung ein Objekt aus dem JNDI, das regelmäßig geändert wird, ausliest, sollten Sie das Caching für `<jee:jndi-lookup>` abschalten. Das Caching schalten Sie ab, indem Sie das `cache`-Attribut auf `false` setzen:

```
<jee:jndi-lookup id="dataSource"
    jndi-name="/jdbc/SpitterDS"
    resource-ref="true"
    cache="false"
    proxy-interface="javax.sql.DataSource" />
```

Wenn die Eigenschaft `cache` auf `false` gesetzt wird, weiß `<jee:jndi-lookup>`, dass das Objekt immer aus dem JNDI geholt werden soll. Beachten Sie, dass auch das `proxy-interface`-Attribut gesetzt wurde. Weil das JNDI-Objekt sich jederzeit ändern kann, kann `<jee:jndi-lookup>` den tatsächlichen Objekttyp nicht kennen. Das `proxy-interface`-Attribut gibt an, welcher Typ für das aus dem JNDI ausgelesene Objekt erwartet wird.

Lazy Loading von JNDI-Objekten

Manchmal braucht Ihre Anwendung das JNDI-Objekt nicht sofort auszulesen. Nehmen wir beispielsweise an, dass ein JNDI-Objekt nur in einem obskuren Zweig des Codes Ihrer Anwendung benutzt wird. In einer solchen Situation wäre es nicht wünschenswert, das Objekt zu laden, bevor man es nicht wirklich benötigt.

Als Default liest `<jee:jndi-lookup>` beim Start des Anwendungskontexts Objekte aus dem JNDI. Doch Sie können diese Bean nichtsdestotrotz so konfigurieren, dass sie mit dem Auslesen des Objekts wartet, bis es benötigt wird, indem Sie das `lookup-on-startup`-Attribut auf `false` setzen:

```
<jee:jndi-lookup id="dataSource"
    jndi-name="/jdbc/SpitterDS"
    resource-ref="true"
    lookup-on-startup="false"
    proxy-interface="javax.sql.DataSource" />
```

So wie mit der Eigenschaft `cache` müssen Sie das `lookup-on-startup`-Attribut setzen, wenn `lookup-on-startup` auf `false` gesetzt wurde, weil `jee:jndi-lookup>` den Typ des Objekts, das ausgelesen wird, so lange nicht kennt, bis das Auslesen tatsächlich erfolgt. Durch das Attribut `proxy-interface` weiß es, welcher Typ von Objekt zu erwarten ist.

Fallback-Objekte

Sie wissen nun, wie JNDI-Objekte in Spring verschaltet werden, und können eine über JNDI geladene Datenquelle vorzeigen. Das Leben ist wieder schön! Doch was, wenn das Objekt nicht im JNDI gefunden wird?

Vielleicht ist eine Datenquelle im JNDI verfügbar, wenn sie in einer Produktionsumgebung läuft. In einer Entwicklungsumgebung ist ein solches Arrangement vielleicht aber nicht praktikabel. Wenn Spring so konfiguriert ist, dass es in Produktion die Datenquellen aus dem JNDI ausliest, wird bei der Entwicklung der Lookup fehlschlagen. Wie können wir gewährleisten, dass eine Datenquellen-Bean von JNDI in der Produktion immer verfügbar und in der Entwicklung explizit konfiguriert ist?

Wie Sie gesehen haben, kann man mit `<jee:jndi-lookup>` sehr gut Objekte aus dem JNDI auslesen und sie mit einem Spring-Anwendungskontext verschalten. Doch es hat auch einen Fallback-Mechanismus, der in Situationen einspringt, wenn das angeforderte Objekt im JNDI nicht gefunden wird. Sie brauchen nur dessen `default-ref`-Attribut zu konfigurieren.

Nehmen wir beispielsweise an, dass Sie in Spring über `DriverManagerDataSource` eine Datenquelle wie folgt deklariert haben:

```
<bean id="devDataSource"
      class="org.springframework.jdbc.datasource.DriverManagerDataSource"
      lazy-init="true">
  <property name="driverClassName"
            value="org.hsqldb.jdbcDriver" />
  <property name="url"
            value="jdbc:hsqldb:hsql://localhost/spitter/spitter" />
  <property name="username" value="sa" />
  <property name="password" value="" />
</bean>
```

Das ist die Datenquelle, die Sie bei der Entwicklung verwenden. Doch in der Produktion nehmen Sie lieber eine Datenquelle, die von den Systemadministratoren im JNDI konfiguriert wurde. Ist das der Fall, werden Sie das `<jee:jndi-lookup>`-Element wie folgt konfigurieren:

```
<jee:jndi-lookup id="dataSource"
    jndi-name="/jdbc/SpitterDS"
    resource-ref="true"
    default-ref="devDataSource" />
```

Hier haben wir das `default-ref`-Attribut mit einem Verweis auf die `devDataSource`-Bean verschaltet. Wenn `<jee:jndi-lookup>` ein Objekt im JNDI bei `jdbc/SpitterDS` nicht findet, wird sie die `devDataSource`-Bean als Objekt nehmen. Und weil bei der Fallback-Datenquelle-Bean `lazy-init` auf `true` gesetzt ist, wird sie erst dann erstellt, wenn sie benötigt wird.

Wie Sie sehen, ist es relativ einfach, die über JNDI verwalteten Objekte durch `<jee:jndi-lookup>` mit einem Spring-Anwendungskontext zu verschalten. Wie sich herausstellt, kann man `<jee:jndi-lookup>` auch dafür nehmen, EJB-Session-Beans mit einem Spring-Anwendungskontext zu verschalten. Schauen wir uns an, wie das funktioniert.

14.2.3 Verschaltung von EJBs in Spring

In EJB 3 sind Session-Beans im JNDI gespeicherte Objekte wie alle anderen Objekt im JNDI. Darum ist `<jee:jndi-lookup>` völlig ausreichend, um EJB-3-Session-Beans auszulesen. Aber was machen Sie, wenn Sie eine EJB-2-Session-Bean in den Spring-Anwendungskontext verschalten wollen?

Um auf eine EJB-2-Stateless-Session-Bean zuzugreifen, lesen Sie zunächst ein Objekt aus dem JNDI aus. Dieses Objekt ist jedoch eine Implementierung des Home-Interface von EJB, nicht die EJB selbst. Um mit der EJB umzugehen, müssen Sie die `create()`-Methode für das Home-Interface aufrufen.

Zum Glück müssen Sie sich um diese Details nicht kümmern, wenn Sie mit Spring auf EJB-2-Session-Beans zugreifen. Anstatt `<jee:jndi-lookup>` zu nutzen, bietet Spring zwei andere Elemente im `jee`-Namensraum, die ausdrücklich für den Zugriff auf EJBs gedacht sind:

- `<jee:local-slsb>` für den Zugriff auf lokale Stateless-Session-Beans
- `<jee:remote-slsb>` für den Zugriff auf remote Stateless-Session-Beans

Beide Elemente funktioniert ähnlich wie `<jee:jndi-lookup>`. Um beispielsweise in Spring eine Referenz auf eine Stateless-Session-Bean zu deklarieren, nehmen Sie `<jee:remote-slsb>` wie folgt:

```
<jee:remote-slsb id="myEJB"
    jndi-name="my.ejb"
    business-interface="com.habuma.ejb.MyEJB" />
```

Das Attribut `jndi-name` ist der JNDI-Name, anhand dessen das Home-Interface von EJB gesucht wird. Unterdessen gibt `business-interface` das Business-Interface an, das die EJB implementiert. Mit einer derart deklarierten EJB-Referenz kann die `myEJB`-Bean dann mit jeder anderen Bean-Eigenschaft verschaltet werden, die vom Typ `com.habuma.ejb.MyEJB` ist.

Entsprechend lässt sich eine Referenz auf eine Stateless-Session-Bean wie folgt mit dem Element `<jee:local-slsb>` deklarieren:

```
<jee:local-slsb id="myEJB"
    jndi-name="my.ejb"
    business-interface="com.habuma.ejb.MyEJB" />
```

Hier haben wir die Verwendung der Elemente `<jee:local-slsb>` und `<jee:remote-slsb>` erläutert, um EJB-2-Session-Beans in Spring zu deklarieren. Das besonders Interessante an diesen Elementen ist aber, dass man mit ihnen auch EJB-3-Session-Beans verschalten kann. Sie sind clever genug, um das angeforderte Objekt auf JNDI auszulesen und zu erkennen, ob sie es mit einem EJB-2-Home-Interface zu tun haben oder einer EJB-3-Session-Bean. In ersterem Fall werden sie `create()` für Sie aufrufen. Anderenfalls gehen sie davon aus, es mit einer EJB-3-Bean zu tun zu haben, und machen dieses Objekt im Spring-Kontext verfügbar.

Ein Lookup von Objekten im JNDI ist praktisch, wenn Sie auf Objekte zugreifen müssen, die für Spring extern konfiguriert sind. Wie Sie gesehen haben, können Datenquellen über einen Anwendungsserver konfiguriert werden, auf die man dann über JNDI zugreift. Und wie Sie als Nächstes sehen werden, ist die JNDI-Lookup-Fähigkeit von Spring auch beim Versenden von E-Mails hilfreich. Schauen wir uns als Nächstes die E-Mail-Abstraktionsschicht von Spring an.

14.3 Der E-Mail-Versand

In Kapitel 12 nutzten wir den Messaging-Support von Spring, um Jobs asynchron in eine Warteschlange zu stellen, damit andere User der Spitter-Applikation Spittle-Alerts gesendet bekommen. Nun können wir den E-Mail-Support von Spring nutzen, um die E-Mails zu versenden. Bei Spring gibt es eine E-Mail-Abstraktions-API, die das Versenden von E-Mails vereinfacht.

14.3.1 Konfiguration eines Mail-Senders

Der Kern der E-Mail-Abstraktion von Spring ist das Interface `MailSender`. Wie der Name schon sagt (und Abbildung 14.4 verdeutlicht), versendet eine Implementierung von `MailSender` E-Mails. In Spring ist eine Implementierung des `MailSender`-Interface enthalten: `JavaMailSenderImpl`.

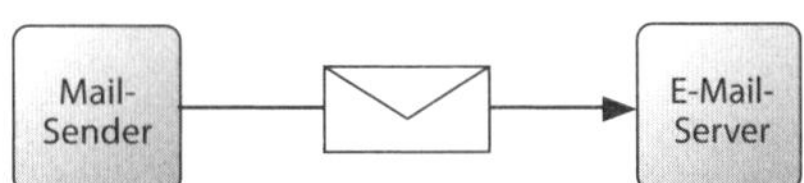

ABBILDUNG 14.4 Wenn man Abhängigkeiten durch konventionelles JNDI bekommt, bedeutet dies, dass das Objekt an JNDI gekoppelt ist. Somit wird es schwierig, das Objekt irgendwo zu verwenden, wo kein JNDI verfügbar ist.

Was ist denn mit `CosMailSenderImpl`?

Ältere Versionen von Spring bis einschließlich Spring 2.0 enthielten eine weitere Implementierung von `MailSender` namens `CosMailSenderImpl`. Diese Implementierung wurde in Spring 2.5 entfernt. Wenn Sie immer noch damit arbeiten, müssen Sie auf `JavaMailSenderImpl` wechseln, bevor Sie zu Spring 2.5 oder 3.0 umsatteln.

Um `JavaMailSenderImpl` zu verwenden, deklarieren wir es als `<bean>` im Spring-Anwendungskontext:

```
<bean id="mailSender"
      class="org.springframework.mail.javamail.JavaMailSenderImpl"
      p:host="${mailserver.host}" />
```

Die Eigenschaft `host` gibt den Hostnamen des Mail-Servers an, über den die E-Mails versendet werden sollen. Hier ist sie mit einer Platzhaltervariablen konfiguriert, damit wir die Konfiguration des Mail-Servers außerhalb von Spring verwalten können. Als Default geht `JavaMailSenderImpl` davon aus, dass der Mail-Server auf Port 25 lauscht (dem Standard-SMTP-Port). Hat Ihr Mail-Server einen anderen Port, geben Sie diesen über die Eigenschaft `port` an. Zum Beispiel:

```
<bean id="mailSENDER"
      CLASS="ORG.SPRINGFRAMEWORK.MAIL.JAVAMAIL.JAVAMAILSENDERIMPL"
      p:host="${mailserver.host}"
      p:port="${mailserver.port}"/>
```

Wenn der Mail-Server eine Authentifizierung erfordert, sollten Sie entsprechend auch die Werte für die Eigenschaften `username` und `password` setzen:

```
<bean id="mailSender"
      class="org.springframework.mail.javamail.JavaMailSenderImpl"
      p:host="${mailserver.host}"
      p:port="${mailserver.port}"
      p:username="${mailserver.username}"
      p:password="${mailserver.password}" />
```

Dies zeigt, wie man den Mail-Sender in Spring vollständig mit allen Details konfiguriert, die er für den Zugriff auf den Mail-Server braucht. Optional können Sie auch eine vorhandene Mail-Session verwenden, die im JNDI konfiguriert ist. Schauen wir uns an, wie man `JavaMailSenderImpl` konfiguriert, um eine im JNDI residente Mail-Session zu verwenden.

Verwenden einer JNDI-Mail-Session

Möglicherweise haben Sie bereits eine `javax.mail.MailSession` im JNDI konfiguriert (oder der Anwendungsserver hat eine dort abgelegt). Ist dies der Fall, bietet `JavaMailSenderImpl` von Spring Ihnen eine Option, um den `MailSender` zu verwenden, den Sie bereits aus dem JNDI in Verwendung haben.

Wir wissen, wie man Objekte aus dem JNDI über das Spring-Element `<jee:jndi-lookup>` ausliest. Also machen wir davon Gebrauch, um eine Mail-Session aus dem JNDI zu referenzieren:

```
<jee:jndi-lookup id="mailSession"
    jndi-name="mail/Session" resource-ref="true" />
```

Mit dem Mail-Sender an der Hand können wir ihn nun wie folgt mit der `mailSender`-Bean verschalten:

```
<bean id="mailSender"
      class="org.springframework.mail.javamail.JavaMailSenderImpl"
      p:session-ref="mailSession" />
```

Die mit der Eigenschaft `session` von `JavaMailSenderImpl` verschaltete Mail-Session ersetzt die explizite Server- und Username/Passwort-Konfiguration von vorhin. Nun wird die Mail-Session komplett im JNDI konfiguriert und verwaltet. `JavaMailSenderImpl` kann sich auf das Versenden von E-Mails konzentrieren und muss sich nicht mehr mit dem Mail-Server selbst beschäftigen.

Verschalten des Mail-Senders mit einer Service-Bean

Weil der Mail-Sender nun konfiguriert ist, können wir ihn mit der Bean verschalten, die ihn nutzen soll. In der Spitter-Anwendung ist die Klasse `SpitterEmailServiceImpl` der beste

Ort, um die E-Mail zu versenden. Diese Klasse besitzt die mit `@Autowired` annotierte Eigenschaft `mailSender`:

```
@Autowired
JavaMailSender mailSender;
```

Wenn Spring `SpitterEmailServiceImpl` als Bean erstellt, wird versucht, eine Bean zu finden, die `MailSender` implementiert, die es mit der Eigenschaft `mailSender` verschalten kann. Es sollte unsere `mailSender`-Bean finden und diese nutzen. Mit der verschalteten `mailSender`-Bean können wir nun E-Mails konstruieren und versenden.

14.3.2 Konstruktion der E-Mail

Weil wir per E-Mail die Spitter-User informieren wollen, dass neue Spittles eingetroffen sind, brauchen wir eine Methode, die bei vorhandener E-Mail-Adresse und einem `Spittle`-Objekt diese E-Mail versenden wird. Die Methode `sendSimpleSpittleEmail()` nutzt den Mail-Sender genau dafür.

LISTING 14.1 Eine E-Mail mit Spring anhand eines `MailSenders` verschicken.

```
public void sendSimpleSpittleEmail(String to, Spittle spittle) {
  SimpleMailMessage message = new SimpleMailMessage();   ◄ Nachricht konstruieren
  String spitterName = spittle.getSpitter().getFullName();
  message.setFrom("noreply@spitter.com");   ◄ E-Mail adressieren
  message.setTo(to);
  message.setSubject("New spittle from " + spitterName);
  message.setText(spitterName + " says: " +   ◄ Nachrichtentext angeben
          spittle.getText());

  mailSender.send(message);   ◄ E-Mail versenden
}
```

Als Erstes konstruiert `sendSimpleSpittleEmail()` eine Instanz von `SimpleMailMessage`. Dieses Mail-Message-Objekt ist, wie sein Name schon nahelegt, perfekt für den Versand von E-Mail-Nachrichten ohne irgendwelches Brimborium geeignet.

Als Nächstes werden die Details der Nachricht gesetzt. Sender und Empfänger der E-Mail werden über die Methoden `setFrom()` und `setTo()` bei der Mai-Nachricht angegeben. Nachdem der Betreff mit `setSubject()` angegeben wurde, ist der virtuelle „Umschlag" adressiert. Nun muss nur noch `setText()` aufgerufen werden, um den Inhalt der Nachricht zu setzen.

Der letzte Schritt besteht darin, die Nachricht an die Methode `send()` des Mail-Senders zu übergeben, und die E-Mail ist auf dem Weg.

Einfache E-Mails sind ein prima Anfang. Wenn Sie aber noch etwas anhängen wollen? Oder wenn der Body der E-Mail ein wenig aufpoliert werden soll? Schauen wir uns an, wie Sie die von Spring versendeten E-Mails aufpeppen können, und beginnen wir mit dem Einfügen eines einfachen Anhangs.

Anhänge einfügen

Der Trick beim Versenden von E-Mails mit Anhängen ist, mehrteilige Nachrichten zu erstellen, also E-Mails, die aus mehreren Teilen bestehen, bei denen ein Teil der Body der E-Mail ist und die anderen die Anhänge sind.

Die Klasse `SimpleMailMessage` ist zu, nun ja, simpel zum Versenden von Anhängen. Um mehrteilige E-Mails zu senden, müssen Sie eine MIME-Nachricht erstellen (*Multipurpose Internet Mail Extensions*). Mit der `createMimeMessage()`-Methode des Mail-Sender-Objekts können Sie starten:

```
MimeMessage message = mailSender.createMimeMessage();
```

Das war es schon. Wir haben nun eine MIME-Nachricht zur Weiterverarbeitung. Es scheint, dass wir ihr nur noch Absender- und Empfängeradresse, den Betreff, die eigentliche Mitteilung und einen Anhang verpassen müssen. Das ist aber nicht ganz so unkompliziert, wie Sie vielleicht denken. Die Klasse `javax.mail.internet.MimeMessage` hat eine API, die zu umständlich ist, um sie so zu nutzen. Zum Glück steht uns Spring mit dem `MimeMessageHelper` zur Seite.

Um den `MimeMessageHelper` zu verwenden, instanziieren Sie eine Instanz davon und übergeben die `MimeMessage` an dessen Konstruktor:

```
MimeMessageHelper helper = new MimeMessageHelper(message, true);
```

Der zweite Parameter für den Konstruktor, hier ein Boolesches `true`, zeigt an, dass diese Nachricht mehrteilig sein soll.

Mit der `MimeMessageHelper`-Instanz können wir nun unsere E-Mail-Nachricht zusammensetzen. Der einzige – aber wichtige – Unterschied besteht darin, dass Sie die E-Mail-Details über Methoden beim Helper liefern statt bei der Nachricht selbst:

```
String spitterName = spittle.getSpitter().getFullName();
helper.setFrom("noreply@spitter.com");
helper.setTo(to);
helper.setSubject("New spittle from " + spitterName);
helper.setText(spitterName + " says: " + spittle.getText());
```

Vor Versenden der E-Mail muss nur noch das Coupon-Bild angehängt werden. Dafür müssen Sie das Bild als Ressource laden und diese beim Aufruf der Helper-Methode `addAttachment()` übergeben:

```
FileSystemResource couponImage =
      new FileSystemResource("/collateral/coupon.png");
helper.addAttachment("Coupon.png", couponImage);
```

Hier nutzen Sie `FileSystemResource` von Spring, um coupon.png aus dem Klassenpfad der Applikation zu laden. Von dort rufen Sie `addAttachment()` auf. Der erste Parameter ist der Name, den der Anhang in der E-Mail bekommen soll, der zweite die Bildressource.

Die mehrteilige E-Mail ist fertig konstruiert und kann nun versandt werden. Die vollständige Methode `sendSpittleEmailWithAttachment()` wird im Folgenden gezeigt.

LISTING 14.2 `MimeMessageHelper` vereinfacht das Versenden von E-Mails mit Anhängen.

```
public void sendSpittleEmailWithAttachment(
          String to, Spittle spittle) throws MessagingException {
  MimeMessage message = mailSender.createMimeMessage();
  MimeMessageHelper helper =
       new MimeMessageHelper(message, true);   ◂ Message-Helper konstruieren
  String spitterName = spittle.getSpitter().getFullName();
  helper.setFrom("noreply@spitter.com");
  helper.setTo(to);
  helper.setSubject("New spittle from " + spitterName);
  helper.setText(spitterName + " says: " + spittle.getText());
  FileSystemResource couponImage =
       new FileSystemResource("/collateral/coupon.png");
  helper.addAttachment("Coupon.png", couponImage);   ◂ Anhang einfügen
  mailSender.send(message);
}
```

Anhänge in eine E-Mail einfügen, ist nur eines, was Sie mit mehrteiligen E-Mails machen können. Außerdem können Sie attraktivere E-Mails schaffen, die viel schöner als reiner Text aussehen, wenn Sie HTML als Body der Mail angeben. Schauen wir uns an, wie man aufgepeppte E-Mails mit `MimeMessageHelper` von Spring versendet.

E-Mails mit reichhaltigem Inhalt versenden

Eine reichhaltige E-Mail zu versenden, läuft nicht viel anders als eine mit reinem Text. Wichtig dafür ist, den Nachrichtentext als HTML zu senden. Dafür übergeben Sie einfach einen HTML-String an die `setText()`-Methode des Helpers und als zweiten Parameter `true`.

```
helper.setText("<html><body><img src='cid:spitterLogo'>" +
     "<h4>" + spittle.getSpitter().getFullName() + " says...</h4>" +
     "<i>" + spittle.getText() + "</i>" +
         "</body></html>", true);
```

Der zweite Parameter zeigt an, dass der in den ersten Parameter übergebene Text HTML ist, damit der Inhaltstyp dieses Nachrichtenteils passend gesetzt wird.

Beachten Sie, dass das übergebene HTML ein `<img>`-Tag enthält, um das Logo der Spitter-Applikation als Teil der E-Mail darzustellen. Das Attribut `src` könnte auf eine Standard-`http:`-URL gesetzt werden, um das Spitter-Logo aus dem Web zu ziehen. Hier haben wir aber das Logo in die E-Mail selbst eingebettet. Der Wert `cid:spitterLogo` zeigt an, dass es in einem der Nachrichtenteile ein Bild gibt, das als `spitterLogo` identifiziert wird.

Das eingebettete Bild in die Nachricht einzufügen, ist praktisch das Gleiche wie etwas anzuhängen. Anstatt die Methode `addAttachment()` des Helpers müssen Sie die Methode `addInline()` aufrufen:

```
ClassPathResource image = new ClassPathResource("spitter_logo_50.png");
helper.addInline("spitterLogo", image);
```

Der erste Parameter für addInline gibt die Identität des Inline-Bilds an – die gleiche, wie sie vom src-Attribut von <img> angegeben wurde. Der zweite Parameter ist die Ressourcenreferenz für das Bild, die hier mit ClassPathResource von Spring erstellt wurde, um das Bild aus dem Klassenpfad der Applikation auszulesen.

Abgesehen von dem etwas anderen Aufruf von setText() und dem Einsatz der Methode addInline() ist das Versenden einer E-Mail mit reichhaltigem Inhalt praktisch so, als würden Sie eine einfache Textmail mit Anhängen versenden. Um das vergleichen zu können, ist hier die neue Methode sendRichSpitterEmail():

```
public void sendRichSpitterEmail(String to, Spittle spittle) throws Messaging
   Exception {
   MimeMessage message = mailSender.createMimeMessage();
   MimeMessageHelper helper = new MimeMessageHelper(message, true);
   helper.setFrom("noreply@spitter.com");
   helper.setTo("craig@habuma.com");
   helper.setSubject("New spittle from " +
          spittle.getSpitter().getFullName());
   helper.setText("<html><body><img src='cid:spitterLogo'>" +    ◂ HTML-Body setzen
       "<h4>" + spittle.getSpitter().getFullName() + " says...</h4>" +
       "<i>" + spittle.getText() + "</i>" +
          "</body></html>", true);
   ClassPathResource image = new ClassPathResource("spitter_logo_50.png");
   helper.addInline("spitterLogo", image);   ◂ Inline-Bild setzen
   mailSender.send(message);
}
```

Nun versenden Sie E-Mails mit reichhaltigem Inhalt und eingebetteten Bildern! Sie könnten nun Schluss machen und Ihren E-Mail-Code für fertiggestellt erklären. Doch mich irritiert, dass ich den Body der E-Mail erstellt habe, indem ich mit einer String-Verkettung eine HTML-Nachricht konstruierte. Bevor wir das Thema E-Mails verlassen, wollen wir uns noch einmal schlau machen und untersuchen, ob wir diese Nachricht mit String-Verkettung durch ein Template ersetzen können.

E-Mail-Vorlagen erstellen

Das Problem beim Konstruieren einer E-Mail mit String-Verkettung besteht darin, dass nicht klar ist, wie die resultierende E-Mail aussehen wird. Es ist schwer genug, HTML-Auszeichnungen mental zu „parsen", um sich vorzustellen, wie sie dargestellt wird. Dieses HTML mit Java-Code zu mischen, verschärft die Situation jedoch. Außerdem wäre es schön, wenn sich das E-Mail-Layout in ein Template, das ein Grafikdesigner (mit einer Aversion gegen Java-Code) produzieren kann, extrahieren ließe.

Wir brauchen also eine Möglichkeit, das E-Mail-Layout in einer Form auszudrücken, die dem resultierenden HTML im Aussehen nahekommt, und dieses Template dann in einen String zu transformieren, der der setText()-Methode des Message-Helpers übergeben wird. Wenn es ums Transformieren von Templates in Strings geht, ist Apache Velocity[2] eine der besten verfügbaren Optionen.

[2] http://velocity.apache.org

Um unsere E-Mail-Nachrichten mit Velocity zu layouten, müssen wir zunächst eine `VelocityEngine` mit `SpitterEmailServiceImpl` verschalten. Spring bietet eine praktische Factory-Bean namens `VelocityEngineFactoryBean`, die im Spring-Anwendungskontext eine `VelocityEngine` produzieren wird. Die Deklaration für `VelocityEngineFactoryBean` sieht wie folgt aus:

```
<bean id="velocityEngine"
      class="org.springframework.ui.velocity.VelocityEngineFactoryBean">
  <property name="velocityProperties">
    <value>
resource.loader=class
class.resource.loader.class=org.apache.velocity.runtime.resource.loader.
                          ➥ ClasspathResourceLoader
    </value>
  </property>
</bean>
```

Die einzige Eigenschaft, die für `VelocityEngineFactoryBean` noch gesetzt werden muss, ist `velocityProperties`. In diesem Fall haben wir es so konfiguriert, dass Velocity-Templates aus dem Klassenpfad geladen werden (schlagen Sie in der Velocity-Dokumentation nach, wie man Velocity konfiguriert).

Nun können wir die Velocity-Engine in `SpitterEmailServiceImpl` verschalten. Weil `SpitterEmailServiceImpl` automatisch beim Komponentenscanner registriert ist, können wir mit `@Autowired` automatisch eine `velocityEngine`-Eigenschaft verschalten:

```
@Autowired
  VelocityEngine velocityEngine;
```

Da nun die Eigenschaft `velocityEngine` verfügbar ist, können wir damit ein Velocity-Template in einen `String` transformieren, der als unser E-Mail-Text versendet wird. Um dabei auszuhelfen, gibt es bei Spring `VelocityEngineUtils`, um ein Velocity-Template und bestimmte Model-Daten in einen `String` zu verschmelzen, z. B. in folgender Weise:

```
Map<String, String> model = new HashMap<String, String>();
    model.put("spitterName", spitterName);
    model.put("spittleText", spittle.getText());
    String emailText = VelocityEngineUtils.mergeTemplateIntoString(
            velocityEngine, "emailTemplate.vm", model );
```

Als Vorbereitung für die Verarbeitung des Templates fangen wir mit der Erstellung einer `Map` an, die die vom Template verwendeten Model-Daten enthalten sollen. In unserem vorigen Code mit der String-Verkettung benötigten wir den ganzen Namen des Spitters und den Text seines Spittles, ergo brauchen wir hier das Gleiche. Um den zusammengeführten E-Mail-Text zu produzieren, müssen wir dann bloß die `mergeTemplateIntoString()`-Methode von `VelocityEngineUtils` aufrufen und die Velocity-Engine, den Pfad zum Template (relativ zum root des Klassenpfads) und die Model-Map übergeben.

Nun brauchen wir im Java-Code den zusammengeführten E-Mail-Text nur noch an die Methode `setText()` des Message-Helpers zu übergeben:

```
helper.setText(emailText, true);
```

Das Template selbst sitzt im root des Klassenpfads in einer Datei namens emailTemplate.vm, die wie folgt aussieht:

```
<html>
  <body>
    <img src='cid:spitterLogo'>
    <h4>${spitterName} says...</h4>
    <i>${spittleText}</i>
  </body>
</html>
```

Wie Sie sehen, ist die Template-Datei viel besser lesbar als die Version mit der String-Verkettung von vorhin. Konsequenterweise ist sie ebenso einfach zu warten und zu bearbeiten. In Abbildung 14.5 sehen Sie ein Beispiel für die Form von E-Mail, die man damit produzieren kann.

Mit Blick auf Abbildung 14.5 sehe ich viele weitere Möglichkeiten, das Template auszuschmücken, damit die E-Mail reizvoller wird. Das überlasse ich aber Ihnen als Übung.

Hier beschäftigen wir uns mit einer weiteren Spring-Attraktion. Eine der besten habe ich für den Schluss aufgespart: Entdecken Sie, wie man mit Spring Jobs im Hintergrund laufen lässt.

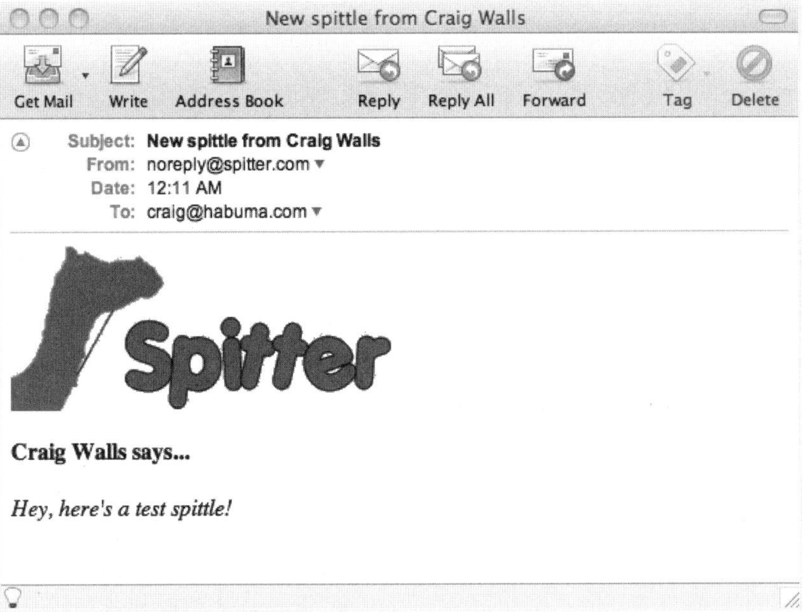

ABBILDUNG 14.5 Ein Velocity-Template und einige eingebettete Bilder können eine ansonsten eher langweilige E-Mail aufpeppen.

14.4 Scheduling und Hintergrundaufgaben

Der größere Teil der Funktionalität in den meisten Applikationen geschieht als Reaktion auf eine Aktion des Users, der ein Formular ausfüllt und auf einen Button klickt. Die Applikation reagiert mit der Verarbeitung der Daten, persistiert sie in einer Datenbank und produziert die Ausgabe.

Manchmal müssen Applikationen jedoch auch ohne den User aktiv werden. Während User auf Buttons klicken, kann die Applikation Hintergrundaufgaben erledigen, die keine Benutzerinteraktion erfordern.

Es gibt zwei Arten von Hintergrundjobs:

- Geplante Jobs
- Asynchrone Methoden

Zu den geplanten Jobs gehört eine Funktionalität, die regelmäßig ausgeführt wird, entweder nach einer festgelegten Zeitperiode oder zu einer bestimmten Uhrzeit. Asynchrone Methoden sind andererseits Methoden, die aufgerufen, aber sofort wieder zurückgegeben werden, damit der Aufrufer weitermachen kann, während die asynchrone Methode im Hintergrund weiterläuft.

Egal, welche Art von Hintergrundjob Sie benötigen: Sie müssen eine einzige Konfigurationszeile in den Spring-Anwendungskontext einfügen:

```
<task:annotation-driven/>
```

Das Element `<task:annotation-driven/>` richtet Spring so ein, dass geplante und asynchrone Methoden automatisch ausgeführt werden. Diese Methoden werden von den Methoden `@Scheduled` und `@Async` identifiziert.

Schauen wir uns an, wie man mit diesen Annotationen arbeitet, und beginnen wir mit `@Scheduled`, um Methoden zeitgesteuert abzufeuern.

14.4.1 Geplante Methoden deklarieren

Wenn Sie schon mit Spring gearbeitet haben, wissen Sie, dass Spring geplante Methodenaufrufe schon eine Zeit lang unterstützt. Noch bis vor Kurzem war die Spring-Konfiguration für die Planung von Methoden involviert. In der vorigen Ausgabe dieses Buches habe ich auf zehn Seiten gezeigt, wie man Methoden periodisch aufruft.

Spring 3 verändert das mit der neuen Annotation `@Scheduled`. Was früher mehrere XML-Zeilen und eine Handvoll Beans erforderte, erledigt man heute mit dem Element `<task:annotation-driven>` und einer einzigen Annotation Ich brauche definitiv keine zehn Seiten, um Ihnen die Funktionsweise vorzustellen.

Um eine Methode zu planen, brauchen Sie sie nur mit `@Scheduled` zu annotieren, damit Spring z. B. eine Methode automatisch alle 24 Stunden (86.400.000 Millisekunden) aufruft:

```
@Scheduled(fixedRate=86400000)
public void archiveOldSpittles() {
  // ...
}
```

Mit dem Attribut fixedRate wird angegeben, dass die Methode periodisch nach so vielen Millisekunden aufgerufen werden soll. In diesem Fall werden nach jedem Start des Aufrufs 86.400.000 Millisekunden vergehen. Wenn Sie lieber die Zeit angeben wollen, die zwischen den Aufrufen vergeht (also zwischen der Beendigung des einen Aufrufs und dem Start des nächsten), dann nehmen Sie stattdessen das Attribut fixedDelay:

```
@Scheduled(fixedDelay=86400000)
public void archiveOldSpittles() {
  // ...
}
```

Eine Aufgabe nach einem bestimmten Intervall zu starten, kann praktisch sein. Vielleicht wollen Sie aber präziser steuern, wann eine Methode aufgerufen wird. Mit fixedRate und fixedDelay können Sie nur steuern, wie oft sie aufgerufen wird, aber nicht, *wann*. Um genauer anzugeben, wann eine Methode aufgerufen werden soll, nehmen Sie das Attribut cron:

```
@Scheduled(cron="0 0 0 * * SAT")
public void archiveOldSpittles() {
  // ...
}
```

Der Wert für das Attribut cron ist ein Cron-Ausdruck. Wer mit Cron-Ausdrücken nicht so versiert ist, für den nehmen wir das cron-Attribut auseinander. Der Cron-Ausdruck besteht aus sechs (oder auch sieben) durch Leerräume getrennte Zeitelemente. Von links nach rechts sind die Elemente wie folgt definiert:

1. Sekunden (0-59)
2. Minuten (0-59)
3. Stunden (0-23)
4. Tag (1-31)
5. Monat (1-12 oder JAN-DEC)
6. Wochentag (1-7 oder SUN-SAT)
7. Jahr (1970-2099)

Jedes dieser Elemente kann einen expliziten Wert (z. B. 6), einen Bereich (z. B. 9-12), eine Liste (z. B. 9,11,13) oder einen Platzhalter (z. B. *) bekommen. Der Monats- und der Wochentag schließen sich gegenseitig aus, und darum sollten Sie auch angeben, welche der Felder Sie nicht setzen wollen, indem Sie diesen ein Fragezeichen (?) geben. Tabelle 14.1 zeigt einige Beispiele für Cron-Ausdrücke, die man mit dem cron-Attribut verwenden kann.

Im Beispiel habe ich angegeben, dass alte Spittles jeden Sonnabend um Mitternacht archiviert werden sollen. Weil diese Methode aber mit einem Cron-Ausdruck geplant wird, sind die Planungsoptionen praktisch endlos. Während fixedRate und fixedDelay auf feste Zeitperioden beschränkt sind, kann man mit Cron-Ausdrücken Methoden so planen, dass sie auch zu „krummen" Zeiten ausgeführt werden. Ich bin sicher, dass Sie sich einige interessante Cron-Ausdrücke ausdenken können, um damit Methoden zu planen.

TABELLE 14.1 Einige Beispiele für Cron-Ausdrücke

Cron-Ausdruck	Bedeutung
`0 0 10,14,16 * * ?`	Täglich um 10 Uhr, 14 Uhr und 16 Uhr
`0 0,15,30,45 * 1-30 * ?`	Alle 15 Minuten an den ersten 30 Tagen des Monats
`30 0 0 1 1 ? 2012`	Am 1. Januar 2012 um 30 Sekunden nach Mitternacht
`0 0 8-17 ? * MON-FRI`	Stündlich während der Arbeitszeit an jedem normalen Wochentag außer Wochenende

14.4.2 Asynchrone Methoden deklarieren

Hinsichtlich der menschlichen User gibt es zwei verschiedene Arten der Performance einer Applikation: die tatsächliche und die wahrgenommene. Die *tatsächliche Performance* einer Applikation (die separate Messung, wie lange es dauert, eine Operation auszuführen) ist sicher wichtig. Aber auch wenn die tatsächliche Performance suboptimal ist, kann deren Wirkung auf den User anhand der wahrgenommenen Performance gemildert werden.

Die *wahrgenommene Performance* ist genau das, wonach es sich anhört. Wer kümmert sich darum, wie lange etwas dauert, solange der User sofort sieht, dass irgendetwas passiert? Nehmen wir einmal an, dass der Akt, einen `Spittle` einzufügen, eine aufwendige Operation darstellt. Wenn das synchron bearbeitet würde, dann wäre die wahrgenommene Performance eine Funktion der eigentlichen Performance. Der User müsste warten, bis der `Spittle` gespeichert wird.

Wenn es eine Möglichkeit für die `saveSpittle()`-Methode des `SpitterServices` gäbe, asynchron bearbeitet zu werden, könnte die Applikation dem User eine neue Seite präsentieren, während die Persistenzlogik im Hintergrund abgewickelt wird. Genau dafür ist die `@Async`-Annotation gedacht.

`@Async` ist eine einfache Annotation, für die keine Attribute gesetzt sind. Sie nutzen das nur, um eine Bean-Methode zu annotieren, und diese Methode wird dann asynchron. Einfacher geht's nicht.

Hier folgt nun ein Beispiel, wie die `saveSpittle()`-Methode von `SpittleServiceImpl` als asynchrone Methode aussehen könnte:

```
@Async
public void addSpittle(Spittle spittle) {
    ...
}
```

Mehr ist wirklich nicht dran. Bei Aufruf der `saveSpittle()`-Methode wird die Steuerung sofort an den Aufrufer zurückgegeben. In der Zwischenzeit läuft diese Methode im Hintergrund weiter.

Vielleicht fragen Sie sich, was passiert, wenn eine asynchrone Methode etwas an den Aufrufer zurückgeben muss. Wird die Methode sofort zurückgegeben, kann sie dann überhaupt an den Aufrufer Ergebnisse übergeben?

Weil die asynchronen Methoden in Spring auf der Java Concurrency API beruhen, können sie ein Objekt zurückgeben, das `java.util.concurrent.Future` implementiert. Dieses Interface repräsentiert einen Behälter für einen Wert, der schließlich in einem bestimmten Moment verfügbar wird, nachdem die Methode zurückkehrt, aber nicht notwendigerweise auch an dem Punkt, an dem sie es tut. Spring enthält eine praktische Implementierung von `Future` namens `AsyncResult`, die die Arbeit mit zukünftigen Werten vereinfacht.

Nehmen wir beispielsweise an, dass eine asynchrone Methode Ihrer Wahl eine komplexe und lang dauernde Berechnung auszuführen versucht. Sie wollen, dass diese Methode im Hintergrund läuft, wenn sie aber beendet ist, wollen Sie die Ergebnisse sehen. In diesem Fall schreiben Sie die Methode in etwa so:

```
@Async
public Future<Long> performSomeReallyHairyMath(long input) {
    // ...
    return new AsyncResult<Long>(result);
}
```

Diese Methode kann solange wie nötig dauern, um das Ergebnis zu produzieren, während sich der Aufrufer anderen Aufgaben zuwenden kann. Der Aufrufer wird ein `Future`-Objekt empfangen (eigentlich ein `AsyncResult`), an das er sich halten kann, während das Resultat berechnet wird.

Wenn das Ergebnis bereitsteht, kann der Aufrufer es auslesen, indem er die `get()`-Methode für das `Future`-Objekt aufruft. Bis dahin hat er die Möglichkeit, den Status des Ergebnisses zu prüfen, indem er `isDone()` und `isCancelled()`aufruft.

14.5 Zusammenfassung

In diesem Kapitel haben wir ein buntes Sammelsurium von Themen besprochen: Spring-Features, die für sich genommen in keinem anderen Kapitel untergekommen wären.

Zunächst untersuchten wir, wie man die Bean-Eigenschaftswerte mit einem Property-Placeholder und Property-Overrider auslagert. Wir erfuhren, wie man Eigenschaften nicht nur auslagert, sondern so verschlüsselt, dass keine neugierigen Augen diese sensiblen Konfigurationsdetails unserer Applikation sehen können.

Dann gingen wir einen Schritt weiter, verschoben ganze Objekte im JNDI und konfigurierten Spring in einer Weise, dass diese Objekte in den Spring-Kontext gezogen wurden, wo sie mit anderen Beans verschaltet werden können – als wären sie selbst Beans.

Als Nächstes beschäftigten wir uns mit dem Versenden von E-Mails in Spring. Obwohl die E-Mail-Abstraktion nicht gerade das Spannendste ist, zu dem Spring fähig ist, sticht dies doch das Schreiben von Code aus, um E-Mails ohne Spring zu versenden. Wir sahen, wie man einfache und HTML-basierte E-Mails versendet sowie solche mit Anhängen und eingebetteten Inhalten.

Schließlich kümmerten wir uns noch ein wenig um die Hintergrundjobs bei Spring. Als Erstes annotierten wir Methoden, damit sie zu einem bestimmten Zeitplan laufen. Dann annotierten wir Methoden, damit sie asynchron zu unserer Applikation ablaufen, damit die wahrgenommene Performance der Applikation verbessert werden kann.

14.6 Das Ende ...?

Ich gebe es nun wirklich nicht gerne zu, aber wir sind am Ende des Buches angekommen. Das heißt aber nun nicht, dass es über Spring nicht mehr zu lernen gibt. Wie ich schon in der Einleitung festgestellt habe, könnte ich praktisch ganze Bände über Spring schreiben. Aber wenn ich es darauf angelegt hätte, wäre dieses Buch nie in Ihre Hände gelangt, und ich hätte nie die Zufriedenheit einer durchschlafenen Nacht erfahren dürfen.

Obwohl hinsichtlich des thematischen Umfangs dieses Buches einige harte Entscheidungen getroffen werden mussten, bin ich davon überzeugt, hier die wichtigsten Themen abgedeckt zu haben, die Sie für das Erstellen von Applikationen mit Spring brauchen. Und nun sind Sie gut ausgestattet, die anderen Themen auf eigene Faust zu erkunden.

Obwohl dieses Kapitel nun den Abschluss von *Spring im Einsatz* darstellt, stehen Sie bei Ihrer Reise mit Spring gerade erst am Anfang. Ich möchte Sie ermutigen, all das Gelernte zu nutzen und sich in andere Bereiche wie Spring Integration, Spring Batch, Spring Dynamic Modules und Spring Roo (mein persönlicher Favorit) einzuarbeiten. Zum Glück gibt es bei Manning weitere *... in Action*-Bücher, um all diese Themen zu vertiefen:

- *Spring Integration in Action* von Mark Fisher, Jonas Partner, Marius Bogoevici und Iwein Fuld
- *Spring Batch in Action* von Thierry Templier und Arnaud Cogoluègnes
- *Spring Dynamic Modules in Action* von Arnaud Cogoluègnes, Thierry Templier und Andy Piper
- *Roo in Action* von Gordon Dickens und Ken Rimple

Außerdem können Sie sich in den Spring-Foren tummeln, um mehr über diese und andere Spring-Projekte zu erfahren (http://forum.springframework.org).

Mir hat das Buch viel Spaß gemacht. Ich hoffe, es ging Ihnen genauso!

Register

Symbole

A

E

K

L

N

O

P

Q

R

T

U

V

W

X

Z

Kösel FD 351 · Patent-No. 0748702